HISTORIA CRÍTICA DE LA LITERATURA ARGENTINA

dirigida por *NOÉ JITRIK*

DIRECTOR DE PROYECTO

Alejandro Horowicz

■

DIRECTORES DE VOLUMEN

Susana Cella
Elsa Drucaroff
Roberto Ferro
María Teresa Gramuglio
Cristina Iglesia
Alejandra Laera
Celina Manzoni
Jorge Monteleone
Ricardo Piglia
Alfredo Rubione
Sylvia Saítta
Julio Schvartzman

HISTORIA CRÍTICA DE LA
LITERATURA
ARGENTINA

director de la obra:
NOÉ JITRIK

VOLUMEN VII

Rupturas

director del volumen
CELINA MANZONI

Emecé Editores

Historia crítica de la literatura: rupturas / dirigido por Celina Manzoni.- 1ª ed.–
Buenos Aires: Emecé Editores, 2009.
v. 7, 792 p.; 23x16 cm. (Historia Crítica / Noé Jitrik)

ISBN 978-950-04-3144-6

1. Historia de la Literatura I. Manzoni, Celina, dir.
CDD 809

© 2009, Noé Jitrik
© 2009, Celina Manzoni

Derechos exclusivos de edición en castellano
reservados para todo el mundo
© 2009, Emecé Editores S.A.
Publicado bajo el sello Emecé®
Independencia 1668, C 1100 ABQ, Buenos Aires, Argentina
www.editorialplaneta.com.ar

Diseño de colección: Eduardo Ruiz
1ª edición: marzo de 2009
2.000 ejemplares
Impreso en Talleres Gráficos Leograf S.R.L.,
Rucci 408, Valentín Alsina,
en el mes de febero de 2009.

IMPRESO EN LA ARGENTINA / PRINTED IN ARGENTINA
Queda hecho el depósito que previene la ley 11.723
ISBN: 978-950-04-3144-6

Introducción
Rupturas

por Celina Manzoni

Este volumen se organiza en torno a un concepto hasta cierto punto enigmático, amparado además en el evidente uso metafórico de un término que en principio parece decir poco de sí, tan poco que, en los marcos de una historia de la literatura, hasta puede llegar a sonar como escasamente convincente, lábil e incluso transeúnte. Este efecto permanece hasta que se lo relaciona con el concepto de tradición, éste sí de larga y reconocida prosapia y habitualmente investido de autoridad. Rupturas y tradiciones, términos en apariencia antagónicos pero que se necesitan mutuamente, se anudan así en el corazón del sistema literario para configurar una compleja articulación en la que conviven diversas prácticas y usos aquilatados, siempre en lucha con heterodoxias amenazantes. La ambición, el deseo de novedad, la voluntad de experimentar originan cambios, a veces sutiles, que a su vez producen discontinuidades en el canon, figurado espacio de lo institucionalizado.

Cambios, discontinuidades, desplazamientos redundan a su vez en transformaciones diversas, más o menos asombrosas, nunca triviales porque al apartarse de lo rutinario, por una parte incorporan nuevos sentidos y por otra corroboran la vitalidad misma de un sistema literario que, como el de la literatura argentina, invita a lecturas siempre renovadas.

A partir de ese presupuesto, el análisis de las transformaciones que se relacionan con el par "tradiciones-rupturas" lleva a la exploración de esos fenómenos, a veces certeramente identificados, a veces apenas intuidos: variaciones, desplazamientos, entrecruzamientos, reapropiaciones y desvíos que redundan en transgresión y contaminación: de géneros, retóricas, cronologías.

Si bien hay momentos, hasta cierto punto privilegiados, en los que la consigna de cambio y novedad provoca estallidos y a veces violentas refutaciones, como sucedió con las denominadas vanguardias históricas en América Latina, iniciadas —es una de las hipótesis más fuertes— en 1922 con la Semana de Arte Moderno de São Paulo y con la publicación de *Trilce* de César Vallejo y de *Veinte poemas para ser leídos en el tranvía* de Oliverio Girondo, también es cierto que la vocación por la novedad y el cambio suele escapar a las cronologías. Es esa fuga de los almanaques lo que autoriza a leer una y otra vez los sentidos diversos que en cada vuelta adquiere el concepto de novedad. Theodor Adorno, quien percibió allí un contenido decisivo de la modernidad, subrayó además que, en sí mismo, lo nuevo es una abstracción, una mancha ciega, un vacío.

Por eso mismo, quizás, el sistema literario se ha sentido autorizado a organizar su defensa a partir de una negación enfática de los cambios; de manera taxativa, la vieja consigna latina, *Nihil novum sub sole,* desestima con sorna una y otra vez el ansia de novedad; sin embargo, cuando la plasticidad cultural del campo es escasa, el sistema intenta, y muchas veces logra, hacerse fuerte en una tradición singular que se sostiene como dominante no sólo por el peso de la argumentación sino por el prestigio de sus instituciones. Aun así, no siempre logra acallar de manera definitiva a sus heterodoxos y entonces los desplaza hacia los bordes, hacia zonas más o menos secretas de las que periódicamente los rescata la actividad de la lectura. Digamos de paso que la propia urdimbre del sistema literario —compleja, heterogénea, porosa y dinámica— es la que invita a reconocer y explorar los fenómenos disruptivos y sus efectos.

En otra inflexión, puede resultar paradójico que esta apelación a una lectura desviada elija insertarse en las páginas de una historia de la literatura, un espacio textual en el que diversas instituciones confían para el establecimiento y la perduración de la tradición. Efecto también de los tiempos que corren, la heterodoxia tampoco es lo que era cuando Rubén Darío, por ejemplo, publicó en Buenos Aires, en los últimos años del siglo XIX, *Los raros*, el libro que iluminaba las vidas de esos hombres en los que los modernos se autorreconocían y en cuya fraternidad deseaban ser reconocidos. Al final del siglo XX, en cambio, el sistema parece haber logrado la absorción de muchos de esos otrora rebeldes al punto de que hoy se los lee como clásicos y, a veces, como sucede con José Martí, el único americano incluido en el conjunto construido por Darío, como epítome y gloria de toda una cultura.

Y aquí es donde ingresa un elemento fuerte en relación con estos asuntos: la lectura, una actividad que se cruza naturalmente con las estrategias de escritura y que, sobre una idea general, ha ido diseñando la arquitectura de este volumen; de este modo, se han conjugado manifestaciones de ruptura en la cultura argentina desde los años veinte hasta casi llegar a nuestros días en sus derivaciones.

La lectura crítica, una variante de esa actividad que todos, en mayor o menor medida intentamos practicar, constituida en pasión, en vicio benigno, en trabajo, organiza este tomo; recuperando y recreando metodologías diversas se ha propuesto ampliar, y de alguna manera cuestionar, acuerdos previos sobre textos, autores, situaciones, protagonistas y también sobre modos de abordaje. Sucede, pues, que las lecturas atentas a las transformaciones son a su vez el resultado de operaciones que desde diversos planos comprometen el mundo imaginario de los lectores e inciden en la propia transformación del acto crítico que, al prestar atención a deslizamientos y entramados no convencionales, organiza nuevas cartografías culturales y reconfigura zonas del sistema literario.

Los trabajos que aquí se incluyen proponen, entre otras cuestiones, abrir una reflexión sobre procesos de cambio, de giros en los que se reconocen quiebras o desplazamientos de tradiciones, lo que supone, en una instancia, la crítica del sistema y, en otra, un ejercicio de necesaria remisión no sólo a otros volúmenes de esta *Historia crítica de la literatura argentina* sino dentro del mismo volumen. Esas referencias internas muchas veces aluden a espacios en sí mismo heterodoxos respecto de los que habitualmente ingresan en las historias de la literatura y alertan a la comunidad interpretativa respecto de sus relaciones con el urbanismo, la música, el cine, el guión cinematográfico, el humor en la radio, el folletín, las letras y la música del tango.

Cuando muchas fronteras parecen diluirse o por lo menos complicarse, los límites entre los géneros también se han vuelto borrosos, es como si se desvanecieran; por eso se analizan aquí los entrecruzamientos y reapropiaciones entre lenguajes, los diversos modos de la transgresión, los desplazamientos en la construcción de la espacialidad y la temporalidad y algunos de sus efectos de lectura.

Más que una cronología —siempre engañosa— este volumen construye las líneas de un mapa que cruza la poesía con el periodismo, el teatro, el mundo editorial, la cultura de las ciudades, los viajeros más o menos discretos, las polémicas culturales, variantes urbanas del relato popular, modalidades de la historia intelectual que involucran a la sociedad, la escritura de mujeres, lectura que amplía el canon en general y que en ocasiones legitima estrategias antes tenidas por extravagantes. Finalmente, lo que el término rupturas sugiere como más evidente: las vanguardias y los escritores expulsados a las márgenes.

El cruce de esas lecturas con el reconocido gran momento de transformación de la cultura latinoamericana, el de las vanguardias históricas, sin embargo lo excede porque si bien es cierto que vanguardia fue equivalente de ruptura, no todas las formas de la ruptura terminaron en la vanguardia: existen zonas de pasaje más o menos silenciosas que en parte hemos incorporado aquí. De allí también otro hecho: que numerosos abordajes aparecen como una experimentación en sí mismos; una inflexión personal se desplaza a variantes de lo testimonial, confluencias que se abren tanto a la lógica que distingue al propio campo como a sus proyecciones y sus modos de incidencia sobre el canon.

Como una consecuencia de estas lecturas en la encrucijada, surge una posibilidad de repensar y sutilizar una periodización de la literatura que habitualmente se conforma con la remisión al demasiado amplio referente histórico que se denomina "período de entreguerras" sin percibir que una relectura tanto de lo expulsado del canon por excéntrico como de lo olvidado, relegado o marginado, posibilita imaginar nuevos linajes y nuevas genealogías entendidas como metáforas de cofradías atípicas, formas de reconocimiento entre pares, cuyas proposiciones, al modificar los modos de representación, se abren a un diálogo que se puede imaginar como infinito.

EXPERIMENTACIÓN

LOS MEANDROS SURREALISTAS

por *Miguel Espejo*

La larga duración del surrealismo en la Argentina

En ocasiones, constituye un desafío cada vez más arduo sustraerse a la utilización del concepto de "larga duración", que desarrollaran la Escuela de los Anales y el gran historiador Fernand Braudel, para comprender con mayor precisión algunos fenómenos no sólo considerados propiamente históricos (las guerras por la Independencia, la formación del Estado-nación, la inmigración en nuestro país, para mencionar estos procesos notorios), sino también aquellos pertenecientes al campo de la literatura, del arte y de las religiones.

Dentro de la palabra escrita, e incluso de la tradición oral, los límites espaciales y temporales forzosamente son muy laxos. Por ejemplo, las jarchas mozárabes, el jézel, los villancicos, los romances, reaparecieron, por cierto modificados, en las coplas registradas en los romanceros del noroeste argentino.[1]

Dicho esto y guardando las debidas proporciones, no se puede dejar de advertir que los procesos literarios, sus corrientes y movimientos —aun en un marco pequeño como el que corresponde a nuestro país, si lo ponemos en relación con la literatura occidental—, son ubicuos y versátiles y, estrictamente, no pueden ser situados en terrenos muy delimitados. Las diversas estribaciones del surrealismo, que tuvo en París su capital indiscutible, adquirieron una proyección prácticamente planetaria. En la Argentina, sobre todo en Buenos Aires, tanto

---

[1] Raúl Dorra, *Los extremos del lenguaje*, México, Editorial de la UNAM, 1982.

en el ámbito pictórico (producción que merecería un capítulo aparte) como en el poético, en artes plásticas y literatura, el movimiento surrealista gozó de una vitalidad especial respecto de otros países latinoamericanos, acorde con la permeabilidad que hubo en nuestras manifestaciones artísticas y culturales para aceptar las experiencias vanguardistas que se desarrollaron en las grandes urbes del mundo. Un ejemplo prístino lo constituye el caso de Xul Solar (Oscar Agustín Schulz Solari, 1887-1963), que no sólo con sus pinturas dio pruebas de alcanzar esas enormes posibilidades de experimentación, sino también con sus emprendimientos lingüísticos (intentó la construcción de varios lenguajes artificiales) y con sus más que aficiones esotéricas, astrológicas, zodiacales, "campos magnéticos" comunes a las creencias del surrealismo.

Posiblemente por esta misma onda de "larga duración", hubo que esperar hasta el año 2001 para la aparición de la *Poesía completa* de Aldo Pellegrini, que recoge poemas escritos a finales de la década del 20 hasta su muerte, bajo el título de uno de sus primeros libros, *La valija de fuego*, o sea, tres cuartos de siglo después de que iniciara, en 1926, junto a sus compañeros de medicina Elías Piterbarg, David Sussman y Marino Cassano, la conformación del primer grupo surrealista en lengua castellana y, *a fortiori*, en Hispanoamérica, es decir, sólo un par de años después de que se publicara el Primer Manifiesto Surrealista "en el órgano exclusivo de ese movimiento: *La Révolution Surréaliste*".[2] En aquella década, cuando se produjo la publicación de *Proa* y, sobre todo, de la revista *Martín Fierro*, todavía se estaba lejos de una absorción medular o plena de las experiencias de las vanguardias. Ni el estridentismo de Maples Arce, ni el creacionismo de Huidobro, ni el ultraísmo de Borges, y de todos aquellos que los acompañaron, habían alcanzado a destronar a ese poderoso movimiento que fue el modernismo en nuestra lengua.[3] Muchos fueron los signos y señales que dio el modernismo acerca de la aparición del fenómeno de las vanguardias, ya que se consideraba una de ellas, y quizás la decisiva. *Las montañas del oro* (1897) de Leopoldo Lugones puede examinarse también en esta dirección en la que elementos alquímicos se unían con la captación de la realidad suprasensible para arribar a la

[2] Aldo Pellegrini, "La poesía surrealista", en *Antología de la poesía surrealista*, Buenos Aires, Fabril Editora, 1961. Reeditado por Argonauta, Buenos Aires, 2006.

[3] Las relaciones de Huidobro con el surrealismo no han terminado de establecerse. Ver Waldo Rojas, "Sobre algunos acercamientos y prevenciones a la obra poética de Vicente Huidobro en lengua francesa", en Vicente Huidobro, *Obras poéticas en francés (Edición bilingüe)*, Santiago de Chile, Editorial Universitaria, 1999.

contemplación de lo invisible, dentro de un lenguaje todavía impregnado de un romanticismo tardío.[4]

Ahora bien, es evidente que las corrientes vanguardistas no fueron ni son equiparables al modernismo, ya que algunas de las innovaciones propuestas por éste fueron desplazadas, y hasta repudiadas, por las vanguardias que lo siguieron y continuaron. Pese a todos estos embates, muchas de las propuestas modernistas quedaron en pie por un largo período, incluso devinieron preceptos de lo que podría denominarse poesía "oficial", académica y, por otra parte, se transmitieron curiosamente a la naciente poesía del tango. Recordemos que todavía un cuarto de siglo después de la conformación del primer grupo surrealista, en 1951, se publicó el primer número de la revista *El 40*, cuyo subtítulo era en sí mismo un postulado: "revista literaria de una generación", cuyas convicciones estéticas, al menos las de un sector importante de la llamada Generación del 40, se situaban todavía lejos, o en las antípodas, de las vanguardias anti o posmodernistas.

Así, pese a la cercanía de los orígenes respecto del Primer Manifiesto, el año 1926 debe ser considerado más un símbolo que una concreción de los postulados surrealistas. De acuerdo con confesiones de los participantes, se limitaron a efectuar ejercicios de escritura automática, sin ir mucho más lejos en otros registros propuestos por el movimiento: la adhesión al "puro automatismo psíquico" era en ese momento irrestricta. Aldo Pellegrini (1903-1973), sin duda el propulsor decisivo del surrealismo en estas tierras, fue el único en sentirse totalmente identificado con todos sus postulados y la ortodoxia con que eran defendidos. Su juventud no era una excepción, sino la regla, a juzgar por la edad promedio de los firmantes del Primer y Segundo Manifiesto, allá en París. Pero esta adhesión no se tradujo en manifiestos, ni en una producción inmediata considerable, ni menos todavía en decisiones partidarias o definiciones políticas —aun cuando existiera una clara simpatía por el marxismo y la revolución bolchevique, más en el plano individual que grupal—, de tal manera que el pequeño grupo de los comienzos no tuvo que atravesar las feroces disputas que fisuraron al movimiento surrealista en París, especialmente en la década del 30, por el advenimiento del stalinismo con sus purgas, y la urgencia con que algunos de sus miembros reclamaban que el movimiento adhiriera, en un todo, a la política desarrollada por el Partido Comunista Francés y por los otros partidos adláteres del poderoso y

---

[4] Y, sobre todo, *Lunario sentimental* (1909), Madrid, Cátedra, 1988. Considerado prevanguardista, se suelen emparentar estos poemas con la poesía del simbolista Jules Laforgue.

hegemónico Partido Comunista de la Unión Soviética. Estas escisiones llegaron a la médula del movimiento surrealista. Desgarrado ante la alternativa de optar entre la fidelidad a las proposiciones originales del surrealismo, sustentadas con cierto autoritarismo por Breton, y la revolución encabezada por la URSS, René Crevel, en 1935, en la víspera del Congreso Internacional de Escritores para la Defensa de la Cultura, se suicida. Por el contrario, otros como Louis Aragon y Paul Éluard, entre los principales, optaron por adherir a esa propuesta política y se alejaron del movimiento.

De este modo, antes de que los acontecimientos históricos sacudieran a todas las manifestaciones de la cultura de entreguerras, el surrealismo, después del dadaísmo, fue una toma de posición estética y axiológica, al mismo tiempo que una consecuencia de la Gran Guerra. Al margen de las diversas apreciaciones sobre el influyente trabajo de Arnold Hauser, y del desgaste que el tiempo haya provocado en la obra publicada pocos años después de la conclusión de la Segunda Guerra Mundial, resulta difícil no coincidir con él cuando afirma: "Las tres corrientes principales en el arte del nuevo siglo tienen sus precursores en el período precedente: el cubismo, en Cézanne y los neoclásicos; el expresionismo, en Van Gogh y Strindberg; el surrealismo, en Rimbaud y Lautréamont".[5]

En efecto, el surrealismo se inscribe en ese enorme proceso de transformación del significado del arte que tuvo lugar, inicialmente, en el último tercio del siglo XIX, cuando el predominio del concepto de la representación de lo real cede ante el avasallador ímpetu de los artistas, decididos a buscar nuevos medios expresivos para comprender, justamente, la realidad desconcertante que tenían ante sí. Los escritos de Baudelaire, tanto como *Las flores del mal*, al igual que la ruptura de los límites forjada por Rimbaud en *Una temporada en el infierno* o por Mallarmé en *Un golpe de dados*, ilustran la inadecuación entre la nueva realidad circundante y los cánones heredados del pasado.

El surrealismo estaba decidido a "cambiar la vida" y a "transformar el mundo", de acuerdo con las célebres fórmulas suscriptas por Arthur Rimbaud y Carlos Marx, cuando todavía parecían conciliables. Con su habitual vuelo lírico (y antilírico al mismo tiempo) Breton escribió en su Primer Manifiesto: "Querida imaginación: lo que me gusta sobre todo de ti es que no perdonas".[6] Incluso en 1952, en el primer número de *A partir de cero*, Enrique Molina insiste en la iden-

[5] Arnold Hauser, *Historial social de la literatura y el arte*, Madrid, Guadarrama, 1969.
[6] André Breton, *Antología (1913-1966)*, México, Siglo XXI, 1973.

16

tificación total entre vida y poesía, a tal punto que las exigencias que estos autores le hicieron a la poesía para "cambiar la vida" son de un orden que la historia del arte no había conocido. Aun reflejando la precariedad del hombre, su nada esencial, su transitoriedad, es un movimiento de cara al futuro, que hunde sus lejanas raíces en el Romanticismo y en su lucha contra el Iluminismo. Se atreve a reclamar, más allá de la literatura, una vida diferente para la especie humana. En este aspecto, no se lo puede asimilar sin más a las otras experiencias de vanguardia que tuvieron lugar en las primeras décadas del siglo XX. Quizás haya que acudir a algunos postulados implícitos en el humanismo renacentista, como la articulación del mundo a partir del ser humano, para encontrar algo semejante, al menos en sus objetivos y pretensiones, a una tendencia artística que solicitó dotar de un nuevo sentido al mundo que rechazaba.

El poeta surrealista [escribe Pellegrini en su fundamental *Antología de la poesía surrealista*], como todo artista creador, pone en juego una particular función del espíritu: la imaginación. Recordemos lo que dijo Baudelaire: "Es la más científica de las facultades, porque sólo ella comprende la analogía universal".

Y un poco antes: "La libertad y el amor son los pilares de la concepción surrealista del hombre".[7] Como puede observarse, no es la preocupación política inmediata la que se impone en la corriente surrealista de nuestro país, sino una percepción insobornable de la libertad y de la autonomía del escritor para ejercer su actividad, en contra de todos los poderes y de todos los dictámenes. Si bien comparte con los surrealistas franceses y europeos su inclinación por el sueño, por la escritura automática y por los mecanismos del inconsciente —su "gramática", según Jacques Lacan—, lo hace de un modo prudente, con cierta distancia, dejando abiertas las puertas para otras experiencias poéticas y literarias. Breton dio muestras de esta "amplitud" desde el Primer Manifiesto, cuando intentó incluir en el surrealismo a todo autor que le parecía compatible con sus objetivos, al mismo tiempo que consideraba a Saint-John Perse surrealista a la distancia y a Mallarmé surrealista en la confidencia. Desde luego, ignoraba las obras que se encontraban acometiendo, por esa fecha, César Vallejo, Manuel Maples Arce y Oliverio Girondo, quienes habían publicado respectivamente, en 1922, el mismo año de la aparición de *Anábasis* de Saint-John Perse, *Trilce*, *Andamios interiores* y *Veinte poemas para ser leídos en el tranvía*.

---

[7] Aldo Pellegrini, *Antología de la poesía surrealista, op. cit.*

Para apreciar con cierto equilibrio las particularidades del surrealismo argentino conviene examinar otras zonas y otros márgenes de sus actividades. En la colección que Pellegrini fundara y dirigiera en Fabril Editora, por la misma época en que publicaba su antología, encontramos los nombres de Saint-John Perse, Ungaretti, Pessoa, Rimbaud (en la traducción que hicieran Oliverio Girondo y Enrique Molina), Prévert, Milosz, Daumal y las antologías de poesía precolombina y de poesía china que prepararon Asturias, por un lado, y Rafael Alberti con María Teresa León, por otro. Una verdadera vocación por la alta poesía en todas las lenguas, que a Pellegrini no le impidió producir por sí mismo una poesía que sólo ahora puede ser plenamente valorada como una de las más intensas que se hicieron en nuestra lengua —aun cuando el autor no hiciera mucho por la difusión de su propia obra—, junto a la de su gran amigo Enrique Molina.

Hay además dos libros traducidos y prologados por Pellegrini que constituyen una definición estética e implícita de lo que debía entenderse por actividad surrealista. Uno de ellos, las *Obras completas* de Lautréamont, con una versión de *Los cantos de Maldoror* que es casi una hazaña lingüística, publicada por primera vez en 1964, en Ediciones Boa, con un largo estudio preliminar, "El Conde de Lautréamont y su obra".[8] El otro libro, *Van Gogh, el suicidado por la sociedad*, apareció en 1971, con el sello de la reflotada Editorial Argonauta (fundada por Aldo Pellegrini y David Sussman, en la década del 40, fue clausurada durante el gobierno de Perón), con un texto introductorio, más extenso que el del propio Artaud, y que Pellegrini tituló "Artaud, el enemigo de la sociedad". Al año siguiente, muy poco antes de su muerte, apareció otro texto de Artaud, *Heliogábalo o el anarquista coronado* (traducido por Víctor Goldstein). En suma, Pellegrini fue capaz de aunar la elaboración de su palabra poética con el rol de difusor y divulgador de obras, que prefiguraron al surrealismo o lo acompañaron, a pesar de las rupturas y disputas ya aludidas.

Las revistas: de 1928 a 1967

Las intermitentes revistas que Pellegrini echara a andar junto a diversos acompañantes, o las que simplemente impulsó, según la época, se han constituido en piezas inhallables, codiciadas por anticuarios y

---

[8] La Editorial Argonauta reeditó este libro en Barcelona en 1978 y en 1986 y, recientemente, en Buenos Aires en 2007.

coleccionistas del surrealismo. Fueron varias y tuvieron muchos rasgos en común, en especial su carácter efímero ya que se publicaron muy pocos números de cada una: *Qué* (1928-1930); *Ciclo* (1948-1949); *A partir de Cero* (1952 y 1956); *Letra y Línea* (1953-54); *Boa* (1958) y *La Rueda* (1967).

En los dos números de la revista *Qué*, al grupo original se agregó Ismael Piterbarg, hermano de Elías. Todos los miembros del grupo utilizaron seudónimos para firmar sus textos y poemas, lo que parece sugerir la existencia de un contexto social poco proclive a aceptar las actividades literarias y libertarias de sus miembros, simultáneas con su desarrollo profesional, aunque más bien indicaba el desprecio por la literatura entendida como profesión y sus implícitos galardones. En el editorial del primer número de *Qué*: "Pequeño esfuerzo de justificación colectiva", además de reconocer el "placer de una ilimitada libertad expansiva", sus miembros declaran (y también declaman) su actitud subversiva:

> Si desvalorizamos la vida es por la evidencia de un destino. Vomitamos inconteniblemente sobre todas las formas de resignación a este destino (cualidad máxima del espíritu burgués) y miramos con simpatía todos esos aspectos de una liberación voluntaria o involuntaria: enfermedad, locura, suicidio, crimen, revolución. Pero esto no pasa de ser una posición moral. En realidad estamos decididos a no intentar nada fundamental fuera de nosotros.[9]

Hay derecho a sospechar que nos encontramos, como en el Primer Manifiesto, con la corriente antipsiquiátrica *avant la lettre*, aunque sin duda la cuestión es más compleja. Un poco antes del comienzo de la Primera Guerra Mundial, Apollinaire se había dedicado a recuperar al Marqués de Sade, quien con más de un siglo de anticipación a los surrealistas había escrito: "Hay que tener el coraje de romper todos los límites". Y fue Apollinaire, justamente, quien contribuyó a consolidar los vínculos entre escritores y artistas plásticos, con su ensayo *Los pintores cubistas* (1913).

La valija de fuego (Poesía completa) está precedido por un texto que Pellegrini había publicado en su libro de 1965 *Para contribuir a la confusión general (Una visión del arte, la poesía y el mundo contemporáneo)*. Dicho texto lleva por vibrante título "La acción subversiva de la

---

[9] Aldo Pellegrini, *La valija de fuego (Poesía completa)*, compilación y notas de Mario Pellegrini, Buenos Aires, Argonauta, 2001.

poesía"; de más está decir el lugar destacado que el editor, su hijo, le confiere a este breve ensayo, que oficia de introducción al conjunto de la escritura poética de su padre. Casi cuatro décadas después del editorial de *Qué*, Pellegrini seguía confiando en la capacidad de la poesía para producir una "revolución" en el espíritu humano. Allí observa:

> En una época como la actual, en que la poesía tiende a la domesticación por los más variados mecanismos en los más variados regímenes sociales, los poetas auténticos se encuentran siempre alertas, aunque estén reducidos a la soledad o compelidos por la fuerza y el terror. [...] Estamos próximos al momento en que la revolución en defensa del hombre se desarrollará en el plano de lo poético.

La aparición y el fin de la revista *Ciclo*, entre 1948 y 1949, coincidió con la aparición ese mismo año del primer poemario de Pellegrini: *El muro secreto*. Mientras tanto Enrique Molina había publicado *Las cosas y el delirio* en 1941 y *Pasiones terrestres* en 1946. Como puede observarse, aun corriendo el riesgo de los estereotipos, la década del 40 constituye un período clave para registrar la fuerte heterogeneidad que ya caracterizaba entonces a la producción poética argentina. En esa década coexistieron las revistas *Canto* (Buenos Aires, 1940); *Verde Memoria* (Buenos Aires, 1942); *La Carpa* (Tucumán, 1944); *Arturo* (Buenos Aires, 1946), cuyo único número fuera dirigido por Edgar Bayley, propulsor del invencionismo, y los dos números de la mencionada *Ciclo*, que se anunciaba de manera optimista como una revista bimestral, a cuyo comité, además de Pellegrini, Piterbarg y Sussman, se agregó el teórico del psicoanálisis Enrique Pichon Rivière, en concordancia con la importancia que los primeros surrealistas le concedían al inconsciente. A estas revistas literarias habría que añadir los nombres al menos de otras dos decenas que, en todo el país, reflejaron una valiosa diversidad de la que ya no habría retorno.[10] Ninguna de ellas se imponía sobre las demás y cada una contaba con su modesto radio de influencia; sólo el tiempo pudo dirimir la pervivencia que estas diversas tendencias estéticas tendrían en el desarrollo de la creación literaria en nuestro país y en nuestra lengua.

Los dos primeros números de *A partir de Cero* que se publicaron bajo la dirección de Enrique Molina, con el visible apoyo y decidida

---

[10] Alfredo Veiravé, "La poesía: generación del 40", en *Historia de la literatura argentina*, vol. III, Buenos Aires, Centro Editor de América Latina, 1968.

colaboración de Pellegrini, aparecieron a fines de 1952; el tercero y último, con participación de Olga Orozco, cuatro años después, tuvo una dirección colectiva. Molina aclaraba en tapa que la condición de la revista era ser de poesía y de antipoesía al mismo tiempo. En un artículo anterior, "La conquista de lo maravilloso", coetáneo de la reflexión de Alejo Carpentier en el prólogo de su novela *El reino de este mundo*, Pellegrini, en uno de los números de *Ciclo*, reafirma que "lo maravilloso no constituye una negación de la realidad sino la afirmación de la amplitud de lo real".[11] El autor sintetiza de manera clara y concisa uno de los aspectos sobresalientes de la tendencia que expresaba. El término "surrealismo" o "surrealista" —neologismos galos a los cuales todavía algunos traductores y estudiosos se resisten— implicó algo mucho más vasto que una cuestión lexical. La preposición francesa *sur* no pudo ser traducida por "sobre" ni menos por "súper" o "supra", con lo cual sensatamente se adoptaron estos nuevos vocablos para expresar la inconmensurable apertura que la realidad había tenido para el hombre, como si al unísono con el psicoanálisis, con la física teórica, con la teoría cuántica y el principio de incertidumbre de Heisenberg, los surrealistas hubieran advertido que la realidad se había tornado "infinitamente grande, infinitamente pequeña e infinitamente compleja", tal como se define, desde hace unas décadas, a nuestro universo.[12]

Por esta época, el primer grupo surrealista realiza una mudanza significativa. En el estudio que le consagró a Oliverio Girondo, escrito en 1964, Pellegrini recuerda: "Conocí a Girondo hacia 1948 gracias a mi amigo el poeta Enrique Molina".[13] Aquí es pertinente señalar que fueron muchos los escritores, de filiaciones estéticas diferentes y en ocasiones disímiles, que consideraron a Girondo no sólo un poeta excepcional, sino una persona que alentó con generosidad fuera de lo común a sus colegas, cualesquiera que hayan sido sus convicciones y credos estéticos.[14] Al final Pellegrini precisa:

> el grupo que formábamos Molina, Latorre, Madariaga, Llinás y yo nos reuníamos a menudo en casa de Girondo y fue allí

[11] Aldo Pellegrini, *Antología de la Poesía Surrealista, op. cit.*
[12] Ver Raúl Antelo, "Poesía hermética y surrealismo", en Sylvia Saítta (dir.), *El oficio se afirma*, vol. 9, *Historia crítica de la literatura argentina*, Buenos Aires, Emecé, 2004.
[13] Aldo Pellegrini, "Oliverio Girondo", en *Antología*, Buenos Aires, Argonauta, 1989.
[14] Ver, en este volumen, Delfina Muschietti, "Oliverio Girondo y el giro de la tradición".

donde surgió la idea de alguna aventura de publicaciones, entre los que llegó a cuajar una efímera revista, "Letra y Línea", que hizo bastante ruido en su momento.[15]

Los cuatro números de *Letra y Línea* aparecieron entre 1953 y 1954, por lo que Pellegrini está situando esos encuentros aproximadamente en el año 1952. La revista marchó casi a la par de *A partir de Cero*, lo que sirvió para incorporar nuevos colaboradores y para ampliar el registro de sus intereses estéticos. Habría que agregar los nombres de Juan Antonio Vasco, Juan José Ceselli y Mario Trejo. A través de este nuevo grupo "se reinicia la aventura surrealista en Argentina en su etapa más rica y memorable".[16]

Ellos mismos y otros poetas repartían sus colaboraciones en diversos medios, especialmente en *Poesía Buenos Aires*, dirigida por Raúl Gustavo Aguirre a lo largo de los diez años que duró la publicación de la revista. Por esta época, Enrique Molina propone extremar el sentido de vanguardia; así lo recuerda en una entrevista que se le efectuara décadas más tarde: "extremar ese sentido de vanguardia. [...] En fin, un sueño bastante prometeico que se fue disolviendo solo".[17] En uno de los editoriales de *Letra y Línea* se publica una irreverente diatriba contra Borges y Bioy Casares, acusados de profesar "una literatura gelatinosa" y de ser prototipos del escritor profesional, además de antivanguardistas y conservadores. Digámoslo desde aquí: uno de los mejores poemas del último período de Molina se titula justamente *Borges*, publicado después de la muerte del autor de *El Aleph*. Cambio rotundo del signo de los tiempos y prueba del reconocimiento a uno de los mayores autores del siglo XX y —si consideramos su proyección literaria e intelectual en el mundo—, para muchos, el mayor de nuestra lengua en ese período. Por el contrario, Pellegrini cuestionó y repudió a Borges hasta el final de sus días.

De la revista *Boa*, que Pellegrini impulsó con Julio Llinás, se publicaron tres números; pero, de *La Rueda*, que Pellegrini lanzara junto a Edgar Bayley, se publicó uno solo. Al igual que en otros lugares del mundo, por razones y circunstancias muy diversas, que hacen al cambio de paradigmas culturales y al surgimiento de *la nouvelle vague*, el surrealismo argentino también había agotado su tarea de difusión directa.

[15] Aldo Pellegrini, "Oliverio Girondo", *op. cit.*
[16] Mario Pellegrini, "Nota del editor", en *La valija de fuego*, *op. cit.*
[17] Entrevista realizada por Javier Barreiro Cavestany y Fernando Lostaunau, en 1987, reproducida en "Surrealismo: poesía y libertad", http://www.poeticas.com.ar

Un aventurero del espíritu

En 1989, Mario Pellegrini publica los poemas inéditos de su padre, en elaboración en el momento de su muerte, compuestos desde un par de años antes, bajo el título de *Escrito para nadie*, título puesto por el propio autor. El conjunto está precedido por un corto prólogo —esbozo en realidad— en el que, inclaudicable en su convicción de la poesía como instrumento liberador, el poeta asevera:

> La poesía es una gran aventura.
> Cada poema es una nueva aventura y una exploración. Aventura en los continentes desconocidos del lenguaje, exploración en la selva virgen de los significados. La poesía quiere expresar con palabras lo que no pueden decir las palabras. Cada palabra tiene un secreto mágico que es necesario extraer. Pero en definitiva, admiro sólo a los aventureros de la vida. En cuanto a mí, me resigno a ser un aventurero del espíritu.[18]

El texto está fechado en Buenos Aires poco antes de su muerte. ¿Qué quiere decir esta formulación? ¿Que lo vivido se opone al espíritu de una manera similar a la manera en que la experiencia se opone al conocimiento, tal como lo consignara Kierkegaard, ancestro común de todos los existencialistas? ¿O más simplemente se trata aquí de la nostalgia que tiene un hombre, que se siente morir, por todo lo que no vivió y no hizo? ¿Más rebelión que resignación? Por otra parte, ¿la palabra poética, y en verdad todo lenguaje, está consagrada al fracaso por la insuficiencia que le es inherente en su relación con lo real? Se podría argumentar que el texto habla por sí mismo, aunque más no sea para manifestar su falta de medios y que si Pellegrini hubiera querido decir otra cosa, como replicara en algún momento André Breton, lo habría dicho.

En relación con la función de la poesía y del arte, hay en Pellegrini una gran coherencia, que se contrapone tanto con la mudanza y variabilidad de los acontecimientos del mundo, como con las diferentes expresiones estéticas. Por esta razón, es notable la apertura que tuvo hacia pintores y poetas provenientes de registros disímiles a los estrictamente surrealistas. Si bien es casi el único que puede ser considerado como un surrealista ortodoxo, si hacemos caso o prestamos atención a esta obsesión taxonómica, lo cierto es que Aldo Pellegrini,

---

[18] Aldo Pellegrini, *Escrito para nadie*, Buenos Aires, Argonauta, 1989.

además de considerarse un aventurero del espíritu, fue poseedor de un espíritu generoso. En el poema "Construcción de la destrucción", con el cual comienza el libro del mismo título, publicado en 1957 en la efímera empresa editorial *A Partir de Cero*, podemos leer:

> Todo lo espero de las palabras. En su fiesta impalpable partiré a la conquista de las puertas. La palabra vacilante como rata ataviada de secretos. Y cuando las puertas se abren, la palabra inicial hunde su punta de cobre en la aventura del acercamiento.

Nueve párrafos más componen este poema que concluye: "Y el silencio andará por el mundo transformado en la fuente íntima de los secretos".[19] En "Viaje", poema dedicado a David Sussman, incluido en *La valija de fuego*, Pellegrini afirma la errancia de las palabras y la vida:

> El vendedor de botellas mezcla las razas
> para alimentar la avidez de los viajes
> viajes a través de un minuto
> que colma la vida entera
> > *la llave de la puerta del tiempo*
> > *está hecha con el metal del sueño.*

Los dos últimos versos de la estrofa funcionan como una letanía que se repite en cinco ocasiones y en la que el estribillo recupera una convicción irrenunciable de los surrealistas: sólo el sueño atesora la realidad que nos falta. "La verdadera vida está ausente" proclamó Rimbaud en *Una temporada en el infierno*. "La vida está en otra parte" retomaron los surrealistas a partir de las creencias de románticos alemanes e ingleses. El sueño es la actividad que le restituye al ser humano, en esta óptica, por supuesto, su lugar y su plenitud; caso contrario, está condenado a la errancia infinita.

Cuando Freud conoció a Dalí lo sorprendió manifestándole, en una suerte de broma con poderoso anclaje en la historia del arte, que de él no le interesaba su inconsciente, sino su consciente. ¿Puede el artista realizar una obra sólo gobernado por el sueño y por el azaroso ritmo que le es implícito? Así como "todo pensamiento emite un golpe de dados" y, sobre todo, así como "un golpe de dados jamás abolirá el azar", también se puede invertir la fórmula y concluir que jamás

---

[19] Aldo Pellegrini, *La valija de fuego, op. cit.*

el puro azar será el artífice de un texto poético o de una obra de arte, salvo que consideremos tal a las formas escultóricas que el viento crea en algunas montañas. *Construcción en la destrucción* es quizá desde su mismo título una definición de lo que más se aproxima al proceso creador. El artista o el poeta de las rupturas debe asumir el enorme desafío de desarticular y destruir un lenguaje para configurar otro, que se torne inteligible, aunque sea para algunos, y no un simple balbuceo que no le dice nada a nadie.

Puede apreciarse, a partir de los temas abordados en sus ensayos, la destacada labor desarrollada por Pellegrini en el campo de las artes plásticas, labor que se incrementó, muy especialmente, en relación con la promoción y difusión del arte moderno y de los artistas abstractos de nuestro país. Vinculado a Marcel Duchamp y al teórico del arte Michel Tapié —quien curiosamente fue de los primeros en escribir sobre Antoni Tàpies—, tuvo una clara influencia sobre ciertas tendencias plásticas de la Argentina. Escribió numerosos catálogos y presentaciones, tanto para exposiciones individuales como colectivas y en 1966 publicó la *Antología de la poesía viva latinoamericana*.

> Pocos seres he conocido con un instinto de independencia intelectual como el que alentaba en él [afirmó Enrique Molina]. Sin embargo, una vez aceptada por su espíritu, por su sangre, por su propia sombra una idea o una imagen del mundo, era implacable. No admitía la más mínima vacilación en su propia creencia. Se empeñaba, a pesar de su ternura, en revestir una dureza de cristal, de un bloque, intratable. Nada podía hacerlo vacilar como no fuera otra profunda convicción suya con el mismo deseo de absoluto.[20]

Casi podría decirse, con la autoridad con que un papa ejerce su mandato, y no es casual que Breton recibiera este apodo entre sus compañeros de aventura. Por su parte, Graciela Maturo percibe en Pellegrini que "sus poemas de sintaxis nítida muestran el predominio de una inteligencia ordenadora sobre las imágenes, los contrastes sorpresivos, las irrupciones de la fantasía y la voluntad". Y agrega:

> tanto en esos poemas como en sus escritos teóricos queda expresa su afirmación del hombre, de la libertad que apuesta contra el azar, de la capacidad de integrarse en el mundo por el

---

[20] Enrique Molina, "El gran lujo", en *La valija de fuego*, op. cit.

amor, al mismo tiempo que un evidente disconformismo frente a los sistemas dogmáticos del conocimiento y una aguda percepción de los niveles profundos de la realidad.[21]

Cuatro décadas más tarde de este juicio puede observarse que la poesía de Pellegrini se ha mantenido viva, viviente y vivaz, en virtud del bagaje de su propio "fuego central".

Enrique Molina o la celebración del nomadismo

Los dos últimos conjuntos de poemas que Enrique Molina (1910-1996) publicara en vida, *El ala de la gaviota* y *Hacia una isla incierta*, confirman —como ya lo he señalado anteriormente— el largo desplazamiento sobre el cual ha construido y desarrollado su experiencia poética.[22] Más que al surrealismo, la actitud nómada que hay en su poesía y en parte de su vida pareciera pertenecer al ritmo solar del continente americano, de sus culturas prehispánicas, de su columna vertebral andina o de las costas de Brasil, mixturado con un instinto salvaje por la fusión de los contrarios y de imágenes y metáforas susceptibles de tocar la resonancia última del lenguaje. Desplazamiento de lugares o de palabras, de tiempos o de sueños, la poesía adquiere aquí el estatuto de la errancia. Esta persistente adhesión al movimiento tiene un significado similar al que se produce cuando el hombre intenta un acompasamiento cósmico que concierne a la corteza terrestre.

Enrique Molina ha sido considerado, con toda justicia, uno de los mayores poetas de Hispanoamérica, al mismo tiempo que uno de los más originales. En los hechos es una poesía que no ha dejado continuadores ni epígonos y cuyos antecedentes son más bien difusos. Molina ha logrado aunar el permanente asombro de vivir con una vocación tantálica que recorre el conjunto de su obra. Su padre, ingeniero agrónomo, administrador de estancias, recorrió con la familia las provincias de Buenos Aires, Corrientes y Misiones, de tal manera que el mágico mundo de la infancia se entrelaza en él con los aspectos míticos de las regiones donde creció. Se recibió de abogado en la Universidad Nacional de La Plata, pero nunca ejerció esta profesión. Sí en cambio, a partir de 1942, recorrió como marinero buena parte del con-

[21] Graciela de Sola (Maturo), *Proyecciones del surrealismo en la literatura argentina*, Buenos Aires, Ediciones Culturales Argentinas, 1967.
[22] Miguel Espejo, "Enrique Molina: la residencia fugitiva", en Enrique Molina, *Antología poética*, Madrid, Visor, 1990.

tinente americano y, durante algunos períodos, en las década del 40 y del 50, residió en Perú, Chile y Bolivia, confirmando su inclinación trashumante para luego embarcarse nuevamente con destino a Hamburgo en 1950. Se desempeñó más tarde en la Dirección Municipal de Bibliotecas, un puesto que obtuvo con la ayuda de Oliverio Girondo, con quien mantuvo una larga amistad, lo mismo que con su esposa, Norah Lange.

El incesante flujo del mar, la ininterrumpida marcha nómada, la trashumancia sin término del hombre y de sus sueños, el deambular mismo de la condición humana y, sobre todo, la comunión con las aves migratorias, parecieran conferir horizontes sumamente particulares a su poesía. Aunque hace cuatro décadas preparó una antología de sus poemas que tituló *Hotel pájaro*, la obsesión por el desplazamiento, por la fugitiva residencia donde se acoge el ser humano y la palabra que lo expresa, se encuentra ya en los orígenes de su poesía. En uno de los poemas de *Fuego libre* expresa: "*¡Una gaviota por almohada!*" Difícilmente algo pertenezca de manera tan profunda al dominio del hombre como la provisoriedad y el instante. Nacido bajo la percepción de un futuro, donde planea inexorable la muerte, el poeta sólo puede oponer un vuelo constante, que intenta abrazar, en una desmesurada tentativa, las amplias regiones del devenir.

La palabra poética, en la compleja tradición judeo-cristiana, se encuentra íntimamente ligada a la profecía, a esa dimensión que no nos abre un futuro cierto y previsible, sino el indeterminado abismo de los orígenes. La profecía capta, en un solo impulso, el denso movimiento del mundo y la permanente fugacidad del presente, que nos roba el acuerdo con aquello que ha sido. La profecía, así, siempre linda con el desierto, al cual el hombre es arrojado porque descubre o redescubre la ausencia de patria o de un hogar en el mundo. Ahora bien, ¿qué ocurre si es el mismo mundo, pese a su vastedad, el que se convierte en la más fiel morada del hombre? La tensión entre la tierra natal, en el sentido geográfico, entre la *polis* y el Cosmos, ha estado íntimamente presente en el comienzo de la filosofía, en ese otro espacio de pensamiento, que contribuyera, de manera decisiva, a la conformación de Occidente.

Junto al ejercicio de esta dimensión, Molina realizó también otras actividades. Como ya se dijo, fundó y dirigió *A Partir de Cero* y formó parte de la redacción de *Letra y Línea*. Además de ser uno de los principales miembros del movimiento surrealista argentino, antes había pertenecido también a la denominada Generación del 40 y son muchos los que lo consideran su más alto exponente. Desde su primer libro fue una de las voces más representativas de su generación. El crítico venezolano Guillermo Sucre señaló:

[L]o inicial de Molina es el deslumbramiento frente al mundo. Pero en su primer libro el mundo no es todavía la intemperie, sino el amparo de la morada materna, evocada por una memoria que descubre lo efímero [...] el tiempo visto como una fuerza material que se instala en los seres y en las cosas contaminándolos de una substancia corrosiva.[23]

Pasiones terrestres es su segundo libro y está dedicado a Oliverio Girondo. Con la aparición de *Costumbres errantes o la redondez de la tierra* se puede afirmar que Molina está inmerso por entero en el mundo del surrealismo. Diez años más tarde, en *Amantes antípodas* (dedicado a Aldo Pellegrini), el tono ha variado hacia una reflexión personal sobre lo circundante, un libro, sin lugar a dudas, central en su intenso despliegue poético. Allí se encuentra "Alta marea", uno de sus mayores poemas:

> Cuando un hombre y una mujer que se han amado se separan
> se yergue como una cobra de oro el canto ardiente del
> > > > > > > > > > orgullo
> la errónea maravilla de sus noches de amor
> las constelaciones pasionales
> los arrebatos de su indómito viaje sus risas a través de
> > > > > > las piedras sus plegarias y cóleras
> sus dramas de secretas injurias enterradas...

En 1957 publica *Fuego libre*, en un período en el que se pone de relieve que la poesía que intenta "la insensata tarea" de acunar el mundo debe ser fiel al movimiento inicial que la anima. No hay posibilidad de retroceder ante la extraña aventura de encontrarnos en el seno del mundo; se trata, en todo caso, de fundar un acuerdo. Este acuerdo Molina lo ha buscado en los inasibles espacios del vuelo, donde si bien Tántalo y Prometeo parecen ser sus guardianes, sin ninguna duda Ícaro es el principal habitante.

Olga Orozco no podría haberlo sintetizado mejor: "El trayecto de este viajero de paso, en perpetuo adiós, en búsqueda incesante e insaciable, ha quedado estampado en una obra copiosa, impar, personalísima, que escapa a todo canon y en la que centellean las más vertiginosas y exactas imágenes".[24] En referencia a los viajes marinos de Molina, siempre presentes en sus textos, se puede observar que desde

---

[23] Guillermo Sucre, *La máscara, la transparencia*, Caracas, Monte Ávila, 1975.
[24] Olga Orozco y Gloria Alcorta, *Travesías*, Buenos Aires, Sudamericana, 1997.

la poesía romántica alemana, la nostalgia ante la unidad perdida es uno de los temas recurrentes de la poesía, pues el poeta comprueba, a través de diferentes registros, que vive en un mundo fragmentado, que ha estallado y que ha hecho añicos, incluso, la antigua serenidad de los nombres. El mar es, mítica y metafóricamente, el hogar perdido, que sólo puede ser recuperado por medio de la aventura, donde el exilio se continúa y se afianza.

Otra faceta de Enrique Molina está en sus pinturas y grabados, aunque presentó sus cuadros en contadas ocasiones. Su obra en prosa se compone principalmente de un texto afín al género novelesco y de algunos ensayos dispersos que aún no se encuentran reunidos en libro. En primer lugar, el prólogo que escribiera para las *Obras completas* de Girondo: "Hacia el fuego central o la poesía de Oliverio Girondo", así como el hecho de que varios de sus textos hayan sido incluidos como prólogos en distintos libros de arte.

Una sombra donde sueña Camila O'Gorman, de 1973, es una obra verdaderamente excepcional en la que funde una historia novelística con una prosa poética de gran lirismo, dotada por añadidura de una enorme profusión de imágenes. El texto, que supo convocar una variedad de géneros y distintos registros, permanece como uno de los hitos de la gran narrativa de la segunda mitad del siglo XX.

Otros autores del movimiento surrealista

No fueron muchos los escritores de nuestro país que aceptaron que se los considerara exclusivamente surrealistas. La heterodoxia siempre fue más fuerte que la sujeción a una tendencia determinada. De estos autores proporcionaremos una información bio-bibliográfica más que una valoración afinada de sus textos. Entre los poetas que acompañaron con claridad esta experiencia sobresale Francisco *Coco* Madariaga (1927-2000). Nació en el Paraje Estancia Caimán de la provincia de Corrientes, hecho que lo marcó profundamente, pues en su obra se refleja toda la dimensión de la tierra de su infancia en estrecha relación con la contemplación del universo.

A partir de 1950 se vinculó con Aldo Pellegrini, Enrique Molina, Juan Antonio Vasco, Carlos Latorre, entre otros y, en 1954, publicó su primer libro, *El pequeño patíbulo*, que puede considerarse influido por esta corriente, pero que al igual que su segundo texto, *Las jaulas del sol*, está marcado por una impronta muy personal, donde las palabras se sustraen al orden habitual, para incursionar en registros metafóricos completamente insólitos, al borde de la alucinación.

En *El delito natal* se observa de manera explícita el reencuentro con su provincia. De estos y de sus libros siguientes, Juan Antonio Vasco señalaba:

Madariaga, ese correntino, es América. Es cierto que utiliza el idioma español que, en definitiva, es un idioma importado, pero es el lenguaje que hicimos nuestro, lo hemos vuelto a parir. Igualmente, en Madariaga, este español está mechado de influencia guaraní, o por lo menos, del paisaje y de la vida que saben reflejar los ojos de un poeta nuestro.[25]

En 1980 aparece *Llegada de un jaguar a la tranquera*, en el que Madariaga introduce por primera vez términos guaraníes, lo que no debe llevar a confundir su forma expresiva con una poesía meramente localista, pues su propósito lingüístico es hundirse en las raíces americanas desde una visión cósmica. Por otra parte, Madariaga ha escrito varios relatos y textos en prosa, relacionados con sus crónicas de viajes de exploración por las lagunas y esteros del Iberá: *En la tierra de nadie* y *Sólo contra Dios no hay veneno*.

El poeta ocupa un lugar destacado, tanto por su originalidad como por la densidad de sus imágenes, en la poesía hispanoamericana contemporánea, ya que como en una *vorágine*, entrelaza muchos planos de la realidad y la vegetación, al tiempo que el paisaje en el que se enmarca, se nutre de un animismo alucinante. Los esteros y los palmares, las balsas y las mariposas, los jaguares y sus soles, se transmutan en sueños o viceversa. En "Versos que recordé de dos poemas que escribí en sueños" consigna lacónicamente: "La mano-océano regresaba del infinito..."[26] En esta poesía no hay lugar para los límites de una expresión regionalista; por el contrario, Madariaga ha buscado permanentemente situarse en los múltiples niveles de relación que el hombre posee con el mundo. Frente a la previsibilidad de la poesía regionalista, toda su obra, sin renunciar a "la tierra natal" se ofrece en una posición de ruptura acorde con los postulados principales del surrealismo, ámbito en el cual legítimamente se lo ha incluido.

Otro de los integrantes del segundo grupo fue Carlos Latorre (1916-1982), poeta, dramaturgo y también autor de guiones cinematográficos. Desde la poesía estuvo ligado al movimiento surrealista; además de participar en la creación de *A partir de Cero*, *Letra y Línea*

---

[25] Juan Antonio Vasco, *País garza real*, Buenos Aires, Argonauta, 1997.
[26] Francisco Madariaga, *Criollo del Universo*, Buenos Aires, Argonauta, 1998.

y *La Rueda*, colaboró en muchas otras revistas. Su obra poética se inició en 1950 con *Puerta de arena*, seguido dos años después por *La ley de gravedad*, libro del que Raúl Gustavo Aguirre dijera:

> [E]n este último libro hay sin embargo indicios de la que luego habría de ser su orientación decisiva. Poeta que domina sin dificultad aparente su lenguaje, Latorre es indudablemente uno de los valores más interesantes del grupo surrealista.[27]

Julio Antonio Llinás (1929) fue calificado como "el último surrealista", aunque él mismo asegura no saber qué significa haberlo sido. En el año 2005 publicó *Querida vida*, más un anecdotario que un libro de memorias, donde recuerda distintas situaciones vividas con Pellegrini y Molina, pero sin la expresa intención de indagar sobre el trasfondo cultural y estético de la experiencia surrealista. Poeta, crítico de arte, narrador y publicista residió en París entre 1952 y 1957, donde participó en la creación del movimiento Phases, una de las últimas estribaciones del surrealismo. Allí conoció a Breton, Dalí y Marcel Marceau. De regreso a la Argentina, fundó la revista y editorial *Boa*, de vida efímera, ambas estrechamente vinculadas con Phases. En su entorno se conformó un grupo que desarrolló actividades menos vinculadas con la literatura que con la plástica, actividad a la que pertenecía su esposa, la pintora Martha Peluffo. Pero antes de su viaje a París publicó su primer libro, *Pantha rhei* (1950), en una editorial dirigida por el dramaturgo peruano Sebastián Salazar Bondy y en 1952 participó, junto a Enrique Molina y Aldo Pellegrini, en la fundación de *A partir de Cero* y de *Letra y Línea*. La publicación en 1993 de un libro de cuentos titulado *De eso no se habla* lo sacó de un prolongado silencio. Sobre el relato que da nombre al conjunto se realizó un film que tuvo una importante acogida, aunque muy poco de su primera etapa y de su estética anterior encontramos en estos relatos, considerados de buena factura.

Otros dos autores de participación más espaciada e intermitente fueron Juan José Ceselli (1909-1983) y Juan Antonio Vasco (1924-1984). El primero descubre su vocación poética después de haberse dedicado algunos años a la pequeña industria. Publicó su primer libro en 1953: *La otra cara de la luna*. Su poesía, tan vinculada con el surrealismo, está poblada de imágenes que pretenden inventar y mostrar el aspecto ilimitado del lenguaje. "La poesía no es una retó-

---

[27] Raúl Gustavo Aguirre, en *Poesía Buenos Aires*, 1954.

rica —dice el autor—, sino una fuerza invisible, pero perceptible, un lujo que se dan a sí mismos los seres y los objetos". Durante algunos años residió en Europa, casi siempre en París, donde conoció a varios poetas vinculados al surrealismo y trabó amistad con Jacques Prévert, el autor de "Las hojas muertas" de quien tradujo *Palabras* y *Fatras*.

Juan Antonio Vasco publicó en Chascomús, en 1943, su primer libro de poesía, *El ojo de la cerradura*, y más tarde dio a conocer *Cuatro poemas con rosas*. Entre 1941 y 1948 su poesía no se aparta de las formas tradicionales hasta que en 1951 reflexiona: "[...] luego, tres años de desconcierto durante los cuales sentía confusamente la inanidad de mi trabajo anterior". Comienzan entonces sus colaboraciones con *Poesía Buenos Aires* e inicia la experiencia de la cual proviene su nueva actitud frente a la poesía. Integra el grupo A Partir de Cero y participa además en *Letra y Línea*. Por aquella época confiesa: "El automatismo es mi solución". Maestro rural que desempeñó diversos oficios en la Capital Federal, publicó *Cambio de horario*, en 1954, año en que decide partir hacia Venezuela, país en el que residió una década, aproximadamente, y en el que tomó contacto con el grupo de artistas reunidos en *El Techo de la Ballena*, con quienes Vasco hallará su identidad de poeta enraizado en el continente latinoamericano. En 1988 con el título de uno de sus poemas, *Déjame pasar*, se publicó una antología de sus textos. El escritor venezolano Adriano González León ha definido —pertinentemente— su obra como "una poética de la mordacidad".

Además de estos autores, que participaron de manera activa en "la aventura surrealista" de nuestro país, hay dos que fueron reinvindicados, tardía pero directamente, por los miembros más representativos de esta corriente: Antonio Porchia (1886-1968) y Jacobo Fijman (1898-1970). Ambos elaboraron sus respectivas obras al margen de los preceptos estéticos del surrealismo, pero se vieron incluidos en él por razones vinculadas al libre ejercicio con que construyeron su poesía y, en el caso de Fijman, por adentrarse en la locura en esta prosecución. Fijman, poeta, violinista y pintor, llegó a la Argentina a los cuatro años desde Besarabia, con una familia que escapaba de los *pogromos* y del antisemitismo. Vivió de niño en Río Negro y en Lobos (provincia de Buenos Aires). En 1917 se radicó en Buenos Aires y cursó la Escuela de Lenguas Vivas, donde obtuvo su título de profesor de francés. Ejerció brevemente la docencia, de la que fue expulsado por extravagancias que prenunciaban su enfermedad. Perteneció al movimiento martinfierrista y realizó periodismo en *Crítica* y *Caras y Caretas*. Luego de su único viaje a Europa, en 1927, con Oliverio Girondo y Antonio Vallejo, participó en los Cursos de Cultura

Católica, convirtiéndose al catolicismo.[28] En "Canto del cisne", poema con el cual abre *Molino rojo*, su primer libro, pueden observarse asociaciones afines a las utilizadas por los surrealistas; sus dos versos iniciales testimonian la percepción que el poeta tenía de su destino: "Demencia: / el camino más alto y más desierto". En efecto, los casi treinta años de internación en un hospital psiquiátrico constituyen uno de los momentos más extremos que atravesó un escritor en nuestro país, un largo período durante el cual se dedicó más a la pintura que a la escritura. Leopoldo Marechal, por su parte, bajo el nombre de Samuel Tessler, lo transformó en un personaje de *Adán Buenosayres*, aunque sin conferirle ninguna inclinación estética especial. Muchos años después, en 1969, la revista *Talismán* realizó un homenaje en el que una nutrida presencia de escritores y pintores vinculados al surrealismo colaboraron en el número íntegramente dedicado a él, que recoge, además, parte de su material inédito. Algunos críticos han visto en su obra una adhesión espontánea, y hasta salvaje, al "puro automatismo psíquico" de los surrealistas. Para Juan-Jacobo Bajarlía la poesía de Fijman no se detiene sólo en el mecanismo "automatista", que en su época no fue así designado, sino en otras articulaciones igualmente fundamentales: la mecánica del inconsciente y, al mismo tiempo, la contención sintáctica y sobre todo el chiste y la paradoja.[29] Sin embargo, en su tercer y último libro, *Estrella de la mañana*, son mucho más visibles las alusiones religiosas, el parentesco con el salmo o la plegaria y la vocación manifiesta de elevarse hasta Dios: "Me apoyo en las moradas / donde se esconde la luz de la alabanza y el gozo de los corderos".[30]

El caso de Antonio Porchia es muy diferente. La vertiente espiritual y mística transcurre aquí más por la ausencia de Dios que por la búsqueda de su presencia: "La humanidad no sabe hacia dónde ir. Porque nadie la espera. Ni Dios". Autor de un solo libro titulado *Voces*, publicado por primera vez en 1943 y que conoció diversas y ampliadas reediciones, fue traducido casi inmediatamente al francés por Roger Caillois, quien proclamó que habría sido capaz de sacrificar toda su obra a cambio de poder escribir esas "voces". Es gracias a esta traducción, realizada poco antes de que el propio Caillois hiciera co-

---

[28] Daniel Calmels, *El Cristo rojo: cuerpo y escritura en la obra de Jacobo Fijman*, Buenos Aires, Topía, 1996. No existe ningún rastro de que Fijman o Girondo hayan tomado contacto con miembros del surrealismo.

[29] Juan-Jacobo Bajarlía, *Fijman, poeta entre dos vidas*, Buenos Aires, Ediciones de la Flor, 1992.

[30] Jacobo Fijman, *Obra poética*, Buenos Aires, La Torre Abolida, 1983.

nocer a Borges en Francia, que Breton pudo decir que Porchia era "el poseedor del pensamiento más dúctil de lengua española". Tan contundente afirmación no podía dejar de tener su influjo entre los escritores vinculados al surrealismo. Fue divulgado en México por Octavio Paz y de una u otra forma sus "voces" se abrieron paso hacia otros países de habla hispana. Si bien algunos de sus aforismos aparecieron en la revista *Sur*, quien supo tener una estrecha relación con Porchia fue Roberto Juarroz. "No he encontrado nadie —aseveró Juarroz— en quien se diera con igual plenitud que en Antonio Porchia una coincidencia tan alta entre la sabiduría de la vida y la sabiduría del lenguaje".[31] A pesar de que en los comienzos sus *Voces* fueron editadas por iniciativa del grupo Impulso de La Boca, constituido por pintores y escritores cercanos al anarquismo y al socialismo, Porchia fue extremadamente solitario, consciente de la banalidad del mundo que lo rodeaba: "Para elevarse es necesario elevarse, pero es necesario también que haya altura". En suma, Porchia fue adoptado y valorado por el surrealismo vernáculo, no por una clara afinidad estética, aun cuando sus aforismos puedan ser comparados con ciertos fragmentos de la poesía de René Char, sino por su solitaria aventura espiritual y por una capacidad expresiva que escapaba a todo molde.

Huellas de esta profunda experiencia se encuentran en la "poesía vertical" de Juarroz y en los aforismos y poemas de Miguel Ángel Bustos (1932-1976), poeta desaparecido por la dictadura, quien ha dejado una obra fulgurante y abismal, cuya belleza se cruza con la búsqueda extrema de la condición humana. El rescate que hizo para sí de un linaje "maldito" lo emparentó con una parte esencial del surrealismo y con algunos de sus predecesores, al punto que su libro central lleva un título definitorio: *Visión de los hijos del mal*. La utilización que hizo del lenguaje, donde combina el verso libre con la parábola y algunos fulminantes aforismos ("Toda madre mata a su hijo con el cuchillo del pezón"), lo sitúa en un plano inusual de la poesía argentina, en parte comparable a la voz de Alejandra Pizarnik.

Aldo Pellegrini, refiriéndose a la exposición de los dibujos de Bustos preparados para la edición de *El Himalaya o la moral de los pájaros*, ha sostenido que en él

> la poesía tiene dos canales de expresión: el verbal y el visual. Ambos parten del mismo centro, y sin embargo son expresiones distintas. Podría decirse que son las dos caras, los dos as-

---

[31] Roberto Juarroz, "Antonio Porchia o la profundidad recuperada", en *Plural*, nº 47, México, agosto de 1975.

pectos de ese centro de lo poético. Así lo verbal y lo visual no se superponen sino se completan. Por cada uno de esos canales el poeta transmite una parte de su verdad.[32]

En el momento de su desaparición, el poeta se encontraba perturbado psíquicamente, lo cual agrava a niveles indecibles este crimen de lesa humanidad.

Admitir que la palabra de Bustos ocupa un lugar preeminente en la poesía argentina es sólo una primera etapa de su evaluación. Procedimientos posteriores deben contemplar también el carácter fragmentario de una parte importante de su obra poética. Están presentes en ella los "proverbios" de William Blake, Novalis, Nietzsche, Lautréamont, pero también de Antonio Porchia. Al igual que Alejandra Pizarnik, sintió la singular irradiación de las "voces" de Porchia, sus aforismos parecieran provenir también de la época presocrática o de un tiempo indeterminado, en el que el poeta habla de las paradojas esenciales que gravitan en los seres humanos. La obra de Miguel Ángel Bustos permanece como una perla solitaria, a través de la cual su autor ha buscado un camino de salida del laberinto. En lugar de seguir la recomendación que le hiciera Marechal ("de todo laberinto se sale por arriba"), el autor ha encontrado uno de los destinos más trágicos de la poesía argentina de la segunda mitad del siglo XX.

Las voces femeninas y el influjo surrealista

Tres notables poetas mujeres realizaron un segmento de su escritura en los bordes del grupo surrealista y aunque en determinados momentos se vincularon estrechamente con algunos de sus poetas, en raras ocasiones tuvieron una participación evidente ya que en general siguieron un camino personal, sin las interferencias de grupo alguno. Las voces de Olga Orozco, Alejandra Pizarnik y Celia Gourinski lindan con las más altas de nuestra lengua, al margen de todo encasillamiento.

Olga Orozco (1920-1999) tuvo una más amplia proyección internacional y fue considerada una de las mayores voces femeninas de Hispanoamérica. Cuando un año antes de su muerte recibió en México el Premio Juan Rulfo se le estaba reconociendo esa dimensión. En 1939 comenzó su amistad con Oliverio Girondo y Norah Lange; al

[32] Aldo Pellegrini, en el catálogo de la exposición, Buenos Aires, 1970.

año siguiente colaboró en la revista *Canto*, inscribiéndose en la llamada Generación del 40. Estrictamente, no puede decirse entonces que haya sido un miembro del grupo surrealista argentino, pero su inclinación por ver la otra faz del mundo, el uso de analogías contrastantes y la fascinación por los sueños, la llevan a ser considerada de manera natural y, en el mejor sentido, una camarada de ruta. *Relámpagos de lo invisible* es el título del libro en el que reunió una selección importante de su producción. Otro volumen, *También la luz es un abismo*, contiene sus últimos relatos. *Travesías*, firmado junto a Gloria Alcorta, da cuenta de un rico periplo en el que alcanzó a frecuentar y tener amistad con los escritores más relevantes de nuestro país. Pero su corazón estaba en Toay, La Pampa, su lugar de nacimiento. "La verdadera patria del hombre es su infancia", observó Rilke, llevando a un plano universal la sentencia de Baudelaire: "Mi patria es mi infancia". En el caso de Olga Orozco es tan cierto que este solo hecho la preservó de cualquier acción colectiva. Y si los aspectos oníricos de su obra la vinculan con el surrealismo, la taumaturgia, la cartomancia, los vaticinios la condujeron a una exploración muy intensa de la realidad y de una construcción personal de ella.

Ya en su primer libro, *Desde lejos*, están presentes muchos de los elementos que se encontrarán luego a lo largo de su obra. Entre 1946 y 1947, y en compañía de Enrique Molina, viaja a Bolivia y Chile en una suerte de itinerario literario, en el curso del cual ambos poetas dan conferencias y charlas; comienzo de muchos viajes posteriores, como becaria o turista, pero siempre interesada en el estudio de "lo oculto y lo sagrado en la poesía moderna".[33] En *Las muertes* se acentúa el clima de su primer libro y cuando diez años más tarde obtiene el Primer Premio Municipal de Poesía por *Los juegos peligrosos* (1964), Alejandra Pizarnik escribe:

> se trata de una aventura excepcional, de "juegos peligrosos"; se trata de comunicar la más alta nostalgia del alma: aquella de la unidad del paraíso perdido, de la "vida anterior". Los hombres son múltiples: su nostalgia es una y es la misma.[34]

En 1984, con *La noche a la deriva*, libro publicado en México, recibe el Primer Premio Nacional de Poesía. Posteriormente se conocieron *En el revés del cielo* y *Con esta boca, en este mundo*. Enrique Molina dijo de ella:

---

[33] Olga Orozco y Gloria Alcorta, *Travesías*, op. cit.
[34] Alejandra Pizarnik, *Semblanza*, México, Fondo de Cultura Económica, 1992.

Su energía de pasión fusiona en un punto único: el mundo interior, las cosas y "los otros", realizando simbólicamente la presentida unidad del mundo. Cada uno de sus poemas se despliega como una constelación de todos los elementos, como un vínculo de todos los planos de la realidad, aunque resuene en ellos la misma pregunta infinita: "¿Quién soy? ¿Y dónde? ¿Y cuándo?", y sean la expresión de una extrañeza esencial, que es sólo la evidencia de que "la tierra en algún lado está partida en dos". Su poesía es la conciencia de esa fractura, inaceptable como la muerte, y al mismo tiempo, su solución, el ámbito en que toda antinomia desaparece.[35]

En lo que respecta a (Flora) Alejandra Pizarnik (1936-1972), además de mantener fuertes vínculos con algunos poetas surrealistas de nuestro país, puede decirse, sin exceso, que muchos de sus textos se superponen y recortan sobre las estéticas y el "espíritu" del surrealismo, sobre todo con algunos surrealistas, como Artaud por ejemplo, pero nunca perteneció formalmente al movimiento. Pizarnik residió en París, entre 1960 y 1964, e integró el comité de colaboradores extranjeros de la revista *Les Lettres Nouvelles*, fundada por Maurice Nadeau en 1953. Esta estadía le posibilitó trabar amistad con importantes escritores hispanoamericanos y europeos, entre los que se puede mencionar a Octavio Paz, Julio Cortázar y André Pieyre de Mandiargues. Sus primeros poemarios datan de la década del 50: *La tierra más ajena*, *La última inocencia* y *Las aventuras perdidas*. En la década siguiente aparece *Árbol de Diana*, en cuyo prólogo Octavio Paz sostiene: "El árbol de Diana refleja sus rayos y los reúne en un foco central llamado poema, que produce un calor luminoso capaz de quemar, fundir y hasta volatilizar a los incrédulos. Se recomienda esta prueba a los críticos literarios de nuestra lengua".[36] Publica luego *Los trabajos y las noches*, *Extracción de la piedra de la locura* y *Nombres y figuras*; en el primero de esos libros, una frase del poema "Adioses del verano" resume de manera ejemplar la estética de la muerte que vertebra su poesía: "Quisiera estar muerta y entrar también yo en un corazón ajeno". Ya en 1971, publica los poemarios *El infierno musical* y *Los pequeños cantos* (Caracas) y el libro de relatos titulado *La condesa sangrienta*. En 1972, luego de un período de internación en una clínica psiquiátrica, se suicida. Póstumamente se publicaron varias antolo-

---

[35] Enrique Molina, "La poesía de Olga Orozco", en *Páginas de Olga Orozco seleccionadas por la autora*, Buenos Aires, Celtia, 1984.
[36] Octavio Paz, *Árbol de Diana*, Buenos Aires, Sur, 1962.

gías y se emprendió la edición de sus obras completas, incluida la correspondencia y los diarios. En una de estas antologías, *Semblanza* (México, 1992), en la que se incluyen también fragmentos de su diario personal, Frank Graziano escribe en el prólogo: "El *corpus* literario de Pizarnik (intactas las implicaciones sensuales del término) puede ser llamado así 'obra suicida': una extensa, ritualista y estética nota de suicidio que ofrece cierta medida de protección y aislamiento contra la muerte a la que nombra".[37]

La ubicación de Pizarnik en la poesía argentina contemporánea ha ido adquiriendo lentamente un lugar privilegiado. La estrecha relación que mantuvo con Olga Orozco y Enrique Molina contribuyó a subrayar en su poesía los rasgos de nocturna magia, que le permitieron intentar además el difícil tránsito a lo inefable. No sólo el suicidio y su confesada homosexualidad participaron en la confirmación de los pocos mitos actuales que posee nuestra literatura. Su desgarrada voz, en la que se produce un cuestionamiento vital y metafísico de la propia identidad, dota a sus textos de una tonalidad sumamente particular en la poesía de nuestra lengua. La combinación de símbolos, de noche, de sexo y de terror produjo poemas que poseían y poseen un sello inconfundible.

Celia Gourinski (1938) se relacionó desde muy joven con los surrealistas. En 1959 aparece su primer libro, *Nervadura del silencio* (bajo el nombre de Celia G. Lesca). A propósito de su segundo texto, *El regreso de Jonás*, Aldo Pellegrini escribió: "La aparición de un libro como el de Celia Gourinski constituye un acontecimiento poco frecuente en un medio como el nuestro tan huérfano de poesía".[38] Luego vendrían *Tanaterótica*, *Acaso la Tierra* e *Instantes suicidas*. Su libro *Inocencia feroz* le permitió restablecer la dimensión de su poesía después de un prolongado silencio. Y si es verdad que cierta poesía nos ofrece el sentido de la transmutación y de la alquimia, tanto para su autor como para el lector, o incluso, más lejos aún, para gran parte de los textos que a ella se unen como a través de vasos comunicantes, en este último libro encontramos pruebas visibles de esa hipótesis. Esta poesía es un punto de inflexión entre "la inocencia feroz" anunciada hace ya décadas por Aldo Pellegrini, y la certeza con que construye su propio futuro. Certeza no de fórmulas matemáticas ni de destellos emanados de la prospectiva, sino la que proviene del temblor de una hoja en el otoño ante la duda de su fin.

Los poemas de estas tres autoras merecerían una honda reflexión acerca del lugar que ocupan en las últimas décadas de la poesía argen-

---

[37] Frank Graziano, en *Semblanza*, México, Fondo de Cultura Económica, 1992.
[38] Aldo Pellegrini, prólogo a *El regreso de Jonás*, Buenos Aires, Rayuela, 1971.

tina realizada por mujeres. Ya se sabe que la producción artística, por lo general, carece de sexo. Pero el arte o la poesía no pueden confundirse con los ángeles; ellos habitan en la provisoriedad de la Tierra y en la magnificencia del amor. En un aspecto y hacia el final de su vida, el surrealismo era para Enrique Molina, en relación a Celia Gourinski, la abolición de la distancia entre el amor por una mujer y la plenitud de la palabra. No sorprende entonces que, después de su muerte, pueda el lector adentrarse en los poemas de "inocencia feroz" a través de esta tajante dedicatoria: *A Enrique, / a nuestro amor en / el siempre*. Abolición, entonces, de la muerte, como lo quería Novalis o reinvindicación del canto puro del anochecer.

Algo más de treinta poemas componen *Inocencia feroz*, libro precedido por un luminoso epígrafe de Czeslaw Milosz: *"Espejos en los que vi el color de mi boca / ¿Quién anda por ahí, quién de sí mismo / se extraña de nuevo?"* El amor que resuena en los textos no deja ni por un instante de situarse en el centro de un estallido. La explosión de la alquimia parte de un principio de continuidad, según el cual los seres se contaminan de una misma esencia, y en esta transformación ocurre la unión con todas las partículas del universo. En el poema "Inocencia después", Gourinski parte de una exaltación:

> Inocencia, no desesperes en la culpa de los cuerpos
> marchitos
> Ellos nunca fueron elegantes, nunca un fulgor echó sobre
> ellos su hechizo
> Inocencia de bellas crueldades, acompáñame a recorrer
> lugares reservados a los dioses burlones, que juegan a
> devorar toda ley inventada por sus vástagos.[39]

Versos más adelante, en los que se propicia un lapidario remate, la conclusión exuda el valor de la carne, *"Puta mágica sagrada"*. El amor no aparece disociado de aquello que le es más próximo a la mano, donde el gesto de aferrarse a alguien en el momento que precede a la muerte se conjuga con los cuerpos entrelazados en un esplendor. A manera de un círculo que se cierra, el amor, la transgresión, la muerte y la libertad han sido rasgos básicos de la poesía surrealista argentina, temas que —hay que admitirlo— atraviesan toda la poesía lírica, desde el lejanísimo *amor condusse noi ad una morte* del Canto V del Infierno de Dante.

---

[39] Celia Gourinski, *Inocencia feroz*, Buenos Aires, Argonauta, 1999. Con prólogo de Miguel Espejo, "La alquimia de la ferocidad".

Conclusión

Así como se ha dicho que hay dos vanguardismos en América Latina, uno original, para nada ligado a las proposiciones vanguardistas europeas, del cual serían ejemplos sobresalientes César Vallejo y Macedonio Fernández, se podría decir algo parecido del surrealismo desarrollado en la Argentina: uno siguiendo sus propias pulsaciones y sus propios tiempos y otro acorde con las aperturas que tuvieron lugar tanto en el orden de la poesía como en el de una filosofía de vida, en Francia en particular y, en artes plásticas, también en los Estados Unidos. Estas adscripciones, que variaron en su énfasis, permiten pensar en la gravitación de lo que llamamos "surrealismo" sobre nuestra literatura, entendido como ruptura de esquemas mentales y aun retóricos.

La proyección de estos autores no ha sido equivalente. Están aquellos cuya obra puede verse como encapsulada, marginal y hasta secreta, como sucede sobre todo con Latorre, Ceselli, Vasco y Madariaga; otros, que han obtenido triunfos individuales de gran importancia pública y aun académica, como es el caso de Molina, Orozco y Pizarnik; por último, el caso de Pellegrini cuya irradiación en la difusión de los surrealistas franceses y de otros poetas, fue superior, hasta ahora, a la impronta de su propia obra. Razonamiento, en fin, que podría aplicarse a la pintura: sus exponentes, Juan Batlle Planas, Roberto Aizenberg, Víctor Chab y otros, han merecido reconocimientos importantes, pero no en virtud de sus manifiestos ni proclamas.

Se podría decir, en suma, que más allá de su ubicación, las obras de varios de los protagonistas de esta aventura han logrado una presencia indudable en los registros literarios argentinos y, sin duda, han incidido en los modos de escritura de otros poetas a los que no se puede considerar como rupturistas. Línea sinuosa, difícil de establecer: habría que detectar en cada poeta posterior o contemporáneo, como Edgar Bayley, Alberto Vanasco, Mario Trejo o Juan-Jacobo Bajarlía —con sus *Estereopoemas* de la época de arte Madí—, los restos, trazas, lecciones que el surrealismo pudo haber impreso y dejado en sus poéticas.

BIBLIOGRAFÍA

Ferdinand Alquié, *Filosofía del surrealismo*, Barcelona, Barral, 1974.

Stefan Baciú, *Antología de la poesía surrealista latinoamericana*, México, Joaquín Mortiz, 1974.

André Breton, *Manifiestos del surrealismo* (traducción y notas de Aldo Pellegrini), Buenos Aires, Argonauta, 1992.

Miguel Espejo, *La ilusión lírica*, Buenos Aires, Hachette, 1984.

Miguel Espejo, *Senderos en el viento*, México, Universidad Autónoma de Puebla, 1985.

Miguel Espejo, "Antonio Porchia, habitante del universo", en Noé Jitrik (compilador), *Atípicos en la literatura latinoamericana*, Buenos Aires, Universidad de Buenos Aires, 1996.

Noé Jitrik, *La vibración del presente*, México, Fondo de Cultura Económica, 1987.

Bella Jozef, *Historia de la literatura hispanoamericana*, Guadalajara (México), Editorial Universitaria, 1990.

Francine Masiello, *Lenguaje e ideología. Las escuelas argentinas de vanguardia*, Buenos Aires, Hachette, 1986.

Julio Ortega, *Figuración de la persona*, Barcelona, Edhasa, 1971.

Octavio Paz, *El arco y la lira*, México, Fondo de Cultura Económica, 1979.

Marcel Raymond, *De Baudelaire al surrealismo*, México, Fondo de Cultura Económica, 1960.

VV.AA., *André Breton y el surrealismo*, Madrid, Museo Nacional Centro de Arte Reina Sofía, 1991.

Obras de Miguel Ángel Bustos

Cuatro murales, Buenos Aires, edición del autor, 1957.
Corazón de piel afuera, Buenos Aires, Nueva Expresión, 1959.
Fragmentos fantásticos, Buenos Aires, Francisco Colombo, 1965.
Visión de los hijos del mal, Buenos Aires, Sudamericana, 1967 (prólogo de Leopoldo Marechal).
El Himalaya o la moral de los pájaros, Buenos Aires, Sudamericana, 1970 (tapa e ilustraciones del autor).
Despedida de los ángeles, Buenos Aires, Libros de Tierra Firme, 1998 (selección y prólogo de Alberto Szpunberg).
Prosa: 1960-1976, Buenos Aires, Centro Cultural de la Cooperativa Floreal Gorini, 2007 (compilación de Emiliano Bustos).

Obras de Juan José Ceselli

La otra cara de la luna, Buenos Aires, Botella al Mar, 1953.
Los poderes melancólicos, Buenos Aires, Américalee, 1955.
De los mitos celestes y de fuego, Buenos Aires, Letra y Línea, 1955.
La sirena violada, Buenos Aires, Américalee, 1957.
Violín María, Buenos Aires, La Reja, 1961 (Premio Fondo Nacional de las Artes, Premio Municipalidad de Buenos Aires y Faja de Honor de la SADE).
Poesía argentina de vanguardia. Surrealismo e invencionismo (antología), Buenos Aires, Ministerio de Relaciones Exteriores, 1964.
El paraíso desenterrado, Buenos Aires, Sudamericana, 1966.
Misa tanguera, Buenos Aires, Corregidor, 1973.
La selva 4040, Buenos Aires, Losada, 1976.

Obras de Jacobo Fijman

Molino Rojo, Buenos Aires, El Inca, 1926.
Hecho de estampas, Buenos Aires, M. Gleizer, 1930.
Estrella de la mañana, Buenos Aires, Número, 1931.
Obra poética, Buenos Aires, La Torre Abolida, 1983 (precedida por textos de Carlos Riccardo, Víctor F. A. Redondo y Juan-Jacobo Bajarlía).

Obras de Celia Gourinski

Nervadura del silencio, Buenos Aires, Malanzán, 1959.
El regreso de Jonás, Buenos Aires, Rayuela, 1971.
Tanaterótica, Buenos Aires, Botella al Mar, 1978.
Acaso la tierra, Buenos Aires, Botella al Mar, 1981.

Instantes suicidas, Buenos Aires, Torres Agüero, 1982.
Inocencia feroz, Buenos Aires, Argonauta, 1999.

Obras de Carlos Latorre

Puerta de arena, Buenos Aires, Botella al Mar, 1950.
La ley de gravedad, Buenos Aires, Botella al Mar, 1952.
El lugar común, Buenos Aires, A Partir de Cero, 1954.
Los alcances de la realidad, Buenos Aires, Letra y Línea, 1955.
La línea de flotación, Buenos Aires, A Partir de Cero, 1959.
Las cuatro paredes, Buenos Aires, Áncora, 1964 (Premio Fondo Nacional de las Artes).
La vida a muerte, Buenos Aires, Rayuela, 1971.
Las ideas fijas, Buenos Aires, Dintel, 1972 (Premio Secretaría de Cultura de la Nación).
Campo de operaciones, Buenos Aires, Rodolfo Alonso, 1973 (Primer Premio Municipal).
Los puntos de contacto, Buenos Aires, Rodolfo Alonso, 1974.
Los temas del azar, Buenos Aires, Rodolfo Alonso, 1975.
Cabeza o triste páramo, Buenos Aires, Botella al Mar, 1979.
Los móviles secretos, Buenos Aires, En Danza, 2001.

Obras de Julio Llinás

Pantha rhei, Buenos Aires, Cuarta Vigilia, 1950 (con ilustraciones de Batlle Planas).
La ciencia natural, Buenos Aires, Boa, 1959 (con ilustraciones de Wilfredo Lam).
Clorindo Testa, Buenos Aires, Ediciones Culturales Argentinas, 1964.
De eso no se habla, Buenos Aires, Atlántida, 1993.
Fiat lux, Buenos Aires, Atlántida, 1994.
Inocente, Buenos Aires, Grijalbo-Mondadori, 1995.
La ciencia natural II, Buenos Aires, Atlántida, 1996.
El esperador, Buenos Aires, Atlántida, 1996.
Sombrero de perro, Buenos Aires, Casandra, 1999.
El fervoroso idiota, Norma, 1999.
Circus, Buenos Aires, Norma, 2000.
Crepúsculo en América, Buenos Aires, Casandra, 2000.
La kermesse celeste, Buenos Aires, Perse, 2001.
Antología poética, Buenos Aires, Fondo Nacional de las Artes, 2002.
Sonrisa de gato, Buenos Aires, edición del autor, 2002.
La mojarrita y el pez, Buenos Aires, El Narrador, 2005.
Querida vida, Buenos Aires, 2005.

Obras de Francisco Madariaga

El pequeño patíbulo, Buenos Aires, Letra y Línea, 1954.
Las jaulas del sol, Buenos Aires, A Partir de Cero, 1960.
El delito natal, Buenos Aires, Sudamericana, 1963.
Los terrores de la suerte, Rosario, Vigil, 1967 (Premio de la Fundación Lorenzutti).
El asaltante veraniego, Buenos Aires, Ediciones del Mediodía, 1967.
Tembladerales de oro, Buenos Aires, Interlínea, 1973.
Aguatrino, Buenos Aires, Edición del Poeta, 1976.
Llegada de un jaguar a la tranquera, Buenos Aires, Botella al Mar, 1980 (Primer Premio Regional de Literatura).
La balsa mariposa, Municipalidad de Corrientes, 1982.
Poemas (antología personal), Caracas, Fundarte, 1983.
Una acuarela móvil, Buenos Aires, El Imaginero, 1985.
Resplandor de mis bárbaras, Buenos Aires, Tierra Firme, 1985.
El tren casi fluvial (Obra reunida), Buenos Aires, Fondo de Cultura Económica, 1988.
País garza real, Buenos Aires, Argonauta, 1997.
Aroma de apariciones, Buenos Aires, Último Reino, 1998.
Criollo del universo, Buenos Aires, Argonauta, 1998 (Primer Premio Municipalidad de Buenos Aires, Primer Premio Nacional de Poesía).
En la tierra de nadie, Buenos Aires, Ediciones del Dock, 1998.
Sólo contra Dios no hay veneno, Buenos Aires, Último Reino, 1998.

Obras de Enrique Molina

Las cosas y el delirio, Buenos Aires, Sudamericana, 1941.
Pasiones terrestres, Buenos Aires, Emecé, 1946.
Costumbres errantes o la redondez de la tierra, Buenos Aires, Botella al Mar, 1951.
Amantes antípodas, Buenos Aires, Losada, 1961.
Fuego libre, Buenos Aires, Losada, 1962.
Las bellas furias, Buenos Aires, Losada, 1966.
Hotel pájaro (antología), Buenos Aires, Centro Editor de América Latina, 1967.
Monzón Napalm, Buenos Aires, Sunda, 1968.
Una sombra donde sueña Camila O'Gorman, Buenos Aires, Losada, 1973.
Amantes antípodas y otros poemas (antología), Barcelona, Ocnos, 1974 (selección y prólogo de André Coyné).
Obra poética, Caracas, Monte Ávila, 1978.
Los últimos soles, Buenos Aires, Sudamericana, 1980.

Obra completa, 2 vols., Buenos Aires, Corregidor, 1984 y 1986.
El ala de la gaviota, Barcelona, Tusquets, 1989.
Antología poética, Madrid, Visor, 1991 (selección y prólogo de Miguel
   Espejo).
Hacia una isla incierta, Buenos Aires, Argonauta, 1992.
Orden terrestre. Obra poética 1941-1995 (antología), Buenos Aires,
   Seix-Barral, 1995.
El adiós, Buenos Aires, Emecé, 1997.

Obras de Olga Orozco

Desde lejos, Buenos Aires, Losada, 1946.
Las muertes, Buenos Aires, Losada, 1951.
Los juegos peligrosos, Buenos Aires, Losada, 1962.
La oscuridad es otro sol, Buenos Aires, Losada, 1967.
Museo salvaje, Buenos Aires, Losada, 1974.
Veintinueve poemas, Caracas, Monte Ávila, 1975 (prólogo de Juan
   Liscano).
Cantos a Berenice, Buenos Aires, Sudamericana, 1977.
Obra poética, Buenos Aires, Corregidor, 1979.
Mutaciones de la realidad, Buenos Aires, Sudamericana, 1979.
La noche a la deriva, México, Fondo de Cultura Económica, 1984.
En el revés del cielo, Buenos Aires, Sudamericana, 1987.
Con esta boca, en este mundo, Buenos Aires, Sudamericana, 1994.
También la luz es un abismo, Buenos Aires, Emecé, 1995.
Travesías (en colaboración con Gloria Alcorta), Buenos Aires, Suda-
   mericana, 1997. Conversaciones coordinadas por Antonio Requeni.
Relámpagos de lo invisible, Buenos Aires-México, Fondo de Cultura
   Económica, 1998.

Obras de Aldo Pellegrini

El muro secreto, Buenos Aires, Argonauta, 1949.
La valija de fuego, Buenos Aires, Américalee, 1953.
Artistas abstractos argentinos, París-Buenos Aires, Cercle d'Art,
   1956
Construcción de la destrucción, Buenos Aires, A Partir de Cero, 1957.
Teatro de la inestable realidad, Buenos Aires, 1964.
Para contribuir a la confusión general, Buenos Aires, Nueva Visión,
   1965.
Antología de la poesía viva latinoamericana, Barcelona, Seix-Barral,
   1966.
Distribución del silencio, Buenos Aires, Fabril, 1966.
Nuevas tendencias en la pintura, Buenos Aires, Muchnik, 1967.

Panorama de la pintura argentina contemporánea, Buenos Aires, Paidós, 1967.

Escrito para nadie, Buenos Aires, Argonauta, 1989.

La valija de fuego (Poesía completa), Buenos Aires, Argonauta, 2001 (compilación y notas de Mario Pellegrini).

Obras de Alejandra Pizarnik

La tierra más ajena (bajo el nombre de Flora Alejandra Pizarnik), Buenos Aires, Botella al Mar, 1955.

La última inocencia, Buenos Aires, 1956.

Las aventuras perdidas, Buenos Aires, 1958. Los dos títulos que anteceden fueron reeditados en un solo volumen por Botella al Mar, 1976, con prólogo de Enrique Molina.

Árbol de Diana, Buenos Aires, Sur, 1962.

Los trabajos y las noches, Buenos Aires, Sudamericana, 1965.

Extracción de la piedra de la locura, Buenos Aires, Sudamericana, 1968.

Nombres y figuras, Barcelona, Colección La Esquina, 1969.

El infierno musical, Buenos Aires, Siglo XXI, 1971.

Los pequeños cantos Caracas, Árbol de Fuego, 1971.

La condesa sangrienta, Buenos Aires, Aquario, 1971.

El deseo de la palabra (antología), Barcelona, Barral, 1975.

Textos de sombra y últimos poemas, Buenos Aires, Sudamericana, 1982.

Obras completas: poesía completa y prosa selecta (edición a cargo de Cristina Piña), Buenos Aires, Corregidor, 1993.

Correspondencia, A. Pizarnik/I. Bordelois (compiladora), Buenos Aires, Seix Barral, 1998.

Poesía completa (edición a cargo de Ana Becciú), Barcelona, Lumen, 2001.

Prosa completa (edición a cargo de Ana Becciú, prólogo de Ana Nuño), Barcelona, Lumen, 2002.

Diarios (edición a cargo de Ana Becciú), Barcelona, Lumen, 2003.

Obras de Antonio Porchia

Voces, Buenos Aires, Impulso, 1943.

Voces, 5ª edición, Buenos Aires, Hachette, 1965.

Voces abandonadas, Valencia, Pre-textos, 1992 (compilación y prólogo de Laura Cerrato).

Obras de Juan Antonio Vasco

El ojo de la cerradura, Chascomús, Imprenta Baltar, 1943.

Cuatro poemas con rosas, Buenos Aires, Cuaderno de "El balcón de madera", 1948.

Cambio de horario, Buenos Aires, Letra y Línea, 1954.

Destino común, Buenos Aires, A Partir de Cero, 1959.

Pasen a ver, Caracas, Monte Ávila, 1975.

Historias del reino de Pi, Buenos Aires, Huemul, 1976.

El monigote y otros relatos, Caracas, Fundarte, 1981.

Pasen a ver: poemas 1950-1980, Mérida (Venezuela), Universidad de los Andes, 1982.

Conversación con la esfinge —una lectura de la obra de Octavio Armand—, Buenos Aires, Fraterna, 1984.

Déjame pasar, Buenos Aires, Último Reino, 1988 (antología y ensayo de Ricardo H. Herrera).

Parranda y funeral, seguido de Aforismos y desafueros, Caracas, Tropykos, 1992.

LA IDEA DE LO NUEVO
EN ESCRITORES DE IZQUIERDA

por Pablo Ansolabehere

> Desde un tiempo a esta parte, florece, entre nosotros, la
> literatura humilde. Hay ya un núcleo considerable de
> escritores surgidos del pueblo, que tienen un plan común
> de trabajo y cuya obra llegará a darles una orientación
> firme a las llamadas letras nacionales. Nos referimos a los
> escritores de la izquierda, estén o no en Boedo.
> ELÍAS CASTELNUOVO[1]

> La electricidad, el vapor, el radium, las ondas hertzianas, el
> ultramicroscopio, los ferrocarriles, la mecánica celeste, las
> huelgas de obreros, el aeroplano, la bioquímica, la
> seroterapia, el cinematógrafo, la navegación, el teléfono, la
> radiotelefonía y el telégrafo... ¿no nos dicen nada nuevo?
> ¿No nos hacen pensar y sentir de manera distinta?
> *La Campana de Palo*[2]

En la década de 1920 aparece en la Argentina un grupo de escritores jóvenes que irrumpe en el campo literario y que se reconoce,
sobre todo, por una ubicación política: la izquierda. Ser un escritor
de izquierda implica para ellos, en primer término, no tanto una adhesión definida a determinada postura política dentro del arco de la
izquierda vernácula o internacional (anarquismo, socialismo, comunismo, sindicalismo) como la adopción de una forma de entender el
arte y de concebir la práctica literaria que los ubica necesariamente
en la izquierda. Ser un escritor de izquierda presupone asumir con
los más humildes el compromiso de brindarles una literatura since-

---

[1] Roland Chaves (Elías Castelnuovo), en Clara Beter (César Tiempo), *Versos de una...* [1926], Buenos Aires, Ameghino, 1998. "Prólogo a la primera edición - Los nuevos".

[2] *La Campana de Palo*, año 1, n° 1, 17 de junio de 1925.

ra, interesada principalmente en el registro de la realidad, en especial de sus aspectos socialmente más desagradables, a través de una serie de textos, en prosa o en verso, que, inmunes a las tentaciones del juego con la forma y el preciosismo verbal, tengan como premisa ser accesibles a todos.

Este modo específico de entender la relación entre una tendencia política —la izquierda— y una concepción determinada sobre la literatura y el arte, es decir, esta reducción del vínculo entre política de izquierda y literatura a una de sus posibles variantes es el resultado de un proceso complejo que puede verificarse durante la década de 1920, y que se termina de corroborar años después, en las sucesivas revisiones practicadas por los historiadores de la literatura argentina. A lo largo de ese proceso fueron quedando de lado, en una zona marginal, otras formas de concebir esa relación, como por ejemplo ciertos intentos de unir vanguardia política con vanguardia poética, o desde otro lugar, literatura concebida como un apéndice del discurso político de izquierda.

El repaso por algunas publicaciones culturales de la década del 20 —sobre todo de sus comienzos— muestra que también se pensó en la posibilidad de un vínculo entre izquierda política y literatura desde las vanguardias. Es lo que hace notar Horacio Tarcus a partir de la lectura de revistas literarias y político-culturales, como *Insurrexit* (1921-1922), *Quasimodo* (1921) o *Prisma* (1921-1922), en las que colaboran algunos escritores luego identificados con los "vanguardistas" de Florida (Eduardo González Lanuza, Jorge Luis Borges, Francisco Piñero), con textos de intención vanguardista en los que se elogia la experiencia de la revolución bolchevique.[3] Se trata de publicaciones que, como en el caso de *Insurrexit*, tienen una clara orientación política de izquierda, o que, como *Quasimodo*, proponen directamente la posibilidad de conjugar vanguardia estética con políticas revolucionarias, y donde, junto con artículos que defienden la Revolución rusa, aparecen otros favorables al futurismo italiano o a Picasso. Es por eso que Tarcus sostiene que ésta es una década

> fecunda en la proliferación de formaciones culturales y en publicaciones que abarcan en verdad un espectro político-intelectual mucho más amplio, complejo e intrincado que el que permite pensar la contraposición "Florida-Boedo" o la oposi-

[3] El ejemplo más conocido lo constituyen los poemas "rojos" de Borges: "Rusia" [ca.1920] y "Guardia roja" [1921] reproducidos en Jorge Luis Borges, *Textos recobrados. 1919-1929*, Buenos Aires, Emecé, 1997.

ción "realismo-vanguardia", que no se corresponde puntualmente con una confrontación izquierdas-derechas.[4]

Otra variante sobre el vínculo entre literatura e izquierda puede pensarse a partir de la prensa política de izquierda que circula en la Argentina. Un recorrido por sus páginas (que puede ir desde el anarquismo de *La Protesta*, hasta *La Vanguardia*, una publicación clásica del socialismo parlamentarista argentino) demuestra que, como viene ocurriendo desde el cambio de siglo, la literatura no está ausente de sus páginas y que esa presencia tiene que ver con una concepción política (de izquierda) sobre la función de la literatura en la que ésta en general aparece como una suerte de apéndice pedagógico del discurso político más programático.

Sin embargo, lo cierto es que la poética de los escritores aglutinados alrededor de la Editorial Claridad e identificados con Boedo (entre quienes se destacaron Elías Castelnuovo, Leónidas Barletta, Álvaro Yunque y Roberto Mariani, entre otros) es la que termina por imponerse como el paradigma de lo que debe entenderse por literatura de izquierda, en la Argentina de los años veinte.

Ahora bien, más allá de la comprobación de esta hegemonía, o del análisis del proceso a través del cual terminó por consolidarse, lo que interesa en particular es que esta forma de concebir la literatura haya sido presentada (en varios de los textos más programáticos de los escritores de izquierda que circularon en esos años) como una *novedad* dentro de la historia y del panorama contemporáneo de las letras nacionales. Lo auténticamente *nuevo* de la literatura actual —parecen decirnos esos textos— es la literatura de los escritores de izquierda.

Dos cosas llaman la atención en esta idea. Primero, el hecho de que parece desconocerse que desde el 900 aproximadamente, existe ya en la Argentina una literatura de izquierda, con concepciones sobre el arte y la función del escritor bastante similares a las de la au-

---

[4] Horacio Tarcus, "Revistas, intelectuales y formaciones culturales izquierdistas en la Argentina de los veinte", *Revista Iberoamericana*, vol. LXX, nº 208-209, julio-diciembre de 2004. Tarcus parte de la idea de la existencia de una "década larga" que comienza alrededor de tres hechos: la Revolución rusa de 1917, la Reforma Universitaria de 1918 y las huelgas que concluyen en la Semana Trágica de enero de 1919, que le dan al período el tono de "efervescencia social, política y cultural" que lo caracteriza, y que concluye con el golpe militar de septiembre de 1930. En su recorrido también se ocupa de la *Revista de Oriente* (1925-1926), editada por la Asociación Amigos de Rusia, que contó con un amplio espectro de colaboradores: Eduardo González Lanuza, Nicolás Olivari, Álvaro Yunque, César Tiempo (como Clara Beter), Raúl Scalabrini Ortiz, Brandán Caraffa, Jacobo Fijman.

toproclamada novedosa literatura de izquierda de los años veinte. Y segundo, el valor que los escritores de izquierda le otorgan a *lo nuevo*, algo que en principio parecería estar más naturalmente vinculado con las propuestas estéticas de los "artepuristas" o "vanguardistas" de Florida que con la agenda de los escritores de izquierda identificados con Boedo.

Lo que sigue es un intento de responder a estos interrogantes —y a otros que se les superponen— acerca de lo nuevo en los escritores de izquierda en la década de 1920. A este recorte temporal hay que agregarle otro de índole genérica junto con una reflexión sobre varios textos programáticos y algunos libros de poemas de esos mismos escritores.

En cuanto al corte temporal, en la década del 30 se abre otra etapa, no sólo por lo que significó el golpe militar de septiembre, capitaneado por José Félix Uriburu, y sus secuelas, sino también porque algunos acontecimientos internacionales van a cambiar la relación entre literatura e izquierda, tal como se la entiende en la década anterior. La consolidación y el endurecimiento del régimen soviético (y el establecimiento de una estética oficial), el surgimiento del nazismo, el gobierno de la República en España y la Guerra Civil son hechos que provocan reposicionamientos y otras formas de pensar el vínculo entre práctica política y práctica artística que se vuelven particularmente visibles en la Argentina.

El recorte genérico responde a la idea de que es en la poesía donde mejor se puede leer la tensión entre novedad, vanguardismo y política de izquierda, tal vez porque ocupa un lugar menos privilegiado en el programa de los escritores de izquierda en la Argentina de los años veinte.

Izquierda y tradición

"Humilde". Así define Elías Castelnuovo (una de las figuras más influyentes del grupo de Boedo) a la literatura de los escritores de izquierda, en una de las citas que sirven de epígrafe a este artículo.[5] La "humildad" como atributo de lo literario parece apuntar en varias direcciones: al origen de aquellos que producen esa literatura, "surgidos del pueblo" (sentido ya aclarado en la misma cita; a la ausencia de pre-

---

[5] Sobre Castelnuovo, su literatura y su importancia entre los escritores de izquierda de este período, ver Adriana Astuti, "Elías Castelnuovo o las intenciones didácticas en la narrativa de Boedo", en María Teresa Gramuglio, *El imperio realista*, vol. 6, *Historia crítica de la literatura argentina*, Buenos Aires, Emecé, 2002.

tensiones estéticas desmedidas (rasgo señalado como un demérito en los defensores del artepurismo); a la sencillez, que garantiza la llegada al hombre común, *al pueblo*; a la temática, que consiste en hacer de la vida de los humildes la materia básica de esta literatura.

Definiciones parecidas a la de Castelnuovo pueden encontrarse en otros textos de autores que el propio Castelnuovo identifica como pertenecientes a ese núcleo de escritores de izquierda. Cito un ejemplo:

> La poesía, el cuento y la novela así entendidos, interpretando siempre al hombre en su vida espiritual, múltiple y compleja, no se adaptan al gusto de un pequeño círculo, sino que cumplen la suma finalidad del arte: ser asequibles a todos. No importa que escape a muchos el lado formal [...] aspecto al cual se rinde hoy exagerado culto.

Esto escribe Luis Emilio Soto —el "crítico" por excelencia del grupo de Boedo— en 1925, en un texto titulado "Izquierda y vanguardia literaria". Allí se expone con gran claridad la necesidad de una literatura sencilla, opuesta al formalismo elitista practicado por ciertos escritores, y que por sobre todo debe procurar llegar al pueblo. Como en Castelnuovo, para Soto, la izquierda literaria es "un bloque orgánico [...] con una común concepción del arte", y con "alcance o proyección social [...] pues habiendo surgido del pueblo, debe recoger por fuerza sus inquietudes".[6]

Algunos años después, en un texto que se propone trazar un balance de la literatura de la década de 1920, Leónidas Barletta, uno de los integrantes más notorios de ese "bloque orgánico" del que habla Soto, opina que, frente al efímero "arte para los elegidos" (identificado con los escritores de Florida), se ubica el arte verdadero, el "arte para el pueblo, es decir, *para todos*". En su repaso por la literatura de los últimos años, Barletta explica que la "nueva generación de escritores que disienten con los del arte por el arte [...] propiciaron el desarrollo de un arte sano, verídico, que se identificase con el paisaje y el hombre". Y agrega que estos nuevos escritores, "como debían tomar ubicación, lo hicieron, lógicamente, en la izquierda".[7]

Una idea bastante similar puede encontrarse en otra cita:

[6] Luis Emilio Soto, "Izquierda y vanguardia literaria", en *Los Pensadores*, n° 115, reproducido en Lafleur, Provenzano, Alonso (selección, prólogo y notas), *Las revistas literarias argentinas*, Buenos Aires, CEAL, 1980.

[7] Leónidas Barletta, "Divagaciones y concretos, acerca de un presunto arte izquierdista", en *La Literatura Argentina*, año I, n° 3, noviembre de 1928.

Hace falta "hacer arte" para el pueblo, arte verdadero, arte sano, despojado de los refinamientos enfermizos de los decadentistas, pero sin sacrificar nunca la belleza, al contrario, dando a las obras del arte la forma propia de la belleza, que es la sencillez, de modo que todos las comprendan y a todos conmuevan.[8]

No se trata, en este caso, sin embargo (aunque la coincidencia con Barletta, Soto o Castelnuovo así parece sugerirlo), de la propuesta de otro de los escritores de izquierda de los años veinte, sino de una frase de Alberto Ghiraldo, publicada en la primera década del siglo, en la revista anarquista que dirigió entre 1904 y 1905, *Martín Fierro*, del mismo nombre que la más célebre dirigida por Evar Méndez entre 1924 y 1927.[9]

Las coincidencias se extienden, incluso, a una cuestión que, en principio, parece ser la gran novedad: la irrupción de las vanguardias artísticas. La idea de pensar la "literatura de izquierda" o el "arte para el pueblo" en confrontación con otra literatura o con una opuesta concepción del arte, también está presente, hacia el 900, en las reflexiones sobre el arte; el único cambio es nominativo. En un caso se hablará de "vanguardia", en el otro, de "decadentismo", pero la forma en que se define al antagonista es prácticamente idéntica, como si, más allá de algún nombre, el dilema y la forma de plantearlo no hubieran cambiado en esos veinticinco años. Pero incluso, cuando uno de los primeros grupos de la vanguardia europea intente hacerse oír, como ocurre con Filippo Marinetti y su "Manifiesto Futurista" de 1909, desde la prensa de izquierda local rápidamente se le va a responder, señalándole *debilidades* que luego los escritores de izquierda van a encontrar en sus antagonistas:

El señor Marinetti con sus aires de revolucionario no puede sino hacernos sonreír. Su doctrina es profundamente burguesa, anticuada, reaccionaria, y antes de hacerle la injuria de creer en su convicción de estas paparruchadas, queremos suponer que él ha elegido el carnaval para representar una hermosa farsa.[10]

---

[8] Alberto Ghiraldo, "El arte para el pueblo", *Martín Fierro*, n° 7, 14 de abril de 1904.

[9] Ver en este mismo volumen Oscar Traversa, "*Martín Fierro* como periódico".

[10] M. de Maigret, "Prospectos literarios", en *La Batalla (Diario Anarquista de la Tarde)*, Buenos Aires, n° 5, 11 de marzo de 1910. En este artículo se reproduce, con fines polémicos, parte del manifiesto de Marinetti, sobre todo el pasaje en el que exalta "el militarismo, el patriotismo, el gesto destructor del anarquismo, las bellas ideas que matan; esto es el desprecio de la mujer".

Quince años después, Luis E. Soto va a decir que la mayor preocupación de la "vanguardia literaria" (cuyo arte es "hermético por excelencia") es "aprehender lo frívolo", y que "su sensibilidad tan decantada carece de volumen". También opinará que se trata de una literatura de "puros ademanes", sólo interesada en "lo pintoresco" y "el entretenimiento". A su vez, Barletta, por la misma época, define a esta literatura como "arte para unos pocos", y ve en los escritores de vanguardia a un grupo de "amujerados", interesados sobre todo por la "frivolidad" y el "chiste". No desentonan estas opiniones con las que más de veinte años antes, desde el anarquismo (es decir desde la izquierda), Ghiraldo formula sobre los cultivadores de "el arte por el arte", a quienes llama, "bufones" y califica como "artistas de manos hábiles, pero de alma seca".

A esas definiciones de Ghiraldo se le pueden sumar las opiniones o directamente la obra de otros escritores de izquierda, en general de tendencia anarquista, que surgen en la primera década del siglo: Rodolfo González Pacheco, Federico Gutiérrez, Alejandro Sux, o incluso el primer Florencio Sánchez.

Podemos decir, por lo tanto, que existe desde el 900 un conjunto de escritores, con una obra fácilmente identificable con "la izquierda" artística (en el sentido en que la definen Castelnuovo o Soto), que abarca los mismos géneros en que incursionaron los nuevos escritores de izquierda (poesía, teatro, narrativa, crítica cultural), y que además cuenta con un cuerpo de textos programáticos que formulan ideas similares, más allá de algunos cambios de nombre, a las expresadas por estos escritores varios años después.

A pesar de esta evidencia, la frase "De un tiempo a esta parte" con que arranca la cita de Castelnuovo sugiere algo que la lectura del resto de su texto no hace sino corroborar: que se está refiriendo a un lapso muy breve que no va más allá del comienzo de 1920. La pregunta es, entonces, ¿por qué estos escritores de izquierda (no sólo Castelnuovo) se desconocen en la tradición literaria de la izquierda local que se inicia alrededor del 900? ¿Por qué insisten en presentar su aparición en el panorama de las letras nacionales como una absoluta novedad?

En principio puede responderse diciendo que no se trata de una tradición literaria estéticamente valorable, incluso para los criterios de valor estético (tan vinculados con consideraciones de índole social y política) de esos escritores de izquierda. Es un poco lo que se desprende tanto del texto citado de Castelnuovo, o de otros donde se hace un repaso de la literatura de las primeras décadas del siglo, como de algunos trabajos críticos de Álvaro Yunque.

"Poetas milongueros", por ejemplo, llama Castelnuovo, con indisimulado desprecio, a los poetas del 900 que cantaron la necesidad y virtudes de la revolución social. Hay, para él, algo de falso y ampuloso en el tono declamatorio de estos poetas que, más allá de sus buenas intenciones, hace que el autor de *Larvas* tome prudente distancia de ellos:

> El poeta de entonces era una especie de aristócrata del verso que tronaba contra la aristocracia de la sangre y del dinero. El que más, el que menos, declamaba furiosamente. Cuanto más chillaba un poeta, tanto más grande parecía.[11]

Algo similar propone Álvaro Yunque años después, cuando se refiere a poetas anarquistas, como Alberto Ghiraldo, José de Maturana o Federico Gutiérrez; de Ghiraldo dice que es "declamatario y andradesco", "enfático como una poesía patriótica", y de Maturana, que es "más orador que escritor", y que fue incapaz de convertir en obra de arte "la generosa idea redentora".[12]

En ambos casos, la toma de distancia —el corte— con los escritores de izquierda del 900 se justifica a partir de lo que sería una clara diferencia estética. La idea es que estos escritores de izquierda siguen, a su modo y mal que les pese, la estética predominante hacia principios de siglo impuesta por los poetas modernistas identificados con el *artepurismo*: más allá de sus divergentes posiciones políticas los uniría el mismo gusto por el ornamento, la misma fascinación por la sonoridad de las palabras, por los juegos altisonantes de la retórica y, consecuentemente, un similar olvido del mundo real, es decir, del registro concreto —sin distracciones retóricas— de los aspectos más crudos de la realidad de su tiempo. Es por eso que del escrutinio de antecedentes locales se salvan muy pocos escritores, el español Rafael Barret (1876-1910) o, ya mucho más cerca, Juan Palazzo, autor de *La casa por dentro* (1921).

Es muy difícil no coincidir en la duda sobre la calidad de la obra literaria de Alberto Ghiraldo, Ángel Falco, Federico Gutiérrez o José de Maturana. Sin embargo, la producción de los escritores como Castelnuovo, Barletta o Yunque, por nombrar sólo algunas de sus firmas más célebres, no parece carecer de parejas debilidades a las de sus no reconocidos antecesores: hay en ambas la misma visión maniquea de la realidad, la consecuente división del mundo entre buenos (los explotados) y malos (los explotadores), un similar pietismo y lamento por la triste condición de los más humildes.

---

[11] Castelnuovo, *op. cit.*

[12] Álvaro Yunque, *La literatura social en la Argentina*, Buenos Aires, Claridad, 1941.

Tal vez esta voluntad de corte con toda posible tradición literaria tenga que ver también con la percepción de que no parece haber existido en los escritores de izquierda de las primeras décadas del siglo un fuerte y reconocible carácter grupal en tanto *artistas* de izquierda, más allá de su coincidente posición política o, en algunos casos, de su militancia. Es decir, la novedad de los nuevos escritores de izquierda estaría dada por su propósito de intervenir en la política *desde* la literatura: aquello que los define en primera instancia como grupo no es su ideología política sino su pertenencia al bando de los artistas.

Se trata, sin embargo, de una verdad relativa, ya que implica desconocer la existencia de la *bohemia revolucionaria* de la primera década del siglo, es decir, de un conjunto de escritores, dibujantes y periodistas de izquierda que intervinieron en la lucha política desde las páginas de la prensa de la izquierda (básicamente desde el anarquismo), pero reconociéndose a sí mismos, antes que nada, por su condición de artistas. *Bohemia revolucionaria* (1909) se titula, precisamente, uno de los textos que mejor permiten reconstruir el lugar de este conjunto de artistas revolucionarios, entre los que se encontraba su autor, Alejandro Sux (1888-1959), y a quienes pueden agregarse, entre los más conocidos, los nombres de Alberto Ghiraldo, Evaristo Carriego o incluso ese paradigma de la bohemia porteña llamado Carlos de Soussens.

Aunque también es cierto que si bien los artistas de la "bohemia revolucionaria" preceden a los escritores de izquierda de los veinte en su intento por intervenir en la política desde su lugar de artistas, tampoco hay dudas acerca de que su posición en el campo literario argentino fue mucho más débil, efímera y marginal que la del grupo de Barletta, Castelnuovo y compañía, quienes definieron su lugar de escritores de izquierda con una coherencia y una persistencia indudablemente nuevas.

Pero, más allá de estas explicaciones, la principal razón del corte que estos escritores de izquierda establecen con aquellos que presuntamente los preceden se debe a las características y a la propia dinámica de la *cultura de izquierda* en la Argentina, sin la cual es difícil entender el lugar que ocuparon en el campo literario unos y otros.

Si hay que buscar una conexión entre los escritores de izquierda (o "sociales", o "para el pueblo", o "proletarios") de esa década con las líneas y posturas estéticas ya formuladas e implementadas hacia el 900, no hay que hacerlo a partir de una serie de figuras determinadas —más allá de que algunos escritores de Boedo admitan como importante para su literatura el antecedente de tal o cual escritor—, o de cierto grupo artístico reconocible, sino teniendo en cuenta una forma cultural más amplia y anónima, constituida por cierta forma específica de entender la relación entre literatura, cultura, sociedad y política a la que se ha dado en llamar "cultura de izquierda". Es la presencia activa, sobre todo desde principios de siglo, de una serie de instituciones (anarquistas, socialistas y sindicalistas), y de actividades vinculadas con ellas, como ateneos, círculos culturales, veladas, bibliotecas, grupos teatrales independientes, ligas científicas, centros educativos y, sobre todo, editoriales, que publicaban incansablemente diarios, periódicos, revistas, libros y folletos, lo que posibilita la constitución de una forma de entender la relación entre la literatura y la política que explica la continuidad entre algunas posturas estéticas del 900 y la de nuevos escritores de izquierda.[13]

Un ejemplo poco señalado de esa continuidad cultural es el de las revistas literarias y culturales de izquierda de la década del 20.[14] Un repaso por las páginas de *Los Pensadores* o *Claridad*, por tomar dos ejemplos clásicos, muestra que, aparte de los textos de los jóvenes escritores que allí publican algunos de sus relatos, poemas, críticas o declaraciones programáticas, hay un gran espacio reservado a Tolstoi, Zola, Gorki, France, Mirbeau, Ibsen, Barret, Kropotkin, Baroja, y otras firmas habituales en la prensa de izquierda desde principios de siglo. Incluso la diagramación de estas revistas sigue en gran medida las pautas ya fijadas por publicaciones como la primera *Martín Fierro* (1904-1905) o *Ideas y Figuras* (1909-1916).

El que esa continuidad se verifique a través de estos mecanismos culturales —sin duda menos reconocibles como antecedente inmediato que la figura de un escritor o de un grupo artístico— explica que los escritores de izquierda tengan la convicción de conformar un fenómeno localmente nuevo, a pesar de la evidencia de que hay algo del mismo orden que los antecede.

Lo nuevo de verdad

Estas explicaciones, sin embargo, no responden a la pregunta de por qué ese lugar de privilegio reservado a *lo nuevo*; por qué *lo nuevo* como valor. En un clásico ensayo sobre la literatura de Boedo y Florida, Adolfo Prieto describe cómo una serie de acontecimientos loca-

---

[13] Ver Eva Golluscio, "'Los caballeros del ideal'. Patrimonio teatral de los filodramáticos libertarios de la Argentina", en Alfredo Rubione, *La crisis de las formas*, vol. 5, *Historia crítica de la literatura argentina*, Buenos Aires, Emecé, 2006.

[14] Ver Alejandro Eujanián y Alberto Giordano, "Las revistas de izquierda y la función de la literatura: enseñanza y propaganda", en María Teresa Gramuglio, *El imperio realista*, vol. 6, *Historia crítica de la literatura argentina*, op. cit.

les e internacionales (la apertura democrática y el triunfo del radicalismo, la Reforma Universitaria de 1918, el fin de la Gran Guerra, la Revolución rusa de 1917) contribuyó a crear la sensación de que se estaba viviendo una nueva era, en la que se "confirma la presunción, ampliamente sustentada en otros lugares y por otros motivos, de que la juventud liquidará el mundo de los viejos".[15] Se trataría, entonces, de un clima de época que impregna por igual, más allá de divergencias estéticas, a los jóvenes escritores que aparecen en el panorama literario local, incluidos los de izquierda.

Varios textos que funcionan como manifiestos de grupo lo corroboran. A comienzos de 1925, en la revista *Los Pensadores* (segunda época), aparece una nota en la que se exponen los "Propósitos de la Biblioteca Los Nuevos". Allí se aclara que "los viejos no pueden enseñar nada a los jóvenes más que ideas caducas y reaccionarias. No esperamos nada de los viejos".[16] Esta declaración de principios, expresada en la presentación de una colección ("Biblioteca") denominada, no casualmente, "Los Nuevos", bien podría adjudicarse a los escritores de Florida.[17] La misma coincidencia podría verificarse incluso en otras declaraciones de parecido tono de los escritores de izquierda y que sugiere, en principio, que no es tanta la distancia que separa a los jóvenes escritores de Boedo de los de Florida.[18] Sin embargo, aun en su coincidente defensa de lo nuevo, estos escritores

[15] Adolfo Prieto, "Boedo y Florida", en *Estudios de literatura argentina*, Buenos Aires, Galerna, 1969.

[16] *Los Pensadores* (segunda época). *Revista de selección ilustrada. Arte, crítica y literatura*, n° 6, febrero de 1925.

[17] "La colección 'Los Nuevos', que publicó Editorial Claridad desde 1924, alcanzó en 1928 su décimo tomo. Es la colección más significativa del grupo de Boedo en cuanto seleccionó y reunió a los mejores de entre los escritores de izquierda, por lo menos a muchos de los mejores" (Carlos A. Giordano, "Boedo y el tema social", en *Capítulo. La historia de la literatura argentina*, Buenos Aires, CEAL, 1967). En ella publicaron sus relatos, entre otros, Castelnuovo (*Tinieblas, Malditos*), Barletta (*Los pobres*) y Mariani (*Cuentos de la oficina*) y los dos únicos libros de poemas, *Versos de la calle*, de Álvaro Yunque y *Versos de una…*, de Clara Beter (César Tiempo), a los cuales me referiré más adelante.

[18] Ver Claudia Gilman, "Polémicas II", en Graciela Montaldo (ed.), "Literatura de izquierda: humanitarismo y pedagogía", *Yrigoyen, entre Borges y Arlt (1916-1930), Historia social de la literatura argentina*, Buenos Aires, Contrapunto, 1989. La cita corresponde al número 155 de la revista *Claridad*, marzo de 1928: "Más que curioso es entonces verosímil que, desaparecida *Martín Fierro*, *Claridad* enuncie para sí el programa contenido en el "Manifiesto" martinfierrista no solamente en su espíritu sino también en su letra: 'Nosotros, los jóvenes de izquierda […] nos complacemos en ser atropelladores, turbulentos, iconoclastas. Nos reímos de todas las honorabili-

buscan diferenciarse, señalando qué es lo verdaderamente nuevo, y denunciando qué no lo es.

En una nota aparecida en 1928 en la revista *Claridad* se afirma que la nueva sociedad que se está formando "necesita de un arte asimismo nuevo —en el sentido más sano de la palabra, sin refinamientos decadentes ni novedades de circo— que la refleje y comprenda".[19] La alusión a la literatura de los martinfierristas es transparente y apunta con la misma claridad a discutirles el sentido de lo nuevo. La lógica de su argumentación es desmentir la supuesta novedad de la vanguardia estética de los escritores de Florida explicando que en realidad no hacen sino repetir una fórmula vieja. Es por eso que los términos para nombrarlos son deliberadamente antiguos: "decadentes" aquí, "artepuristas" en otros textos.

Lo verdaderamente nuevo, nos dicen estos escritores de izquierda, no es la anticuada práctica del preciosismo formal, sino la búsqueda de una literatura y un arte del pueblo y para el pueblo que contribuya al triunfo de una nueva sociedad y al nacimiento de un hombre nuevo. Y es precisamente ese triunfo, parte ya de la historia reciente, el que más incide en esta discusión por lo nuevo.

Se trata, por supuesto, del triunfo de la Revolución rusa de 1917, un acontecimiento político que divide el tiempo en eras, y le pone un nuevo cero a la historia (y a la historia de la literatura).[20] Esto es, por lo menos, lo que piensan los nuevos escritores de izquierda de la Argentina, y es por eso que el "de un tiempo a esta parte" antes citado con que Castelnuovo inicia su discurso crítico debe ser entendido también como "desde la Revolución rusa a esta parte". De hecho, es a partir del corte que implica la Revolución rusa y el establecimiento de la República de los Soviets que Castelnuovo despacha a los re-

---

dades académicas y momificadas que nada significan: despreciamos a todas las ratas de biblioteca que ven pasar la vida con ojos miopes...' "

[19] Miranda Klix, "Asteriscos a la nueva literatura argentina", en *Claridad*, nº 156, abril de 1928. Ver Graciela Montaldo, "Literatura de izquierda: humanitarismo y pedagogía", en Montaldo (ed.), *op. cit.*

[20] Beatriz Sarlo (*Una modernidad periférica. Buenos Aires 1920 y 1930*, Buenos Aires, Nueva Visión, 1988) sostiene que el encuentro de los jóvenes intelectuales de izquierda "con la Rusia de los soviets es su punto de diferenciación respecto del resto del campo cultural. [...] Se trata, una vez más, del espíritu de 'lo nuevo' librando su batalla en un remoto lugar del planeta [...] para los intelectuales de origen popular e inmigratorio, cuyas diferencias con los escritores de familias criollas largamente afincadas no pasaban sólo por el debate estético, la revolución era al mismo tiempo un fundamento de su práctica y el futuro donde se repararían injusticias que se vivían en el presente".

covecos del pasado a casi toda la literatura anterior, incluida la de izquierda: si los "poetas milongueros" gustan de la declamación y de la ampulosidad formal es porque le cantan a una revolución tan ideal como lejana. En cambio, ya existe entonces sobre la Tierra una revolución real, que permite el surgimiento de una literatura verdadera, anclada en esa realidad revolucionaria, en su tangibilidad y en su futura universalidad.[21]

De esa fe en que protagonizan una nueva era y, sobre todo, de la certidumbre de que, desde la literatura y el arte, ellos son los verdaderos intérpretes de los "tiempos nuevos", es que estos escritores de izquierda afirman su novedad y fundamentan la verdad de su vanguardia artística, tanto frente a la prehistórica literatura de izquierda vernácula, como frente a los artepuristas de la vanguardia de Florida y algunas calles cercanas.

Sin embargo, esta posición no implica necesariamente el abandono de otras formas de entender lo nuevo, más allá del sentido político y social que le otorga la triunfante Revolución rusa. Es lo que por lo menos puede apreciarse en los *Versos de la calle*, de Álvaro Yunque, sin dudas el texto más emblemático de la poesía de izquierda de esos años.

Futurismo de izquierda

En 1922 Oliverio Girondo publica, en París, un libro fundamental de la poesía de vanguardia en la Argentina: *Veinte poemas para ser leídos en el tranvía*. Allí su autor, poco antes de convertirse en una de las figuras más importantes del martinfierrismo, conjuga, en varios de los mejores poemas del libro, la elección de las calles de la gran ciudad como espacio privilegiado por el que se mueve la mirada del poeta, con algunos procedimientos propios de la literatura de vanguardia europea.[22] Dos años después aparece, en Buenos Aires, en la colección

---

[21] Para Castelnuovo "poetas milongueros" son "casi todos los credos revolucionarios que florecieron allá cuando la revolución no se esperaba. La revolución vino y degolló literariamente a todos los poetas revolucionarios" ("Prólogo a la primera edición", *op. cit.*)

[22] Jorge Schwartz (*Vanguardia y cosmopolitismo en la Década del Veinte. Oliverio Girondo y Oswald de Andrade*, Rosario, Beatriz Viterbo, 1993) reconoce la huella de Apollinaire, de Ramón Gómez de la Serna y, sobre todo, de Marinetti: "La velocidad, objeto de glorificación del futurismo, adquiere en *VP* importancia en tanto se constituye en elemento formal y temático del libro, para llegar a la imagen ubicua

Los Nuevos de Editorial Claridad, *Versos de la calle*, un libro de poemas del joven escritor Álvaro Yunque, rápidamente se transformará en el texto más difundido de la poesía de izquierda de esa década.

Sin duda *Versos de la calle* y *Veinte poemas para ser leídos en el tranvía* pueden ser vistos como textos antagónicos, paradigmas de dos formas bien diferentes de entender la práctica poética y, por eso mismo, dos ejemplos característicos (aunque no los únicos posibles) de las poéticas asociadas con Boedo o con Florida. Sin embargo, estos dos textos no dejan de tener, al mismo tiempo, algo en común: la elección del espacio urbano (que además es la marca de gran parte de la poesía del período) y la celebración de lo *nuevo moderno*, aspecto poco mencionado a propósito del libro de Yunque, tal vez porque lo que suele destacarse en él es su intención "social", es decir, aquello que más previsiblemente coincide con la estética de los escritores de izquierda.

El título mismo puede ser leído como una síntesis de los materiales que trata de poner en funcionamiento Yunque. Por un lado, la previsible intención de registro social, actual y cotidiano, vinculada con la misión social del poeta: *la calle* como el espacio donde la gran ciudad se hace visible, y por donde el poeta debe transitar si quiere ver la verdad (social) de la vida moderna. Pero, por otro lado, la calle también como el lugar desde el cual pueden descubrirse los aspectos más deslumbrantes, por su modernidad técnica, que forman parte del nuevo y siempre cambiante paisaje de la gran ciudad, aspectos que tampoco escapan a la mirada del poeta, ansioso por registrar lo nuevo moderno, el progreso técnico que desafía lo viejo, lo anquilosado, lo rancio.

Es indudable que a la cabeza del proyecto poético de Yunque está el propósito de elaborar una literatura comprometida, atenta a lo que pasa en "la calle", aquí y ahora; pero, a la vez, sin dejar de incorporar, de manera un tanto sesgada pero insistente, el registro de la novedad técnica; lo cual, además, le permite disputarles a los vanguardistas de Florida la exclusividad de ese registro.

En este sentido, entonces, *Versos de la calle* puede ser leído también como una suerte de respuesta a los *Veinte poemas...* de Girondo; como su versión izquierdista. Por eso el protagonista del libro es un poeta urbano que recorre las calles de la ciudad con un ojo atento a las deslumbrantes maravillas de la técnica moderna, pero siempre obser-

---

propia del simultaneísmo. Girondo (así como Marinetti) sustituye la sempiterna imagen de la Victoria de Samotracia, por el popular y ruidoso tranvía —verdadero emblema urbano en que se funden el vehículo y el paisaje de la ciudad".

vando piadosamente la vida de los que no alcanzaron a subirse al tren (o al tranvía).

Podría decirse que en el libro de Yunque se distinguen tres zonas. Una zona *social* (la más fácil de reconocer) en la que no falta prácticamente ninguna figura del repertorio tradicional de la literatura de izquierda. Por esas calles desfilan los "humillados" de siempre: niños lustrabotas, canillitas, mujeres explotadas (entre las que, naturalmente, se destaca la prostituta), inmigrantes pobres, empleados, obreros, etcétera. Es muy claro cómo esta mirada que mezcla el registro y la denuncia sobre lo que se observa incide en la también tradicional presentación del espacio urbano como el lugar de la máxima degradación humana, especialmente visible en algunos de sus lugares y edificios característicos: la calle, por supuesto, pero, además, la fábrica, el conventillo, el arrabal.[23]

Muy pegada a ésta aparece otra *zona*, la *costumbrista*, donde el peso de la denuncia cede ante el registro más neutro y hasta risueño de algunas curiosidades urbanas. Pero a esta forma ya conocida dentro de la tradición literaria (no sólo de izquierda) de observar la ciudad moderna se le superpone otra, que transforma ese espacio generalmente degradado en el lugar de la esperanza y el progreso positivo. Es la *zona futurista* del libro, presente en poemas como "Usina de luz eléctrica", "Cables", "El tranvía subterráneo", "Epinicio a un aeroplano" o "A un foco eléctrico", y anunciada ya desde el poema-presentación "Epístola a Stello, poeta urbano", cuyos versos funcionan como una especie de prólogo que resume cuál será la línea poética desplegada en los *Versos de la calle*. Allí el autor, dirigiéndose al "poeta urbano" Stello, explicita que uno de los principios que deben guiar su práctica poética es la búsqueda de *lo nuevo* ("novísimo" poeta, lo llama Yunque); y en un gesto de reconocible procedencia vanguardista (aunque a través de unos versos de muy floja factura), se ocupa de rechazar las perimidas poéticas del romanticismo o de los decadentistas, para re-

---

[23] Dentro de los poemas de esta *zona* se destaca "Fruto extraño" por su involuntario y curioso anticipo de la literatura antirracista norteamericana y de uno de los grandes éxitos de la música negra. Allí el poeta de Yunque registra el llamativo y triste espectáculo de un hombre ahorcado que, como un fruto extraño, pende del árbol de una plaza. Algo muy parecido dicen los versos de "Strange Fruit", del maestro de escuela judío-norteamericano Abel Meeropol, quien los escribió y publicó en 1937, inspirado en la fotografía de dos hombres negros linchados en el Sur de los Estados Unidos. Dos años después Billie Holliday grabó por primera vez la versión musicalizada del poema, y desde entonces la canción se transformó en uno de sus grandes éxitos y en una bandera de la lucha contra el racismo de su país.

clamar la necesidad de una mirada que asocie los adelantos de la nueva urbe con la nueva poesía: "tu espíritu a lo viejo que permanezca inmoble / ¿más que todas las ruinas no dice un automóvil?"

Un poco más adelante, en el mismo poema, insiste:

> ¿No merece una oda tal construcción de hierro
> que, cual bizarro púgil, agujerea el cielo?
> ¿Y no merece un himno la clara luz eléctrica
> numen de la alegría y núcleo de la fuerza? [24]

En los poemas de la zona futurista lo poéticamente nuevo consiste en —o se reduce a— el registro jubiloso de la novedad técnica. Se trata, sin duda, de una forma elemental de entender el gesto futurista de las vanguardias (muy diferente de como lo entiende Girondo, por ejemplo), pero que indica, más allá de las torpezas poéticas de Yunque, el propósito de disputarles a los artepuristas de Florida no sólo el sentido de *lo nuevo*, sino también su condición de vanguardistas.

Ideas muy similares pueden encontrarse en el primer número de la revista *La Campana de Palo*, de 1925, como se puede corroborar volviendo a la cita que funciona como el segundo de los epígrafes de este trabajo. La frase está tomada de una suerte de manifiesto aparecido en el primer número de la revista (muy en línea, a pesar de ciertas divergencias con algunos escritores de Boedo, con el pensamiento de los escritores de izquierda) en el que, luego de atacar a los representantes del "arte por el arte", se exalta el valor de *lo nuevo*, siguiendo la idea de que, al modificarse la existencia cotidiana, debe necesariamente modificarse la poesía. "La vida —dice *La Campana de Palo*— es un ansia que se renueva constantemente y el arte no es más que la vida que busca su propio verbo". En consecuencia, la larga lista de adelantos técnicos que constituye la cita no haría más que poner en evidencia la necesidad poética de acompañar esa forma de entender la novedad, sin olvidar, eso sí, la cuestión social: seguramente por eso, en medio de trenes, ondas hertzianas, la mecánica celeste y el aeroplano, se insertan "las huelgas de obreros".[25]

---

[24] Álvaro Yunque, *Versos de la calle*, Buenos Aires, Claridad, 1924.

[25] Según Carlos A. Giordano, *La Campana de Palo* se propuso ser una vía superadora de la dicotomía Boedo-Florida, y para probarlo recuerda que desde la revista se niega la existencia de Boedo, al mismo tiempo que se califica a Barletta de "pobre diablo", *op. cit.* Sin embargo, un repaso por los primeros números de la revista muestra su gran cercanía con los postulados básicos de los escritores de izquierda. La crítica a Barletta se explica por el distanciamiento que entonces existía entre éste y Yun-

Algo similar hace en su libro Yunque, aunque invirtiendo lo que se privilegia: en medio de los poemas dedicados a describir los males de la sociedad moderna y al padecimiento de sus víctimas, van apareciendo, aquí y allá, los versos dedicados a celebrar los avances de la ciencia visibles en las calles de la ciudad moderna.

¿Qué sentido tiene, cabría preguntarse aquí, esta forma —no importa si elemental o endeble— de celebrar lo nuevo presente en el espacio urbano? Para responder, habría que preguntarse a su vez si esa celebración responde únicamente al impulso renovador de las vanguardias europeas que impregna incluso el discurso de la poesía social de la izquierda literaria argentina, o tiene que ver también con otro tipo de demandas.

Lo que puede decirse es que, una vez más, hay que tener en cuenta la tradición cultural de la izquierda, en la que es común encontrar, junto con la crítica a la sociedad capitalista y a todo lo que ella representa (o la representa), un elogio constante de lo científico como sinónimo de luz y progreso. En este sentido, los avances técnicos en transporte, energía, comunicaciones, medicina, etcétera, son celebrados no, obviamente, como una muestra de los beneficios de la sociedad capitalista, sino como un ejemplo de la sabiduría humana universal y también como un testimonio del futuro promisorio al que está destinada la humanidad.

Una ojeada por las páginas de la prensa anarquista o socialista argentina revela que, junto con notas políticas, gremiales o algún poema social, hay un importante espacio dedicado a describir los adelantos de la ciencia que conducen al mejoramiento de la condición humana, o el anuncio de cursos y conferencias sobre cuestiones técnicas y científicas.[26]

Por eso en los *Versos de la calle* no es casual que, junto con la crítica y la denuncia de los males de la vida moderna que saltan a la vista para quien quiera verlos, en las calles de la gran ciudad exista un es-

---

que, quien, no casualmente, formaba parte del grupo de los principales animadores de la revista, junto con su hermano Juan Guijarro, Gustavo Riccio, Luis E. Soto y otros escritores de izquierda. Con respecto a la historia de la revista y su relación con el anarquismo cultural de esos años, ver Patricia Arnaudo, "*La Campana de Palo* (1926-1927): una acción en tres tiempos", en *Revista Iberoamericana*, vol. LXX, n° 208-209, julio-diciembre 2004.

[26] Sobre el espacio de la técnica y la ciencia en el socialismo, ver Dora Barrancos, *La escena iluminada. Ciencias para trabajadores (1890-1930)*, Buenos Aires, Plus Ultra, 1996. También, para el caso del anarquismo, Juan Suriano, *Anarquistas. Cultura y política en Buenos Aires, 1890-1910*, Buenos Aires, Manantial, 2001.

pacio reservado a la esperanza, y que esa visión esperanzada esté casi siempre asociada con los poemas o pasajes de poemas de la *zona futurista* del libro. Un ejemplo es el poema "Cables", a los que el poeta saluda por sus "¡... ondas de luz eléctrica / que dan vigor y movimiento y vida / de púgil macho a la ciudad moderna!"

Pero además, dentro de la tradición cultural de la izquierda, la ciencia representa la luz, la sabiduría, y la *Idea* (palabra que suele resumir no sólo el ideario socialista o anarquista, sino la esperanza de un mañana mejor donde las diferencias de clase sean abolidas y las injusticias desaparezcan). Es decir, todo lo que se opone al oscurantismo burgués y, más específicamente, al religioso, su aliado. Por eso la ciencia también puede ser celebrada como un símbolo del triunfo de la verdad frente a la oscuridad de las fuerzas que se oponen al promisorio futuro de la raza humana. Y por eso también la palabra del poeta que intenta iluminar conciencias puede participar de los atributos de esa luz. "Útil, venciendo sombras, yergue / su testa de cristal", dice el poeta, hablando de un farol de luz eléctrica, pero también pensando en los efectos de su palabra, de su literatura, de su acción redentora: "Y en su interior, como una idea, / lirio hecho luz brillando está".

Futurismo de izquierda, denuncia social, costumbrismo urbano, todo se amalgama gracias a la mirada del poeta que recorre las calles de la ciudad moderna, echando luz "para nutrir conciencias". Se trata, evidentemente, del gran protagonista del libro, por eso no es casual que ya desde el poema-prólogo se le dé un nombre, se defina su misión y se lo eche a andar por las calles de la ciudad. Es ése, tal vez, el rasgo que mejor define al libro de Yunque: la creación del nuevo poeta de izquierda, representado, en este caso, por el "novísimo" Stello, poeta urbano, pero desplegado a lo largo del libro a través de un yo de fuertes resonancias autobiográficas. Habrá que esperar un par de años para que otro novísimo poeta le dé una vuelta de tuerca inesperada a la figura del poeta de izquierda y a los usos y abusos de lo autobiográfico en versos.

Arte y vida

Otro de los postulados vanguardistas que confluye con las preocupaciones de los escritores de izquierda es el propósito de unir arte y vida. De las múltiples formas en que ha sido concebido este postulado (como un ataque a las concepciones idealizadoras de la práctica artística, a las instituciones sacralizadoras del arte, como un intento de incorporar formas y materiales tradicionalmente excluidos de la esfera del arte, como un modo de cuestionar la tradicional visión del artista como un ser privilegiado y de proponer que cualquiera estaba en condiciones de hacer arte), los escritores de izquierda argentinos optaron básicamente por una: considerar la "vida" como algo antagónico al preciosismo formal, a la idea de la literatura por la literatura misma, a la lectura como principal fuente de inspiración del artista. Unir arte y vida, para ellos, implicaba bajar de las alturas del arte, salir —o ni siquiera entrar— de la torre de marfil, y enfrentarse con el mundo para dar cuenta de él. Se trata del ya conocido (y comentado) mandato o reclamo dirigido a los artistas para que se acerquen al pueblo, para que den cuenta de su vida, pero también para que elaboren una literatura capaz de hablarle en su propio lenguaje. Que el arte, como en varios poemas de Yunque, se nutra de la vida que fluye en las calles, y que vuelva a sus protagonistas en una literatura capaz de entreverarse con su vida, y que, de algún modo, logre cambiarla.

Dentro de esta forma de entender la relación entre arte y vida, hay una variante que aparece como, tal vez, el gran objeto del deseo de la literatura de izquierda: la irrupción de un auténtico escritor del pueblo, cuya vida misma sea el origen de la literatura que produce, garantía máxima de sus virtudes literarias.

Uno de los escritores de izquierda que ocupó este lugar de artista del pueblo fue el propio Elías Castelnuovo. Así, por lo menos, se lo presenta cuando irrumpe con *Tinieblas*, su primer volumen de relatos. En el prólogo, Julio Barcos (un intelectual de origen anarquista que se vincularía con los jóvenes escritores de Boedo) lo presenta así:

> Elías Castelnuovo tiene el mérito de ser antes que un obrero del intelecto, un trabajador manual, y un hombre que se ha forjado a sí mismo. La misma mano que empuñó la pluma para escribir las cuartillas de este libro, fue también quien las compuso y corrigió en el teclado de la linotipo.

Ser obrero antes que escritor: he ahí la condición de un auténtico artista del pueblo. De esta trayectoria biográfica se deriva, a su vez, la garantía del valor de su literatura: "A Castelnuovo, como a Gorky (*sic*), lo ha forjado el dolor sobre el yunque de la miseria". Por eso es que —sigue diciendo Barcos— "se dispone a narrarnos lo que ha visto y vivido a lo largo del camino de su atormentada juventud".[27]

---

[27] Julio R. Barcos, Prólogo, en Elías Castelnuovo, *Tinieblas*, Buenos Aires, Tognolini [1923].

El mismo Castelnuovo ratifica esta presentación cuando señala el origen personal de sus relatos, al explicar, en más de un texto de carácter autobiográfico, que sus ficciones (si es que así corresponde llamar a sus historias) son hijas de su experiencia vital.[28] Pero no es mi propósito aquí referirme a Castelnuovo y su literatura, sino a otro escritor que, como Castelnuovo, aparece en la arena literaria como un auténtico artista del pueblo, pero que, a diferencia de Castelnuovo, escribe versos y, además, es *una…* puta.

Tres años después de *Tinieblas*, Castelnuovo pasa de presentado a presentador y, bajo el seudónimo de Roland Chaves, prologa *Versos de una…*, el primer libro de poemas de la desconocida y prostituta Clara Beter. En ese momento, el entusiasmado Castelnuovo piensa que está en presencia de una genuina escritora del pueblo; todavía no sabe que Clara Beter es un seudónimo (aunque seguramente lo sospecha), ni que no se trata de una mujer —y menos una prostituta— sino de un hombre, ni que ese hombre es el joven escritor Israel Zeitlin, más conocido como César Tiempo.

La historia del caso Clara Beter ya ha sido contada varias veces, entre otros, por el propio autor de la criatura. En su relato, César Tiempo reconstruye brevemente la historia del grupo de escritores de Boedo nucleados en torno a la Editorial Claridad, a revistas como *Los Pensadores* y *Claridad*, y la posición subalterna que él ocupaba frente a los mayores y ya consagrados Castelnuovo, Barletta, Mariani, e incluso frente a su amigo Álvaro Yunque. Cuenta entonces que la mejor forma que encontró para integrarse como poeta al circuito editorial de Boedo fue deslizar entre los papeles de Castelnuovo un poema anónimo ("Versos a Tatiana Pavlova") en el que una mujer de origen ucraniano-judío, devenida en prostituta argentina, le escribe a otra emigrada de su misma aldea, ahora una famosa actriz internacional, recordando algunas anécdotas comunes de infancia, pasado que confronta con el duro presente que le toca vivir. De este modo César Tiempo busca iniciarse en la literatura de izquierda y de filtrarse en su circuito editorial dándoles a sus editores (en este caso Castelnuovo) lo que buscan: "la tónica de los versos [explica César Tiempo] engarzaba con puntualidad prefabricada en la estética redentorista de Boedo".[29] Sin duda, pero además con Clara Beter, les servía en bandeja lo que más andaban buscando: un auténtico *artista del pueblo*.

[28] Ver Adriana Astutti, "Elías Castelnuovo o las intenciones didácticas en la narrativa de Boedo", en María Teresa Gramuglio, *op. cit.*

[29] César Tiempo, "Clara Beter", en Clara Beter, *Versos de una…* [1926], Buenos Aires, Ameghino, 1998.

Es innegable que el interés que despierta en varios de estos escritores (no sólo en Castelnuovo) la enigmática figura de Clara Beter tiene que ver con la atracción que sobre los hombres puede ejercer una mujer que, a partir de lo que sus propios versos revelan, imaginan hermosa, convenientemente mórbida y sexualmente experimentada. Aunque el deseo de Clara Beter no deja de estar asociado también con su condición de escritora del pueblo, esto es, de alguien que sale de entre la multitud de los humillados para ofrecer sus versos amasados en el dolor: "Clara Beter es la voz angustiosa de los lupanares [...] Cada composición señala una etapa recorrida en el infierno social de su vida pasada", asegura Castelnuovo.

Pero no se trata de cualquier representante del pueblo, sino de una puta, es decir, de uno de los personajes emblemáticos dentro del grupo de los humillados, con un lugar, además, ya consolidado en la historia de la literatura de izquierda e incluso fuera de ella, argentina y, se diría, universal, hasta el punto de configurar una tradición en materia de personajes: basta nomás con recordar obras como *Naná*, de Émile Zola, *Santa*, de Federico Gamboa y, en otro sentido, *Du côté de chez Swann*, de Marcel Proust, por no mencionar las delirantes construcciones del Marqués de Sade, *Justine* y *Juliette* o, más modernamente, la más problemática *Histoire d'O*, de Pauline Réage y, aunque la lista sería interminable, está la célebre *Roberte, ce soir*, de Pierre Klossowski.[30] Antes que "poetisa", Clara Beter es una mujer del pueblo (una mujer pública), y es esa condición vital la que da valor a sus versos. De su específico carácter testimonial deriva su *verdad*, que es, para Castelnuovo y sus compañeros, su principal valor artístico.

Y de ahí, también, la imposibilidad de leer *Versos de una...* de otro modo que como testimonio de vida, es decir, como la autobiografía en

[30] La prostituta como una "hermana" dentro del grupo de los desposeídos es un personaje común dentro de la tradición literaria de la izquierda, nacional e internacional. En la Argentina, por ejemplo, ya en un periódico "comunista-anárquico" como *La Voz de la Mujer* (1896) pueden encontrarse numerosas referencias al personaje de "la mujer caída", que es como habitualmente se consideró la historia de la prostituta: alguien que, contra su voluntad, y llevada por las miserias de la vida, se ve obligada a "caer" en la mala vida, pero que siempre espera el momento de poder salir de ese lugar y levantarse. Ese lugar de la prostituta, propicio para el ejercicio redentorista, pero sin el potencial revolucionario que le otorgaban los anarquistas, fue aprovechado con gran éxito por Manuel Gálvez para la elaboración de su historia de *Nacha Regules*, no casualmente publicada en forma de folletín en el periódico socialista *La Vanguardia*, en 1919. Ver también Noé Jitrik, "Los desplazamientos de la culpa en las novelas 'sociales' de Manuel Gálvez", en *Ensayos y estudios de literatura argentina*, Buenos Aires, Galerna, 1971.

verso de una prostituta llamada Clara Beter. Es lo que se desprende de la presentación de Castelnuovo cuando señala que la autora "cayó y se levantó y ahora nos cuenta la historia de sus caídas" y que "se distingue de otras mujeres que hacen versos por su espantosa sinceridad".

Y es ése también el principio que guía la organización y el tono del libro. Por un lado el yo, siempre puesto en primer plano, se corresponde a lo largo de todos los poemas con el mismo personaje, en el que conviven la prostituta y la poeta. A su vez, temporalmente, el relato fracturado pero coherente de su vida se divide en tres momentos: la infancia-adolescencia europea (el pasado feliz), el presente aciago en América, y el futuro, a veces lúgubre, pero generalmente esperanzado, en que por fin saldrá de su situación miserable.

De este modo es natural, podría decirse, ver —como lo hace Castelnuovo— en ese organizado recorrido en versos por la vida de una prostituta con alma de poeta el testimonio autobiográfico de la autora. Claro que, como se sabe, el caso Clara Beter se convirtió en poco tiempo en la mejor broma que los martinfierristas jamás llegaron a imaginar.

La paradoja de Clara Beter consiste en llevar al límite el sentido que los escritores de izquierda le dan a la consigna de unir arte y vida, y mostrar que ese límite sólo puede alcanzarse gracias a una operación ostensiblemente ficcional, a un puro artificio. El chiste —la bufonada— de César Tiempo de este modo logra condensar muy bien la forma en que los escritores de izquierda conciben y fantasean la relación entre literatura y política, señalando, al mismo tiempo, la cristalización de una estética supuestamente nueva y sus propios límites.

ANTES Y DESPUÉS DE *POESÍA BUENOS AIRES*

por Rodolfo Alonso

Hace ya mucho tiempo que Bertrand Russell afirmó que "el lenguaje nos arrastra hacia la generalidad". Por eso, quizá, también nosotros —antes de que la arrasadora marea de mediocridad globalizada amenazara con mimetizarlo todo— seguíamos todavía utilizando números de décadas con la pretensión de designar momentos significativos de nuestra poesía contemporánea. Hubo así una "generación del 40" en la que sólo parecían convivir elementos neoclásicos y neorrománticos, una "generación del 50" que se proponía —y se impuso— como vanguardista y una "generación del 60" públicamente interesada en acercarse a las mayorías en dicción y temas. Claro que la vaguedad de esa denominación apenas cronológica servía así de coartada para cubrir síntomas mucho más conflictivos, y por lo tanto mucho más ricos. El aire de la época no afecta a todos por igual, y no es suficiente haber nacido o publicado más o menos en las mismas fechas para sentir o expresarse de manera afín. Pero también es verdad que hay líneas que se tienden, problemas que se perciben, cuestiones que se dirimen, más abierta y francamente en una época que en otras. Y que en algunas ocasiones especiales llegan a impregnarla casi por entero. Lo cual no niega que el asunto muchas veces ya venga también de antes, y lógicamente se continúe después.

Para intentar definir apenas por la cronología a la llamada Generación del 40, no sólo habría que olvidar que fue en 1944 cuando apareció el único número de la revista *Arturo* y con él la Asociación Arte Concreto-Invención, uno de los momentos (y de los movimientos) más rigurosos y exigentes del arte de vanguardia en la Argentina, sino también que por esos años ya estaban escribiendo —y precisamente

71

allí— no sólo Edgar Bayley y Simón Contreras (Juan Carlos Lamadrid), sino también por otro lado Alberto Girri, Enrique Molina u Olga Orozco. Si bien en los dos últimos, y sobre todo en ella, podía llegar a percibirse un cierto aire elegíaco muy del momento, también es verdad que ya germinaban en el conjunto diferencias fundamentales con su contexto.

Que por supuesto no es tan sólo literario. Aunque habían transcurrido apenas dos décadas desde lo que se considera la primera manifestación de la vanguardia en nuestro país, el martinfierrismo, ínterin el mundo había conocido la injusta derrota de los republicanos españoles y se encontraba enzarzado en una cruenta batalla para detener al Eje encabezado por el nazismo alemán. En el país se habían vivido ya los presupuestos que describe el investigador Loris Zanatta en *Del Estado liberal a la Nación Católica*, y, de un nuevo golpe militar, la revolución de 1943, estaba surgiendo el principal protagonista de un movimiento político-social que llevaría su nombre, el peronismo.

En el curso de su controvertida gestión, si bien podía encontrarse entonces a un ministro de Salud como Ramón Carrillo, no deja de volverse relevante para nuestro tema la gestión de un ministro de Educación como el doctor Ivanissevich, quien al inaugurar el XXXIX Salón Nacional se pronunció: "Ahora los que fracasan, los que tienen ansias de posteridad sin esfuerzo, sin estudio, sin condiciones y sin moral tienen un refugio: el arte abstracto, el arte morboso, el arte perverso, la infamia en el arte", un arte que "no cabe entre nosotros". Y define a sus cultores como la "última expresión de los desorbitados anormales estimulados por la cocaína, la morfina, la marihuana, el alcohol y el snobismo".[1]

El invencionismo, es decir Edgar Bayley, dando un paso más allá del creacionismo (no es casual que en *Arturo* se publique un poema de Vicente Huidobro, aunque también es sintomático que lo acompañe otro de Murilo Mendes, el gran modernista brasileño), se proponía desprender a la imagen de toda representación, devolviéndole "una realidad independiente y autónoma", porque "nunca una obra ha valido por su capacidad de acuerdo con una realidad cualquiera, exterior a ella, sino por su capacidad de novedad, novedad, vale decir, desplazamiento de valores de sensibilidad ejercidos por una imagen". En consecuencia, "el valor estético no es incumbencia del acuerdo con una realidad, sino de la condición de la propia imagen".

---

[1] *La Nación*, 22 de septiembre de 1949. Ver Nelly Perazzo, *El arte concreto en la Argentina*, Buenos Aires, Gaglianone, 1983.

Poco después, en 1948, Juan Jacobo Bajarlía edita *Contemporánea*, una revista que pese a resistir sólo dos años, logra el "feliz encuentro" entre el invencionismo y un significativo grupo de muy jóvenes poetas: Raúl Gustavo Aguirre, Mario Trejo, Francisco Madariaga, Jorge Enrique Móbili. En 1950, Aguirre (en un comienzo acompañado por Móbili) presenta el primer número de *Poesía Buenos Aires*, una publicación dedicada exclusivamente a la poesía que iba a alcanzar en nuestro medio una dimensión y una repercusión que, por inusitada, acaso ni siquiera imaginaron sus propios protagonistas.

A lo largo de los años, una serie de nombres singulares, y en muchos casos significativos, se fueron acercando, algunos en forma más o menos continuada, constituyendo de algún modo el núcleo duro de la publicación mientras que otros lo hicieron en forma a veces ocasional, o tangencial, o recurrente. Casi ninguno de ellos parecía impulsado con exclusividad por un proyecto literario; Nicolás Espiro, entonces estudiante de medicina y luego psicoanalista en Madrid, después de haber codirigido durante muchos años la revista, nunca se decidió a publicar un libro propio. Y muchos tampoco fueron poetas, o solamente poetas. Wolf Roitman, otro temprano codirector, muy pronto se radicó en París donde desarrolló una obra de artista visual; el músico Daniel Saidón, o Jorge Souza, un escultor concreto, también amigo y huésped entrañable, al mismo tiempo que responsable directo del diseño gráfico. ¿Y cómo no destacar a Juan Carlos Paz, el insobornable líder de la música dodecafónica, un intelectual de avanzada con cuya exigente madurez me tocó coincidir siendo adolescente, todos los sábados después del almuerzo, en el mismo Palacio do Café de la avenida Corrientes 743, al lado de la casa de Aguirre, mientras esperaba la reunión habitual con el grupo de la revista?

Había que haber vivido en Buenos Aires a comienzos de la década de los cincuenta para visualizar cómo, sin habérselo propuesto, desde una publicación absolutamente independiente y dedicada en forma exclusiva a la poesía, que sólo tiraba quinientos ejemplares, de carácter prácticamente artesanal, y que cumplió al pie de la letra su propósito de "no devenir institución", se cambiaron los modos de escribir y de vivir la poesía en la Argentina.

El desafío que propone evaluar hoy, desde el concepto de ruptura, los efectos de una revista como *Poesía Buenos Aires*, cuyos treinta números se publicaron entre 1950 y 1960, implica algunas dificultades; quizá la menor, y que hasta puede resultar beneficiosa, resida en el hecho de sentirme, de algún modo, juez y parte ya que sin habérmelo propuesto, pasé a ser su miembro más joven. Pero ¿cómo pensar esa aventura en tiempos de anomia y banalización, en los que no parece imperar código ni valor alguno? ¿Cómo imaginar, en la actualidad, que escribir poesía totalmente en minúsculas y sin signo alguno de puntuación resultara entonces agresivamente insólito e inusitado? ¿Que fuera estruendosamente escandaloso abandonar la métrica y la rima, la ilación gramatical o sintáctica y renunciar a transmitir algún mensaje más o menos explícito? ¿Cómo aceptar el riesgo que implicaba, cuando se recuerda que las telas expuestas por algunos pintores concretos fueron tajeadas?

Otras dificultades surgen directamente del asunto mismo: la publicación nunca sostuvo un dogma explícito; el llamado "grupo Poesía Buenos Aires", que a veces, sobre todo al comienzo, se concentra por asiduidad y estilo, en otras ocasiones amplía sus límites hasta difuminarlos. De allí que no siempre se llegara a percibir desde afuera la existencia de lo que podríamos denominar "núcleo duro" que, por lo demás, persistió a través de los años alrededor de Aguirre; de allí también que en ocasiones se hablara de manera indistinta de revista o de movimiento cuando, en realidad, no siempre coincidieron en sus alcances.

Ese paradigma de lo que debía ser una revista de vanguardia en la década del 50, se inicia ya en el primer número con el reconocimiento explícito, y al mismo tiempo acotado, de su auténtico linaje: el invencionismo poético que, indisolublemente ligado con el arte concreto, había surgido con aquel único número de la revista *Arturo*. Un breve pero significativo texto de Edgar Bayley afirma en la entrega inicial de *Poesía Buenos Aires*: "Y es porque algunos de nosotros hemos trabajado a veces dentro de esta conciencia, que se ha adoptado para designarla, sin insistir demasiado en ello y a título provisorio, la palabra *invencionismo*". Como si fuera premonitorio de la deriva orgánica con que los mejores exponentes de *Poesía Buenos Aires*, sin dejar de apostar siempre enérgicamente por la poesía moderna, iban a irse alejando de toda rigidez, de cualquier ortodoxia, ya en ese número inicial, quien apareciera como el patriarca de la "escuela" la minimiza y elude endiosarla. Al cumplirse el tercer aniversario de la revista, el hombre que la hizo posible, Raúl Gustavo Aguirre, dirá claramente que "*Poesía Buenos Aires* tendrá a bien no devenir institución" y al cerrar el número 25 (otoño de 1957), reiterará el derrotero: "Ninguna fórmula, ninguna receta, en conclusión, queda de todos estos años. Una vez más hay que decirlo: *no sabemos qué es la poesía* y, mucho menos, *cómo se hace un poema*".

Una afirmación que entraña otra dificultad: al mismo tiempo que su presencia y su perduración suelen ser consideradas con razón como un momento de cambio fundamental en la teoría y en la práctica de la poesía argentina, resulta difícil precisar conceptualmente ese "espíritu nuevo" que, por lo demás, a lo largo del tiempo, no se manifestó en todos sus integrantes de la misma manera. Vivido más bien como una experiencia, absolutamente ajena a las meras ambiciones literarias, y deseado finalmente —y acaso sin saberlo— más bien como una evidencia, el poema no responde a ortopedias o códigos, a recetas o fórmulas, a programas o efusiones.

Recordemos que si bien su director, Raúl Gustavo Aguirre, había comenzado por un dominio de la poesía tradicional que no sólo fue reconocido por un Premio Iniciación de la Comisión Nacional de Cultura sino también por la invitación a colaborar en *Sur* (que abandonó pronto voluntariamente), y que Mario Trejo había debutado con los sonetos de *Celdas de la sangre* y Alberto Vanasco con sus *Cuartetos y tercetos definitivos*, hubo otros que comenzaron directamente por la vanguardia, como es el caso del creador de aquel invencionismo cuyo descubrimiento los transformó en conversos, Edgar Bayley, o como Francisco Urondo y yo mismo, que entramos directamente en materia, sin transitar previamente por métrica y rima.

Sólo hay dos momentos en los que se intenta manifestar con claridad un criterio coherente de grupo: la *Antología de una poesía nueva* (1952) y el número 13-14 (primavera de 1953-verano de 1954), dedicado a presentar una "Imagen de la nueva poesía", donde aquel núcleo duro es congregado bajo el rótulo de "Poetas del espíritu nuevo", el primero de cuatro apartados. Los restantes se dedicaron a la poesía madí, al surrealismo y a una extensión más laxa del llamado "espíritu nuevo". Es en esas publicaciones, y también en los primeros números de la revista, donde se manifiesta de manera más visible la resonancia del invencionismo. Y en ambas tuvo principal protagonismo y tal nivel de exigencia que dio lugar incluso a acaloradas polémicas, Raúl Gustavo Aguirre, autor de la antología, y, con Nicolás Espiro, de la gestión y redacción del número de la revista mencionado antes, que incluía estrictas valoraciones críticas. El mismo Aguirre, con su desmedida y habitual generosidad, incrementaría mucho más la perspectiva cuando ya en 1979 publique una amplia antología de la revista. No sólo la titulará *El movimiento Poesía Buenos Aires* sino que incluirá en ella a todos los poetas argentinos publicados, incluso a los desplazados del "espíritu nuevo" en aquel número de 1953-1954, que dio lugar al entredicho con los surrealistas; de modo tal que, mientras la *Antología de una poesía nueva* incorpora sólo ocho poetas, en *El movimiento Poesía Buenos Aires* el número asciende a cuarenta y tres poetas que van desde Macedonio Fernández a Alejandra Pizarnik.

En este recuento quizá resulte de interés señalar que ninguno de los poetas ligados con *Poesía Buenos Aires* concluyó (y en la mayoría de los casos ni siquiera inició) la carrera universitaria de Letras, mientras que sí lo hicieron prácticamente todos los integrantes de *Contorno*, la otra gran revista del período. Y también que, aunque no faltó quien nos acusara entonces de afrancesados o de europeizantes, el tango de los cuarenta era para no pocos de nosotros como el mismo aire que respirábamos. Nuestra devoción se inclinaba también por la vanguardia tanguera, de Julio de Caro a Horacio Salgán; hubo amistad con Enrique Mario Francini y con Argentino Galván; Piazzolla contestó con una larga carta manuscrita el envío de mi primer libro, mientras que Bayley y Juan Carlos Lamadrid dirigieron juntos una revista más que significativa: *Conjugación de Buenos Aires* (tres números, en 1951), en la que se codeaban De Chirico y Carlos de la Púa, el lunfardo con las tesis de Tomás Maldonado. Sin olvidar que el mismo Lamadrid le dio letra a *Fugitiva* de Astor Piazzolla, lo mismo que haría Mario Trejo con *Los pájaros perdidos*. Es que, precisamente, aquella devoción, esas vivencias, tampoco requerían relumbrones exteriores ni retóricos, estaban en el fondo de una sensibilidad. Y alguna vez me he preguntado si la musicalidad y la invención, incluso de lenguaje, de muchos de esos tangos inefables no habrá tenido que ver con el humus mismo de nuestra condición y, en consecuencia, también de nuestra creatividad.

Si el invencionismo fue, por lo menos en un comienzo, de algún modo nuestro linaje, no es desatinado inferir que en gran medida nos llegó por intermedio de Edgar Bayley (1919-1990). Aun así, nunca se dio desde un empaque magistral, porque si algo lo caracterizó, como intelectual y como artista, fue el ejercicio de una meridiana capacidad de raciocinio, de una luminosa claridad de pensamiento que, casi desde un comienzo, y de una forma quizás orgánica, constitucional, innata, siempre se mantuvo vigilante de sus posibles desbordes. Una fecunda riqueza existencial y un hondo y fundamental apego a la vida mitigaron un entrevisto, imaginado o temido riesgo de posibles carencias y excesos. Claro que a ello deberíamos añadir, con la idea de ir precisando su retrato para quienes no lo conocieron, una no menos intrínseca aversión por la solemnidad y la grandilocuencia, por la autosuficiencia y la falta de sentido del humor. Siempre y no pocas veces hasta con exceso, se manifestó contra ellas pagando, con dignidad indeclinable, el precio de quienes saben mantenerse ajenos a toda componenda, a toda manipulación, a todo conciliábulo. Una ética que en gran medida, siempre tamizada por las personalidades particulares, puede servir para identificar el espíritu del grupo.

Es verdad también, como ya dije, que ello no hubiera sido posible sin la capacidad de armonía y concreción de Raúl Gustavo Aguirre (1927-1983), quien, como bien dijo Jorge Enrique Móbili, "llevaba nuestros sueños a la imprenta". Si la impronta de Bayley era exigente y burlona pero arisca y distante, y a veces hasta espectacular en sus apariciones tan inusitadas como resonantes, la presencia (y la generosidad inagotable, íntima) de Aguirre fueron una cálida constante. Él había asumido lo que llamó "una continua obsesión" consistente en la apuesta realizada consigo mismo de cubrir treinta números en diez años. Muchas veces aceptó aparecer codirigiendo lo que sólo a él debía su existencia y cuidó a los otros descuidándose a sí mismo; muchos de los primeros textos de Bayley se publicaron por su iniciativa, no pocas veces incluso entre rezongos del autor. Y bien sé yo la extrema generosidad con que me abrió las puertas desde mis primeros pasos. Y quizá porque el gesto resulta absolutamente inhabitual en estas lides, fue también levadura y fermento que nos contagió su límpida devoción por la mejor poesía.

En la constelación que configura el grupo reunido durante la década de los años cincuenta alrededor de *Poesía Buenos Aires*, si Raúl Gustavo Aguirre fue el astro fijo que da coherencia a todo el sistema, Edgar Bayley constituyó una presencia permanente aun sin ser de los íntimos que se reunían cada semana; se movilizaba en otros círculos, realizaba otros movimientos planetarios, otras elipsis, otras parábolas; procedía por alusiones, por entradas imprevistas, por apariciones repentinas, por descuidos, por presencias insólitas, por papeles olvidados que sin embargo para él eran fundamentales: nunca se comportaba de manera convencional, en el sentido incluso administrativo del término. Quien había llegado a ser no sólo jefe de escuela sino también exigente teórico de un movimiento poético que, como el invencionismo, acentuaba en términos casi inimaginables el rigor y el desprendimiento de todo lo accesorio, de todo lo que no fuera esencial para su exigente sentido del lirismo, en un gesto poco usual, sabía también ponerse límites a sí mismo. Ya entonces se manifestaban dos características notables de Edgar Bayley: su profunda capacidad de razonamiento y, al mismo tiempo, su capacidad para establecer un límite humano a esa rigurosa inteligencia.

Así ocurre cuando, en el último número de *Poesía Buenos Aires*, en la cual llegó a figurar como codirector, publica uno de sus lúcidos ensayos, "Breve historia de algunas ideas acerca de la poesía". Mientras realiza un análisis —quizás un balance de sus propias teorías que van evolucionando a lo largo del tiempo en el sentido de ser cada vez más amplias y menos rígidas ("no creo, en modo alguno, en la superioridad estética de los caminos insólitos")—, mantiene lo que tenían en el fondo de renovadoras sin poner el acento exclusivamente en lo formal, algo de lo cual, por otro lado, se había cuidado casi desde un comienzo: habla allí, con claridad, del "no poder hacer otra cosa" pero, también, lúcidamente, "de la jerarquía de esa *forzosidad*".

En mi experiencia personal, el contacto con los jóvenes reunidos alrededor de la ahora legendaria revista me inició en una amistad fundamental y en una aventura resplandeciente. Con dieciséis años, y todavía en el colegio secundario, recorriendo las galerías de arte y librerías de la calle Florida, en una mesita baja de Viau, encontré varios ejemplares del número 5. Sentí como un descubrimiento, como un llamado, intuí una afinidad instintiva y, a pesar de la timidez, les mandé una carta aduciendo que formaba parte de un grupo. Con su respuesta me invitaron a un encuentro en el Palacio do Café, era el 3 de octubre de 1951 y estaban Aguirre, Nicolás Espiro, Wolf Roitman, que esa noche se iba a París, y Daniel Saidón; conservo el libro que me regaló esa noche Aguirre con su dedicatoria: "A Rodolfo Alonso y su barra". Al día siguiente yo cumplía diecisiete años. Y ellos iban a ser mi verdadera barra aunque eran unos siete u ocho años mayores que yo. Leyeron allí mismo mis poemas, y Espiro, un crítico muy incisivo, me señaló que había que tener mucho cuidado con las palabras "prestigiosas". Sentí en seguida lo que para mí sigue siendo *Poesía Buenos Aires*: una mezcla de fraternidad y de exigencia. Eras aceptado inmediatamente y se te abría un crédito, pero la poesía era una cosa seria. (Algo que —después descubrí con injustificada sorpresa— ya había sostenido Raúl González Tuñón, a quien por aquel entonces no frecuentábamos: "que todo en broma se toma. / Todo, menos la canción".) Una formación que nunca dejaba de ser ética y estética al mismo tiempo, la entrega a la poesía no puede ser a medias, ni secundaria, o como decía Espiro: "Se puede ser poeta y otra cosa, pero no otra cosa y poeta".

Poco antes de acercarme a la revista me había tocado descubrir, por mi propia cuenta, y como una doble iluminación, primero a César Vallejo, una presencia todavía indeleble, en los anaqueles de un exiliado republicano y casi simultáneamente a Roberto Arlt, cuyas primeras ediciones se encontraban en librerías de viejo junto a grandes pilas vírgenes de las heroicas reediciones de Raúl Larra para su editorial Futuro. Todavía no era su hora, que estaba por llegar, pero ambos fueron fundamentales para mí, así como no mucho después, ya en la revista, me alcanza de improviso otro casi desconocido entonces: Macedonio Fernández, la edición mexicana de cuyo único libro de poemas (póstuma, y no por su iniciativa), prologada por un paraguayo, también encontré apilada en una librería de viejo, cuando prácticamente nadie se acordaba de él. Un ejemplar ilustrado con esa magnífica fotografía en la que empuña orgulloso la guitarra que no sabía tocar y que enseguida hice circular para proponer su publicación en *Poesía Buenos Aires*, donde alcanzó a aparecer en el último número.

Ya entonces, Edgar Bayley se presentaba en el grupo más o menos estable que se había ido conformando, como un astro a la vez próximo y lejano, pero con órbita propia. Si por un lado se aceptaba entonces abiertamente que la aparición de *Arturo* y la constitución de la

Asociación Arte Concreto-Invención, eran las fuentes de nuestra genealogía, al amparo de la rigurosa Diosa Razón y de los más despojados y rigurosos exponentes de las artes visuales y del lirismo —los pintores concretos y los poetas invencionistas—, también es verdad que, por otra parte, la evolución de Bayley y de la gran mayoría de los más asiduos participantes de *Poesía Buenos Aires* iba a irse alejando por propia maduración, por propia deriva, de cualquier ortodoxia y del más mínimo asomo de dogmatismo.

Porque si los concretos y los invencionistas ponían el acento con énfasis en la "no expresión, no representación, ningún significado" pero también en la "alegría" y en la "negación de toda melancolía" (como dice de manera explícita la primera página de *Invención 2*, de Edgar Bayley, 1945), en el primer número de *Poesía Buenos Aires* —cinco años después— es el propio Bayley quien, al final de un pequeño suelto titulado "Invencionismo", se preocupa por aclarar que esa designación se realiza "sin insistir demasiado en ello y a título provisorio". En 1952, en "Realidad interna y función de la poesía", un texto que luego iba a dar título a su primer libro de ensayos, y que *Poesía Buenos Aires* reimprimió como folleto después de publicarlo en dos números de la revista, decía más que claramente: "He querido poner el espíritu crítico al servicio de la inocencia".

Entre los poetas, claro, casi todos amigos entrañables, el núcleo duro, además de Aguirre y Espiro, casi permanentes, y del Bayley inusitado, de un Móbili que se aparta ya casi al inicio, incluye al santafesino Paco Urondo, a Luis Iadarola, a los hermanos Néstor y Osmar Luis Bondoni, que venían de Capilla del Señor, a Ramiro de Casasbellas que pronto iba a ser expropiado por el periodismo, al detonante Jorge Carrol finalmente afincado en Guatemala. Y, aunque un poco más lejanos, al porteño y circunspecto Alberto Vanasco, al no menos porteño y huidizo Mario Trejo, de rara inteligencia y hábitos casi exclusivamente nocturnos, a los más jóvenes Fernández Moreno: Manrique y Clara, a Rubén Vela, a un temprano Omar Rubén Aracama, a Elizabeth Azcona Cranwell. En las ediciones de la revista muchos de nosotros íbamos a publicar por primera vez, y a veces a traducir por primera vez, aunque también se acercaron algunos poetas menos vinculados con el grupo y de poéticas tan diferentes entre sí como Leónidas Lamborghini, Francisco Madariaga o Alejandra Pizarnik.

El movimiento dio la posibilidad de conocer, junto a seres humanos de calidad excepcional: poetas, escritores o amigos de los poetas (entrañables compañeros que sin necesidad de escribirla encarnaban, eran la poesía), a músicos como Juan Carlos Paz o Francisco Kröpfl, artistas plásticos como Libero Badii o Alfredo Hlito, a Juan L. Ortiz y a Oliverio Girondo. Si Girondo, compartido con los surrealistas, era la presencia viva de un vanguardismo encarnado, casi orgánico, Juan L. Ortiz, recluido en su provincia pero consciente del universo-mundo, tan atento a los reinos animal y vegetal como a lo esencialmente humano, también la injusticia, ajeno por naturaleza a cualquier mezquina astucia, a cualquier componenda, fue para nosotros la prueba viviente, el testimonio orgánico de la poesía asumida como manera de vivir.

Tantas milagrosas coincidencias se extendieron muy temprano a otros países y a otros continentes, y así me fue dado conocer a Giuseppe Ungaretti y a Saint-John Perse, contar con el aprecio de Drummond de Andrade y de Murilo Mendes, de René Char (por quien Aguirre sentía una comprensible devoción y a quien le dedicó todo un número), de Achille Chavée, de René Ménard y el chileno Andrés Sabella, y contar con la amistad tan generosa como exigente de Milton de Lima Sousa (el único brasileño al que se puede considerar prácticamente miembro del grupo), de António Ramos Rosa o de Fernand Verhesen, entre otros. Esos contactos fecundantes, que me fueron construyendo como hombre y como artista, que constituyeron mi iniciación y mi alimento, son una de las mercedes más valiosas que debo agradecerle, también, a *Poesía Buenos Aires*.

De Aldo Pellegrini, pionero del surrealismo en América Latina, recuerdo también la encendida polémica con que, en defensa del surrealismo que consideraba agredido, replicó desde su revista *Letra y Línea* al número 13-14 de *Poesía Buenos Aires*, que a su vez insertó en el número siguiente, como suelto, un panfleto amarillo titulado "El profesor y la poesía", que intuyo elaborado por Bayley.[2] Nada de lo cual impidió que con el tiempo esa amistad se intensificara, hasta el punto de concluir con la dedicatoria del volumen antológico *El movimiento Poesía Buenos Aires*. Fue él quien me propuso traducir autores en versiones que luego resultaron memorables: la primera traducción latinoamericana de Pessoa, anticipada en el último número de la revista (y donde aparecían por primera vez en castellano todos los heterónimos), y una amplia antología de Ungaretti. La relación con el grupo de los surrealistas argentinos: Aldo Pellegrini, Enrique Molina, Francisco Madariaga, Juan Antonio Vasco, Carlos Latorre, Julio Llinás, fue paralela a mi más activa colaboración con *Poesía Buenos Aires*, los dos movimientos de vanguardia en la poesía argentina de los

---

[2] Sólo dos años después de que el movimiento se iniciara en París, Aldo Pellegrini funda en Buenos Aires en 1926 el primer grupo surrealista fuera de Francia, con el cual publica en 1928 y 1930 los dos únicos números de su revista *Qué*.

años cincuenta. No pocas veces me tocó incidir para que se volviera a publicar en la revista, donde habían aparecido algunos de sus primeros poemas, a mi querido y admirado Francisco Madariaga. Y desde entonces conservo la generosa amistad de Osvaldo Svanascini, tan cercano al surrealismo aunque no miembro asiduo del grupo.

Aquella refulgente y contagiosa edad de oro de los primeros años de la revolución surrealista formó parte de mis propios mitos, pero fue justamente por respeto a la integridad de sus convicciones éticas y estéticas, tan arduamente defendidas por André Breton, que nunca acepté ser llamado surrealista. No estaba en mi naturaleza entregarme completamente, de fondo, a ninguna ortodoxia, así fuera (como en este caso) subversivamente heterodoxa. Lo cual no quita que compartiera muchas, la mayoría de sus banderas, y que admirara profundamente a poetas como Paul Éluard, René Char, Jacques Prévert, Robert Desnos, Georges Schehadé, Aimé Césaire, René Daumal, Achille Chavée, la gran prosa de André Pieyre de Mandiargues o la presencia inmolada de Antonin Artaud, un hombre cuya temperatura nunca lograremos alcanzar. De alguna manera mis opiniones sobre el tema han quedado reflejadas luego en mi libro *No hay escritor inocente*.

Aunque, como es sabido, la generosa y eficaz persistencia de Raúl Gustavo Aguirre, que tan nítidamente supo calificarla como "una continua obsesión", consiguió completar su propósito de cubrir diez años con treinta números, que están allí como hecho concreto, siento que de algún modo el período más intenso, en todos los sentidos, se abre a partir del número 13-14 (primavera de 1953-verano de 1954) y se cierra de algún modo en 1957, cuando con Francisco Urondo (que me convocó a colaborar con él) concretamos la Primera Reunión de Arte Contemporáneo, realizada en Santa Fe para la Universidad Nacional del Litoral. No sólo porque a lo largo de esos años los escritores que comienzan a reiterarse en la revista van evolucionando de una manera orgánica, por su propio devenir, nunca dogmáticamente, en una práctica que por medio de la creación, la traducción y la reflexión terminará por provocar un cambio muy profundo en el derrotero de la teoría y la práctica de la poesía en nuestro país, sino también porque ello se irá dando en relación y consonancia con un espíritu de modernización que implicaba el contacto con otros artistas de vanguardia de iguales o similares orígenes, por lo general músicos y artistas visuales, pero también arquitectos y diseñadores, cuyo clímax y canto del cisne (en tanto tendencia colectiva, no individual) se va a dar precisamente en esa reunión santafesina, de cuyos resultados testimonia un volumen editado al año siguiente.

A partir de entonces los caminos individuales y colectivos, no sólo de los poetas y los artistas, comienzan a intrincarse y a entrar en conflicto de manera creciente. Los años sesenta verán nacer otras poéticas, a veces contradictorias entre sí y también con ese "espíritu nuevo" que veníamos rastreando en *Poesía Buenos Aires*, aunque la breve selección de *Poesía argentina* (incluyó sólo diez autores), publicada en 1963 por el Instituto Di Tella, lo reconoció con la inclusión de tres de sus miembros más conspicuos; una antología que, por haber sido el único contacto explícito con el género por parte de una institución paradigmática de la década siguiente, pasó a considerarse sintomática.

Poesía Buenos Aires, entonces, no se limitó a proponer apenas una dirección estética, sino también ética y vital; suscitó una actualización de nuestra poesía que no se basaba sólo en la traducción (siempre denominada allí versión) de significativos autores, sino en la propia práctica creadora y reflexiva con un espíritu que mientras promovía la seriedad y el ahondamiento mantenía un talante de libertad propia y ajena, de antisolemnidad y de exigencia, de desprendimiento y entrega, de devoción sin usufructo o posesión.

Del grupo se dijo, no sin algo de razón, que había elegido la tierra de nadie, al margen de los diferentes espacios de poder, tanto de la cultura oficial del peronismo gobernante, decorativamente populista y objetivamente reaccionaria, como de la otra cultura oficial con la que rompimos o no queríamos tomar contacto: los suplementos literarios de los grandes diarios, la revista *Sur*, la misma Facultad de Letras, o una Academia Nacional que todavía mantenía cierta influencia, las empresas editoriales que por aquella época sólo publicaban literatura, incluso de la buena. Y tampoco podíamos comulgar con el mal llamado "realismo socialista", autoritariamente regimentado por el Partido Comunista. Por edad y por gusto, quizás aún pervivían en nosotros rudimentos románticos del poeta maldito, del artista honradamente al margen y dignamente cuestionador. Además, se había descartado el énfasis (ya devaluado acaso, por su desmedida frecuentación) en la patria, en el gaucho, o en otros temas retóricos, que desde el regionalismo a la porteñidad, igualmente muy concurridos, considerábamos entonces meramente ornamentales. Es por eso que, en el momento de evaluar la publicación, parece atinado considerar tanto lo que se publica como lo que no se publica.

Cuando se me pregunta si el grupo Poesía Buenos Aires se consideraba de vanguardia suelo contestar afirmativamente, sobre todo al pensar en el comienzo cuando Espiro dice: "Nunca dejaremos la vanguardia". Aunque el concepto de vanguardia, demasiado bélico, no me satisface del todo probablemente por algunas de sus relaciones con Marinetti (¡ese vanguardista que pudo llegar a ser académico del fascismo!), admiré y sigo admirando el bello resplandor, apasionado y rebelde, de las vanguardias de comienzos del siglo XX.

Claro que, como después vio Umberto Eco, al analizar las derivaciones del Grupo 63 en Italia, no es lo mismo decir "vanguardista" que decir "experimental". En el primer término percibe más que la propuesta de modificar el arte, una voluntad de destruirlo, mientras que el segundo propone la creación de una manera diferente para un público nuevo, que también debe ser creado. Si así fuera, vanguardistas podrían ser considerados únicamente aquellos dadaístas atravesados por el nihilismo, mientras que *Poesía Buenos Aires*, como otros movimientos, resultaría claramente experimental. Ya en uno de los primeros números se dice: "Toda conquista social que tienda a aumentar el número de los que pueden ver, a expensas del de los que no pueden ver, es de inmediato una conquista de la poesía". Y es evidente que se trata de una postura que implica opiniones estéticas, sí, pero también políticas y sociales.

Nunca fue demasiado habitual, ni siquiera entre los escritores, la adopción de posturas fuertemente reflexivas; sin embargo, en aquel brillante grupo de jóvenes creadores que convocó *Arturo*, y que al año siguiente fundó la Asociación Arte Concreto-Invención, tanto el poeta Edgar Bayley como dos pintores, su hermano Tomás Maldonado y Alfredo Hlito, no sólo fueron artistas, jefes de escuela y teóricos, sino verdaderos intelectuales, extraordinariamente dotados para la formulación reflexiva y abarcadora, al punto de que, en todos ellos, la producción ensayística iba a resultar tan significativa como la obra creadora.

Que esa exigente y fecunda tradición se haya mantenido con hondura y rigor en *Poesía Buenos Aires*, donde aparecieron medulares ensayos de Bayley, Aguirre y Espiro, e incluso uno de Hlito (la publicación de cuyos inéditos es inminente), o que yo mismo venga a descubrirme ahora, tantos años después, como un tardío pero legítimo descendiente de ese ademán, supera con mucho los simples dominios de las cuestiones individuales o de grupo. Esta vertiente del arte moderno en la cultura argentina de mediados del siglo XX es también, como otros patrimonios derrochados de nuestro país, "una riqueza abandonada" (Bayley). Que ello no haya sido aún debidamente valorado entre nosotros quizá deba atribuirse a la desventurada errancia de nuestra sociedad y nuestra cultura, primero hacia la indiferencia cuando no al olvido, y últimamente hacia la banalidad, acaso formas de lo mismo.

Aun así, esas personalidades y esos textos constituyen la evidencia de una corriente original dentro del cuerpo de la poesía argentina contemporánea, una tendencia que renunció a la vez al sentimentalismo y a la retórica, a la grandilocuencia y al cerebralismo, al formalismo y a lo patético; que corrió el riesgo de mantenerse fuera de todos los circuitos supuestamente prestigiosos para no aislarse de la vida. Y si fueran necesarias más pruebas del testimonio de su irradiación, no deberíamos limitarnos a los supuestos dominios del género, no deberíamos buscarlas solamente en los poetas. Aunque Néstor Bondoni fue siempre el único narrador ligado al grupo, ya que a Alberto Vanasco lo considerábamos ante todo poeta, es tal vez comprensible que nuestro casi contemporáneo, otro narrador injustamente postergado, Néstor Sánchez, afirmara en el diario *El Mundo*, en 1966:

En la Argentina (con subdesarrollo o no) se dio una poesía —claro que no más allá del poema— de una importancia fundamental. Me refiero a los poetas no oficiales (no oficiales de la izquierda y la derecha literarias) que no sólo divulgaron con sus revistas la experiencia de las vanguardias europea y latinoamericana, sino que además asimilaron esa experiencia, la hicieron propia e incluso algunos superaron el epigonismo, se negaron a la trampa del "compromiso" o el dinosaurio Boedo versus Florida. Revistas de trescientos a quinientos ejemplares como *Poesía Buenos Aires*, *A partir de cero*, *Letra y Línea*, y algunas otras que no sólo demostraban la referida ceguera "oficial" sino que preparaban el camino para la continuación de una posibilidad que por lo general estancarían los prejuicios y los cursos del profesorado de Letras.

Aunque no demasiado frecuentada en estos tiempos y en apariencia dejada de lado cuando no obviada u obturada, esa poética no cesará de fluir si es que —como lo creo— está viva, no dejará de ofrecerse, incesantemente, al margen de desprecio o de rechazo, como evidencia del lenguaje y rostro del hermano, razón y corazón, llama temblorosa en la tierra de nadie. Y no sólo será así porque, como hoy se reconoce, la revista ofreció, antes de que recibieran el Premio Nobel, a Pablo Neruda, Odysseas Elytis, Eugenio Montale o Boris Pasternak, y, porque, además de los nombres del grupo, con su sello aparecieron los primeros libros de Leónidas Lamborghini o Alejandra Pizarnik y, aunque Juan Gelman no figuró en sus páginas, él mismo me reconoció como difícil que hubiera escrito de la misma manera si no hubiera existido *Poesía Buenos Aires*.

En este rescate supongo que a no pocos sorprenderá tal vez la reflexión de Ricardo Piglia en *Crítica y ficción*:

(Pareciera que *Sur* solamente ha influido a los escritores que formaban parte del grupo, pero esa influencia quizá deba atribuirse a Borges, lo que es otra cuestión.) En lo que podemos llamar los años de mi formación yo buscaba y leía otras revistas, en especial *Contorno*, pero también *Centro*, *Poesía Buenos Aires*. Comparada con esas publicaciones (o incluso con otras anteriores como *Martín Fierro* o *Claridad*) se ve que la marca de *Sur* es el eclecticismo: en sus páginas circulaban textos diversos, de calidad e interés muy desparejos. Por lo demás el carácter "antológico" de *Sur* ya fue criticado por el mismo Borges.

Para cerrar provisoriamente esta reflexión quisiera acercar lo que considero un testimonio clave recogido en *Trabajos*, el libro póstumo de Juan José Saer:

En los años cincuenta, había varias revistas literarias que circulaban bastante, pero dos sobresalían entre todas ellas por razones diferentes, y hasta podría decirse antagónicas: *Contorno* y *Poesía Buenos Aires*. La primera, dirigida por David Viñas, practicaba una revisión crítica de la literatura argentina, con un enfoque fuertemente político y sociológico, pero con un innegable rigor académico. Dos de sus colaboradores se cuentan todavía entre mis mejores amigos —Adolfo Prieto y Noé Jitrik—, pero mis preferencias literarias iban hacia la vereda de enfrente. *Poesía Buenos Aires*, aparte de haber contribuido más que ninguna otra publicación a la difusión de las principales corrientes poéticas del siglo XX, reveló sobre todo una nueva generación de poetas argentinos y una nueva manera de concebir el trabajo poético. Edgar Bayley, Mario Trejo, Francisco Madariaga, Leónidas Lamborghini, Hugo Gola, Francisco Urondo, Rodolfo Alonso, colaboraban con frecuencia en la revista, que publicó también, en algunos casos, los primeros libros de algunos de ellos. Raúl Gustavo Aguirre, su director, es probablemente el poeta argentino más intensamente implicado en la difusión y en la reflexión sobre los nuevos caminos de la poesía mundial en la segunda mitad del siglo XX.

BIBLIOGRAFÍA

Raúl Gustavo Aguirre (Selección, prólogo y notas), *Antología de una poesía nueva*, Buenos Aires, Poesía Buenos Aires, 1952.

Raúl Gustavo Aguirre (Selección, prólogo y notas), *El movimiento Poesía Buenos Aires (1950-1960)*, Buenos Aires, Fraterna, 1979.

Rodolfo Alonso, "Vida y pasión del surrealismo", en *No hay escritor inocente*, Buenos Aires, Librería del Plata, 1985.

Rodolfo Alonso, "Veníamos a abrir puertas", en Jorge Fondebrider (Compilación y prólogo), *Conversaciones con la poesía argentina*, Buenos Aires, Libros de Tierra Firme, 1995.

Edgar Bayley, *Realidad interna y función de la poesía*, Buenos Aires, Poesía Buenos Aires, 1952.

Horacio Jorge Becco (Selección y bibliografía), *Poetas argentinos contemporáneos*, Buenos Aires, Extensión Cultural Dos Muñecos, 1977.

Néstor Bondoni, *Travesía*, Buenos Aires, Poesía Buenos Aires, 1956.

Javier Cófreces (Selección y prólogo), *Poesía Buenos Aires (x 10)*, Buenos Aires, Leviatán, 2001.

Umberto Eco, "El Grupo 63, el experimentalismo y la vanguardia", en *De los espejos y otros ensayos*, Barcelona, Lumen, 1988.

Macedonio Fernández, *Poemas*, México, Guarania, 1953. Prólogo de Natalicio González.

Jorge Fondebrider, Daniel Freidemberg y otros (Selección y notas), "Dossier Poesía Buenos Aires", en *Diario de Poesía*, número 11, diciembre de 1988.

Daniel Freidemberg (Selección, prólogo y notas), *La poesía del cincuenta*, Buenos Aires, Centro Editor de América Latina, 1981.

Daniel Freidemberg, "La poesía del cincuenta", en *Capítulo. La historia de la literatura argentina*, número 123, Buenos Aires, Centro Editor de América Latina, 1981.

Fundación Sales, *25 poetas argentinos contemporáneos*, Buenos Aires, 2005.

Alfredo Hlito, *Dejen en Paz a la Gioconda* [textos inéditos sobre arte], edición, prólogo y notas de Rodolfo Alonso, Buenos Aires, Infinito, en prensa.

Instituto de Cultura Duilio Marinucci, *23 poetas argentinos contemporáneos*, Buenos Aires, 1998.

Eugenio Montejo, "Raúl Gustavo Aguirre", en *El taller blanco*, México, Universidad Autónoma Metropolitana, 1996.

Enrique Oteiza (Prólogo) - Instituto Torcuato Di Tella (Selección), *Poesía argentina*, Buenos Aires, Editorial del Instituto, 1963.

Nelly Perazzo, *El arte concreto en la Argentina*, Buenos Aires, Gaglianone, 1983.

Fernando Pessoa, *Poemas*, selección, traducción y prólogo de Rodolfo Alonso, Buenos Aires, Fabril, 1961.

Ricardo Piglia, *Crítica y ficción*, Buenos Aires, Siglo XX, 1990.

Juan José Saer, *Trabajos*, Buenos Aires, Seix Barral, 2006.

Daniel Samoilovich, "Función de la poesía y oficio de poeta", en *Punto de Vista*, n° 12, julio-octubre de 1981.

Néstor Sánchez, "Apuntes a favor de un género algo inexistente", en *El Mundo*, domingo 23 de octubre de 1966.

Giuseppe Ungaretti, *Poemas escogidos*, selección, traducción y prólogo de Rodolfo Alonso, Buenos Aires, Fabril, 1962.

Basilio Uribe, "El aporte de una revista de poesía", en *La Prensa*, domingo 25 de mayo de 1980.

Francisco Urondo (Introducción), *Primera reunión de arte contemporáneo 1957*, Santa Fe, Universidad Nacional del Litoral, 1958. Dirección gráfica de Alfredo Hlito.

Fernand Verhesen (Selección, traducción y prólogo), *Poésie vivante en Argentine*, Bruselas, Le Cormier, 1962.

Loris Zanatta, *Del Estado liberal a la Nación Católica*, Bernal, Universidad Nacional de Quilmes, 1996.

Fuentes

Revista *Poesía Buenos Aires*, números 1 al 30, Buenos Aires, 1950-1960.

VOCES EN LA SALA*

por Raúl Antelo

> Alegría hay, variedad hay mucha en la vida de
> Norah; además actividad, no recargada. ¿Qué es lo
> que le falta en el complejo vivir cotidiano?
> ¿Tranquilidad? ¿Sueño no estorbado por horarios?
> ¿Preocupaciones agudas por seres de su afecto?
> MACEDONIO FERNÁNDEZ,
> en carta a Oliverio Girondo

Imagen de Norah

Las preguntas de Macedonio retoman la cuestión de Freud, *Chè
vuoi?* ¿Quién es Norah Lange? Podríamos ver una foto de Norah
banquetera o de Norah con los marineros pero, sin duda, la imagen
que tenemos de un autor es una pura mediación para acercarnos a su
escritura. Es un soporte de transmisión desplazado y en tensión permanente con la materialidad de su texto y con la subjetividad del autor mismo. Es la relación por la cual un texto nos remite al cuerpo de
un autor y un autor se disuelve en la consistencia an-icónica de la escritura.[1] ¿Cuál es la imagen de Norah Lange? ¿Qué quiere?

Oliverio Girondo, su marido, se definía, en su *yolleo*, como un
molde, un *tataconco*. "Soy yo sin vos", decía, un hueco, alguien sin
voz, algo que era para Bertolt Brecht un anuncio de nuevas relaciones
entre sujeto y objeto, la emergencia de imágenes ausentes, auténticas
imagos, como las que deja un cuerpo en el yeso.[2] Borges, en cambio,

---

* Una primera versión de este texto fue leída en el *Homenaje a Norah Lange
(1906-2006)* organizado por el Instituto Interdisciplinario de Estudios de Género
(Facultad de Filosofía y Letras - Universidad de Buenos Aires) y el Centro de Estudios de Teoría y Crítica Literarias (Facultad de Humanidades y Artes - Universidad
Nacional de Rosario) en Buenos Aires el 3 de mayo de 2006.

[1] Ver Federico Ferrari & Jean-Luc Nancy, *Iconographie de l'auteur*, Paris, Galilée, 2005.

[2] Ver Bertolt Brecht, "De la participación del 'modelo' en las artes plásticas", en *El
compromiso en literatura y arte*, Barcelona, Península, 1973. Traducción J. Fontcuberta.

aunque sensible a la nadería de la personalidad, no mostraba la misma disposición con relación a sus otros colegas martinfierristas, las mujeres. A Norah Lange (1905-1972) la ensalza casi siempre en la materialidad del puro cuerpo. La juzga, públicamente, "preclara por el doble resplandor de sus crenchas y de su altiva juventud" (en *Inquisiciones*) y, de manera privada, en la dedicatoria de *Discusión* donde la llama "alto y gracioso fuego".[3] Tres años después le firma un ejemplar de *Historia universal de la infamia*, "con el recuerdo de tantos atardeceres de tanta música, de tanta *cabellera ardiente*".[4] Otro tanto decía de Nydia Lamarque, "¿acaso no nos basta en una muchacha o en una estrofa la certidumbre de que es linda?"[5]

Más allá de esas imágenes, creo, no obstante, que Norah debería ser pensada a partir, precisamente, de la búsqueda de la voz.[6] La voz de los envíos con que culmina *El rumbo de la rosa*, una lista heteróclita que incluye a Alfonso Reyes, Ricardo Molinari, una amiga, Clara Berg, pero también un personaje de Ibsen, Inés, lo cual prefigura la voz en cuello, de raigambre macedoniana, con que Norah ha de dirigir *Discursos* (1942) a los *Estimados congéneres*.[7] Un camino que, por cierto, Borges le veda sin más, porque consideraba que la voz, ya en su primera novela, *Voz de la vida*, no pasa de "meros estados sentimentales, cuando no sobre azares y costumbres de la jerigonza ultraísta".[8] En *Antes que mueran*, sin embargo, texto en el que me detendré

[3] Jorge Luis Borges, *Inquisiciones*, Buenos Aires, Gleizer, 1925.

[4] Borges estaba emparentado con Norah. El padre de su padre, el capitán Francisco Borges, se había casado con Estela Erfjord, tía materna de Norah. La evolución de las dedicatorias (en los ejemplares conservados por Susana Lange) es elocuente. Del púdico "fraternalmente" en *Fervor de Buenos Aires* (1923), pasamos, en *El idioma de los argentinos* (1928), a la expresión de "mi más honrosa amistad y el mejor cuidado recuerdo de los que guardo a la aureolada y voluntariosa Norah". En *El jardín de los senderos que se bifurcan* (1941) la dedicatoria, de forma contemporizadora, llama al obsequio "este modesto jardín con la amistad constante de Georgie".

[5] En "Nydia Lamarque. *Telarañas*, 1925", *Textos recobrados 1919-1929*, Buenos Aires, Emecé, 1997. Una reacción semejante a la de otros poetas más tradicionales. Arturo Capdevila le dedica un romance en *Simbad*: "Esta Norah Lange / de los ojos claros / y el cabello lacre, / de los versos raros / y la prosa amante, / nada tiene que ver, os lo juro, / con vuestra Hedda Gabler".

[6] Ver Norah Lange, "Cómo Dios le alcanzó una soledad", en *Martín Fierro*, n° 43, Buenos Aires, julio-agosto de 1927.

[7] En el último número de *Martín Fierro*, ilustrando la noticia del banquete, leemos el "Homenaje al poeta Alfonso Reyes", poema que Norah rescatará en *El rumbo de la rosa*. Mucho después, a los 25 años de fundada la revista, Norah admitirá haber oído algunos brindis de Macedonio, "acontecimiento trascendental en nuestras letras".

[8] Jorge Luis Borges, "Norah Lange. *45 días y 30 marineros*" [1933], en *Textos recobrados 1931-1955*, Buenos Aires, Emecé, 2001.

en particular, leemos una aguda reflexión sobre la voz que, a la manera de Rimbaud, se capta, sinestésicamente, a través de las imágenes:

Cada voz posee su color. Las voces de los ancianos —me dijo— son generalmente rosadas. La de Emilia, en cambio, es de color solferino; el color más desagradable y chirriante. Creo que mi voz es de color verde nilo. Me gustaría por lo menos, que fuese verde nilo...
Reflexioné en esa posibilidad porque yo solía acercar las voces a las cosas. Algunas se asemejaban a grandes ventanas de cortinas impenetrables; otras a esos sempiternos centros de mesa que nadie elimina porque son regalos de familia. Existía una, muy humilde, que nunca logré separar de las mesas de luz; al recordar su tono servicial y generoso, siempre surgía la otra, la que vivía a su lado, hermosa y fresca como una avenida de álamos.
Al oírla traté de habituarme a esa idea, reuniendo diversas voces para adjudicarles un color correspondiente. Pensé en la suya, ante todo; su voz que ansiaba parecerse al verde nilo. Pero su voz era amplia y resonante. Tuve deseos de decirle que a veces adquiría un color rojo profundo, el rojo con repentinas porciones de brillo de terciopelo; otras, era señorial y gris como el asfalto, y ya me disponía a hacerlo cuando ella comenzó a hablar y su voz tornóse, de pronto, chiquita y tierna, apenas rosa pálido...[9]

Si toda voz es una nada —nilo, *nihilo*—, si toda voz es un vacío, un derramarse indefinido del lenguaje, ese gesto que es un autor encuentra, sin embargo, *entre otras voces*, un cuerpo, una imagen, una forma reflexiva-activa, al mismo tiempo agente y paciente, *yo-ella*, que acaba por imponérsenos como su imagen. Norah Lange persiguió, pertinazmente, la palabra, hasta que un día, de golpe, cruelmente, le sucedió la voz. Descubrió que todo orador se traslada por la voz:

---

[9] Norah Lange, *Antes que mueran*, Buenos Aires, Losada, 1944. Una primera versión de ese fragmento de agosto de 1943, cuando Norah y Oliverio están en Brasil, concluye: "ella comenzó a hablar y su voz, de pronto, tornóse chiquita y tierna, apenas amarillo limón". En la versión de 1943, dada como parte "de un libro próximo a aparecer", esos fragmentos surgen con el título genérico de *Hojas de espejo,* aludiendo, probablemente, a la autonomía con que esas piezas jugaban entre sí. Ver *Revista do Brasil*, nº 55, Rio de Janeiro, septiembre de 1943.

Cicerón volvió a agobiarme con la moraleja de que la pronunciación es la elocuencia del cuerpo y Quintiliano volvió a quedarse quieto después de recomendar posturas bastante entretenidas, como ser el empleo del codo, sin necesidad, por supuesto, de empinarlo demasiado.[10]

Por eso me gustaría proponerles una reconstrucción: oír la voz de Norah a partir de —entre— otras voces en la sala. Norah no está sola. Hay que pensarla, por ejemplo, junto a Nydia Lamarque, a Luisa Sofovich, a Amparo Mom o a Maruja Mallo.

Cansancio y máquina célibe

Lange y Lamarque comparten un mismo gesto: adueñarse de la voz del otro por la vía de la traducción.[11] En el caso de Norah, de la voz del poeta noruego Herman Theodor Portaas, conocido como Herman Wildenvey (1886-1959), cuya obra,[12] ella debe de haber conocido en el viaje ficcionalizado en *45 días y 30 marineros* y que sólo se divulgaría en inglés con posterioridad a la traducción local.[13] Norah va hacia la voz de los ancestros porque "he estado mucho tiempo ausente / de mi infancia —playa mansa—", pero no porque en ella encuentre un origen pleno, sino porque allí cree ahondar la experiencia del agotamiento, la misma con la que Oliverio explora la masmédula del lenguaje. Del mismo poeta traduce "Como uno que vuelve de una fiesta":

> Como uno que ha vaciado su copa,
> no por inclinación al veneno,
> pero jugando a la muerte con el fondo de la copa,
> y por obstinación viviendo,

[10] "Comprobé que mi voz era un apilado de esmeriles y tiritas de aluminio. Mi voz era una voz sin flequillo, sin cortinados, sin almohadones". En Norah Lange, *Estimados congéneres*, Buenos Aires, Losada, 1968.

[11] Ver Delfina Muschietti, "Mujeres: feminismo y literatura", en Graciela Montaldo (ed.), *Yrigoyen entre Borges y Arlt (1916-1930)*, Buenos Aires, Contrapunto, 1989.

[12] Ver "El grito", en *Antes que mueran*: "No puedes decir la verdad entera, ni lo desmesurado de un pensamiento, no puedes retroceder un día, ni sonreír a destiempo, ni tocar el fondo de una palabra, ni apresurar tu sombra".

[13] Herman Waldenvey, "Vuelvo de un viaje", en *Poesía*, año 1, nº 6-7, octubre-noviembre de 1933. Traducción de Norah Lange.

entre días de sol y borrascas alternando,
igualmente contento;
así voy yo, evitando encontrarte.

Es la primavera del 33. Poco antes, en junio, Norah había publicado, en el primer número de *Poesía*, la revista de Pedro Juan Vignale, un "Poema para un niño que no pudo nacer", donde se preguntaba: "¿En el pecho pequeño ya temblaría el cansancio?" En abril del año siguiente, leemos también un relato suyo, "Vacilante juego mortal", donde la protagonista —que todavía tiene nombre, Raquel—, una mujer hastiada por la rutina de una relación desganada, baraja incansablemente la posibilidad de envenenar a su compañero: "Tengo un cansancio adentro" —dice Raquel. "Si pudiera morirme ahora, porque se me da la gana, lo haría. Pero no puedo, soy demasiado indiferente. Quiero algo que me aturda y que me dé esa obligación final". El malestar se instala, según ella confiesa, a partir del lenguaje. Le molestan los hombres: lo dicen todo, creen que Todo puede ser dicho: "Tienen una propensión a la vulgaridad, como si la intimidad fuera una cosa inmoderada que debiera llegar a eso".[14] Raquel desciende del linaje de Valentine de Saint-Point, cuyo "Manifiesto futurista de la lujuria" pedía precisamente transformar el erotismo en obra de arte.[15]

Por esos mismos días, su colega Amparo Mom, mujer del poeta Raúl González Tuñón, también era precisa al trazar límites conceptuales muy nítidos entre lo vulgar y lo digno. Con un lenguaje en el que resuena la voz de las ur-formas baudelairianas de la modernidad, tomadas probablemente de Georg Simmel, a través de Ortega y Gasset, Mom estipula que "el mal gusto es definido, categórico como lo es también lo guarango, en su detonante explosión", o sea que no es lo ordinario o lo barato lo que transmite la señal de cursilería sino la pretensión: "Esto no afirma que lo auténtico tenga siempre sello de no cursi, pues bien sabemos todos hasta qué punto de cursilería han llegado ciertos estilos", como el *art-nouveau*, igualmente detestado por Theodor Adorno y que, hasta cierto punto, intuimos en "la casa de la calle Juramento", el universo de Tronador.[16] Es por ello que Mom se dedica a un pionero y refinado análisis cultural de los hábitos de mo-

[14] Norah Lange, "Vacilante juego mortal", en *Revista Multicolor de los Sábados*, n° 33, *Crítica*, Buenos Aires, 7 de abril de 1934.

[15] Valentine de Saint-Point, *Manifeste de la femme futuriste* [1913], Ed. Jean-Paul Morel, Paris, Mille-et-une-nuits, 2005.

[16] Ver Amparo Mom, "Lo guarango y lo cursi", en *Revista Multicolor de los Sábados*, n° 6, *Crítica*, Buenos Aires, 16 septiembre de 1933.

dernidad. Ensalza, por ejemplo, con ecos de Francis Picabia, artista que solía representar a la Novia con una bombita eléctrica, "la nueva vida que nace de las fábricas, de los obreros, de la mecánica, de la electricidad y de todos los espíritus, libres del pasado" y a ella le atribuye un nuevo hábito, "un nuevo traje que no conoció ninguna historia, ninguna época, sino la nuestra", un traje noble, sin engaño ni complicaciones, inventado para el riesgo —el overol, un traje que tiene la virtud de inspirar respeto como marca del aristocratismo proletario.[17]

> Los hombres, insisto, están aún sometidos a esa ley de la moda, a eso que no tiene importancia. Ni la Rusia nueva, que debe entrar a la vida nueva, sin ningún lastre, ha resuelto aún claramente este insignificante problema de la moda de las mujeres y de los hombres... Que era inútil agregar que las formas de la elegancia cambiarían evidentemente y que la sociedad futura elaborará una estética nueva y una nueva visión de la belleza... Hasta este momento nosotros no podemos más que contentarnos con seguir pasivamente la moda que nos ofrece la burguesía, aunque, es necesario confesarlo, nosotros tenemos demasiado a menudo la tendencia a seguirla hoy en día.[18]

Mom no duda en equiparar a la mujer con la máquina o la electricidad, porque de lo que se trata, a su juicio, es de devolver potencia a las formas que circulan exhaustas. Lo formula en términos que bien podrían haber sido asumidos por el feminismo de los años sesenta y setenta:

> El amo de este mundo es el hombre. El hombre no sólo considerado como palabra símbolo de la identidad humana, sino, él, su masculino, él, su poder, él, el hombre, cualquier hombre, con todos los derechos dados, seguramente por la naturaleza, para que él mande, para que él sea la fuerza y para que él triunfe. Antes, la mujer, no su compañera, fue su blando y dulce refugio. La mansa hembra. En nuestros días y desde toda la historia del tiempo, cuando una mujer es genio en el arte o en la ciencia, se la considera como un caso fuera de la ley. Naturalmente que se han repetido muy pocas veces estos casos de genio creador y no

---

[17] Ver Francis Picabia, "Novia", en *391*, Barcelona, nº 1, enero de 1917.
[18] Amparo Mom, "La moda burguesa", en *Contra. La revista de los franco-tiradores*, nº 2, mayo de 1933, recogido en Sylvia Saítta (ed.), *Contra*, Bernal, Universidad Nacional de Quilmes, 2005.

sabemos todavía, si este fenómeno se debe al ancestral dominio del hombre, o a una marca de inferioridad que lleva la mujer... No ha existido nada más desamparado que una mujer, acechada siempre por el hombre y en continua lucha contra los prejuicios, contra la sociedad, invenciones éstas del criterio burgués, del hombre también... Es ahora, por primera vez, que ella abre un camino nuevo, una nueva esperanza... Creo que la mujer es algo tan desconocido para el hombre, como lo es todavía la electricidad, pues el hombre con su fuerza, su inteligencia y poder, forma un volumen que está dado a la luz sin ningún misterio. La mujer no ha demostrado su fuerza, aún no tiene volumen. Su poder y su inteligencia que no han salido a la luz todavía, tienen raíces en misteriosos abismos y profundos dominios.[19]

Sin embargo, no le parece a Amparo Mom que el feminismo haya contribuido sustancialmente a la independización de la mujer porque "Rosa Luxemburgo, la virgen roja, Alejandra Kollontay, la embajadora de los Soviets y Clara Zetkin, la abuela de la Revolución", fueron quienes comprendieron, "con sus cerebros luminosos y sus almas de mujer, que el único camino para llegar a la emancipación era el sindicato, es decir, la mujer dando su colaboración, ayudando a la lucha, consiguiendo de este modo, como pasa en Rusia, obtener los mismos derechos del hombre". Pero aun cuando la cuestión social subsuma la cuestión de género, Mom sorprende al dar al cuerpo femenino estatuto de obra. En sintonía con el dadaísmo de un Duchamp, llama a ese tipo de feminista "máquina célibe".[20] Como sabemos, la máquina célibe remite a la belleza de indiferencia, al arte de masas.

Es claro, Mom creía que "esos problemas del trabajo en la mujer están perfectamente resueltos en Rusia" y, a partir de esa fe, poco más se podía esperar de la historia. Sin embargo, la idea le era útil a efectos de instalar la diferencia y el espaciamiento, la temporización o retraso, en fin, la demora y la representación a que está sometida la mujer en cuanto sujeto.[21] No es en vano, pues, que el hábito de la célibe sea,

---

[19] Amparo Mom, "La mujer y el feminismo", en *Contra. La revista de los franco-tiradores*, nº 3, julio de 1933, recogido en Sylvia Saítta (ed.), *Contra, op. cit.*

[20] Ver Marcel Duchamp, *Notas,* Ed. Paul Matisse (Trad. G. Moure), Madrid, Tecnos, 1998.

[21] Ver Amparo Mom, "La mujer y el feminismo", en *op. cit.* Una intervención señera es "El movimiento hacia la emancipación de la mujer en la República Argentina", que Alfonsina Storni divulga en la *Revista del Mundo* o las crónicas que escribe para *La Nota*, todas de 1919. Recogidas por Delfina Muschietti en Alfonsina Storni, *Obras*, Buenos Aires, Losada, 2002.

a la manera de Rrose Sélavy, algo parecido al de Greta Garbo, porque, como iconos, esas figuras están situadas dentro y fuera de la Historia.[22] Son soportes del eterno retorno. Desde esa perspectiva adquiere otro sentido "El secreto", un relato de Luisa Sofovich (1905-1970) en el que alude a aquello que, más tarde, en el borgiano ("Tlön, Uqbar y Orbis Tertius") mundo de *Uqbar*, pero también en el de su inversión nominalista especular, *Baruch*, el universo de Spinoza, se volverá cliché de lo monstruoso moderno —los espejos, la reproducción, la potencia.[23] En el relato de Sofovich, un falsificador usa las placas inutilizadas de los fotógrafos para inundar el mercado de espejos baratos, provocando así la quiebra de la competencia.[24] Esa triquiñuela, ese secreto banal, es revelado (y pensemos en todos los sentidos de la palabra, como iluminación pero también como ampliación) por las muje-

---

[22] Amparo Mom, "Greta Garbo y la moda", en *Contra. La revista de los francotiradores*, n° 1, abril 1933. Ver Sylvia Saítta (ed.), *Contra, op. cit.*: "Greta Garbo es la única mujer que dentro del marco fantástico en que vive, no se viste a la moda... Greta Garbo que no se viste, ni puede vestirse a la moda, ha inspirado con la poderosa sugestión de su figura y de su expresión a los más selectos y modernos dibujantes dedicados a la moda. Walter Kleff, Begnini, Bolgar, Dillys Wall, Ericson, Jean Spadea y la deliciosa Carolyne Edmunson, visten y adornan con su lápiz y con las creaciones de los más grandes modistos, la típica expresión de la mujer del siglo: Greta Garbo". Ver también Norah Lange, *Estimados congéneres, op. cit.*: La llama una artista de performance: "murmuro *performance* porque Amparo Mom la realiza con esa suntuosidad, vestida de negro, con que coloca una repentina flor sobre desprevenida trenza, tañentes pulseras más arriba del codo, o se envuelve en una falda agitanada que sólo Amparo Mom es capaz de desplegar sobre unos tacos relucientes que agregan un nuevo vértigo al vértigo habitual".

[23] Su marido, Ramón Gómez de la Serna, la describe en *Auto-moribundia 1888-1948* (Madrid, Guadarrama, 1974, vol. 2), como "porteña nacida el año 12, de padres rusos, y con un niño de meses de su primer matrimonio"; una muchacha "exótica americanizada y españolizada —llena de fe en la literatura y el amor". "El secreto" es publicado inmediatamente después de escapar Luisa de una grave septicemia, que casi le provoca la muerte y que fue responsable, sin duda, de muchas deudas de Ramón. Para saldarlas, escribe su libro sobre el Greco, "entre insomnia y premuerte". Justamente en *El Greco*, Ramón pretendía dar "testificación de esa presencia del Dios hallado, mínima constatación del bálsamo de lo inmortal y del mundo de lo justo y de lo grande", algo que, en el mismo prefacio, nos aclara, deriva de una peculiar videncia de erotismo y premuerte, como él dice. Por lo demás, según Norah Lange, el hipocondrismo de Ramón era notable, "tal su apego por agresiones terapéuticas que arriben adosadas a nutritivos prospectos, prurito del que es exclusiva víctima Luisita Sofovich, cuya superlativa fe en todo lo que Ramón prohíja, la lleva a ingerir, con su unción surrealista y perdurable, cuantos materiales inocuos prepara Ramón en menoscabadas retortas". Ver Norah Lange, *Estimados congéneres, op. cit.*

[24] Luisa Sofovich, "El secreto" en *Revista Multicolor de los Sábados*, n° 4, *Crítica*, Buenos Aires, 2 de septiembre de 1933.

res de la familia. La mujer, más habituada que el hombre a los semblantes, es quien desorganiza la dinastía y deconstruye la metafísica de verdad y falsedad.[25] "Sólo necesitas encender la luz y detenerte frente a tu espejo. Luego comienzas a mirarte, sin apuro. Sin ningún apuro. Mientras te miras debes pensar que te estás mirando", escribe Norah Lange.[26]

Ética y política

Uno de los problemas más acuciantes con que esta formación intelectual tiene que vérselas es el de definir nuevos parámetros para las relaciones entre ética y política. Hay muchas *impasses* para realizar la política de una manera ética y para acatar la ética desde convicciones políticas. Es necesario por lo tanto disponer de una nueva filosofía de la Historia, ajena al formalismo. La alternativa más extendida por esos años —también la más masculina— consistía en absolutizar la categoría de realidad. Pero esa absolutización no hacía más que reproducir la fractura original, la inexistencia de consenso en cuanto a los valores (ética) y la estrategia para distribuirlos (política). Para algunos, sin embargo, esa antinomia sólo podría ser resuelta en el interior del sistema discursivo que la generaba y debería, en primer lugar, desmontar los imperativos categóricos del universalismo kantiano. Pero esa opción no desconocía paradojas. Una de ellas era que, a partir de un concepto absolutamente puro de política, todo conducía hacia la simplificación y la corrupción, fruto del contacto con las masas, a las que la nueva política, sin embargo, *debía* dirigirse y rescatar de su servidumbre. Desprovista del antiguo espíritu comunitario del catolicismo, no le quedaba a esta nueva política de masas más que degradarse en una mezcla heterogénea de gozo y dogmatismo, la representación puramente negativa de un imposible puramente positivo. Veamos un ejemplo de ello.

En respuesta a una encuesta de la revista *Contra*, si el arte debe estar al servicio del problema social, Nydia Lamarque (1906-1972) asume también una paradójica (aunque tímida) alternativa impolítica, de potencia pasiva, al argumentar que

---

[25] Algo semejante puede verse en otro relato de Sofovich, "Un navío cargado de palabras", también publicado en *Crítica* (n° 34, 31 de marzo de 1934).

[26] Norah Lange, *Antes que mueran*, *op. cit.* En esa escena de anamorfosis resuena el Valéry de la *Joven Parca* e incluso el Duchamp que se pregunta si, así como nos vemos viendo, es posible oírse oyendo.

no se trata de si el arte debe o no estar al servicio del problema social. El arte está, fuera de toda duda, al servicio del hecho social (dejemos la palabra problema), siempre que la frase estar al servicio se entienda como sinónima de que el arte refleja la realidad social.

Desde la ideología, Lamarque dice, entonces, que el arte es puro reflejo de la realidad pero, desde el género, cuestiona el imperativo normalizador a partir de hechos y prácticas. Compárese su respuesta con otras dos, a todas luces, emblemáticas. Borges descalifica la exigencia del arte social como una verdad "insípida y notoria", tan deletérea como mencionar la geometría vegetariana o la repostería endecasílaba. Girondo también cree que el arte no debe estar al servicio de nada, pero aclara que puede servirse de todo, hasta de la política.[27] Aun así, lo aristocrático y lo popular, el dispendio y la apropiación son dos vectores de lo que se *debe* hacer.

A su vez, otra mujer que forma parte del elenco de esas "precursoras", Maruja Mallo (1902-1995), vanguardista española de 1927, llegada a Buenos Aires al principio de la Guerra Civil española, ensaya, en sus conferencias para Amigos del Arte, dictadas, de uno y de otro lado del río, en el invierno del 37, la alternativa barroca nacional-popular. En la charla que pronuncia en Montevideo, por ejemplo, sostiene que, en España, lo popular es la afirmación permanente de lo más nacional pero asimismo de lo más universal, lo más elevado y lo más construido. Allí se juegan las batallas de dos corrientes contrarias y decisivas, el monstruo y la tragedia, enfrentados al hombre y al poder:

> En las fiestas y ferias populares, año nuevo, carnaval, verbenas y navidades, está grabado el impulso creador, la edificación consciente del pueblo. Son la afirmación vital contra el fantasma.

Es una teoría de la historia que nos propone un ciclo vital recurrente.[28] En esas fiestas, en que se reúnen muchedumbres callejeras,

---

[27] Ver Jorge Luis Borges, "Arte, arte puro, arte propaganda. Contestación a la encuesta de *Contra*", en *Contra*, Buenos Aires, n° 3, julio de 1933 y también Oliverio Girondo, "Arte, arte puro etc.", en *Contra*, Buenos Aires, n° 4, agosto 1933.

[28] "Los cuadros verbeneros son barrocos de barroquismo popular. Tanto el género de composición en muchedumbre, apretujado, como el *bariolé* del color, son cualidades impuestas por el motivo del cuadro, que es a un tiempo mismo capricho, color, idea, cuerpo y fantasía: metáfora, en resumen". Manuel Abril, "María Mallo", en *Revista de Occidente*, Madrid, vol. XXI, julio-septiembre de 1928.

predomina la profanación. Otorgándole a lo imposible valor de uso concreto,

el pueblo toma como pretexto la mitología y los santos para divertirse colectivamente. No siente por lo eclesiástico veneración alguna, sino que hace parodias de orden celeste y de las jerarquías demoníacas disfrazándose con los elementos y atributos de los seres divinos y satánicos. Reproduce paraísos gloriosos y grutas infernales.[29]

Por eso se respira, en esas verbenas, el aire desenfadado del travestimento jocoso, poblado por ángeles de feria que llevan coronas, alas y mantones de papel o lanzan matasuegras a la cara de los circunspectos, tal como vemos hacer a la misma Norah en algunas fotografías de álbum.[30]

Ramón Gómez de la Serna señaló que, en el caso de la pintura de Maruja Mallo, sus imágenes habían nacido en la romería de la Pradera de San Isidro, "punto de partida de la España emprendedora, trashumante, reconquistadora".[31] Del mismo modo, en la escritura ficcional de Norah Lange, su galería de personajes familiares coincide puntualmente con la kermés de Mallo, en que aparecen agigantados burlescamente reyes, nobles, burgueses, toreros, boxeadores y manolas. Todos estos personajes tienen presencia grotesca, realidad de fantoches. Se pasean por las calles verbeneras entre la creación del pueblo que construye carruseles y norias giratorias, barracas astronómicas, palmas, pitos, molinillos de viento, zambombas, guitarras y espantajos prodigiosos. Reyes, magistrados, militares, presiden las verbenas con proporciones gigantescas, desmesuradas, de presencia terrible y grotesca, sosteniendo entre las manos trompetas y flautas de cartón. Los burgueses se pasean rebosantes en los coches. Los toreros sienten terror ante un toro de cartón. El boxeador quedó vencido por una apuesta de perra chica y las manolas son ridículas y desgarbadas. En el Pin-Pan-Pum, los generales, las latas de tomates vacías, los moros, las bombillas fundidas y sor María giran alrede-

---

[29] *Maruja Mallo. 59 grabados en negro y 9 láminas en color*, Buenos Aires, Losada, 1942. Estudio preliminar de Ramón Gómez de la Serna, "Lo popular en la plástica española (A través de mi obra) 1928-1936".

[30] Filiándola a la sátira goyesca, Ramón, en el estudio citado, llama a la pintura de Mallo "cinemática".

[31] Y agrega que "Cristóbal Colón no sale de un puerto andaluz sino de esa ensenada que hace el innavegable Manzanares en la curva playera del prado de San Isidro", lo cual equivale a asociar la parodia polifónica con la transculturación simbólica.

dor de castillos y palacios haciendo de blanco a las escopetas de los marineros.

Con una imagen muy a lo González Tuñón ("Eche veinte centavos en la ranura"), Maruja Mallo explica a su público del Plata que, por cinco centavos, en el telescopio de cartón, se hallan al alcance de la mano todos los planetas y constelaciones, unos brillos para deslumbrar en el tranvía, un Mallarmé de bolsillo.[32]

Entre la rotación de las norias, barracas y carruseles, bajo un cielo de fuegos artificiales, cohetes y bengalas, el pueblo vive en una constante creación formal y verbal, en una desbordante alegría, en la espléndida fabricación de cosas totales y múltiples: astros, cometas y pájaros, peces y rocas, caballos y flores, trenes, aeroplanos y barcos, flautas, trompetas, cencerros, hortensias, geranios, sandías y melones. Entre tal universo, en estos paraísos callejeros, entre las muchedumbres luminosas surge la controversia representada en los sucesivos cambios de expresión; en la improvisación del mascarón y la guitarra, el toro y el fantasma, el esperpento y la paloma. [...] Estos interiores lúgubres, habitados por damas y caballeros de cuerpos incompletos, sostenidos por armaduras de ortopedia, vestidos siempre de etiqueta, auxiliados por pelucas postizas y dientes artificiales, estos personajes apolillados de gestos lánguidos, siempre en interiores sórdidos y nunca en las azoteas, han sido desplazados ya por los maniquíes de cera que se consumen enjaulados en las vitrinas de los escaparates lejos de la luz solar, rodeados de agónicas lunas, ojos de cristal, rosas, violines, golondrinas, mantos, sombreros, guantes de luto y antifaces, naturalezas muertas, realidad ilusionista iluminada por faroles de gas, alumbrada por lámparas de acetileno. Maniquíes que encontramos en todas las ciudades aturdidos por la aparición de la velocidad, sobresaltados por las máquinas.[33]

[32] Maruja Mallo frecuentaba la peña de la Cervecería de Correos, en Madrid, donde Amparo Mom y González Tuñón eran habitués junto a la pintora argentina Delia del Carril, su marido Pablo Neruda, Federico García Lorca y tantos otros. De ese optimismo revolucionario nos resta el poema que González Tuñón le dedicó a Maruja, "La historia viva bajo el acueducto inmortal", en *La rosa blindada*. Homenaje a la insurrección de Asturias y otros poemas revolucionarios, Buenos Aires, Libros de Tierra Firme, 1993 (4ª edición).

[33] Maruja Mallo, "Lo popular en la plástica española (A través de mi obra) 1928-1936" en *Maruja Mallo. 59 grabados en negro y 9 láminas en color, op. cit.*

La estética de Mallo se detiene con minucia goyesca sobre un mundo de ruinas fragmentarias que, de a poco, se configuran como escritura pero también como dialécticas en reposo.[34] Ramón Gómez de la Serna llega a decir que, así como Gutiérrez Solana fue el inventor de los rayos X, "cuando sólo el ojo humano calaba en el ser humano y veía su cáncer y su esqueleto", Maruja Mallo reinventa el procedimiento siglos más tarde, a través de los cardos, que en su pintura acarrean "los trapajos, los harapos, volando sobre los rastrojales o rastrojeras, sobre los abrojos, los espartales y los más despeinados matorrales", configurando así una suerte de *vanitas* o naturaleza muerta que alude, sin duda, a la brevedad de la vida pero también a la potencia de un lenguaje muy propio de esas décadas de desafíos verbales y de insólitas rupturas.

Maruja Mallo pinta panoramas desolados, la presencia del hombre aparece en las huellas, en los trajes, en los esqueletos y en los muertos. Esta presencia humana de realidad fantasmal que surge en medio del torbellino de las basuras, se suma a las piedras sacudidas, a los espacios cubiertos de ceniza, a las superficies inundadas por el légano, habitadas por los vegetales más ásperos y exploradas por los animales más agresivos.

Maruja Mallo, que venía de presentar en París una exposición, muy bien recibida por André Breton, sobre espantapájaros y miasmas, dos obsesiones de Oliverio Girondo, es consciente de que, en sus dialécticas en suspenso, la afirmación combativa del aquelarre se transforma, sin embargo, en su contraria. Tanto entre los objetos del imaginario popular, como en las ferias y fiestas de masa, surgen la irreverencia y parodia ante las jerarquías celestes e infernales, así como un completo sarcasmo ante el orden existente, lo que precipita "la descomposición de los templos y la derrota de las cloacas establecidas".[35] Un interlunio. Una detención del tiempo sucesivo. Pero la primitiva manifestación destructora se transforma, entonces, en deseo de edificación, un anhe-

---

[34] Un ejemplo es el de los escenarios para la *Cantata en la tumba de Federico García Lorca* de Alfonso Reyes, música de Jaume Pahyssa, recitada por Margarita Xirgu en el teatro Smart (actual Blanca Podestá) de Buenos Aires en 1938.

[35] En la misma línea de análisis, Julio E. Payró (*Arte y artistas de Europa y América*, Buenos Aires, Futuro, 1946) caracteriza la búsqueda de Maruja como un descenso a la masmédula de su oficio. "En pocos meses de desesperado manoteo en el vacío, Maruja Mallo resumió y recreó con sus recursos originales ese arte escalofriante del *memento mori* que, desde Valdés Leal hasta Antonio de Pereda, desde el gran aragonés hasta Gutiérrez Solana, siempre resurgió en algún momento de la España moderna, como punto revelador de la básica urdimbre sombría oculta bajo bordados de bárbaros, vivos, alegres colores".

lo no sólo por reconstruir de nuevo ese conjunto de cosas que responde a la materialidad y conciencia universales, sino por hallar un nuevo lenguaje formal para representar el elusivo real solidario.

Troncos, virutas, aserrín, cereales, hortalizas, retamas, esparto, lana y arpillera transformados en cuerpos humanos; la naturaleza y los pueblos expresando un contenido que encauzó en un teatro integral, donde la escenografía es creación y ciencia arquitectural, con escenarios de una conciencia armónica en el espacio, con una consonancia entre cada parte y el todo, compuestos de superficies y cuerpos reales tangibles y sólidos y donde los personajes se mueven en todas direcciones respecto de las seis caras del escenario, dando a la representación vivacidad y fuerza dinámica, sometidos a juegos de luz y agrupaciones escénicas ordenadas.[36]

Gómez de la Serna interpreta que esa gramática compositiva de Maruja Mallo la conduce al indispensable *testimonio* —es decir, no a la vivencia sino a la experiencia, no a la historia sino a la memoria. Como Norah, Maruja se depara así con el *retrato* como salida ética a las *impasses* de la Historia. Atribuyamos pues a la escritora lo que Ramón nos dice de la pintora.

Maruja está ante la vividimensional y al dedicarse al retrato integérrimo va a enfrentarse con los fantasmas a la luz del día. El mundo de las criaturas aristocráticas o anónimas que miran en los museos como sólo los retratos miran y se destacan, va a ser la próxima galería de la pintora que antes se había entregado a los símbolos y a los esperpentos. El retrato es la intentona suprema del arte, la rendija entre lo mortal y lo inmortal, la pintura organizada y pasmada. Cuando se encierra la pintura en la alcoba última se ve una sala de retratos. La vuelta al retrato como símbolo de angustia y misterio es la gran vuelta pictórica. Lo último que pinta Goya es un retrato y el Greco muere ante el testamento de una figura humana, una cabeza con golilla que sin ser su autorretrato siempre tiene profundidad y exterioridad autobiográfica.[37]

---

[36] Ese mundo de cosas, como en una sala de costura, responde a un principio teatral y barroco, el de "adiestrar el cuerpo humano convirtiéndolo en un instrumento de la creación escénica".

[37] Ver Giorgio Agamben, "Il volto", en *Mezzi senza fine. Note sulla politica*, Torino, Bollati Boringhieri, 1996. A partir del concepto deleuziano de *rostreidad*, Agamben ha desarrollado las connotaciones políticas del retrato. En la medida en que todos los seres vivos manifiestan y brillan en su apariencia, el lenguaje es el único mecanismo a través del cual la naturaleza deviene rostro. La crítica belga Nathalie Roelens sostiene a su vez que el postulado mimético e hipostático del retrato, como género pictórico, postulará la semejanza como su rasgo básico y exacerbará el deseo de "naturalidad". Las vanguardias comprendieron cabalmente la exhortación deleuziana

Feria popular y guardarropa burgués

Esta opción satírica y barroca de Mallo nos ayuda a entender mejor la distancia que separa estas búsquedas de la pertinaz pasión de lo real de Nydia Lamarque. Recapitulemos nuestro argumento. Si lo nuevo, como vimos, a partir de la política de masas y de la ética femenina, es apostar no a lo que debe ser sino a lo que de hecho *es*, desde el punto de vista materialista no hay como consentir lenguajes perimidos, como el del decadentismo, que es tan sólo la sensibilidad *que fue moderna*.

El estetismo puro, "el arte por el arte" y demás teorías análogas son solamente expresiones de la decadencia mental de la burguesía llegada a una etapa de impotencia creadora. Es por ello que la mayor parte de las obras que responden a esas etiquetas se reduce a simples cuadros de la bancarrota moral de la clase dominante. El arte burgués, haciendo piruetas en la cuerda floja del ingenio, cumple una obra de descomposición y corrupción inevitable dadas las condiciones económico-sociales de los artistas en la sociedad capitalista; y ayuda en esa forma a la burguesía a sostener su dominación de clase. Pero el capitalismo agonizante carece ya de fuerza artística. El arte burgués no es más que una sombra, que recuerda su esplendor de ayer. El arte proletario nace ya mundialmente con las primeras canciones revolucionarias, y pronuncia en la URSS con voz clara y triunfante las palabras de su primavera.[38]

Tratando de salvar la antinomia entre ética y política, Lamarque es sensible, sin embargo, al hecho de que lo nuevo no se manifiesta de manera pertinente en obras acabadas sino en sonidos casi desarticulados, no siempre inequívocos, sonidos que demandan un cuerpo. Son voces, son himnos revolucionarios, son percepciones hasta cierto punto anestésicas de lo moderno.[39] Desde una perspectiva nacional-popular, Blanca Luz Brum (1905-1985) nos daba otro ejemplo elo-

---

a deshacerse de la rostrificación, porque el sistema que ordena los presupuestos de parecido y encarnación, llegados al 900, se ha desmoronado irreversiblemente.

[38] Nydia Lamarque, "Arte, arte puro, arte propaganda. Contestación a la encuesta de *Contra*", *op. cit.*

[39] Poco antes, en "Los cantos de la U. R. S. S. victoriosa", Lamarque ya había argumentado que nunca hasta ese entonces se había visto impulso semejante. Al lado de estos cantos proletarios todo el arte burgués de nuestros días desde el más refinado hasta el más simple, aparece monstruoso y antinatural, flor deforme cuya corola se expandió nutrida de venenos. En *Contra*, n° 2, mayo de 1933, en Sylvia Saítta (ed.), *Contra*, *op. cit.*

cuente. Refiriéndose a Emiliano Zapata dice que "hablaba a las masas mejicanas en su propio lenguaje y desde su propia realidad. Su lenguaje tenía ese romántico y subversivo sabor que tenía el que usaban los gauchos en la época de las montoneras".[40] Como se ve, más allá de la alternativa adoptada, iluminista o populista, la cuestión de la voz y la apelación está claramente implicada con el liderazgo y la hegemonía. Lo deja claro la misma Lamarque cuando al analizar el papel de "Lenin frente a los héroes tradicionales", no duda en tomar al líder de masas en perspectiva nominalista —es decir, más poética que práctica— y, al mismo tiempo, sinestésica.

> Para la mentalidad dominante en el mundo occidental, Lenin es como una palabra de sobrecogedora resonancia, pero perteneciente a una lengua desconocida. Sólo nosotros, marxistas, podemos interpretar su sentido, porque esa lengua desconocida es nuestra lengua. Los escritores burgueses que han pretendido reflejar en el espejo empañado de un libro esa vida de las vidas, a la que mejor que a ninguna otra corresponderían las palabras de Nietzsche, *ens realissimus*, han fracasado en todas las dimensiones del fracaso.[41]

También hay excepciones, según Lamarque. Nadia Krupskaia, Trotsky, Clara Zetkin, Gorky o Victor Serge, aun cuando no hayan logrado dar "el cuerpo entero de la biografía, sino únicamente recuerdos dispersos, breves estudios fragmentarios", o quizás, paradójicamente por eso mismo, por una sintaxis, por un procedimiento fragmentario de composición, han logrado que de esos textos surja un Lenin "animado por el calor inconfundible e inimitable de la vida". El argumento no difiere mucho de la amonestación de Borges a Norah, en su balbuceo vanguardista. Pero para llegar a tal comprensión, La-

---

[40] Blanca Luz Brum, "El gran caudillo Zapata", en *Revista Multicolor de los Sábados*, nº 4, *Crítica*, Buenos Aires, 2 de septiembre de 1933. La que fuera mujer de Parra del Riego, a esas alturas casada con Siqueiros, va a ser con el tiempo jefa de prensa y propaganda del coronel Perón, con quien habría mantenido inclusive una *liason*. Ver Hugo Achugar, *Falsas memorias. Blanca Luz Brum*, Montevideo, Trilce, 2000.

[41] Ver Nydia Lamarque, "Lenin frente a los héroes tradicionales", en *Contra*, nº 1, abril de 1933, en Sylvia Saítta, *op. cit.* Acerca de Lenin, y como para probar la fuerza de la presencia del líder soviético en el mundo intelectual argentino entre 1930 y 1950, Lamarque cita a varios autores (Valeriu Marcu, Chasles, Rollin, Veale, Lafue, Vichniac, Malaparte, cada uno de ellos desde diferentes perspectivas). Lamarque señala, admirativamente, que se trata de un héroe, o como la "humanidad entera imagina a los héroes".

marque no duda en recurrir a alguien tan poco confiable, desde una perspectiva épica, como Hölderlin, recordando el mismo mote que haría suyo Harold Bloom, al definir el vínculo entre arte y política: "Vasos sagrados son los poetas - En ellos se conserva el vino de la vida - El alma de los héroes". Es decir que la idea de la revolución, a través de la tragedia y la locura, le hace ponderar a Lamarque el gran número de impurezas que fue necesario soportar, mezcladas a "este vino que más podría considerarse veneno, generador de muerte, en lugar de estimulante de la vida".[42]

Imagen del vidente

Esa comprensión del vínculo indecidible entre arte y política se aclara más aún si recurrimos al prefacio que Lamarque escribe en 1959 para su traducción de *Una temporada en el infierno* de Arthur Rimbaud, paralela a la realizada por Oliverio Girondo y Enrique Molina. Allí Lamarque lee en Rimbaud la radicalización del acto poético, comprometiendo por entero la vida de quien lo ejecuta pero proyectándose luego hacia el futuro, para transformar con su influjo cualquier zona de la cultura humana. Esa experiencia, rarísima, "adquiere una gravedad, una densidad, un sentido, que trascienden las fronteras ya de por sí majestuosas de la poesía" y provoca, en realidad, un vértigo de determinaciones, "donde las causas y los efectos, en su oscuro mecanismo, se entrecruzan y ramifican, se imbrican y unas a otras se deforman hasta lo indescifrable", a tal punto que esa sobredeterminación del lenguaje se vuelve más relevante aún en el período de posguerra, cuando la humanidad se encuentra, según Lamarque, "en el punto de perspectiva ideal, para recorrer con una sola mirada la vertiginosa trayectoria de ese cometa fulgurante, anunciador de tantas dislocaciones, de plagas, y pestes, y derrumbes". Pero Rimbaud no era Lenin.

[42] Lamarque es consciente de que se le puede objetar que Marx fue el primer héroe proletario. "Marx es, por cierto, de la misma talla que Lenin; el genio y la dimensión titánica de las proporciones son en ambos idénticas, pero nunca llegó a ejercer el poder. De aquí que el héroe por excelencia, el jefe triunfante, y en tal sentido el primer héroe del proletariado, es Lenin". Lenin —célibe— o lo que es lo mismo, un Lenin-anónimo, un Lenin-mujer; "la palabra internacional le queda ya pequeña; sólo le conviene el epíteto de universal. Y si yo he evocado en estas palabras su memoria, es porque también lucho y espero".

No respondía en su aspecto exterior a la imagen tradicional de los profetas […] y sin embargo, sus labios casi infantiles aún, profirieron acaso inconscientes, el grito que anunciaba entonces y sabemos hoy que resume nuestra época: "He aquí el tiempo de los Asesinos". Presa del mismo sombrío furor que retorcía a la Pitonisa sobre el trípode de Delfos, sus versos, que no han terminado todavía de vaticinar, anticipan aquí y allá las convulsiones agonizantes de las capitales incendiadas y de todo nuestro exhausto Occidente:

¡En esta religiosa tarde de tempestad,
sobre la Europa antigua que habrán de hollar cien hordas!

Pero Lamarque tampoco es Rimbaud. Teme que su voz traductora traicione la del poeta porque "su acento original tiene el sagrado horror de los que hablan sacudidos por un soplo que no les pertenece, que viene desde afuera, desde una dimensión desconocida". Norah Lange también lucha permanentemente con la palabra. "Ya era imposible —parecía imposible para siempre— buscar palabras, demostrarlas, concederles movimiento, la entonación adecuada que sentíamos adentro, pero inmovilizada, obstinada, no traducible".[43] En ese sentido, Nydia Lamarque consideraba ciertas piezas de *Iluminaciones,* de Rimbaud, como *Ciudad, Tarde Histórica* o *Democracia,* como precursores cuadros monstruosos que asaltaron al poeta "en sus insomnios de vidente, y que se insertan ahora, palabra por palabra, hecho por hecho, en los marcos implacables, rígidos, del tiempo y del espacio".

Sin embargo, no es que el presente ilumine retrospectivamente el pasado o el pasado vuelva más transparente lo contemporáneo. Se trata de que aquello que ha sido (Rimbaud) se una, fulminantemente, a una imagen de lo que es (Lamarque, Lenin), decantando así una cons-

---

[43] Norah Lange, *Antes que mueran, op. cit.* Es bueno recordar que un poema de Drummond de Andrade, "O lutador", en que el poeta se ve a sí mismo trabando una lucha vana pero necesaria con las palabras, se publica por primera vez en 1942, poco antes de la permanencia de Norah en Río de Janeiro. Complementa la "Búsqueda de la poesía" que, en versión de Edgar Bayley, diez años más tarde, será un poema insignia del grupo *Poesía Buenos Aires.* Entre los escritores brasileños que frecuentaron a la pareja en esos seis meses, cabe destacar a Manuel Bandeira, que traza una silueta de ambos, a Oswald de Andrade, que en dedicatoria a *Os condenados* señala el 43 como el año del "descubrimiento del Brasil", a Mário de Andrade, a quien Norah obsequia sus *Cuadernos de infancia,* o a Graciliano Ramos quien, en 1947, devolverá el gesto con un ejemplar de su propia novela, *Infância.*

telación. No se trata de una relación temporal, como la que el presente mantiene con el pasado, sino de una relación dialéctica, imagética, atemporal, que nos permite vislumbrar "la acerba y casi informe poesía del siglo de hierro, sin fe ni ley", de la actualidad. Esa poesía de voces entrecortadas, como diría Norah Lange en *Antes que mueran*, no deja "nada sin tocar, sin imprimirle las huellas pegajosas de sus inflexiones indelebles".

No obstante, aun cuando Nydia Lamarque reivindique, en Rimbaud, una informe lógica de las sensaciones, desconsidera también lo que ella misma llama "la aventura tragi-cómica de los surrealistas" y por ello prefiere reconocer la "huraña grandeza" que el poeta adquiere en la posguerra, fruto, hasta cierto punto, de los "afanes satélites" del surrealismo, porque "por insignificante y despreciable que sea cada una de las individualidades que componen el coro, su voz numerosa otorga una imponente resonancia a la única voz del corifeo". El pueblo conducido siempre más que el díscolo individuo. Entonces, la natural y legítima grandeza de Rimbaud se acentúa "con esa otra grandeza que el eco de miles de voces anónimas confiere a la voz aislada del inspirado, al retomarla y magnificarla hasta la potencia pavorosa del trueno".[44]

Con su Rimbaud-soviético, próximo, no obstante, del Rimbaud gauchesco de Blanca Luz Brum, Lamarque nos presenta "una obra desconcertante, sibilina, surcada y penetrada de reflejos policromos, cargada de alusiones, de una evidente elevación de estilo y de lenguaje", que implica, sin embargo, una contundente tensión. Para Borges, enfrentado a la misma disyuntiva, un Rimbaud católico, se decanta por la inmanencia absoluta: no elegir. Lamarque, en cambio, opta por la fuerza de la contradicción y observa que "mientras más se envilece la persona contingente, variable, degradada de Arthur Rimbaud, mayor nobleza adquieren los versos y las prosas que pretenden ser el testimonio escrito de una exploración mental y espiritual emprendida dando la espalda a Dios", de allí que concluya que *Iluminaciones* no cumple ninguno de los propósitos que el poeta se jactaba de perseguir.

Ni hay en ellas nada de especialmente maldito, fuera de la natural maldición del hombre sometido por expreso consentimiento al pecado, ni nos revelan tampoco nada comprensible

---

[44] Nydia Lamarque, "Imagen de Arthur Rimbaud", en Arthur Rimbaud, *Una temporada en el infierno*, Buenos Aires, Kraft, 1959. Ver también, *Una temporada en el Infierno* (trad. De Oliverio Girondo y Enrique Molina), Buenos Aires, Fabril, 1959, incluida en la colección Los Poetas, dirigida por Aldo Pellegrini.

acerca de las esencias, que con atroz determinación quiso penetrar mediante el aniquilamiento de las apariencias y para lo cual torturó sus sentidos y estuvo a punto de sacrificar su razón... Juzgarlas una revelación en el sentido auténtico, metafísico, de la palabra, es ofender al mismo tiempo a la verdad y al diccionario: revelan, sí, una sensibilidad inédita, un nuevo método de composición lírica, una originalidad absoluta (aunque ya Hölderlin en sus últimos himnos anuncia el tono rimbaudiano), que ofrecen el molde al que habrá de ajustarse la futura poesía.

Nuevamente Hölderlin nos saca del atolladero, de una manera además semejante a la intentada por el joven Walter Benjamin cuando, al leer también a Hölderlin, definía lo poético, separado de la poesía, como un aflojamiento de las articulaciones fuertemente funcionales.[45] El movimiento de esa lógica es claro en Lamarque. Rimbaud *no es* Lenin. No responde a la función tradicional de un profeta, aunque su voz infantil y acaso inconsciente haya lanzado el grito que anunciaba el desasosiego contemporáneo. Pero, al mismo tiempo, Rimbaud *es* Lenin porque posee, como él, una nueva sensibilidad, un nuevo método de organización de las fuerzas y una originalidad absoluta que, como la del revolucionario, también es relativa: la vimos antes en los himnos de Hölderlin, el poeta loco. Esa indecibilidad del fenómeno Rimbaud, ese secreto —nuevas imágenes en soportes degradados— se confunde, pues, con la misma cuestión de la ruptura vanguardista, lo sagrado, la decisión y la política. Es decir, si el fascismo fue la teología política absoluta, ¿qué lugar reservarle a un poeta que en la escena contemporánea ocupa (es decir, *decide* deliberadamente ocupar) todos los lugares?[46] Lamarque, en su alternativa, se hace eco de la lectura católica de Claudel, distinguiendo entre la pasividad de la *anima* y la potencia del *animus*, pero habría que observar que el catolicismo de Rimbaud, como el de Baudelaire, no es redentor, a la manera benjaminiana, sino justiciero y vengador, ya

---

[45] Sobre Hölderlin, leemos en el poeta guía de las escritoras comunistas, González Tuñón: "Preguntaba adónde fueron / el sueño y las islas fragantes / un día la niebla pobló su mirada / y él entonces *vio*, pero fue después / cuando supo que el hombre vale más". Ver *La literatura resplandeciente*, Buenos Aires, Boedo Silbalba, 1976.

[46] "¿Vale la pena desafiar a Dios —se pregunta Lamarque— convertirse *voluntariamente* en monstruo, perder el alma, sólo para agregar unas cuantas estrofas gloriosas al glorioso patrimonio humano?", en Nydia Lamarque, "Imagen de Arthur Rimbaud", *op. cit.*

que, para alcanzar su objetivo, apela indiscriminadamente tanto a Dios como a Satán. Esto prueba además que la cuestión de lo sagrado no fue agotada por las respuestas ateológicas del Iluminismo y que, en consecuencia, la noción de un héroe sadeano[47] —idea, por lo demás, asociada a lo femenino en la cultura laicizada del 900, desde la Marcelle, personaje de la novela sadomasoquista *Historia del ojo* (1928), de Georges Bataille, a la *mantis religiosa* de las especulaciones de Roger Caillois en *El mito y el* hombre (1938)— recorre muchas de las lecturas que, de Proust en adelante, rescatan la analogía universal, el abanico de las correspondencias de Baudelaire ("Perfumes y colores y sones se responden") y lo que de esa imagen interpreta Rimbaud ("Las vocales") y la misma definición de lo bello entendido como lo bizarro.[48] Norah Lange comprendió esa paradoja con extrema sensibilidad. Es tiempo pues de volver al comienzo.

Sin semblante para la muerte

Amparo Mom o Nidia Lamarque atribuían una importancia indudable a la ideología. No así Norah Lange. La ideología, para las escritoras comunistas, sería el poder de travestimiento de la falsa conciencia frente a un real desplazado e inaprehensible, que sólo a través de un hábil montaje escénico (la representación) sería capaz de enfrentarse a lo real. Sin embargo, hemos constatado, a lo largo de la Historia, que esa sostenida búsqueda suele coincidir, paradójicamente, con las más crueles iniquidades, porque el poder de la ideología no es ni más ni menos que el poder de lo real, su síntoma. En ese sentido, de forma paralela y complementaria, la comprensión del yo como una escenificación de voces, tal como la ensayada por Norah Lange, es también un intento de construcción del sistema de pulsiones al que llamamos *yo*, apelando para ello a todo tipo de desplazamientos y metamorfosis

---

[47] Lamarque, por lo demás, no está en condiciones de acompañar esa lectura rigurosamente moderna y no puede adherir a la interpretación, muy a lo Buñuel, de Tristan Tzara, a la que califica de "calumnia tan gratuita como ridícula", de ver en el Rimbaud africano un civilizador. Lamarque renueva así el protocolo de ascensión y caída. Es su manera de elaborar el progresismo estalinista.

[48] Lamarque llega a definir la obra de Rimbaud como una lectura a contrapelo de la historia, la de "un nadador que se arroja cabeza abajo de lo alto del trampolín, en una dirección de hondura. La grandeza de Rimbaud reside en su intensidad, una intensidad de cuerda tendida hasta su límite, y en el hecho de que para él, vida y poesía fueron un solo nudo inextricable. La poesía de Rimbaud es un relámpago, que ilumina la tragedia del alma en sus más recónditos precipicios.

de la experiencia. Norah Lange pone en práctica un denodado esfuerzo por alejarse del mito individual del neurótico (presente aun en la nueva etiqueta de Amparo Mom o la demanda de liderazgo absoluto en Lamarque) y una consecuente aceptación gozosa de la errancia, en medio de la fantasmagórica kermés histórica, a la manera de Mallo, como si de ese modo confirmase su pasión por el no-saber, su deseo de no repetir la palabra hueca de los antepasados. En pocas palabras, contra el imperativo masculino de *lo que debe ser*, Mom o Lamarque ensayan tímidamente la reivindicación de *lo que es* mientras Mallo o Lange se inclinan por *lo que ocurre*. Propongo, para rescatar esa singularidad de Norah, releer el comienzo de *Antes que mueran*.

No sabes —me dijo— las posibilidades que se mueven detrás de las palabras. No sabes cómo cambia la palabra lámpara a la luz del día, delante de mucha gente, o cuando estamos solos, esperando. Especialmente cuando estamos solos. Entonces decimos lámpara, o terciopelo, o carretera, y la palabra varía, asemejándose a muchas cosas que no son lámpara, ni terciopelo, ni carretera. Es como si la arrojáramos al agua y los círculos la fueran dispersando, dándole movimiento. Hasta es posible llegar a tenerle miedo. Yo lo he ensayado con mi nombre. A veces, en mi cuarto, pronuncio mi nombre en voz baja, cambiando de tono hasta que parece acudir desde sitios recién descubiertos para encontrarse conmigo. Ensáyalo con tu nombre y verás.
Me dispuse a olvidar lo que me decía, porque siempre me hablaba de cosas semejantes. Pero esa noche —ya acostada— decidí probar mi nombre a solas. Primero lo dije en voz baja, como si yo misma me interrogara:
—¿Norah?
Pronunciado por mí, mi nombre cambiaba de sentido, no parecía un nombre. Seguí llamándome:
—¡Norah! ¡Norah!
Mi nombre emergía de mí y regresaba, porque era yo quien me llamaba sin lograr responderme. Me pareció que mi nombre salía a vagar para volver a guarecerse, inútilmente, en esa olvidada región de donde sólo acudía cuando alguna voz lo recordaba.
Apagué la luz y persistí en pronunciarlo con una voz apremiante y baja, la que empleamos para llamar a alguien sin que los demás se enteren. Era como si cuchicheara conmigo misma, remotamente, desde un espejo:
—¡Norah! ¡Norah!

Mi nombre se agrandaba, se internaba en zonas desconocidas, regresaba, de golpe, al fondo de mí misma.
De pronto, sentí miedo, segura de que me había engañado, de que me había ocultado misteriosos desenlaces. Me pareció que pronunciar mi nombre a solas era como anunciar un peligro o, peor aún, como si algo, en la oscuridad, me rozara la mano.[49]

Norah Lange se complace en mostrar que el nombre es lo que destaca la singularidad más allá de ella misma. Es, en ese debate de colectivos totalizadores de los años de guerra, el tributo que la subjetividad paga a la ciencia y Norah, en cambio, siente no disponer ya de categorías formales confiables para separar lo real del semblante. Ante esa vacancia, cuanto más insiste cualquier convicción individual en su representación colectiva, más y más necesario se hace sospechar de ella. ¿Qué se puede desear? ¿Qué quiere Norah Lange? La nada. Sólo la nada no es sospechosa porque nada quiere, ya no ambiciona, tal como lo dicen en su lenguaje los psicoanalistas, ningún "real". Es la teoría que, concomitantemente, está elaborando Maurice Blanchot. La muerte en ese texto es la libertad absoluta porque no se puede hacer semblante de la muerte. "Mi vida se transformaba, poco a poco, en una voz detenida junto a variables y perecederas ventanas, que se repetía en pausada obstinación: 'cuando yo me muera…'"

Antes de morir, sin embargo, sólo disponemos de semblantes. En ese juego Norah Lange es una voz singular y poderosa, "un estilo eufórico, barroco, hecho de pura riqueza; si hubiera que compararlo con algo sería preciso recurrir a Lezama Lima, a Guimarães Rosa". O incluso a Clarice Lispector, la escritora en que César Aira reconoce la voz de Djuna Barnes o Marguerite Duras.[50] E incluso, de Borges.

Clarice Lispector publica en 1944 *Cerca del corazón salvaje* poco después de que Norah abandonara el Brasil. Pero ya estaba publicando prosa de ficción en revistas. Es el caso de "Carta a Hermengarda" (1941) o de fragmentos de *La araña* (recién lanzado en 1946 pero anticipado, por ejemplo, un año antes por la revista *Atlántico*). Quizás el

---

[49] Norah Lange, *Antes que mueran*, op. cit. Como ya señalamos, *Antes que mueran* fue escrito en Río de Janeiro y al mismo tiempo que dos poemas inéditos de Oliverio Girondo. Una lectura comparativa entre esos textos arroja inquietantes semejanzas. Diríamos que tanto el libro de Norah como los poemas de Oliverio sustituyen la presencia (universal) por el acontecimiento (singular). Ver, en este volumen, Delfina Muschietti, "Oliverio Girondo y el giro de la tradición".

[50] Ver César Aira, "Lange, Norah", en *Diccionario de autores latinoamericanos*, Buenos Aires, Emecé-Ada Korn, 2001.

texto más en sintonía con la estética de Norah Lange y en el que explora la inmanencia absoluta sea *Agua viva*: la narradora persigue "a harmonia secreta da desharmonia", "não o que está feito mas o que tortuosamente ainda se faz", la palabra, a la que define como "o luxo do meu silêncio".

Bibliografía

Theodor Adorno, "Crítica de la catarsis. Pastiche y vulgaridad", en *Teoría Estética*. Barcelona, Orbis, 1983.

Raúl Antelo, "Distancia madre de todo", en *Radar Libros, Página/12*, Buenos Aires, 14 de marzo de 2004.

Walter Benjamin, "Dos poemas de Friedrich Hölderlin", en *La metafísica de la juventud*, Barcelona, Paidós, 1993. Traducción de L.M. de Velasco.

José Luis Ferris, *Maruja Mallo: la gran transgresora del 27*, Madrid, Temas de hoy, 2004.

Ramón Gómez de la Serna, *Ensayo sobre lo cursi*, Madrid, Moreno-Ávila, 1988.

Italo Moriconi, "La hora de la basura de Clarice Lispector", en *Radar Libros, Página/12*, Buenos Aires 30 de diciembre de 2001.

José Ortega y Gasset, *El tema de nuestro tiempo*, 21ª ed. Madrid, Espasa-Calpe, 2003.

Agustín Sánchez Vidal, "Carnuzos, cloacas y campanarios", en *El surrealismo en España*, Catálogo, Madrid, Museo Nacional Reina Sofía, 1994.

Georg Simmel, "Filosofía de la coquetería", en *Cultura femenina y otros ensayos*, Madrid, Revista de Occidente, 1934.

Slavoj Žizěk, *A propósito de Lenin. Política y subjetividad en el capitalismo tardío*, Buenos Aires, Parusia, 2004.

Bibliografía de Norah Lange

La calle de la tarde, Buenos Aires, Samet, 1926.
Los días y las noches, Buenos Aires, El Inca, 1926.
Voz de la vida, Buenos Aires, Proa, 1927.
El rumbo de la rosa, Buenos Aires, Proa, 1930.
Cuarenta y cinco días y treinta marineros, Buenos Aires, Tor, 1933.
Cuadernos de infancia, Buenos Aires, Losada, 1976.
Personas en la sala, Buenos Aires, Centro Editor de América Latina, 1992.
Los dos retratos, Buenos Aires, Losada, 1956.
Discursos, Buenos Aires, Ediciones C.A.Y.D.E., 1942.
Antes que mueran, Buenos Aires, Losada, 1944.
Estimados congéneres (Edición aumentada pero no corregida), Buenos Aires, Losada, 1968.
Obras completas, tomo 1, Rosario, Beatriz Viterbo Editora, 2005. Edición al cuidado de Adriana Astutti. Con prólogo de Sylvia Molloy: "Una tal Norah Lange". Contiene: *La calle de la tarde* [1925]; *Los días y las noches* [1926]; *Voz de la vida* [1927]; *El rumbo de la rosa* [1930]; *45 días y 30 marineros* [1933]; *Cuadernos de infancia* [1937].
Obras completas, tomo 2, Rosario, Beatriz Viterbo Editora, 2006. Edición al cuidado de Adriana Astutti. Con epílogo de María Elena Legaz: "De cuartos y de casas". Contiene: *Antes que mueran* [1944]; *Personas en la sala* [1950]; *Los dos retratos* [1956]; *Estimados congéneres* [1968]; *El cuarto de vidrio*, 2006.

Bibliografía sobre Norah Lange

Ramón Doll, "Literatura femenina: *Voz de la vida*", de Norah Lange, en *Nosotros* 22/61 (julio 1928) 230: 87-94.
Nora Domínguez, *De donde vienen los niños*. Maternidad y escritura en la cultura argentina, Rosario, Beatriz Viterbo Editora, 2007.
María Elena Legaz, *Escritoras en la sala (Norah Lange. Imagen y memoria)*, Córdoba, Alción, 1999.
Naomi Lindstrom, "Norah Lange, presencia desmonumentalizadora y femenina en la vanguardia argentina", en *Crítica Hispánica* 5.2 (1983): 131-48.
María Esther de Miguel, *Norah Lange*, Buenos Aires, Planeta, 1991.
María Esther de Miguel, "Norah Lange: entre el gineceo y el *happening*" en Mempo Giardinelli (ed.), *Mujeres y escritura*, Buenos Aires, *Puro Cuento*, 1989.

María Gabriela Mizraje, *Norah Lange. Infancia y sueños de walkiria*, Buenos Aires, Facultad de Filosofía y Letras, 1995.

Sylvia Molloy, "Dos proyectos de vida: *Cuadernos de infancia* de Norah Lange y *El archipiélago* de Victoria Ocampo", en *Filología* 20.2 (1985): 279-93.

Sylvia Molloy, "Juego de recortes: *Cuadernos de infancia* de Norah Lange", en *Acto de presencia. La escritura autobiográfica en Hispanoamérica*, México, Fondo de Cultura Económica, 1996.

Sylvia Molloy, Introduction, en *Women's Writing in Latin America. An Anthology*, Boulder, Colorado, Westview Press, 1991.

Beatriz De Nóbile, *Palabras con Norah Lange. Reportaje y antología*, Buenos Aires, Carlos Pérez Editor, 1968.

Helena Percas, "El ultramodernisno. Norah Lange y su escuela", en *La poesía femenina argentina (1810-1950)*, Madrid, Cultura Hispánica, 1958.

Adriana E. Rosman-Askot, "La *mise en scène* de la escritura: la obra narrativa de Norah Lange" en *Monographic Review* 13 (1997): 286-97.

Adriana E. Rosman-Askot, *Aspectos de la escritura femenina argentina: la obra narrativa de Norah Lange*. Tesis doctoral inédita, Princeton University, 1987.

Bibliografía de Nydia Lamarque

Telarañas. Sonetos, Buenos Aires, s.n., 1925.

Elegía del gran amor, Buenos Aires, s.n.,1927.

Los cíclopes: una epopeya en la calle Sucre, Buenos Aires, El Inca, 1930.

Acta de acusación de la vida. Ilustraciones Graciela V. Lamarque, Buenos Aires, Bartolomé U. Chiesino, 1950.

Echeverría. El poeta, Buenos Aires, Losada, 1951.

"Epítome de Esteban Echeverría", en *Unidad*. Por la defensa de la cultura, año 2 n° 1, Buenos Aires, agosto de 1937.

"Solitudo", en *Cahiers du Sud*, N° 326, Marsella, diciembre de 1954. Número especial "Au Berceau du Lyrisme Européen". Contiene, entre otros, "Au berceau du lyrisme européen", por Paul Zumthor.

Traducciones de Nydia Lamarque

Charles Baudelaire, *Las flores del mal*, Traducción, Buenos Aires, Losada, 1948; *El arte romántico*, México, Aguilar, 1961; *Obras*. Estudio preliminar, traducción, noticias históricas y notas. Nueva edición revisada y corregida, Madrid, Aguilar, 1963.

Molière, *El misántropo. El avaro. El enfermo imaginario.* Traducción y prólogo, Buenos Aires, Losada, 1997.

Arthur Rimbaud, *Una temporada en el infierno*, Prólogo y traducción, Buenos Aires, Kraft, 1959.

Luis Pierard, *Van Gogh,* Traducción y prólogo, Buenos Aires, Schapire, 1957.

Bibliografía sobre Nydia Lamarque

Enrique Diez-Canedo, *La poesía francesa del romanticismo al superrealismo.* Los grandes románticos, Los precursores de las tendencias modernas, Los parnasianos, Los simbolistas, Los poetas nuevos, Las escuelas de vanguardia, Buenos Aires, Losada, 1945.

M. López Palmero, "Nydia Lamarque - *Elegía del gran amor*", en *Nosotros*, Buenos Aires, año 21, vol. 57, n° 222-3, noviembre-diciembre de 1927.

Ricardo Martínez de la Torre, "*Elegía del gran amor* de Nydia Lamarque. *Palacio Salvo* de Juvenal O. Saralegui. *Esquinita de mi barrio* de Juan C. Welker", en *Amauta*: doctrina, arte, literatura, polémica, Lima, 1928, n° 11, p. 44.

Bibliografía sobre Maruja Mallo

Manuel Abril, "María Mallo", en *Revista de Occidente*, n° 61, Madrid, julio de 1928; "Maruja Mallo" en *Blanco y negro*, Madrid, 7 de junio de 1936.

Rafael Alberti, "La primera ascensión de Maruja Mallo al subsuelo", en *La Gaceta Literaria*, Madrid, 1° de julio de 1929.

Juan Manuel Bonet, "Maruja Mallo", en *El País*, Madrid, 30 de enero de 1977.

Jean Cassou, "Maruja Mallo", en *Gaceta de Arte*, n° 6, Tenerife, julio de 1932.

Estrella de Diego, "Los paisajes del límite. Frida Kahlo y Maruja Mallo a partir de un retrato", en *La Balsa de la Medusa*, n° 18, Madrid, 1991.

Oscar Domínguez, "Maruja Mallo", en *Gaceta de Arte*, n° 13, Tenerife, marzo de 1933.

José Luis Ferris, *Maruja Mallo: la gran transgresora del 27*, Madrid, Temas de hoy, 2004.

Lucía García de Carpi (ed.), *El surrealismo en España*, Madrid, Museo Nacional Centro de Arte Reina Sofía, 1994.

Ramón Gómez de la Serna, *Maruja Mallo*, Buenos Aires, Losada, 1942.

Benjamín Jarnés, "Maruja Mallo", en *Cartas al Ebro*, México, 1940.

Maruja Mallo, Centro de Arte Contemporáneo de Galicia, Santiago de Compostela, 1993.

Pablo Rojas Paz, "Maruja Mallo", en *Alfar*, nº 77, Montevideo, 1937.

Atilio Rossi, "Maruja Mallo", en *Sur*, Buenos Aires, mayo de 1937.

DESAFÍOS

OLIVERIO GIRONDO Y EL GIRO DE LA TRADICIÓN

por *Delfina Muschietti*

Según testimonios orales, Borges habría llamado a Oliverio Girondo "el Peter Pan de la literatura argentina"; y éste, desde entonces, cortésmente le habría retirado el saludo. Como antes la frase despectiva para con "la Storni" se convirtiera en certera descripción del desacato de Alfonsina en las aguas estancadas del canon; así, esta frase sobre Oliverio, si quiso ser un agravio, con el paso del tiempo se lee como un elogio. Si Girondo continuó siendo un niño, fue porque nunca cejó su espíritu experimentador e irreverente, y produjo así los objetos raros y desestabilizadores que son sus poemas. Y al mismo tiempo, tenaz y persistente, no se dejó seducir por la voz de las sirenas de la institución literaria. Sus poemas continúan siendo móviles, productivos vientos de cambio, como lo fueron los de Alfonsina para todo aquel que pudiera leerla sin prejuicios.[1]

Se podría dibujar una constelación en el mapa de la vanguardia argentina de principios de siglo XX. Tres firmas: Oliverio Girondo, Alfonsina Storni y Juan L. Ortiz constituyen tres escrituras de ruptura, produciendo en la máquina indócil de la experimentación. Las tres firmas dejaron tres libros anunciados sin publicar, como un envío para los poetas futuros. Sus contemporáneos, en cambio, no supieron o no pudieron leerlos, porque estas escrituras, como dice Benjamin leyendo a Baudelaire, iluminaban zonas de importancia vital aún veladas en la experiencia cultural de su época.[2]

---

[1] Ver en este mismo volumen Josefina Delgado, "Salvadora, Alfonsina y la ruptura del pudor".

[2] Para una ampliación de esta lectura, ver Delfina Muschietti, *Más de una lengua. Poesía, subjetividad y género*, Buenos Aires, Biblos, 2008.

En el caso particular de Girondo (1891-1967), la poesía argentina del siglo XX le debe al menos dos núcleos de desvío del canon y la tradición: 1) la poesía urbana y la mirada materialista de sus primeros libros, retomada por la poesía de los 60; 2) la poesía radicalmente experimental de *En la masmédula*, el último libro, vía seguida por los poetas de ruptura de los setenta y ochenta.[3] Dos momentos y dos rupturas: la voz de Girondo nunca estaba donde se la esperaba y producía con cada texto un nuevo vacío, que resultó máquina de producción para los que lo siguieron. Se podría decir que ellos escribieron el libro planeado por Girondo: titulado por él mismo "Diario de un salvaje americano", prefigurado por Marechal, anunciado por Gómez de la Serna, incluido por Francisco Urondo en la lista de sus obras años después de su muerte.[4] Cuando sus contemporáneos dieron la espalda a la experimentación, Girondo giró en un nuevo viaje hacia el campo-cielo del lenguaje para tomar todos y cada uno de los puntos que fueran propicios para la invención. Si copió el ritmo del tambor indígena, el "Tantan yo", también se rió en él —como Foucault, como Deleuze— de algunas formas del psicoanálisis; y prefiguró una cultura de "robots", de autómatas *terminators*. Y al mismo tiempo abrió el poema estriándolo de vacío, aireándolo en el silencio en el que otros habrían de escribir aquel libro anunciado.

Primer giro: *La ruina de la representación, abrir las puertas de la vida*

Recuerda Juan Pinto:

Hacia 1925 conocimos un muchachón que gustaba cantar la parodia de un tango de letra sucia y erótica. [...] El cantor de estos versos decía ser vanguardista y afirmaba poder escribir un libro como el de Oliverio Girondo: *Veinte poemas para ser leídos en el tranvía*. Lo ocurrido era muy simple: el *ismo* literario, el ultraísmo, conocido generalmente como vanguardismo, había llegado a la calle.[5]

---

[3] La primera reedición de su obra fue realizada por el Centro Editor de América Latina en 1966, un año antes de su muerte, y sólo se publicaron los tres primeros libros. Ver la lista completa de los libros de Girondo al final de este capítulo.

[4] Francisco Urondo, "Oliverio Girondo en la másvida", *La Opinión*, 15 de agosto de 1971.

[5] Juan Pinto, *Pasión y suma de la expresión argentina*, Buenos Aires, Huemul, 1971.

Este curioso testimonio nos lleva a preguntarnos qué prejuicios, qué *máquina de presuposiciones* constituían la trama a través de la cual se leía la primera producción de Girondo. La frase *letra sucia y erótica* unida a la literatura de vanguardia, nos brinda una preciosa clave. Había en esos primeros libros un develamiento del cuerpo, un estallido de la lengua hacia zonas que la cultura hegemónica se empeñaba en velar. Había también un programa: escribir contra el decoro oficial de Lugones, contra un artificio ya vacío. Es que Lugones no había seguido el ritmo inspirador y revolucionario de Darío; y regresaba a partir de él, en cambio, hacia los mármoles neoclásicos de la patria agropecuaria oficial:

> Como era fiesta el día de la patria,
> Y en alguna ladera barrancosa,
> Las mañanas de mayo, el veinticinco
> Nuestra madre salía a buena hora
> De paseo campestre con nosotros.
> A buscar por las breñas más recónditas
> El panal montaraz que ya el otoño
> Azucaraba en madurez preciosa
> Embellecía un rubio aseado y grave
> Sus pacíficas trenzas de señora.[6]

Por la misma línea pastoral-idílica seguiría la vanguardia trunca de Borges, la "Enumeración de la Patria" de Silvina Ocampo. A contrapelo de ella, la mirada de Girondo desvestiría los deseos de las "chicas de Flores". Allí también el lugar jerárquico que Lugones pone en "nuestra madre" sería deconstruido burlonamente como lugarteniente del poder patriarcal: "a remolque de sus mamás —empavesadas como fragatas—", dice, estableciendo así una complicidad con Alfonsina Storni en la ruptura del canon. Del mismo modo "el paseo campestre" lugoniano se tornará en Girondo *campo nuestro*, campo de experimentación lingüística en el que probar nuevos ritmos, siempre quebrando las fronteras de la tradición, a partir de las lecturas en las que fundó su genealogía. Si dijo Rimbaud, Joyce o Beckett (los cultores de lo nuevo), dijo también los románticos, y el colmo del modernismo precedente, que quedaba así repartido: de un lado Lugones, atrapado en la asfixia oficial; del otro, Herrera y Reissig, y Darío, grandes pro-

---

[6] Leopoldo Lugones [1910], "A los ganados y las mieses", *Odas seculares*, en *Obras poéticas completas*, Madrid, Aguilar, 1974.

ductores de cambio. Podemos suponer que Girondo puso su atención en el verso de Darío: "¡Oh, aroma de su sexo!, ¡oh, rosas y alabastros!" (en "El Coloquio de los Centauros", de fines del siglo XIX), antes que en el "aroma" de la estampa marina de Lugones en *El libro de los paisajes* poco más de veinte años después, a comienzos del XX:

> Es la brisa tibia y leda
> un aroma que desmaya
> tendido al sol en la playa
> peina el mar canas de seda

La burla de cierta "jerga lela" que se hace en *En la masmédula* (1956) parece una respuesta a estos versos de Lugones, y muestra en Girondo una posición de parricida, que mantuvo inalterable con el paso del tiempo. Pero antes, con "Paisaje bretón" (*Veinte poemas para ser leídos en el tranvía*), la escritura de Girondo hiende la diferencia entre el verso de Darío y el de Lugones:

> Douarnenez,
> en un golpe de cubilete,
> empantana
> entre sus casas como dados,
> un pedazo de mar,
> con un olor a sexo que desmaya.

El poema desencaja así el cuadro sentimental de Lugones y recupera el atrevimiento de Darío: articula el fluido con el cuerpo en dos claras elecciones políticas (prefiere "olor" a "aroma", repone "sexo"); e intensifica la flexibilidad sensorial de la lengua en el poema: dibuja con los espacios en blanco, golpetea con los sonidos, juega a expandir y a derramar un olor en la trama de las rimas internas. Sobre estos rasgos girondinos aparece su admiración por Darío[7] y por el heredero Herrera y Reissig, quien mantenía con Lugones una larga batalla por el legado dariano, en la que Girondo toma decididamente partido:

… no tengo buena opinión de Lugones poeta: […] el mejor poema de *Lunario* es un mal Laforgue, *Las montañas del oro*

---

[7] Evidente en la elección de esta única firma en la genealogía que funda en sus *Membretes*, de 1926: un libro de máximas burlescas en el que pueden leerse muchas claves de su poética. La misma tensión hacia Darío aparece en Juan L. Ortiz, y más adelante en Aldo Oliva, otro gran poeta de la experimentación.

un mal Hugo. Yo me inclino a creer que Herrera y Reissig es anterior a *Crepúsculos en el jardín* (sic) aunque el asunto esté en discusión y algunos crean que el libro de Lugones es un libro bien hecho.[8]

Esta lectura desviada del centro lugoniano se explicita en 1942, cuando Losada publica *Persuasión de los días,* y también la primera edición argentina de *Poesías completas* de Herrera y Reissig: textos comunicantes, sin duda, en la composición poética y por la decidida intervención editorial de Girondo, amigo de Gonzalo Losada.[9] De modo que el desplazamiento del centro organiza las obras de Girondo desde un comienzo. En los dos primeros libros el *viaje cosmopolita,* que se toma de la tradición anterior, se arma en montaje vanguardista que exhibe la ruina de la representación y un discurso que se constituye por opuestos.[10] Así, los textos se suceden según fechas y lugares "reales" que conforman un itinerario: reenvían al género *diario de viaje* y se contaminan con la autobiografía. Al mismo tiempo, los poemas desmantelan ese envío cuando evidencian su traducción en arte: "croquis" o "tarjeta postal" o "pedazo blanco de papel", en una autorreflexividad propia de las vanguardias. El texto de Girondo cita y lee el viaje a través de una red de discursos estéticos, especialmente en la pintura pero también en la literatura, la música, la arquitectura.[11] En "Croquis en la arena", por ejemplo, se burlan los límites de la representación clásica en la parodia del poema modernista. El primer verso parece recuperarlo: "La mañana se pasea en la playa empolvada de sol", mientras se juega con el decoro femenino del cuerpo de la mujer no-dicho, oculto en vestidos y maquillaje, y la palabra pinta con destellos de luz y color. Pero lo previsible es quebrado inmediatamente

[8] Según el testimonio de Urondo, en el artículo citado *supra.*

[9] De acuerdo con Mabel Peremarti, actual asesora literaria de Losada, Girondo mantuvo seguramente un intercambio constante e informal sobre la política editorial con Gonzalo Losada, al que siempre lo unió una estrecha amistad personal.

[10] En *Literatura y realidad política,* Buenos Aires, CEAL, 1983, David Viñas cita el "cosmopolitismo" como uno de los rasgos del *viaje estético* de "los hijos del 80", entre los que incluye a Güiraldes y Girondo. En el caso de este último sólo anota ejemplos de dos textos posteriores *Persuasión de los días,* de 1942, y *Campo nuestro,* de 1946: las únicas dos obras de Girondo que podrían generar el equívoco de cumplir con los rasgos que Viñas lee en la escritura de los hijos del 80 ("apolíticos y espiritualizantes").

[11] En Sevilla se pasea "un cura de Zurbarán" ("Croquis sevillano") y en "Venecia" las mujeres son "heroínas d'Annunzianas". El texto maneja esta trama no sólo como cita explícita sino también en el modo de construcción cubista o *fauve* de algunos poemas.

por la fuerza brutal de la descomposición cubista con la violencia del cuerpo en primer plano:

> Brazos.
> Piernas amputadas.
> Cuerpos que se reintegran.
> Cabezas flotantes de caucho.

Sintaxis cortada, vocabulario que viene del mundo de la medicina y de la industria para describir la escena de playa que antes aparecía como otra forma del paseo pastoral. Del modo impresionista al recorte fragmentado del cubismo. De materiales tradicionalmente poéticos a los inusitados que vienen de la ciencia y la técnica industrial.

La primera tensión que se percibe en la obra de Girondo entre una estética idealista heredada y una estética *materialista*, se resuelve luego hacia esta última: "aspiro a un arte de carne y hueso, con cerebro y con sexo".[12] Se cumple en Girondo, así, una de las premisas que Bürger señala para la vanguardia histórica europea: reintegrar la literatura a la praxis de vida.[13] Los textos de Girondo insisten en esta contaminación arte-vida que él mismo había enunciado como su programa; por eso descarta el *arte puro:* "prefiero lo desgajado y lo viviente [...]; un arte para todos los días, un poco popular, un poco desgarrado". Un arte que desenmascara el orden hegemónico impuesto en lo cotidiano para exhibir la materia viva oculta detrás de lo socialmente formalizado: el cuerpo y el deseo de "las chicas de Flores", de las "vírgenes" y los "nazarenos" de la Semana Santa de Sevilla, la codicia de los que acuden al casino en Biarritz. Una palabra que desnuda y desacraliza la autoridad de la doxa moral, religiosa, estética; mezcla de lo sublime y lo profano, lo bajo y lo alto, abre para la poesía argentina el espacio de

[12] En su artículo "Arte, arte puro, arte propaganda" de 1933 (reproducido en *Xul*, n° 6, 1984), Girondo expone claramente esta contradicción: junto a categorías estéticas universales y libres "de las contingencias del tiempo y el espacio" mantiene una concepción histórica del arte: "El *artista* [...] al contacto de la vida que lo rodea y lo modela, capta el ritmo de su época y traduce su acento en la obra que crea"; es así como aun "la obra más abstracta —un poema de Mallarmé, un cuadro de Picasso—" permiten la reconstrucción de "la época en que se produjo". Sus embates contra el arte puro confirman esta línea de pensamiento y el rumbo materialista de su estética. Todas las citas programáticas pertenecen a este artículo.

[13] En este sentido trabajaron los intentos surrealistas: hacer de la poesía una práctica de vida. Es interesante observar que Girondo fue el único de los miembros del grupo Martín Fierro que se interesó por el movimiento surrealista y que incluso participó de algunas de sus manifestaciones en París.

lo prohibido.[14] Esta vía de re-velación del deseo en el cuerpo del lenguaje es la que acompañará Alfonsina desde *Ocre* (1925), y luego continuará en los neobarrocos y las poetas de los ochenta.

Siempre en contra del horizonte de lo esperable, los *Veinte poemas* y *Calcomanías* insisten en un efecto de aplanamiento de las diferencias culturales entre los ámbitos enlistados uno detrás del otro: lugares muy lejanos aparecen unidos por fechas muy próximas y son *modelados* por un mismo tipo de discurso.[15] Pero al mismo tiempo hay movilidad y desplazamiento a través de procedimientos formales como metonimia y sinécdoque. Es decir, contaminación, desarticulación y desmembramiento que desplazan y fragmentan los objetos, y mezclan registros heterogéneos y opuestos, sobre el eje del humor y la irreverencia.[16] El viaje es el hilo de un discurso cuya identidad aparece fracturada en la contradicción.

Fiel a estas técnicas compositivas, el Yo aparece escondido detrás de una escena "representada" que se monta para ser quebrada. El itinerario europeo de los viajes y los escenarios en los que se ubica el yo, así como el manejo de un léxico *culto, cosmopolita,* y la cita especializada,[17] diseñan un espacio de enunciación ligado a la elite martinfierrista.[18] Sin embargo, esta superficie aparentemente sólida que liga firma y nombre de autor es desmentida por una praxis poética que niega ese lugar de pertenencia y genera un vacío de recepción para esos tex-

[14] El previsible escándalo que suscitó la aparición de estos poemas acompañará siempre desde algunos sectores la lectura de los primeros textos de Girondo: como ejemplo, el calificativo de "morboso" que se descarga sobre *Espantapájaros*, en Marta Scrimaglio, *Oliverio Girondo*, Santa Fe, Cuadernos del Instituto de Letras, Universidad Nacional del Litoral, 1964.

[15] En especial, la correspondencia entre "Café-Concierto" (Brest) y "Milonga" (Buenos Aires)", "Croquis en la arena" (Mar del Plata) y "Biarritz"; "Nocturno" (Buenos Aires) y "Otro nocturno" (París).

[16] Esta heterogeneidad se acerca a la singular concepción de unidad de la obra de arte vanguardista: "No es la armonía entre las partes individuales lo que constituye el todo, sino la relación contradictoria de elementos heterogéneos". Ver Peter Bürger, *Theory of the Avant-Garde*, Minneapolis, Minnesota University Press, 1984.

[17] Como ejemplos: "jazz-band" (106); "rugby" (106); "foxtrot" (76); "cocottes" y "champagne" (65); "upper-cut" (107); "pizzicato" (66); etcétera. Este tipo de inserción cosmopolita en el lenguaje desaparece del discurso girondino a partir de *Espantapájaros* (1932).

[18] En este sentido resulta revelador el comentario de Luis de Góngora: "un Girondo millonario en metáforas y hasta creo que millonario auténtico (esta clase de literatura requiere más familiaridad con los libros de cheques que con los libros clásicos)". En "Paul Morand, el cosmopolita", *Martín Fierro*, Segunda Época, 1, 4, 1924. *Espantapájaros* marca en este sentido también un cambio notable: el YO del texto aparecerá identificado con un personaje tipo de la clase media.

tos, también dominado por un carácter dual y contradictorio. En efecto, la aparición de *Veinte poemas para ser leídos en el tranvía* es señalada como un "éxito" "de gran venta en las librerías" ante la perplejidad del propio Girondo.[19] Por otro lado, la crítica coincide en llamarlo un "poeta de gran valor", vinculado con el cosmopolitismo a lo Morand o Cendrars, con una serie de características como humor agresivo, falta de pudor e irreverencia —destreza verbal—, metáforas deslumbrantes. En 1928 el surgimiento de su figura es saludada por *Nosotros* como "uno de los acontecimientos más interesantes del año literario que acaba de transcurrir". En un espacio dominado por Lugones, Banchs y Fernández Moreno, resulta sorprendente el reconocimiento *oficial* de *La Nación* y la revista *Nosotros,* representantes de la institución que Girondo ataca desde sus textos. Es que la propuesta de ruptura de las primeras obras aparece neutralizada por un circuito de lecturas que proviene de Europa: se editan allí, se leen y reseñan allí. El reconocimiento de la crítica local abandona la obra de Girondo con los otros títulos, publicados esta vez sí en Buenos Aires.[20]

En el momento de su aparición, los *Veinte poemas para ser leídos en el tranvía* señalan *un público de pares*, desde la edición costosa hasta el repertorio de citas explícitas o encubiertas. La segunda parte del título *para ser leídos en el tranvía* se lee, entonces, como un mandato evidentemente irónico.[21] Esta ironía se disuelve cuando el libro aparece en Buenos Aires en 1925 con las leyendas "edición tranviaria a veinte centavos" y "edición popular". Podemos pensar aquí un aspecto más de la ambivalencia girondina: su rechazo del burgués como *celui qui ne comprend pas* más un aparente desdén por el mercado literario se contradicen con su intento por generar un nuevo público masivo que tuviera acceso a los criterios de ruptura estético-ideológicos. El libro siguiente, *Espantapájaros*, publicado en Buenos Aires, ya aparece con el subtítulo *Al alcance de todos*, en conexión con las tempranas reflexiones de sus membretes: "Un libro se construye como un reloj y se vende como un salchichón". Interés por el mercado que Girondo hace explícito tanto en sus esfuerzos por publicar como por publicitar sus obras ("Voy a España en bus-

[19] Ver Luis de Góngora, "Oliverio Girondo en México", en *Martín Fierro,* Segunda Época, 2, 14 y 15, 1925.

[20] *La Nación* vuelve a considerar a Girondo un poeta de interés con *Persuasión de los días* (1942) y *Campo nuestro* (1946), las dos obras mencionadas por Viñas en su caracterización del viaje estético.

[21] "Ya lo dijo un escritor del presente: El poeta va en autobús. El vulgo en tranvía", en Evar Méndez, "Doce poetas nuevos", en *Síntesis,* 1, 4, 1927.

ca de editor" dice en la entrevista realizada en México en 1925), en contradicción con el conocido desdén por publicar expresado en la "Carta abierta a 'La Púa'".[22]

Cuando en 1949 Girondo reflexiona sobre el intento renovador del periódico *Martín Fierro*, subraya este aspecto:

> Debido, en buena parte, a su influencia visible e inmediata, como a sus resonancias imprecisas y soterráneas, el arte y la literatura ahora cuentan, sin duda alguna, con mayores posibilidades y con un público menos impermeable. De la absoluta carencia de verdaderas editoriales, hemos pasado a ser uno de los centros de mayor importancia del idioma. No sólo los prosistas, sino hasta los poetas nacionales, suelen encontrar un editor más o menos incauto.[23]

Si el de la vanguardia argentina fue un proyecto cultural contradictorio, desde las bravuconadas programáticas de los escritores de *Martín Fierro* y *Proa* hasta los pobres logros de la obra poética publicada durante el período, Girondo fue el único que salió airoso de esa contradicción. El estigmático "las italianadas de hoy" con el que Borges describió el avance de nuevas lenguas traídas por la inmigración opuestas a lo tradicional "criollo", habla por sí solo.[24] De allí que el grupo martinfierrista actuara con claros perfiles distintivos de la vanguardia europea, con dos rasgos salientes: a) una opción fuertemente esteticista que aislaba por completo el arte como una institución desgajada del resto de las fuerzas sociales; b) el "moderatismo ideológico" que señala Beatriz Sarlo, que diluyó las iniciales propuestas de ruptura.[25] La inserción de Girondo a contrapelo de ese programa se

---

[22] La demostración más espectacular de este interés fue la realización de una gran campaña publicitaria montada para la venta de los 5.000 ejemplares de la edición de *Espantapájaros*. Ver Aldo Pellegrini, "La poesía de Girondo", en *Oliverio Girondo*, Buenos Aires, Ediciones Culturales Argentina, 1964; y Beatriz De Nóbile, *Palabras con Norah Lange*, Buenos Aires, Carlos Pérez, 1968. Sin embargo, ya en una entrevista publicada en *Proa* 1, 4 (1924), dice Girondo: "En un aviso que publiqué al anunciar mis *Veinte poemas para ser leídos en el tranvía*, imaginé lo que otros pensarían". También se conoce un folleto publicitario que acompañó la "edición popular" de los *Veinte poemas para ser leídos en el tranvía*, que incluía resúmenes de la mayoría de las reseñas críticas publicadas con motivo de la primera edición.

[23] *El periódico* Martín Fierro *(1924-1949). Memoria de sus antiguos directores*, Buenos Aires, imprenta de Francisco A. Colombo, 1949.

[24] Jorge Luis Borges, *Evaristo Carriego* (1930), *Obras completas*, Emecé, 1974.

[25] Beatriz Sarlo, "Vanguardia y criollismo. La aventura de *Martín Fierro*", *Revista de crítica literaria latinoamericana*, VIII, 5, Lima, 1982.

hace evidente en la paulatina marginación de su figura y los cambios de posición en el campo intelectual argentino de las dos figuras de mayor trascendencia del grupo Martín Fierro: Borges y Girondo. Basta confrontar en 1923 el espacio que Diez-Canedo dedica en *Nosotros* a los exitosos *Veinte poemas para ser leídos en el tranvía* y a los apenas prometedores versos de *Fervor de Buenos Aires*, con el breve ensayo ya citado sobre los poetas nuevos publicado por Evar Méndez en 1927, donde se dibuja un mapa precisamente opuesto. Bastaron cuatro años para producir el desplazamiento. Borges se convierte en el poeta del criollismo urbano: "Es el añorador de todas las cosas tradicionales, de las viejas y queridas cosas argentinas", autor de una "poesía personalísima" en conexión con los autores clásicos y los maestros de la poesía universal. Girondo pasa a ser un simple "humorista" o "bocetista" para terminar fuera del campo de la poesía.[26] Una recolocación que responde a la resistencia de la escritura de Girondo frente a un proyecto idealizador y estetizante. El comentario desdeñoso de Borges ("trajo ese concepto comercial de la literatura")[27] que singulariza una vez más a Girondo del resto de sus compañeros de *Martín Fierro*, demuestra que su interés por el mercado operaba en la Argentina como una actitud revulsiva en la busca de una democratización de la cultura.

A partir de este programa quebrado, los primeros textos de Girondo serán leídos también desde una doble mirada: la exclusión del aval en toda lectura generada desde lo instituido, y la apropiación jubilosa de aquellos que lo leen desde el margen de todas las formas de vanguardia.

---

[26] "Girondo poeta —para aplicarle el calificativo por entero habría que darle un sentido muy largo, muy de hoy a la palabra— sólo aparece en un par de *nocturnos* de su primer libro, en cuatro o cinco composiciones del segundo: *Calcomanías*", en Evar Méndez, *op. cit.*

[27] "Una vez recuerdo que nos reunimos los miembros de la revista *Martín Fierro* y dijimos ¿cuál es el más flojo? [...] en general dijimos que el más flojo era Oliverio Girondo. Él estaba muy interesado en la venta de los libros, fue uno de los precursores de la promoción, que se ignoraba entonces. Yo publiqué mi primer libro, *Fervor de Buenos Aires*, en el año 23, y no se me ocurrió mandar un solo ejemplar a las librerías, o a los diarios, o a otros escritores, yo los distribuí entre mis amigos, pero él no; claro, él vino de París y trajo ese concepto comercial de la literatura". En *Xul*, nº 6, 1984.

Segundo giro: el cuerpo como sujeto, un nuevo ritmo

> Una generación que había ido a la escuela en tranvía a
> caballo, de pronto se encontró bajo el cielo abierto en
> un paisaje en que nada había quedado igual, salvo las
> nubes, teniendo bajo los pies, en un campo de fuerzas
> de corrientes y explosiones destructoras, el minúsculo y
> frágil cuerpo humano.
>
> WALTER BENJAMIN, "El narrador.
> Consideraciones sobre la obra de Nicolai Leskov".[28]

El psicoanálisis sitúa la constitución del sujeto en el acceso al lenguaje, cuando el cuerpo y sus fuerzas pulsionales dejan de dominar. La poesía contemporánea es un retorno; pero como todo retorno nunca se trata de *lo mismo* y en poesía siempre se trata de una *revuelta*.[29] Economía de la repetición, el robo y la diferencia, la voz que habla en el poema será la de un cuerpo que se sale cada vez más de los límites de su sujeción. Este proceso de crisis del sujeto, prefigurado en los *Veinte poemas* de Girondo, estalla diez años después en *Espantapájaros*. O razón o sentimiento aparecieron hasta principios de siglo como la zona hegemónica que velaba sobre la fuerza "demoníaca" del cuerpo, ligado a lo "irracional". Lo vimos con Michel Foucault, con Jacques Derrida, con Freud, quien revelará que esas "fuerzas demoníacas" regresan desde el reservorio indomable del inconsciente. Y Julia Kristeva uniría la repetición, eje de la poesía en el ritmo, presencia de lo incesante, con el regreso a esa zona preverbal, donde el cuerpo es lo que domina. Stéphane Mallarmé, sobre todo, por su trabajo sobre el espacio, y Rimbaud se habían adelantado a algunas de las formulaciones y experiencias constitutivas de la vanguardia de entreguerras: nuevas formas poéticas derivaban en nuevas formas de subjetividad.[30] En

---

[28] Walter Benjamin, *Sobre el programa de la filosofía futura*, Barcelona, Planeta-Agostini, 1986.

[29] Ver Julia Kristeva en el ya canónico "El sujeto en cuestión: el lenguaje poético", de 1976, en el Seminario de Lévy-Strauss *La identidad,* Madrid, Petrel, 1981; y luego en *Sentido y sin sentido de la revuelta. Literatura y psicoanálisis,* Eudeba, 1997.

[30] "Mallarmé, quien desde la cristalina concepción de su obra, sin duda tradicionalista, vio la verdadera imagen de lo que se avecinaba, utilizó por vez primera en el *Coup de dès* las tensiones gráficas de la publicidad, aplicándola a la disposición tipográfica." Ver Walter Benjamin, "Censor jurado de libros", en *Dirección única,* Madrid, Alfaguara, 1987.

Hispanoamérica, los dos poetas que hacen constelación con esta crisis son Girondo y Vallejo.[31] Para ambos, y en el caso de Girondo especialmente a partir de *Espantapájaros*, el texto se organiza como un cuerpo-texto expuesto al roce e injerto de otras materias discursivas. El texto es ojo que mira, boca que habla, cuerpo mutilado y a la vez procesador de otros discursos que lo presionan (ciencia, prensa, publicidad); es también la mente como materia desplegada en el espacio de la topología freudiana, y expuesta a la experiencia de *shock*, a las imágenes no controladas del sueño. La ilusión de totalidad se pierde irremisiblemente: sólo fragmentos se suceden en la mano que escribe. Ni rima ni métrica uniforme, versos sueltos o líneas desperdigadas entre los blancos de la página sin centro. En el lugar del yo-pienso como síntesis entre razón y experiencia aparece el texto-cuerpo como lugar desde donde surge la voz: cuerpo maquínico que procesa otros discursos, *descuartiza* el lenguaje y conecta unos miembros con otros miembros sin considerar estratificaciones sociales, genéricas, situacionales.[32] O se trata del golpe de dados, en el contacto y la presión de otros discursos; o se trata de la incisión violenta y el cuerpo torturado que recuerda los procedimientos de escritura de la máquina de Kafka.

La poesía de Oliverio Girondo comparte con la de César Vallejo esa actividad trituradora de descomposición y rearmado del lenguaje, y la obsesión violenta por lo material-corporal.[33] Un trabajo de producción que estalla espectacularmente en *En la masmédula*, ya desde el título, y que se diferencia de la melancolía vallejiana por un ritmo de exaltación. Son textos vibratorios: provocan la risa, o evocan en sus

---

[31] En 1922, el mismo año de los *Veinte poemas para ser leídos en el tranvía*, Vallejo publica su iniciático *Trilce* en Lima, en los Talleres Tipográficos de la Penitenciaría.

[32] "Sólo la poesía, cuerpo extraño en el *corpus* de la lengua, es un espacio donde no se puede alucinar porque allí no se da cuenta el cuento y lo único que trata es de hacer un juego sucio con el cuerpo interno (de la lengua)". Conclusiones de Josefina Ludmer y Osvaldo Lamborghini, reproducidas en Josefina Ludmer, *El género gauchesco. Un tratado sobre la patria*, Buenos Aires, Sudamericana, 1988.

[33] Toda la obra de Alejandra Pizarnik lo demuestra. Dos ejemplos de los neobarrocos:

> Pero hay que señalar
> partes del cuerpo
> Osvaldo Lamborghini, "Die verneinung"
> ¿cuándo escribís?
> ¿cuáles son tus brazos?

Arturo Carrera, "Laguna Bonfiglio", *Children's corner*.

roces materiales (fonemas, palabras, sentidos se chocan y se mezclan), el contacto erótico. Efectos corporales de una estética del cuerpo. Desde ese lugar sus textos escandalizan: *Espantapájaros* en el 32 y *En la masmédula* en el 54 provocaron un nuevo giro radical en esta escritura cuya recepción se resume en el silencio que niega, o el espanto de un auditorio anonadado.[34] A partir de allí, Girondo agudiza su distancia con respecto a sus compañeros de *Martín Fierro*: se reía de su anquilosamiento y se mofaba de la "joven" generación del 40 que parecía trabajar en contra de la historia (volver a la rima y a las formas canónicas, al romanticismo, a los debates metafísicos, y a pavonear las fronteras de lo "nacional").

Estas dos obras responden a dos concepciones del espacio y del yo-cuerpo instalado en ellas. Para el primero, el tejido del texto-mapa sigue los ruidos y el tumulto del espacio urbano. Para el segundo, se abre el hiperespacio, espacio estelar explorado por satélites y aeronaves, creado por la tecnología que se cruza con el desierto de la pampa, en una mixtura extravagante y reveladora. Es que entre ambos libros se habían sucedido *Persuasión de los días* y *Campo nuestro*, lugar de experimentación de una nueva forma. Ahora la escritura de Girondo sintoniza velozmente el paso de un *shock* a otro *shock*, sacudimientos a los que se ven expuestos el cuerpo y sus hábitos perceptivos: el ojo se agranda, el oído se agudiza y la piel se sacude frente a nuevos estímulos cada vez más veloces:

Las tensas sondas hondas los reflujos las ondas de la carne
y sus pistilos núbiles contráctiles
("Hasta moriría", *En la masmédula*)
sobresuspenso acaso por invisibles térmicos hipertensos
estambres
("Posnotaciones", *idem*)

Los dos fragmentos insisten en la pareja estímulo-reacción, desencadenante físico de estado hipertenso de un cuerpo acosado.

---

[34] De las escasas reseñas de *Espantapájaros (Al alcance de todos)*, cito en *Nosotros*: "*Espantapájaros* es un libro inmundo y a su autor habría que darle de palos. Tal me decía una dama católica, apostólica y bonaerense; pero yo no comparto esa opinión. Mi máquina se resiste a transcribir los adjetivos fulminantes con que muchos lectores han calificado este volumen, que les parece asqueroso". (firmada por A. C., n° 281, octubre de 1932). Las otras dos reseñas —una de H. B. Delio en el mismo número de *Nosotros* y la otra sin firma en *La Literatura Argentina*, IV, 48, agosto de 1932— insisten en la misma evaluación: se trata de la "Última bufonada de una generación que ya no tiene qué decir".

En *Espantapájaros,* el poema en prosa es el más frecuente: espacio abigarrado y tumultuoso de la ciudad, que ya había soñado Baudelaire.[35] Allí resuenan en mezcla babélica todos los lenguajes: es la ciudad cosmopolita e inmigrante en la que se escuchan "batahola" como surgidas de "un conventillo de calabreses malcasados". En esta violenta Babel que construyen los textos de *Espantapájaros* se derriban jerarquías y solemnidades: el poeta habla con la lengua *sucia,* nombra las partes siempre veladas del cuerpo y sus funciones, las expone.[36] Desde los "culos de botella" hasta el "meadero", lo que sobresale es la red material que teje la vida cotidiana en la ciudad, en medio de los "tachos de basura" y personajes como el "carnicero", el "dentista", o el estudiante de la "Facultad de Medicina". Se trata de desidealizar el espacio poético, que ahora construye objetos palpables. Se trata de hacer de la poesía no ya un canto sino el chirriar violento que sacude los oídos al cruzar las calles de la ciudad. El yo aparece en esa red interurbana como un trozo de materia más. Son frecuentes las nominaciones fragmentadas en partes del cuerpo, órganos y funciones. Igual que en Vallejo, el discurso institucional surge como agente de la descomposición y la sujeción de este cuerpo desmembrado. En este sentido, resultan paradigmáticos el texto 6, en el que el yo se des-hace en riñones, intestinos, piernas amputadas, nervios y cerebro; y el texto 5, que pone en duda aquello que se nuclea bajo el rótulo de *familia.* Se puede pensar aquí no sólo en cierta burla al espacio privado, sino también al que atañe a un lugar de pertenencia cultural-literaria y política. La "familia" de *Martín Fierro* y la vinculada a la escena política (el general Uriburu, autor del golpe de Estado del 30, formaba parte de sus familiares) era ya para Girondo una parentela asfixiante. Frente a ella su escritura opta por una lengua que se sale de las reglas del *bien decir.* Desde allí opone resistencia porque se configura un yo-cuerpo-texto atento a sus pulsiones que luego será *paria* en *En la masmédula.* El humor, la parodia y el desacato violento señalan el lu-

[35] "¿Quién de nosotros no ha soñado en días de ambición, con el milagro de una prosa poética, musical, sin ritmo ni rima, suficientemente dúctil y *nerviosa* como para saber adaptarse a los movimientos líricos del alma, a las ondulaciones del ensueño, a los *sobresaltos* de la conciencia? [...] De la frecuentación de las ciudades enormes, del crecimiento de sus innumerables relaciones nace sobre todo este ideal obsesionante". Citado por Walter Benjamin, *Sobre algunos temas en Baudelaire,* Barcelona, Planeta-Agostini, 1986. Ya hemos visto que tanto Alfonsina Storni como Vallejo también habían experimentado con esta nueva forma.

[36] Girondo baja así de la "alta literatura" de museo y funda una estirpe para la poesía argentina en la que podríamos citar a Osvaldo Lamborghini, Arturo Carrera, Néstor Perlongher, Susana Thénon, y a la Alejandra Pizarnik clandestina.

gar por donde se respira en estos textos y por ellos resulta inevitable establecer la relación entre la red opresiva que delatan y el orden marcial impuesto por la dictadura del 30. En este sentido, el poema inaugural de *Espantapájaros,* que dibuja la figura del cuerpo humano, insiste en la parodia de un discurso que carga machaconamente el acento sobre la palabra *nación,* y se disparata en las rimas que construyen el cuerpo del muñeco: *desorientación-generación-dirección-educación-idealización-acción-mistificación-masturbación.*[37] Se trata de la parodia del discurso oficial-militar, cuyo vocero más enérgico fue Lugones, y que presionaba desde todos los medios de la prensa más importante del país. Girondo se separa claramente de esa *mi generación* que rima con *nación,* no sólo en su praxis poética sino también en sus intervenciones.[38] Pero el estallido central operaba en el cuerpo del texto. En *Espantapájaros* se respetan algunas leyes de la lengua (las sintácticas y morfológicas, por ejemplo): lo que resulta explosivo es la puesta en sucesión abigarrada y vertiginosa de diferentes discursos que no respetan límites de orden genérico, social, de ambiente o situación. Allí el texto se sacude frente a estímulos fónicos que despiertan o evocan otros términos que se suceden en la superficie del poema, borrando formas de subjetividad tradicional (como en las fuerzas eróticas impersonales que se acoplan rítmicamente en el texto 12); o arrasando con las constelaciones de la rima interna lo culturalmente aceptado. Las palabras se llaman unas a otras siguiendo líneas de color y sonido, negando las operaciones del sentido hegemónico. Este procedimiento se hará disparador del "Ballat Balar Babel" de Roberto Santoro en los sesenta, y más adelante de las derivas de Alejandra Pizarnik, Néstor Perlongher y Arturo Carrera. Si por un lado este procedimiento reproduce o evoca el corte corporal y el *shock* perceptivo, por el otro se trata de recuperar para la escritura la plasticidad sensorial y el funcionamiento compositivo de los sueños. Más adelante *En la masmédula* identifica escritura con "otros flujos ácidos del diurno sueño insomne". En estos poemas vemos cómo la misma presión del afuera logra la descomposición corporal y perceptiva que la escritura recompone en un movimiento liberador. Sólo que la escritura es el tiempo de la vigilia: trabajo de producción y trabajo de lectura manipulan objetos concretos, trozos de lengua. En esta síntesis entre imagen onírica y

---

[37] Otra vez asoma curiosa la coincidencia con Alfonsina cuyo poema "Ligadura humana" de 1920 llamaba *pesado moscardón* a esa misma rima en "ón".

[38] En 1933 colabora en *Contra. La revista de los franco-tiradores,* que dirigió Raúl González Tuñón, y que fue cerrada más tarde por la dictadura de Uriburu.

concreción nos acercamos, como en el predominio de focalizaciones metonímicas y montajes, a las técnicas del cine. El procedimiento de simulación que acerca el texto al sueño, reproduce otro acto de resistencia: la escritura de Girondo sólo sigue el ritmo de la pulsión vital —identificada con la unión erótica—, convertida así en la fuerza mayor en el movimiento de recuperación de sí. El texto 19 termina con un grito revelador:

¡Viva el esperma... aunque YO perezca!

Se dice la muerte de una forma tradicional de yo y se grita el advenimiento de otra que es flujo ininterrumpido de materia. El yo-cuerpo se sacude así el encuadre que proviene de la ley institucional: su materialidad funciona de otra manera, bajo la forma de la transmigración, el pasaje y la mutación ("Yo me la paso transmigrando de un cuerpo a otro", texto 16). La relación consigo mismo pasa por una no-identidad que reaparecerá en toda la poesía posterior del siglo, consecuente con las reflexiones de la filosofía posmetafísica.

El mismo movimiento se recupera para *En la masmédula*. En esta obra de 1954 aparece una nueva concepción del espacio, en contacto con los *mass media* y el discurso de la tecno-ciencia moderna: el espacio estelar de las galaxias y los viajes interestelares. El *robot hembra electroerótico*, los *asteroides*, las *órbitas* gravitan en el blanco de la página y constituyen una realidad de objetos nuevos. En contacto con la tecnología y el discurso científico, estos objetos se suspenden en el *espacio* (el *cosmogozo*), que a veces se fusiona con la imagen del mar. El yo se nombra aquí *egofluido*, *ergonada* o *poetudo* entre *micropulpos*. La áspera, a veces chillona, a veces ondulante superficie de estos textos aglutina golpes de materia que se recortan contra el vacío del espacio estelar o marino. Buzo o astronauta, el cuerpo insiste en el flujo vital y la acumulación de materia que resiste la amenaza de vacío: la autoanulación en la muerte; o el efecto borrador de las idealizaciones; o el "diario presidio" que disuelve la carne en espectro. El exceso de materia desbordado es el único punto posible de resistencia:

caso y tiempo y modo y sexo y verbo que
fecundó el vacío obnubilado
("Por vocación de dado", p. 420).

El verbo-sexo transforma la fórmula cristiana y alza en estos textos la figura de la *lengua* como órgano de goce erótico en la escritura. El mandato es ahora "osar izar un yo flamante en gozo":

y darle con la proa de la lengua
y darle con las olas de la lengua
y furias y reflujos y mareas
("Habría")

Escribir es aquí *lamer,* como antes se había dicho en *Espantapá-jaros* y como luego se hará marca decisiva en Perlongher. Llegar al colmo del sexo es llegar también a un modo de muerte controlada: en eso insisten los poemas "Topatumba", "Maspleonasmo", "Soplo-sorbos". Como insisten todos los poemas en la figura del coito: roce, choque, contacto de órganos (palabras, morfemas, fonemas, sentidos) que se colocan en sucesión y simultaneidad sin signos de puntuación que los separen ni distingan: sólo intersticios del vacío estelar/mari-no acuden a esa función. Esta sobrecarga de materia evoca otra vez el balbuceo del niño (el *yolleo,* el *yoyollando siempre).* En esta obra, vuelve la escritura de Girondo al humor que se complace con el jue-go o el derroche "inútil": atribuciones propias del niño que la insti-tución censura desde la moral o desde la economía de la reproduc-ción. Como los niños, estos textos se obsesionan con los juegos de palabras mágicas ("cosa cábala / cala / abracadabra") y las lecturas invertidas ("al azar dime") con palabras-estrellas que irradian múlti-ples sentidos.

En la masmédula también cita, contesta y retoma el poema figura de *Espantapájaros.* Así en "Habría" dice:

y creer en crear
y croar y croar.

La apuesta en la escritura, que no explicitaba el espantapájaros, resulta otra vez material en el pasaje del habla soplo a la materia, al *croar.* Apuesta en la escritura que —como ya dijimos— se fusiona con el goce erótico y afirma así el cuerpo contra la anulación: así "Ella" (la escritura) es "una oruga lúbrica desnuda sólo nutrida de frotes" o "sólo un trozo ultra-poros de realidad indubitable / una despótica materia / el paraíso hecho carne / una perdiz a la crema". Despótica materia que domina sobre cualquier indicio de subjetiva-ción tradicional.

El yo-cuerpo de los textos de Girondo hace primar su flujo vital erótico en cada acumulación de material verbal, en cada positivación de la repetición. Un caso paradójico es el de la negación, con el em-blemático poema "El puro no", en el que la mínima partícula *no* (co-mo antes el *yo* de *yolleo)* comienza a jugar, a derivar gramaticalmen-te, en múltiples posiciones "no nonato", "el noo", "el macro no", hasta cargarse paradójicamente de positividad, rimar en ausencia con aquel iniciático "croar" de las ranas de *Espantapájaros*: "noes que noan, noan, noan". En el último de los poemas la voz-cuerpo de *En la masmédula* se llama al *silencio*. Ésta es la última palabra a partir de la cual se precipita el blanco-vacío de la página. Cese de la materia, fin del verbo-sexo:

> y de los intimísimos remimos y recaricias de la lengua
> y de sus regastados páramos vocablos y reconjugaciones y recópulas
> y sus remuertas reglas y necrópolis de reputrefactas palabras
> simplemente cansado del cansancio
> del harto tenso extenso entrenamiento al engusanamiento
> y al silencio.

El de la acumulación de sonidos fuertes (reca-pa-tre-cro) en ritmo vertiginoso se ondula en aliteraciones de sonidos suaves (n-s-m-l) y un ritmo que se estira: final que prepara la caída en cámara lenta de un cuerpo muerto en el vacío del espacio.

Fin entonces de una propuesta de escritura llevada hasta sus máximas consecuencias y que encuentra allí su límite. Fin de la "jerga lela / en llagas" que otros poetas volverán a hacer productiva desde otras apuestas de escritura y desde una historia (la de la Argentina, la de Latinoamérica), que traba con el cuerpo una relación cada vez más traumática. Por eso quizás ahora nos quedemos con el "paria voraz y solo" de "Posnotaciones":

> y mi prole de ceros a la izquierda
> sólo la soledad de este natal país de nadie nadie
> me acompaña.

Pero *En la masmédula* también traería otras relaciones del cuerpo en este país-desierto, y otros modos de leer y de escuchar frente a la inminencia de nuevas lenguas. Éstas se sucedían subterráneas desde la escritura de *Persuasión* (1942) y *Campo nuestro* (1946), y se anunciaban para el libro futuro.

Giro intermedio: Se prepara el Tantan yo

El último libro de Girondo era también, y además, la desembocadura de un lento trabajo de arrastre que venían realizando libros anteriores y que paradójicamente culminaría en el libro no publicado y anunciado desde 1938 con el título *Diario de un salvaje americano*.[39] No en vano Leopoldo Lugones había hablado de la poesía joven casi con las mismas palabras que Echeverría usó para describir a los indios pampas y sus costumbres: "Los *repulsivos mamarrachos* —dice— de la nueva sensibilidad deprimen".[40] La repulsa y el asco serán una y otra vez el efecto que la escritura del bárbaro Girondo producirá en los centros de la cultura oficial. Nunca detenido, siempre en fuga, sorprende aun cuando se lo cree reencauzado en el canto nacionalista y campero. Pero, ya se sabe, él era Peter Pan, siempre fugitivo en los territorios marginales de la experimentación. Por eso, cuando publica inesperadamente *Campo nuestro* en 1946 se produce una nueva sorpresa. Su poesía había sido hasta entonces escandalosamente urbana y este giro volvía a marcar una nueva deriva del viaje, dispositivo compositivo de sus primeros libros, y constituyente de la literatura argentina y la literatura americana en su conjunto.[41] Exploración de nuevos territorios, cruce de fronteras, salvaje.

Desde la revista *Sur*, confundidos, deciden hacerse eco esta vez del nuevo libro de Girondo, antes siempre ignorado. El crítico César Rosales saluda el "regreso" del poeta a las fuentes telúricas, pero le reprocha su falta de conocimiento del objeto: "Girondo canta aquí a la *orilla del campo* [...] donde ahora ha instalado su tienda de *nómade improvisador*".[42] Aguda observación la de Rosales que, a pesar de sí, lee en este retorno de Girondo a las fuentes los rasgos de una escritura experimental. Este regreso también aparecerá burlado en *En la masmédula* diez años más tarde: "y en uniqueja isola su yo cotudo de ámbito telúrico".[43] Un *yo cotudo* que rima con el *poetudo* en el otro emblemático poema "Tantan yo". "Nómade" e "improvisador", había escrito Rosales: exiliado perpetuo, porque su campo no era el del espacio elegíaco de Lugones ni el de los poetas neorrománticos de los cuarenta ni el de Silvina

---

[39] Hay un texto manuscrito, literalmente ilegible, con un título al parecer similar, en manos de Susana Lange.

[40] Citado por Ricardo Monner Sans en "Acerca de *El actual momento literario*", en *La Literatura Argentina*, año 1, n° 12, agosto de 1929.

[41] Ver Adolfo Prieto, *Los viajeros ingleses y la emergencia de la literatura argentina*, Buenos Aires, Sudamericana, 1988.

[42] Este desconocimiento del objeto que Rosales reprocha a Girondo es el mismo desconocimiento que Adolfo Prieto demuestra como fundante en Sarmiento o Echeverría: salvo que, como veremos, este desconocimiento en Girondo servirá para revelar la imposibilidad de cualquier fundación. Ver también Graciela Montaldo [1996], "Nacionalismo, regionalismo: identidades", en *Actas* del V Congreso Internacional del CELCIRP, n° 17-18 "Cambio y permanencia en las culturas del Río de La Plata", Paris III, 1997.

[43] "Posvotaciones", *En la masmédula, op. cit.*

Ocampo. En 1942 ella también había escrito a la infinitud de la llanura pero allí ya desde el título, el horizonte se recorta y se recuesta en la palabra "Patria", atravesado por el ideal del general Roca: en sucesión Patria, Roca, Piedra.[44] Girondo elige, en cambio, la arena y el viento desmantelador del desierto. El de Girondo es un campo experimental y allí en ese laboratorio del campo-cielo del lenguaje se prepara el despliegue de *En la masmédula,* el último libro que abre la única escena posible: la de la lengua como innumerable, donde el uno se aloja y se combate.[45] Si el título de este libro de 1946 hace pensar en el Padre Nuestro, su ritmo de versos pareados solos en el centro de la página, muestra que el campo de Girondo en lugar de sentar territorios estables recortados con mayúsculas estará horadado de cambios y mudanzas: será *cielo-niño-madre-sacro-canto-llano-mar-infinito,* pero ante todo y paradójicamente *campo nada.*[46] Territorio arrasado desde donde no regresar a la tradición sino construir algo nuevo.

Girondo se hallaba en ese momento en el punto incisivo de un *"voyage de retour",* como el que describe Gianni Vattimo frente a la situación histórica de retorno de la religión que se viera con claridad en el fin de siglo XX. En la conciencia común y en la filosofía, dice, parece "el regreso de lo que pensábamos definitivamente olvidado", "el llamado de una voz que estamos seguros de haber escuchado antes".[47] Efectivamente, Girondo, colocado en la posición del Darío de "Yo soy aquel que ayer nomás decía", comienza en 1942 con *Persuasión de los días,* a escuchar otras voces, otros aires. Siempre opuesto a la institucionalización del arte abomina de la "baba doctorada", y los "poetas de moco enternecido", y se convence de que la vanguardia de los veinte-treinta es ya una imposibilidad retórica, un cielo agotado. Ahora los poemas empiezan a fabular la mirada sobre otros objetos y espacios: en "Aparición urbana" un caballo surge del asfalto, en otros poemas se atiende a la canción de la lluvia, se unen y cruzan el trote del animal con el ruido de un motor. En este giro girondiano que parece reponer la legendaria y equívoca oposición campo-ciudad, el poeta no deja de reírse de

[44] Ver el largo poema "Enumeración de la Patria" al que hacíamos alusión en el inicio de este trabajo. Antes que Ocampo había dicho Lugones: "*Patria,* digo, y los versos de la oda… / te levantan Ilustre, Única y Toda", *Odas seculares,* 1910.

[45] Para la relación entre la *ipsidad* y la serie semántica *hospitalidad-hostilidad,* ver Jacques Derrida [1996], *El monolingüismo del otro,* Buenos Aires, Manantial, 1997.

[46] Lamentablemente, las *Obras completas* de Girondo no han podido reproducir el formato original del libro que, al estilo de Mallarmé y al de Alejandra Pizarnik, de años posteriores, jugaba con versos pareados solos en el blanco de la página.

[47] Gianni Vattimo, "La trace de la trace", en el Coloquio de Capri: *La religion,* Paris, Seuil, 1996.

su propio experimento. Es que a la hora de hablar del campo, Girondo resulta un *parvenu*, un recién llegado, un extranjero, y resuelve el viaje en el modo poco ortodoxo que caracteriza a su escritura. Por eso sus giros nunca fueron bien vistos: cuando Borges —como ha demostrado Sylvia Molloy— escribía aristocráticamente una ciudad campera, Girondo hacía estallar el espacio que crecía velozmente con la inmigración y proponía una composición cubista del cuerpo y un lenguaje desaforado. Más adelante, cuando abandona la vanguardia urbana, los Rosales de su época le reprochaban que les devolviera un campo experimental, desconocido; y cierta crítica posterior, en cambio, le reprocha este giro como *reactivo*, moralizante y antiexperimental.[48] ¿A qué moral respondían, entonces, estos textos de Girondo? A una moral de violenta autoexigencia, podríamos responder: no ceder nunca en el deseo de "hallar una lengua", como quería Rimbaud. Allí encontramos el punto de inflexión entre ambos reproches: una escritura que se estira siempre hasta el límite, siempre más allá de sí, nunca quieta, nunca complaciente. Cuando la vanguardia ha muerto y la mirada en Europa se ha vuelto estéril, Girondo gira y de los campos de exterminio nazi pasa a un "campo limpito de muertos": campo nada o nada de campo, sino silencio y página en blanco, territorio libre, como la proclama de Claudia Schvartz más adelante. Pero la extensa llanura ocultaba otro genocidio. Y Girondo no podía ignorarlo, y seguramente tuvo conocimiento el mismo año en el que publica *CN*, del llamado "Malón de la Paz".[49] Por eso, también había llegado la hora de excavar y desenterrar.

Raúl Antelo ubica entre 1938 y 1949 el manuscrito *Expedición a Quilmes*, diario de los experimentos arqueológicos de Girondo en un cementerio indígena.[50] Y mientras se desenterraban cadáveres y urnas funerarias, el poema comienza a escribir lo que adviene:

> Este olor homicida [...]
> brota de otras raíces
> arranca de otras fuentes
> (*Persuasión...*)

---

[48] Jorge Aulicino, *Clarín*, 25 de enero de 1997. Nota en conmemoración de los 30 años de la muerte del poeta.

[49] Marcha pacífica de indígenas que reclamaban por sus tierras usurpadas, y que una vez en Buenos Aires fueron paradójicamente alojados en el Hotel de Inmigrantes y luego devueltos al lugar de donde habían venido, sin haber obtenido nada de lo que pedían.

[50] Raúl Antelo, "Introducción del coordinador", en Oliverio Girondo, *Obras completas*, colección Archives, Paris, UNESCO, 1999.

Una voz-olor, homicida como la de la vanguardia, pero sólo audible en el silencio de arena del desierto: vuelo sin orillas o inestables riberas, la nada ausente, expandirse en el viento, para llegar al poema "Totem". El poema se halla en medio del *campo-nada* a la escucha de un ritmo que vuelve, a la espera de un nuevo dictado, atento a aquello que en otras condiciones históricas había desechado. En 1924, Girondo respondía a una entrevista en Lima y opinaba despectivamente a propósito de la rima: "¡Tambor indígena! Trampolín que sólo sirve, la mayoría de las veces, para saltar de un verso al otro, dando una pirueta en el vacío".[51] Qué otro tambor es el que se escucha en el *sacro canto llano* que llega del campo, y repite "Noche tótem" o "Topatumba" o "Tantan yo". Redoble de tambores de la palabra repetida que revierte el sentido, lo hace jugar doblemente. Todo *Persuasión de los días* y todo *Campo nuestro* pueden leerse para atrás como restos o ruinas arqueológicas sobre las que se funda la lengua alocada de *En la masmédula*, basada en la rima interna, repetición obsesiva y ritual, letánica.[52] Girondo dibuja así su pirueta en el vacío de la poesía argentina de los años cuarenta; con ritmo que oscila entre el machacón de la lengua de las parcialidades Quilmes y las frases sueltas que Mansilla citaba de los indios ranqueles ("Marí purrá wentrú"); o la melodía de los parlamentos de los indígenas, repetidores e insistentes. A la espera y a la escucha de ese tono, entonces, el poema de Girondo viaja su retorno, su vuelta y en ella debe atravesar y modificar las miradas literarias que han conformado el campo, la pampa (Hudson o Mansilla, Sarmiento o Echeverría), leyendo en ellas con ojos de bárbaro el detalle, la minucia que puede aparecer como accesoria, y muestra, en cambio, una percepción agudizada hasta el infinito. El de Girondo es un *viaje* que deconstruye. En el desierto elige

<blockquote>
aridandantemente
sin estar ya conmigo ni ser un otro otro
</blockquote>

Si las memorias de los viajeros formaban un género fronterizo entre ficción, ciencia y relato de costumbres, una frontera maleable entre lo público y lo privado, Girondo desmantela esa mirada ya preparada para leer al otro. Por eso, el poema de Girondo reniega de aquel

---

[51] "Una entrevista con Oliverio Girondo", en *Proa,* año 1, nº 4, noviembre de 1924.

[52] La mayoría de las variantes consignadas en *Persuasión* tienden a reforzar las repeticiones, los paralelismos, y mantienen una posición ambigua frente a la cacofonía que será *En la masmédula* dispositivo hegemónico.

ritmo con rima machacona en *ción*, rima hegemónica que remite a las proclamas militares de la Conquista del Desierto: "la mano de hierro del poder de la Nación", "por la razón o por la fuerza" hasta las palabras finales del general Roca: "Hoy recién puede decirse que la Nación tiene sus territorios despejados de indios [...]", es necesario ya "someterse al imperio de las leyes de la Nación".[53]

Frases ampulosas y grandilocuentes, demarcadoras de territorios y de expulsiones, inscriben sobre el cuerpo de la tierra y la lengua la fábula de un origen nacional (que se pretende "natural"). Mientras, el poema de Girondo atiende a otros tonos y se detiene en otros detalles, revelando ese proceso de identificación como fantasmático. Cuerpo propio y lengua propia son desde siempre efectos de colonización, nos dirá Derrida.[54] Y el primero de los "Nocturnos" de *Persuasión de los días* acuerda: *"No soy yo quien escribe estas palabras huérfanas"*, inaugurando el discurso de la división infinita que prolifera en *En la masmédula*. Se trata también de otras formas de economía, las formas del don y el derroche. El Girondo de *En la masmédula* prefirió ser un "lenguaraz", como los traductores que tenían los indios, y excederse larga e intensamente en el lenguaje, como cualquier cacique de los que hablaban "horas y horas en parlamentos interminables" —como nos cuenta Mansilla— y para quienes la palabra era un don y un legado. Como el silencio.

Si en el comienzo de su trayectoria, Girondo había traído "esa concepción mercantil de la literatura" —según las palabras citadas de Borges—, cuando ésta ya se halla instalada en el circuito, Girondo gira hacia otro lado porque su poesía prefiere no ser devorada como mercancía. Si, en cambio, durante buena parte de su trayectoria, Girondo había practicado una devoración caníbal a lo Oswald de Andrade, ahora ya no se trata de fagocitar lo europeo sino de un instalarse en nuevo desacato desencantado en el desierto-mar o en una galaxia, en un "país de nadie nadie", "paria voraz y solo".

El lenguaje de *En la masmédula* prefigura la ciudad en ruinas del poscapitalismo y un nuevo espacio técnico-interestelar. Por eso, en *Interlunio*, de 1938, se mira a la pampa y ésta aparece como una "ciu-

[53] Recogido en Carlos Martínez Sarasola, *Nuestros paisanos, los indios*, Buenos Aires, Emecé, 1992. Ya vimos en el apartado anterior que Girondo ya había burlado ese ritmo en *ción* en el texto *Espantapájaros*, haciendo confluir y confundir en la lengua el diseño de los límites territoriales con las políticas del cuerpo.

[54] La escritura de Girondo coincide claramente con la voz derrideana que dice: "Ese Yo se habría formado en el sitio de una situación inhallable, que siempre remite a otra parte, a otra cosa, a otra lengua, al otro en general". En *El monolingüismo del otro*, *op. cit.*

dad bombardeada". Si antes, en el espacio urbano inaugural lo lleno y atiborrado asaltaba el ojo del poeta incapaz de asimilarlo, en *Persuasión de los días* es lo fluido, la distancia, el vacío, lo que obsesiona. Ahora sin centro ni estado ni nacionalismo, un cuerpo a cuerpo entre el *detritus* ("andenes con aliento a zorrino") y las aspiraciones galácticas de los "lunihemisferios" de la "Noche Tótem". Pero no se trata de un plano de representaciones: esta lucha cuerpo a cuerpo se da en el lenguaje mismo, "la pura impura mezcla", que fragmenta y recompone, utiliza los desechos y los recicla, o los desecha. "Entre restos de restas" produce una vez más el movimiento de positivizar la repetición. Occidente y el primer mundo son vías agotadas. Girondo esperaba de la poesía ese Tercer Mundo, esa feroz fuerza que hiciera posible pensar nuevas formas: resistir fuera del mercado, experimentar sin descanso. Y si en *Persuasión de los días* se decía "desarraigado y ácido / descompuesto / perdido", encuentra en *Campo nuestro* un nuevo espacio de exilio y traducción, infinito, para su tienda nómada. Ligándose al tambor indígena en todos aquellos mínimos tonos que componían el afuera de la historia oficial y la utopía de una América blanca, su lenguaje se aplicó en *En la masmédula* a articular y desarticular cuerpos, y ensayar en el movimiento límite de un manierismo de la materia, nuevas formas de subjetividad: nuevas formas de desubicar el pronombre *yo*, nuevas formas de entender el contacto cuerpo-mundo, fuera de las jerarquías del género y la institución.[55]

Utilizando la ironía como grieta, la poesía se convierte en actividad delirante, que se apropia aquí y allá de restos, ruinas del *campus* que llega a su fin y produce un nuevo objeto de forma huyente. Experimenta con la estrategia guerrera propia de los indios: "aparece y desaparece" en el desierto campo o espacio sideral, exceso y vacío, "panentrega extrema". Produce un objeto enigmático, rasgo que Valéry destacaba como inherente al objeto estético: un enigma de efectos y de afectos que debe encontrar a un lector entrenado en máxima velocidad. Se expande al infinito del "plexilio" explotando al extremo la singularidad de las variaciones, de la repetición ritual. Ésta es la huella que siguieron los poetas que llegaron después a continuar con esa línea invisible ya trazada desde antes, en la escritura que los predecía como una amenaza y una promesa de filiación.

[55] Ver Delfina Muschietti, "Diario de un salvaje americano", en Oliverio Girondo, *Obras completas, op. cit.*

Bibliografía

Obras de Oliverio Girondo

Veinte poemas para ser leídos en el tranvía (1922)
Calcomanías (1925)
Espantapájaros (1932)
Interlunio (1938), el único relato.
Persuasión de los días (1942)
Campo nuestro (1946)
En la másmédula (1954, 56)

Todas las anteriores, recogidas por primera vez en *Obra*, Buenos Aires, Losada, 1968. La segunda y última edición anotada de las *Obras completas* es la de la Colección Archivos de la UNESCO, edición a cargo de Raúl Antelo, París, 1999.

MARTÍN FIERRO COMO PERIÓDICO

por Oscar Traversa

Intención

La revista *Martín Fierro* ha sido reconocida como la manifestación más saliente de una renovación en el campo de la literatura —la poesía al menos— y también de otras modalidades de las prácticas estéticas, tanto en sus años activos —1924-1927— como en los ochenta que nos separan de su cierre. Si bien hay un acuerdo general a ese respecto, no existe acuerdo, en cambio, acerca de sus alcances ni, asimismo, de la dimensión y cualidades del proceso que encarnó y de sus ulteriores consecuencias. Los enunciadores de esos juicios poseen un amplio rango: por un lado están quienes le atribuyen, a causa de sus juveniles irreverencias, una dimensión escandalosa, aunque siempre siguiendo, en sordina, los modos de las vanguardias de aquel tiempo y, por otro, menos piadosos, son los que consideran que el intento fue una tontería desactualizada.

Lo que podrá leerse en estas páginas acerca de estos asuntos no privilegia el valor que pudo tener esa empresa, siempre sujeto a apreciación, sino que intenta, en cambio, circunscribir el conjunto de diferencias que se pueden registrar en ese periódico en su segunda época. Esto quiere decir que en la búsqueda de esas diferencias se privilegiará el análisis de los atributos que caracterizan a ese tipo de artefactos gráficos —la asumida condición de periódico—, diferente de la de un semanario de información general o de un libro, por ejemplo. En tal decisión hay un supuesto: esa condición se asocia, de alguna manera, con lo que podemos llamar *efectos de lectura*, es decir, las adjudicaciones de sentido que otorgamos cuando nos vinculamos con algún soporte que contenga resultados o elementos propios de la escritura, asociados o no con otros rasgos más específicamente gráficos (organización espacial, dibujos o fotografías, de variada especie, orígenes y cualidades).

De este modo, pues, las variadas combinatorias entre textos e imágenes y las singulares cualidades que de ellas emergen hacen posible la diferenciación de una revista respecto de otros medios y responden a la voluntad (o imperiosa necesidad para su sobrevivencia) de ser peculiar, y por ello suelen ser —por vocación o por propósito— un lugar privilegiado desde una perspectiva de *rupturas* que pueden manifestarse en la *materialidad* del objeto —la revista está producida de algún modo—, en la medida en que pone en obra técnicas gráficas y de diseño no previstas que remiten a múltiples universos (el de la moda, el de la política o el de la vida religiosa y, con seguridad, a muchos otros). Estos rasgos, ya sean de novedosa y efectiva ruptura o de mera repetición de otros ya consolidados o, incluso, de alguna combinatoria entre unos y otros, configuran un universo particular que corresponde al estilo de la revista y a sus propósitos de innovación e incluye casi siempre una declaración de principios —a veces un verdadero manifiesto— de quienes lo producen así como una apelación muy o poco explícita a determinado universo de lectores. Se erige de este modo una escena relacional, que muchas veces se acerca a algo así como a una conversación (por un lado un *yo*, por otro un *tú*). Y si algo de eso ocurre con una revista, dicha enunciación, de evidente origen *antropoide* no sería otra cosa, en relación con una revista, que una tentativa de conjurar tanto para los que escriben como para los que leen el espanto que produce la inconmensurabilidad de la producción de sentido de un artefacto semiótico —una suerte de Golem—, nos referimos a una revista o, finalmente, a cualquier otro texto.

Cuando, semana a semana o mes a mes, leemos la revista que preferimos, al igual que los lectores de *Martín Fierro* o de tantos otros títulos que se han sucedido en el tiempo, nos adentramos en un universo de relaciones imaginarias que podemos amar o detestar pero, antes del desencadenamiento de esas pasiones o como condición para que puedan cumplirse (salvando la consistencia de los prejuicios), hemos dado lugar a una identificación, si se quiere corporal. Nuestras manos han recibido de las manos de quien atiende el kiosco, o bien ellas se han dirigido a unos objetos que yacen en el revistero de una peluquería o se alinean en los estantes de una biblioteca, esas cosas del mundo, que, por ser tales, no pueden obviar el vínculo con nuestro cuerpo (las vemos, las tocamos, las rodeamos para leerlas). Es posible que ello nos conduzca a la revelación de algo desconocido o que se trate del reconocimiento de algo familiar —es posible también que permita la llegada a un mundo de referencias y afinidades difusas—, en cualquiera de esas formas, esas propiedades, de *contacto* podemos llamarlas, constituirán una amalgama de cambios y repeticiones, de uniones y rupturas con el conjunto de la sustancia que hace a la revista. Frente a nuestros ojos podemos tener el desarrollo de un teorema, un poema o una proposición económica; sea lo que fuere, de alguna manera, coherente o no con lo que leemos —teorema o poema pueden poseer seriedad o cualidades lúdicas, elegantes, etcétera— la lectura, para ser tal, será inevitablemente una solución imperfecta de una serie de conflictos; el primero a resolver es siempre de *contacto* material (situación que ha dado lugar a una multiplicidad de oficios y prácticas industriales).

La intención de lo que sigue, entonces, no es otra que la de acercarse a algunos cambios y repeticiones de uniones o rupturas con su mundo y con el pasado del universo que construyó *Martín Fierro*, en sus algo más de tres años de vida. Esa intención se buscará a partir de su condición autodefinida de "periódico", de cosa que se puso al alcance de tantas manos, en paridad con otras menos o más amadas, y constituyó una amalgama, muchas veces de los mismos componentes —ideas generales y posiciones estéticas muy cercanas o falsamente distantes también— propios de otros medios de aparición más o menos cercana. Teniendo en cuenta que el universo que supo construir no fue indiferente para sus lectores de época, que suscitó pasiones hoy consideradas tenues, inmerecidas o pueriles, así como otras, unas y otras habilitan a reflexionar acerca de lo que fue *Martín Fierro* —¿un periódico o una revista?—, lo que bien vale unas páginas más de las tantas ya escritas. Incluso, prestarle atención puede librarnos algunas claves para descifrar los cursos que más tarde cumplieron quienes dieron, en esos tres años de vida, cuerpo a sus páginas: Borges y Marechal, Scalabrini Ortiz y González Tuñón o Macedonio Fernández y Manuel Gálvez.

Tapas

Martín Fierro se define en el subtítulo: *Periódico quincenal de arte y crítica libre*. Según el Diccionario de la Academia se llama de ese modo al "impreso que se publica en intervalos regulares", los diarios son los que suelen exhibir ese nombre, posiblemente por el mayor rigor en el cumplimiento de los intervalos de aparición. Pero, sin embargo, la adopción del nombre "periódico" no fue un acto exento de consecuencias, más allá de una definida intencionalidad. La primera se hace visible en las tapas después de unos vacilantes primeros números; en el 5-6 (15 de mayo-15 de junio de 1924) se perfila la planta gráfica definitiva, con las informaciones necesarias para un periódico de kiosco.[1] Éstas son: visualidad bien diferenciada de número a número —tanto por la ilustración como por la distribución del texto y por las informaciones que necesita el adquirente anónimo y distante—: el número, la fecha, el precio de venta. Un encabezado similar al de *Caricatura Universal* (una revista semipornográfica más que osada para la época) y distante del ascético, y de escasa creación gráfica, *Inicial*, que lleva por subtítulo *Revista de la nueva generación*, debajo del número de gran tamaño. Buena parte de quienes colaboraban en *Martín Fierro* lo harían también en *Inicial*, lo que no deja de sorprender —tal vez sólo el lector actual se sorprenda— sobre todo porque ante las torpes inelegancias antisemitas de Brandán Caraffa en esa revista no se molestaran Borges, Córdova Iturburu o tantos otros, y que, en cambio, se molestaran más tarde, cuando decidió ser peronista.[2]

Las tapas, que desempeñan un papel diferente del de las páginas interiores, son semejantes a puertas, son las que se abren sobre un espacio diferente del espacio en el que está situado el lector, son la entrada a "otro mundo". A este respecto no fue extraña la intuición del editor Haynes, cuando impuso a su semanario el nombre de *Mundo Argentino*, en 1914, y a su diario *El Mundo*, en 1928; más tarde, después de 1946, cuando la editorial cambió de manos, surgieron otros "mundos": *Mundo Deportivo*, *Mundo Peronista*, *Mundo Infantil*, *Mundo Atómico*. Las tapas, en cada caso, instruían acerca de lo que se encontraría en ese mundo, a través de una fotografía o ilustración única: as del deporte, niño, etcétera, según correspondiera. Las tapas, apelando a esas clases homogéneas de imágenes, aseguraban al posible lector una continuidad, su diferencia con las que la precedieron o la seguirán, la presencia de diferencias.

En esta perspectiva, *Martín Fierro* se distancia del modelo de la revista de época y se acerca al diario, combina texto e imagen, pero suma otro componente —que mucho más tarde se generalizará en los semanarios. A partir del número veinticinco anuncia lo que se encontrará en este mundo: "En el interior de este número", seguido

---

[1] *Martín Fierro* (segunda época). *Periódico quincenal de artes y crítica libre*, Buenos Aires, 1924-1927. Edición facsimilar del Fondo Nacional de las Artes, Buenos Aires, 1995. Estudio preliminar de Horacio Salas. Todas las referencias remiten a esta edición.

[2] "Hidelbrando Pizzetti y el dios único", en *Inicial*, nº 1 (fecha). Ver la reedición de la Universidad Nacional de Quilmes (2003), prologada por Fernando Diego Rodríguez.

por una lista de autores y títulos que se estabilizará en el último año de publicación. Un observador ligero podría decir "sumario en tapa" pero este componente es de aparición tardía en las revistas masivas, será necesario esperar para ello a la década del 50. A la revista *Sur* le llevará muchos años encontrar la forma de advertir a sus posibles lectores lo que podrán encontrar en el interior de la publicación.

Si por una parte el esquema de tapa de *Martín Fierro* restringe la diversidad que puede suponerse de la puesta en obra de las plurales relaciones entre texto e imagen, tales restricciones le asignan un carácter definido. En los primeros números, caricaturas, fórmula rápidamente abandonada, luego fotografías de obras escultóricas, de pinturas o bien dibujos, de color incluso en las últimas salidas. Esas tapas (puertas) balizan el espacio al que se accederá después de darlas vuelta.

Tengo frente a mis ojos el número 20 (5 de agosto de 1925), con tres títulos en tapa: a la izquierda "Regent Street", "Estreno de *Le coq d'or*" a la derecha, "Breve ensayo sobre el ómnibus" debajo, firmado por Leopoldo Marechal; dos dibujos de Norah Borges, referidos a *Le coq d'or*. Si bien de forma limitada se emplean tres lenguas, el artículo de la derecha, firmado S. P., encabezado por una proposición: "Europa se moderniza", se distingue por la tipografía cursiva y por su carácter argumentativo que le confiere un perfume de editorial. Comienza con un comentario, infaltable para la época, sobre la decadencia de Occidente, inconfundible toque spengleriano, que se vería desdicho por el vigor manifiesto en Francia, nada menos que por la gran Exposición Internacional que daría, por la fecha, el nombre a un estilo: 1925.[3] Sumado a otros síntomas, el impulso dado a los cuerpos por el jazz o, en Londres, la prohibición de instalar oficinas bancarias en Regent Street pues ellas, por su severidad arquitectónica, no se adaptarían a las características de una calle comercial, reino de la moda. Estos impulsos europeos de época marcan una tendencia, no desoída por el periódico, por el contrario:

> *Martín Fierro* no se equivoca: su guitarra está templada de acuerdo al diapasón de las bordonas del mundo. Sabe y siente el tono de la prima con la precisión de un eco. Y desea con fervor que todos sus lectores ajusten al temple las propias guitarras.
> ...Por eso, Europa se moderniza.

[3] Ver Oswald Spengler, *La decadencia de Occidente* [1918], México, Fondo de Cultura Económica, 1984.

El artículo de Marechal no lo desdice. Establece la necesaria distancia que una posición aristocrática debe establecer con el progreso técnico, algunas molestias pero al fin se trata de un mal necesario, que sólo puede ser festejado sin fisuras por los tontos. Sugiere que el "marmolero Zonza Briano", escultor no bien querido por los modernos, podría encargarse de erigirle un monumento al ómnibus. El estreno de *Le coq d'or*, ópera de Rimsky-Korsakov, evocada por los dibujos esquemáticos y "livianos", por su trazo fino y sin destaques o acentuaciones, que confieren a la página un aspecto equilibrado en su conjunto del que se destaca la parte superior, el nombre en tipografía mayor y fuerte cromática, lo que le asegura un absoluto protagonismo visual (juego gráfico eficaz si debe ser exhibida junto a otras publicaciones).

Si por azar se encontraran en una librería en el mes de agosto de ese 1925 un ejemplar de *Inicial*, junto a uno de *Martín Fierro*, el número 8, ese número sería diferente del anterior, el 7 por supuesto: sólo eso bastaría para señalar la distinción. Este ascetismo de rasgos acompañó durante mucho tiempo a las revistas culturales, la *Revista de Estética*, un caso límite, en la década del 80, sólo en tapa poseía una indicación de fecha y número, no en los lomos, y todos los números se imprimían con el mismo color.

En la revista *Inicial*, su portadilla trae en la cabeza el nombre y luego un eslogan, *Revista de la nueva generación;* al pie, sólo en el número siete, no en los precedentes, una leyenda, "Inicial es una revista de jóvenes: en tal carácter, sólo publica colaboraciones de jóvenes, salvo cuando se trata de algún colaborador extranjero que representa novísimas orientaciones". La insistencia en cabeza y pie es explícita, se trata de una "revista" y "de jóvenes". La primera indicación, "revista", obedece a la ley de hierro del género, como no se trata de un periódico como *Martín Fierro*, no puede estar librada al acaso de la contingencia, basta levantar la vista para notar que entramos a "otro mundo", tal como lo deja ver el índice cuyo primer título es "El misticismo italiano contemporáneo", un artículo de Vicente Fatone, notoriamente distante de las ligerezas del ómnibus porteño de Marechal y no menos, adentrándonos en el artículo, distante también de las calificaciones martinfierristas a Pettoruti ("sus cuadros esquizofrénicos") y a Gómez de la Serna (productor de "malabarismos circenses"). Apenas estos ejemplos, por oposición, aluden a *Martín Fierro* además de señalar que olvida "poemas formidables" como *Juan Cristóbal*, del entonces muy leído Romain Rolland, la obra de Miguel Ángel o a Kant sólo para privilegiar a Marinetti y a Pirandello acerca de quien sostiene Fatone que "no tiene nada que ver con la literatura".

Quiero señalar, con esta observación "comparativa", que se trata de una distancia. En ese sentido vale la pena cotejar ciertas ligerezas de las primeras páginas del artículo de Fatone con el párrafo de cierre del artículo:

> Tal vez nosotros, atrasados siempre, que discutimos en torno a los cadáveres que nos arroja el Atlántico —¡aún hablamos de futurismo!—, sólo nos percatamos de su existencia cuando ya haya cumplido su misión en el viejo continente. Pero aun así no será tarde, pues nunca puede ser tarde para que la conciencia humana sacuda su marasmo y adquiera la noción de su destino.

En suma, la revista *Inicial* se distancia de *Martín Fierro*, no corre (o se supone que no corre) los peligros y obligaciones de quien compite por capturar una mirada, o sea, un lector.[4] Se permite incluir en sus páginas una sombría y bien construida *Cabeza de mujer* de la joven pintora Raquel Forner, como desafío a quienes han saltado sobre Vicente Fatone, Francisco López Merino y otros "serios" colaboradores. Así son las revistas culturales, de aquella época al menos. *Martín Fierro* va en busca de un público, se trata de un *objeto de colgar* en un kiosco, que debe variar su oferta a partir de diferencias visuales fuertes que remiten a trayectorias más o menos familiares e identificables (Picasso, Pablo Curatella Manes, ambos atrayentes para un público abierto a expresiones vanguardistas, tanto por talentosos innovadores como por conflictivos), recurriendo, a veces incluso a directos juicios de valor: ponen en paralelo dos figuras colocando al pie los calificativos de bueno ("Anónimo azteca") y malo ("Yrurtia").[5] *Inicial* se sitúa en el extremo opuesto, no apela a un ojo ávido de novedad, es necesario dar vuelta la página para encontrarse con el índice que muestra la presencia de una pluralidad de artículos en riguroso orden sucesivo; para encontrar alguna sorpresa será necesario poner en trabajoso funcionamiento determinados recursos. En las mismas páginas Fatone señala, apelando a una cita de Maurice Barrès, un camino que presume fecundo: "la chispa no inflama sino los materiales acumulados. Trabajad, pues, con encarnizamiento para que sea fecunda la ocasión divina". En cambio, la decisión de optar por "periódico" y no

---

[4] Las extraordinarias tiradas a que llegó *Martín Fierro* y los no menos cuantiosos de su antagónico *Claridad* tienen relación con la ampliación del horizonte de lectura, propio de la segunda década del siglo XX, resultante del crecimiento de las clases medias y de la prosperidad que se registra en el período alvearista. Ver Félix Luna, *Alvear* [1958], Buenos Aires, Hyspamérica, 1986.

[5] *Martín Fierro*, nº 18, 26 de junio de 1925.

por "revista" parece ser mayor pues establece dos tipos de vínculo con los otros, los lectores, y ofrece, en síntesis, la posibilidad de acceder a mundos bien diversos.

Avisos

La revista *Martín Fierro* elige el camino trazado por los grandes diarios y revistas y explicita su decisión en un momento avanzado de su trayecto, en el número 35 (5 de noviembre de 1926); un recuadro destacado que lleva por título "La publicidad de Martín Fierro" fija su posición en el mundo de la circulación mercantil.

El planteo se inicia con una apelación: "Rogamos a nuestros lectores que examinen con atención nuestras páginas de publicidad". El pedido se justifica porque se realizará un esfuerzo por presentar los mejores productos, los que por sus cualidades merezcan "toda la confianza del comprador". Esto se liga a un deseo, que las páginas orientadas a ese fin se constituyan en un inventario completo, sea de mercancías locales o extranjeras, para poner al corriente a los lectores "de lo mejor, de lo más nuevo y de lo más útil".

Si bien el afán de servicio se explicita en ese número 35, la publicidad está presente desde el primero (un limpiador de objetos domésticos —Puloil—, pianos —Lottermoser—, librería —Palacio del Libro— y la Cooperativa Artística, un taller de marcos de cuadros). A partir de ese primer número se produce un leve pero sostenido crecimiento y diversificación de los avisos: bancos, compañías de seguros, empresas constructoras de viviendas; por supuesto el rubro privilegiado corresponde a editoriales y librerías. En uno de los últimos números (el 43, 15 de julio-15 de agosto de 1927), un aviso llama la atención; se refiere a dos espectáculos del teatro Maipo: *La fiesta del tango* y *La revista estilizada*. El primero incluye a la orquesta Marcucci —16 bandoneones—, el segundo a "célebres" bailarinas, vedettes y "Las 24 argentinas Maipo's girls", según se señala.

La inclusión de la publicidad en los medios gráficos, cuyo mítico momento inicial, y de gran efecto, se suele situar en la década del 40 del siglo XIX, es el componente básico de la expansión de la prensa. La disminución del precio de venta, que se logra a través de la locación de avisos en los espacios de los medios gráficos, constituye, junto a ciertos hallazgos y aplicaciones de nuevas técnicas de producción, uno de los factores que inciden, de manera decisiva, en la creciente ampliación del universo de lectores. Estos factores se articulan con cierta elevación de los salarios, en los grandes centros de desarrollo capitalista, lo cual se asocia con una diversificación de la calidad de los productos de consumo, en especial los destinados a sectores de ingresos medios, incluso modestos. La publicidad gráfica de periódicos y no menos los anuncios en la vía pública y medios de transporte actúan en consonancia con este proceso a modo de nexos entre las instancias de producción y de consumo. La revolución industrial, más precisamente el paso de la primera a la segunda, está caracterizada por la emergencia de la discursividad publicitaria, en cuanto componente del sustrato económico de ese proceso con consecuencias tanto en la organización política como en las costumbres y las prácticas artísticas.

Nuestro medio no fue ajeno a ese proceso: la publicidad se hizo presente, con posterioridad respecto de los grandes países industriales, se consolida en el último tercio del siglo XX y llega a no diferenciarse de lo producido en otros lugares a partir de los primeros decenios del siglo. La apelación a la publicidad fue amplia, por parte de las empresas periodísticas tanto con fines comerciales como políticos: publicaciones como *La Vanguardia* (socialista) o *La Protesta* (anarquista) incluían avisos de productos de consumo masivo.

Podríamos construir un esquema para orientarnos en el empleo de la publicidad; los diarios y semanarios se encuentran a la cabeza, en el otro extremo, publicaciones como *Inicial* que recurren a ella de una manera limitada. En *Inicial* se encuentra una contratapa de cigarrillos "43", unos pocos anuncios de revistas —*Revista de Filosofía*, dirigida por José Ingenieros y Aníbal Ponce—, una no muy nutrida lista de profesionales (los abogados Alfredo Palacios y Carlos Sánchez Viamonte, notorios socialistas, entre otros) y una casa de venta de pianos. En una posición central se ubica *Martín Fierro*, que suma, como componente empresario conectado con la publicación, a la editorial Proa, cuyo director gerente fue Evar Méndez, quien conducía también *Martín Fierro*.

Esta posición en relación con la publicidad no se aleja de la general de la prensa de la época, aunque con una diferencia importante. El periódico se erige en juez, consejero al menos de las decisiones de los lectores y, por supuesto, de los criterios y hábitos relacionados con el consumo de sus lectores. ¿Quién podría hacer tal cosa? ¿Quién posee una capacidad de juicio semejante? En este sentido en *Martín Fierro* se puede ver que hay desnivel, que se manifiesta de manera abierta al proclamar lo que es "lo más nuevo, lo mejor, lo más útil", lo que es consistente con la función indicativa de "lo bueno" y "lo malo" en el dominio del arte.

¿Quiénes son los destinatarios de ese "didactismo"? Acaso el interlocutor sea un extraño sujeto, resto del progreso del centenario entre nosotros, tan abortado para el proyecto de la modernidad como lo son ya en ese momento —o se encuentran en vías de serlo— tantas ilusiones democráticas europeas.

Imágenes y objetos

La presencia de imágenes en la prensa no deja de crecer en importancia y variedad a partir de mediados del siglo XIX, momento en que las técnicas posibilitan su manifestación; a partir de ese momento nuevos hallazgos técnicos permitieron diversificar, mucho más y en forma insospechada, las cualidades de lo presentado. Si en los primeros momentos se trató de trazados a la mano incorporados a los periódicos gracias a dispositivos semejantes a los del clásico grabado, más adelante y con principios parecidos pudo incorporarse la fotografía que daría lugar, para grandes sectores de público, a una nueva visión del mundo. La asignación a la fotografía de la cualidad promotora de esa "nueva visión" no es exagerada, pues reformula el criterio de verdad de aquello que se pone frente a los ojos de los lectores: no se trata de una "interpretación" sino de un ejercicio técnico de carácter universal (cualquiera en condiciones similares obtendría el mismo resultado). Se ha señalado que la historia del arte debería reformularse, pues hasta la emergencia de la fotografía, buena parte de ella se había realizado a partir de grabados, que daban una versión equívoca de las obras.

De hecho la proliferación del universo de las imágenes no es determinante en el mundo de las revistas culturales, contrariamente a lo que ocurre con las destinadas al "gran público". Entre las que merecen ese destino el empleo de las diferentes operatorias técnicas no es homogéneo: la prensa de actualidad y las deportivas privilegian la fotografía mientras que las satíricas y las políticas, las de gran porte ideológico, la ilustración a mano.

En este dominio, el de la selección de técnicas, *Martín Fierro* es variado: el dibujo caricaturesco —en los primeros números—, la fotografía de obras de arte (pintura y escultura) y, vale la pena señalarlo, la fotografía de acontecimientos, un clásico del primer momento testimonial de esa técnica. Las cenas de homenaje y despedida, la visita de personalidades son merecedoras de una fotografía, posada siempre, en la que al pie, indefectiblemente, se mencionaba a los participantes de la escena o cosa parecida. Para nosotros, observadores del pasado, ese empleo nos permite acceder a un universo multiforme y variado de indicios reveladores de aquel momento y, esfuerzo analítico mediante, a los procesos que dieron origen a lo que actualmente vivimos y padecemos.

Este procedimiento, la fotografía *recuerdo*, da lugar a un cambio, se disuelve el privilegio de la prensa de información —la gran prensa—, como propietaria de la *publicidad de los cuerpos* de la gente del arte y de la cultura. *Martín Fierro* realiza un gesto de apropiación al presentar o hacer visible a sus agentes y productores. Ese estado público disuelve también la diferencia de sexos, surge —según la exigua participación de la época— el cuerpo de mujer (de la que escribe, de la que pinta), denunciando, al hacer evidente la carencia, la abrumadora misoginia de la producción artística y literaria.

Esta configuración de la presencia de las imágenes distancia a *Martín Fierro* de, por ejemplo, *Inicial,* en la que sólo hay en toda su existencia unos pocos grabados y una sola vez el cuerpo femenino fotografiado, el de la bailarina Jia Ruskaja, en un artículo del futurista italiano Antón Bragaglia (1890-1960).[6] Eso no quiere decir que en *Martín Fierro* haya más que unos cautos desnudos fotográficos —extraídos de un film— y unas pocas fotografías de mujeres, los retratos de las jóvenes Norah Lange y Marcelle Auclair y unas pocas más, en comparación con la interminable galería masculina. Abundan, en cambio, los testimonios pictóricos —"representados"— de lo femenino, incluso algunos infrecuentes en las referencias locales, como el de la *presentación en sociedad* del hasta ese momento desconocido dibujante mejicano Miguel Covarrubias, figura consular de la ilustración *art-déco* al que poco más tarde *Vanity Fair* le deberá sus mejores tapas. Este ilustrador se distinguirá posteriormente como etnógrafo e investigador de las danzas de su país natal, aunque no fueron estas preferencias lo que indujo a los martinfierristas a incluirlo en *Martín Fierro*, sino sus galardones juveniles.[7]

Si es cierto que en el dominio de las imágenes *Martín Fierro* se desmarca del resto de las revistas culturales en cuanto a procedimientos, géneros y selecciones dentro del campo artístico, lo hace también por ciertas opciones en cuanto a la temática. Este aspecto constituye una cuestión principal pero descuidada en las discusiones acerca del papel desempeñado por la revista, tal vez porque remite a la instalación en el ámbito local, y en el de la revista en particular, de una concepción del arte que no puede menos que pensarse como *tensa* respecto del desenvolvimiento general de la palabra poética que en ella misma se da. Puede leerse, al pie de la fotografía de un edificio industrial:

[6] *Inicial*, nº 5, 1924.
[7] *Martín Fierro*, nº 21, 28 de agosto de 1925.

Silos americanos. —Las formas geométricas simples como las de un templo griego, son consecuencia directa del cálculo. El efecto estético que se obtiene de ellas es pues un "resultado". Procedimiento lógico. Indicio de un gran estilo en formación.

El artículo en el que se incluyen estas líneas lleva la firma de Vautier y Prebisch y en él abundan proposiciones "fuertes": "En contraposición con la anarquía artística que no excluye de su seno a ningún romanticismo, la obra del ingeniero, regida por el número, nos pone de acuerdo con las leyes del Universo". Estos planteos conducen a los autores a denostar el pasaje Güemes, de la calle Florida, y el palacio Barolo, de la Avenida de Mayo (procedimiento ilógico, resultado estético pésimo se señala), en oposición a los silos de la Dársena Norte ("obra de un técnico"). Menudearán las imágenes de cocinas, teléfonos, bidés, puentes, todas apuntando a mostrar las cualidades de la operatoria técnica articulada con la razón. Tanto el papel de la arquitectura como la nueva mirada sobre el diseño de objetos han sido señalados en nuestro medio por los estudiosos de la arquitectura y, no menos, por los que han hecho análisis literario. Faltaba agregar un comentario acerca de la contradicción que supone la coexistencia en la misma publicación de universos visuales diferentes, sea por la falta de lo icónico (*Inicial*) o por la copresencia (*Martín Fierro*).

Lo curioso es que esas diferencias no son procesadas, o sea que no se las percibe como tales en cuanto fenómeno interno, de la revista para el caso, o como tendencias que se perfilan en la sociedad, manifiestas en otros espacios. El propio final de *Martín Fierro*, una contienda entre yrigoyenistas y alvearistas en los momentos previos a las elecciones presidenciales de 1928, no suscita ningún autoexamen o caracterización (por quienes lo encarnaron o por actores secundarios en la disputa, tales como Jorge Luis Borges y Evar Méndez) que vaya más allá de una moralina tenue, un permanente evitar el conflicto por medio del desplazamiento a categorías genéricas y abstractas, a veces también *teatralizadas*. El lector de nuestros días no puede suponer otra cosa en cuanto a la relación entre Boedo y Florida por caso: para unos un enfrentamiento dramático entre corrientes de espesa consistencia social, Leónidas Barletta, para otros un guiñol de factura juvenil, Borges.[8]

<hr/>

[8] Ver Leónidas Barletta, *Boedo y Florida. Una versión distinta*, Buenos Aires, Metrópolis, 1967. También en este mismo volumen Pablo Ansolabehere, "La idea de lo nuevo en los escritores de izquierda".

La técnica: radios, cine y fonógrafos

En 1925 *Martín Fierro* se encuentra con un público diferente y con un modo de vínculo diverso del que promueve el medio escrito; lo resuelve apelando, entonces, a la joven radiofonía. Se anuncia de este modo: "Audiciones radiotelefónicas. Cuatro recitales de veinte poetas nuevos". Con pocas excepciones la primera línea de los poetas, los más prestigiosos, se presenta en esas emisiones.[9] Aunque el conjunto no se caracteriza por la homogeneidad —estaban en el mismo grupo Jorge Luis Borges, Francisco Luis Bernárdez, Oliverio Girondo, Eduardo Keller Sarmiento, Raúl González Tuñón, entre otros— las recitaciones o lecturas estarían "todas ellas a cargo de los propios autores".

La radio, a diferencia de la conversación ("plena"), constituye un sistema de "intersubjetividad semirrestringida" mientras que el libro, en cambio, sería un ejemplo de "intersubjetividad restringida".[10] Esta distinción se funda en la relación que existe entre cuerpo y texto; en el caso de la conversación hay completud —un sujeto frente al otro en todas sus dimensiones; en el de la radio, la relación se da sólo a través de la voz; en el del libro mediada por el papel. La radio permite, entonces, una experiencia diferente en cuanto al modo de construir "al otro" pero también diferente en cuanto al perímetro de extensión de esos otros. Ni el del cara a cara, que se vive día a día, ni el previsible del libro (al menos como imaginarización de posibles: lee como yo lo hago, como lo hacen los que me rodean), se da en la experiencia radial. *Martín Fierro* realizó entonces, de modo colectivo y previamente anunciado, una singular experiencia de encuentro con un público indefinible de antemano. Pero esta novedad no despertó reflexión alguna, fue coronada por el silencio, una situación que no es adjudicable de manera exclusiva a los martinfierristas: la radio, con pocas excepciones incluso hasta nuestros días, y en contra de su infatigable locuacidad, se ha abstenido de cualquier reflexión acerca de su desempeño. Si ese silencio es adjudicable a una pandemia que no atacó sólo a *Martín Fierro*, este periódico no enmudeció frente a las técnicas de comunicación y sus posibles efectos.[11]

---

[9] *Martín Fierro*, año II, n° 17, 17 de mayo de 1925.

[10] Ver esta distinción entre diferentes dispositivos comunicacionales, en Oscar Traversa, *Dispositivos: las inflexiones del sentido*, en prensa (2008).

[11] Lista completa de los poetas que participaron en las audiciones radiotelefónicas anunciadas en la primera página de *Martín Fierro* y que fueron presentadas por Evar Méndez (la primera y la tercera), y por Pablo Rojas Paz (la segunda y la última). I: Francisco Luis Bernárdez, Oliverio Girondo, Raúl González Tuñón, Roberto Le-

En esa dirección, una columna de 1926 dedicada a la crítica cinematográfica dice que "'El hombre mosca' es una revelación en el sentido que nos permite el hallazgo de 'la' finalidad cinematográfica". El comentador, que firma P. S., se refiere al film de ese título en el que actúa Harold Lloyd y si bien elogia los cambios dramáticos realizados por el actor, se centra especialmente en la naturaleza del espectáculo. Según señala, la cuestión no reside en si el actor realizó sus piruetas (Lloyd se especializó en mostrar escenas terroríficas en altura, jugando en los límites de la parodia) suspendido de un edificio de veinte pisos o a dos metros del suelo: lo interesante es que suscitaba fuertes y desconocidas sensaciones en el espectador. Tan nuevas como un ritmo singular de la narración:

> He aquí el ritmo en toda su plenitud. Casi podríamos decir un ritmo desbocado, muchas veces, inapreciable cuando su limitación, en velocidad y complejidad, no llega a un punto. [...] El ritmo cinematográfico ofrece las mismas características del ritmo musical o poético; que el del mar... Pero en un film el ritmo es cinematográfico.[12]

No se trataba, en aquel momento, de desmontar el modo de construir la ilusión sino de señalar que era posible encarnarla de un modo diferente al de otros artefactos textuales.

La búsqueda de singularidades de procedimiento —un gesto vanguardista que desborda de lejos la inclusión de algún tema poco transitado— es precisamente la reflexión acerca de la especificidad que lo nuevo —procedimiento o técnica— favorece o inaugura.[13] En agosto de 1927, un artículo de Eduardo González Lanuza llevará el asunto al límite al proclamar que son el cine y el fonógrafo los que merecen —por parte de los "helenizantes"— la búsqueda de un par de nuevas musas. Argumenta el martinfierrista con su ortografía heterodoxa:

---

desma, Leopoldo Marechal. II: Jorge Luis Borges, Brandán Caraffa, Córdova Iturburu, Ricardo Güiraldes, E. Keller Sarmiento. III: Luis Cané, Andrés L. Caro, E. González Lanuza, Nora [sic] Lange, Nicolás Olivari. IV: Pedro V. Blake, Santiago Ganduglia, Alberto Hidalgo, H. A. Rega Molina, Pedro Juan Vignale. Ver, en este volumen, Sylvia Saítta, "Nuevo periodismo y literatura argentina".

[12] *Martín Fierro*, nº 33, 3 de septiembre de 1926.

[13] Algo no muy diferente propugnaron los llamados "formalistas rusos", atentos al lugar que ocupan los "procedimientos" en el discurso poético.

El fonógrafo cuya invención cumple cincuenta años en estos días, i cuya mayoría de edad ha sido declarada el año pasado con la aplicación del procedimiento ortofónico de grabado i reproducción, tiene para la música, la misma importancia fundamental que tuvo para la literatura, la imprenta.[14]

Estos rasgos técnicos incidirán entonces en las cualidades y alcances del efecto: "Entonces, una audición de discos será algo tan fundamentalmente distinto de un concierto actual, como lo son ahora una buena película cinematográfica i una función de teatro". Pasarán varios decenios hasta que estas diferencias sean consignadas por la llamada *teoría* en torno a nociones como "especificidad relativa" y "dispositivo".[15]

El artículo de González Lanuza está en la misma página en la que hay una "Aclaración" firmada por el director, Evar Méndez, quien anuncia el carácter de la polémica en el interior del periódico. Por un lado, el impulso hacia la búsqueda original de la diferencia, por el otro el encierro en la puerilidad moral, la inflación de valores opacos y esterilizantes tales como el "apoliticismo", el "desinterés", la proclamación de "un partido superior", el del arte y la cultura por supuesto. Eduardo González Lanuza y Evar Méndez prestan sus nombres, metáforas involuntarias de procesos que los desbordan, poco más de un par de años después, el 6 de septiembre de 1930, en que se mostrarán según aires de tragedia. ¿Precio quizá, a carencias políticas? ¿O a insalvables fallas que dieran lugar a una diferente interpretación del mundo?

Distancia regional: la imprecisión de un periódico

La pretensión de *Martín Fierro* de distanciarse de la más o menos clásica revista cultural y ceñirse a las exigencias de un *periódico*, tal cual lo estamos viendo, se logró: es en ese punto donde se hace necesario buscar sus gestos de renovación y, consecuentemente, de ruptura. Nada de lo que allí se escribió podría encontrarse en otro

[14] "Apología del fonógrafo", en *Martín Fierro*, año IV, nº 44-45, 31 de agosto-15 de noviembre de 1927.
[15] La noción de "especificidad relativa" ha sido enunciada por Christian Metz (*Langage et cinéma*, Larousse, Paris 1971) y la de "dispositivo", es producto de una reflexión colectiva (*Hermès 25*, CNRS Éditions, Paris 1999). Ver Oscar Traversa "Aproximaciones a la noción de dispositivo", en *Signo y seña*, Buenos Aires, nº 12, 2001.

sitio; su más o menos cercana *Inicial* sirve de prueba parcial de esta afirmación pero, si a ello le añadimos *Proa* y alguna otra publicación contemporánea de similar alcance, el argumento sería aun más convincente, más aún si se considerara alguna revista para el "gran público".

Es necesario reconocer entonces el mérito de la producción de lo nuevo en el lugar en el que efectivamente se manifestó, que consistió en el establecimiento de un nuevo dispositivo comunicacional. Es cierto que *Martín Fierro* fracasa en cierto sentido porque no logra lo que habría sido un desmesurado propósito, a saber, la consolidación de un medio cultural pero, en cambio, triunfa en un modo de decir que será —ampliado— el modo de decir que se impondrá en su siglo, el germen de un periodismo cultural de nuevo cuño. Logra dar consistencia a su proyecto: hacer un periódico, cosa para nada pueril sino todo lo contrario y da lugar a un vínculo que no tenía entidad hasta el momento de su emergencia. Una prueba indirecta a la distancia: la edición facsimilar de la revista. Para traerla al presente se hizo necesario reeditar el contacto (el tamaño, la visualidad), no indispensable para *Inicial*, por caso. *Martín Fierro* fue una experiencia más corporal y de vínculo sensorial que literaria.

Modo de decir renovado pero de un decir incompleto y vacilante, víctima de una ilusión de la que no era, ese grupo, el único partícipe: la de la identidad con el otro, un *otro* siempre difícil de definir. Ser igual, o mejor que los madrileños por ejemplo, por poseer ya una tradición literaria y un número de autores que justificaban esa independencia, el ingenuo e inmaduro argumento de "tan o más grande que…" Este debate se dio a partir de una afirmación de *La Gaceta Literaria* que le atribuía a Madrid ser el "meridiano intelectual" del mundo de la lengua castellana.[16] Tal afirmación despertó una respuesta especular, en términos tan agrios y carentes de gracia como esperables, en lugar de la diferencia se exaltó el más perezoso argumento de la identidad de méritos. Vaya una migaja del último número de *Martín Fierro*: un redactor de *La Gaceta Literaria* adjudicaba a un texto el producir una "interpretación de campesinos", el de acá respondía:

…este compañero en las letras ha oído hablar de la pampa y se figura que Buenos Aires es todavía campo. Pues no señor; Buenos Aires es no sólo una ciudad, sino algo más: una urbe

---

[16] Ver en este volumen Ángela L. Di Tullio, "Meridianos, polémicas e instituciones: el lugar del idioma".

mundial, dicho así, supuesto que el caballero Giménez sepa ya la diferencia que va de una ciudad a...[17]

Construcción al fin simétrica, que no se da respiro y no deja lugar al mínimo rasgo de humor (en estricto sentido freudiano, el que corresponde a la mirada distanciada frente a los contingentes infortunios o presuntas carencias, asociadas con un rasgo burlesco). Es posible que la cara fracasada de *Martín Fierro* consista en confundir las diferentes modalidades de lo reidero, nunca pudo conciliarse con, al menos, una de sus variantes: el humor. Al parecer prefería la burla altanera (burla de "maula" contra quien tenía menos posibilidades de defensa: el viejo escritor, el que no manejaba bien la lengua, el defecto de escritura), o el disimulo de la ignorancia haciéndola pasar por sabiduría (máximo gesto de la carencia humorística); imposible localizar una falla —búsqueda inútil número tras número—, por la que se cuele una sonrisa acerca de la propia condición.

A Nicolás Olivari y a Manuel Gálvez les cabe la comisión de las más gruesas descortesías, en esas dos direcciones, ambas con el mismo vecino: el movimiento modernista de Brasil. Nicolás Olivari transcribe una conversación sostenida en San Pablo con Menotti del Picchia (uno de los animadores de la Semana de Arte Moderno de 1922); la entrevista fue en 1925, cuando ya mucho se había escrito sobre ese episodio y cuando había circulado, entre otros importantes textos, el "Manifiesto Pau-Brasil" de Oswald de Andrade.[18] El interlocutor de Olivari es descrito como un vociferante (quizá lo fuese) predicador de las ideas del modernismo, que son presentadas por el argentino a sus lectores con una distancia indicativa de un cierto ridículo de su interlocutor. El martinfierrista consigna, según el relato, un contenido espanto: el rechazo a lo europeo, las diferencias radicales con el resto del mundo, el indigenismo cambalachero y el énfasis optimista, cualidades que no le resultan soportables. El resultado: no se cierran las comillas con que abre la presunta trascripción y estampa un "continuará" que nunca se realiza, en *Martín Fierro*, al menos.[19]

La continuidad —ni declarada ni querida— corre por cuenta de otra pluma, la de Manuel Gálvez en 1927, quien informa:

[17] Se refiere a Ernesto Giménez Caballero (director de *La Gaceta Literaria* de Madrid); en el mundo de la vida cotidiana como en el del periodismo valen esas "pequeñeces", de cuya valoración en su carácter de síntomas Freud fue el gran precursor.

[18] Publicado el 18 de marzo de 1924 en el *Correio da manhâ* de San Pablo.

[19] Nicolás Olivari, "La moderna literatura brasilera", en *Martín Fierro*, año II, n° 22, 10 de septiembre de 1925.

Ronald de Carvalho tiene, para los lectores de *Martín Fierro*, este gran interés: es el caudillo de los escritores brasileños de vanguardia. Graça Aranha es el maestro; Carvalho, el jefe inmediato.[20]

Ni uno ni otro en verdad constituyeron el núcleo del movimiento; Ronald de Carvalho interviene efectivamente en la Semana de Arte Moderno del 22 pero para leer un poema crucial de Manuel Bandeira ("Os sapos"). Graça Aranha, un académico consagrado (mayor que los miembros del conjunto, tenía en ese momento 54 años), participó caucionando de modo generoso al grupo para facilitarle su relación con los organismos públicos; aun así fue aceptado apenas a regañadientes por Mário de Andrade y no sólo por él. El lugar que Gálvez les asigna parece tan erróneo como injusto, más allá de otros méritos que pudieran adjudicarse a ambos escritores.[21]

La ligereza se explica —pero no se excusa— porque el artículo no se dirigía a explicar las características del modernismo paulista sino a justificar su propia relación con el mundo de las letras —en especial su vocación por dar lugar, descubrir también, a jóvenes valores—, y para así aventar las adjudicaciones de oportunismo que circulaban acerca de él en el mundillo de las letras y en el mismo *Martín Fierro* que nunca lo trató de buen modo.[22] Lo interesante, sin embargo, es señalar las armas que emplea en su defensa: no otras que la articulación entre ignorancia y autoexaltación, algo que al fin también está presente, aunque no de manera solemne, en Olivari.[23] Sea, entonces, por las vías de la distancia que se quiere irónica o a través de la envarada autorreferencia elogiosa, se pone en juego la cantidad: el ser algo más o ver algo más.

En ambos casos: ¿distancia?, ¿ajenidad?, ¿incomprensión? es posible que se deba a un procesamiento diferente del pensar, o de organi-

[20] Manuel Gálvez, "Un poeta brasileño", en *Martín Fierro*, año IV, n° 37, 20 de enero de 1927.

[21] Ver Jorge Schwartz, *Las vanguardias latinoamericanas. Textos programáticos y críticos*, Madrid, Cátedra, 1991. También Alfredo Bosi, *História concisa da literatura brasileira*, São Paulo, Cultrix, 1979.

[22] Ver Horacio Linares, "Manuel Gálvez y la nueva generación", en *Martín Fierro*, año II, n° 18, 26 de junio de 1925. A este ataque le suceden una carta de Gálvez (año II, n° 20, 5 de agosto de 1925) y la respuesta del mismo Linares (año II, n° 21, 28 de agosto de 1925) que parece cerrar de manera provisoria la polémica.

[23] Quien escapa a esta más o menos generalizada actitud es Oliverio Girondo, quien estableció relaciones de amistad con Oswald de Andrade y otros escritores de la vanguardia paulista. Ver Jorge Schwartz, *Vanguardia y cosmopolitismo en la década del veinte. Oliverio Girondo y Oswald de Andrade*, Rosario, Beatriz Viterbo, 1993.

zar al menos el mundo de relaciones entre lo nuevo, lo inmediatamente definible y el resto. Y, por qué no, a poéticas diferentes. En esos meses, fines de 1927, circulaban ya las ideas que darían lugar al "Manifiesto antropófago" de Oswald de Andrade, publicado en la *Revista de Antropofagia* (año I, n° I, mayo de 1928).

Sólo la Antropofagia nos une. Socialmente. Económicamente. Filosóficamente.
Única ley del mundo. Expresión enmascarada de todos los individualismos, de todos los colectivismos. De todas las religiones. De todos los tratados de paz.
Tupí or not tupí that is the question.
[…] Sólo me interesa lo que no es mío. Ley del hombre. Ley del antropófago.

La antropofagia como procedimiento: ingurgito al diferente para sumar su fuerza a la mía. Ennoblecimiento de lo primitivo convertido en principio leudante. Distinto entonces de la pura diferencia de cantidad opuesta a otra cantidad (ser algo más), sino la posibilidad de integrar una diferencia complementaria. Distante esa "antropofagia" de otras que circulaban en Europa en esos años (Marinetti, Picabia), más inclinadas a la exaltación de las pasiones reprimidas.

Conclusión

Es posible, visto a la distancia, que *Martín Fierro* se haya constituido en un *continente* demasiado grande para un *contenido* exiguo, la suma de partes iguales suma identidades monótonas y no diferencias estimulantes. Le resulta difícil *interesarse sólo por lo que no es suyo*. Evar Méndez en la "Aclaración" que firma en el último número, documento de clausura o triste epitafio, refiriéndose a los que ejercen políticas de comité (Borges a la cabeza) y se proponen comprometer a la revista en maniobras electoralistas, según su entender, les señala que "[*Martín Fierro*] está por encima de ellos, porque, por sí mismo, constituye un partido superior, enteramente desinteresado de cuestiones materiales y propulsor íntegro de la cultura pública". *Martín Fierro como periódico* tenía más *que decir* que lo *dicho* en sus páginas.

Rupturas de vanguardia en la década del 20 Ultraísmo, martinfierrismo

por Jerónimo Ledesma

> El viento vuelve mi flauta hacia el porvenir.
> VICENTE HUIDOBRO, 1925

En este capítulo se retoman dos modos de ruptura de la década de 1920: el ultraísmo, considerado la primera vanguardia histórica de la Argentina, y el martinfierrismo, que absorbió al ultraísmo y articuló en sus páginas el deseo de lo nuevo nacional.

Nacimiento

> El feto puede declamar con tono romántico: ¡Toda la lira!
> VIZCONDE DE LASCANO TEGUI

La crítica aún discute cómo y cuándo las ideas ultraístas fecundaron nuestro país. Algunos apuntan al chileno Vicente Huidobro, empezando por el propio Huidobro, que solía remitir todo a sí mismo. En 1916 este "fundador del vanguardismo latinoamericano" pasó por Buenos Aires divulgando ideas estéticas afines a las del Ultra. Aunque no usara la palabra "ultraísmo" (a su programa estético lo llamó "creacionismo"), la hipótesis no carece de interés, ya que Huidobro gravitó en la formación del movimiento en España y sus creencias y principios teóricos —autonomía del arte, antimimetismo, poeta demiúrgico, poema creado, primacía de la metáfora o imagen— no se diferenciaban mayormente de los que adoptó aquí.[1] Por desgracia para Huido-

---

[1] Gloria Videla de Rivero, *El ultraísmo,* Madrid, Gredos, 1963. Ver también, Noé Jitrik, "El creacionismo y la obra de Huidobro (1893-1948)", en *La selva luminosa. Ensayos críticos (1987-1991)*, Buenos Aires, Facultad de Filosofía y Letras, 1993.

bro, no quedaron más rastros de su fugaz paso por Buenos Aires que sus propias afirmaciones y la prédica no hizo nacer ningún creacionismo argentino.[2]

Una segunda posibilidad es preferir la malograda estadía de Marcel Duchamp en la París del Plata hacia 1918. Tampoco Duchamp habla, por supuesto, de "ultraísmo", pero nos consta que el artista plástico quiso "cubificar" la ciudad, a la que veía más moderna en el paisaje que en el arte. Que cubismo y ultraísmo tengan afinidades de base (Apollinaire, por ejemplo), vuelve seductora la hipótesis. Pero al parecer, Duchamp tampoco prendió, porque carecía de interlocutores.[3]

La tercera posibilidad es la menos favorecida, pero sin duda la más pintoresca: con un profundo sentido de la puntualidad, Bartolomé Galíndez lanzó *Los raros. Revista de Orientación Futurista* el 1° de enero de 1920 e incluyó entre sus páginas un informe crítico sobre las "nuevas tendencias", fechado en 1919, donde examinaba el ultraísmo de *Grecia*, la revista española de Isaac del Vando Villar.[4] Galíndez no tenía intención de volverse ultraísta aunque consideró la posibilidad de que la tendencia inundara el país como un resfrío.[5] Su propósito era más ambicioso: quería convertir en programa las agudas críticas que Rubén Darío hiciera al futurismo en 1909 extendiéndolas a todo proyecto moderno.[6] Y para tal fin elaboró un manifiesto desarmante. "El automóvil por su velocidad es útil; pero sería bello si tuviese figura de cisne, dragón, pavo real, tiburón o dinosaurio. Damos esta idea a los

[2] Jorge Luis Borges, *Cartas del Fervor. Correspondencia con Maurice Abramowicz y Jacobo Sureda (1919-1928)*, Barcelona, Galaxia Gutenberg-Emecé, 1999.

[3] Ver Gonzalo Aguilar, *Buenos Aires ready-made (Marcel Duchamp en Argentina, 1918-1919)*, Buenos Aires, Ediciones del Pirata, 1996 y Graciela Speranza, *Fuera de campo. Literatura y arte argentinos después de Duchamp,* Barcelona, Anagrama, 2006.

[4] El primer poema publicado de Borges sale precisamente en *Grecia*, en el momento en que Galíndez prepara su revista. Se trata del whitmaniano "Himno al mar", ese posible sobreviviente de *Los ritmos rojos* o *Los salmos rojos*. Ver Jorge Luis Borges, *Textos recobrados, 1919-1929*, Buenos Aires, Emecé, 1997.

[5] "Calculad que la escuela llegue a difundirse y a tomar campo como la bohemia en Montmartre, el decadentismo en el Barrio Latino y el rubenianismo en Centro América; y pensad que a modo de resfrío nos inunde, aunque ya habíamos ensayado por aquí algo que sin ser *Ultra* es ultraico". En *Los Raros. Revista de Orientación Futurista*, Buenos Aires, 1° de enero de 1920. El ensayo "Nuevas tendencias" y el manifiesto pueden consultarse *on-line* en http://beinecke.library.yale.edu/dl_crosscollex/

[6] Rubén Darío, "Marinetti y el futurismo", en *La Nación*, Buenos Aires, 5 de abril de 1909. En Jorge Schwartz, *Las vanguardias latinoamericanas. Textos programáticos y críticos*, México, Fondo de Cultura Económica, 2002. Ver, también, Nelson Osorio T., *El futurismo y la vanguardia literaria en América latina*, Caracas, Centro de Estudios Latinoamericanos Rómulo Gallegos, 1982.

mecánicos." Pero nadie, aparentemente,[7] leyó *Los raros* y la primera mención al ultraísmo quedó encerrada en ese único número de la revista, junto con la curiosa propuesta de agregar "...a Orfeo un compañero: Sancho Panza".

Hay otra opción, que el mismo Galíndez sugiere en su revista, aunque quizá descansaba en un lugar común entre intelectuales y poetas de entonces, a saber: que el ultraísmo se practicó en el Río de la Plata *avant la lettre*, en la poesía experimental de algunos adelantados, particularmente la de Leopoldo Lugones. Este argumento, que disocia política vanguardista de escritura experimental y convierte a los nuevos en epígonos, pasaría a ser más tarde, convenientemente afilado, el preferido de Jorge Luis Borges y Néstor Ibarra, para quienes todo el ultraísmo estaba en el *Lunario sentimental* (1909).[8]

En esta competencia de adelantados, la fecha oficial del ingreso del ultraísmo la marca, precisamente, Borges, quien introdujo con éxito la modalidad vanguardista en 1921 al volver de Europa. En marzo, desde Barcelona, le escribió a su amigo mallorquí Jacobo Sureda: "Zarpo mañana hacia la tierra de los presidentes averiados, de las ciudades geométricas y de los poetas que no acogieron aún en sus hangares el avión estrambótico del ULTRA".[9] Nueve meses después, en diciembre, o quizás noviembre, apareció en las calles la hoja mural *Prisma* con todos los materiales de rigor: manifiesto, imágenes al tono, nuevos poemas.[10] "Cada verso de nuestros poemas —postulaba la "Proclama"— posee su vida individual i representa una visión inédita. El Ultraísmo propende así a la formación de una mitología emocional y variable".[11]

Bajo el lema "ultra", palabra nacida en Madrid para nombrar el deseo de superación del pasado, del ir más allá, Borges había procura-

[7] El adverbio es importante, porque la revista de Galíndez no ha sido aún debidamente investigada. Contamos sólo con las exhumaciones y comentarios de Adolfo Prieto, "Una curiosa revista de orientación futurista", en Óscar Collazos, *Los vanguardismos en la América Latina*, Barcelona, Península, 1977. Ver también Marta Scrimaglio, *Literatura argentina de vanguardia (1920-1930)*, Rosario, Editorial Biblioteca, 1974, y Martín Prieto, *Breve historia de la literatura argentina*, Buenos Aires, Taurus, 2006.

[8] Ver en Carlos García (*El joven Borges poeta*, Buenos Aires, Corregidor, 2000) una interesante conexión entre Borges y Galíndez. Ver también Macedonio Fernández, Jorge Luis Borges, *Correspondencia. 1922-1939,* edición y notas de Carlos García, Buenos Aires, Corregidor, 2000.

[9] Ver Jorge Luis Borges, *Cartas del Fervor, op. cit.*

[10] Carlos García, "*Prisma* (1921-1922): Entretelones", en Carlos García y Dieter Reichardt (eds.), *Las vanguardias literarias en Argentina, Uruguay y Paraguay. Bibliografía y antología crítica*, Madrid, Iberoamericana, Frankfurt, Vervuert, 2004.

[11] Jorge Luis Borges, *Textos recobrados 1919-1929, op. cit.*

do, no sin cinismo, organizar un cenáculo, codificar un programa, atizar la polémica e insertar el movimiento en el medio.[12] A mayor escala y de local, repetía lo que ya había hecho, con Sureda y otros cómplices, en la isla de Mallorca, luego de foguearse entre los ultraístas metropolitanos de Sevilla y Madrid, a la vera de Cansinos Assens y contra Ramón Gómez de la Serna.[13] Al igual que Echeverría unos noventa años antes, Borges actuó en 1921 como importador cultural, pero con mejor suerte: la Argentina en vías de modernización, que Hipólito Yrigoyen estaba por traspasarle a Marcelo T. de Alvear, era, por muchos motivos, entre ellos el triunfo del liberalismo propiciado por Echeverría y la Asociación de Mayo, más permeable al evangelio de lo nuevo que la de Rosas.

Los dos números de *Prisma* (el segundo es de marzo de 1922) constituyeron una verdadera inflexión hispanoamericana del ultraísmo, en tanto daba a americanos y españoles un lugar donde hermanarse.[14] De dieciocho textos poéticos, diez eran de españoles. Los argentinos implicados, además de Borges, eran su primo Guillermo Juan —¡un adolescente de 15 años!—, el joven químico de veinte años Eduardo González Lanuza y —otro adolescente— Francisco Piñero, además de su hermana Norah, que ilustraba.[15] En la "Proclama" se

[12] En 1918 Cansinos Assens incitó a los jóvenes a ser "ultrarrománticos" y dejar atrás el novecentismo modernista, que estaba "viejo, viejo, viejo". El primer manifiesto del "Ultra" (publicado en la prensa de Madrid en otoño de 1918), impulsándose en Cansinos, proclamaba: "Nuestro lema será ultra, y en nuestro credo cabrán todas las tendencias sin distinción, con tal que expresen un anhelo nuevo. Más tarde, esas tendencias lograrán su núcleo y se definirán". Ver Gloria Videla, *op. cit.*

[13] Sobre esto, además de las ya citadas *Cartas del Fervor* y *Textos recobrados 1919-1929*, ver Carlos Meneses, *Poesía juvenil de Jorge Luis Borges*, Barcelona, José Olañeta, 1978, y *Borges en Mallorca (1919-1921)*, Alicante, Aitana, 1996. También, Jorge Luis Borges, *Autobiografía 1899-1970*, Buenos Aires, El Ateneo, 1999.

[14] La primera explicación del ultraísmo que publicó Borges en la Argentina fue en polémica con el español Manuel Machado, "el emocional y sutil poeta", y apareció en el *Diario Español*. Allí definió el ultraísmo y la finalidad que buscaban "los poetas hermanados por esta briosa palabra". Ver "Ultraísmo", en *Textos recobrados*, *op. cit.* La proclama de *Prisma* se reprodujo en la revista *Ultra* de España. Borges informaba de la empresa y sus propósitos de expansión: "Queremos desparramar el ultraísmo por toda la República y hemos enviado números para que sean pegados en Córdoba, en el Rosario de Santa Fe y Corrientes. También mandamos a Chile y Montevideo". Los redactores de *Ultra* auguraban la renovación de "la hermana tierra".

[15] Ver Patricia Artundo, *Norah Borges: obra gráfica; 1920-1930*, Buenos Aires, Fondo Nacional de las Artes, 1993, y "Entre la aventura y el orden: los hermanos Borges y el ultraísmo argentino", en *Cuadernos de Recienvenido*, São Paulo, Publicação do Curso de Pós-Graduação em Literatura Espanhola e Hispano-Americana. Universidade de São Paulo, 1999. Artundo sugiere que deberían reconsiderarse los pro-

identificaba a modernistas y sencillistas como enemigos, se atacaba el sentimentalismo y el culto de la personalidad y se reivindicaba la metáfora como el elemento primordial de la lírica. Si bien esta primera publicación, pese a su carácter callejero, democratizador y publicitario, fue poco significativa para el lector general, sirvió al ultraísmo para hacerse visible, negociaciones mediante, en el circuito de la prensa.

A *Prisma*, también por iniciativa de Borges, siguió la trifoliada *Proa* (agosto de 1922-julio de 1923), que bajo una dirección anónima, reunía textos de los ex miembros de *Prisma*, sumaba a otros jóvenes a sus filas (Roberto Ortelli, Sergio Piñero) e incorporaba a un escritor marginal de la generación previa, el elusivo Macedonio Fernández. La publicación, si bien más sobriamente que *Prisma*, aún se hermanaba con la ruptura española y seguía publicando a sus poetas. A estos emprendimientos siguieron otros, que ya no suscribían unánimemente el ultraísmo, pero que lo acogían en sus páginas y ensayaban reflexiones sobre sus rasgos programáticos. Tal el caso de la pujante pero fatalmente dividida *Inicial. Revista de la Nueva Generación* (octubre de 1923-mayo de 1926), que tuvo entre los fundadores a uno de los colaboradores ultraístas de *Proa*, Roberto Ortelli, y acaso también a Borges, y que, con el envión reformista de Alfredo Brandán Caraffa, Roberto Smith y Homero Guglielmini, se propuso romper la hegemonía cultural de *Nosotros*.[16] Un año después de la defunción de la primera *Proa* se lanzó una segunda época (agosto de 1924-enero de 1926), pero ya muy diferente: bajo la diversa y explícita dirección de Ricardo Güiraldes, Borges, Brandán Caraffa y Pablo Rojas Paz, reconocía un renacimiento de la cultura argentina y promovía, más que el hispanoamericanismo, la integración de las nuevas tendencias a nivel local y latinoamericano. Entre sus páginas conviven, no sin conflictos, la poesía y la prosa de ficción, Florida y Boedo. De algún modo, esta segunda *Proa* venía a atemperar el espíritu antagonista y divisor que había adoptado *Martín Fierro. Periódico quincenal de arte y crítica libre*, al aparecer a comienzos de ese mismo 1924, y se posicionaba como una opción menos dogmática, más abierta, distante y reflexiva. *Martín Fierro* (42 números en cuatro años) tenía, por su parte, como principales ideólogos a Evar Méndez, astuto empresario cultural y poeta posmodernista, y a Oliverio Girondo, un poeta "afín con las intempe-

---

gramas literarios en su articulación con los pictóricos, en tanto que uno de los ideales vanguardistas era el arte integral.

[16] Ver Patricia Artundo, "Punto de convergencia: *Inicial* y *Proa* en 1924", en Carlos García - Dieter Reichardt (eds.), *Las vanguardias literarias en Argentina, Uruguay y Paraguay. Bibliografía y antología crítica, op. cit.*

rancias líricas" del ultraísmo, pero más del lado de los furores vitalistas de Ramón Gómez de la Serna, Guillaume Apollinaire y el dadaísmo, que de la andaluza tragicidad de Cansinos.[17] *Martín Fierro* incorporó como colaboradores, sin embargo, a los ultraístas de *Proa* y de *Inicial*.[18]

Entre 1922 y 1927, a la par de estas publicaciones, fueron apareciendo libros asociados con la tendencia: *Veinte poemas para ser leídos en el tranvía* (1922) y *Calcomanías* (1925) de Oliverio Girondo, *Fervor de Buenos Aires* (1923) y *Luna de enfrente* (1926) de Jorge Luis Borges, *Prismas* (1924) y *Aquelarre* (1927) de Eduardo González Lanuza, *Alcántara* (1925) de Francisco Luis Bernárdez, *El puñal de Orión* (1926) de Sergio Piñero, *La calle de la tarde* (1925) de Norah Lange, *Días como flechas* (1925) de Leopoldo Marechal, *Tierra amanecida* (1926) de Carlos Mastronardi, *Molino Rojo* (1926) de Jacobo Fijman, *La musa de la mala pata* (1926) y *El violín del diablo* (1927) de Raúl González Tuñón, *Nubes de silencio* (1927) de Alfredo Brandán Caraffa, *El imaginero* (1927) de Ricardo Molinari.[19]

Más allá

Nuestro lema será ultra, y en nuestro credo cabrán todas las tendencias sin distinción, con tal que expresen un anhelo nuevo. Más tarde, esas tendencias lograrán su núcleo y se definirán.

Primer manifiesto ultraísta español

El ultraísmo estableció un programa general, un acuerdo básico, por medio de dos ecuaciones reductoras: literatura = lírica y lírica = metáfora.[20] Leído como atrofia retórica y liberado de su tiempo, este

[17] Eduardo González Lanuza, *Los martinfierristas*, Buenos Aires, Ediciones Culturales Argentinas, 1961.

[18] Ver en este mismo volumen Oscar Traversa, "*Martín Fierro* como periódico".

[19] Ver la antología de Tommaso Scarano, *Poeti ultraisti argentini*, Pisa, Giardini, 1988.

[20] El acuerdo básico o programa general se encuentra en numerosos textos reflexivos y en la poesía misma. Borges fue, por supuesto, un eficaz codificador. Ver *Textos recobrados, op. cit.* También Guillermo de Torre, *Literaturas europeas de vanguardia*, Madrid, Rafael Caro Raggio, 1925. Son iluminadores, asimismo, los textos publicados en la revista *Inicial*: Miguel Ángel Virasoro, "El arte como creación y dinámica del Espíritu" (nº 4) y Norberto Frontini, "Poesía silvadesiana. Ubicación racional de la metáfora" (nº 8). Cf. Tommaso Scarano, *Poeti ultraisti argentini, op. cit.*

programa es poco más que un juego infantil. Pero los casi niños que lo jugaron hacia 1920 confiaron en que les permitiría generar realidades nuevas sobre la experiencia propia. Creían todos ellos en la realidad autónoma del arte, en el antimimetismo como principio de la creación, en la condición heroica y demiúrgica del poeta. Para restituir el poder de este credo, hoy tan devaluado, y el sentido de la ruptura ultraísta, que descansa sobre él, conviene repensar su ecuación fundante: literatura = metáfora. Omitamos que reducir ya es operación rupturista, y delimitemos lo peculiar de esta reducción.[21]

La metáfora, en primer término, es una infracción admitida, una licencia, del código retórico.[22] Pero convertida en principio dominante, en naturaleza de la realidad poética, somete al texto a una inestabilidad semántica permanente.[23] El efecto rupturista de la relación metafórica es más visible en el caso específico de las comparaciones metafóricas, que tienden a disolver la jerarquía convencional entre comparado y comparante. La semántica de "calle larga como el deseo" (González Lanuza) o "se ha torcido el puente como una mueca" (Jacobo Fijman) instituye "un mecanismo de alternancia que, a partir del significante del predicado, queda oscilando entre un Significado 1 y un Significado 2, ambos afirmados y desmentidos respectivamente por el término comparado y/o comparante".[24] En suma, la metáfora, por su solo imperio, procura al poeta la deseada invención autónoma, al tiempo que desorienta a los lectores, indicándoles una ruptura a nivel de los enunciados.[25]

[21] Para un contexto más amplio, ver Francine Masiello, *Lenguaje e Ideología. Las escuelas argentinas de vanguardia*, Buenos Aires, Hachette, 1986. Su segunda parte expone los fundamentos filosóficos de la poesía de los años veinte.

[22] En general, solía usarse en la época el término "metáfora" o "imagen" para designar "una identificación voluntaria de dos o más conceptos distintos, con la finalidad de emociones" (Borges), sin distinguir, como exigía la retórica clásica, entre metáfora y comparación o símil. "Las distinciones gramaticales entre comparación y tropo, distinciones determinadas por el empleo o la ausencia de la palabra *como*, no deben detenernos". En Jorge Luis Borges, "La metáfora", *Cosmópolis*, Madrid, nº 35, noviembre de 1921, recogido en *Textos recobrados 1919-1929, op. cit.*

[23] Ver Carmen Bobes, "La metáfora literaria", en *La metáfora*, Madrid, Gredos, 2004.

[24] Tommaso Scarano, "Per una tipologia del 'parangone metaforico' (sulla scorta dei poeti ultraisti)", en *Modelli, innovazioni, rifacimenti. Saggi su Borges e altri scrittori argentini*, Viareggio, Mauro Barone, 1994.

[25] Ciertamente, cumplió este papel, y no sólo por desestabilizar el espacio textual. La reducción de la lírica a la imagen sometía la composición a una exigencia que, por definición, excluía los modelos modernistas predominantes en la época o, a lo sumo, daba ingreso a sus rasgos por vía lateral, subordinadamente.

Luego, la metáfora ultraísta no fue entendida por sus cultores como mero procedimiento de ruptura. Su endiosamiento se apoyaba en una metafísica de la creación: el heroísmo, la aventura de metaforizar residía en la permanente repetición del acto genésico. Ser Dios, volver a ser Adán. Como sintetizó Huidobro en "Arte poética": "Por qué cantáis la rosa, ¡oh, Poetas! / Hacedla florecer en el poema". La metáfora, en este sentido, era concebida como actividad incesante y fuerza transformadora de la poiesis. En la postulación "científica" del químico González Lanuza, la metáfora funcionaba en el lenguaje, gracias a esos "alquimistas de la emoción", por recombinación de sustancias en "nuevos complejos de características fundamentales distintas de los elementos combinados" (*MF*, II,25,14 de noviembre, 1925).[26] Por eso, al reseñar *Simplismo*, de Alberto Hidalgo, el mismo González Lanuza, luego de citar "El horizonte monda una naranja / y se la engulle", sostenía: "por culpa de Hidalgo, ahora el horizonte tiene la inevitable obligación de mondar y engullir religiosamente su correspondiente naranja cada día". El libro era "obra de un colaborador de Dios en esa ineludible manía de crear al universo" (*MF*, II, 23, 25 de septiembre de 1925). Para representar esta inflexión teológica de la metáfora como actividad mágico-genésica deberíamos restituirles a los ultraístas el verbo. Así como Novalis escribió *"Die Welt muss romantiziert werden"* ("El mundo ha de ser romantizado"), ellos podrían haber escrito: "El mundo ha de ser metaforizado".

En tercer lugar, metaforizar el mundo, para la imaginación ultraísta, no suponía meramente combinar palabras por parecidos sino combinarlas sobre el trasfondo de la realidad percibida y sentida, el referente imaginario, sentimental o sensorial que constituía la específica experiencia del poeta. La postulada actividad de la metáfora puede imaginarse —metafóricamente, por supuesto— como un salto sobre la fractura entre el mundo y la autoconciencia del poeta, es decir, en clave idealista, como voluntad de reconciliación en la esfera estética. La inestabilidad semántica de la imagen metafórica se especificaba, pues, con consecuencias muy diversas según qué elementos del mundo conectaran, a partir de qué rasgos, por medio de qué analogías. Por supuesto, el lenguaje tenía sus ineludibles costumbres...

Finalmente, el programa ultraísta decidía su textualidad en la escritura de paisajes nuevos.[27] En este punto, a diferencia del modernis-

<hr />

[26] *Martín Fierro* (segunda época). Periódico quincenal de artes y crítica libre, Buenos Aires, 1924-1927. Edición facsimilar del Fondo Nacional de las Artes, Buenos Aires, 1995. Estudio preliminar de Horacio Salas.

[27] Ver Francine Masiello, "El paisaje de la vanguardia", en *op. cit.*

mo o el simbolismo, cuya poesía decía tender hacia la música, en la perspectiva simbolista, encarnada en Verlaine, Darío o Walter Pater, el ultraísmo retomó el clásico *ut pictura poiesis* y tendió a lo visual. El programa del ultraísmo funcionó, de hecho, como una amplia zona de confluencia, con presupuestos comunes, entre las artes visuales y las artes poéticas, como se lee en una temprana crítica de Borges.[28] En este sentido, el aspecto constructivista del ultraísmo se aliaba con la lógica de la ciudad moderna que tendía a la organización de paisajes dinámicos, fuertes montajes y conexiones imprevistas. Y, sin embargo, esa alianza no necesariamente se traducía como coincidencia en la representación o los valores. La ciudad creada era siempre otra. Un ingenuo texto de Francisco Luis Bernárdez, "La niña que sabía dibujar el mundo", lo atestigua.[29]

Así pues, el acuerdo programático de base regía un tipo particular de creación rupturista en el verso, pero sin prefijar sus resultados, los cuales debían definirse en el trabajo propio de cada poeta. Podía producirse la disolución del referente y del yo en un paisaje vaporoso, sentimental, como en Norah Lange ("El horizonte se ha tendido / como un grito / a lo largo de la tarde / y el silencio se encumbra / sobre el bullicio efímero de tu alma"), o en un paisaje crispado, como en Jacobo Fijman ("Distiéndese el paisaje / martirizado / de luz"). O el referente y el yo podían reaparecer libidinizados: así en Girondo, cuando en lugar de una mujer que pasa por la calle, mirada con deseo por los hombres, escribe: "Pasan unos senos bizcos buscando una sonrisa sobre las mesas". Podían sucederse las metáforas con exuberancia, como en Marechal, cuando le canta al "Sol indio": "¿Te acuerdas de aquel mundo arrodillado / bajo tus pies en fuga, Techador de mañanas? / (Por el ojo vacío de las momias / la eternidad nos mira largamente)"; o tender a la concreción "simplista" en Hidalgo: "Mi biografía es una esquina. / Soy el punto de choque de dos vientos. / Mi gráfico se hace metiendo un ángulo en la nada" ("Nuevo autorretrato"). Sin duda, a medida que la práctica ultraísta se institucionalizó, también fueron volviéndose comunes sus temas y el léxico. En la segunda naturaleza ultraísta, sin importar quien escribiera, las tardes

---

[28] Jorge Luis Borges, "El arte de Fernández Peña", en *Última Hora*, Palma de Mallorca, miércoles 5 de enero de 1921, en *Textos recobrados 1919-1929, op. cit.* Borges defiende con los mismos términos los cuadros de Fernández Peña, el expresionismo y el ultraísmo.

[29] Pedro Juan Vignale y César Tiempo (comps.), *Exposición de la poesía argentina actual, 1922-1927*, Buenos Aires, Minerva, 1927. Reedición facsimilar en Buenos Aires, Tres Tiempos, 1977 y *on line*: http://www.cervantesvirtual.com. Sobre Norah Borges, ver Patricia Artundo, *Norah Borges: obra gráfica; 1920-1930, op. cit.*

empezaron a desangrarse, el silencio a fluir con las propiedades del agua, la naturaleza —mar, cielo o fuego— a abrir sus brazos, los caminos a tensarse como cuerdas.[30]

"González Lanuza ha hecho el libro ejemplar del ultraísmo y ha diseñado un meandro de nuestro unánime sentir", escribió Borges sobre *Prismas* (1924),[31] señalando que representaba a todos los hispanoamericanos de similar tendencia.[32] Que lo hiciera con sorna y queriendo desmontar el programa ("Bella y triste sorpresa la de sentir que nuestro gesto de entonces, tan espontáneo y fácil, no era sino el comienzo de una torpe liturgia") no invalida el comentario. El libro de González Lanuza *puede* leerse como compendio de metaforizaciones ultraístas. Están allí desde la más arremansada hasta la más tensa, desde la que se instala en la fábrica, recreando sus engranajes, a la que adopta como tema el dulce ocaso. Está la vaca, que es "una pausa sobre el campo". Está el amor: "la clepsidra de nuestros corazones / siente el rumor del tiempo deslizarse / beso a beso" ("Nocturno íntimo"). En "Apocalipsis" se lee una profanadora mezcla teológico-futurista ("Cuando / el jazz-band de los ángeles / toque el fox-trot del juicio final / y llegue Dios al galope tendido / de sus tanques de hierro...") y en "Ciudad", como en tantos otros textos de la época, la temática urbana, dinámica y disonante: "Ciudad / en la gloria vocinglera de las bocinas / hai una aurora en todos los segundos, / paisajes dislocados / huyen por las esquinas / i en las calles unánimes / florecen los tumultos".

Pero que el libro *pueda* leerse como compendio no indica que *haya sido pensado* como tal, como síntesis o muestrario, ni que sea una ciega aplicación de sus reglas.[33] Leer la ruptura ultraísta, el juego entre su programa y su textualidad, exige leer también la reintegración de la imagen metafórica en conjuntos mayores, el verso, el poema, el libro, la poética. No sé si alguien más, aparte de Francine Masiello, ha analizado, por ejemplo, la pensada arquitectura de *Pris-*

---

[30] Ver Tommaso Scarano, *Poeti ultraisti argentini, op. cit.*

[31] Jorge Luis Borges, "*Prismas*, por E. González Lanuza", en *Proa*, segunda época, Buenos Aires, año 1, n° 1, agosto de 1924. Luego "E. González Lanuza", *en Inquisiciones*, Buenos Aires, Seix Barral, 1993.

[32] A los españoles Guillermo de Torre y Gerardo de Diego, al mexicano Manuel Maples Arce, a los chilenos Salvador Reyes y Vicente Huidobro, al hispanoargentino Francisco Luis Bernárdez, al uruguayo Fernán Silva Valdés, además de, por supuesto, al mismo Borges.

[33] Esto es lo que deduce, por ejemplo, Néstor Ibarra, en *La nueva poesía argentina. Ensayo crítico sobre el ultraísmo. 1919-1920*, Buenos Aires, Imp. Vda. de Molinari e Hijos, 1930.

mas, que reflexiona fabulosamente sobre la relación entre metáfora, cultura y paisaje.[34] Su frecuente despedazamiento en antologías y la consideración de poemas aislados parecen indicar que no. El poemario ofrece una composición tripartita que va de una zona bucólica, pastoral, hasta una fuertemente urbana, pasando por otra intermedia, "Nuestros", que es como un remanso lírico. En este irónico progreso de la naturaleza a la civilización, por la vía de la imagen metafórica, no hay ni naturaleza natural ni civilización civilizada, sino una inversión quiásmica entre los términos, que vuelve civilizada a la naturaleza (la vaca se convierte en "observador reflexivo") y natural, salvaje, a la civilización ("la ciudad absorbe todos los deseos humanos y a la vez silencia la voz de los hombres"). Así, pues, en el ámbito de su libro, González Lanuza crea un paisaje autónomo, autorreflexivo, que se revela condición y comentario de su labor vanguardista. En la tercera parte, donde máquina y ciudad gobiernan, al punto de triturar al yo entre ruidos y movimientos, los juegos en el espacio de la página se tornan protagónicos. La imagen se aliena de su contenido y se transforma en cosa, en materia indicadora de su modo de producción. El paisaje que el poeta construye al mismo tiempo desarma su identidad, su yo, y disloca su lenguaje. Quizás por este rasgo merezca ser reconsiderada la afirmación de Masiello de que González Lanuza "celebra complacido el progreso tecnológico". Su relación con ese "progreso" parece ser más dramática que celebratoria o complacida.

También Girondo exploró la mecanicidad inherente al programa y articuló los fragmentos en sistema.[35] La poesía que mejor responde a sus principios, *Veinte poemas para ser leídos en el tranvía* y *Calcomanías*, monta con él una especie de dispositivo biotecnológico en que el yo y el programa se fusionan.[36] Su poética, por eso, ha sido frecuentemente comparada con el dispositivo fotográfico (Masiello, Schwartz)

[34] Ver Francine Masiello, *op. cit.*

[35] Leónidas Barletta descalificó cómicamente esa mecanización: "Sin mayor esfuerzo se pueden escribir diariamente media docena de poemas estrafalarios y en quince días se completa un libro, que ha de causar sensación en el mundo. Total: *La sartén milagrosa. Treinta poemas para ser leídos en el ómnibus*". Ver "La literatura de la calle Boedo, contra la literatura de la calle Florida", en *Crítica*, 10 de junio de 1925. Citado en Sylvia Saítta, *Regueros de tinta. El diario* Crítica *en la década de 1920*, Buenos Aires, Sudamericana, 1998.

[36] Ver Jorge Schwartz, *Vanguardia y cosmopolitismo en la década del veinte. Oliverio Girondo y Oswald de Andrade*, Rosario, Beatriz Viterbo, 1993. También Gonzalo Aguilar, "Una musa implume y electrizada", prólogo a *La diligencia y otras páginas*, Buenos Aires, Simurg, 2004.

y el cinematográfico.[37] Pero lo peculiarmente ultraísta de Girondo, y lo que define su ruptura, es que apele, para producir ese engaño del ojo, a la metaforización. Si puede leerse la metaforización ultraísta como violación permanente del código retórico, la proeza de Girondo es haber domado esa ruptura poniéndola al servicio de un código poético.[38] Paradójicamente, el ultraísmo de Girondo podría definirse como un realismo antirrealista, que exige el ir y venir constante entre la realidad estética y la realidad atmosférica. Esa poesía, por un lado, opera como realismo, señalando con ficción la realidad, pero por el otro, en la medida en que esa ficción es siempre metafórica, el señalamiento ocurre por negación sistemática de la realidad.

Como el cuchillo de Lichtenberg, sin mango ni hoja, el dispositivo ultraísta asoma en Girondo para ser desmontado. Sus títulos, icónicos o referenciales, y los dibujos que los acompañan, nada cubistas, ponen al lector ante escenas nítidas. "Croquis en la arena" y su fotógrafo, por ejemplo; pero después, "la mañana se pasea en la playa empolvada de sol". Tarde o temprano, luego de esta línea, hasta el más hipopotámico lector, reconoce la mañana soleada, y al hacerlo, por simple cálculo interpretativo, nota lo sobrante, lo que trastoca la naturaleza: las metáforas. Ciertamente, puede leerse en las metáforas una voluntad de ruptura con el clisé romántico: porque eso significa en 1920, y desde mucho tiempo atrás, la naturaleza como artificio, la mañana como mujer, el sol como maquillaje.[39] Pero lo singular, aquí, es el dispositivo que eso supone, y el nuevo código que instaura su funcionamiento.

Hágase la prueba con todo este poema y luego con todos los poemas de los dos libros "ultraístas". El lector que acepta el desafío se instruye al leer. El dispositivo contiene su pedagogía, toda una escuela. Es como una máquina de conversión. Revéase, por poner cualquier ejemplo —todos sirven, porque hablamos de un mecanismo—, "Exvoto": "Las chicas de Flores, tienen los ojos dulces, como las almendras azucaradas de la Confitería del Molino, y usan moños de seda que les liban las nalgas en un aleteo de mariposa". Las cosas se animan y las fi-

---

[37] Ver Graciela Speranza, "Girondo", en Graciela Montaldo (dir.), *Yrigoyen, entre Borges y Arlt (1916-1930)*, en David Viñas (dir.), *Literatura argentina del siglo XX. Tomo II*, Buenos Aires, Paradiso, 2006.

[38] Para un tratamiento general sobre los alcances de la ruptura girondina, ver Delfina Muschietti, "La fractura ideológica en los primeros textos de Oliverio Girondo", en Carlos García - Dieter Reichardt, *op. cit.* Y en este mismo volumen, "Oliverio Girondo y el giro de la tradición".

[39] Ver Hans Robert Jauss, "El arte como antinaturaleza", en *Las transformaciones de lo moderno*, Madrid, Visor, 1995.

guras humanas se reifican o animalizan, provocación común, deshumanizadora, del arte moderno, que Girondo y sus amigos conocían ampliamente. Pero para descubrir ambos procesos hay que tomar conciencia a la vez de algo más general: el dispositivo metaforizador. No sólo la analogía entre moños y mariposas, de tipo primario, sino también, con mayor relieve, la libación de las nalgas. El dispositivo, al exhibirse, desenmascara el sentido oculto de las acciones, pues es él mismo lo que las produce. El moño no sólo se mueve sobre nalgas susceptibles de ser libadas, sino que unas nalgas son efectivamente libadas, y el lector se ve obligado a percibirlo. Pero los moños no liban nalgas y las mariposas no son moños. Y allí están, sin embargo, las innegables chicas de Flores. Pero entonces, ¿quién les liba las nalgas? ¿Qué significa libar? No por nada se lo acusó a Girondo de pornográfico.

Una vez hecha la traducción de la imagen, sólo queda leer en el sentido de la mirada implicada, que es el yo-dispositivo y el dispositivo-ley. La realidad se recompone como teatro del deseo: las nalgas libadas recogen una intención que no es ni sólo de las chicas de Flores ni sólo de quienes las miran, sino de ambos, del ambiente, y si la mañana se maquilla con el sol es por idéntico motivo. Como Sade, Girondo compone monótonamente una lógica. Lo que queda al desmontar las metáforas, el excedente, es el teatro del deseo, noción crítica que incluye a todos sus actores y escenarios: poetas de vanguardia, lectores, músicos, aristocracia, pueblo bajo, *gondolieri*, marineros, ciudades, aldeas, gran mundo. El dispositivo figura esa incómoda ley, que Girondo radica en los cuerpos y que la sociedad oculta y cumple, según enseña el dispositivo, en lo cotidiano. La prostituta de César Tiempo en *Versos de una…* pasea por Florida, que es "el vivo / escaparate de la farsa urbana: / viejas extravagantes, niñas cursis / y hombres-hembras desfilan en majadas". Para el poeta social, en esa calle de lujo y perdición, explotadora y capitalista, a la noche "se encienden como lámparas los ojos / y comienza la oferta y la demanda".[40] Lo mismo en la ciudad tranviaria y transatlántica e hipermoderna de Girondo. Pero en vez de echarle en cara el deseo a Florida, el poeta de Florida le echa a la ciudad el deseo en la cara.

En una reseña de *Calcomanías* para *Martín Fierro*, Borges empieza confesando: "Es innegable que la eficacia de Girondo me asusta".[41] Sabemos que el "susto" evocaba en Borges las "trampas" de todo sen-

[40] Estos versos están recogidos en Gabriela García Cedro, *Boedo y Florida. Una antología crítica*. Buenos Aires, Losada, 2006.
[41] Jorge Luis Borges, *El tamaño de mi esperanza*, Madrid, Alianza, 2000. Ver *MF*, II 18, 26 de junio de 1925.

sacionalismo.[42] Y sin embargo, pasa con esta reseña como con la de *Prismas*. Borges lee bien, a pesar de su voluntad difamatoria: "Girondo es un violento. Mira largamente las cosas y de golpe les tira un manotón. Luego, las estruja, las guarda". Arteramente, y cediendo a su particular gusto por la acción en literatura, Borges se deleita representando a Girondo con su mismo dispositivo metaforizador. La poesía de ese sujeto maquínico es puro dominio de las cosas: las mira, las atrapa, las estruja, las almacena. Ningún sentimiento. Más bien, actos desalmados, gestos de apropiación, codicia y avidez. Y después de estas imágenes, Borges ataca: "No hay aventura en ello, porque el golpe nunca se frustra". Antes el "susto", ahora la negación de la "aventura", palabra que en un artículo vecino, "La aventura y el orden", remitía a la experimentación vía Apollinaire.[43] Negarle "aventura" a Girondo es, en los términos de Apollinaire, negarle "heroísmo" a su poética y achacarle previsibilidad, comodidad; un modo de desprestigiar a Girondo banalizando su dispositivo. El resto de la reseña arremete contra "dos o tres procedimientos predilectos", pero no sin antes advertir con ironía: "Sé que esas trazas [por los procedimientos] son instintivas en él, pero pretendo inteligirlas". La "ironía" está en que Borges parece sugerir que nada hay de "instintivo" en esas "trazas", como pretendía Girondo, en su pose de *dandy* dadaísta. Para completar la movida, el poeta del arrabal liga después los procedimientos a lenguajes considerados menores (la caricatura, los dibujos animados), a textos antiguos de la tradición (la *Biblia*, la *Eneida*) y a géneros ajenos (las greguerías de Gómez de la Serna).

Borges critica en la poesía de Girondo lo que cualquiera reconoce en la prosa de Borges, y mucho más en sus "proclamas": el método, la eficacia, hasta el susto, todas "trampas" que él maneja a la perfección. Pero si Borges escribe como Jano, con dos caras, es porque quiere definir el lugar de Girondo para definir el suyo: lo representa como centro de la ciudad y como ley de la vanguardia, para representarse, por contraposición, como arrabal del centro y como excepción de la ley. Si el centro no fuera fuerte, el arrabal no existiría. Silogismo básico de la ley orillera. Y es esta ley, que se constituye como margen de la del centro, la que mitifica Borges con su poesía.[44] Por eso escribe, autofi-

[42] *Cartas del Fervor, op. cit.*: "… los dadaístas trampean constantemente, colocan pequeñas observaciones sexuales para escandalizar a los filisteos, buscan los juegos de palabras, las asociaciones grotescas, los retruécanos".

[43] Se llamó originariamente "Sobre un verso de Apollinaire" y apareció en el número 19 de *Nosotros*, en marzo de 1925. Luego, como "La aventura y el orden", en *El tamaño de mi esperanza, op. cit.*

[44] Ver David Viñas, "Algunos protagonistas, nudos y crispaciones", en Graciela

gurándose, a propósito de Girondo: "Desde los arrabales de mi verso he llegado a su obra, desde ese largo verso mío donde hay puestas de sol y vereditas y una vaga niña que es clara junto a una balaustrada celeste". Y también: "Me he sentido provinciano junto a él".[45]

El ultraísmo de Borges, y por extensión su vanguardismo, estuvo siempre sospechado de no haberlo sido nunca. Débil, ambiguo, ambivalente, heterodoxo, paradójico. Toda la batería semántica de lo equívoco ha sido desplegada para definir su contradictorio gesto. El colmo es el epigrama "Borges dejó de ser poeta ultraísta con el primer poema ultraísta que escribió".[46] Por supuesto, si esta afirmación no se leyera como discutible enseñanza sobre la literatura (i.e., "ningún texto de valor se ajusta totalmente a un principio programático" o "todo texto es desvío de la norma") y se tomara, en cambio, *verbatim*, habría que declararla errónea, porque los primeros poemas de Borges, "Rusia", "Catedral", todos ellos, son ultraísmo clásico. Es decir, encajan a la perfección en la empresa ultraísta y responden a los principios que Borges reconoce como propios de dicha empresa. Razonando esta paradoja, se puede sostener que Borges desde el principio tuvo dos proyectos, uno propio y otro comunitario, y que en los ensayos de los años veinte el propio se fue definiendo contra el comunitario hasta alcanzar la ruptura definitiva.[47]

No extraña entonces que Guillermo de Torre haya visto en *Fervor de Buenos Aires* ultraísmo por omisión:

> [...] su primer libro poético (*Fervor de Buenos Aires*) excluye, salvo una, todas las composiciones de estilo ultraísta, acogiendo únicamente otras más recientes, de signo opuesto o distin-

---

Montaldo (dir.), *op. cit.*: "... la andadura de Borges doblada en su escritura oscilante y exploradora, al renegar del 'Centro' obscenamente iluminado deriva hacia un suburbio donde va instaurando otro *centro* intransferible en una demostración de omnipotencia y punto de partida para una mirada que llegará, mitológicamente, a superponerse con la de Dios o, en desquite de sus carencias, con la del clásico narrador omnisciente del siglo anterior".

[45] Para la peculiar relación de Borges con la ley, ver Julio Premat, "Tradición, traición, transgresión", en *Variaciones Borges* 21 (2006). Subrayo estas palabras: "...parricida dócil, heredero maldito, ciego lúcido, potente impotente, hijo sin padres, fundador destructor: el oxímoron es la figura central de la relación de Borges con la tradición, lo que explica su fuerza ante ella".

[46] Jorge Luis Borges, con Thomas Di Giovanni, *Autobiografía. 1899-1977*, Buenos Aires, El Ateneo, 1999.

[47] Ver Sergio Pastormerlo, *Borges crítico*, Buenos Aires, Fondo de Cultura Económica, 2007.

to. De ahí mi asombro, y el de otros compañeros de aquellos días, al recibir tal libro, y no tanto por lo que incluía como por lo que omitía.[48]

Si Girondo convierte el ultraísmo en excedente poético, Borges lo deshaucia con sustracciones. Tampoco es sorprendente lo que con sabrosa malicia le apuntó Gómez de la Serna:

Todo en este libro, escrito cuando el descendiente y asumidor de todo lo clásico ha bogado por los mares nuevos, vuelve a ser normativo, y normativo con una dignidad y un aplomo que me han hecho quitarme el sombrero ante Borges con este saludo hasta los pies.[49]

Borges mismo, al publicar *Fervor*, se encargó de hacerle saber a sus compañeros ultraístas que todos formaban una secta y que él se apartaba de su dogma. Sus palabras están en el prólogo de la edición *princeps*:

En este libro hay varias composiciones hechas por enfilamiento de imágenes, método que alcanzó la perfección con Jacobo Sureda, J. Rivas Panedas y Norah Lange, pero que desde luego no es el único. Esto —que ha de parecer axioma desabrido al lector— será blasfemia para muchos compañeros sectarios.[50]

Entonces, ¿*Fervor de Buenos Aires* es o no ultraísta? La penosa respuesta es "sí y no". No lo es en tanto el propio Borges dice que "no" y se esfuerza por representarse cual hereje de la vanguardia, distanciado de su lógica. Para que haya herejía, en este terreno, basta su postulación. Quien dice "transgredo", transgrede, por la magia del *speech act*. Ciertamente, el joven Borges fantasea con acciones que lo singularicen como poeta héroe, y así alza un Girondo coloso y mecá-

---

[48] Guillermo de Torre, "Para la prehistoria ultraísta de Borges" (1964), en Jaime Alazraki, *Jorge Luis Borges. El escritor y la crítica*, Madrid, Taurus, 1986.

[49] Ramón Gómez de la Serna, "El fervor de Buenos Aires" (1924), en Jaime Alazraki, *op. cit.*

[50] En Tommaso Scarano, *Varianti a stampa nella poesia del primo Borges*, Pisa, Giardini, 1987. El prólogo también se recoge en los *Textos recobrados 1919-1929, op. cit.* Sin embargo, quien quiera estudiar la primera poesía de Borges deberá recurrir a este libro que reúne y estudia los tres primeros poemarios con todas sus variantes posteriores. Ver también Carlos García (*Borges poeta, op. cit.*): contiene toda la bibliografía sobre la edición *princeps*.

nico, que lo asusta, y diseña al mismo tiempo un ultraísmo carcelario y mustio, del que se desagrega. Sabe que toda canción de libertad viene de la cárcel y recurre a eso para definirse.[51] En Borges alentó tempranamente un sentimiento negativo para con las asociaciones masificadoras. De Sureda a Bioy Casares, prefirió los amigos selectos y secretos, los cómplices, el panteísmo chico. Las entidades colectivas de sujeto homogéneo, las instituciones y las maquinarias mucho más, ni qué decir el Estado, lo espantaban. Anarquista pues. Pero también, exhibicionista y malevo. En ningún momento Borges se va sutilmente, para irse siempre da la espalda con bravuconería. Es importante para él, por algún motivo, dejar huella de su irse y hacer que todos lo noten y constaten. Pero siempre se va. Por eso los historiadores pueden estudiar cismas, giros, apartamientos y otras variantes.

Contra este lado de la cuestión, se perfila el otro, el de la lenta búsqueda y la reflexión programática, que permite definir a *Fervor* como ultraísta, a pesar de las omisiones y el declarado corte con la secta. Tanto la justificación del prólogo como el corpus de poemas son producto meditado de los años precedentes, no súbita renuncia. Lo nuevo refulge en el título: el fervor —palabra que condensa la aventura de metaforizar— es de Buenos Aires. Pero eso nuevo no es irrupción brusca, sino forma decantada de una reelaboración paso a paso de lo que llamó hacia 1920, en España, "ultraísmo".

Cuando regresa en 1921, escribe dos artículos para la revista española *Cosmópolis*, "Crítica del paisaje" y "Buenos Aires".[52] En el primero se desentiende del campo como tema de la poesía propia, no por natural, sino por cultural o, más exactamente, por ser cultura naturalizada. "El campo es la retórica" y "el campo es la mentira", dice un Borges que ve el archivo de imágenes existentes como una maligna herencia impuesta. Negar el campo es negarse a hablar la lengua automatizada de la tradición. Por eso recomienda:

Desconfiemos de las reacciones organizadas, de las emociones previstas y de las actitudes de recluta en que se plasman los espíritus amaestrados. El Arte —el arte, comprendido como ellos lo comprenden, con A mayúscula— es una falsedad, es una cosa que en lugar de enriquecer la vida la estruja y empobrece.

[51] Así concluye Mario de Andrade su "Prefacio interesantísimo" de *Paulicéia desvairada* (San Pablo, 1922): "Podría haber citado a Gorch Fock. Evitaba el / Prefacio Interesantísimo: 'Toda canción de / libertad viene de la cárcel'".

[52] Ver *Textos recobrados 1919-1929, op. cit.*

Todo aquí, en tema, tono y tónica, es ultraísmo, vanguardismo del más puro, voluntad de lo nuevo propio, deseo de ruptura, rechazo de los condicionamientos.

Y no vacila en definir, contra lo que rechaza, su ideal: "Lo bello es lo espontáneo" y "lo marginal es lo más bello". De estas máximas desprende corolarios: de la primera, que "un verso puede ser muy bello, pero nunca un libro de versos", porque ya la voluntad arquitectónica, de sistema, lo falsifica, y de la segunda, que en "el paisaje urbano que los verbalismos no mancharon aún" puede encarnar lo bello marginal. En la articulación excepcional de estas dos afirmaciones está el libro futuro: sólo un libro que monte un paisaje urbano que haya permanecido virgen de lenguaje, puede ser bello, siempre que se forme por metaforización espontánea. Su programa se esfuerza por resolver esta ecuación y "Buenos Aires", el texto compañero de "Crítica del paisaje", avanza en tal sentido. No es el mismo que ocupa el centro de *Inquisiciones*, sino una primera versión tímida, tanteadora y algo turística, destinada a España.[53] Pero ya las coordenadas de un ultraísmo modificado están ahí: busca una hora que no sea demasiado literaria ("las dos y pico p. m.") y que permita "apresar íntegramente el alma —imaginaria— del paisaje". Además, razona el espacio: Buenos Aires en conjunto no admite representaciones "whitmanianas", porque apenas hay rascacielos y las líneas horizontales vencen a las verticales. El horizonte, el tango, las casas bajas, las plazas, a las dos y pico de la tarde: por ahí, pues, hay que buscar Buenos Aires en caminatas y poemas. En una de sus calles que ya tuvieron a Carriego, profetiza Borges, "nacerá nuestro Mesías".

Menos romántico, Girondo ve que la metaforización del mundo, juego fichteano entre yo y no-yo, se parece a la avidez del deseo, y proyecta el programa hacia afuera. No le importa tanto lo auténtico como lo pulsional, y esto está en los cuerpos, en lo cotidiano de todas partes, "al bajar la escalera", por ejemplo. Borges, en cambio, se obsesiona con lo auténtico o, más bien, con la inautenticidad que lo acecha. Quiere desalojarla y, en buena medida, todo su programa de omisiones apunta a conseguirlo. En la palabra "simulacro" brilla el horror de un yo anonadado o de su imagen cristalizada. La mecanización, el academicismo, es la suma de todos los males: fijación de lo inauténti-

---

[53] En la segunda versión, entre otras cosas, saca la identificación de la Argentina con España, poco amable con los criollos: "¡Pobres criollos! En los subterráneos del alma nos brinca la españolidad, y empero quieren convertirnos en yanquis, en yanquis falsificados, y engatusarnos con el aguachirle de la democracia y el voto..." *Ibidem.*

co, lo que sólo reproduce y enajena. Pero la solución kantofichteana de Borges es algo sorprendente, porque no anula el mecanismo sino que lo introyecta, lo pasa para adentro.

El Yo es la máquina inconfesable. A la vera de Macedonio, ese "metafísico negador de la existencia del Yo", Borges prosigue en esos mismos textos las investigaciones sobre esa categoría nula pero persistente que había iniciado en Europa. En octubre de 1922, "El cielo azul es cielo y es azul", que retoma la "Crítica del paisaje", afirma:

> [...] la verdad es que no podemos salir de nuestra conciencia, que todo acontece en ella como en un teatro único, que hasta hoy nada hemos experimentado fuera de sus confines, y que, por consiguiente, es una impensable y vana porfía esa de presuponer existencias allende sus linderos.

Esa unidad territorial de conciencia admite la pluralidad de sus estados, y la suma de estados nuevos, imprevistos, contradictorios. El yo es el mecanismo generador de simulacros en la base territorial de la conciencia. El final, utópico con bríos, merece cita:

> Vuestro Yo consumará su jubiloso y definitivo suicidio; las más opuestas opiniones nunca se darán el mentís; la Eternidad, arrugada, cabrá en la corta racha de lo actual.

El texto "Después de las imágenes" (*Proa* 2, diciembre de 1924), aparente corte con el ultraísmo y el creacionismo, no es, en el plano ideativo, un corte, sino una más radical refacción del programa. El estilo autobiográfico, de fingida elegía, que categóricamente recaba lo ya hecho ("los novilunios, las verjas, el color blando del suburbio, los claros rostros de las niñas eran...") y exige lo por venir ("Hemos de rebasar tales juegos"), puede inducir a engaño. Pero Borges no hace sino elevar la apuesta cuando propone trabajar no ya en la "mitología diversa y emocional" de *Prisma* sino en una conjunta "inmortalización poética" de Buenos Aires. Si se acepta que el mundo es metafórico, es posible "añadir provincias al Ser, alucinar ciudades y espacios de la conjunta realidad".[54] Es decir, a través de la crítica del imperativo ultraísta ("el mundo ha de ser metaforizado") pasó a sostener que ya lo estaba, porque la consistencia del mundo procede del consenso subjetivo entre los hombres, esa alucinación colectiva renovada a ca-

---

[54] Jorge Luis Borges, *Inquisiciones*, Buenos Aires, Seix Barral, 1993.

da instante. Por esta vía, Borges acondiciona la metafísica del ultraísmo a la metafísica de la comunidad, que es uno de los tantos espacios alucinables. Y si "en la pampa, un gaucho y un diablo payaron juntos; en Buenos Aires aún no ha sucedido nada y no acredita su grandeza ni un símbolo ni una asombrosa fábula ni siquiera un destino individual equiparable al de *Martín Fierro*".

En la reescritura de "Buenos Aires" ya no elige las dos y pico como la hora más adecuada para su poetizar.[55] Ahora prefiere el atardecer, cuya luz menguante tiene en el sujeto un poder perturbador: el atardecer "nos desmadeja, nos carcome y nos manosea". Pero lo prefiere porque, como dice en *Inquisiciones*, también "es la inquietud de la jornada, y por eso acuerda con nosotros que también somos inquietud". La identificación entre el atardecer y el yo, como destructiva perduración en el tiempo, es una de las metaforizaciones fundantes de lo nuevo en Borges y simbolizará para siempre el estilo de su ruptura, más que todos los cuchilleros, laberintos, bibliotecas y demás irrealidades. Si con su poesía Girondo produce la ilusión simultaneísta de un teatro del deseo, donde "las cosas dialoguizan, mienten, se influyen", siempre viajando, Borges, por el contrario, monta la conciencia como un teatro de la caducidad, en el cual la única eternidad concedida es la conciencia y su mecanismo autobiográfico.

Así se constituye, precisamente, el ultraísmo por omisión, metafísico y orillero, de *Fervor de Buenos Aires*. Lo nuevo del programa que aporta el libro, Buenos Aires, no es lo propio, ni siquiera lo nuevo, sino lo que el yo lírico conquista por metaforización continua. La patria, el barrio, "y juntamente con esas calles y retiros, que son querida devoción de mi tiempo, lo que en ellas supe de amor, de pena y de dudas". Si en España Borges se impuso la visión desnuda de las cosas, la metaforización de un espacio que se quería nuevo, en Buenos Aires se encontró con un espacio ya nuevo, que conocía. Lo nuevo, en todo caso, señala su ausencia. Devoción, fervor, afecto, costumbre, memoria, caminatas, prácticas repetidas como rituales que introducen en el espacio del libro, en su paisaje, la experiencia del tiempo y de la ausencia, el atardecer. Si quisiera buscarse una ruptura con la vanguardia del 20 habría que sumar a su corte con la secta, es decir, al rechazo público de la sociabilidad y la normatividad vanguardistas, esta paulatina reorientación del programa en el sentido del tiempo.[56] En este mismo

---

[55] Ver Sylvia Molloy, "Flâneries textuales: Borges, Benjamin y Baudelaire", en *Las letras de Borges y otros ensayos*, Rosario, Beatriz Viterbo, 2000.

[56] Ver Enrique Pezzoni, "*Fervor de Buenos Aires*: autobiografía y autorretrato", en *El texto y sus voces*, Buenos Aires, Sudamericana, 1986.

sentido, convendría leer *Historia de la eternidad* (1936), especialmente la página sobre la noción de tiempo en San Agustín y la increíble frase "el estilo del deseo es la eternidad", como una nueva respuesta al "despuesismo" de la vanguardia del 20, que Borges vio encarnado en Guillermo de Torre.[57]

Horas alucinadas

> ... locos que acabaron por creerse martinfierristas.
> EDUARDO GONZÁLEZ LANUZA, *Los martinfierristas*

No debe confundirse ultraísmo con martinfierrismo, aunque el ultraísmo fuera la tendencia poética más definida en el periódico que se lanzó en febrero de 1924. La "ruptura" principal de *Martín Fierro* se afirma en otro plano, que cabe llamar publicitario. Bajo la dirección de Evar Méndez y la ideología estética de Girondo, ese "periódico quincenal de arte y crítica libre" se propuso naturalizar una ficción de mundo que tuviera como *axis* la renovación nacional de tipo vanguardista, el valor de lo nuevo propio. En esto no se diferenció de otros proyectos culturales que, con sus fines y maneras, también ocasionaron en el espacio de la prensa argentina sistemas particulares de alucinaciones, modelos bien definidos de creencia: la festiva y antirroquista *Caras y Caretas* (1898-1942), por ejemplo, con su realismo pícaro y su juego de representaciones, o *Nosotros* (1907-1934; 1936-1943) con su nacionalismo integrador.[58]

Evar Méndez fue siempre claro en sus propósitos: crear un ambiente, unir a los escritores, organizarlos en tendencias definidas, estimular la creación de obras, promover las artes plásticas y todo lo que fuera argentino (*MF*, IV, 38, 26 de febrero de 1927). A un año de lanzada la empresa, bromeó: "aun mi propósito hubiera sido convertir el conjunto en una logia, o en una 'mafia', juramentada, para cumplir un programa de acción intensa y dilatada..." (*MF*, II, 16, 5 de mayo de

---

[57] "Despuesismo" llama Borges al "progresismo" que ve dominar *Literaturas europeas de vanguardia* de Guillermo de Torre. Véase la reseña de ese libro en *MF*, II, 20, 5 de agosto de 1925, y en *Textos recobrados 1919-1929, op. cit.*

[58] Beatriz Sarlo, "Vanguardia y criollismo: la aventura de *Martín Fierro*", en Carlos Altamirano y Beatriz Sarlo, *Ensayos argentinos. De Sarmiento a la vanguardia* [1983], Buenos Aires, Ariel, 1997.

1925). Este plan mafioso surgió en la coyuntura de conciencias que *Nosotros* había contribuido a fijar en 1923. La encuesta sobre "la nueva generación literaria" que hizo la revista había mostrado la existencia de una camada de jóvenes "rebeldes", espoleados por la ola modernizadora, deseosos de figurar en la cultura, pero necesitados de orientación común y ambiente propicio. Y el dato era sólo punta de iceberg. Podían leerse muchos otros signos del mismo deseo de modernización tanto en la Argentina como en el resto de América.[59] También en lo político-económico era auspicioso el clima. Ya no gobernaba el mesiánico Yrigoyen sino su refinado sucesor Marcelo T. de Alvear, con quien Evar Méndez tenía buen trato. Refluían los conflictos obreros, el mercado relucía y la sociedad entera parecía próspera.[60] Al menos para quienes integraron el martinfierrismo:

> Martín Fierro aparece en 1924 y desaparece en 1927. Es una época —para el país— de un aparentemente inconmovible bienestar económico. Los jóvenes artistas y escritores participantes del movimiento son, en su mayoría, hijos de la burguesía y de la pequeña burguesía. No han vivido, como los europeos, los infortunios de la guerra y los sobresaltos revolucionarios de la postguerra. Han abierto los ojos a la realidad del mundo y de sus propias vidas bajo los halagos del bienestar social y en la seguridad de un régimen amparado por las instituciones liberales. No advierten, en torno suyo, la dramaticidad de los problemas sociales y políticos angustiosos que afligen a otros pueblos. Todo —en la vida del país— parece estar en condiciones de resolverse por las vías constitucionales, por los caminos de la legalidad.[61]

El nombre, "Martín Fierro", no podía ser más oportuno. En 1919 Evar Méndez y Samuel Glusberg ya se habían embanderado políticamente con él y desde 1904 llegaba la ráfaga anarquista del periódico de Ghiraldo.[62] El personaje de Hernández era, después de todo, sím-

---

[59] Ver Beatriz Sarlo, *Una modernidad periférica: Buenos Aires 1920 y 1930*, Buenos Aires, Nueva Visión, 1988. También Jorge Schwarz, *Las vanguardias latinoamericanas, op. cit.*

[60] Ver Carlos Mangone, "La república radical: entre *Crítica* y *El Mundo*", en Graciela Montaldo (dir.), *op. cit.*

[61] Cayetano Córdova Iturburu, *La revolución martinfierrista*, Buenos Aires, Ediciones Culturales Argentinas, 1962.

[62] Ver Héctor Lafleur, Sergio Provenzano y Fernando Alonso, *Las revistas literarias argentinas 1893-1967* [1962], Buenos Aires, El 8vo. Loco, 2006.

bolo consagrado del ser nacional, más aún tras los fastos del Centenario de la Independencia.[63] Tomarlo de nuevo en 1924, hablaba del deseo de redefinir el proyecto nacional. Y en el plano de los nombres propios implicaba disputarle el payador a quien sería el más poderoso, si bien ambiguo, contendiente de la empresa, Leopoldo Lugones.[64] Éste no sólo ocupaba la cúspide de la literatura como severo padre —cosa que revelaba la encuesta de *Nosotros*— sino que también difundía sus propios proyectos, nada progresistas, para reformar las conciencias de los hombres.[65]

Como posible emblema de vanguardia, además, el héroe Martín Fierro contaba con virtudes simbólicas peculiares. Había transgredido la ley en defensa propia, había escapado al salvaje territorio de los indios y había retornado de allí para cantar su experiencia doble, de ida y de vuelta. Era el suyo el canto reintegrador de lo nuevo. Esto no siempre se señala —quizás por obvio— al discutir el nombre de la revista: el gaucho Martín Fierro, como Santos Vega, es gaucho cantor, y entre sus diferencias con Juan Moreira, hay que anotar el énfasis en la acción del canto.[66] No en vano el poema de Hernández comienza filiando a Martín Fierro con Orfeo y su vigüela —tradúzcase "lira"—; no en vano se citan en el periódico, en sus primeras páginas, estrofas que componen un minimanual del canto libre. En un diario cordobés llamado redundantemente *Córdoba*, se mostraron atentos a este detalle. Avisaban que "el gaucho cantor" no había muerto, como la gente suponía, sino que se había topado con una ciudad donde "su experiencia se agrandó de tal manera que le pesaba sobre el corazón". Esto lo habría decidido "a alzar su voz nuevamente" pero con la guitarra transformada en "rotativa" (*MF*, I, 1 de febrero de 1924).

[63] Ver Raúl Dorra, "El libro y el rancho. Lecturas del *Martín Fierro*", en Julio Schvartzman, *La lucha de los lenguajes*, vol. 2, *Historia crítica de la literatura argentina,* Buenos Aires, Emecé, 2003.

[64] Los martinfierristas entablaron con Lugones un vínculo de amor-odio como el que se registra en la "Oda a Rubén Darío" del nicaragüense José Coronel Urtecho con respecto a su ídolo modernista nacional. A la par de la predominante actitud crítico-satírica, Lugones es declarado en varias ocasiones simpatizante de *Martín Fierro*. En las memorias de los martinfierristas se recuerda el papel protector que asumió en las polémicas de la vanguardia. Así, pues, las críticas de la izquierda, que acusaban a *Martín Fierro* de lugonismo no estaban desencaminadas, salvo en deducir, abusivamente, que la relación con Lugones implicaba afición al fascismo.

[65] Ver Evar Méndez, "Un gran proyecto de Lugones: Formación de un nuevo estado de conciencia" (*MF*, II, 14-15, 24 de enero de 1925).

[66] Ver Noé Jitrik, "El tema del canto en el *Martín Fierro*, de José Hernández", en *El fuego de la especie*, Buenos Aires, Siglo XXI, 1971.

Pero *Martín Fierro* no fue un periódico de poesía, aunque sí fuera "de poetas". La poesía constituyó, sin duda, el centro de su actividad literaria, pero su canto fue, sobre todo, crítico-ideológico. La instauración del valor de lo nuevo en tanto propio, de la experimentación libre en todas las artes nacionales, exigía convertir el propósito en imperativo y mantener una ininterrumpida vigilancia de las producciones simbólicas. Como escribió Antonio Vallejo, tardío pero intransigente animador de la causa, "porque iniciamos un período de creación, de apariciones, la crítica ha dejado de ser un oficio: es una antena de protección, una válvula de aviso que nos nace esporádicamente en el ombligo" (*MF*, III, 33, 3 de septiembre de 1926). *Martín Fierro* cantaba al arte nuevo en todas sus expresiones, pintura, escultura, música, arquitectura, cine y, por supuesto, literatura. En tanto valorativo y promocional, este canto operó, como señala González Lanuza, "como medio para ir formando una conciencia estética". Los modos de la polémica, como el manifiesto, el aforismo agresivo, el insulto, la sátira, la parodia,[67] así como los modos de la celebración, los homenajes, los banquetes, las crónicas culturales, se arreglaban, con sus naturales especificaciones y diferencias, al mismo fin: "promover la renovación estética, en todas las artes, con un hondo designio de colaborar eficientemente en el progreso de la cultura nacional". (*MF*, III, 27-28, 18 de mayo de 1926).[68]

El canto martinfierrista, a favor del progreso de la cultura nacional, liberal hasta la médula (en la vanguardia argentina hay gauchos, no indios), no se restringió a las páginas del periódico. Actividades sociales (banquetes, homenajes y tertulias), presencia en otros medios gráficos (desde las revistas de vanguardia al diario *Crítica*, pasando por publicaciones del interior), lecturas radiales, organización de exposiciones pictóricas, viajes de difusión y prédica (Evar Méndez y los ultraístas en el interior del país, Girondo en gira europeo-americana, Sergio Piñero en París), alianzas con los vanguardistas uruguayos ("La cruz del sur", Pedro Figari, Pedro Leandro Ipuche, Fernán Silva Valdés, Ildefonso Pereda Valdés), colaboración con instituciones artísticas locales (Amigos del Arte),[69] presencia física en la ciudad (local en la calle Florida, *Revista Oral* en Corrientes y Diagonal Norte), incen-

---

[67] Ver Claudia Gilman, "Polémicas II", en Graciela Montaldo (dir.), *op. cit.*

[68] Sobre el papel de la crítica de arte en los medios gráficos de la década del 20, ver Diana B. Wechsler, *Papeles en conflicto. Arte y Crítica entre la vanguardia y la tradición. Buenos Aires (1920-1930)*, Buenos Aires, Facultad de Filosofía y Letras, UBA, 2003.

[69] Ver Verónica Meo Laos, *Vanguardia y renovación estética. Asociación Amigos del Arte (1924-1942)*, Buenos Aires, Ciccus, 2007.

tivo o crítica de reformas municipales (monumento a José Hernández, política del Museo Nacional de Bellas Artes), sello editorial propio (Proa, Martín Fierro), y otras. Todas estas acciones de política cultural se representaban en la hoja impresa, con sus respectivas fotos e ilustraciones, y se reforzaban con la campaña escrita.[70]

A medida que el canto martinfierrista, en ese dinámico ida y vuelta con la realidad cultural, se afirmaba en lo nuevo propio fue adquiriendo perfiles definidos. Pero lo nuevo, que tendía a bajar de los barcos, sólo podía manifestarse como propio, y lo propio, que echaba raíces en la tierra, como nuevo, en la tensión de una paradoja ideológica. Se trataba de la articulación en programa de dos rupturas de carácter divergente: una que se ligaba a la exaltación de lo moderno, en tanto experimentación, festejo de lo urbano cosmopolita, de las innovaciones tecnológicas, de las costumbres del presente, del *foot-ball*, la *jazz-band*, el ómnibus, el cinematógrafo, y otra que exigía identidad y autenticidad en la expresión propia (respeto de las tradiciones, localización de la lengua, construcción de la querencia, distinciones de clase, aspiración al reconocimiento del público).[71]

Lo nuevo, lo propio. Toda la revista trabaja en la provisoria alianza entre estos términos. Y si se leen sus 42 números como un libro con estructura de libro, nada parecerá más lógico que al comienzo predomine la afirmación de lo nuevo, polemizando a la vez con los representantes de lo designado caduco (Lugones, fundamentalmente, pero también Ricardo Rojas y Manuel Gálvez) y con la competidora izquierda política en tanto representantes de lo nuevo falso (Roberto Mariani, Boedo, "la extrema izquierda") y que se termine afirmando en el número 42 el valor de lo propio frente a España, en la polémica con *La Gaceta Literaria* sobre el meridiano intelectual de Hispanoamérica.[72] En cierta medida, la revista, como la época, a medida que el

[70] Ver Patricia Artundo, "Acción militante del grupo Martín Fierro", en *Las artes entre lo público y lo privado*. VI Jornadas de Teoría de Historia de las Artes, 12 al 15 de septiembre de 1995, Buenos Aires, Centro Argentino de Investigadores de Artes, 1995.

[71] Ver Ángel Rama, "Las dos vanguardias latinoamericanas", en *La riesgosa navegación del escritor exiliado*, Montevideo, Arca, 1995. Para el crítico uruguayo el vanguardista latinoamericano en los años veinte y treinta participaba al mismo tiempo de dos movimientos de ruptura, uno que provenía de los centros imperiales y que se transmitía por los carriles propios de la expansión económico-cultural y otro que se había constituido en la historia particular de América Latina. Ver también, José Emilio Pacheco, "Nota sobre la otra vanguardia", en *Revista de Crítica Literaria Latinoamericana*, Año VIII, n° 15, Lima, 1982.

[72] Ver en este mismo volumen, Ángela L. Di Tullio, "Meridianos, polémicas e instituciones: el lugar del idioma".

grupo fue envejeciendo, o madurando, y la lírica desencantándose de sus misiones utópicas, fue desplazando el acento de lo nuevo hacia lo propio, y de la lírica hacia la prosa, sin nunca deshacer la matriz ideológica de base. Al contrario, esa matriz fue cuidadosamente articulada en cada número, y gran parte de su atractivo, de entonces y de ahora, reside en la posibilidad de leer allí esa misma articulación.

Si el proyecto de la vanguardia descansa —o se agita— sobre un deseo de "ruptura" nunca satisfecho, así sea porque las instancias semántica y sintáctica siguen en pie, y si la sintaxis configura el plano de la articulación por excelencia, el problema principal del vanguardismo sería el de la adecuada "articulación del deseo" que, a su vez, no puede aparecer como tal, sino como metáfora, en tanto la expresión misma, "articulación del deseo", se proyecta hacia otra parte.[73]

En esta fórmula constructiva y siempre móvil de la ruptura como gesto, se juega la escritura del canto martinfierrista, animada por una común y nada nueva ideología del progreso nacional. La sintaxis o estructuración periodística no podía ser más adecuada para poner en escena esa escritura. Metonímica por definición, la significación del periódico, tanto por las posibilidades de montaje, la referenciación interna y las incrustaciones analógicas, como por el movimiento de postas, continuado, entre números, proporcionaba una cohesión siempre diferida, pero siempre, también, palpable, de la paradoja ideológica de lo nuevo propio.

La identificación de *Marín Fierro* con la calle Florida, donde estableció su local, no era un mero dato pintoresco. En la distribución imaginaria del espacio público que realizó la década del 20, Florida era, como escribió "La Dirección" en 1926, el lugar mismo del deseo, el espacio *ready-made* donde las contradicciones podían articularse. El pasaje merece cita *in extenso*:

nuestro paisaje habitual ha de ser menos restringido, más heterogéneo [que el del suburbio], y aquel donde se cumple el milagro de la cohesión armónica de tantos elementos dispares y contradictorios. Aquí, en la calle Florida, en donde la ciudad es como una síntesis de sí misma y del país, muy cerquita del

[73] Noé Jitrik, "Notas sobre la vanguardia latinoamericana", en *La vibración del presente. Trabajos críticos y ensayos sobre textos y escritores latinoamericanos*, México, Fondo de Cultura Económica, 1987.

puerto, para tener bien presente que por allí en inmensa parte ha venido de afuera nuestro espíritu y nuestra sangre, y a donde fatalmente iremos para ser juzgados, por aspiración o por gravitación. *MARTÍN FIERRO* puede, pues, abrir su propia puerta a sus amigos, e invitar la paisanada a sofrenar y pasar adelante para servirse un mate amargo. Puede que se forme el contrapunto, y que se prueben las vihuelas bien templadas, o que se arme el baile y siga el pericón hasta que amanezca! (*MF*, III, 27-28, 10 de mayo de 1926).

Como ejemplo, leamos parcialmente un número temprano, el doble (8-9) del 6 de septiembre de 1924. En la tapa nos encontramos con uno de los más famosos poemas callejeros de la revista, "La letanía del domingo", de Horacio A. Rega Molina, ilustrado con dibujos al tono de Federico A. Boxaca. El dibujo principal nos invita a imaginar que por su calle adoquinada, de casas bajas, que se pierde en perspectiva, ingresa el poeta caminando: "Como es día domingo por la ciudad me pierdo. / Busco una calle muerta para mi poca fe". Y en la caminata, el poeta va trazando la deprimente fisonomía del domingo urbano porteño:

> El domingo es el drama del hastío y del ocio,
> es un palo vestido con cintas y sonajas
> [...]
> La calle se proyecta, entre los rascacielos,
> como una galería de ciudad sepultada.

A la vuelta de la página cambia el registro. Se retoma ampliamente la discusión del número previo con Roberto Mariani, desatada por el Manifiesto del número 4 e iniciada en el número 5. "La Redacción", que firma la nota, aprovecha para sostener que sus miembros pueden admirar a los vanguardistas Paul Morand y Gómez de la Serna sin que su nacionalidad peligre, porque son "argentinos sin esfuerzo" y no necesitan disimular ninguna "pronunzia" exótica. Y defiende, también, la autonomía estética del periódico, la especialidad ("Martín Fierro es un periódico literario, y en este terreno creemos que no se nos puede acusar de reaccionarismo") y les echa en cara el conservadurismo estético a los "revolucionarios sociales". Luego de la escaramuza, un respiro de misceláneas (críticas de la política cultural porteña, una sátira contra el intendente, una columna de variedades culturales, unos aforismos de Rémy de Gourmont, traducidos del francés). Y al dar otra vez vuelta la hoja nos encontramos con un segundo plato fuerte. En la página 4, unos "Membretes" del Girondo esencial

("¿Por qué negar que una gallina pueda poner un transatlántico, si creemos en la existencia de Rimbaud, sabio y poeta a los 10 años?"), flanqueados a la izquierda por Luis Cané, nuevo valor joven, a la derecha por tres poemas de Raúl González Tuñón, mismo caso, y abajo por siete aforismos de F. J. Toulet, que retoman la tónica de los membretes. En la esquina inferior opuesta a los últimos poemas de González Tuñón, la editorial Samet anuncia tres obras, entre las cuales se encuentra *Prismas*, a $ 1,80, de González Lanuza: ¡extraña asociación espacial entre el aviso y el poema!

Pero ahora la página cinco conduce nuestra vista a la derecha, parte superior, porque hay allí tres dinámicas ilustraciones de Lino Palacio y, bajo un título en grandes letras negras, tres "Poemas de Sergio Piñero", el ortodoxo y joven poeta ultraísta que se consagrará en 1926 con *El puñal de Orión*. Piñero escribe sobre la "Calle Florida" y la "Calle Carlos Pellegrini", haciendo contrastar el deseo sexual de Florida ("Los labios rojos, en los escaparates, se besan unos a otros impúdicamente") y la atmósfera baja, escabrosa, de Carlos Pellegrini ("El vigilante le abre el esfínter a la calle"), pero también escribe Piñero en clave gauchi-ultraísta sobre el rapto de una "china" en un bosque mitológico (en la ilustración el gaucho es representado como un centauro). En la mitad inferior de la página, separados por una guarda, un poema del italiano Pietro Illari ¡en italiano! y epigramas satíricos de Pedro García, separados por un anuncio de la colección que dirige ¡José Ingenieros! En ambas páginas, la propia revista pide ayuda económica y ofrece a cambio acomodadas suscripciones.

En las páginas 5 y 6, vuelve a articularse otra vez, espectacularmente, lo nuevo propio, pero ahora en lo que va a constituir el sector pampero del frente argentino-uruguayo, ligado a la revista *Proa*, que pone el acento en lo propio común, lo criollo rioplatense.[74] Ricardo Güiraldes escribe una larga nota sobre una exposición de Pedro Figari, cuatro de cuyas obras se reproducen repartidas en las dos páginas. Güiraldes alaba la combinación del uso de motivos criollos (salones

[74] Una de las magníficas articulaciones martinfierristas está en la página 214 del número 29-30, que introduce al mismo tiempo en el campo deslocalizante de Uruguay, la valoración con el acento puesto en lo nuevo cosmopolita, propia de *Martín Fierro*, y la de *Proa*, con el acento en lo criollo. Arriba, es decir, en el lugar del acento, una traducción al español de un poema del franco-uruguayo Jules Supervielle. En el medio, como bisagra, unas "Acotaciones a Jules Supervielle" escritas por el traductor, Antonio Vallejo. En la mitad inferior, la primera parte de una nota de Gervasio Guillot Muñoz, "A propósito de la poesía de Pedro Leandro Ipuche", que empieza: "En el nuevo y hasta en el viejo mundo, nadie se atreve a poner en duda la imperiosa necesidad de cultura propia que existe entre los americanos latinos".

patricios, candombe, tropillas, bailes camperos) y su tratamiento original, sincero y audaz. Figari y Güiraldes, hombres de vieja guardia, habían coincidido en la encuesta sobre la mentalidad y la sensibilidad argentina, afirmando, si bien con distinto tono, jocoso en Güiraldes, solemne en Figari, la identidad criolla rioplatense y su alta capacidad de asimilación (*MF*, I, 5-6, 15 de mayo-15 de junio de 1924). Ahora ambos aparecen unidos en el canto martinfierrista, pero en el sector lateral de los gestos moderados ("Hacer una obra por oposición a otra es pertenecer todavía a la obra que se repudia", dice Güiraldes). Figari y Güiraldes representan acaso la primera inversión clara en la relación de fuerzas volitivas: su valoración reivindica menos lo nuevo como propio que lo propio como material del arte nuevo: "Pedro Figari prueba que es pictórica la pampa y que se pueden utilizar con gran ventaja las casas chatas".

En ese mismo sector, hace su ingreso el Borges criollista. En el extremo superior izquierdo de la página, antes de la nota de Figari, recuadrado y en letra más grande, está su poema "Montevideo", que formará parte de su segundo poemario, *Luna de enfrente*. "Eres —le dice a la ciudad oriental— el Buenos Aires que tuvimos, el que en los años se alejó quietamente". Esta colocación bien arriba, resaltado, pero afirmando, como contracara de la modernización, lo criollo que se pierde, o lo que es preciso redimir, será la dominante durante las horas alucinadas de *Martín Fierro*.[75] No bastándole con construir su yo en el arrabal porteño, lo desplaza al arrabal montevideano, al pasado de Buenos Aires y a los confines de la pampa. No lo olvidemos: "La pampa y el suburbio son dioses", como escribirá en *Proa*. Este Borges es precisamente el que evocará Marechal con su Pereda de *Adán Buenosayres*, aludiendo al uruguayo Ildefonso Pereda Valdés.[76] En la esquina opuesta, en la página 6, un "Nocturno" ultraísta de Pablo Rojas Paz, también integrante de *Proa*, segunda

[75] *Inquisiciones*, que aún estaba por salir, es en algunos casos reescritura de textos publicados entre 1921 y 1925. Allí vemos, inducidos por la forma en que Borges dispone los ensayos, el desplazamiento desde el ultraísmo español de Cansinos Assens, por la vía del barroco español, a la afirmación de la postura criollista, con "Buenos Aires" en el centro. *Luna de enfrente* (1925) y *El tamaño de mi esperanza* (1926) se hacen cargo de ese desplazamiento. *Martín Fierro* reconoce y difunde el gesto de Borges, y él se encarga de rubricarlo en sus reseñas.

[76] Reseñando un libro de Pereda Valdés, Borges escribe, en la misma línea Figari-Güiraldes: "Vemos también su seriedad de joven..., su propósito de emparejar lo tradicional con la novedad. Su técnica es muy mil novecientos veintipico y hasta me parece escuchar coletazos del creacionismo en alguna estrofa; sus temas son tradicionales" (MF, III, 30-31, 8 de julio de 1926).

época, y uno de los más tenaces, aunque no más efectivos, filósofos del paisaje y la metáfora. Naturalmente, esta lectura podría seguir, en el número y entre números, persiguiendo la forma cristalizada del anhelo de lo nuevo propio.

El ultraísmo, ya no como cenáculo, sino como estética autónoma, incluso vulgarizada, fue funcional a ese anhelo. Si no todos comulgaron con sus principios, tampoco hubo otro programa de mayor peso en la revista. Las razones de este protagonismo son varias y más o menos evidentes. En primer lugar, el ultraísmo señalaba el ingreso de la vanguardia al país, una excelente credencial legitimadora de la empresa martinfierrista, cuyo precursor —dato menor pero curioso— podría haber sido Macedonio Fernández, según un suelto de la revista *Martín Fierro* (*MF*, II, 14-15, 24 de enero de 1925). En segundo lugar, la centralidad de la imagen convertía al ultraísmo en zona de confluencia para las artes visuales y la poesía, como puede verse en el dibujo-poema "Sombras" de González Lanuza (*MF*,II, 26, 29 de diciembre de 1925) o en la nota sobre Norah Borges de Alberto Prebisch (*MF*, III, 36, 12 de diciembre de 1926). En tercer lugar, la flexibilidad del programa permitía representar modernamente todos los motivos, metafísicos y materialistas, espirituales y carnales, campestres y urbanos. En efecto, en las páginas de *Martín Fierro* puede leerse a los ultraístas uruguayos, que se inclinan por el nativismo; al peruano Hidalgo, que exalta lo moderno con violencia; al febricitante Antonio Vallejo, que sueña con corretear a una negra encarnada en noche ("La noche y yo"); a Francisco Piñero, que les canta a "Las tranqueras", o a Bernardo Canal Feijoó, que le canta al "reino de la expansión, / de la perfecta distensión de alas" en la figura de un aeroplano ("Ensayos"). Por último, el ultraísmo cumple con la exigencia de Poe: sus textos tienden a la concisión, por lo que se adaptan excelentemente al restringido espacio de los periódicos, ocupando el mismo espacio de una publicidad. Por último, la metáfora, como el humor, servía de guardabarreras entre la realidad y sus representaciones, al tiempo que permitía recoger sus violencias sublimadas. El "motín sangriento" del sol, al que le canta Fijman, no es el motín sangriento de las personas, pero es un motín, sin embargo.

Pero varios factores adversamente concertados precipitaron la defunción del martinfierrismo: el paso de la juventud a la adultez de muchos de sus miembros; la disgregación de algunos en direcciones irreconciliables; la muerte de Güiraldes y el retiro de Girondo; una dura rencilla política a propósito de la campaña de Yrigoyen, que anunciaba el fin de la *pax alveareana*; el surgimiento de un nacionalismo más politizado, que desfavorecía el esteticismo de *Martín Fierro*; el debilitamiento de la poesía frente a la prosa, y de la vanguardia artística frente a la vanguardia política. No obstante, cada tanto se vuelven a escuchar las necrománticas palabras de Girondo: "la reencarnación de su espíritu quizá fuese, en la actualidad, más indispensable que nunca".[77]

---

[77] Oliverio Girondo, *El periódico "Martín Fierro". Memoria de sus antiguos directores*, Buenos Aires, Don Francisco A. Colombo, 1949: "No tan sólo nosotros, si-no muchos de sus colaboradores, hemos considerado, alguna vez, que la reencarna-ción de su espíritu quizá fuese, en la actualidad, más indispensable que nunca". Cf. Louis, Annick, "L'aventure et l'ordre. Du rôle des avant-gardes dans la culture argen-tine", en Esteban Buch, Denys Riout et Philippe Roussin, *Réévaluation de l'art mo-derne et des avant-gardes*, Paris, EHESS, 2008.

BIBLIOGRAFÍA

Américo Cristófalo, "Metafísica, ilusión y teología poética: notas sobre poesía argentina 1940-1955", en David Viñas (dir.), *Literatura argentina del siglo XX. El peronismo clásico (1945-1955). Descamisados, gorilas y contreras*, tomo 4, Paradiso, Buenos Aires, 2007.

Michel de Certeau, *La fábula mística. Siglos XVI-XVII*, trad. Jorge López Moctezuma, México, Universidad Iberoamericana, 1994.

François, Furet, *Pensar la revolución francesa*, Barcelona, Petrel, 1980.

Vicente Huidobro, *Altazor*, edición facsimilar, prólogo de Oscar Hahn, Santiago de Chile, Editorial Universitaria, 2002.

Noé Jitrik, "No toda es ruptura la de la página escrita", en Gonzalo Aguilar (comp.), *Informes para una academia (Crítica de la ruptura en la literatura latinoamericana)*, Buenos Aires, Universidad de Buenos Aires - Facultad de Filosofía y Letras - Instituto de Literatura Hispanoamericana, 1996.

Annick Louis, *Borges face au fascisme*, Montreuil, Aux Lieux d'Être, 2007, 2 vols.

Celina Manzoni, *Un dilema cubano. Nacionalismo y vanguardia*, La Habana, Casa de las Américas, 2001.

Evar Méndez, *Las horas alucinadas. Nocturnos y otros poemas*, Buenos Aires, Samet, 1924.

Henri Meschonnic, *Modernité modernité*, Verdier, 1988.

José Ortega y Gasset, *Obras completas*, Madrid, Revista de Occidente, 1946, tomos II y III.

Juan José Sebreli, *Las aventuras de la vanguardia. El arte moderno contra la modernidad*, Buenos Aires, Sudamericana, 2000.

Jules Supervielle, *El hombre de la pampa*, trad. Damián Tabarovsky, Buenos Aires, Interzona, 2007.

Tristan Tzara, *El surrealismo de hoy*, trad. Raúl Gustavo Aguirre, Buenos Aires, Alpe, 1955.

UNA RENOVACIÓN FALLIDA:
ARMANDO DISCÉPOLO Y EL GROTESCO CRIOLLO

por Beatriz Trastoy

El teatro argentino se presenta como una densa urdimbre de continuidades y renovaciones, de reescrituras (a veces epigonales) y de fulgurante creatividad. En la primera mitad del siglo XX, en particular, nuestra escena observó, incorporó y reelaboró tendencias estéticas, en lo fundamental europeas, sin dejar por ello de revisar y recuperar, en forma permanente y crítica, la propia tradición.[1] Por este motivo, quizás los cambios que se pueden detectar en la dramaturgia —géneros, repertorios temáticos, modalidades interpretativas— parecen atribuibles, más a intentos modernizadores en general, que al rupturismo propio del gesto vanguardista, caracterizado por el ataque a las instituciones, el rechazo a las formas de la cultura predominantes, o bien por ciertas expresiones de mesianismo, tanto en el anuncio de la extinción de estéticas hegemónicas, o al menos en la oposición a todas ellas, como en la ridiculización de los modos convencionales de representación de la realidad. Sin embargo, no es impropio considerar que desde el lado de la exasperación, con sus aproximaciones a cierto desleído expresionismo, bien se pueden considerar algunas manifestaciones teatrales, en especial el grotesco, como muy propias de una general actitud de ruptura.

Durante las décadas del 20 y del 30, es posible reconocer, al menos, que hay una emergencia de dos intentos renovadores que si bien fueron

---

[1] Ver Beatriz Seibel, "La constitución de los escenarios nacionales. 1880-1920", en Alfredo Rubione (dir.), *La crisis de las formas*, vol. 5, *Historia crítica de la literatura argentina*, Buenos Aires, Emecé, 2006.

escasamente percibidos por sus coetáneos como tales, serían retomados de manera productiva en posteriores etapas del teatro nacional. Uno de ellos consistió en el surgimiento, en 1928, de las llamadas "agrupaciones independientes" que se caracterizaron por el intento de fundar nuevos paradigmas de creación, circulación y recepción teatral. Por medio de la modernización del lenguaje dramático y de las propuestas de renovación técnica, tanto de la puesta en escena como de la interpretación, los independientes buscaron crear un sistema teatral que perseguía consolidar auténticos valores artísticos con el propósito, no oculto, de elevar espiritualmente al proletariado, natural destinatario de tal propósito.[2] Para lograrlo debieron sortear los peligros de la caída en la habitual ingenuidad e ineficacia del panfletarismo político y en las gastadas convenciones propias de la escena comercial —más interesada en el rédito económico que en riesgosas apuestas estéticas. Romain Rolland, el profético autor de *Juan Cristóbal* y *El alma encantada*, fue el faro ideológico de este nuevo movimiento teatral cuya agrupación emblemática, el Teatro del Pueblo, dirigido por Leónidas Barletta, tomó su nombre del texto publicado por el escritor francés en 1903.[3]

Otra inflexión del gesto renovador se despliega en la dramaturgia de Armando Discépolo (1887-1971). A partir del realismo romántico de sus primeras obras, Discépolo evoluciona hasta consolidar una nueva especie teatral: el grotesco criollo. Un acabado ejemplo innovador que resulta de la articulación de la propia tradición local del sainete con el *grottesco* italiano, corriente dramática que toma su nombre de "*grottesco in tre atti*", subtítulo de *La maschera e il volto* (1916), obra de Luigi Chiarelli, estrenada en Buenos Aires dos años después.[4]

Del sainete al grotesco criollo

En un campo teatral porteño sólidamente consolidado hacia comienzos de los años veinte, varios factores confluían en el crecimien-

---

[2] Ver Beatriz Trastoy, "El movimiento teatral independiente y la modernización de la escena argentina", en María Teresa Gramuglio (dir.), *El imperio realista*, vol. 6, *Historia crítica de la literatura* argentina, Buenos Aires, Emecé, 2002.

[3] Romain Rolland, *El teatro del pueblo*, Buenos Aires, Quetzal, 1952. El título original fue *14 juillet. Iliade du peuple français:* se representó en el *Théâtre du peuple* y el telón, dato curioso, fue realizado por Pablo Picasso.

[4] La palabra "grotesco" viene del sustantivo "gruta", entendida como refugio de lo salvaje y desordenado. En su origen italiano, lengua en la cual se empezó a usar, guarda relación con "bruttesco".

to y vigoroso desarrollo de la escena argentina. Más de medio centenar de salas teatrales sólo en la ciudad de Buenos Aires; empresarios dispuestos a invertir en espectáculos que con fórmulas largamente probadas aseguraran la adhesión de una masa de espectadores, ávida de diversiones superficiales y pasatistas; dramaturgos prolíficos que, en muchas ocasiones, adecuaban sus textos para el exclusivo lucimiento de los divos y "capocómicos" más festejados por el público; diarios y semanarios de información general, literarios e, inclusive, especializados en espectáculos, desde los cuales los críticos teatrales publicitaban la oferta de la cartelera prodigando, a veces, más diatribas que elogios contra la ramplonería y la procacidad de los actores y de las obras, en su mayor parte piezas del romanticismo tardío, de la revista criolla, de la comedia y fundamentalmente, del sainete.

A este panorama de innegable vitalidad interna y de alcance popular se sumaba el estímulo estético proveniente del exterior, sea por las giras de numerosas compañías extranjeras (que retomaron su actividad artística terminada la Guerra del 14) y presentaban sus espectáculos en los escenarios del Río de la Plata, o por las visitas de destacadas personalidades teatrales, como Federico García Lorca o Luigi Pirandello, de fuerte impacto en el ámbito cultural porteño.[5] Nada más propicio, pues, para dar lugar a innovaciones e, inclusive, como ocurría en el campo literario, a enfrentamientos y rupturas.

Es indudable que la difusión y el prestigio del teatro europeo incidieron en la producción dramática argentina, en lo fundamental a través de las piezas breves españolas (zarzuelas, tonadillas escénicas, sainetes líricos, *petites-pièces* costumbristas), que entre fines del siglo XIX y principios del XX, obtuvieron amplio éxito en los escenarios porteños y fueron punto de partida del amplio repertorio que integra lo que luego se llamó *género chico* nacional.[6] Como resultado de la evolución y adaptación a la realidad local de las formas del sainete español, el sainete criollo, que expresó el cosmopolitismo babélico y conflictivo característico de la Buenos Aires de los primeros años del siglo XX, llegó a convertirse en una de las formulaciones escénicas más exitosas y de más amplia productividad a lo largo de la historia del tea-

---

[5] Ver Beatriz Trastoy, "Pirandello en la Argentina de los años 30. Clima cultural: juicios y prejuicios", en Osvaldo Pellettieri (ed.), *Pirandello y el teatro argentino (1920-1930)*, Buenos Aires, Galerna, 1997. Las visitas de elencos teatrales y operísticos franceses e italianos tuvieron su momento de auge en la década de 1880; en la novela de Eugenio Cambaceres, *Sin rumbo*, ese asunto se tematiza irónicamente.

[6] Luis Ordaz, *Historia del teatro argentino. Desde los orígenes hasta la actualidad*, Buenos Aires, Instituto Argentino de Teatro, 1999.

tro argentino.[7] Y, sin embargo, es innegable su heterodoxia respecto del teatro "serio", en cuyo ámbito se producían igualmente renovaciones y reformulaciones importantes.

Humor, sentimentalismo, caricatura del inmigrante, lengua coloquial son algunos de los procedimientos que engarzan los cuadros costumbristas del sainete en el espacio idealizado del conventillo porteño. Poco a poco, sin embargo, se va perdiendo el inicial aire festivo y las piezas empiezan a asumir visos tragicómicos que, en una fase posterior, darán lugar al nuevo género que crearía Discépolo cuando, de la burla del cocoliche del gringo y de la representación de actitudes estereotipadas, se pasa a la preocupación por el individuo desarraigado que ve fracasar sus ilusiones de mágico enriquecimiento y toma conciencia de la inmovilidad social a la que está condenado.

En Nemesio Trejo (1862-1916) y, en especial, en obras como *Los disfrazados* (1906) de Carlos Mauricio Pacheco (1881-1924), pueden hallarse algunos de los elementos que prefiguraron nuestro grotesco propiamente dicho.[8] También en algunos textos del propio Discépolo, anteriores a la fundación del nuevo género, aunque las obras en las que se define la designación son apenas cinco: *Mateo* (1923), de cuyo subtítulo, "Grotesco en tres cuadros", surge el nombre de esta nueva modalidad escénica; *Stefano* (1928), *El organito* —única obra que Discépolo escribió en colaboración con su hermano Enrique Santos en 1925—, *Cremona* (1932) y *Relojero* (1934), de la que realizó una nueva versión póstuma en 1971. Un *corpus* textual reducido que, sin embargo, alcanzará en décadas posteriores una importancia decisiva en el desarrollo de nuestra historia teatral que, para distinguirla de sus similares europeas, pondrá el adjetivo "criollas" a las creaciones locales (el sainete y la revista).

Grottesco *italiano y grotesco criollo: diferencias y similitudes*

Tal como se ha visto, el surgimiento del grotesco criollo coincide con el éxito y la difusión internacional del *grottesco* italiano con el que, además del nombre, comparte la preocupación por mostrar el ca-

[7] Ver Susana Cazap y Cristina Massa, "El sainete criollo. Mímesis y caricatura", en María Teresa Gramuglio (dir.), *El imperio realista*, en *Historia crítica de la literatura argentina, op. cit.*

[8] Ver Eva Golluscio de Montoya, "Innovación dentro de la tradición escénica rioplatense: el caso de Nemesio Trejo", en *Boletín del Instituto de Teatro de Filosofía y*

rácter absurdo y paradójico de las cristalizadas convenciones sociales, la desintegración del yo y la deformación de una conciencia que intenta, sin cuestionarse, poner el acento en el drama personal.

El origen meridional y, en particular, siciliano, de varios autores del *grottesco*: Piermaria Rosso di San Secondo (*Marionette, che passione!*, 1918), Enrico Cavacchioli (*L'uccello del paradiso, Quella che t'assomiglia*, ambas de 1920), o del propio Luigi Pirandello, se constituye para muchos críticos en un elemento esencial en la constitución de la poética del género, trasunto del inmovilismo de la sociedad siciliana. Según Giuseppe Petronio, factores de la inmovilidad fueron el latifundio, la miseria, la estratificación de las clases sociales y el carácter supersticioso y tradicionalista de la cultura popular, elementos constitutivos de una sociedad en la que las relaciones humanas se rigen por convenciones grotescamente deformadas y en las que el hombre, abandonado a sí mismo, termina siendo prisionero de la mirada de los otros.[9] Asimismo, dado que en la sociedad siciliana —al menos la que conoció Pirandello— los sentimientos no siempre concordaban con las conveniencias y los convencionalismos, los vínculos interpersonales se organizaban en torno de tres funciones ordenadoras: la jurídica (marido-mujer), la genética (padre-madre) y la erótica (amantes).[10] En la medida en que tales funciones no solían darse simultáneamente, se tendía a privilegiar la primera de ellas, la cual, por ser normativa y legal, resulta la más estricta y ajena a los lazos sanguíneos o pasionales que determinan los comportamientos del individuo. En consecuencia, los conflictos amorosos o familiares cedían su lugar a la obsesión por la fidelidad, tema ampliamente transitado por el *grottesco* meridional.

En el teatro de Pirandello, en cambio, la subyacente cosmovisión relativista determina que lo grotesco —en tanto categoría estética— aparezca como resolución del conflicto ontológico entre el ser y el parecer. Son los personajes quienes, a partir del distanciamiento consigo mismos y con el mundo exterior, descubren las inestables bases sobre las cuales construyeron su propia vida y toman conciencia de sus limitaciones vitales y cognoscitivas.

Letras de la Universidad de Buenos Aires, n° 4, 1984, y Marta Lena Paz: "Prefiguración del grotesco criollo en Carlos Mauricio Pacheco", Universidad Nacional del Litoral, n° 54, 1962.

[9] Giuseppe Petronio, *Pirandello novelliere e la crisi del realismo*, Lucca, Lucentia, 1950.

[10] Franca Angelini, "Luigi Pirandello", en C. Muscetta (dir.) *La letteratura italiana. Storia e testi*, Roma-Bari, Laterza, 1976, vol. IX, tomo primero: *Il Novecento. Dal decadentismo alla crisi dei modelli*.

La esencia misma del grotesco se centra en ese extrañamiento que da un sentido nuevo al mundo familiar y cotidiano. Surge, entonces, la angustia frente a la imposibilidad de seguir viviendo en un ámbito transformado en el cual se ha perdido todo punto de referencia concreta. Por lo tanto, la situación grotesca, propia del teatro italiano, y del pirandelliano en particular, se plantea cuando el personaje, consciente de sus limitaciones, comprende que sólo puede aprehender un aspecto de la verdad, incognoscible en esencia pues cada individuo posee una imagen de la realidad diferente de la de los demás. Esa falta de certezas que le ofrece el mundo exterior lo lleva necesariamente a reflexionar sobre su propia identidad y a descubrir, con angustia, que tampoco puede hallar dentro de sí el punto de referencia indispensable para dar sentido orientador a su existencia, ya que cada uno se ve a sí mismo, a los demás y a la vida de una manera determinada que no sólo no es igual a la de los demás, sino que es efímera y mutable, la realidad creada para nosotros y para los demás cambia angustiosa y continuamente. En términos estéticos, el contraste máscara y rostro, espejo y paradoja, expresa la oposición ontológica entre ser y parecer, reducción, a su vez, del conflicto entre realidad y apariencia.

A pesar de que coinciden en una serie de rasgos semánticos fundamentales, el *grottesco* italiano y el grotesco criollo difieren en algunos procedimientos característicos de la construcción dramática.[11] Si bien lo fundamental de ambos es el planteo de la problemática existencial (sus protagonistas se desdoblan sin poder conciliar jamás las exigencias del medio social o familiar con sus propias necesidades y expectativas individuales), el grotesco criollo recrea sus personajes —por lo demás, similares a los del *grottesco* peninsular— presentándolos como singulares y originales. El traslado inmigratorio —en contraste con la inmovilidad, la permanencia en un lugar de los personajes italianos, campesinos o pueblerinos—, la incorporación a un nuevo código lingüístico y a un ambiente muchas veces hostil, modifican algunos rasgos: no aparece la obsesión siciliana por la infidelidad, lo cual ayuda a que otros conflictos, más centrales, se densifiquen; el tema recurrente del triángulo amoroso que caracteriza al *grottesco* peninsular se desplaza hacia la dramática cuestión de la desintegración familiar o el desarraigo social, propios de una Argentina modificada por un aluvión inmigratorio cuyos efectos desconciertan y dan lugar a manifestaciones de rechazo, a veces violentas, que dificultan la integración a un nuevo medio.

---

[11] Ver Osvaldo Pellettieri, "Pirandello y la dramaturgia popular en Buenos Aires en su período de apogeo y crisis (1920-1940)", en Osvaldo Pellettieri (ed.), *Pirandello y el teatro argentino (1920-1930), op. cit.*

El protagonista del modelo italiano es, en general, un emergente que cuestiona la inamovible escala de valores de una sociedad aferrada a esquemas y convenciones rígidas que lo excluye. Su condición grotesca se da al no poder trascender el absurdo de la vida cotidiana de manera que la locura, real o fingida y, en menor medida, el suicidio, serán las únicas salidas al estigma de una sociedad que no perdona. En las obras argentinas, en cambio, el fracaso y la marginalidad provocan la crisis de las categorías morales y niegan la posibilidad de modificar una condición existencial y social absurda y paradójica.

A través de su versión del grotesco criollo, Armando Discépolo da cuenta del hondo conflicto del inmigrante que ve fracasados sus sueños de riqueza en una América mitificada desde su tierra de origen. A partir de la década del 20, con una similar visión grotesca de la vida, pero con diferentes formulaciones ideológicas, los tangos de su hermano Enrique Santos (1901-1951) parecen repetir, fragmentado, el desencanto de los personajes teatrales.[12]

En su relevante lectura de la obra de Discépolo, David Viñas observa que cuando el sainete y el tango se interiorizan, el grotesco aparece como el emergente de un discurso corriente: el que corresponde al fracaso del proyecto inmigratorio propuesto por el liberalismo que llega a sus límites de conciencia posible hacia 1930.[13]

La falta de dinero, elemento fundamental en el proceso de deterioro individual y social del inmigrante, adquiere en las piezas de Discépolo una particular relevancia. Sus protagonistas lo buscan, lo desean, lo ambicionan, pero jamás lo obtienen por vías legales, trabajo, por ejemplo, ni en la mayor parte de los casos por otros medios. Ante la desesperación, encontrarán pocas e ineficaces salidas y terminarán traicionando, de muy diversos modos, su propio código moral.

El billete de lotería premiado es para el personaje de *Mustafá* (1921), el sainete de Discépolo que ya anticipa rasgos del grotesco, la

[12] El tango-canción, por su parte, realiza un movimiento análogo al del sainete. Emparentado desde siempre con el escenario (el primer tango-canción, *Mi noche triste*, con letra de Pascual Contursi y música de Samuel Castriota, se estrenó en el sainete *Los dientes del perro* de José González Castillo y Alberto T. Weisbach, en 1918, entonado por la actriz Manolita Poli), crea, como el sainete, su propio espacio mítico: casi todo sucede en el patio del infaltable conventillo o en la calle suburbana. Más tarde, el cabaret, el estaño de los cafetines, la pieza de pensión serán los escenarios indicadores de la incorporación progresiva del tango al ámbito ciudadano, pero también de su creciente proceso de interiorización. Ver Beatriz Trastoy, "Los Discépolo: la parábola del grotesco", en *Espacios de Crítica y Producción*, Facultad de Filosofía y Letras, UBA, n° 7, noviembre-diciembre de 1989.

[13] David Viñas, "Armando Discépolo: grotesco, inmigración y fracaso", en *Obras escogidas*, Buenos Aires, Jorge Álvarez, 1969.

única posibilidad de cambio social y de cumplir con el viejo sueño del inmigrante, el regreso a la patria, que suele ser la aldea, como un hombre rico. Pero la codicia lo enajena; esconde el billete y le niega a su vecino Gaetano la parte del premio que le corresponde. Muy poco hace falta para modificar los planes: apenas ratones que devoran, junto con el billete, las ilusiones de Mustafá. Se cumple así la ley de la antropofagia: el protagonista viola sus pautas éticas —la honestidad que hasta el momento lo caracterizaba—, o sea que se devora a sí mismo, y devora a Gaetano; pierde la noción de reciprocidad al aislarse en una demencial codicia que, a su vez, lo fagocitará.[14] Por su parte, el cochero Miguel (protagonista de *Mateo*), para mantener a su familia, antes que aceptar la modernización y hacerse chofer de automóvil, prefiere robar. Su paisano Severino lo desenmascara, lo expone en su miseria y, lejos de ayudarlo, lo incita a entrar en el juego de la canibalización recíproca. Cuando fracasa hasta en el desesperado intento de ingresar en el circuito delictivo, su confusión será doble: ya no puede predicar su antigua moral ni tampoco comprender su nueva condición de transgresor social. Si bien en apariencia la poética propia del sainete, en el sentido retórico, sintáctico y escriturario, no se rompe, ni siquiera por los rasgos acentuados de la presentación de los personajes, o sea que no parece haber una teoría teatral de ruptura tal como la pudo haber formulado Antonin Artaud y más tarde Grotowski o Tadeusz Kantor, por no mencionar el "teatro del absurdo" de Ionesco —y para dar tan sólo unos pocos ejemplos de ruptura de un código—, la condición transgresora de la representación es acorde, en otro plano, con los intentos rupturistas que se dan contemporáneamente a su gestión artística.

En *El organito*, en colaboración con su hermano Enrique, como se ha señalado, Saverio, el protagonista, pide limosna, no por hambre, sino, grotescamente, para vengarse de la sociedad que lo humilló. Sin ningún tipo de escrúpulos, adiestra en el arte del engaño y la mentira a sus tres hijos, quienes, hartos de castigos y privaciones, terminan por rebelarse y abandonarlo. Degradado moralmente, Saverio destruye a su familia del mismo modo, en perfecta homología, en que él fue destruido por la sociedad. Con los hijos, el circuito se reinicia: como víctimas, lo devoran para no continuar siendo cómplices del victimario. En otros casos, traicionarse equivale también a prostituirse bajo las ominosas formas del servilismo y la delación, tal como aparecen en *Babilonia*, un sainete de Discépolo de 1925. Convertidos en sirvientes

---

[14] Susana Marco y otros, *Teoría del género chico*, Buenos Aires, Eudeba, 1974.

de otros inmigrantes triunfadores, ya no es el patio del conventillo el que los reúne, sino una siniestra cocina-sótano, que metaforiza una mutua canibalización.

Estas obras teatrales muestran al protagonista del grotesco en el momento en que su máscara cae, en el conflictivo instante en que transgrede su código moral (traición de sus antiguos amigos por ambición, ingreso en el circuito delictivo, delación de sus pares) o bien cuando avanza un paso más hacia una degradación que no parece conocer límites: Saverio utiliza a su hija predilecta como anzuelo erótico para explotar económicamente a su incondicional enamorado.

El fracaso en la obtención de dinero a través del trabajo implica además el enfrentamiento con el núcleo familiar y su consecuente disgregación. En los grotescos de Discépolo, especialmente en *Stefano* y en *Relojero*, el autoengaño, el ingenuo fantaseo, constituyen la única salida de los protagonistas frente a la presión del grupo familiar. Sin embargo, serán desenmascarados y obligados a tomar conciencia de su propio fracaso, de su definitiva soledad.

Tanto en el teatro de Armando Discépolo como en los tangos de su hermano, la desintegración familiar está estrechamente vinculada con la figura femenina que oscila entre la imagen de la madre abnegada, primero y único amor verdadero, y la de la mujer-amante, culpable de la caída del hombre. En el escenario, la interiorización y densificación del conflicto espacializa el lugar social de la mujer que se inserta siempre en un núcleo familiar, en un *adentro* protector y clausurado. Sin embargo, tras la máscara de esposa sumisa y resignada a la miseria de una vida de fracasos, se oculta la madre que, implacable, exigirá un bienestar idealizado para sus hijos, copia de los logros obtenidos por otros. Para ello, impulsará al marido a tomar decisiones extremas: delinquir, en *Mateo*, hundirse en una desesperación que lo llevará a la muerte (*Stefano*), o bien lo castigará con el silencio, expresión definitiva de su odio (*El organito*). Pese a su deterioro por el fracaso y la insatisfacción, el ámbito familiar en el que se inserta la mujer-madre de estas obras sigue siendo, sin embargo, refugio y protección contra la amenaza exterior. Las hijas se encuentran en el riesgoso punto intermedio que va del *adentro* de las madres al *afuera* de las otras, un espacio deseado y al mismo tiempo temido. Dejar el hogar paterno (sin la mediación del casamiento) supone para la mujer su inexorable degradación. Por eso, los hermanos las cuidan, se sienten depositarios de su *honra* y, sin demasiado éxito (*Mateo*, *El organito*, *Relojero*, *Babilonia*), pretenden evitar la transgresión del idealizado modelo materno.

Al conflicto ontológico que padece el protagonista del grotesco, un "ser" insatisfecho que implica un "no ser" dramático, se suma un claro proceso de *parricidio* simbólico que implicaría, en cierta forma, una posibilidad de apertura en la asfixiante clausura del medio. Los hijos, dispuestos a traspasar el límite del insulto y del desprecio, huyen de la casa paterna y realizan así un movimiento inverso al de la interiorización propia del grotesco.[15]

En los grotescos teatrales de Discépolo, la marginalidad y la separación llevan al personaje a un creciente deterioro que va de la soledad al aislamiento autista y a la falta de reciprocidad con el medio que genera abandono y desinterés. El conflicto social se manifiesta en el cuerpo del personaje (rodillas dobladas, caminar pesado, hombros cargados, gestualidad torpe), de modo tal que interfiere con el discurso verbal. Esta discrepancia se vuelve un artificio adecuado para hacer visible, escénicamente, el patetismo de su condición. Risa y llanto se superponen, se fusionan en una grotesca síntesis que define a los personajes de Armando Discépolo.[16]

Miradas cuestionadoras

El *grottesco* italiano procuró denunciar la rigidez de las convenciones sociales que, al entrar en conflicto con el individuo, desintegran la unidad de su ser. De esta forma quedaba al descubierto el clima de insatisfacción y angustia que caracterizó no sólo la crisis de fines del siglo XIX, sino también el período posterior a la Primera Guerra Mundial.

Sin embargo, fueron muchos los críticos que desvalorizaron el género por considerar, de manera esquemática e ingenua, que se limitaba a la denuncia del problema sin ofrecer soluciones concretas, como si fuera exigible que una obra de teatro las tuviera. Entre ellos, Wolfgang Kayser, quien consideró que el *grottesco* era incapaz de llevar dicha crisis ontológica, o de identidad, hasta sus últimas consecuencias, lo que, en su opinión, hubiera posibilitado el planteo de soluciones a la problemática existencial, superando, en forma definitiva, la oposición entre ser y parecer. El crítico sostuvo, desde una perspectiva de realismo simple y ético, ignorando quizás que esta propuesta teatral se situaba en otra parte, en oposición, precisamente, al realismo inmedia-

[15] David Viñas, *op. cit.*
[16] El psicoanálisis más clásico opera sobre dos "querer decir": uno, el verbal, otro el gestual o corporal; el choque entre ambos da lugar a la "interpretación" que es un "ver más allá" de lo inmediato de una situación angustiosa. Se podría considerar también desde esta perspectiva el efecto de grotesco.

tista, desconociendo que en el género subyace, lo que en realidad sería su originalidad, una evidente oposición al racionalismo así como a cualquier sistematización del pensamiento; la anulación de la categoría de la cosa y la correlativa destrucción del concepto de personalidad entrañan a la larga, según este punto de vista, la aniquilación del orden histórico.

De este modo, el grotesco contemporáneo no estaría formulando ningún reparo a la tendencia a la disolución característica de la problemática época en la que nace, sino que favorecería un distanciamiento respecto del mundo cotidiano que gracias a las operaciones del grotesco se vuelve absurdo y sin sentido; por esas razones no alcanzaría jamás ribetes trágicos. Este razonamiento no alcanza al grotesco criollo pues la distorsión referencial que realiza, y mediante la cual se enfrenta con el convencionalismo chato de la obra de mensaje "positivo", es suficientemente violenta como para poner en descubierto la índole trágica de una sociedad. Voluntariamente o no, la percepción del grotesco, como posibilidad teatral y poética, implica un cuestionamiento severo a los modos de la representación, en cuanto a la construcción del personaje, en los que descansa un pensamiento institucional y seguro de sus valores.[17]

Ni el creador ni el espectador deben tratar de dar a la obra grotesca un sentido racional, sino transmitir y captar, respectivamente, el absurdo de una existencia carente de sentido, doblegada por un sentimiento de angustia ante una vida imposible de vivir en un mundo transformado. ¿Está muy lejos esta lectura del grotesco de lo que empezó a preconizar el existencialismo heideggeriano más o menos en la misma época?[18]

Otras objeciones, tal vez en el orden no del mensaje sino de la composición teatral propiamente dicha, fueron retomadas por Franca Angelini y Livio Gigi aunque relativas, desde luego, a la experiencia italiana. La primera se inclina a considerar que el *grottesco* careció de la claridad y del coraje necesarios para asumir hasta el fondo la responsabilidad del artificio, con las consecuencias —también formales— que tal asunción hubiese implicado: a su juicio, el *grottesco* quedó a mitad de camino entre la forma mimético-naturalista y la alegórico-moralista. La contraposición de temas llevados a la paradoja resultan al fin

[17] La tragedia clásica postula la instauración de un orden posible luego de la revelación que tiene el héroe a través del sufrimiento y el castigo; se diría que ese mecanismo también está en el grotesco, agravado porque no hay recuperación.

[18] Wolfgang Kayser, *El grotesco; su configuración en pintura y en literatura*, Buenos Aires, Nova, 1964.

conciliados por la necesidad de asimilarlos; la paradoja resultaría ser entonces exclusivamente verbal y no promovería la acción, el cambio.[19] A su vez, Livio Gigi considera que el *grottesco* ironiza sin intentar cambiar nada, aunque cambie el lenguaje teatral, lo que desde otro punto de vista no sería tampoco poca cosa. Se trataría, para estos autores, de conformismo, de descreída resignación, lo cual ubicaría al *grottesco* en las antípodas del explícito y declamado rupturismo futurista, que se caracteriza por una actitud de violenta destrucción en el plano formal y de instauración de nuevos valores en el del contenido.[20]

Los cronistas de espectáculos, demasiado habituados a desdeñar el sainete, en tanto consideraban que su adocenamiento y frecuente chabacanería bastardeaba la práctica escénica y atentaba contra la formación de un gusto estético elevado de las clases medias que comenzaban a acceder a los bienes culturales de la época, apenas rescataron los grotescos criollos de Discépolo de la mediocridad general de las piezas que ofrecía la escena comercial, pero no fueron capaces de desbrozar su especificidad genérica ni de percibir con claridad la particularidad de sus procedimientos y de su hondura semántica. Aún más, debido quizás al impacto que tuvieron las dos visitas de Pirandello (1927 y 1933) en el mundo cultural porteño, prevaleció el uso indiscriminado de términos asociados a su estética, hasta el punto de que se aplicó la denominación de *grotescos* a piezas argentinas que respondían ya sea a principios constructivos propios de la tragicomedia como a cualquiera de las variantes metadramáticas como, por ejemplo *Tres personajes a la pesca de un autor (Sainete a deshacerse)* (1927) de Alejandro Berruti, *Comedia sin título* (1927) de Antonio Cunill Cabanellas, *El espectador o la cuarta realidad* (1928) de Vicente Martínez Cuitiño, *El teatro soy yo* (1933) de César Tiempo, *Una Comedia improvisada* (1933) de Marcos Bronemberg, *Nada de Pirandello, por favor* (1937) de Enzo Aloisi o *La rebelión de los fenómenos* (1939) de Doblas y Bellini.[21]

---

[19] Franca Angelini, *op. cit.*
[20] Livio Gigi, "Il teatro di Bontempelli, dal grottesco al pirandellismo", en *Da Dante al Novecento,* Milano, Mursia, 1970.
[21] En la nota 11 de su artículo en torno de las lecturas críticas sobre el grotesco criollo, Liliana López y Martín Rodríguez señalan otros textos dramáticos que fueron denominados "grotescos", tales como *¡Tuyo hasta la muerte!* (1928) de Cordone y Goicoechea; *¿Quién es el loco?* (1931) de Rafael Di Yorio; *El mozo del Munich Bar* (1927) de Octavio Sargento; *¡Usurero!* (1931) de Muello y Segre y *Cómo se parece al padre* (1937) de Florencio Chiarello. Agregan además que "El desacuerdo acerca de los rasgos específicos del grotesco alcanzó a casi todos los agentes del campo intelectual; no sólo a los productores, sino también a los críticos que catalogaron como tales obras que ni los propios autores denominaron así, como, por ejemplo, sucedió con

El mismo Discépolo valoró muy poco esas piezas, su propia producción, que tantas veces tuvo que explicar y justificar ya que nadie parecía comprenderlas. Presionado por los cánones de la época, quiso ser un escritor serio para el público serio de las clases medias. Fracasó en su intento de renovar el teatro comercial y de legitimarse en el campo intelectual. Ni el nuevo público ni la crítica se interesaron en *Relojero*, que pasó a ser su última obra.

> Seguramente, Discépolo —y ésta es su responsabilidad— juzgó inactual a su teatro del grotesco criollo, quiso dar un paso más hacia la modernización, hacia el pirandellismo semántico y excluyó de creaciones como Relojero la proyección sainetera.[22]

La verdadera revalorización de la obra de Discépolo y, en particular, del grotesco criollo, llegaría apenas en 1969, con la ya comentada lectura de David Viñas, a la que los estudiosos del teatro le objetarían más tarde un excesivo mecanicismo referido a la relación de causalidad entre arte y sociedad.[23] Aunque es sabido que tratar de establecer relaciones causales directas entre contexto sociopolítico y producción artística no suele ser el método más adecuado para intentar comprender la dimensión cultural, el ensayo de Viñas no sólo permitió una nueva forma de *interpretación* del género —en sentido intelectual y también escénico— sino también la definitiva legitimación de la obra de Discépolo en el campo académico. Con sus piezas grotescas Discépolo transgredió las gastadas convenciones del sainete. Cambió su principio constructivo, inscribió el conflicto de los personajes en un nuevo espacio que potencializa su incomunicación, reemplazó la caricatura del gringo por el personaje conflictuado que se vuelve metonimia del drama colectivo de la inmigración y, al mismo tiempo, metáfora del fracaso del proyecto liberal que eclosionó en los años treinta. Casi sin saberlo, casi sin proponérselo, Discépolo renovó nuestro teatro, pintando con maestría a aquellos ingenuos y soñadores inmigrantes que se iban convirtiendo en seres grotescos mientras luchaban, a

---

Giacomo (1924) de Armando Discépolo, Rafael José De Rosa y Mario Folco; *He visto a Dios* (1930) de Francisco Defilippis Novoa; *Don Chicho* (1933) de Alberto Novión, y *Rigoberto* (1935) de Armando Moock". ("Recepción", en *Historia del teatro argentino en Buenos Aires*, volumen II, dirigida por Osvaldo Pellettieri, Buenos Aires, Galerna, 2002.)

[22] Osvaldo Pellettieri, *op. cit.*

[23] Ver Osvaldo Pellettieri, "Armando Discépolo entre el grotesco italiano y el grotesco criollo", en *Latin American Theatre Review,* 21/2 (Fall) 1988.

contrapelo de la Historia, por encontrar un lugar digno en el proceso de cambio y modernización de la sociedad argentina de la época.

La herencia de la renovación de los veinte y treinta en el teatro argentino actual

El teatro independiente, cuyas actividades se desarrollaron entre el 20 de marzo de 1931 (fecha en que se labró el acta fundacional del Teatro del Pueblo) y fines de los años sesenta, fracasó en su intento modernizador. A pesar de ello, la mística del modelo reaparecería con Teatro Abierto, que se presentó en público en julio de 1981 y se repitió en 1982, 1983 y 1985.[24]

Si la intelectualidad de los años treinta mostró indiferencia ante el surgimiento y desarrollo del teatro independiente al punto que en *Nosotros*, *Sur* y *Cursos y Conferencias* prácticamente no se lo menciona, la primera edición de Teatro Abierto en 1981 alcanzó, en cambio, una amplia repercusión de público y crítica. Lo que originariamente había sido una propuesta reivindicatoria de la escena local se convirtió, de pronto, en un evento de insospechados alcances sociales.

Varias décadas después, Oscar Viale, Mauricio Kartun, Ricardo Bartís, entre muchos otros, recuperaron elementos propios de los sainetes y los reescribieron desde perspectivas innovadoras. Roberto Cossa, quien retoma con más precisión el conflicto de los grotescos discepolianos, lo resemantiza a partir de las variantes estéticas e ideológicas que impone una lectura actualizada de la realidad argentina. Descendientes de aquellos primeros inmigrantes italianos llegados a nuestro país, los personajes de Cossa —también inmigrantes o emigrados, pero exiliados siempre dentro y fuera de su tierra— metaforizan el fracaso de viejas y nuevas utopías. A la manera de espejos enfrentados, estos nuevos inmigrantes repiten las mismas conductas de sus abuelos, los mismos temores, los mismos deseos; padecen sus mismas humillaciones. Se aferran obstinadamente al idioma de la infancia, a los gestos cotidianos que, fuera de contexto, se tornan absurdos; se empecinan en construir y preservar una imagen de sí mismos que creen válida y diferenciadora de la sociedad europea. En este doble proceso de desarraigo se reiteran las expectativas de un nuevo regreso y se anula, en forma definitiva, la posibilidad de alcanzar una

[24] Ver José Marial, "Connotaciones y diferencias en dos movimientos del teatro argentino", *Espacios de Crítica e Investigación Teatral*, Año 2, nº 2, abril de 1987.

identidad propia que dé sentido a la existencia. Perdido todo sentimiento de pertenencia cultural, ya no queda ni siquiera la esperanza de una lejana y quimérica tierra prometida. Se advierte, en esta prolongación de los rasgos del grotesco, hasta qué punto generan una actitud y una manera de ver, señal de la impronta que dejó en el imaginario teatral argentino.

El determinismo social que aparentemente organizaba las conductas de los personajes del grotesco criollo no permitía alentar muchas esperanzas sobre el futuro de los hijos del cochero Miguel o del organillero Saverio. Sin embargo, una vez producido el desenmascaramiento, sus consecuencias, la huida del hogar, la negación a reproducir modelos heredados, la aspiración a una vida mejor, representaban, en cierta forma, una apertura dentro del asfixiante clima de clausura e inmovilidad social que caracterizaba a los protagonistas del grotesco criollo.

LA GRACIA DEL LECTOR CRÍTICO:
NALÉ ROXLO Y EL *ULYSSES* DE JOYCE*

por Víctor Pesce

a Jules Laforgue en el hilar
a Jorge Lafforgue en el IlAR

Conrado Nalé Roxlo (Argentina, 1898-1971), sobrino del urugua-yo Carlos Roxlo y escritor múltiple, se hizo inmediatamente conoci-do a partir de su primer libro de poesía *El grillo* (1923), con el que ob-tuvo el premio del concurso de la editorial Babel el mismo año; el jurado estaba compuesto por Arturo Capdevila, Rafael Alberto Arrie-ta y Leopoldo Lugones quien, por añadidura, le dio un indudable es-paldarazo al informar de su llegada mediante un artículo en *La Nación* titulado "Albricias poéticas". De ahí en más, el sonoro insecto del poema que abre el libro, ocupa un lugar en el parnaso nacional con obstinado ritornelo, pero por propio derecho escrito, y parece seguir todo el tiempo (casi) en igual espacio musical y escolar al que ocupa "El hornero" lugoniano.[1]

Esa insistencia en el verso, en clara interpretación del objeto poé-tico, llamó la atención (cuándo no) de Jorge Luis Borges, para la oca-sión convertido en riguroso naturalista y exigente partidario de la fiel representación, quien señaló mediante un argumento *ad hominem*:

Yo no sé. Por ejemplo, él dice: "Es este cielo azul de porcelana / es una copa de oro el espinillo /..." Usted ve que lo sé de me-moria. Ahora, yo no creo que a un grillo las cosas naturales le parezcan artificiales. De modo que la idea de que un grillo pue-

---

* Reelaboración del trabajo publicado con el mismo título en *La Ballena Blanca*, Año 3, n° 5, Buenos Aires, agosto de 1999.
[1] Leopoldo Lugones, *El libro de los paisajes*, 1917.

da pensar que el cielo es de porcelana y que un árbol es de oro, es una idea totalmente ajena a los grillos. [...] Además, si un corazón es sencillo, no puede ser eglógico, que es una palabra de diccionario.

Sin embargo, no al extremo de dejar de reconocer algún misterio en la persistencia, puesto que

yo creo que más allá de mi juicio, de mi opinión, que es meramente intelectual, sin duda hay algo en ese soneto. Porque si no, ¿por qué perdura en mi memoria y en la memoria de todos los argentinos?[2]

Por lo pronto, en 1924 la fama conseguida le sirve a Nalé para, entre otras cosas, conocer a Natalio Botana (Uruguay, 1888-1941), fundador de *Crítica*, tal vez el diario "amarillo" por excelencia.[3] Encuentro significativo, ya que como dirá después: "Toda mi vida mientras Natalio Botana vivió trabajé en *Crítica*".[4] Y a la vez, va a formar parte también de la redacción inicial de la revista *Martín Fierro*, paradigma de las expresiones de la vanguardia estética argentina, compartiendo con los otros jóvenes "martinfierristas" el canon que busca instalar la "nueva sensibilidad" en la trama que proponen los modernos medios de comunicación masiva, y los novedosos rasgos técnicos de los procesos de urbanización que entonces soporta Buenos Aires.[5] Con respecto a lo cual conviene, más allá de los estudios dedicados a la cuestión, no olvidarse del manifiesto —ese rito textual practicado en especial por los movimientos de vanguardia, deseosos de mostrar que entre textos, principios teóricos y propósitos ideológicos existe total congruencia—, en uno de cuyos párrafos se dice que *"Martín Fierro* ve una posibilidad arquitectónica en un baúl 'Innovation', una lección de síntesis en un 'marconigrama', una organización mental en una 'rotativa'..."[6] Es decir, como lo rememorará uno de los integrantes más visibles,

[2] *Borges el memorioso. Conversaciones de Jorge Luis Borges con Antonio Carrizo*, Buenos Aires, Fondo de Cultura Económica, 1982.
[3] Para una caracterización y desmitificación del término "amarillismo", ver Oscar Steimberg, "Prensa amarilla, prensa blanca: Notas sobre una conocida y no definida oposición de géneros", en Jorge Rivera y Eduardo Romano (comp.), *Claves del periodismo argentino actual*, Buenos Aires, Tarso, 1987.
[4] Conrado Nalé Roxlo, *Borrador de memorias*, Buenos Aires, Plus Ultra, 1978.
[5] Ver, en este volumen, Sylvia Saítta, "Nuevo periodismo y literatura argentina".
[6] *Revista "Martín Fierro" 1924-1927. Edición facsimilar*, Buenos Aires, Fondo Nacional de las Artes, 1995.

la gente que escribe, por desligada que se considere a sí misma de lo inmediato, por ser otras sus preocupaciones predominantes, cada mañana lee los diarios, y queda imbuida de *lo que pasa*. En modo peculiarísimo aconteció eso con el público y los colaboradores de *Martín Fierro*, cuya constante preocupación fue de índole temporal: *estar al día* era cuestión de vida o muerte...[7]

Por supuesto, ¿hay algo más inmediato que el diario, que "vive al día", como se dice?, ¿qué más "nuevo" que la noticia? Ése es el pan de la modernidad (que no se pide, del que nadie queda sin comer, por otra parte), la "organización mental" de la vanguardia y su público. Incluso, la jerga periodística dispone de una palabra que es todo un concepto, "primicia", un privilegiado significante que desdeña pasado y porvenir, *flash* que informa de súbito lo informe y le da forma, efímero porque prontamente es desalojada por otra primicia. Los diarios de ayer no sirven, los de hoy caducan rápido. Nada más imposible que una noticia que no ocurrió, nada más "viejo" que una ocurrida.

A pesar de ello, hay que decir que Conrado Nalé Roxlo no permaneció fiel a tal fervor juvenilista aunque puede haber tenido vacilaciones, por lo menos en sus dichos posteriores y distantes. De este modo, en el libro que reúne una selección personal de algunas colaboraciones periodísticas expresará, dirigiéndose al lector:

Los presentes ejercicios literarios, nacidos en el apresuramiento periodístico, podrían ser la historia de mis simpatías y diferencias, como diría Alfonso Reyes. No me parece honrado tomarme la ventaja de señalarlas. En que el lector las descubra en la deformación humorística, que es la razón de ser del pastiche, está mi riesgo.[8]

Y en el libro de memorias póstumo, paradójicamente anticipado por medio de entregas semanales en el diario *El Mundo*, en 1959, escribirá:

Carezco de vocación y aptitudes para el periodismo, aunque es la galera en que he remado siempre. [...] Tal incapacidad nace de un profundo desapego por la actualidad, cuya consecuencia

---

[7] Ver Eduardo González Lanuza, *Los martinfierristas*, Buenos Aires, Ediciones Culturales Argentinas, 1961.

[8] Ver Conrado Nalé Roxlo, *Antología apócrifa*, Buenos Aires, Hachette, 1943.

natural es que nunca estoy informado de lo que ocurre, y de algo más grave quizá. No obstante haberme especializado en la imitación de estilos, jamás he podido aprender el periodístico. [...] Nunca podré escribir precipitación pluvial por lluvia, como es de rigor, ni contar que en el crimen que se produjo por cuestiones del momento, el asesino extrajo un revólver de entre sus ropas, pues no me cabe en la cabeza —mal conformada, indudablemente— que alguien pueda suponer que lo sacó de un cofre rococó que le llevaba un paje en un cojín de seda carmesí, pongo por caso.[9]

Esta reflexión ha sido parcialmente desmentida, como se puede advertir en una lectura de la *Nueva Antología Apócrifa*, de cuyo carácter y contenido nos ocuparemos más adelante.

Pastiches y mélanges en el diario Crítica

Nalé Roxlo firmaba "A la manera de...", su columna de *Crítica*, no con su nombre sino con el seudónimo de "Algo por Alguien".[10] La columna aparecía casi siempre el día viernes, en la sección "Notas Varias", generalmente en la página 12 del diario. Además de que la compartía con "Carlos de la Púa" (seudónimo de Raúl Carlos Muñoz y Pérez o Carlos Muñoz del Solar), quien titulaba sus notas "Tipos Pintorescos" y con "Piolín de Macramé" (seudónimo del médico y escritor Florencio Escardó), que las encabezaba con "¡Oh...!", esa presencia tan abundante del humor en la sociedad argentina es característica de una época en la que proliferaban muestras muy refinadas de las posibilidades de ese giro lingüístico, sea en los diarios, las revistas,[11] el teatro y aun, y se diría que sobre todo, en la incipiente radiofonía.[12] Su

---

[9] Conrado Nalé Roxlo, *Borrador de memorias, op. cit.*

[10] Quedará para otra oportunidad el tratamiento de las colaboraciones periodísticas de carácter humorístico firmadas con otros seudónimos, como Homo Sapiens o Chamico. Se trata aquí solamente de las imitaciones de estilo aparecidas en el diario *Crítica*, entre 1932 y 1938, y no del conjunto de ellas puesto que no todos los ejemplares encuadernados del diario están disponibles para su consulta en la hemeroteca de la Biblioteca Nacional ni en otras conocidas.

[11] Sin olvidar los almanaques. Repárese en las elaboradas estilizaciones hechas por Florencio Molina Campos para la firma Fábrica Argentina de Alpargatas; entre 1931 y 1945 se tiraron cerca de veinte millones de ejemplares.

[12] Vale la pena evocar figuras como Niní Marshall, Augusto Codecá, Pepe Arias, Pepe Iglesias, Fernando Ochoa y muchos otros, que regocijaron al público argentino durante varios años.

incidencia en la literatura no puede ser ignorada; el propio Nalé Roxlo lo expresa pero, por otra parte no es inútil señalar que no es por azar o distracción que Julio Cortázar toma un fragmento de César Bruto para iniciar *Rayuela*, texto insoslayable de la literatura argentina del siglo XX. Se diría que la profusión humorística, casi como un rasgo nacional, aunque por cierto, con ciertos lapsus, prosiguió durante décadas y aún tiene renovada presencia en la obra de dibujantes —basta con mencionar a Quino, Fontanarrosa y tantos otros— y escritores —el propio Roberto Fontanarrosa es un buen ejemplo.

La mencionada página, para volver a ese momento de *Crítica*, incluía también ilustraciones humorísticas como "El Nuevo Rico", por Héctor, o "La Risa va por los Barrios", por Roberto, amén de los distintos dibujantes que ilustraban sus pastiches, ninguno de los cuales le iba en zaga en afán caricaturesco, y en ese sentido reforzaban o contribuían a perfeccionar el efecto "paródico" de la escritura, más allá de su propio (y relativo) valor; el texto y las ilustraciones, como dos aspectos complementarios de un mismo gesto, constituyen un objeto muy valioso, dado el gran nivel de cooperación que guió el trabajo; el coherente entramado hace muy difícil deslindar lo icónico de lo textual.[13] No obstante, dada esa particularidad, es posible formular algunas aproximaciones, si no interpretaciones, a la obra total de este poeta y humorista.

En primer lugar, hay que señalar que Conrado Nalé Roxlo comenzó a publicar su columna de "Algo por alguien", el 24 de diciembre de 1932, tal como puede desprenderse de la nota publicada en la Navidad de 1936 con el título de "En el 4to. Aniversario de 'Algo'" en la que además pide disculpas al lector por no dedicarse a imitar a Dickens.

Pero, luego de ese día de diciembre, apareció de ahí en adelante, todos los días, en diversas páginas del diario, es decir sin un lugar fijo, bajo el título general de "Filosofícula". Esta situación se continuó (casi con certeza) hasta bien entrado 1935, aunque no diariamente. Es sólo en este año cuando van a delinearse sus experimentaciones "paródicas" con algún grado de continuidad. A su vez, ese título, "Filosofícula", remite a un libro de Leopoldo Lugones, de 1924, que reúne relatos y aforismos. Dicho sea de paso, esa palabra, "filosofícula", como hermana

---

[13] En la primera selección para libro de sus imitaciones de estilo, recogidas en *Antología apócrifa* (1943), Nalé Roxlo estaba acompañado por el notable dibujante y caricaturista salvadoreño Toño Salazar (1900-1986). En la Argentina, Salazar fue colaborador de *La Prensa* y *La Nación*, entre otras publicaciones; sus dibujos tienen la impronta de una experiencia vanguardista, realizada en París en la década del 20.

pobre y menor de la filosofía, restituye en manos de Nalé su dignidad mediante un tono "moralizante", que se puede leer en estos textos, de "Algo por Alguien", que podríamos llamar "primerizos".

A partir de ahí, Nalé Roxlo fue aceitando lo humorístico por la vía del mecanismo del pastiche hasta llegar a la sofisticación de ese recurso a partir de 1936, proceso que habla al mismo tiempo del magnánimo laboratorio de escritura que era el diario *Crítica* por esos años, un lugar de experimentación en el que hicieron lo suyo escritores como Borges, Arlt y tantos otros, pese al éxito que *Crítica* logró, apoyándose claramente en los escándalos políticos y financieros que acaso los demás medios callaban y que fueron su fuente, en presencia de poderosos competidores, en particular *La Nación* y *La Prensa*.[14]

Ahora bien, Nalé Roxlo aplica el recurso del "pastiche" a múltiples discursos, no sólo al literario, como podría pensarse teniendo a la vista sólo la *Antología apócrifa* en sus diferentes versiones. Como ejemplos de discursos muy distantes de lo literario citaremos: "Contribución al Estudio de la Distribución Geográfica de la Rabia no Epidérmica en la Ciudad de Buenos Aires. (A la manera de una Tesis de Doctorado)" [sábado 20/7/1935] y "Sangre Nativa o el Cojinillo del Destino. (Novela radiofónica a la manera de Andrés González Pulido)" [sábado 10/8/1935].[15] En el mismo sentido, se puede citar "Disertación sobre la Cultura. (Discurso Pronunciado por la Distinguida Educacionista Señorita Italia Migliavacca, en un Acto Escolar)" [viernes 30/10/1936], además de "¡Oh, las Camisetas! (A la manera de Piolín de Macramé)" [viernes 8/5/1936], quien le contestará el viernes siguiente con "¡Oh, "Alguien"! Esa respuesta, en la misma página, indica el clima de diálogo en el mismo código y la importancia que se les concedía a las respectivas actuaciones, textuales en este caso.

En segundo lugar, y en relación con la mencionada diversidad de objetos textuales parodiables, en "La Historia de Marcelino" [viernes 2/12/1938], sobre la conocida estrofa popular: "Marcelino fue por vino/ rompió el jarro en el camino/ Pobre jarro, pobre vino/ ¡Pobrecito Marcelino!", da una vuelta de tuerca respecto de los alcances del

---

[14] Ver Álvaro Abós, *El tábano. Vida, pasión y muerte de Natalio Botana*, Buenos Aires, Sudamericana, 2001.

[15] Ver Jorge B. Rivera, "La máquina de capturar fantasmas", en Aníbal Ford, Jorge B. Rivera y Eduardo Romano, *Medios de comunicación y cultura popular*, Buenos Aires, Legasa, 1985. Rivera recuerda que a comienzos de la década de 1930, Andrés González Pulido, un discutido precursor, autor de uno de los más exitosos radioteatros de temática "gauchesca" de la época, logró captar y mantener el interés del público con su conjunto "Chispazos de tradición", desde la primitiva Radio del Pueblo, dirigida por Jaime Yankelevich.

efecto de humor de la parodia, y logra una transformación, o un cambio de cualidad, mediante una articulación que en torno a una pregunta acerca de la identidad del tal mítico Marcelino da lugar a numerosas variantes.[16] Siguiendo esa línea, en los viernes inmediatamente posteriores, y en una decidida apuesta a la constancia del lector, Nalé Roxlo desplegará un complicado juego de erudición a partir de la misma historia y su personaje, para transformarla según el hipotético caso de que distintos autores o estilos la hubieran tratado; así, publica "Vida, Muerte y Gloria de Marcelino. (A la manera de los romances populares)" [viernes 9/12/1938], "Marcelino o el Atavismo. (A la manera de Emilio Zola)" [viernes 16/12/1938], "La Navidad de Marcelino. (A la manera de Carlos Dickens)" [viernes 23/12/1938] y, finalmente, "Marcelino y el Jarro Maravilloso. (Cuento para niños a la manera de Hans Christian Andersen)" [viernes 30/12/1938].[17]

Estas experimentaciones periodísticas serán seleccionadas por Conrado Nalé Roxlo con vistas a la publicación en libro, en el cual privilegia la imitación de estilo de reconocidos nombres de la literatura universal y nacional, tal vez por considerar que las otras clases de "pastiche", de discursos no literarios, eran muestras demasiado evidentes del "apresuramiento periodístico" de que habla al comenzar el libro. La primera edición de la *Antología apócrifa* incluye los siguientes autores imitados: Miguel de Unamuno, Luis de Góngora, George Bernard Shaw, Los Cuentistas Rusos, Ramón del Valle-Inclán, José Ingenieros, Evaristo Carriego, Carlos Dickens, Ramón Gómez de la Serna, Pablo Neruda, Enrique Heine, Jules Laforgue, Jerome K. Jerome, Santiago Rusiñol, Carlos Baudelaire, Octavio Mirbeau, Rudyard Kipling, Federico García Lorca, León Tolstoy, James Joyce, Rubén Darío, G. K. Chesterton, Mark Twain, Pío Baroja, Héctor Pedro Blomberg y Arturo Conan Doyle (la españolización de algunos nom-

[16] Sin que haya una relación directa, no puede no evocarse a Raymond Queneau, en *Exercices de style*, Paris, Gallimard, 1947, en el que juega con las posibilidades narrativas que dimanan de una variación del punto de vista.

[17] Como lo hizo Marcel Proust con el *affaire* Lemoine, un sonado caso de fraude de 1908. Proust eligió "una noche, este trivial caso jurídico como único tema de una serie de piezas literarias en las que procuré imitar el estilo de diversos escritores". El primer grupo de autores imitados estaba formado por Balzac, Émile Faguet, Michelet y Edmond de Goncourt, y la colaboración fue publicada en el suplemento literario de *Le Figaro*, el 22 de febrero de 1908; en el segundo grupo se encontraban Flaubert y Sainte-Beuve, y el artículo apareció en 14 de marzo; y la tercera colaboración, aparecida el 28 de marzo, estaba dedicada a Renan". Ver George D. Painter, *Marcel Proust, 2. Biografía: 1904-1922* [1959], Madrid, Alianza, 1972. 1ª edición en español, Barcelona, Lumen, 1967.

bres de pila es de uso en la época, Borges mismo lo hizo en los trabajos que componen *Discusión*).

La segunda edición (Emecé, 1952) agrega W. Somerset Maugham, Alejandro Dumas, Jorge Luis Borges, Gabriel D'Annunzio, Carlos Guido y Spano, Víctor Hugo y Julio Herrera y Reissig. A estas selecciones se les suma *Nueva antología apócrifa* (1969) que incorpora a Roberto Arlt, Oscar Wilde, Macedonio Fernández, Leopoldo Lugones, Fedor Dostoievsky, José María Gabriel y Galán, Eugène Ionesco, Gustavo Adolfo Bécquer, Carlos de la Púa, Vargas Vila, Ramón del Valle-Inclán (otro pastiche), Eugenio Sue, Arturo Capdevila, Ponson du Terrail, Vital Aza, J. K. Huysmans, Francisco Luis Bernárdez, Paul Féval, Eugene O'Neill, Almafuerte, Luis de Val, Enrique Jardiel Poncela, Horacio Rega Molina y (única imitación de discurso no literario, sí periodístico: la nota necrológica) "Sic Transit Gloria Mundi, a la manera de Los diarios de mi pueblo".[18] Ninguna de estas selecciones para libro posee la referencia precisa del lugar y fecha de su publicación original.

El 21 de marzo de 1969 se presentan en el teatro Candilejas recreaciones (de las recreaciones) de la *Antología apócrifa*. Hecho curioso, porque remite, o semeja confirmar, si se nos concede la audacia, a uno de los posibles rasgos originarios, si bien nebulosos, de la "parodia":

> En el siglo X, el enciclopedista bizantino Suidas había afirmado más rotundamente que la parodia consiste [...] en "componer una comedia con versos de una tragedia". Pasando de lo dramático a lo narrativo, la descripción de Escalígero presenta la parodia como un relato cómico compuesto, mediante las modificaciones verbales indispensables, con versos de una epopeya. Así habría nacido la parodia, 'hija de la rapsodia' (o quizá de la tragedia) en el mismo lugar de la recitación épica (o de la representación dramática), y de su mismo texto, conservado, pero 'invertido' como un guante.[19]

En cuanto a Nalé Roxlo y la relación del humor con la parodia, tiene que ver en gran parte con el campo de lectura, significativamen-

[18] Cabe mencionar la reedición de las dos primeras ediciones, con estudio preliminar y notas, que realiza María Hortensia Lacau en 1971, para la colección Grandes Obras de la Literatura Universal de la editorial Kapelusz.

[19] Gérard Genette, *Palimpsestos* [1982], Madrid, Taurus, 1989. Ver también Noé Jitrik, "Rehabilitación de la parodia", en *La parodia en la literatura latinoamericana*, Introducción y coordinación de Roberto Ferro, Buenos Aires, Facultad de Filosofía y Letras, 1993.

te ampliado, que se conformó en las décadas del 20 y 30, época asiento de la noción de "ruptura", que preside la idea central de este volumen. Es así como

la mitad del efecto humorístico depende fundamentalmente de la existencia de un receptor apropiadamente informado sobre las características básicas del material escogido por el autor. De otro modo la búsqueda de un efecto cómico, a partir de la estilización o la magnificación mimética de los rasgos temáticos o estilísticos de la fuente original, se transforma irremediablemente en un puro gesto críptico y autorreferencial, cosa que no parecía ocurrir con los populares textos de Nalé.[20]

Podemos añadir que Nalé Roxlo tuvo muy en cuenta este papel destacado del lector, o su "competencia enciclopédica", como diría Umberto Eco.[21] Lo consideró en la práctica periodística cuando aplicó un amplio criterio de la transformación textual de diferentes discursos, lo que implicaba diferentes lectores, pero también hay que tener en cuenta la posible indiferencia "consentidora" de Natalio Botana respecto de un espacio extremadamente lúdico que no comprometía el éxito del diario sino, al revés, ayudaba a consolidarlo al convivir con discursos "serios" o más jugados políticamente. Pero al mismo tiempo lo consideró cuando cribó esa misma práctica de transformación textual para llevarla al terreno del libro: "En que el lector las descubra en la deformación humorística, que es la razón de ser del *pastiche*, está mi riesgo", escribe en la edición de 1943.

Por lo demás, volviendo al enunciador y su situación de escritura, no puede decirse que haya carecido totalmente de intención al seguir el camino de la parodia y el pastiche; si bien habla, en ese sentido, de "apresuramiento periodístico", también declara con claridad, en su prólogo de 1943 a la *Antología apócrifa*, su definición de "escritura" como campo de opciones comprometidas, su proceso de producción textual, en términos equiparables a los de Roland Barthes.[22]

---

[20] Ver Jorge B. Rivera, *Postales electrónicas*, Buenos Aires, Atuel, 1994. En este volumen, Sylvia Saítta, "Nuevo periodismo y literatura argentina", señala explícitamente que los grandes tirajes de la revista *Martín Fierro*, hasta veinte mil ejemplares, se apoyan en el crecimiento del público lector.

[21] Ver Umberto Eco, *Lector in fabula. La cooperación interpretativa en el texto narrativo*, Barcelona, Lumen, 1981.

[22] Roland Barthes, *El grado cero de la escritura. Seguido de nuevos ensayos críticos*, Buenos Aires, Siglo XXI, 1976.

Ninguno de estos entretenimientos fue escrito con el modelo a la vista. Así, más que el estudio minucioso de estilos y espíritus, son la estilización del recuerdo dejado en mí por lecturas que a veces se remontan a la adolescencia; lo que la memoria salva según nuestras preferencias profundas y con frecuencia inconscientes, los rasgos que más me impresionaron de un autor en determinado momento.

Un excurso sobre parodia

En cuanto a los términos "parodia" y "pastiche", respecto de los cuales avanzamos alguna idea, Nalé suscribía la extendida definición francesa original de *pastiche*: imitación, plagio, remedo.[23] Coincidía en rasgos generales con la definición de "parodia" en español: imitación burlesca de una obra literaria seria, por extensión toda imitación burlesca, y que ha llevado entre otras consecuencias a que se traduzca de modo similar "pastiche" por "parodia". Gérard Genette dedicó un libro imprescindible a despejar esta confusión en Francia. Su clasificación aclaratoria merece citarse:

Así pues, propongo (re)bautizar *parodia* la desviación de texto por medio de un mínimo de transformación [...]; *travestimiento*, la transformación estilística con función degradante [...]; *imitación satírica* [...] el pastiche satírico, cuyos ejemplos canónicos son *A la manera de...*, y del cual el pastiche heroico-cómico es una variedad; y simplemente *pastiche* la imitación de un estilo sin función satírica [...]. Finalmente, adopto el término general de *transformación* para subsumir los dos primeros géneros, que difieren sobre todo en el grado de deformación infligido al hipotexto, y el de *imitación* para subsumir los dos últimos, que sólo se diferencian por su función y su grado de intensificación estilística.[24]

---

[23] Es posible que Nalé Roxlo se haya internado en la vía de la "parodia" espontáneamente, por genialidad o porque estaba en el ambiente; por otra parte, el sainete y su enorme presencia en las cuatro primeras décadas del siglo XX favorecía, por su fecundidad de recursos imitativos y burlescos estos acercamientos. Ver en este mismo volumen, Beatriz Trastoy, "Una renovación fallida: Armando Discépolo y el grotesco criollo".

[24] Gérard Genette, *op. cit.*

Todavía más, pues es necesario distinguir, siempre según Genette, dos maneras de no ser satírico:

una, de la que resultan manifiestamente las prácticas del pastiche o de la parodia, apunta a una especie de puro divertimento o ejercicio ameno, sin intención agresiva o burlona; es lo que llamaré el régimen *lúdico* del hipertexto; pero hay otra, a la que acabo de aludir al citar por ejemplo el *Doctor Fausto* de Thomas Mann, y a la que bautizo ahora, a falta de un término más técnico, su régimen *serio*.

Con lo cual incorpora una tercera categoría, la de las transformaciones e imitaciones serias. Conviene recordar, desde otro punto de vista (el del quien mira los procedimientos de intertextualidad en la escritura literaria), una reflexión de Marcel Proust, quien defendía su trabajo mimético por

la virtud purgativa, exorcizante, de la imitación. Cuando uno acaba de leer un libro, no sólo quisiera seguir viviendo con sus personajes, con la señora de Beauséant, con Frédéric Moreau, sino que hasta nuestra voz interior que se ha disciplinado durante toda la lectura para seguir el ritmo de un Balzac o de un Flaubert, querría seguir hablando como ellos. Hay que dejarla hacer por un momento, dejar que el pedal prolongue el sonido, es decir hacer una imitación voluntaria para poder después de ello, volver a ser *original* y no hacer durante toda la vida imitaciones involuntarias.[25]

Podría pensarse que la institucionalización académica de estas nociones produjo (fatalmente) una vulgata del concepto en la Argentina o, mejor dicho, una vulgarización conceptual puesto que "parodia" es algo más que un mero recurso para la diversión, por más que la imitación casi siempre tiende a ser cómica.

El periodismo no es ajeno al uso vulgar del concepto desde el momento en que suele acudir a menudo al plagio, defendido con frecuencia como subpráctica de la intertextualidad, e inherente a todas

---

[25] En Gilles Philippe, *Flaubert savait-il écrire?*, Grénoble, Université Stendhal, 2004. El autor evoca el artículo de Marcel Proust, "A propósito del 'estilo' de Flaubert" (1920), publicado en la *Nouvelle Revue Française,* traducido por Marcelo Menasché para la revista *Voces,* n° 3, Barcelona, Montesinos, s/ fecha. Es probable que ese texto haya sido extraído de *Crónicas*, Buenos Aires, Santiago Rueda, 1947.

las operaciones de escritura, sean literarias y elevadas, sean corrientes y pragmáticas. Las excusas que se arguyen en el periodismo se recuestan en todo caso en el necesario uso de jergas, con el atenuante de que cierta ética periodística obliga a hacer pública la "estafa", desde luego si hay riesgo de que el robo sea descubierto.[26] Pero ya se sabe que de todas maneras, quizá por las actuales condiciones de arrastre finisecular, los usos "paródicos" proliferan de forma harto flagrante en diversos ámbitos, en una suerte de planificación desmesurada de la requisa.[27]

Otra vez los "pastiches"

A causa de la abundancia de textos producidos por Nalé Roxlo en esta veta, presenta cierta dificultad clasificar lo que él mismo llamó "pastiches"; por esa razón, es posible que se haya confundido con el término más o menos genérico de "imitación de estilo", vertiente que por otro lado siguió el escritor.[28]

Huelga decir que muchos de sus "pastiches" comparten por lo menos dos de las categorías arriba citadas, imitación y parodia. Pero hay algo más: baste recordar lo que Genette (una vez más) dice acerca de Proust: "El régimen se escalona desde el más satírico al más admirativo. Pero es muy característico que ninguno de estos autores haya suscitado en Proust una condena o una crítica de su singularidad estilística"; algo semejante podría decirse de Nalé Roxlo en el sentido de que en sus pastiches, por imitación o parodia, pone en funciona-

---

[26] Siempre se podrá postular que "El plagio es necesario. Está implícito en el progreso. Sigue de cerca la frase de un autor, se sirve de sus expresiones, borra una idea falsa, la reemplaza por una idea justa", y también que, como señalaba Lautréamont en *Les Chants de Maldoror*, "La poesía debe ser hecha por todos. No por uno". Bertolt Brecht, por su lado, defiende, desde el marxismo, en nombre de las masas laboriosas, la "expropiación" de los productos estéticos de la burguesía.

[27] Ver Eduardo Romano, "Parodia televisiva y sobre otros géneros discursivos populares", en *Cuadernos Hispanoamericanos*, nº 517-9, Madrid, 1993. También Jorge B. Rivera, "Notas sobre literatura y cultura popular en el 'fin de siglo'", en *Boletín de la Biblioteca del Congreso de la Nación*, nº 119, Buenos Aires, 1996. Importan sus observaciones sobre el presente clima de "reciclamiento" y "atonía entrópica" que afecta a algunos escritores.

[28] Es conveniente recordar de paso que "La influencia clásica pasa a la literatura de las naciones modernas a través de tres canales principales, la traducción, la imitación, la emulación", según lo mostró Gilbert Higuet en *La tradición clásica. Influencias griegas y romanas en la literatura occidental*, México, Fondo de Cultura Económica, 1954.

miento mecanismos que trascienden el punto de partida, tan visible y en apariencia corriente, aunque siempre objeto de delicada observación; en otras palabras, se trata de literatura en el más amplio sentido de la palabra que, desde esta mecánica, aparece atravesada por un movimiento de ruptura, que tiene respaldo en una práctica poética de llamativo refinamiento, respecto de la solemnidad oficial, seguramente encarnada en determinadas figuras dominantes, pero que asoma desprovista de agresividad, como matizando en sordina la estridencia de otras manifestaciones rupturistas contemporáneas. Su humor es, con gradaciones, compasivo, diferente del ácido que caracteriza los *Aguafuertes* de Roberto Arlt, agudo observador, como él, de modalidades y modismos propios de un tiempo de afirmaciones y de cambios.[29]

El Ulises *de Joyce en la Argentina*

El artículo "El Puzzle de la vida. (Capítulo de una novela a la manera de James Joyce)", apareció en *Crítica*, el viernes 26 de febrero de 1937, acompañado de una caricatura de Joyce hecha por Sorozábal, que retrata al irlandés sin un ojo, enfatizando sus dificultades visuales. Está incluido en la primera edición de la *Antología Apócrifa*, pero sin el aditamento "Capítulo de una novela".

La primera traducción integral del *Ulysses* (1922) es la de José Salas Subirat, publicada por la Editorial Santiago Rueda, en 1945. Pero, como se ha dicho con frecuencia, no es necesario que una obra esté traducida en su totalidad para que se la conozca. Puede haber fragmentos traducidos, citas, alusiones, rumores e incluso conocimiento directo de la literatura en otras lenguas.[30] Es de público conocimiento

---

[29] Nalé Roxlo dedica a Roberto Arlt varios capítulos en *Borrador de memorias, op. cit.* Uno de ellos comienza así: "Conocí a Roberto Arlt en 1917 o a principios de 1918 [...] Había entre nosotros tantos puntos de contacto como divergencias, que es lo que hace interesante una amistad". Y el homenaje a su vez tomó la forma del "pastiche": "El Octavo Loco. A la manera de Roberto Arlt", incluido en *Nueva antología apócrifa*, Buenos Aires, Compañía General Fabril Editora, 1969. Ver también Roberto Retamoso, "Roberto Arlt, un cronista infatigable de la ciudad", en María Teresa Gramuglio (dir.), *El imperio realista*, vol. 6, *Historia crítica de la literatura argentina*, Buenos Aires, Emecé, 2002. También, en este volumen, Sylvia Saítta "Nuevo periodismo y literatura argentina".

[30] Puesto que fue llamado el "James Joyce del siglo XVIII", puede decirse que el conocimiento de la famosa novela de Laurence Sterne, *Vida y opiniones del caballero Tristram Shandy* (1759-1760), fue muy anterior en el ámbito latinoamericano a la primera traducción al español, que es de 1975. Pueden rastrearse huellas de esa nove-

que Borges se "adelantó", entre nosotros, a traducir la última página del *Ulises*.[31] Poco después diría: "Soy el primer aventurero hispánico que ha arribado al libro de Joyce: país enmarañado y montaraz [...]: Junto a la gracia nueva de las incongruencias totales y entre aburdeladas chacotas en prosa y verso macarrónico suele levantar edificios de rigidez latina".[32] En segundo lugar, cabe hacer notar que el "pastiche" de Nalé tiene como objeto no las últimas páginas del *Ulysses*, sino las primeras, lo que quiere decir, obviamente, que no operó a través de Borges sino a partir de un conocimiento directo. Sin embargo, algo de lo subrayado por Borges se encuentra en él, en la medida en que (en parte) acaba por ser lo más evidente de la novela de Joyce aquello que "descubre" una (impactada) primera lectura.

James Joyce solicitaba un *ideal reader* para *Finnegans Wake* (1939): "Lectura para un lector ideal afectado por un insomnio ideal", según sugiere Umberto Eco, pero, por de pronto, ya había obtenido un "lector crítico" o sea aquel que muestra "cómo se las ingenió Joyce para crear muchas figuras alternativas en su alfombra, sin decidir cuál era la mejor". No de otra manera cabría apreciar a Nalé y su laboratorio de lectura-escritura que suscita una "crítica en acción", similar a la que deseaba Proust a través de sus "pastiches", a los que Barthes les atribuye un "testimonio de fascinación y de desmitificación".[33] El "pastiche" es por lo mismo una cuestión carnavalesca y así lo dice Nalé Roxlo:

el carnaval me había marcado para siempre, y sin duda de él nacieron mi afición a los seudónimos, forma literaria de la máscara, bajo la que me siento muy cómodo, y más aún mi

---

la en textos de Guillermo Cabrera Infante, Julio Cortázar o José Lezama Lima. Pero no es el único caso en la literatura de todos los tiempos.

[31] Se publicó bajo el título de "La última hoja del *Ulises*", en la revista *Proa*, segunda época, año II, n° 6, Buenos Aires, enero de 1925, junto a una fotografía de James Joyce. La revista *Sitio*, n° 2, Buenos Aires, 1982, reeditó la traducción

[32] Ver "El *Ulises* de Joyce", en *Inquisiciones*, 1925. Por otra parte, Luis Chitarroni ha seguido la relación iniciada en este texto, ver "Borges y Joyce", en Nada Basic y Elena Szumiraj (comps.), *Joyce o La travesía del lenguaje. Psicoanálisis y literatura*, Buenos Aires, Fondo de Cultura Económica, 1993.

[33] George D. Painter, en el capítulo de su monumental biografía de Proust, *op. cit.*, titulado "Purificación mediante la parodia (enero-octubre de 1908)", desliza que "Las parodias de Proust son las más divertidas y más profundas de la lengua francesa". Por su parte, Nalé Roxlo igualmente escribió un "pastiche" extenso sobre Proust, no recogido en libro: "Reunión en casa de la duquesa. (A la manera de Marcel Proust)", en *Crítica*, 13 de julio de 1935.

gusto y aptitud para los 'pastiches', que me lleva no sólo a imitar los estilos ajenos, sino también las almas de los demás.[34]

Pero si en Proust los títulos de los libros encontrados al azar despiertan en la madurez "reminiscencias" que llevan a lecturas de la infancia y a la infancia misma, en Nalé el repetido asedio de un autor, por medio del "pastiche", persigue recuperar "la sorpresa y el encantamiento de la primera lectura", puesto que hay ciertos escritores que se saben de memoria por la relectura desde la adolescencia, y el "pastiche" es un modo (voluntario, según Proust) de despojarse de la fascinación que ellos ejercen, esto es, de desencantar, y así retornar al "encantamiento de la primera lectura".

De otro modo, Nalé comparte un mecanismo semejante:

> Por aquella época yo imitaba, descarada e inocentemente, a Julio Herrera y Reissig, por quien sigo teniendo la misma admiración, pero más respeto. Me parecía entonces que cuanto más se acercaba a un poema suyo uno mío, más próximo estaba de la perfección.

Posteriormente lo imitará en Crítica ("Cefalasia abismática. [A la manera de Julio Herrera y Reissig]", viernes 20 de marzo de 1936), y en la segunda edición de la Antología apócrifa, recuperará otro "pastiche" (no hemos podido identificar su fuente): "Desdenes póstumos. A la manera de Julio Herrera y Reissig". Sin embargo, Nalé no trasladará el recurso intertextual humorístico a su poesía, como sí lo hizo Proust con su narrativa. Y no tan sólo por diferentes intereses de estrategia escrituraria (según Roland Barthes, "A la búsqueda del tiempo perdido es la historia de una escritura"), mientras que los pastiches de Nalé anclan en un presente, determinado horizonte de recepción, determinadas condiciones de escritura, tal como lo cita Luis de Paola: "he luchado por separar en mi obra literaria al humorista del poeta [...], pues no se me ocurriría nunca escribir versos mechados de humorismo".[35] Lo máximo que pudo permitirse, en cuanto a intertextualidad lírica, es un poema, que cita indirectamente en tono elegíaco el poema "El grillo", "A un lejano grillo", y que primero se publicó en La Nación, y después pasó a integrar el libro De otro cielo (1952).[36]

---

[34] Conrado Nalé Roxlo, Borrador de memorias, op. cit.

[35] Ver Luis de Paola, "Introducción", en Conrado Nalé Roxlo, Antología Total, Buenos Aires, Huemul, 1968.

[36] El poeta Leónidas Lamborghini, en cambio, ha optado por la "parodia", en su producción poética, con maestría difícil de igualar.

Asimismo, al apreciar la actitud mimética de Nalé como "crítica en acción", como acto de un "lector crítico", se debería incluir también a su contemporáneo Leopoldo Marechal, lector de Joyce e incluso seguidor quizás del modelo narrativo del *Ulysses,* tal como lo han señalado varios críticos de su *Adán Buenosayres,* a propósito de la errabundia del protagonista y de las unidades temporales del relato, sin contar, desde luego, con la representación de un espacio urbano fragmentado, análogo al Dublín del irlandés.[37]

Ahora bien, siempre hay algo que intranquiliza. Se trata de Roberto Arlt, cuya letra no está muerta y retorna. Se muestra ignorante de lenguas extranjeras,[38] y todos los mencionados o leen en inglés, como Borges, o casi con certeza, han leído, por proximidad neolatina y tradición cultural rioplatense, la traducción francesa del *Ulysses,* conseguida por un equipo, en 1929, y "enteramente revisada por M. Valéry Larbaud, con la colaboración del autor".[39] Como un verdadero aguafiestas Arlt escribe, en 1931:

> Variando, otras personas se escandalizan de la brutalidad con que expreso ciertas situaciones perfectamente naturales a las relaciones entre ambos sexos. Después, estas mismas columnas

[37] Leopoldo Marechal, "James Joyce y su gran aventura novelística", Buenos Aires, *La Nación,* 1941. Ver, también, Leopoldo Marechal, *Adán Buenosayres,* edición crítica, Jorge Lafforgue y Fernando Colla (coord.), Madrid, ALLCA XX-Fondo de Cultura Económica, Colección Archivos, 1997.

[38] Lector de traducciones, como casi todos, la "biblioteca" de Roberto Arlt es menos vasta que la de otros escritores, y al mismo tiempo basta, a tono con lo que le reprochaban los poseedores del llavero de las aduanas lingüísticas. Se ha escrito sobre ello repetidas veces. Vaya como ejemplo una imitación de Nalé: "'Juve' contra 'Fantomas'. (De una edición económica y en traducción más económica aún)", *Crítica,* viernes 30 de abril de 1937. Lector de los folletinistas franceses, que también va a imitar Nalé, como Eugenio Sue, Paul Féval, Ponson du Terrail, y sus extensiones, que practican escritores como Souvestre-Allain o Rohmer, etcétera. Y puesto que se habla de intertextualidad, la agrupación que nuclea a los "rateros" del primer capítulo de *El juguete rabioso* (1926) lleva por nombre "El Club de los Caballeros de la Media Noche", en alusión a la organización de Rocambole, el renombrado personaje de Ponson du Terrail. Por otra parte, cabe añadir que la saga de Fantomas de Pierre Souvestre y Marcel Allain fue llevada al cine por Louis Feuillade, entre 1913 y 1914; tales filmaciones, por cierto muy populares en su época, fueron frecuentadas y amadas por las vanguardias; Jacques Vaché, André Breton y Louis Aragon, por ejemplo, se contaron entre los fanáticos de este tipo de folletines cinematográficos, y las consideraron el espectáculo que convenía al siglo. Una de esas películas fue precisamente *Juve contra Fantômas.*

[39] Mario Teruggi, *El "Finnegans Wake" por dentro,* Buenos Aires, Tres Haches, 1995.

de la sociedad me han hablado de James Joyce, poniendo los ojos en blanco. Ello provenía del deleite espiritual que les ocasionaba cierto personaje de *Ulises*, un señor que se desayuna más o menos aromáticamente aspirando con la nariz, en un inodoro, el hedor de los excrementos que ha defecado un momento antes. Pero James Joyce es inglés, James Joyce no ha sido traducido al castellano, y es de buen gusto llenarse la boca hablando de él. El día que James Joyce esté al alcance de todos los bolsillos, las columnas de la sociedad se inventarán un nuevo ídolo a quien no leerán sino media docena de iniciados.[40]

"Las columnas de la sociedad" que le "han hablado" de Joyce a Roberto Arlt divulgan la fama del *Ulises* antes de su traducción completa. Repercusiones y malentendidos inevitables. Retazos. Arlt a su modo, explícitamente, fabrica su propia "crítica en acción" de segunda mano, de segundo grado. Lecturas de lecturas de lecturas. No es, quizás, el caso de Conrado Nalé Roxlo cuyos pastiches son como una gran cocina literaria en la que entran todos los ingredientes, o sea escritores y escritos, y son transformados en posibilidades escriturarias que desafían las aceptaciones rituales y las reverencias obligadas.

[40] Roberto Arlt, Prólogo, en *Los lanzallamas*, Buenos Aires, Claridad, 1931.

BIBLIOGRAFÍA

Bibliografía utilizada

Antología apócrifa, Buenos Aires, Librería Hachette, 1943; 2ª edición: Buenos Aires, Emecé, 1952.
Antología total, Buenos Aires, Huemul, 1968.
Nueva antología apócrifa, Buenos Aires, Compañía General Fabril Editora, 1969.
Antología apócrifa, Buenos Aires, Kapelusz, 1971.
Borrador de memorias, Buenos Aires, Plus Ultra, 1978.

Algunas obras de Conrado Nalé Roxlo

Poesía

El grillo, Babel, 1923; 2ª edición, 1924; 3ª edición, 1925, las dos últimas con prólogo de Leopoldo Lugones.
Claro desvelo, Sur, 1937.
De otro cielo, Ramón J. Roggero, 1952.

Teatro

La cola de la sirena, Hachette, 1941.
Una viuda difícil, Poseidón, 1944.
El pacto de Cristina, Losada, 1945.
Judith y las rosas, 1956.

Literatura infantil

El diario de mi amiga Cordelia, la niña hada, Abril, 1953.
La escuela de las hadas, Abril, 1954.

Novela

Extraño accidente, Sudamericana, 1960.

Cuento

Las puertas del purgatorio, Compañía General Fabril Editora, 1967.

Con el seudónimo de Chamico

Cuentos de Chamico, 1941.
El muerto profesional, Poseidón, 1943.
La medicina vista de reojo, Lumen, 1952.
Mi pueblo, Emecé, 1953.
El humor de los humores, Pie de Imprenta, 1953.
Sumarios policiales, Agepé, 1955.
El ingenioso hidalgo, Eudeba, 1965.

Ensayo

"Prólogo", en Conrado Nalé Roxlo (selección), *Amado Villar*, Ediciones Culturales Argentinas, 1962.
Genio y figura de Alfonsina Storni, en colaboración con Mabel Mármol, Eudeba, 1964.

Bibliografía crítica

Carlos Altamirano y Beatriz Sarlo, *Ensayos argentinos. De Sarmiento a la vanguardia*, Buenos Aires, Centro Editor de América Latina, 1983.
Umberto Eco, *Los límites de la interpretación*, Barcelona, Lumen, 1992.
Umberto Eco, *Las poéticas de Joyce*, Barcelona, Lumen, 1993.
María Hortensia Lacau, *Tiempo y vida de Conrado Nalé Roxlo. Entre el ángel y el duende*, Buenos Aires, Plus Ultra, 1976.
Marcel Proust, *Los placeres y los días. Parodias y Misceláneas* [1925], Madrid, Alianza, 1975.
Jorge B. Rivera, "Los juegos de un tímido: Borges en el suplemento de *Crítica*", en Aníbal Ford, Jorge B. Rivera y Eduardo Romano,

Medios de Comunicación y cultura popular, Buenos Aires, Legasa, 1985.

Sylvia Saítta, *Regueros de tinta. El diario* Crítica *en la década de 1920*, Buenos Aires, Sudamericana, 1998.

Beatriz Sarlo, *Una modernidad periférica: Buenos Aires 1920-1930*, Buenos Aires, Nueva Visión, 1988.

Laurence Sterne, *Vida y opiniones del caballero Tristram Shandy*, edición de Fernando Tola, Madrid, Cátedra, 1985.

Transformaciones

NUEVO PERIODISMO Y LITERATURA ARGENTINA

por Sylvia Saítta

Los lanzallamas, la novela que concluye el ciclo abierto por *Los siete locos* (1929) y que Roberto Arlt publica en 1931, se cierra con la descripción de una escena que transcurre en los subsuelos de los diarios de la ciudad de Buenos Aires, cuando se está imprimiendo la edición de medianoche. Esa descripción, en la que Arlt recurre, como en el resto de su obra, a términos que provienen de la tecnología, la química y la industria, da cuenta de un escenario moderno: el de las avanzadas maquinarias puestas al servicio de los medios de comunicación de masas:

> Altas como máquinas de transatlánticos, las rotativas ponen en el taller el sordo ruido del mar chocando en un rompeolas. Vertiginosos deslizamientos de sábanas de papel entre rodillos negros. Olor de tinta y grasa. Pasan hombres con hedor de ácido sulfúrico. Ha quedado abierta la puerta del taller de fotograbado; de allí escapan ramalazos de luz violácea.[1]

El escenario expresionista que Arlt imagina en los subsuelos de los diarios manifiesta el impacto que, en las primeras décadas del siglo XX, produce la modernización acelerada del periodismo argentino: en pocos años, los diarios incorporan tecnología, maquinarias y técnicas de impresión que sientan las bases de un periodismo de masas acorde con los desarrollos de la prensa mundial. En el marco de una economía en

---

[1] Roberto Arlt, *Los lanzallamas*, Buenos Aires, Losada, 1977.

ascenso, se amplían las redes de distribución de los periódicos y se inauguran espléndidos edificios, donde las antiguas rotativas Marimoni, Angsburg y Vomag, que lanzaban 48.000 ejemplares por hora, ceden su lugar a la espectacular Hoe Superspeed, que imprime 320.000 ejemplares por hora. Observar esa rotativa trabajando es, en sí mismo, un espectáculo: cuando *Crítica*, por ejemplo, inaugura el edificio de la Avenida de Mayo al 1300, integra su nueva máquina a la escenografía urbana ya que un gran ventanal, abierto a la calle, permitía que la impresión de los diarios pudiese ser contemplada por transeúntes y curiosos, en el marco de un edificio *art-déco*, diseñado por el arquitecto Jorge Kalnay, que fue considerado una respuesta "moderna" al estilo clasicista del diario *La Prensa*.[2] Esa fusión entre tecnología, arquitectura moderna y geografía urbana es la que se lee en el "Poema a la Hoe" que Raúl González Tuñón escribe en septiembre de 1927:

El diario ha florecido grandes plantas de hierro.
La Hoe es el corazón de Buenos Aires.
La Hoe es el corazón del tiempo.
La Hoe es el domingo del maquinismo, una canción de acero,
    fiesta de los tornillos aceitados, alegría de la velocidad.
    Ruedas ligeras, tuercas como ideas
en el gran cerebro de acero.
Somos la juventud de hoy, la de ayer, y la de mañana.
Somos los que nos emocionamos ante los caminos de hierro
    más que ante los crepúsculos de bambalinas baratas.
Somos los que nos emocionamos ante los blancos rascacielos
    más que ante las reliquias y polvorosas estampas.
Todo el rumor de la ciudad, todo el aliento de la pampa.
Somos los hombres nuevos recién llegados al mundo.
Tenemos las manos firmes y el corazón cantando.
Nos rodean las casas altas y la miseria y el dolor
y la injusticia y la fatiga —y vivimos en esperanza.
En la casa de los poetas hay un gran stock de alegría.
¡Cómo canta la Hoe!
Se alza una canción estremecida;
por un lado tritura el papel blanco
y por el otro parte la hoja florecida.[3]

[2] Eduardo Manuel Rodríguez Leirado, *Andrés Kalnay: un arquitecto húngaro en Argentina*, Buenos Aires, Fundación CEDODAL, 2000.
[3] Raúl González Tuñón, "Poema a la Hoe", en *Crítica*, 2 de septiembre de 1927.

Ese "nosotros" al que hace referencia González Tuñón en su poema irrumpe con la modernización técnica.[4] Es un "nosotros" joven y emocionado ante los caminos de hierro, los blancos rascacielos y la canción de acero, que señala la consolidación de un nuevo grupo de pertenencia: el de los escritores-periodistas quienes, durante las primeras décadas del siglo XX, profesionalizan su práctica e instauran modernas formas de incorporación en el mercado. Porque hasta entonces, quienes escribían en los diarios eran los mismos que ocupaban una banca en la cámara de diputados, o los miembros de las clases dirigentes, o quienes pertenecían a las tradicionales "familias" de periodistas, como los Mitre, los Uriburu o los Paz. En cambio, a partir de los primeros años del siglo, el auge de las revistas ilustradas populares, iniciado con el nacimiento de *Caras y Caretas* en 1898, anticipa la aparición de un nuevo tipo de intelectual, el escritor-periodista, que se incorpora a un incipiente mercado cultural y lo hace pautado por condiciones "inéditas" de trabajo intelectual. Fueron estos primeros escritores y periodistas —José S. Álvarez, Horacio Quiroga o Roberto J. Payró— quienes procesaron lingüísticamente los vertiginosos cambios que transformaban cotidianamente las convenciones sociales, políticas y culturales en un momento en el que "los gustos y saberes del pobre comenzaban a definir un espacio propio, localizado en las antípodas de lo que la elite juzgaba respetable y prestigioso".[5]

Si esto es así, es porque el afianzamiento de un periodismo comercial y masivo, regulado por leyes propias, amplía considerablemente los ámbitos donde jóvenes escritores y poetas, sin linaje y sin dinero, procedentes de las clases medias y populares de la capital y del interior del país, encuentran nuevas fuentes de trabajo. Estos periodistas recién llegados son los responsables del afianzamiento de una variante moderna del escritor profesional.[6]

En este sentido, se trata de escritores que ingresan a los medios masivos *en tanto escritores*, ya sea como directores de suplementos

---

[4] En este fragmento de González Tuñón, así como en el de Roberto Arlt, se puede observar una profusión de metáforas de corte futurista o cubista; esa recurrencia espontánea a este tipo de imágenes parece contradictoria con el declarado realismo de ambos escritores y la enemistad declarada de Arlt respecto de la vanguardia, tal como lo formula en el prefacio a *Los lanzallamas*. Ver, a propósito, Noé Jitrik, "Un utópico país llamado *Erar*", en *El ejemplo de la familia*, Buenos Aires, Eudeba, 1998.

[5] Ver Eduardo Romano, *Revolución en la lectura. El discurso periodístico-literario de las primeras revistas ilustradas rioplatenses*, Buenos Aires, Catálogos/El Calafate, 2004.

[6] Ver Beatriz Sarlo, *Una modernidad periférica: Buenos Aires 1920 y 1930*, Buenos Aires, Nueva Visión, 1988.

culturales de diarios de gran tirada, o como colaboradores de la página cultural; muchos de ellos encuentran en la publicación de sus textos en diarios y revistas un estilo de intervención, y en algunos casos, un medio de subsistencia. Tales son los casos, por ejemplo, de dos escritores tan diferentes como Horacio Quiroga y Jorge Luis Borges, quienes publicaron todos sus textos en diarios y revistas antes de que éstos integraran sus libros.

La incursión de Quiroga en el periodismo comienza en Uruguay cuando colabora en las revistas *Gil Blas* y *La Revista,* y funda su propia revista literaria, *Revista del Salto,* en 1897. Ya en Buenos Aires, publica sus cuentos en numerosas revistas populares como *Caras y Caretas, Fray Mocho, PBT, El Cuento Ilustrado, El Hogar, La Novela Semanal,* entre otras. Es en *Caras y Caretas,* revista en la que comienza a colaborar a finales de 1905, donde Quiroga inaugura el cuento breve en la literatura rioplatense: la extensión del relato impuesta por la revista en función de la economía del espacio, incide en la economía narrativa de sus cuentos. Es el mismo Quiroga quien reflexiona, en tercera persona, sobre sus comienzos literarios en *Caras y Caretas* subrayando, precisamente, de qué modo la imposición editorial se convirtió, en su caso, en la "piedra de toque" de la eficacia narrativa:

Luis Pardo, entonces jefe de redacción de *Caras y Caretas,* fue quien exigió el cuento breve hasta un grado inaudito de severidad. El cuento no debía pasar entonces de una página, incluyendo la ilustración correspondiente. Todo lo que quedaba al cuentista para caracterizar a los personajes, colocarlos en ambiente, arrancar al lector de su desgano habitual, interesarlo, impresionarlo y sacudirlo, era una sola y estrecha página. Mejor aún: 1256 palabras. No es menester ser escritor para darse cuenta del tremendo martirio que representa hacer danzar muñecos dramáticos en esta brevísima cárcel de hierro. En tales condiciones de ejecución, no debía al cuento faltar ni sobrar una sola palabra. Sobrar, no sobraban desde luego. Y como faltar, faltaban casi siempre las cien o doscientas palabras necesarias para dar un poco de aire a aquella asfixiante jaula. Tal disciplina, impuesta aun a los artículos, inflexible y brutal, fue sin embargo utilísima para los escritores noveles, siempre propensos a diluir la frase por inexperiencia y por cobardía; y para los cuentistas, obvio es decirlo, fue aquello una piedra de toque, que no todos pudieron resistir. El que estas líneas escribe, también cuentista, debe a Luis Pardo el destrozo de muchos cuentos, por falta de extensión;

pero le debe también en gran parte el mérito de los que han resistido.[7]

A partir de entonces, intensidad y concisión son los términos que mejor definen el estilo de los cuentos de Quiroga en los cuales, "los trucos del oficio" del "más difícil de los géneros literarios", lo convierten en el más destacado discípulo de Edgar Allan Poe en el Río de la Plata.[8] Del mismo modo en que "El decálogo del perfecto cuentista" reescribe y traduce los principales argumentos del "Método de composición" de Poe, sus relatos breves inauguran el cuento moderno en todas sus variantes en la literatura argentina. Es en el marco del periodismo donde Quiroga adquiere un entrenamiento profesional que sus antecesores desconocieron resultando así el primer narrador que concibió a la literatura como "oficio", y a la composición de cuentos como "fabricación".[9]

A su vez, Borges tampoco fue ajeno a la práctica efectiva del periodismo, y desde muy joven buscó publicar en diversos medios masivos.[10] No sólo tuvo una activa participación en las revistas literarias y de vanguardia del período (*Nosotros, Proa, Inicial, Martín Fierro*, entre otras), sino que, desde febrero de 1926, pasa a integrar el *staff* de redacción del suplemento cultural del diario *La Prensa*, su primer trabajo remunerado y vinculado a la literatura. Desde entonces, su actividad en el periodismo escrito es constante: en 1933 y 1934 dirige, con Ulyses Petit de Murat, el suplemento cultural del diario *Crítica*, la *Revista Multicolor de los Sábados*, y entre 1936 y 1939, la sección "Libros y autores extranjeros" de la revista *El Hogar*. En ambos medios, Borges desempeña las tareas típicas de un periodista cultural: escribe reseñas, traduce relatos extranjeros, selecciona el material que se va a publicar. Los relatos extranjeros que traduce para la *Revista Multicolor de los Sábados*, por ejemplo, forman importante parte de su tantas veces celebrada enciclopedia personal: Borges selecciona principalmente cuentos fantásticos y orientales, los mismos que, años más tarde, integrarán la *Antología de la*

[7] Horacio Quiroga, "La crisis del cuento nacional", en *La Nación*, 11 de marzo de 1928.

[8] Horacio Quiroga, "El decálogo del perfecto cuentista", en *El Hogar*, julio de 1927.

[9] Ángel Rama, "La modernización literaria latinoamericana (1870-1910)", en Saúl Sosnowski y Tomás Eloy Martínez (compiladores), *La crítica de la cultura en América Latina*, Caracas, Biblioteca Ayacucho, 1985.

[10] Ver Sylvia Saítta, "De este lado de la verja: Borges y los usos del periodismo moderno", en *Variaciones Borges* nº 9, Aarhus, enero de 2000.

literatura fantástica (1940) y los *Cuentos breves y extraordinarios* (1955). En este marco, Borges también publica textos propios. No se trata, ahora, de ensayos o críticas literarias sino de sus primeros relatos de ficción, los que en 1935 integrarán su *Historia universal de la infamia*. De este modo, Borges elige publicar estos "ejercicios de prosa narrativa", en el suplemento de un diario leído por más de trescientos mil lectores y define así una poética y un modo de narrar que reafirmará o reelaborará en sus libros posteriores. Esos relatos, en gran parte ajenos, marginales a las grandes literaturas —artículos de enciclopedias, vidas de bandidos, fábulas orientales—, fundamentan su ficción no sólo como pretextos previos sino como pre-textos funcionales.[11] Las tramas de sus ficciones se superponen con otras, y modifican deliberadamente historias ajenas poniendo en cuestión la idea de originalidad y proponiendo en cambio una literatura como variación de una escritura previa.[12] En la conversión de estos "ejercicios de prosa narrativa" en los relatos de un libro, su movimiento es siempre el mismo: Borges primero publica sus cuentos y ensayos en las revistas literarias, en los diarios masivos o en las revistas populares, para después compilarlos como libros. La premisa —enunciada en un texto de ficción— de que el periodismo es una de las formas del olvido, contradice así la eternidad prometida por los libros:

> Recuerdo haberle oído decir a Fernández Irala —sostiene Alejandro Ferri, narrador de "El Congreso"— que el periodista escribe para el olvido y que su anhelo era escribir para la memoria y el tiempo.[13]

Entre el olvido y la memoria, Borges elige la inmortalidad del libro frente a la fugacidad de diarios y revistas desplegando simultáneamente una doble estrategia de ocupación del mercado. De este modo, bifurca su literatura en una doble temporalidad porque interviene en el presente a través de las páginas de un diario, y asegura, en el futuro, la permanencia de su literatura en los anaqueles de una biblioteca.

[11] Sylvia Molloy, *Las letras de Borges*, Buenos Aires, Sudamericana, 1979.
[12] Beatriz Sarlo, *Borges, un escritor en las orillas*, Buenos Aires, Ariel, 1995.
[13] Jorge Luis Borges, *El libro de arena*, Buenos Aires, Emecé, 1989.

De profesión, periodista

> Cuando se fundaba un nuevo órgano periodístico, cosa
> que ocurría muy a menudo, se llamaba a un "organizador
> de redacción" como quien llama a un productor. Y en Los
> Inmortales encontraban gente como Alberto Solís,
> Edmundo Calcagno, Javier de Viana, Antonio Monteavaro,
> Payró, Lugones, Juan Pablo Echagüe, Joaquín de Vedia.
> EDMUNDO GUIBOURG, *El último bohemio*[14]

Con la fundación de *La Razón* en 1905 y de *Crítica* en 1913, un
nuevo periodismo se consolida en el campo cultural argentino: se trata de una prensa moderna, dirigida y escrita por periodistas profesionales que, en poco tiempo, logra diferenciarse de los diarios finisecu-
lares al particularizarse como práctica, regularizar sus modos de
financiación y separarse formalmente del Estado y de los partidos políticos. Si bien Jorge Navarro Viola, en el *Anuario de la Prensa Argentina* publicado en 1897, sostenía que el periodismo finisecular había
modernizado tanto su aspecto formal como sus modos de interpelación a un público cada vez más ampliado, convirtiendo al diario "en
verdadera enciclopedia donde cada interés encuentra una sección correspondiente a la esfera de su actividad",[15] lo cierto es que los diarios
continuaban funcionando como instituciones dependientes del sistema político por sus formas de financiación, su personal, su perspectiva de sobrevivencia y su estilo.[16] En este sentido, Julio Ramos plantea,
en su análisis del diario *La Nación*, la tensión existente entre modernización periodística e intervención política, y señala que a partir de
1880, tras la emergencia de un nuevo discurso informativo y la modernización del espacio de los avisos publicitarios, el diario reconoce que
para sobrevivir como empresa periodística debe autonomizarse de la
política más inmediata, aun cuando a lo largo de las últimas dos décadas del siglo, *La Nación* "continuó siendo un periódico muy híbrido,
que mantenía vestigios del periodismo tradicional, a la par que moder-

---

[14] Edmundo Guibourg, *Conversaciones. El último bohemio*, Buenos Aires, Celtia, 1983.
[15] Jorge Navarro Viola, *Anuario de la Prensa Argentina 1896*, Buenos Aires, 1897.
[16] Ver Tim Duncan, *La prensa política: Sud-América, 1884-1892"*, en Gustavo Ferrari y Ezequiel Gallo (comp.) *La Argentina del ochenta al centenario*, Buenos Aires,
Sudamericana, 1980.

nizaba radicalmente su organización discursiva", que nunca limitó sus funciones a la información noticiera.[17]

Entrado el siglo XX, los circuitos de producción de los escritores-periodistas se amplían considerablemente con el aumento constante de diarios y revistas que acrecientan un mercado periodístico altamente competitivo. Son medios masivos y comerciales que se presentan públicamente como diarios populares y que buscan representar el interés de un número cada vez mayor de lectores, producto de las campañas de alfabetización, pieza decisiva en el ajuste social de los sectores populares criollos y de origen inmigratorio.[18] No obstante, la sola existencia de un público potencial no garantiza nuevos lectores; por lo tanto, para captar el interés de ese público, diarios y revistas populares ensayaron estrategias de interpelación que los diferenciaran de la denominada "prensa seria". Mientras *La Nación* continuó apelando a la lectura de quienes estaban en la conducción del Estado y de los partidos políticos, en los altos cargos de las fuerzas armadas, entidades corporativas empresarias o sindicales, o en la dirección de instituciones culturales, los diarios y revistas populares diseñaron formatos y géneros periodísticos acordes con los recién llegados al mundo de la cultura letrada.[19] En este sentido, el crecimiento de la prensa popular fue un elemento crucial en los procesos de integración de diferentes sectores sociales y culturales de comienzos de siglo; la aparición de un nuevo periodismo, masivo y comercial, reorganiza al resto de la cultura: se reorganizan tanto la dimensión popular de la cultura como la de elite; se reconstituyen las relaciones políticas y culturales entre diferentes sectores sociales; se reformulan las relaciones entre escritores, políticos y público; aparecen otras formas de leer y de escribir, y diferentes procedimientos de trabajo.[20]

En la ciudad de Buenos Aires, el desarrollo del periodismo masivo y popular acompaña el urdido de un entramado social entre el centro y la periferia, entre la cultura del centro y la cultura de los márgenes, porque *comunica* culturas, prácticas y discursos que provienen de universos sociales diferentes.[21] Es este periodismo el que registra tan-

---

[17] Ver Julio Ramos, "Límites de la autonomía: periodismo y literatura", en *Desencuentros de la modernidad en América Latina*, México, Fondo de Cultura Económica, 1989.

[18] Ver Adolfo Prieto, *El discurso criollista en la formación de la Argentina moderna*, Buenos Aires, Sudamericana, 1988.

[19] Ver Ricardo Sidicaro, *La política mirada desde arriba. Las ideas del diario* La Nación *1909-1989*, Buenos Aires, Sudamericana, 1993.

[20] Ver Raymond Williams, *Cultura*, Barcelona, Paidós, 1982.

[21] Ver José Luis Romero, "La ciudad burguesa", en *Buenos Aires, historia de cuatro siglos*, Buenos Aires, Abril, 1983

to la expansión del tango como las últimas publicaciones literarias; el que permite identificar a los nuevos tipos urbanos en las viñetas costumbristas; el que revela los nombres de la marginalidad urbana en la galería de delincuentes de las secciones policiales pero que también exhibe los rostros de la elite en las páginas de "Sociales"; el que capta las mínimas alteraciones en el uso de la lengua y explora día a día cómo se habla en la ciudad.

Periodismo y cosmopolitismo: la ciudad moderna y los medios masivos son formas nuevas, cuyo crecimiento es interdependiente: los diarios del siglo XX introducen a la ciudad como tema privilegiado y calibran a los lectores dentro de su ritmo.[22] Los cambios urbanos, la modernización edilicia, el aumento de la población, exigían nuevas destrezas para moverse en un espacio que se había modificado velozmente. Es el periodismo de masas el que indica a los inmigrantes cómo moverse en las calles y, al mismo tiempo, enseña a los que ya viven en la ciudad a moverse en ella entre las crecientes multitudes. De este modo, el periodismo asume los ritmos de la vida moderna también en sus tiempos de lectura: las largas sábanas de grafía apretada, pequeños titulares, pocas fotografías y notas que requerían tiempo y esfuerzo para ser leídas, dan paso a una diagramación ágil, con grandes titulares, notas breves, resúmenes de noticias, ilustraciones y fotografías, que encuentra en el diario *El Mundo*, fundado en 1928, su enunciación programática más evidente:

Queremos hacer un diario ágil, rápido, sintético, que permita al lector percibir la imagen directa de las cosas y por la crónica sucinta y a la vez suficiente de los hechos, todo lo que ocurre o todo lo que, de algún modo, provoca el interés público. En una palabra, queremos hacer un diario viviente en su diversidad y en su simultaneidad universal. Pero este sentido objetivo de los sucesos, que es un sentido esencialmente periodístico, adaptado al ritmo de celeridad que caracteriza a nuestro tiempo, no alejará de nuestro espíritu el concepto fundamental que debe dirigir a un órgano que busca el contacto con las masas populares y desea una difusión persistente y amplia.[23]

En la narración de la ciudad moderna, la prensa incorpora referentes y tópicos que acentúan el paso de la representación de "la gran al-

---

[22] Ver Peter Fritzsche, *Berlín 1900. Prensa, lectores y vida moderna*, Buenos Aires, Siglo XXI, 2008.
[23] "He aquí nuestro diario", *El Mundo*, 14 de mayo de 1928.

dea" a la incipiente metrópolis. Los periodistas se mueven por diversas zonas de la ciudad; registran los cambios edilicios, el impacto de los medios de transporte o las variaciones en las conductas urbanas; develan los aspectos menos visibles de la metropolización: los "bajos fondos", los arrabales y el puerto, el submundo de atorrantes y delincuentes.

En este sentido, narrar la ciudad es tarea de muchos:
Fray Mocho y su continuador Félix Lima son la cotidianidá conversada del arrabal; Evaristo Carriego, la tristeza de su desgano y de su fracaso. Después vine yo [...] y dije antes que nadie, no los destinos, sino el paisaje de las afueras: el almacén rosado como una nube, los callejones. Roberto Arlt y José S. Tallon son el descaro del arrabal, su bravura.[24]

Y son muchos los escritores que narran esa ciudad en la prensa diaria. Porque es en ese periodismo donde jóvenes escritores-periodistas provenientes de los sectores populares de origen inmigratorio —como Roberto Arlt, Enrique González Tuñón, Raúl Scalabrini Ortiz—, encontraron un modo de acceso a una literatura y a una profesión; donde diseñaron una matriz perceptiva y retórica cuyas características son inseparables de sus estilos literarios.

Enrique González Tuñón: un glosador en Crítica

A mediados de 1925, varios de los escritores vanguardistas que participaban de la revista *Martín Fierro*, ingresan a la redacción del diario *Crítica*, siguiendo los pasos de Enrique González Tuñón, quien se desempeñaba como periodista desde finales del año anterior. El ingreso de Enrique González Tuñón a *Crítica* "revolucionó el estilo periodístico nacional; la noticia conquistó la cuarta dimensión, el arrabal tomó posesión del centro; la prosa municipal y espesa de los gacetilleros se hizo luminosa y abigarrada; la metáfora tomó carta de ciudadanía en el mundo de la información, se empezó a escribir como Enrique, a jerarquizar lo popular, el tango, cuyo primer exegeta culto fue Enrique".[25]

---

[24] Ver Jorge Luis Borges, "La pampa y el suburbio son dioses", en *Proa*, n° 15, enero de 1926. Recopilado en *El tamaño de mi esperanza*, Buenos Aires, Proa, 1926.
[25] Ver César Tiempo, Prólogo, en Enrique González Tuñón, *Camas desde un peso*, Buenos Aires, Deucalión, 1956.

En efecto, es en *Crítica* donde González Tuñón inaugura la *glosa*, un género discursivo significativo en la construcción del imaginario popular urbano que, como la crónica costumbrista, nace del cruce entre periodismo y literatura. Entre el 4 de junio de 1925 y el 23 de agosto de 1931, González Tuñón publica una glosa semanal realizada a partir de la letra de un tango y, en menor medida, de un *shimmy*, un vals, una zamba, un pasodoble o una ranchera. Su columna hace uso del término glosa en su acepción musical para "ejecutar" originales variaciones sobre los temas y tópicos planteados en las letras de tango que funcionan como punto de partida en la construcción de una historia de vida. Estos "poemas negros y trágicos, de violenta exteriorización verbal y de violenta energía arrabalera expresada en todos sus tonos", en palabras de Nicolás Olivari, privilegian, como las letras de tango, un escenario situado en las zonas más alejadas del centro: los alrededores del Maldonado, Parque de los Patricios, la Quema o Mataderos.[26] En estos márgenes urbanos, y a diferencia de la orilla borgeana, poblada de cuchilleros y compadritos de la vieja ciudad criolla, González Tuñón incorpora zonas de la marginalidad moderna:

> Ranchos ensombrecidos de malas intenciones, arrumbados como trastos viejos en el desván de la ciudad. Calles que debieran usar alias, tortuosas como el alma del malevaje, escurriéndose con temor de delincuente. Bodegones sórdidos, refugio de malandrines y cafañas, donde se incuba el crimen, en cuyas mesas borrachas de ajenjo y ginebra tiembla una amenaza. Barriada porteña espiritualmente enlazada a la Penitenciaría Nacional y al lúgubre castillo de Ushuaia, guarda su historia maleva en los escabrosos archivos policiales.[27]

Las glosas están pobladas de modernos delincuentes que hacen de la punga en los W. C. de los cafés del centro, el "apañamiento en el Retiro de los grelunes que vienen del campo", o la circulación de "moneda falluta", sus actividades centrales. Padres, hermanos y novios conocen "la tumba" de Caseros, Ushuaia o Tierra del Fuego, y temen ya no al compadrito de otra zona de la ciudad que viene a retarlos a duelo, sino al "batidor" que puede mandarlos "en cana" donde serán sometidos a los "modernos" métodos policiales para "hacer cantar" a los

---

[26] Ver Nicolás Olivari, "*Tangos* por Enrique González Tuñón", en *Martín Fierro*, n° 33, 3 de septiembre de 1926.

[27] Ver Enrique González Tuñón, "Viejo rincón", en *Crítica*, 27 de diciembre de 1925.

presos. No obstante, en el mundo de González Tuñón, el delito y la prostitución son salidas alternativas, que se consideran válidas, al mundo de la pobreza y la marginalidad. Tal vez por eso, retoma e invierte la historia de la "costurerita que dio aquel mal paso" de Evaristo Carriego, aquella joven de barrio, ingenua, de origen humilde pero digno, que abandona su hogar en un viaje al centro penalizado después por la prostitución, la tuberculosis y la muerte. En estas glosas, el "mal paso" es valorado positivamente, como única opción para las jóvenes pertenecientes a los sectores populares:

Un mal paso, empujó a Regina hacia la calle Maipú. [...] Regina fue una mina de alto vuelo. Un mesié farolero le alquiló un pisito con teléfono y baño caliente. Empilchó la esbeltez de su cuerpo con pieles de zorro y deletreó las primeras lecciones de francés. Ahora podía lavar la humildad de su alma en una lluvia de luces. El centro era suyo. Lo había conquistado con la proletaria belleza de sus diez y ocho años. *Hizo bien*. Entre entregar cacho a cacho su juventud a la fábrica de bolsas de arpillera para terminar sus días con la resignación de una obrera jubilable y disfrutar de ella bordeando el abismo, prefirió esto último. *Hizo bien*.[28]

Teresa, dulce como su nombre, fue en su niñez tan ingenua como una pajarita de papel. [...] Y como en el hogar le cerraron las puertas del corazón, negándole un abrigo de cariño, se cobijó en los brazos de la calle. *Hizo bien*. Entre consumirse en el onanismo de una vida mezquina y el aturdimiento de chorros de luz y de música alegre como un martes de Carnaval, prefirió lo último. Su vida se enrollaba en la serpentina de un bandoneón.[29]

Rasgos formales y estilísticos de las glosas periodísticas reaparecen en la literatura de Enrique González Tuñón donde incorpora tópicos, sistemas de personajes, referentes, cierto uso de la lengua coloquial salpicada de términos lunfardos, procedimientos narrativos y descriptivos. Por lo tanto, su libro *Tangos*, la recopilación de sus primeras glosas periodísticas editada en 1926, más que un azaroso primer libro,

[28] Enrique González Tuñón, "La Cortada", en *Crítica*, 4 de octubre de 1925. El subrayado es mío.

[29] Enrique González Tuñón, "Una limosnita", en *Crítica*, 6 de diciembre de 1925. El subrayado es mío.

es el comienzo de una escritura netamente urbana, alejada del pinto-resquismo y del color local que, a diferencia de la literatura social, carece de impugnaciones morales sobre los bajos fondos ciudadanos y postula la marginalidad de la ciudad moderna y las víctimas de esa modernización como matrices altamente productivas para la ficción. Los cuentos de *El alma de las cosas inanimadas* (1927), *La rueda del molino mal pintado* (1928) y *Camas desde un peso* (1932), muchos de ellos publicados previamente en *Crítica*, diseñan, al igual que las glosas, historias de vida de los sectores populares en la vorágine de una modernización urbana despareja en la cual, junto a las deslumbrantes luces del centro, crece simultáneamente una ciudad con zonas oscuras y peligrosas, un submundo urbano del cual esta literatura tiene algo nuevo que decir.

Roberto Arlt: un aguafuertista en El Mundo

Después de un breve paso como cronista policial de *Crítica*, Roberto Arlt se suma al nuevo grupo de periodistas y escritores que formarán el *staff* de redacción del novedoso diario *El Mundo*, fundado en mayo de 1928; en sus páginas, Arlt alcanza una alta visibilidad pública a través de su columna cotidiana "Aguafuertes Porteñas" —la única columna firmada en todo el diario—, que son crónicas nacidas en el cruce del periodismo y la ficción y en las que se reformulan algunos de los procedimientos más característicos del relato costumbrista.[30] Como periodista moderno, Arlt sale de la redacción del diario y se desplaza por la ciudad; en calles, teatros, fiestas públicas o centros políticos, registra el surgimiento de nuevos tipos sociales, el aumento de los medios de transporte, la concentración de inmigrantes en ciertas zonas de la ciudad, la incorporación de tecnología en la vida cotidiana, las variaciones mínimas en el uso del idioma —que agrega, día a día, nuevas expresiones, nuevos giros lingüísticos, nuevas palabras—, y recupera las anécdotas que escucha mientras viaja en tranvía o que le transmiten en la mesa de algún bar. Lo percibido, lo escuchado, lo imaginado a lo largo de este deambular constante desencadenan la narración y conforman un sutil registro de los cambios y de los efectos de la modernización. En este sentido, la ciudad del Arlt aguafuertista —que difiere del escenario de sus novelas— celebra las luces de una

---

[30] Ver Roberto Retamoso, "Roberto Arlt, un cronista infatigable de la ciudad", en María Teresa Gramuglio, *El imperio realista*, vol. 6, *Historia crítica de la literatura argentina*, Buenos Aires, Emecé, 2002.

Buenos Aires cosmopolita, bulliciosa y festiva, donde la mezcla de tipos sociales, la velocidad, el vértigo, el encuentro con lo desconocido, seducen y fascinan:

> ¡Qué grandes, qué llenas de novedades están las calles de la ciudad para un soñador irónico y un poco despierto! ¡Cuántos dramas escondidos en las siniestras casas de departamentos! ¡Cuántas historias crueles en los semblantes de ciertas mujeres que pasan! ¡Cuánta canallada en otras caras! [...] Los extraordinarios encuentros en la calle. Las cosas que se ven. Las palabras que se escuchan. Las tragedias que se llegan a conocer.[31]

En sus notas, Arlt recurre a la mezcla desprolija y siempre cambiante de las voces de la calle a las que, no obstante, sistematiza en diccionarios de filología lunfarda. Arlt ordena, clasifica, registra y organiza la caótica proliferación de términos coloquiales —esquenún, tongo, chamuyar, pechazo, berretín, furbo, garrón—; y las nuevas expresiones populares —tirar la manga, tirarse a muerto, el manyaorejas—, para armar un singular diccionario que reproduce paródicamente el rigor científico en la definición de términos lunfardos (origen de la palabra, cambios semánticos, recurrencia del término). Además de circunscribir los alcances de un término, estas narraciones son microrrelatos que demuestran la enorme productividad narrativa del lenguaje popular y plebeyo, un lenguaje súbito, emotivo o apasionado, que se opone al lenguaje culto y correcto pues "es socavación del énfasis noble, no crea sino apariencias que perturban y despojan a las palabras cultas de su sentido propio".[32]

Arlt eleva el idioma de la calle, esa lengua plebeya, a idioma nacional consolidando simultáneamente un lugar de enunciación dentro de las páginas de un diario y un lugar de enunciación, una entonación, dentro de la literatura argentina. No obstante, lo novedoso de sus notas periodísticas —y también de su literatura— reside en que Arlt combina esas voces de la calle con la exhibición constante de un saber literario, al que suma la apropiación de discursos ajenos a la literatura, esos "saberes del pobre" que incorporan el léxico de la química, la física, la geometría, las ciencias ocultas, el magnetismo, la teosofía, para representar una subjetividad, un paisaje, una acción.[33]

---

[31] Roberto Arlt, "El placer de vagabundear", en *El Mundo*, 20 de septiembre de 1928.

[32] Carlos Correas, *Arlt literato*, Buenos Aires, Atuel, 1996.

[33] Beatriz Sarlo, *Una modernidad periférica: Buenos Aires 1920 y 1930*, op. cit.

Raúl Scalabrini Ortiz: un agrimensor en La Nación

Si bien participó activamente en la vanguardia de los años veinte, la trayectoria de Raúl Scalabrini Ortiz difiere en mucho de la de sus compañeros de generación. Fue cuentista y crítico de teatro; fue quien editó, con Adolfo Fernández de Obieta, hijo de Macedonio Fernández, *No toda es vigilia la de los ojos abiertos*; fue ensayista y frustrado novelista. Y fue, también, agrimensor. Por eso, su columna "A través de la Ciudad", publicada diariamente en *La Nación* entre enero y agosto de 1929, incorpora un saber técnico ajeno a los escritores y gráficos, lo cual le confiere un rasgo distintivo.

Como agrimensor —cuya tarea es medir e interpretar informaciones sobre un territorio para que sus datos sean después utilizados en el uso o la explotación de ese territorio—, Scalabrini Ortiz combina conocimientos geográficos y legales, naturales y técnicos para reflexionar sobre el crecimiento de la ciudad y mostrar negligencias, faltas y errores en la traza urbana. En este sentido, las notas y los gráficos diseñados por él mismo no sólo señalan errores en el nivel de las calles, las alturas de las alcantarillas o la ubicación de los postes, sino que también proponen soluciones al tráfico urbano a través del cambio de dirección de ciertas calles, modificaciones en los recorridos de los tranvías, señalización de los lugares de estacionamiento o apertura de calles nuevas.[34]

Como escritor, Scalabrini Ortiz describe un espacio en pugna entre el movimiento modernizador urbano y la permanencia de los resabios rurales dentro de la ciudad; de este modo, si la esquina de Concordia y Bacacay es "un resto de Pampa descuidado", una finca de Tucumán y Pueyrredón es la sede de un "Arca de Noé" donde conviven "seis caballos y varios carneros y cabras; las aves abundan, palomas sobre todo. Además pululan cantidades prodigiosas de ratas gigantes e innumerables de moscas de agresiva opulencia. [...] Los roedores, insectos, olores, relinchos y ruidos de patadas, conciertan la mejor demostración de la impropia ubicación del arca que debía estar en la cumbre misma del monte Ararat".[35] El "horror moderno" con el cual Scalabrini Ortiz observa la presencia de la pampa en la ciudad, espacializa el juego de oposiciones entre modernidad y tradición en el contrapunto entre el centro y los barrios:

[34] Para un análisis de las notas de Raúl Scalabrini Ortiz publicadas en *La Nación*, ver Fernando Diego Rodríguez, "Del centro a los barrios. Raúl Scalabrini Ortiz en *La Nación*, 1929", en *Entrepasados*, nº 30, principios de 2007.

[35] Raúl Scalabrini Ortiz, "Un Arca de Noé", en *La Nación*, 2 de julio de 1929.

A sus casonas anchas, chatas y buenas como la sombra de una parra a la hora de la siesta, oponemos en nuestro pensamiento los rascacielos presuntuosos; a los andurriales y charcas donde el cielo se miraba sin apuro, la lisura de las calles bien pavimentadas; a la pampa indivisa y cerril, los predios de fecundidad recortada; [...] a las carretas, los trenes y automóviles; a los veleros, los paquebotes.[36]

Con la oposición entre el centro y los barrios, y principalmente a través del sistema de representación con el que se describe el margen urbano, esa "zona ambigua que no es ciudad ni campo",[37] Scalabrini Ortiz comienza a diseñar la operación literaria que culmina en *El hombre que está solo y espera* de 1931: la de elegir el centro —más precisamente, el cruce de Corrientes y Esmeralda— como el punto estratégico de la ciudad. De este modo, al barrio mitológico de Borges, vacío, de casas bajas, y previo a los procesos de modernización, Scalabrini Ortiz opone una esquina céntrica, un espacio cosmopolita, ruidoso, moderno, que funda como mito urbano.

Las revistas literarias y el periodismo de masas

En su *Teoría del arte de vanguardia*, Renato Poggioli señala que el triunfo de la prensa periódica popular y comercial es lo que motiva y justifica la existencia de la revista de vanguardia como reacción "tan natural como necesaria contra la vulgaridad o vulgarización de la cultura".[38] Si bien esta afirmación describe el funcionamiento de las revistas de vanguardia europeas, lejos está de dar cuenta del modo en que las revistas argentinas de vanguardia se posicionaron frente al periodismo popular y comercial de los años veinte. Porque en Buenos Aires los vínculos entre las revistas de vanguardia y la prensa masiva son más estrechos de lo que esas mismas revistas estarían dispuestas a reconocer, puesto que los escritores vanguardistas hacen uso de esa misma prensa masiva en un intento de llegar a públicos inaccesibles por otras vías.

[36] Raúl Scalabrini Ortiz, "Los balnearios de ahora vistos desde el futuro", en *La Nación*, 21 de marzo de 1929.

[37] Raúl Scalabrini Ortiz, "Tropas de ganado en Ciudadela", en *La Nación*, 15 de julio de 1929

[38] Renato Poggioli, *Teoría del arte de vanguardia*, Madrid, Revista de Occidente, 1964.

La misma fascinación que la descomunal rotativa de *Crítica* despierta en Raúl González Tuñón, reaparece en la revista *Martín Fierro*, la principal revista de la vanguardia porteña, cuando incorpora la nueva tecnología de los medios de comunicación de masas en su propia práctica de difusión literaria. Muy rápidamente, los jóvenes vanguardistas organizan recitales de poesías para ser transmitidos en cuatro audiciones radiotelefónicas,[39] y crean editoriales que abaratan el precio de los libros:

> *Martín Fierro*, agrupación y periódico, además de la Editorial Proa, cuenta con la editorial de su nombre, destinada a circular volúmenes de *largo tiraje a reducido precio*. La atención exclusiva del periódico impidió hasta hoy desarrollar bien esta idea que prosperará en adelante. Por medio de la "Editorial Martín Fierro" desearíamos *llevar a la gran masa de público* la obra de los martinfierristas, producción de índole popular, propaganda de ideas nuevas, páginas de humorismo, colecciones satíricas, selecciones poéticas, todo aquello que más caracteriza al periódico, en suma.[40]

El deseo de llegar "a la gran masa de público" con la obra de los poetas martinfierristas pone en evidencia que la revista busca, al mismo tiempo, dos perfiles de lectores. Por un lado, recorta y selecciona a su público, al que describe en los anuncios dirigidos a los avisadores, como selecto y culto: "*Martín Fierro* circula y se dirige especialmente a un público elegido, capacitado por gusto y por medios para adquirir, y a artistas, técnicos, estudiosos y estudiantes".[41] Por otro, crea la editorial Martín Fierro, un circuito de interpelación paralelo al de la revista a través del cual captar a "la gran masa de público", un público no elegido, ni capacitado por gusto o por medios, al que no llega como revista.

---

[39] "*Martín Fierro* ha organizado con la cooperación del Broadcasting de Radio Cultura, Av. Alvear 2343, cuatro sesiones de recitación de versos por un conjunto de veinte poetas nuevos. Las dos primeras —y todas ellas a cargo de los propios autores— tendrán lugar en la semana comprendida entre el 18 y 23 del corriente; la tercera y cuarta sesiones se llevarán a cabo durante la semana del 25 al 30 del mismo. Las fechas exactas se anunciarán en los diarios". ("Audiciones radiotelefónicas. Cuatro recitales de veinte poemas nuevos", en *Martín Fierro*, n° 17, 17 de mayo de 1925).

[40] "Editoriales Proa y Martín Fierro", en *Martín Fierro*, n° 34, 5 de octubre de 1926. El subrayado es mío.

[41] "Publicidad racional", en *Martín Fierro*, n° 42, 10 de julio de 1927. Ver también, en este volumen, Oscar Traversa, "*Martín Fierro* como periódico".

A su vez, como antes se señaló, los jóvenes vanguardistas ingresan como periodistas y críticos culturales en el diario *Crítica* a mediados de 1925. En sus páginas, Raúl González Tuñón, Nicolás Olivari, Santiago Ganduglia, Córdova Iturburu y Horacio Rega Molina escriben notas de literatura y de interés general; Roberto Arlt cubre la sección de policiales; el ensayista Pablo Rojas Paz deviene "El negro de la tribuna" cuando firma su columna sobre fútbol; Jorge Luis Borges y Ulyses Petit de Murat dirigirán la *Revista Multicolor de los Sábados*, el suplemento cultural de *Crítica*, que aparece en agosto de 1933. Esta ocupación de las páginas de un diario masivo, así como también las audiciones radiales y la edición de libros "de largo tiraje y reducido precio", se revelan como estrategias eficaces y diversificadas por parte de la vanguardia para ampliar su público, un público que aun en su mayor pico de repercusión no supera los veinte mil ejemplares mensuales, cuando un diario como *Crítica* lanza, en ese mismo momento, trescientos mil ejemplares diarios.[42]

De allí que, a diferencia de lo que se podría suponer, *Martín Fierro* es una revista sumamente atenta a la recepción de la vanguardia por parte de los grandes diarios haciendo suya la clásica estrategia con la que revistas populares como *Caras y Caretas* o *El Hogar* dan cuenta de su importancia en el mercado periodístico: la de transcribir los comentarios elogiosos publicados en otros medios. Así, en su segundo número reproducen los comentarios que *La Nación*, *La Prensa* y *Crítica* han realizado sobre la aparición de la nueva revista, y celebran la incorporación de una página entera de epitafios en la revista *Mundo Argentino*:

> Hacemos escuela. Si bien el género epigramático en forma de epitafios no es cosa recién inventada [...] corresponde, dentro de nuestro periodismo, la iniciativa de crear una sección de puros epitafios, a *Martín Fierro*, como lo prueba nuestro primer número. Contábamos para el caso con el mejor cultor del género: Nalé Roxlo, que rápidamente hizo escuela. Y tan es así

[42] "*Martín Fierro* agradece la simpatía con que el público acogió su último número, simpatía que viene a confirmar lo que supuso desde su aparición: la existencia de veinte mil lectores capaces de interesarse en una publicación verdaderamente intelectual. *Martín Fierro* es el único periódico que merezca ese nombre y el único capaz de encontrar el apoyo público que necesita todo movimiento intelectual. *Martín Fierro* no defraudará la expectativa pública. [...] *Martín Fierro* necesita su protección. ¡Léalo! ¡Impóngalo! ¡Pídalo en todas partes! *Martín Fierro* sale el primero y el quince de cada mes." ("Al público: Hemos distribuido 20.000 ejemplares de este volante", en *Martín Fierro*, nº 19, 18 de julio de 1925.)

que una revista de la popularidad de *Mundo Argentino* encontró novedad en la nota y últimamente dio una página entera de epitafios, consagrados a poner en solfa gente de letras. Reclamamos la prioridad de la iniciativa, protestamos contra la imitación del señor Dardo Púa e insistiremos en los epitafios sin exceptuar a quien viene a imitarnos, aunque con ello nos haga homenaje.[43]

Con los mismos gestos, agradecen a Mariano de Vedia "los cariñosos aplausos que dedicó a *Martín Fierro* en *La Razón*"; a *La Nación*, *La Prensa*, *La Razón*, *Crítica*, *La Fronda*, "sus menciones conceptuosas y aprobaciones a la salida de nuestro número anterior";[44] y al crítico literario de *La Patria degli Italiani* "el interés que se ha tomado por la difusión de los nombres y las obras de los nuevos escritores argentinos, por la repercusión que en sus columnas dio a los actos organizados por el periódico últimamente y por los conceptos elogiosos que con frecuencia le merece *Martín Fierro*".[45]

Es por todo esto que la revista celebra la presencia de jóvenes escritores en los medios masivos de comunicación: la iniciativa de "inteligentes directores de periódicos", como José Ricardo Rosenvald director de *El Orden* de Tucumán, permite una difusión ampliada de la nueva literatura:

Con esta actitud, justamente celebrada por los jóvenes, *El Orden* da un claro y útil ejemplo a ciertos diarios metropolitanos que vapulean a los escritores por el delito de realizar un intento de renovación, cualidad típica de la juventud, o bien, mientras arrojan toneladas de papel contra el público indefenso, se disputan como colaboradores a poetas de cuarto o quinto orden, de quienes nos avergonzaría solicitar un trabajo. Felicitamos, pues, por su actitud y por su inteligente visión al señor Rosenvald.[46]

Público "indefenso" el de los diarios metropolitanos; "plebe iletrada" la que, según Evar Méndez, lee la edición de Rubén Darío editada por *Los Pensadores*:

[43] "Juicios sobre *Martín Fierro*" y "Notas al margen de la actualidad", respectivamente, en *Martín Fierro*, nº 2, 20 de marzo de 1924.

[44] "Porte pago", en *Martín Fierro*, nº 7, 25 de julio de 1924.

[45] "*La Patria degli Italiani* y nosotros", en *Martín Fierro*, nº 32, 4 de agosto de 1926.

[46] "*El Orden* y *Martín Fierro*", en *Martín Fierro*, nº 14-15, 24 de enero de 1925.

Indefectiblemente se llega a las multitudes, fatalmente la plebe iletrada se adueña del tesoro mental y rítmico que no se halló en Golcondas, Balsoras y Eldorados para ella. [...] Rubén Darío, querido maestro: sufriste ya en vida tu martirio por el rodar de tu "Margarita" y la Princesa de tu "Sonatina" en la crápula de todas las recitaciones; padeces ahora, desde tu sitio a la diestra del Padre, por el envilecimiento de "Era un aire suave", de tu "Palimpsesto", de tu "Coloquio de los Centauros", de todos los poemas de tu libro delicioso y predilecto, que las milonguitas del barrio de Boedo y Chiclana, los malevos y los verduleros en las pringosas "pizzerías" locales recitarán, acaso, en sus fábricas o cabarets, en el pescante de sus carretelas y en las sobremesas rociadas con "Barbera".[47]

Las dos concepciones de público que conviven en el proyecto vanguardista de *Martín Fierro* son tributarias de la tensión que la revista sostiene con la figura de Leopoldo Lugones, en particular, y con el modernismo y Rubén Darío, en general. Porque mientras su director continuaba siendo fiel a su maestro Darío, los más jóvenes cometieron con el modernismo un verdadero acto de parricidio; mientras Leopoldo Marechal, Borges y los epitafios polemizan fuertemente con Lugones y el modernismo por el uso de la rima, una de las proclamas de la revista sostiene: "Si Ud. juzga que a Lugones se le debe contestar con insultos, no lea *Martín Fierro*", y Evar Méndez lo considera "este gran argentino, decidido 'martinfierrista', uno de los nuestros" debajo del gran dibujo del rostro de Lugones que ilustra la tapa del séptimo número, de julio de 1924.

Con ambigüedades y contradicciones, lo cierto es que los escritores más jóvenes de *Martín Fierro* escriben en *Crítica* porque el interés de llegar a un amplio mercado de público es mayor que los posibles resquemores ante la crónica deportiva, el sensacionalismo policial y el amarillismo que caracterizan al vespertino. Una anécdota que narra Alberto Pineta es reveladora en este sentido, pues recuerda las dificultades que existían para conseguir un ejemplar de *Martín Fierro*:

Salí a buscarla. Después de un largo peregrinaje a través de puestos de diarios céntricos, cuyos vendedores ignoraban la publicación, di por fin con ella cerca de Maipú y Paraguay.

[47] Evar Méndez, "Rubén Darío, poeta plebeyo", en *Martín Fierro*, nº 1, febrero de 1924.

En realidad, yo debía haberla solicitado directamente en la redacción.[48]

Secreta o por suscripciones, la difusión de *Martín Fierro* está lejos de llegar a "la gran masa de público" que los vanguardistas desdeñan y a la vez procuran atraer. En un punto, es el mismo Borges quien reparte sus primeros libros de poemas escondiéndolos en los bolsillos de los sobretodos de sus amigos, pero que, como antes se señaló, escribe sus primeras ficciones en las páginas de *Crítica*, para un público popular que superaba los trescientos mil lectores.

Periodismo, literatura y política

Si bien con el cierre de *Martín Fierro* en noviembre de 1927, los poetas y escritores vanguardistas continúan colaborando en otras revistas literarias y en los diarios masivos, lo cierto es que, a partir de entonces, un lugar quedaba vacante. Tres años después, Córdova Iturburu, poeta y escritor vinculado a la vanguardia, se propone retomar el modelo martinfierrista, lanzando una revista formalmente muy similar: *Argentina. Periódico de arte y crítica*, que sale en noviembre de 1930 bajo su dirección. Por su tipografía y el tono general, *Argentina* fue un intento de reiteración de *Martín Fierro*.[49] No sólo tiene los mismos colaboradores —Borges, Brandán Caraffa, Raúl González Tuñón, Olivari, Pondal Ríos, Ganduglia, a quienes se suman María Rosa Oliver y Roberto Arlt— sino que se interpela a los mismos adversarios, como bien demuestra la controversia sobre la función del arte y sus vínculos con la política sostenida entre Córdova Iturburu y Elías Castelnuovo, quien critica a la nueva publicación desde las páginas de *Claridad*. Responde Córdova Iturburu, en el número siguiente:

> Creemos que el arte no puede ser vehículo de doctrinas sino que tiene su finalidad en sí mismo y que sus beneficios sociales se producen por virtud de presencia [...] Se sirve al mundo, compañero Elías Castelnuovo, escuchando y obedeciendo la voz que desde el fondo de nosotros mismos nos indica cuál es nuestra misión en el mundo.[50]

---

[48] Ver Alberto Pineta, *Verde memoria*, Buenos Aires, Zamora, 1962.

[49] Ver Héctor Lafleur, Sergio Provenzano y Fernando Alonso, *Las revistas literarias argentinas*, Buenos Aires, CEAL, 1968.

[50] Ver Córdova Iturburu, "*Argentina* y nuestra generación", en *Argentina. Periódico de arte y crítica*, n° 2, junio de 1931.

No obstante compartir con *Martín Fierro* los mismos principios estético-ideológicos, el momento de enunciación ha cambiado: ya no se trata de los *happy twenties*, cuando la militancia estética podía ser concebida por fuera de la práctica político-ideológica, como sostenía Evar Méndez en 1927:

> El programa de *Martín Fierro* le exige permanecer desvinculado de todo interés y asunto de índole política y consagrarse por entero, únicamente, a los problemas literarios y artísticos. Ocupándose en ello, como lo hace, ya tiene de sobra como razón para existir y cumplir una digna misión.[51]

En los años treinta, el proyecto de Córdova Iturburu de sostener ambos términos separados —"queremos ser solamente artistas, hombres consagrados exclusivamente a una actividad [...] el arte no puede ser vehículo de doctrinas sino que tiene su finalidad en sí mismo"— resulta inviable, y *Argentina* deja de salir después de su tercer número, en agosto de 1931. Pocos meses después, en noviembre de ese año, nace *Sur*, fundada y dirigida por Victoria Ocampo, en la que se incorpora buena parte de los escritores vanguardistas. Comienza entonces una suerte de disputa en sordina sobre "la herencia" de *Martín Fierro*. ¿Es *Sur* la heredera legítima de *Martín Fierro*? No parece serlo para Raúl González Tuñón, quien, si en agosto de 1932 alude a *Sur* cuando afirma que "no existe en Buenos Aires una revista literaria comparable siquiera a las extintas *Martín Fierro y Proa*",[52] al año siguiente, la menciona con todas sus letras anunciando, a su vez, la próxima aparición de su propia revista en abril de 1933: "La revista *Sur* —que aparece en el barrio Norte— no es expresión auténtica del moderno movimiento literario argentino. Esa expresión fue *Martín Fierro*. Y [*Contra*] lo será pronto".[53]

Y, en efecto, *Contra. La revista de los franco-tiradores*, que González Tuñón dirige entre abril y septiembre de 1933, retoma las formas del discurso irónico y paródico de *Martín Fierro*, sobre todo en las dos secciones que introducen y clausuran cada número: "Los sucesos, los hombres" en la que González Tuñón reproduce opiniones de publicaciones internacionales, comentarios de cables, citas de libros o artículos, datos estadísticos sobre los avances de la construcción econó-

---

[51] Evar Méndez, "Una aclaración", en *Martín Fierro*, n° 44/45, 31 de agosto-15 de noviembre de 1927.

[52] "Parece mentira, por Raúl González Tuñón", en *Crítica*, 8 de agosto de 1932.

[53] "Parece mentira, por Raúl González Tuñón", en *Crítica*, 11 de enero de 1933.

mica soviética, miniaturas de cine, teatro y literatura, y "Recontra", la contratapa, que se singulariza por la publicación de consignas, enumeraciones, epitafios, cuartetas, redondillas satíricas, donde se reproduce el modelo de *Martín Fierro*:

> El Suplemento
> Lo dice siempre sin querer
> o queriendo que me convenza:
> "Sólo sirve para envolver
> el suplemento de *La Prensa*".

> *Crisol*
> Plagiar estudios no osés,
> pues tu fama se irá a pique,
> no hagas como Luis Enrique
> Osés.[54]

Esas dos secciones llevan a Sarlo a definir a *Contra* como "el martinfierrismo de izquierda" dado que, en el trabajo irónico con el discurso de los otros (escritores y políticos), asume las tácticas de la guerrilla estética martinfierrista.[55] No obstante, la forma que González Tuñón imprime a su revista proviene también de otro lado: *Contra* hace suyo el modelo periodístico del diario *Crítica* después de que este diario incorporó como propios los rasgos más salientes del martinfierrismo.[56]

Hacia abril de 1932, los escritores martinfierristas de *Crítica* pasan a ser columnistas especiales de su recién inaugurada contratapa: bajo el título "La diaria voz de *Crítica*", la contratapa consta de una nota editorial y de artículos firmados por Córdova Iturburu, Ulyses Petit de Murat, Ricardo Setaro, Arturo Mom, entre otros, a los que se suma la columna fija de Raúl González Tuñón titulada "Parece mentira", que pasa, sin modificaciones, a "Recontra", la contratapa de *Contra*. Estas y otras firmas, como las de Jorge Luis Borges, Luis Diéguez o José Gabriel, hacen de la contratapa de *Crítica* la página "seria" del diario, el ámbito donde se reflexiona sobre la política nacional e inter-

---

[54] Ambas citas en "Recontra", en *Contra*, n° 2, junio de 1933.

[55] Ver Beatriz Sarlo, "La revolución como fundamento", en *Una modernidad periférica: Buenos Aires 1920 y 1930, op. cit.*

[56] Ver Sylvia Saítta, "Polémicas ideológicas, debates literarios en *Contra. La revista de los franco-tiradores*", *Contra. La revista de los franco-tiradores*, Bernal, Universidad Nacional de Quilmes, 2005. Ver en este volumen, Leda Schiavo, "Raúl González Tuñón, caminador por España en guerra".

nacional y desde el cual se interviene en los debates literarios y artísticos del momento. En esta página escriben también otros integrantes de *Contra* como Arturo Mom, a cargo de la sección cinematográfica "Sombras y sonidos", y Amparo Mom, quien, con el seudónimo de Marlene, firma la página de moda.

El 12 de agosto de 1933, la contratapa de *Crítica* vuelve a modificarse ya que desaparecen las notas de opinión. Los motivos de este cambio responden a una serie de desplazamientos periodísticos: por un lado, ese mismo día el diario entrega el primer número de su *Revista Multicolor de los Sábados*, dirigida por Jorge Luis Borges y Ulyses Petit de Murat, espacio al que pasa la columna "Visto y oído, por Premiani", hasta entonces parte de la contratapa del diario, y los artículos culturales de González Tuñón, Setaro, Petit de Murat, Pablo Rojas Paz. Por otro lado, la revista *Contra* ya se ha "apropiado" de la sección "Parece mentira" de González Tuñón, y de aquellos artículos que esos mismos escritores no podrían publicar en un suplemento de las características de la *Revista Multicolor de los Sábados*: los análisis de política internacional, las reflexiones sobre el crecimiento de la derecha nacional, las juicios ideológicos sobre el quehacer literario argentino.

En sus cinco números, *Contra* constituyó otro intento de convertirse en la heredera de *Martín Fierro* pero politizando el modelo: la revista delimitó un proyecto estético en el cual la izquierda vanguardista se superponía a la militancia política o, en otros términos, los procedimientos formales de la vanguardia estética se entendían inseparables de sus contenidos ideológicos. Frente al "arte social", la revista propuso otros modelos estético-ideológicos: la nueva literatura rusa (Gladkov, Fedin, Pilniak, Ivanov, Gomilewsky, Leonov) y algunos escritores norteamericanos como Sinclair Lewis y John Dos Passos. Frente a las opciones de la vanguardia martinfierrista, propuso el surrealismo francés y el constructivismo ruso. Por lo tanto, y pese a un precipitado final en el que la policía secuestró su quinto número y González Tuñón fue encarcelado durante cinco días por la publicación de su poema "Las brigadas de choque", en su trayectoria *Contra* representó una propuesta que literariamente, en la Argentina, era novedosa: se trató de unir, por primera vez, vanguardia estética y vanguardia política, siendo el punto máximo de articulación de una vanguardia estética revolucionaria con una práctica política militante.

BIBLIOGRAFÍA

Bibliografía sobre periodismo argentino del período

Paula Alonso (comp.), *Construcciones impresas. Panfletos, diarios y revistas en la formación de los estados nacionales en América Latina, 1820-1920*, Buenos Aires, Fondo de Cultura Económica, 2004.

Aníbal Ford, Jorge Rivera y Eduardo Romano, *Medios de comunicación y cultura popular*, Buenos Aires, Legasa, 1985.

Francisco Luis Llano, *La aventura del periodismo*, Buenos Aires, Peña Lillo, 1978

Carlos Mangone, "La república radical: entre *Crítica* y *El Mundo*" en Graciela Montaldo (dir.), *Yrigoyen, entre Borges y Arlt (1916-1930)*, Buenos Aires, Contrapunto, 1989

Ulyses Petit de Murat, *La noche de mi ciudad*, Buenos Aires, Emecé, 1979.

Jorge Rivera, *El periodismo cultural*, Buenos Aires, Paidós, 1995

Jorge Rivera, "El escritor y la industria cultural" en Susana Zanetti (dir.), *Historia de la literatura argentina*, tomo II, Buenos Aires, CEAL, 1986.

Jorge Rivera, "La forja del escritor profesional (1900-1930)" en Susana Zanetti (dir.), *Historia de la literatura argentina*, tomo III, Buenos Aires, CEAL, 1986.

Jorge Rivera, "Los juegos de un tímido: Borges en el suplemento de *Crítica*" en *Crisis*, n° 38, mayo-junio de 1976.

Eduardo Romano, *Revolución en la lectura. El discurso periodístico-literario de las primeras revistas ilustradas rioplatenses*, Buenos Aires, Catálogos/El Calafate, 2004.

Sylvia Saítta, *Regueros de tinta. El diario* Crítica *en la década de 1920*, Buenos Aires, Sudamericana, 1998.

José Antonio Saldías, *La inolvidable bohemia porteña*, Buenos Aires, Freeland, 1968.

Beatriz Sarlo, *El imperio de los sentimientos*, Buenos Aires, Catálogos, 1985.

Ricardo Setaro, *La vida privada del periodismo*, Buenos Aires, Fegrabo, 1936.

Ricardo Sidicaro, *La política mirada desde arriba. Las ideas del diario* La Nación *1909-1989*, Buenos Aires, Sudamericana, 1993.

Roberto Tálice, *100.000 ejemplares por hora. Memorias de un redactor de* Crítica, *el diario de Botana*, Buenos Aires, Corregidor, 1989

Carlos Ulanovsky, *Paren las rotativas*, Buenos Aires, Espasa, 1997.

Oscar Vásquez Lucio, *Historia del humor gráfico y escrito en la Argentina*, Buenos Aires, Eudeba, 1987.

Editores, libros y folletos

por José Luis de Diego

Los procesos de cambio demográficos, económicos y políticos de la primera mitad del siglo XX en nuestro país incidieron de un modo determinante en el desarrollo de la actividad editorial. La creciente urbanización, agudizada con la masiva llegada de inmigrantes y las primeras oleadas de migración interna unidas a las campañas alfabetizadoras, genera en pocos años un público lector que se va ampliando progresivamente. La prensa escrita se multiplica en nuevas empresas; ya no se trata de periódicos y revistas de circulación restringida entre los miembros de la elite letrada, sino de emprendimientos sensibles a esta realidad cambiante y que van adecuando a ella sus formatos, su lenguaje, las modalidades de difusión y comercialización. Correlativamente, un campo profesional de escritores, periodistas, imprenteros y tipógrafos descubre que ese nuevo público constituye un mercado que no sólo significa un medio de vida, sino también la oportunidad de acceso a una capa de lectores cuya demanda modificaba significativamente las pautas tradicionales. En este capítulo, nuestro interés se enfocará en las políticas editoriales que desarrollan y consolidan el libro de autor argentino en el período que va de los años veinte a los cuarenta.

Antes del 20: las colecciones de obras nacionales

El 4 de noviembre de 1901 se da a conocer la colección Biblioteca de *La Nación* cuyo origen está vinculado con la adquisición, por parte de la empresa, de las nuevas linotipos, y con la voluntad de evitar despidos, por lo que parte del personal del diario se destinó al nuevo proyecto que estuvo a cargo de José María Drago y Roberto J. Payró. Margarita Merbilhaá ha estudiado las estrategias de lanzamiento de la Biblioteca desde las páginas del diario y los objetivos declarados de la colección:

> La necesidad de asociar un criterio de didactismo cívico o moral a la difusión de los bienes culturales entre sectores ampliados traduce un deseo, propio del sector ilustrado de comienzos del siglo XX, de por un lado, contribuir a una orientación (inclusive, a un control) de las lecturas populares y, por otro, de desviar la tendencia criollista de los folletines y novelones gauchescos.[1]

Se publicaron libros a un ritmo de cuatro títulos por mes: para 1904 se habían editado ciento cuarenta y cinco títulos, de los cuales sólo veintiuno eran de escritores argentinos. Los libros se vendían en dos versiones, rústica y encuadernada, procurando que los precios tuvieran alcance popular (50 centavos y 1 peso, respectivamente). El análisis del catálogo de la colección pone de manifiesto la voluntad de modelar el gusto del público a través de la democratización de bienes culturales: libros al alcance de una naciente clase media ávida de estar al día en las novedades estéticas.

La colección privilegia el género moderno por excelencia, la novela, mediante la traducción de textos, en especial franceses, que hasta entonces sólo estaban al alcance de quienes podían leerlos en la lengua original. La proporción de autores argentinos es baja y en la mayoría de los casos se trata de reediciones: *La gran aldea, Amalia, Facundo, Juvenilia, La Bolsa, La gloria de Don Ramiro, Una excursión a los indios ranqueles*, entre otros; tardíamente, en 1916, se incluye una primera edición, *Los caranchos de la Florida*, de Benito Lynch. Merbilhaá advierte que resultan significativas algunas ausencias, como el *Martín Fierro* y Echeverría y, entre los más recientes, Lugones, Quiroga y el propio Payró. Se ha destacado a menudo el caso de la novela *Stella*, de César Duayen, un folletín sentimental que por su gran acogida se convirtió en *best-seller*, lo que motivó, por un lado, fuertes resistencias de los representantes de la alta cultura y, por otro, el interés de escritores como Horacio Quiroga, seducidos por las posibilidades de acceso a un

---

[1] Margarita Merbilhaá, "La época de organización del espacio editorial", en José Luis de Diego (dir.), *Editores y políticas editoriales en Argentina (1880-2000)*, Buenos Aires-México, Fondo de Cultura Económica, 2006.

público nuevo.[2] La Biblioteca de *La Nación* dejó de publicarse en febrero de 1920 y, para entonces, se calcula que había difundido un millón y medio de volúmenes. Parece evidente que su éxito y la repercusión alcanzada animaron nuevos emprendimientos.

Se ha dicho muchas veces que el origen de un canon de las letras nacionales se asocia a Ricardo Rojas y a la cátedra de Literatura Argentina de la Facultad de Filosofía y Letras de la Universidad de Buenos Aires, fundada el 7 de junio de 1913, "para Rojas", según algunos testimonios, por el vicedecano de la Facultad, Rafael Obligado. En 1917 aparece el primer tomo de la *Historia de la literatura argentina*, "Los gauchescos", de Ricardo Rojas, y en 1923 se funda el Instituto de Literatura Argentina. En este itinerario se suele omitir la creación, hacia 1915, de dos colecciones dedicadas a autores nacionales que reconocen como antecedentes la "Biblioteca Económica de Autores Argentinos" (1885-1886), de Pedro Irume, y la "Biblioteca de Autores Argentinos", editada por El Ateneo a partir de 1896.

Rojas se asocia con Juan Roldán, propietario de la prestigiosa librería La Facultad, y comienzan a editar La Biblioteca Argentina. El primer título, *Doctrina democrática* de Mariano Moreno, aparece en 1915 en una cuidada edición impresa en España. El proyecto de Rojas coincide con el impulsado por José Ingenieros, quien promueve "La Cultura Argentina", con el apoyo de Severo Vaccaro, un hombre experimentado en la distribución de periódicos y folletos.[3] La concurrencia en el tiempo de ambas iniciativas convoca a la realización de un análisis comparativo.

La Cultura Argentina alcanzó en diez años 116 títulos organizados en 132 volúmenes impresos en rústica en los talleres de Lorenzo Rosso; se vendían a 1 peso aunque los volúmenes que superaban las 400 páginas costaban el doble.[4] Una frecuencia mayor que la del pro-

---

[2] Seudónimo de Emma de la Barra, de quien Bernardo González Arrilli brinda una breve semblanza en *Tiempo pasado. Semblanzas de escritores argentinos*, Buenos Aires, Academia Argentina de Letras, 1974. La novela ya era un éxito cuando, en 1905, la edita la Biblioteca.

[3] Sobre el proyecto de Ingenieros, ver Néstor Tomás Auza y José Luis Trenti Rocamora, *Estudio e índice de la colección "La Cultura Argentina"*, Buenos Aires, Sociedad de Estudios Bibliográficos Argentinos, 1997.

[4] Resulta de interés la comparación de los precios entre estas ediciones populares y algunas de fines del siglo XIX. Cada entrega de la Biblioteca Popular, dirigida por Miguel Navarro Viola, que comenzó a publicarse en 1878, costaba 15 pesos, mientras que el precio promedio de los libros nacionales rondaba los 50. Ver Sergio Pastormerlo, "El surgimiento de un mercado editorial", en José Luis de Diego (dir.), *Editores y políticas editoriales en Argentina (1880-2000)*, *op. cit.*

yecto de Rojas, que editó 29 volúmenes en trece años, y también de mayor envergadura en cuanto a las tiradas, que en la colección de Ingenieros oscilaron entre 3.000 y 5.000 ejemplares, con un radio de difusión además mucho más amplio: a la venta en cigarrerías, peluquerías con lotería y tiendas de ramos generales en los pueblos, se sumó la distribución a otros países de América.[5] Fernando Degiovanni ha extendido la comparación de ambas colecciones al análisis de sus catálogos y a sus estrategias de edición, ya que no sólo tiene importancia conocer qué se publica sino también cómo se presenta el libro:

> [...] a lo largo de diez años las series de Rojas e Ingenieros se convertirían en las protagonistas de una resonante y excepcionalmente larga batalla por los usos del pasado en la cual los textos coloniales y decimonónicos servirían como vehículo para orientar el desarrollo simbólico y material argentino.[6]

Así, Degiovanni pone en relación obras de Mariano Moreno y el *Dogma socialista* de Echeverría, editadas en ambas colecciones, y destaca que en las operaciones críticas de Rojas —sustentadas en el prestigio de la filología europea— se advierte un borramiento de los contenidos que pudieran sustentar una lectura de las grandes obras del pasado nacional desde la izquierda; mientras que por otra parte señala el esfuerzo de Ingenieros por construir "una versión del pasado argentino en la que los contenidos ideológicos jacobinos y socialistas tuvieran un lugar central".

Mientras que Rojas incluye en su colección los clásicos coloniales, Ingenieros considera que la tradición del pensamiento argentino se origina en la Revolución de Mayo y, aunque ambos editan a los gauchescos, en los que Rojas encuentra —construye— el símbolo de una nacionalidad amenazada por la masa inmigrante, Ingenieros publica el *Martín Fierro* con un prólogo de Carlos Octavio Bunge, cuya mirada de científico positivista asimila al gaucho con un delincuente. A poco de promulgarse la ley Sáenz Peña, y en los años del triunfo electoral del radicalismo en 1916 y de la Reforma Universitaria de 1918, las batallas políticas e ideológicas que enfrentaron a la oligarquía porteña con los grupos políticos emergentes se proyectaron al terreno de la cultura mediante diferentes diseños del pasado, en los que las estrate-

---

[5] Néstor Tomás Auza y José Luis Trenti Rocamora, *op. cit.*

[6] Fernando Degiovanni, "La invención de los clásicos: nacionalismo, filología y políticas culturales en Argentina", en *Orbis Tertius*, nº 11, Centro de Teoría y Crítica Literaria, Universidad Nacional de La Plata, 2006.

gias de apropiación parecen explicarse como respuestas posibles para un presente conflictivo.

La profesionalización del editor

"Tengo mucho espíritu profesional, como ningún otro escritor entre nosotros..." La afirmación de Manuel Gálvez puede leerse en el contexto de modernización de la industria editorial en la Argentina. La ampliación y diversificación del público lector motivó, por un lado, la crisis de la hegemonía de los patricios letrados en los circuitos de los libros y en los procesos de consagración de los autores; por otro, la emergencia de escritores plenamente concientes de esos cambios y dispuestos a aceptar el desafío de escribir para ese público ampliado con la esperanza de vivir de la literatura: profesionalización y autonomización. Dos capítulos de las memorias de Gálvez resultan particularmente ilustrativos de esa nueva *conciencia* de los escritores.[7] En uno de ellos, pasa revista a los innumerables avatares de su relación con los editores; allí es posible advertir su obsesión por controlar de qué manera y a qué precios circulan sus libros: no sólo cuánto le pagan —y cuánto no le pagan— los editores por sus obras, sino también qué libros se colocan en los escaparates y cuáles son los criterios de los "vidrieristas". En "El novelista se hace editor", Gálvez se refiere a la creación de la Cooperativa Editorial Buenos Aires, empresa que encaró hacia 1917. Con la inmodesta exaltación de su esfuerzo y desinterés, característica de sus memorias, Gálvez explicita los objetivos que lo animaron a la edición de autores argentinos relegados por un mercado que los ignoraba: procurar su autonomía respecto de editores que no les pagan como deben, lograr una amplia distribución de los libros a bajo costo.

Según el propio Gálvez, durante los cinco años en que se desempeñó como secretario de la cooperativa (1917 a 1922), se editaron 68 títulos, en valores que iban de 1 peso con 20 centavos a 3 pesos, precios que no diferían demasiado de los propuestos por las colecciones ya comentadas. Los dos primeros títulos editados por la Cooperativa fueron *Ciudad*, de Baldomero Fernández Moreno, y *Cuentos de amor, de locura y de muerte*, de Horacio Quiroga. Emilio Carilla menciona

[7] Ver Manuel Gálvez, "Editores, libreros e impresores", en *Recuerdos de la vida literaria*, tomo IV: *En el mundo de los seres reales*, Buenos Aires, Hachette, 1965; y "El novelista se hace editor", en *Recuerdos de la vida literaria*, tomo II: *En el mundo de los seres ficticios*, Buenos Aires, Hachette, 1961.

que del libro de Quiroga se editaron 500 ejemplares, por lo que es posible conjeturar que, al menos en sus inicios, la Cooperativa tenía tiradas más reducidas que "La Cultura Argentina".[8] Una de las novedades del emprendimiento fue la firma de un convenio con la Agencia General de Librerías y Publicaciones, lo que le garantizaba una vasta red de distribución. Dos decisiones, que marcan diferencias evidentes con las colecciones de Rojas e Ingenieros, parecen regir la elaboración del catálogo: la primera, editar autores argentinos *contemporáneos*; la segunda, aparece explicitada por Gálvez:

> En su casi totalidad, los libros argentinos son: colecciones de versos, o pseudoversos, que nadie entiende; cuentos, género literario que en ninguna parte del mundo tiene público; o ensayos, escritos en prosa difícil, sobre extranjeros que, como Kafka, sólo agradan a una minoría.

El panorama negativo que traza pone en evidencia, por contraste, la importancia otorgada a la novela —un género prácticamente ausente en la Biblioteca Argentina y en La Cultura Argentina— a la que Gálvez consideraba, como Payró en su momento, el género más idóneo para llegar al nuevo público. Afirma Jorge B. Rivera: "Considerado en su conjunto, el proyecto de Gálvez constituye un proyecto de real importancia desde el punto de vista de la difusión de una literatura argentina 'viva' y 'moderna', escrita fundamentalmente para ser leída".[9]

Los folletos

La ampliación del público lector reconoce, entonces, sucesivos momentos. Si la Biblioteca de *La Nación* había representado una oferta *moderna* para un público que excedía un círculo restringido y se extendía a vastas zonas de las clases medias urbanas —lo que justificaba sus voluminosas tiradas—, Luis Alberto Romero y Leandro Gutiérrez han estudiado el momento en que los barrios que nacían en la periferia de Buenos Aires pasarían a desempeñar un papel central.[10] Allí se

[8] Emilio Carilla, *Autores, libros y lectores en la literatura argentina*, Universidad Nacional de Tucumán, Cuadernos de Humanitas n° 51, 1976.
[9] Jorge B. Rivera, "La forja del escritor profesional (1900-1930). Los escritores y los nuevos medios masivos", en *Capítulo. Historia de la literatura argentina*, tomo IV, Buenos Aires, Centro Editor de América Latina, 1980.
[10] Luis Alberto Romero, "Una empresa cultural: los libros baratos", y Leandro

fue gestando una cultura popular, básicamente de inmigrantes, cuya identidad se iría modelando a través de la conservación y resignificación de una cultura heredada, de corte romántico, anarquista y contestatario. En un segundo momento, con el triunfo del radicalismo en 1916 y la obtención de una serie de conquistas sociales que fueron creando expectativas de integración y ascenso social, se diluye la inicial virulencia revolucionaria y tanto los hijos de inmigrantes ya afincados como los nuevos migrantes internos, van configurando una cultura reformista y humanista asociada políticamente al radicalismo y al socialismo.

Los nuevos sujetos sociales encontrarán su lugar de residencia e identificación en los barrios periféricos de una ciudad en vertiginosa expansión. El Estado, mediante la creación de nuevas escuelas, la Iglesia, los partidos y agrupaciones políticas —radicalismo y socialismo, pero también, desde la derecha, la Liga Patriótica— compitieron por atender las demandas de esos nuevos sectores y por reclutar prosélitos; se multiplicaron así los clubes, las sociedades de fomento, los centros y comités, las bibliotecas, y se fue diseñando una cultura emergente, tanto popular como *letrada*.[11]

Los medios de prensa y los editores de libros y folletos también fueron sensibles al desafío que representaba este nuevo público. Si la Biblioteca de *La Nación* añadía un libro a la compra del diario, a partir de 1915 se consolidará un nuevo formato: un folleto de mediana extensión y abigarrada escritura, en papel de baja calidad, en el que se reproducía un cuento, una novela corta, una biografía, un ensayo e incluso poemas y cuyo precio promedio era de 20 centavos. Si los intentos de Ingenieros y de Gálvez apuntaban a crear colecciones de libros "populares" a un peso o poco más, estamos ahora, en palabras de Domingo Buonocore, ante ediciones "popularísimas".[12] El estudio de Beatriz Sarlo sobre estos folletos pone de manifiesto, por un lado, el excepcional alcance de la empresa, con tiradas que rondaban los 200.000 ejemplares y con numerosos puntos de venta y distribución

---

H. Gutiérrez y Luis Alberto Romero, "Sociedades barriales y bibliotecas populares", en *Sectores populares, cultura y política*, Buenos Aires, Sudamericana, 1995.

[11] Según los censos de 1895 y 1914, se pasó de una población alfabetizada de 1.480.000 a 3.915.000 respectivamente en sólo veinte años.

[12] En la bibliografía sobre las ediciones "popularísimas" abundan las equivalencias para el costo de 20 centavos: dos boletos de tranvía o un "completo" (café con pan y manteca). Beatriz Sarlo (*El imperio de los sentimientos*, Buenos Aires, Catálogos, 1985) agrega el dato de que el precio del diario era de 10 centavos y que un atado de cigarrillos costaba entre 20 y 60 centavos.

(kioscos, estaciones de trenes y subterráneos, cigarrerías); por otro, la condena de los representantes de la alta cultura —tanto en su versión tradicional como vanguardista— hacia esos productos, a los que, o bien se ignora totalmente, o bien se descalifica y destierra, en palabras de Sarlo, al "infierno de la mala literatura".[13] Sin embargo, es posible postular que algunas experiencias —a las que podríamos llamar de transición— abren el camino a este tipo de publicaciones y tienden un puente entre las ediciones populares de autor nacional y las ediciones "popularísimas".

En 1915 se dan a conocer las *Ediciones Mínimas*, "Cuadernos mensuales de Ciencias y Letras" a cargo de Ernesto Morales y Leopoldo Durán.[14] De acuerdo con la minuciosa recopilación de Lafleur, Provenzano y Alonso, estos "cuadernos" inauguran la serie de folletos que se multiplicarán hacia 1917: *La Novela Semanal* (262 números de 1917 a 1922), *La Novela del Día* (331 números de 1918 a 1924), *El Cuento Ilustrado* (30 números a lo largo de 1918), *La Novela para Todos* (50 números de 1918 a 1919), *La Novela Universitaria* (55 números de 1921 a 1922).[15] Si tenemos en cuenta la simultaneidad de muchas de estas colecciones y el alto número de sus tiradas, el efecto que produjeron puede conjeturarse en dos direcciones. Hacia los autores, era una fuente de trabajo que se añadía a la de los periódicos y *magazines* en el ejercicio de la escritura. Jorge B. Rivera recuerda que Horacio Quiroga, quien fuera director de *El Cuento Ilustrado* en sus primeros 18 números, había afirmado en 1928 en *El Hogar*:

Los escritores de hoy, ciudadanos de una edad de oro, pues perciben fácilmente cien pesos por colaboración habitual, ignoran el violento sabor de lucha y conquista que tenían aquellos cinco iniciales pesos con que el escritor exaltaba su derecho a la vida en tan salvaje edad.

En las colecciones conviven, además, escritores reconocidos (la mayoría en reediciones, sean argentinos o extranjeros) con quienes podrían ser considerados *profesionales de los folletos*, en los que encontra-

---

[13] "No existió", agrega Sarlo, "un discurso crítico sobre estas narraciones, excepto cuando se trató, con bastante frecuencia, de condenarlas como literatura despreciable y menor."

[14] Según Domingo Buonocore, sin embargo, el fundador y director único de *Ediciones Mínimas* fue Leopoldo Durán; ver *Libreros, editores e impresores de Buenos Aires*, Buenos Aires, Bowker, 1974.

[15] Héctor Lafleur, Sergio Provenzano y Fernando Alonso, *Las revistas literarias argentinas (1893-1960)*, Buenos Aires, Ediciones Culturales Argentinas, 1962.

ron un modo de sustento y una fama efímera. Por otra parte, hacia los lectores, la difusión de los folletos implicó la consolidación del hábito de lectura para vastos sectores de la población que consideraban al libro y a la lectura como dadores de prestigio e instrumentos de reconocimiento y ascenso social, pero que carecían de las competencias necesarias para frecuentar las librerías y los circuitos de la alta cultura.

Los veinte y los treinta: la *"época heroica"*[16]

Las trayectorias de los nuevos editores, provenientes de humildes familias de inmigrantes, y algunos nacidos en el extranjero, muestran un itinerario cuyo comienzo señala el desempeño de oficios no vinculados a la cultura o la inserción en las profesiones vinculadas más con la prensa que con el ejercicio mismo de la literatura. Samuel Glusberg, por ejemplo, de muy joven y antes de convertirse en el interlocutor privilegiado de intelectuales como José Carlos Mariátegui y Waldo Frank, fue vendedor de máquinas de coser y empleado de ferrocarril, comisionista de una imprenta y agente de librería, empleos que llevaba adelante para pagarse los estudios; Manuel Gleizer, antes de entrar en el comercio del libro, había tenido una agencia de venta de billetes de lotería; Antonio Zamora fue corrector del diario *Crítica*. Jóvenes no universitarios, formados en una educación autodidacta de origen familiar, algunas veces modesta y otras con una tradición que la respalda, publican no sólo obras literarias, críticas y ensayísticas de escritores prestigiosos de un pasado argentino no muy lejano, sino autores "universales"; además, varios de estos editores se caracterizan por mantener vínculos personales fluidos con los autores cuyos escritos promueven.[17]

Estas observaciones revelan una mutación profunda en la fisonomía del editor moderno en los pocos años que van desde los proyectos de Payró, Rojas, Ingenieros y Gálvez hasta la emergencia de estos verdaderos *advenedizos* en el campo editorial.

En 1916, Juan Torrendell (1895-1961), un inmigrante mallorquín cuyo padre se había destacado en el periodismo, funda la Editorial

---

[16] Así la denominan Lafleur, Provenzano y Alonso, *op. cit.*

[17] Verónica Delgado y Fabio Espósito, "La emergencia del editor moderno", en José Luis de Diego (dir.), *op. cit.*

Tor. En ediciones descuidadas, en papel de baja calidad y a precios muy económicos, se puede decir que el proyecto editorial de Torrendell incluyó *todo*; a menudo, las deficiencias del objeto libro parecen contaminar, en las evaluaciones que se hacen de su catálogo, la selección de sus títulos. Así lo advirtió Gálvez:

> Ha hecho llegar al pueblo toda la literatura mundial. Sus enemigos suponen que sólo editaba libros malos. Error. Editó a Platón, Esquilo, Sófocles, Cervantes, Calderón, Shakespeare, Dostoievski, Tolstoi, Pérez Galdós, Papini, Freud, Stefan Zweig, Pirandello... Y entre los argentinos: Echeverría, Sarmiento, Hernández, Mansilla, Cané, Mitre, Joaquín González, Fray Mocho, Del Campo...[18]

Los numerosos títulos se agrupaban en colecciones heterogéneas: Grandes Biografías, Las Obras Famosas, El Mundo de Hoy, Clásicos (argentinos, castellanos, alemanes, franceses, italianos, etcétera), El Pensamiento Argentino (Alberdi, Sarmiento, Ramos Mejía, Ingenieros), Nueva Biblioteca Filosófica (Rousseau, Bergson, Diderot, Proudhon, Spencer, Krause). Y, entre tantos libros, también había un lugar para los vanguardistas contemporáneos; en 1935, Tor publicó la primera edición de *Historia universal de la infamia*, de Borges. De manera que todo entraba en su catálogo: "De sus talleres gráficos, ubicados en Río de Janeiro 760", afirma Buonocore, "han salido desde hace 50 años, millones de volúmenes que constituyen la expresión de un esfuerzo editorial sin precedentes en el mundo". Este "esfuerzo" por acceder a un público diversificado se puede advertir en las leyendas que incluía en las contratapas de los libros. A manera de ejemplo, sobre El Pensamiento Argentino:

> Una selección de obras magistrales, históricas, filosóficas y literarias en la que está sintetizada con sus características esenciales, la cultura de los argentinos. No deben faltar en ninguna biblioteca y todas ellas, además, figuran como textos para la enseñanza secundaria y universitaria.

Sobre la Nueva Biblioteca Filosófica: "Para las horas de serenidad, para las horas de amargura, con poco gasto lo más selecto de la

---

[18] Manuel Gálvez, *Recuerdos de la vida literaria*, tomo IV: *En el mundo de los seres reales*, op. cit.

filosofía en la mano". Buonocore refiere que Torrendell llegó a colocar una balanza en su local de la calle Florida en el que vendía libros al peso, hecho que motivó una encendida reacción de la Academia Argentina de Letras, según puede verse en su *Boletín* de 1934. Otra versión del episodio recoge el testimonio personal de un nieto del editor, que asegura que "se había tratado de una ironía, un acto de repudio a la censura que habían sufrido algunos títulos publicados por él".[19]

En su afán de vender libros y de llegar a más lectores, Torrendell resultó también un pionero en el género policial. En el más conocido itinerario trazado sobre el género en nuestro país, Jorge Lafforgue y Jorge B. Rivera mencionan la inclusión de dos conocidas novelas de Gastón Leroux en la Biblioteca de *La Nación*, la publicación de relatos "detectivescos" en las colecciones de folletos entre 1919 y 1922, hasta llegar al *Magazine Sexton Blake*, de Editorial Tor, de frecuencia quincenal a partir de 1929. Dos años después, la moda de los policiales se consolida en la "Colección Misterio", de Tor, "publicación semanal detectivesca" que aparecía todos los martes a 30 centavos y que tuvo un sostenido interés de los lectores.[20]

El fundador y director de la Cooperativa Editorial Claridad fue otro inmigrante de origen español, Antonio Zamora, quien la difundió como "tribuna del pensamiento izquierdista" y "universidad popular".[21] Luis Alberto Romero la define como "empresa cultural" y muchos la han considerado "la editorial de Boedo"; todos coinciden en considerarla el principal proyecto cultural de las décadas del 20 y del 30. El 30 de enero de 1922, Zamora lanza Los Pensadores, una colección de folletos de 32 páginas que se vendían en puestos de diarios y revistas a 20 centavos. Edita 100 números hasta 1924 en que se completa la "primera época"; la "segunda época" va desde 1924 hasta julio de 1926, y en el número 122 se anuncia "el primer número de *Claridad*", la revista que continúa el proyecto hasta diciembre de

---

[19] Leandro de Sagastizábal, *La edición de libros en la Argentina. Una empresa de cultura*, Buenos Aires, Eudeba, 1995. En una versión que he recogido personalmente aunque no pude corroborar, Borges fue uno de los pocos que salió a defender a Torrendell.

[20] Jorge Lafforgue y Jorge B. Rivera, *Asesinos de papel. Ensayos sobre narrativa policial*, Buenos Aires, Colihue, 1996. Ver también Jaime Rest, "Diagnóstico de la novela policial", en *Crisis*, n° 15, Buenos Aires, julio de 1974.

[21] Aunque alguna bibliografía menciona el origen andaluz de Antonio Zamora (1896-1976), José Barcia afirma que había "nacido en la provincia de su mismo nombre hacia fines del siglo pasado". Ver "'Claridad', una editorial de pensamiento", en *Todo es historia*, n° 172, Buenos Aires, septiembre de 1981.

1941.[22] En paralelo con la secuencia de los folletos-revistas, la Cooperativa comienza a editar libros. Resulta significativo que un año después de lanzar Los Pensadores, Zamora se afilie al Partido Socialista, con el que se identificará toda su vida y en el que llegará a ocupar cargos de importancia. Es precisamente esa identificación la que irá guiando la constitución del catálogo de la "tribuna del pensamiento izquierdista"; un catálogo internacionalista que se propone rescatar lo mejor de la cultura burguesa en su tradición humanista. No se trata de un catálogo militante, revolucionario, sino de una izquierda pacifista y antifascista que postulaba que el camino al socialismo podía construirse a partir de reformas progresivas en el interior del parlamentarismo burgués. Así como no todo era desechable de la heredada democracia liberal, tampoco lo era su cultura: del pensamiento y la literatura europea del siglo XIX, la editorial privilegiará en especial a los rusos (Gorki, Tolstoi, Dostoievski, Andreiev) y a los franceses (Anatole France, Henri Barbusse, Jules Romains), en una concepción amplia de "obras selectas" elegidas por su función modélica. Como afirma Montaldo, se trata de un proyecto pedagógico, más moral que político, cuyo carácter ejemplar alcanza no sólo a los textos sino también a los autores, representados mediante la imagen del "santo laico", lo que parecería justificar la abundancia de biografías en el catálogo.[23] Los títulos se ordenan en numerosas "bibliotecas": Los Pensadores, Los Poetas (Almafuerte y Carriego, Rubén Darío y Machado), Los Nuevos (Leónidas Barletta, Alvaro Yunque, César Tiempo, Roberto Mariani, Elías Castelnuovo), Grandes Novelas Modernas, Biblioteca Científica, Obras de Estudios Sociales, etcétera.

Delgado y Espósito han advertido la ausencia de la tradición criollista en la política editorial de Zamora:

En la década de 1920 las diversas variantes tanto criollistas como regionalistas se las han apropiado agentes culturales con

---

[22] Sobre Los Pensadores, ver Graciela Montaldo, "La literatura como pedagogía, el escritor como modelo", en *Cuadernos Hispanoamericanos*, N° 445, Madrid, julio de 1987; y "La disputa por el pueblo: revistas de la izquierda", en Saúl Sosnowski (ed.), *La cultura de un siglo. América latina en sus revistas*, Buenos Aires-Madrid, Alianza, 1999. Sobre *Claridad*, Florencia Ferreira de Cassone, "Pensamiento y acción socialista en *Claridad*", en Noemí Girbal-Blacha y Diana Quatrocchi-Woisson (dir.), *Cuando opinar es actuar. Revistas argentinas del siglo XX*, Buenos Aires, Academia Nacional de la Historia, 1999.

[23] Podríamos agregar también, que el proyecto era más moral que *comercial*: mientras Gálvez anota que Torrendell "el pago lo hacía por adelantado" (*En el mundo de los seres reales, op. cit.*), Leandro de Sagastizábal afirma que Zamora "casi nunca pagaba derechos de autor", *op. cit.*

posiciones en el campo intelectual diferentes a la de Zamora. Así, hay un criollismo que se difunde en folletos con un propósito principalmente comercial, muy lejos de la voluntad pedagógica de Claridad. Hay otro del cual se ha adueñado la elite, ya sea en su variante reaccionaria (Lugones, Lynch, Larreta), como vanguardista (Borges, Güiraldes y la revista *Martín Fierro*). En cuanto al regionalismo, aparece vinculado con los sectores dominantes del interior del país (Juan Carlos Dávalos, Guillermo House, Carlos B. Quiroga).[24]

A modo de síntesis, los autores argentinos publicados por Claridad responden a cierta tradición ya consolidada de "pensamiento nacional" (como Juan B. Alberdi), a los referentes del socialismo (Juan B. Justo, Alfredo Palacios), a los poetas populares (Almafuerte, Carriego), y al grupo de Boedo, ya mencionado con relación a Los Nuevos. Claridad fue, además, la editorial *de* Roberto Arlt, ya que dio a conocer las primeras ediciones de *Los siete locos* y *Los lanzallamas*, y segunda de *El juguete rabioso*.

También Samuel Glusberg se inició en 1919, con la edición de folletos.[25] Junto con su hermano Leonardo dirigieron las Ediciones Selectas-América (cincuenta números entre 1919 y 1922), una colección de folletos a 20 centavos, dedicada especialmente a reeditar autores hispanoamericanos, con gran éxito de ventas. En el catálogo conviven autores argentinos (Gerchunoff, Quiroga, Payró, Banchs, Fernández Moreno) e hispanoamericanos (Amado Nervo, Herrera y Reissig, Rubén Darío, Vaz Ferreira) ya por entonces más o menos consagrados. Cuando concluye la colección, en 1922, Samuel Glusberg, como Zamora, emprende la edición de libros y funda Babel ("Biblioteca Argentina de Buenas Ediciones Literarias"). Llegó a editar, a lo largo de diez años, más de cien títulos de autores nacionales, entre reediciones y primeras ediciones; de entre las últimas, sobresalen *Las horas doradas*, de Lugones, que abre la colección, *Los desterrados*, de Quiroga (1926), *Gracia plena*, de José Pedroni (1928), *Radiografía de la pampa*, de Martí-

---

[24] Verónica Delgado y Fabio Espósito, *op. cit.* Por su parte, Graciela Montaldo advierte que *Fausto*, de Estanislao del Campo, se publica como complemento de otro texto y es calificado, llamativamente, como la historia de un "proletario de la pampa", *op. cit.*

[25] Ver Horacio Tarcus, *Mariátegui en la Argentina o las políticas culturales de Samuel Glusberg*, Buenos Aires, El Cielo por Asalto, 2001. Aunque Buonocore afirma, erróneamente, que Glusberg (1898-1987) nació en Buenos Aires, se ha documentado su nacimiento en Kischinev, Rusia; hijo de un rabino, su familia debió emigrar en 1905 a causa de los *pogromos* contra los judíos.

nez Estrada (1933). Las cuidadas ediciones de tapas blancas con el logo que la identificaba, la torre de Babel, se vendían entre 1 y 2 pesos.

[...] ¿quién hubiera adivinado que este inmigrante modestísimo y sin letras, a la vuelta de 20 años de su arribo al país, resultara entre nosotros, por una chuscada del destino, el gran animador del libro autóctono y de toda una generación literaria? Ésa fue su hazaña y la realizó honradamente, generosamente. Cuando en Buenos Aires no se conocía casi el verdadero editor, el editor profesional de los centros europeos, Gleizer, sin experiencia técnica y sin dinero, se lanzó a la aventura riesgosa de hacer y vender libros.

Así presenta Buonocore a Manuel Gleizer (1889-1966), otro inmigrante ruso que llegó al país en 1901 sin ningún contacto previo con la cultura ni con el mercado del libro. La referencia de Buonocore deja bien en claro el carácter de *advenedizos* de los nuevos editores extranjeros y cómo vinieron a ocupar, por azar y sin pericia alguna, un lugar vacío.

Manuel Gleizer no es, como hemos visto, el primer editor de obras nacionales; sin embargo, desde sus inicios en una librería en Villa Crespo, se supo rodear de intelectuales y escritores argentinos que pronto formarían parte de su catálogo. Si Claridad fue la editorial de Boedo, y Proa y Sur se identificarán, como veremos, con Florida, el catálogo de Gleizer combina ambas tendencias, en una convivencia que parece refutar la escolar y clásica división en partidos estéticos. Se inicia como editor en 1922 con obras de Joaquín de Vedia y de Arturo Cancela; el éxito de *Tres relatos porteños* del segundo, termina de confirmarlo en su vocación. Jorge B. Rivera ha hecho un relevamiento de los principales títulos que editó: *Cuentos para una inglesa desesperada*, de Eduardo Mallea, *El violín del diablo* y *La calle del agujero en la media*, de Raúl González Tuñón, *La crencha engrasada*, de Carlos de la Púa, *El idioma de los argentinos*, *Discusión* y *Evaristo Carriego*, de Jorge Luis Borges, *El gato escaldado* y *La musa de la mala pata*, de Nicolás Olivari, *Días como flechas*, *Odas para el hombre y la mujer* y *Los aguiluchos*, de Leopoldo Marechal, *No toda es vigilia la de los ojos abiertos*, de Macedonio Fernández, *El hombre que está solo y espera*, de Raúl Scalabrini Ortiz, *El amor agresivo*, de Roberto Mariani, *Tangos*, *El alma de las cosas inanimadas* y *La rueda del molino mal pintado*, de Enrique González Tuñón.[26]

---

[26] Buonocore, refiriéndose a Glusberg, Gleizer y Jacobo Samet, dice que se autocalificaban como "los editores judíos de libros argentinos". Samet, hijo también de un

Revistas que editan libros

Nosotros, Claridad, Babel: editoriales que fundaron revistas, revistas que editaron libros y que podrían pensarse como antecedentes de la iniciativa que en el mismo sentido propiciaron los directores de la revista *Proa*.[27] Sin embargo, la relación más estrecha de la empresa editorial Proa no se anudó con la revista que le dio el nombre, sino con *Martín Fierro*; su actividad editorial comienza en 1924 con un exiguo capital aportado por Evar Méndez, Ricardo Güiraldes y Oliverio Girondo, y se extiende hasta 1932. En un aviso publicitario de 1927, puede leerse: "La Editorial Proa, que se consagra a descubrir los nuevos valores literarios y lucha por abaratar el libro, no persigue ninguna especulación comercial; es una desinteresada empresa de cultura: ayúdela comprando sus libros". El pedido no parece haber rendido frutos para lo que ha sido calificado como "una promesa frustrada"; si comercialmente haber editado quince libros en ocho años es muy poca cosa, cualitativamente esos libros parecen justificar la empresa: *Alcándara*, de Francisco Luis Bernárdez, *Inquisiciones, Luna de enfrente* y *El tamaño de mi esperanza*, de Borges, *Veinte poemas para ser leídos en el tranvía* y *Espantapájaros*, de Girondo, *Don Segundo Sombra*, de Güiraldes, *El imaginero*, de Ricardo Molinari, *Papeles de Recienvenido*, de Macedonio Fernández, *Voz de la vida*, de Norah Lange. Varios títulos aparecían en dos versiones; por ejemplo, la novela de Lange cuesta dos pesos, y en "edición de lujo, en papel de hilo", cinco pesos. Como señala Buonocore, en su obra ya citada:

> A partir de Proa —es incuestionable— existió y se impuso una nueva escuela gráfica y el arte de imprimir obedeció a una preceptiva distinta. Los libros de su marca, bien diagramados, hechos en caracteres modernos y elegantes, nítidamente impresos en buen papel, alcanzaron las condiciones mínimas para definirlos, sencillamente, como productos de un arte nuevo.

---

inmigrante ruso que había abierto una librería en el centro, se relacionó de un modo fructífero con el grupo de la revista *Martín Fierro* y editó libros entre 1924 y 1932.

[27] *Proa* tuvo dos épocas: en la primera, marcada por la influencia decisiva de Macedonio Fernández, se alcanzan a editar tres números entre agosto de 1922 y julio de 1923; en la segunda, cuando la figura tutelar era Ricardo Güiraldes, publican quince números entre agosto de 1924 y enero de 1926. Ver Carlos García, "Historia de una gestación: *Papeles de Recienvenido* y la atmósfera intelectual porteña", en *Macedonio*, vol. 8, *Historia crítica de la literatura argentina*, Buenos Aires, Emecé, 2007.

Don Segundo Sombra y *Espantapájaros* fueron sus mayores éxitos de venta: del primero, la edición de 1926 de 2000 ejemplares se agotó en un mes; del segundo, de 1932, se vendieron 5000 ejemplares en poco tiempo, a lo que ayudó quizá una disparatada campaña de publicidad.

Ya entrada la década del 30, entre las revistas que editan libros quizás *Sur* sea el caso de mayor interés. Como es sabido, la revista dirigida por Victoria Ocampo apareció en enero de 1931 y su duración y vigencia se extendió durante casi cuarenta años.[28] Aunque la bibliografía sobre la revista es abundante, su proyecto editorial, iniciado en 1933, ha recibido menos atención. Comienza con la publicación de *Romancero gitano*, de García Lorca, y con la traducción, por Lino Novás Calvo, residente en La Habana y colaborador de la *Revista de Occidente*, de dos novelas, *Contrapunto*, de Aldous Huxley, y *Canguro*, de D. H. Lawrence, cuyos originales fueron publicados en 1928 y 1923 respectivamente.[29] En el número 303-304-305 de la revista (mayo de 1967), puede verse el catálogo completo que hasta esa fecha consigna 245 títulos publicados con un ritmo irregular: un título en 1934, seis en 1935, trece en 1936, diecisiete en 1937, dieciocho en 1938, dos en 1939, dos en 1940, etcétera. La editorial no ordena su catálogo en colecciones o bibliotecas; en los anuncios, a veces las obras se ordenan por género, lo que permite notar el predominio de narraciones, novela y cuento, y de ensayos político-filosóficos.

El análisis de las coordenadas ideológicas que rigen las políticas de la revista y de la editorial parece haber terminado por desmentir su presunto apoliticismo así como a confirmar su elitismo explícito en la voluntad de construir una "aristocracia del espíritu", su vocación americanista, su vago antifascismo y su férreo anticomunismo. Sin embargo, en la temprana ruptura de Glusberg con Victoria Ocampo y en la permanencia de María Rosa Oliver, simpatizante comunista, en el grupo, Gramuglio percibe signos reveladores de

> la existencia de un conjunto de valores compartidos, en el que las inflexiones del americanismo y la concepción del trabajo cultural están estrechamente ligadas a la constitución de un

[28] Ver entre otros, los trabajos de María Teresa Gramuglio y Patricia Willson en Sylvia Saítta (dir.), *El oficio se afirma*, vol. 9, *Historia crítica de la literatura argentina*, Buenos Aires, Emecé, 2004.

[29] La abultada suma de dinero que Victoria Ocampo pagó por la traducción de las dos novelas desmentiría una versión tendiente a explicar la actividad editorial en la necesidad de paliar el déficit financiero de la revista. Ver Delgado y Espósito, *op. cit.*

grupo cerrado y minoritario que, en el interior mismo de la clase dominante, se define con respecto a ella a la vez por la pertenencia y por la diferenciación.[30]

Desde esta perspectiva pueden leerse los criterios de constitución de un catálogo poblado mayoritariamente por "los amigos de Victoria" locales: Eduardo Mallea, Jorge Luis Borges, José Bianco, Francisco Luis Bernárdez, Adolfo Bioy Casares, Silvina Ocampo, Eduardo González Lanuza; e hispanoamericanos: Alfonso Reyes, Gabriela Mistral, Pedro Henríquez Ureña, y por sus referentes externos: Waldo Frank, André Gide, Jules Romains, Aldous Huxley, Jacques Maritain, Virginia Woolf, Roger Caillois, Albert Camus, el conde de Keyserling, entre otros.

Patricia Willson ha destacado en un minucioso trabajo la labor de los traductores del grupo Sur, tanto para la revista como para su editorial, traductores que ahora ocupan la "página impar" debajo del título de la obra y del autor, y que suman a la calidad de su labor específica, también en otras editoriales, el prestigio acumulado en el campo literario. Hasta entonces, "la mención [del traductor] era errática, se limitaba al apellido y a la inicial del nombre y, sobre todo, no solía corresponder a una figura conocida o al menos individualizable del campo intelectual argentino".[31] Así, Borges traduce para Sur a Virginia Woolf (*Orlando* y *Un cuarto propio*) y *Perséfone* de André Gide, *Las palmeras salvajes*, de William Faulkner, para Sudamericana, y *La metamorfosis*, de Kafka, para Losada. Además, se destacan las traducciones de José Bianco: *Malone muere*, de Samuel Beckett, *Las criadas*, de Jean Genet, y *Otra vuelta de tuerca*, de Henry James. Estos trabajos se encuentran entre los más notables de una vasta tarea de incorporación de la literatura y el pensamiento contemporáneo que encontró en *Sur* un lugar de irradiación que coincide con la profesionalización del traductor literario y su mayor visibilidad.[32]

[30] María Teresa Gramuglio, "'Sur': constitución del grupo y proyecto cultural", en *Punto de Vista*, año VI, n° 17, Buenos Aires, abril-julio de 1983.

[31] Ver Patricia Willson, "Página impar: el lugar del traductor en el auge de la industria editorial", en Sylvia Saítta (dir.), *El oficio se afirma, op. cit.*

[32] Patricia Willson, *La constelación del Sur. Traductores y traducciones en la literatura argentina del siglo XX*, Buenos Aires, Siglo XXI, 2004.

Epílogo: el 38 y el comienzo de la "época de oro"[33]

Se podría decir que 1938 es el "año clave" de la industria editorial argentina, aunque, por diversas razones, como hemos visto, también podrían serlo 1915 y 1922. La Guerra Civil española produce un éxodo de editores y de casas editoriales hacia América; este hecho tendrá un impacto duradero en la transformación de nuestra industria editorial, y será el inicio de lo que se conoce como la "época de oro" que se extiende, aproximadamente, hasta 1955.[34]

La filial argentina de la Editorial Espasa-Calpe, fundada en 1925 en España, estaba a cargo de Gonzalo Losada y Julián Urgoiti. Ante una situación insostenible y después de arduos debates, la empresa se traslada a nuestro país; el 22 de abril de 1937 se funda Espasa-Calpe Argentina bajo la dirección de Manuel Olarra, quien, ya en Francia, desde donde llega en octubre, se ocupaba de las actividades de la empresa en América. Gonzalo Losada (1894-1981), un madrileño que había llegado en 1928, se desvincula entonces de la empresa y el 18 de agosto de 1938 funda la Editorial Losada. En el grupo fundador participaban, además, Guillermo de Torre, Atilio Rossi, Amado Alonso, Pedro Henríquez Ureña y Francisco Romero, a los que poco después se sumaron Luis y Felipe Jiménez de Asúa, Teodoro Becú y Lorenzo Luzuriaga.

Julián Urgoiti, por su parte, sigue el mismo año un camino parecido al de Losada; tras su desvinculación de Espasa-Calpe participa en el origen de un nuevo sello, Editorial Sudamericana. Fundada en diciembre de 1938, participaron tanto personalidades ligadas a la cultura (Oliverio Girondo, Victoria Ocampo, Carlos Mayer y Rafael Vehils), como hombres de negocios: Jacobo Saslavsky, Antonio Santamarina, Alejandro Shaw, Eduardo Bullrich y Alejandro Menéndez Behety. A los seis meses de su fundación, tras una serie de fracasos comerciales, Girondo y Ocampo, entre otros, dejan la empresa; es cuando aparece la figura con la que se identificará la editorial durante años: Antonio López Llausás (1888-1979), un catalán perteneciente a una prestigiosa familia de libreros. Como López Llausás, en 1939 llega a Buenos Aires Mariano Medina del Río y funda Emecé. Al igual que en Sudamericana, hubo, en los inicios de la empresa, importantes aportes de

---

[33] Para una visión más abarcadora del período ver José Luis de Diego, "La 'época de oro' de la industria editorial", en José Luis de Diego, *op. cit.*

[34] Ver en Raúl Bottaro (*La edición de libros en Argentina*, Buenos Aires, Troquel, 1964) tanto una dimensión del crecimiento de la industria editorial a partir de 1938, como datos acerca del volumen de exportaciones a partir de 1933.

capital; en este caso, de la familia Braun Menéndez. En 1947 se incorpora a Emecé Bonifacio del Carril, quien se va a convertir en presidente de la empresa y en su referente más visible durante largos años. En El Ateneo, de Pedro García, fundada en 1912, se desempeñó durante mucho tiempo como responsable de la sección literaria su sobrino Santiago Rueda, quien en 1939 funda su propio sello, que se caracterizará por un catálogo dedicado, en su mayor parte, a escritores extranjeros.

En los meses que van de 1937 a 1939, entonces, se fundan las empresas que dominarán el mercado del libro —me refiero al mercado literario— a lo largo de cuarenta años y que determinarán de un modo decisivo, mediante sus políticas de edición, en la Argentina, América Latina y España, la difusión de corrientes literarias, la consolidación de tendencias de lectura y los procesos de canonización de autores.

Bibliografía

Rodolfo A. Borello, "Autores, situación del libro argentino y entorno material de la literatura en la Argentina del siglo XX", en *Cuadernos Hispanoamericanos*, n° 322-323, Madrid, abril-mayo de 1977.

Eustasio A. García, *Desarrollo de la industria editorial argentina*, Buenos Aires, Fundación Interamericana de Bibliotecología Franklin, 1965.

Eduardo Gudiño Kieffer, *Losada. Gonzalo Losada, el editor que difundió el libro argentino en el mundo*, Buenos Aires, Dunken, 2005.

Gloria López Llovet, *Sudamericana. Antonio López Llausás, un editor con los pies en la tierra*, Buenos Aires, Dunken, 2004.

Ana Martínez Rus, "El comercio de libros: los mercados americanos", en Jesús A. Martínez Martín (ed.), *Historia de la edición en España 1836-1936*, Madrid, Marcial Pons, 2001.

Rafael Olarra Jiménez, *Espasa-Calpe. Manuel Olarra, un editor con vocación hispanoamericana*, Buenos Aires, Dunken, 2003.

Jaime Rest, "Diagnóstico de la novela policial", en Crisis, n° 15, Buenos Aires, julio de 1974.

Beatriz Sarlo, "La perspectiva americana en los primeros años de *Sur*", en *Punto de Vista*, año VI, n° 17, Buenos Aires, abril-julio de 1983.

VV.AA., "'Claridad', editorial del pensamiento izquierdista", en *Todo es Historia*, n° 172, Buenos Aires, septiembre de 1981.

BUENOS AIRES: LA INVENCIÓN DE UNA METRÓPOLIS CULTURAL

por Diana B. Wechsler

Hacia 1926, Rodolfo Senet, con la idea de reconstruir una trayectoria que le permitiera pensar Buenos Aires hacia 1920, ensaya una historia de la ciudad a partir de los años ochenta en los que encuentra el comienzo de un proceso de cambio vertiginoso. Poniendo el acento en la transformación de Buenos Aires afirma: "nada está como era entonces, todo ha cambiado: la casa, modificada por completo, la calle, irreconocible, el río, que ya no se ve más; los paseos y las plazas, metamorfoseados" y finalmente advierte la presencia de una "fiebre innovadora" capaz de arrasar con todas las cosas.[1]

Otros documentos, sin embargo, relevan un aspecto diverso del Buenos Aires del último cuarto del siglo XIX y los primeros años del XX. En ellos, la imagen aparece asociada —en términos materiales y simbólicos— con aquella "gran aldea", tal como la definió narrativamente Lucio V. López hacia 1884. Una ciudad atravesada por calles fangosas de perspectivas infinitas pobladas por construcciones en unos casos italianizantes y en otros modernistas, de una o dos plantas, que se disputaban cada cuadra con las viejas casas bajas de tejas heredadas del período colonial, cuando la pampa era una presencia cercana. Un espacio físico en el que el contrapunto entre las fachadas y la tensión ciudad-campo reflejaba en las calles otras batallas que contemporáneamente se libraban en busca de la conformación de espacios para el desarrollo cultural.

---

[1] Rodolfo Senet, "Buenos Aires alrededor del año 1880", en *La Prensa*, Buenos Aires, 17 de octubre de 1926.

Pero Buenos Aires estaba destinada, según lo había preconizado implícitamente Sarmiento, a crecer en todas direcciones y a convertirse en una ciudad moderna. Para esto era importante no sólo el cumplimiento de un intenso programa de reestructuración urbanístico y arquitectónico que modificara su aspecto, también era indispensable hacer los cambios necesarios para proveer de los recursos necesarios para modernizarse, o sea reinventarse.

A partir de los últimos años del siglo XIX y con intensidad creciente durante las primeras décadas del XX, la ciudad y sus habitantes asistirán a un acelerado proceso que la llevará a convertirse no sólo en una ciudad moderna sino también en una *metrópolis cultural*. Un tipo singular de urbes entendidas aquí en el sentido que propone Raymond Williams, quien las piensa como centros en donde se reúnen los medios y las actividades culturales de una región o de un país. Las *metrópolis culturales* como Buenos Aires, en estos años en proceso de constitución, adquirieron a lo largo de la primera mitad del siglo XX una dimensión nueva ya que se fueron convirtiendo en mucho más que grandes ciudades. Es allí donde, otra vez en palabras de Williams, "comenzaban a formarse nuevas relaciones sociales, culturales y económicas".[2]

En este capítulo nos proponemos recorrer algunos tramos del proceso de transformación de Buenos Aires de "gran aldea" en metrópolis cultural, a través de la recuperación de un conjunto de objetos impresos, imágenes presentes en textos literarios y periodísticos, fotografías, artes plásticas, publicadas en su mayor parte en la prensa periódica en 1920 y 1930. Los medios gráficos, en tanto espacios de circulación de imágenes y construcción de representaciones socio-culturales, aparecen como soporte de las imágenes consideradas a la vez hilo conductor de esa historia. Son ellos vidriera privilegiada para asistir además a la emergencia de espacios, actores y valores dentro del campo cultural y del campo artístico que aquí se considerará.

El desfile de las imágenes[3]

La transformación de Buenos Aires es hacia 1920 una realidad palpable en cada rincón de la ciudad. El ciudadano podía asistir a diferentes escenas y es posible que se pudiera sentir compartiendo diversas

---

[2] Raymond Williams, *La política del modernismo*, Buenos Aires, Manantial, 1997.
[3] Título de Haber Hermat, en *La Nación*, 16 de septiembre de 1928.

ciudades, o en diferentes tiempos, según la cuadra que transitara, el barrio que habitara o la relación que tuviera con cada zona. La prensa periódica —junto a otros medios, tales como la fotografía, la literatura, la arquitectura, las artes plásticas— se ocupó de operar con esta diversidad y de generar, a partir de ella, nuevas perspectivas desde las que se procuraba construir una imagen homogénea de este universo en permanente mutación.

Las nuevas tecnologías de la imagen y sus posibilidades de reproducción e impresión gráfica estuvieron al servicio de la creación de un nuevo perfil para la ciudad. Los medios gráficos que contribuyeron a la construcción de una imagen moderna son, por lo mismo, los que hoy ofrecen la posibilidad de acceder a la dimensión cotidiana de ese proceso en la medida en que permiten ir registrando desde múltiples rincones las metamorfosis modernas, las rupturas con las imágenes del pasado y la persistente vocación por imponer otras nuevas.

La presencia de nuevos públicos a los que interpelar desde los periódicos revela el proceso de reestructuración de la sociedad, en tanto la profusión creciente de imágenes y la aparición de un nuevo tipo de artículo —la noticia gráfica— exhiben al mismo tiempo la sofisticación técnica con la que se cuenta para desarrollar esas lujosas secciones ilustradas y la voluntad de proveer al lector de imágenes de estas nuevas y variadas realidades. En plural, ya que se trata de un montaje misceláneo en donde es posible encontrar en una misma página el retrato de la *prima donna* que se presentará en el Teatro Colón, junto a la fotografía de una hazaña deportiva, la reproducción de obras de una exposición de artes plásticas, los premiados en el salón oficial anual y la toma de una perspectiva de la ciudad desde un ángulo especialmente elegido.

El "desfile de las imágenes" se desplegó ante el público lector de diarios y revistas de una manera sistemática, a partir de variadas estrategias que buscaron ordenar la diversidad y ofrecer visiones contundentes y acabadas de esta metrópolis en formación. Entre los recursos utilizados, la comparación con otras ciudades, la elección de puntos de vista inusuales, la creación de panoramas por sectores o barrios y la invitación a recorrer espacios nuevos, fueron los más frecuentes. Estos modos de presentación de la información dieron lugar, a su vez, a un siempre renovado repertorio de imágenes y textos destinados a actualizar en forma permanente al público.

Las páginas de la prensa establecían una narración visual, que —por yuxtaposición unas veces o por contigüidad, otras— permitía identificar cuestiones comunes a todas las grandes urbes y, en esta operación, colocar a Buenos Aires entre ellas. Una estrategia que podría encontrar sus raíces en las numerosas prefiguraciones que de un Buenos Aires deseado ilustraron las páginas de diferentes publicaciones ya desde 1910.

La imaginación moderna en torno al centenario pensó el crecimiento de la ciudad de tal forma que creyó que alcanzaría las nubes con rapidez. Comenzaron a aparecer dibujos que fantaseaban con una Plaza de Mayo atravesada por cables que además de establecer las comunicaciones telefónicas funcionarían como útiles monorrieles para quienes, montados sobre inusuales vehículos, desearan surcar el espacio urbano con mayor agilidad.[4] La presencia de rascacielos abigarrados y la necesidad de desplazarse de un sitio a otro, condujo a diseñar diferentes sistemas alternativos: monorrieles, autovías a distintos niveles que se cruzaran e interconectaran, puentes de un lado a otro de las veredas de la Avenida de Mayo y aeroplanos que surcaran las calles entre los edificios, son algunas de las representaciones imaginadas para el futuro.[5] Epígrafes que reforzaban la lectura de las imágenes del estilo de: "Cómo cambian los tiempos: 1830, lo que vieron nuestros abuelos... 1890 lo que han visto nuestros padres... 1913, lo que vemos nosotros, 1999, lo que verán nuestros hijos", señalaban ilustraciones como la de la cubierta de *Caras y Caretas* de abril de 1913, en donde el caos del tránsito con automóviles trabados en calles sin salida en el nivel del suelo, contrasta con los otros niveles de transportes que se desarrollan entre los grandes edificios que ahogan el paisaje y no permiten una mirada más amplia que la de sus propios perfiles.

Con estas ilustraciones producidas en torno al Centenario, se apostaba a la instalación de un repertorio de imágenes para una nueva ciudad. Con las fotografías de prensa, que profusamente se publican a partir de los años veinte y con la iconografía urbana que avanza sobre el territorio de las artes plásticas, se completa esta operación destinada a proveer de referentes visuales que favorecieran la ruptura con las viejas formas de pensar y de vivir la ciudad. El paso de las ilustraciones a las fotografías, supone el paso de la prefiguración imaginaria a la posibilidad de percibir, de manera más o menos real, los cambios que se presenciaban. Por ejemplo, la nota gráfica "Buenos Aires, ciudad de cúpulas y agujas" competía con la que señalaba los "Interesantes as-

---

[4] "Aprovechando los alambres de teléfono para la circulación del público...", en *La Vida Moderna. Semanario-Magazine Argentino*, Buenos Aires, año 4, nº 155, 30 de marzo de 1910.

[5] Ver Margarita Gutman *et al.*, *Buenos Aires 1910. Memoria del porvenir*, Buenos Aires, Fondo Nacional de las Artes, 1999.

pectos que ofrecen las más altas construcciones en las ciudades de Nueva York y Chicago".[6]

Temas como el crecimiento edilicio de las ciudades, las alturas, la elegancia de las construcciones, los estilos de los edificios, el sistema de parques y recreos, las calles y sus diferentes identidades, el tránsito y los problemas vinculados a su regulación, el lugar de aquellos que trabajan en el crecimiento urbano, los oficios en la ciudad y las actividades en los márgenes, adquirían ahora una presencia tangible y ponían a Buenos Aires a la par de las otras grandes urbes.

Las metrópolis cosmopolitas se presentaban ante el público con una doble dimensión: la del atractivo de lo nuevo y su presencia internacional y la de la complejidad —tanto física como social—, implícita en el impacto de estos crecimientos acelerados. A través de las notas, relatos e imágenes publicadas en los medios gráficos de Buenos Aires, se fue acuñando una conciencia de lo nuevo con una puesta en foco de los cambios ocurridos en la ciudad, así como se fue organizando la historia urbana, la propia y la de otras ciudades en un interesante contrapunto.

Una de esas historias, firmada por el alcalde de Nueva York, ofreció al lector las etapas del crecimiento de esta ciudad y sus efectos:

> Nueva York, en la exuberancia de su vigor juvenil, se negó a escuchar consejos cuando comenzó la fiebre de los rascacielos, hace veinticinco años [...]; ninguna otra orbe del mundo se ha visto en las dificultades de Nueva York, que ha intentado salvarse tratando de llegar al cielo, mas fue rechazada de entre los ángeles y retrotraída a la tierra.[7]

En este texto, como en el ya citado de Senet sobre Buenos Aires, se lee la nostalgia por la vieja ciudad y se advierte también la tensión entre pasado y presente. La sucesión de notas —la narración de Senet precede en una semana a la del Alcalde de Nueva York— daba lugar a que se produjera en el imaginario de los lectores un montaje virtual a partir de una lógica que homologaba ambas metrópolis en formación.

---

[6] "Buenos Aires, ciudad de cúpulas y agujas", en *La Prensa*, Buenos Aires 21 de agosto de 1927. "Interesantes aspectos que ofrecen las más altas construcciones en las ciudades de Nueva York y Chicago", en *La Prensa*, Buenos Aires, 25 de septiembre de 1930.

[7] J. W. Watson, "El crecimiento de Nueva York", en *La Prensa*, Buenos Aires, agosto de 1926.

La incesante búsqueda de imágenes incluyó el despliegue de diversas destrezas fotográficas, entre ellas, la vista aérea que permitió avanzar sobre extensiones amplísimas que contribuyeron también a configurar la representación de Buenos Aires como totalidad a la vez que como trama continua, infinita. "Punto de arranque" es el título que integra el conjunto de fotografías tomadas desde un aeroplano que hace piruetas sobre la Plaza de Mayo para lograr una toma del comienzo de las tres nuevas avenidas producto de las recientes intervenciones modernizadoras: Presidente Julio A. Roca, Avenida de Mayo y Presidente Roque Sáenz Peña. La panorámica se reproduce con sentido didáctico señalando sitios de interés con números que remiten al pie de foto, y en un recuadro se aclara que integrará un film producido por la United Press Association para los Estados Unidos, como registro de la "excursión por Sud-América" de Mr. Carl Bickel, presidente de la agencia noticiosa.[8]

En otra foto aérea, en este caso del predio de la actual Plaza San Martín, se privilegió la presentación de un proyecto que modificaría toda la zona desde el final de la calle Florida hasta Retiro. La imagen a doble página muestra la plaza con el Pabellón Argentino —estructura de hierro, vidrio y cerámica que albergaba por entonces al Museo Nacional de Bellas Artes— y algunos edificios en demolición. Sobre la foto se leían además los trazos del plan de reformas en marcha que implicaba el traslado del museo, la demolición de todas las construcciones y la parquización del predio.[9] Esta toma del proyecto de 1926 se repite en 1934; otra vista aérea de la ciudad "permite apreciar algunas de las construcciones monumentales de la metrópolis".[10] Aquí se exhibe, ya concretado, lo que en la panorámica de 1926 estaba en proceso: los jardines de Retiro y la Plaza San Martín anunciados anteriormente, son un hecho. La imagen refuerza el concepto de trama urbana en altura y genera una nueva reacomodación del espectador. La ciudad se ve como un continuo de edificios superpuestos que más que ofrecer la ilusión de un espacio en perspectiva se elevan recreando la bidimensionalidad del plano destacando así la fuerza ascendente característica de la ciudad moderna, representada aquí por sus primeros rascacielos, entre ellos el Kavanagh, todavía en obra. El enfoque y la zona elegida de la ciudad hace que ya no sean cúpulas y agujas las que se destacan, ni las calles las que ordenen el conjunto, ahora el ojo salta de un edificio a otro, a un ritmo marcado por los

[8] *La Prensa*, Buenos Aires, 8 de noviembre de 1925, Sección Rotograbados.
[9] *La Prensa*, Buenos Aires, 11 de abril de 1926, Sección Rotograbados.
[10] *La Prensa*, Buenos Aires, 4 de noviembre de 1934, Sección Rotograbados.

más altos.[11] A pesar de los esfuerzos, la fotografía no deja de representar en gran medida una promesa de futuro, ya que la variedad de alturas y los desniveles abruptos subrayan la impresión de una ciudad en construcción.

El diario *La Prensa*, de gran presencia en esa época, competidor respetable de *La Nación*, invita a volar a sus lectores a través de las "aero-fotos" y además les propone una opción para vivir —aunque más no sea por unos instantes— esa sensación de altura.[12] Desde la primera plana de la sección rotograbados, el título "Buenos Aires vista desde la Torre de los Ingleses" invita a realizar la experiencia de apropiación de la ciudad desde lo alto. Las fotos aéreas proveen una percepción infrecuente de la ciudad; ofrecen al ciudadano la oportunidad de aprehender buena parte de ella con un solo golpe de vista y hasta la ilusión de tenerla entre las manos; lo obligan a reorganizar su mirada y a reubicarse, a encontrar su calle, su casa, su esquina, que ha sido reducida a un punto minúsculo dentro de un plano interminable. Se muestra con orgullo la ciudad y con igual presunción se hace alarde de los recursos técnicos del periodismo moderno, doble operación con la que se refuerza la idea de un tiempo presente en el que se concreta el futuro imaginado años atrás, vinculado al progreso y la diaria incorporación de lo nuevo.

Las ilustraciones del siglo XIX mostraron una Buenos Aires de perfil sinuoso que se recortaba contra el cielo como promesa de crecimiento futuro. Cuando las "aerofotos" dan una visión alta y lejana que arroja una imagen nueva, anulan la sensación de proyecto inacabado que dan las medianeras y los baldíos en las tomas más próximas. Si desde la altura Buenos Aires aparecía como una trama más o menos homogénea, desde el zócalo, la vereda o desde la perspectiva de una calle o una esquina, el resultado era diferente; allí la discontinuidad se imponía como rasgo distintivo. Andamios que enmascaraban un edi-

---

[11] Se produce en la ciudad una división estilística en la arquitectura urbana; los edificios públicos, monumentales y afrancesados, a la manera de palacios, y los privados, de departamentos, noción también reciente y, por otro lado, la presencia italiana en los barrios.

[12] Desde *Sudamérica* y el *Diario*, que iniciaron en la Argentina un periodismo moderno, durante la presidencia de Julio A. Roca, se produjo entre 1920 y 1930 un auge y una expansión periodística notable; los tradicionales *La Prensa*, dirigido a las clases medias, y *La Nación*, a capas sociales más vinculadas a lo agrario, compartieron el universo lector con los vespertinos *La Razón* y en especial con *Crítica* que, pese a su espectro sensacionalista, dio cabida a escritores de vanguardia y que, en sí mismo, constituía una original manifestación de ruptura. Ver en este volumen, Sylvia Saítta, "Nuevo periodismo y literatura argentina".

ficio en construcción, seguido por la empalizada de un terreno baldío y a continuación la sucesión de varias casas sencillas de una planta o dos, descubren otra ciudad que convive con un horizonte más bajo, a cielo abierto, en espera de que sus amplias calles y avenidas infinitas se pueblen en altura.

Este tipo de imágenes ofrecidas en las páginas de *La Nación* y *La Prensa*, o en los montajes fotográficos en revistas como *Caras y Caretas*, destinadas a un vasto público lector, se constituyen en la síntesis visual de los textos que simultáneamente poblaron otras secciones de esos mismos medios. Conviven en sus páginas distintos elementos en pugna: desde imágenes residuales que se resisten a desaparecer hasta aquellas que manifiestan abiertamente su adhesión a los cambios. Unas y otras no hacen más que dar cuenta de las tensiones de la modernidad ofreciendo en su convivencia los matices de la diversidad.

Al referirse Bernardo González Arrili (1892-1987) al ascendente humo de las chimeneas, termina desacralizando la realidad a tal punto que los santos ya no huelen el incienso, una reflexión cercana a la del Alcalde de Nueva York cuando afirmaba que en su intento de alcanzar el cielo su ciudad había sido rechazada por los ángeles:

> En la chata ciudad se alzan las chimeneas fantásticas, enormes lápices que aspiran a borrar el cielo azul. Sobre las casas se yerguen su audacia de ladrillos cocidos y se mantienen inmóviles, centinelas irreprochables que han obtenido a fuerza de práctica, la perfección del saludo militar [...] llevamos al pie de nuestra audacia un horno, una fragua, hornallas donde se gesta en plutónicos esfuerzos fragmentos de la grandeza de la ciudad.[13]

En otra variante, el epígrafe de una foto de Baldiserotto titulada "Los centinelas del progreso", propone: "Sencillas y rígidas, las chimeneas, remplazan en el barrio fabril porteño a las cúpulas floridas de la ciudad. Son los centinelas del progreso, los vigías de la metrópoli creciente que atalayan el porvenir, los custodios del poderío argentino". En la foto, el juego de contrastes intensos entre luces y sombras está mostrando no sólo el punto de vista del fotógrafo sino, junto con sus habilidades técnicas, la posesión de un ojo culturalmente entrenado.[14] Un contraste que integra los datos de un paisaje urbano moderno y que no sólo aparece en este texto, como se vio en las notas gráfi-

---

[13] Bernardo González Arrili, "Un diálogo de chimeneas", en *Plus Ultra*, Buenos Aires, enero de 1927.

[14] En *Plus Ultra*, Buenos Aires, septiembre de 1927.

cas que yuxtaponen un Buenos Aires de cúpulas y rascacielos a otro muy diferente, poblado por fábricas y chimeneas, y más allá los suburbios y "la quema".

También la pintura, por su parte, dio temprana cabida a estos temas como lo muestran *La usina* (1910) y *Cervecería alemana* (1915) de Pío Collivadino (1869-1945), quien años más tarde, con *Diagonal norte*, un óleo de 1926 que ilustra la alternancia de edificios monumentales con obras en construcción, también construyó la iconografía del centro.[15] Una imagen de la discontinuidad de la ciudad que ese mismo año es premiada en el espacio de los Salones Nacionales junto con el tríptico *Buenos Aires* de Alberto Rossi. Aunque las imágenes de uno y otro coinciden con muchas de las fotografías en el punto de vista, difieren en relación con la tradición; mientras que las pinturas de Collivadino y Rossi se instalan y dialogan con el modo figurativo del academicismo de comienzos del siglo XX, las fotografías innovan en relación con su inserción de alta calidad en los medios gráficos masivos y su perspectiva estetizada construida a partir de la captura de momentos singulares en los que la luz se convierte en protagonista.[16]

Buenos Aires es personaje y escenario de una experiencia de modernidad tan impactante, que provocó una fuerte ruptura en diferentes aspectos de la vida cotidiana, en particular en relación con el concepto de tiempo y su correlativo de época: "La velocidad tiene ciegos a todos y quizás envoraginada a toda la época (que al decir la palabra época nadie se envalentone y crea que 'época' es algo más que un minuto)", afirmaba Ramón Gómez de la Serna en "Denuncia de la velocidad", escrita para *La Nación* en 1928, una reflexión en la que avanza además sobre la presencia inquietante del automóvil, que "como prototipo de la velocidad rapta todos los días el espíritu contemporáneo y se lo lleva a dar vueltas de silencio y viento".[17]

El tiempo y su fugacidad como un nuevo dato de lo cotidiano aparece una y otra vez; Haber Hermat en el artículo antes citado reflexiona:

[15] Ver Laura Malosetti Costa, *Collivadino*, Buenos Aires, El Ateneo, 2006.

[16] En los desfiles, por ejemplo, "Deslumbran las miles de lamparillas, tendidas de vereda a vereda, como ropas recién colgadas. El desfile de peatones parece interminable. Todos avanzan lentamente con la mirada fija en las guías eléctricas, pero a veces la vista se tuerce hacia los balcones, porque las piernas y las puntillas de ropa interior atraen más que la luz". Segundo B. Gauna, "Fiestas patrias", en *Claridad*, Buenos Aires, agosto de 1928.

[17] Ramón Gómez de la Serna, "Denuncia de la velocidad", en *La Nación*, Buenos Aires, 19 de agosto de 1928.

La vida corre tan rápidamente [que] el corazón ya no enveje-ce. Pero el espectáculo de las cosas, la decoración, la maquina-ria, cambian a la vista y tan rápidamente que, antes de llegar al dintel de la vejez, se tiene, en el almanaque de la memoria, una tal cantidad de recuerdos que parece se los hubiera recogido en tres o cuatro existencias completas, de una duración normal.

Este recorrido centrado en la invención del Buenos Aires moder-no a partir de las fotografías de prensa que se publican en los años veinte permite inferir una retórica triunfalista, característica del pro-yecto modernizador. Sin embargo, no todo es exitismo. Las perspec-tivas melancólicas que se hallan en ciertas lecturas en boga, extrañadas dentro de esta misma realidad, hacen oír voces que, por diferentes ra-zones, están en conflicto, descreen de la linealidad de este proceso. Entre esas miradas nostálgicas hay que mencionar a Borges que, en *Fervor de Buenos Aires* (1923), refunda "míticamente" y parece año-rar una ciudad a la que exalta —"eterna como el agua y el aire"—, así como a Oliverio Girondo, en pleno desconcierto cuando mira la ciu-dad en transformación preguntándose:

dónde guardaré los quioscos, los faroles, los transeúntes, que se me entran por las pupilas. Me siento tan lleno —afirma— que tengo que estallar… Necesitaría dejar algún lastre sobre la vereda. Al llegar a la esquina, mi sombra se separa de mí y de pronto se arroja entre las ruedas de un tranvía.[18]

Años más tarde, Lino Enea Spilimbergo (1896-1964) reinterpreta esta sensación de agobio en el espacio urbano en su óleo *Arrabal de Buenos Aires* (1933). En el cuadro, dos personajes sin gran relieve se integran, en una atmósfera inquietante —dada por la luz, el encuentro de las líneas y el modo de plantear el espacio plástico—, en ese clima de silencio y ausencia, como si el tiempo estuviera suspendido. La propuesta estética, por lo tanto, a partir de ese tipo de textos e imáge-nes traspasa la superficie de la mera representación para avanzar sobre otros aspectos expresivos, como un modo de ensayar estrategias esté-ticas congruentes con el debate contemporáneo.

---

[18] Oliverio Girondo, *20 poemas para ser leídos en el tranvía*, Buenos Aires, Cen-tro Editor de América Latina, 1987.

El mapa del infierno humano

Para un ciego, de esos ciegos que tienen las orejas y los ojos bien abiertos inútilmente, nada hay para ver en Buenos Aires, pero, en cambio, ¡qué grandes, qué llenas de novedades están las calles de la ciudad para un soñador irónico y un poco despierto! ¡Cuántos dramas escondidos en las siniestras casas de departamentos! ¡Cuántas historias crueles en los semblantes de ciertas mujeres que pasan! ¡Cuánta canallada en otras caras![19]

Tontos y granujas, dramas escondidos e historias crueles son las que imagina Roberto Arlt en los rostros que se le cruzan durante su vagabundeo cotidiano por una ciudad que alberga infinidad de narraciones, quizás tantas como las miradas que podrían volcarse sobre ella.

Por su lado, las cámaras de los reporteros gráficos aportan material a este paisaje humano apostando a la mirada exitista unas veces y a la crítica otras. Para la primera opción, "El almuerzo al aire libre de los obreros porteños", Roberto Arlt organiza un conjunto de fotos de trabajadores que, lejos de exhibir cualquier tipo de conflictividad, muestran el carácter del trabajo diario en las calles. Llama particularmente la atención en esas fotografías un grupo de obreros que, "sentados en los andamios del nuevo edificio del Concejo Deliberante", "desafían el vértigo y satisfacen su apetito".[20] No por azar, al año siguiente *La Prensa* publica una foto similar, pero ahora de los albañiles que construyen el Empire State Building, sorprendidos en los andamios.[21] La recurrencia de imágenes como éstas refuerza el buscado cosmopolitismo, lo cual no sólo se expresaba en el hecho de alojar personas, lenguas, costumbres y saberes de diferentes orígenes, sino que también se construía desde una mirada metropolitana capaz de dar cuenta de una evolución supuestamente irreversible, propia y ajena, e integrada, al menos en el deseo de formar parte de un proyecto moderno, "mundializante". Como un dato más, se diría que esa declarada tendencia a la mundialización debía llevarse a cabo dentro de las fronteras del fluido intercambio entre diversas metrópolis.

Esa voluntad de cosmopolitismo se refuerza con una captación de los hábitos de otros sectores de la sociedad, que son retratados jugando al tenis, realizando saltos a caballo, posando con espontaneidad

---

[19] Lo mismo que el epígrafe que precede esta cita, en Roberto Arlt, "El placer de vagabundear" [1933], en *Obra Completa*, Buenos Aires, Planeta, 1991.

[20] En *La Prensa*, Buenos Aires, 5 de noviembre de 1929, Sección Rotograbados.

[21] En *La Prensa*, Buenos Aires, 2 de noviembre de 1930, Sección Rotograbados.

mientras realizan paseos por los parques, en las inauguraciones de las principales galerías de arte —Witcomb, Müller, Van Riel— y en la inauguración del evento anual de legitimación artística, los Salones Nacionales de Bellas Artes, en los que aparecen junto a alguna de las obras premiadas.

Sin embargo, el interés de artistas y fotógrafos suele verse capturado más por las prácticas de la burguesía que por el mundo del trabajo, la llegada de los inmigrantes al puerto o ciertas zonas de la ciudad. Esto permite pensar que el trabajo interesa como signo de crecimiento más que como espacio de conflicto, tal como había sido entendido en la década anterior. La tradición portuaria de Buenos Aires, que viene de la época colonial pero que fue reformulada cuando se construyó el Puerto Nuevo hacia comienzos del siglo XX, sumada a la estructura económica agroexportadora iniciada en la última década del siglo XIX, hace que la actividad de carga y descarga resulte una de las más atractivas y frecuentadas: panorámicas del puerto, astilleros, tomas de barcos, obras en construcción, maquinarias, hombres. La fotografía pone en relieve y actualiza la imagen de este aspecto de la ciudad al mismo tiempo que desaparece en la pintura de esos mismos espacios; la soledad como tema de los óleos de factura tradicionalista de Justo Lynch (1870-1953), el famoso *Bruma en el Riachuelo*, o la integración de los personajes en el paisaje en las obras de Benito Quinquela Martín (1890-1977), dejan entrever, en cambio, un clima entre distante, pintoresquista y descriptivo de la ribera de la ciudad. La propuesta de una figuración metafísica, en la que se adivinan notas vanguardistas, lejanos ecos de los futuristas italianos, como Carrà, o de los metafísicos, como Morandi y De Chirico, en los trabajos de Víctor Cúnsolo (1898-1937) y Fortunato Lacámera (1887-1951) incluye una perspectiva melancólica que resulta de la ausencia de la figura humana en sitios en los que resuena tácitamente su presencia.[22]

El mundo del trabajo supone una problemática más amplia que la del registro de los diferentes oficios o de los espacios en los que se realizan; suscita, en Cúnsolo y Lacámera, por ejemplo, la mencionada mirada metafísica, compartida también por Horacio March (1899-1978), quien en *Desocupado* (1932) introduce un perfil sombrío en el escenario moderno. Este tema, retomado en proporciones monumentales por Antonio Berni, en una pieza como *Desocupados* (1934) establece un punto de inflexión dentro de un desfile de novedades temá-

---

[22] Ver María Teresa Constantin, "Italia en la Nebbia. La Boca como residencia", en *Italia en el horizonte de las artes plásticas en la Argentina*, Buenos Aires, Asociación Dante Alighieri, 2000.

ticas, lo cual implica, igualmente, la aparición de nuevas corrientes plásticas: ya no es sólo la pobreza en "la quema" o en los asentamientos precarios de los suburbios, sino también, sobre los años treinta, el centro —es reconocible la recova de Paseo Colón en la obra de March— se convierte en motivo de obras que muestran las fisuras que provoca la crisis del proyecto moderno.

Ya Elías Castelnuovo, en *La mala vida*, había abierto un sendero en la exploración de estas otras realidades:

> En uno de los extremos del Mercado de Abasto, frente al quiosco suele ubicarse desde el invierno pasado una pareja de pordioseros sucios y andrajosos. [...] Ellos no ven o no pueden ver la luz del sol que baña los adoquines de la calzada, el frente de los altos edificios, la cúpula del quiosco; no ven ni oyen el traqueteo de la gente que va y viene febrilmente, afanosamente, dándose codazos, empujándose; no oyen ni ven los tranvías que suben y bajan repletos de pasajeros.[23]

Los *Artistas del Pueblo*, entre los que se destacan las series de grabados de Guillermo Facio Hebequer (1889-1935) cuyos temas parecen tomados en conjunto como un paseo por la ciudad, pusieron en circulación imágenes que incidían sobre estas zonas oscuras de la modernidad. Castelnuovo y Facio, ambos identificados con la izquierda, trabajan con el propósito de denunciar las diferencias y manifestar las injusticias sociales. Más allá de este acuerdo inicial y la frecuentación de espacios comunes como las redacciones de *Claridad* y *La Campana de Palo*, por ejemplo, los recursos que utilizan son diferentes: mientras que Castelnuovo, según Graciela Montaldo, apela a un verismo implacable que se aferra a la historia narrada en busca de dar voz a quienes no la tenían, Facio Hebequer ensaya distintas estrategias gráficas tendientes a imponer otros objetos y otros modos de ver.[24] La composición por registros superpuestos —como se ve en *La Chacarita* y en *La quema*— procura reponer una narración dentro de un arte que se lee por simultaneidad; la amplificación de los primeros planos y la subordinación del resto en sentido espiralado como en *Calle Co-*

[23] Elías Castelnuovo, *La mala vida*, 1924. Ver Adriana Astutti, "Elías Castelnuovo o las intenciones didácticas en la narrativa de Boedo", en María Teresa Gramuglio (dir.), *El imperio realista*, vol. 6, *Historia crítica de la literatura argentina*, Buenos Aires, Emecé, 2002. En este mismo volumen ver Pablo Ansolabehere, "La idea de lo nuevo en escritores de izquierda".

[24] Graciela Montaldo.

rrientes (c.1933), o la creación de una secuencia de obras que cuenta una historia —*Tu historia, compañero* (c.1933)—, se inscriben en una voluntad narrativa. En todos los casos, desde una mirada moderna se recuperan formas de organización de las imágenes —sobriedad, fondos rigurosos, incisiones cubistas— que habían resultado operativas o funcionales en otros momentos o en otras poéticas.

Las notas gráficas referidas al mundo social presentan, a su turno, diversos conjuntos fotográficos que ordenan, clasifican y procuran construir sentidos a partir de la realidad que registran, reiterando una y otra vez la retórica sutil y compleja de la estetización con la que se yuxtaponen universos variados para conducir al lector hacia una versión idealizada de la vida urbana en la que el mundo del trabajo convive apaciblemente con la vida ociosa de la burguesía. Frente a este panorama ideal, la pintura y la literatura tienden a instalar sombras buscando, en unos casos, el sitio de la denuncia expresa —como Castelnuovo o los *Artistas del Pueblo*— y, en otros, conformando una mirada distante, a veces metafísica, que aporta también su juicio crítico ya sea desde la perplejidad o la ironía —Girondo, Arlt, Cúnsolo, Berni, Spilimbergo entre otros—. Desde las páginas ilustradas de los medios gráficos, los sectores populares son presentados viviendo la ciudad como trabajadores o bien como multitudes que avanzan, invadiéndolo quizás, sobre el centro durante los días festivos, no se los individualiza más que como grupo de obreros, de trabajadores o de inmigrantes. Las elites, en cambio, parecen destinadas a gozar plenamente, como propietarios, de la ciudad, de sus parques, calles céntricas y nuevos edificios. Ciudadanos plenos, se los individualiza con nombres y apellidos, son los habitantes privilegiados de la ciudad moderna, mientras que en los márgenes quedan los excluidos, sin nombres ni rostros definidos.

Cara y cruz del proceso de modernización, el deslumbramiento abrumado ante lo nuevo y la marginalidad juegan a ignorarse mutuamente. Oliverio Girondo, con una postura cercana a la de los cronistas de los medios gráficos, parece agobiado por la turbulencia de los cambios; un agobio que no alcanza a ocultar cierta fascinación por el proceso que contempla mientras que la perspectiva de Castelnuovo —severa y pesimista— registra las fisuras provocadas por la velocidad de los cambios.

Buenos Aires, metrópolis del mundo

Ciudad que crece y se dilata incesantemente hacia los cuatro puntos cardinales, o que se empina cada vez más, como Buenos Aires, sobrepasándose de un día para otro en su afán de conquistar alturas, es ciudad predestinada a que la llamen metrópolis del mundo.

La entusiasta profecía publicada en *La Prensa* el 21 de agosto de 1927, es expresiva del entusiasmo con que los diarios porteños proclamaban su destino de gran urbe. En las páginas precedentes se evocó la iconografía que alimentó la autorrepresentación de Buenos Aires como ciudad moderna; en adelante consideraremos otros aspectos menos tenidos en cuenta en relación con el proceso de constitución de la ciudad capital como *metrópolis cultural*, una más en el conjunto de metrópolis culturales del mundo occidental. Así, por comenzar, si el espacio urbano funciona como condición necesaria para la emergencia y consolidación del arte moderno, se trata de precisar y consignar la relación que existe entre ambos conceptos, a saber qué de la experiencia urbana de los años veinte y treinta y que la exhiben como *metrópolis cultural* moderna incide en el movimiento artístico contemporáneo, lo cual parece evidente o, al menos, guía la mirada de este trabajo.

Las metrópolis, espacios cosmopolitas por definición, presentan una intensa actividad y favorecen la circulación de bienes culturales y simbólicos. Son, a la vez, sitios capaces de atraer y albergar a la gente de los lugares más diversos y remotos del mundo: migrantes, exiliados, viajeros. Hay evidentes diferencias entre todos ellos pero, dejándolas de lado, en la mera tematización de las variedades idiomáticas, los espacios metropolitanos, por lo que son culturalmente, colocan el tema de "el otro" y "lo otro" en el centro de la escena. Esta diversidad sociocultural favorece la emergencia de lo que Raymond Williams ha definido como "formas metropolitanas", y entre ellas, las del arte moderno.

Siguiendo esta línea de reflexión, en el caso de Buenos Aires es posible afirmar que su constitución como metrópolis cultural, con una identidad definida, se produjo en el curso de 1920, en el momento en que el espacio de las artes visuales ya estaba claramente delimitado y en una relación de ruptura con los criterios vigentes, en particular las poéticas realistas: instituciones públicas y privadas, sistemas de consagración y legitimación se habían ya instalado reproduciendo los regímenes vigentes en centros como París, Barcelona, Madrid (en menor medida), Milán o Berlín. Los artistas e intelectuales (Ricardo Güiraldes ante todo) que viajaron a las metrópolis centrales con voluntad de formarse e integrarse en el arte moderno, en un movimiento muy difundido y característico del arte latinoamericano de la época (Pettorutti, 1892-1971; Spilimbergo, José Aguilera,1901-1971, entre nosotros, y Diego Rivera en México son buenos ejemplos de ese viaje), fueron también, quizás sin una clara conciencia de ello, actores significativos tanto en sus propias esferas como en su expansión hacia las metrópolis de origen: Buenos Aires y São Paulo, México y Madrid, Bruselas o Nueva York.

Dos serían, entonces, las principales vías de acceso a la modernización del espacio artístico: la constitución de los espacios de producción y reproducción del sistema y la experiencia del viaje a Europa. En el primer caso, había antecedentes: ya desde finales del siglo XIX se había asistido al proceso de formalización de instituciones a partir de la Sociedad Estímulo de Bellas Artes (1876) y de la inauguración en 1896 del Museo Nacional de Bellas Artes (MNBA) con una selección de obras que debían, ése era el objetivo, ayudar a la formación tanto de artistas como de público.[25] En 1905 se nacionaliza un instrumento clave: la Academia, espacio de formación sistemática de futuros artistas, y en 1911 se convoca el Primer Salón Nacional Anual de Bellas Artes (SNBA), institución de selección, premiación y legitimación cuya convocatoria anual hará que a partir de entonces los meses de septiembre y octubre se conviertan en punto nodal del año artístico. El SNBA recogió la experiencia de los salones de París y Madrid, su memoria institucional, sus vicios y virtudes, y desde ellos se erigió en juez de la producción artística nacional. Por otra parte, el espacio artístico registra ya desde los primeros años del siglo XX el crecimiento de un mercado que por su regularidad e institucionalidad supera, por ejemplo, al de ciudades con mayor tradición artística como Madrid.

En síntesis, hacia los años veinte Buenos Aires contaba con instituciones de formación y legitimación, espacios de circulación de obras y un buen repertorio de pintura europea —cuyo volumen había provocado un gran impacto en la Exposición Internacional de Arte del Centenario (1910)— que se presentaba en galerías privadas e ingresaba en las colecciones personales y públicas, entonces todavía en formación y crecimiento. Al mismo tiempo, los medios gráficos —tanto los diarios y revistas de gran tirada como las publicaciones con cierto grado de especialización—, se constituyen en ventanas privilegiadas que van dando visibilidad a estos procesos y conceden mayores espacios a la sección de artes plásticas; abren paso de este modo a una crí-

---

[25] No muy alejado ese objetivo de la importancia que se le concedía desde la Ley 1420 a la educación y, por consecuencia, a la cultura. No es aventurado conjeturar que el éxito de ventas del periódico *Martín Fierro*, del grupo Florida, descansa sobre el intenso proceso de alfabetización que se llevó a cabo en el país en las décadas precedentes. Ver en este volumen, Oscar Traversa, "*Martín Fierro* como periódico".

tica especializada en las "Bellas Artes" que, constituida en una especie de guía, se proclamará responsable de señalar el deber ser de artistas y público, de jurados y maestros. Esos críticos, "árbitros del gusto medio", al promediar los años veinte deberán enfrentar un grave problema, dar cuenta de las rupturas que habían comenzado a producirse en el sistema.

Es un momento de ruptura general, en el periodismo, el teatro, la literatura, las artes plásticas y aun los modos de vida cotidianos, en diapasón con el también generalizado entusiasmo por ir a Europa, en un viaje que se siente como "iniciático", indispensable para un artista, y que empezó a tener auge en la Argentina entre 1910 y 1920: haber ido a Europa, y haber trabajado con los grandes maestros de la pintura y la escultura, es exhibido como un dato recurrente e infaltable en las biografías de los artistas que, no obstante, confieren a lo que aprendieron un sello propio, de gran fuerza. Es el caso de Alfredo Guttero (1882-1932), Emilio Pettoruti (1892-1971), Alejandro Xul Solar (1887-1963) y Pablo Curatella Manes (1891-1962), entre otros— que asisten, entre 1910 y 1920, a las consecuencias artísticas de la Primera Guerra Mundial, lo cual les permite vincularse con cubistas, futuristas y expresionistas y acompañar el desarrollo de las nuevas y vertiginosas propuestas pero apropiándose selectivamente de lo que el ímpetu vanguardista ofrece; generan de este modo, en una síntesis entre vanguardia y cualidades y tendencias personales, un arte de arraigo local pero acompasado con el mundo moderno.

Emilio Pettoruti es un ejemplo emblemático de este espíritu de síntesis; en un gesto muy significativo, acorde con la búsqueda de lo local en lo universal o, más bien, de la tradición y la vanguardia, eligió reinstalar su beca, se diría que contra la corriente, destinada a París, en Florencia. Buscaba en esa ciudad la tradición clásica pero se encontró con los finales del futurismo —y los comienzos, quizás, de la poética llamada "metafísica"—. Pettoruti se integró rápidamente a la "familia artística florentina" de modo tal que expuso en seguida en muestras individuales y colectivas, entre ellas en la Bienal de Venecia, y estableció estrechas relaciones con varios representantes del futurismo: Filippo Marinetti, Enrico Prampollini y Mario Sironi. Desde esta posición, tomó contacto en su paso por París con Picasso, Juan Gris y varios de los artistas de diferentes orígenes que trabajaban en esa ciudad, entre ellos, el español Manuel Ángeles Ortiz, discípulo de Picasso. Años más tarde Ortiz elegirá Buenos Aires como lugar de exilio, con posterioridad al fin de la Guerra Civil española.

Crítica y *Martín Fierro* dieron estado público a las redes de relaciones establecidas por Pettoruti durante los once años de su estancia en Europa; al regresar a la Argentina, como parte de sus estrategias de reinserción en el campo artístico porteño en 1924, y de acuerdo con el clima de rupturas que se vivía entonces, no sólo con la exhibición de sus obras, sino con la publicación de notas sobre arte y artistas italianos, sostuvo una actitud de vanguardia, a él se debe la realización de una visita del profeta futurista Filippo Marinetti, en 1926, y una muestra realizada en su homenaje, así como la recepción de la exposición del *Novecento Italiano* organizada por Margherita Sarfatti en 1930, más allá de las diferencias ideológicas que los distanciaban: Marinetti y Sarfatti eran, como se sabe, fascistas mussolinianos y hasta cierto punto sus portavoces.[26]

En la historiografía artística, 1924 puede ser considerado un año excepcional: la sonada exposición futurocubista de Pettoruti en la Galería Witcomb y la de las esculturas cubistas de Pablo Curatella Manes, siguen a la apertura de la Asociación Amigos del Arte —institución filantrópica rápidamente acogida por los jóvenes defensores de la "nueva sensibilidad"— y a la publicación de *Martín Fierro*. Pero los veinte son también los años en que cumplen su viaje de iniciación Antonio Berni (1905-1981), Lino Enea Spilimbergo (1896-1964), Raquel Forner (1902-1988), Héctor Basaldúa (1895-1976), Alfredo Bigatti (1898-1964), entre tantos más. Identificados rápidamente como los "muchachos de París" y como "Grupo de París" más tarde, recorrieron los sitios en los que se refugiaba la tradición artística —desde Madrid y el Prado, hasta Italia y los referentes del clasicismo— pero se radican en París donde asisten a los talleres de André Lothe y Othon Friesz, ya consagrados en las guías como "academias del arte moderno".

Esa noción, arte moderno, es siempre provisoria pues los cambios son irreprimibles, de modo que si en un momento lo moderno era el cubismo, el futurismo o el expresionismo, hacia los años treinta el debate giraba en torno a la recuperación del oficio y de la tradición clásica, al rescate de la figuración y la elaboración de lo que se podría definir como los realismos de nuevo cuño. Ya en los primeros años de la década del 20 se habían ensayado diferentes formas de aprehensión de este proceso en marcha: los trabajos de Jean Cocteau relativos a la nueva sensibilidad, los de Franz Roh en relación con el denominado *Nach expresionismus* y el *Novecento* de Margherita Sarfatti proponen con diversos matices lecturas de estas variadas, aunque convergentes en muchos casos, recuperaciones figurativas.

[26] Ver en este volumen Celina Manzoni, "Vacilaciones de un rol: los intelectuales en 1936".

Se trata de experiencias y apropiaciones diferenciales que aportan nuevas imágenes al circuito artístico; nuevas alternativas figurativas que entre 1920 y 1930 aparecen muy ligadas a la coyuntura histórico-política propia de cada espacio cultural: estalinismo en la Unión Soviética, fascismo en Italia, Frente Popular en Francia, culminación de la Revolución en México, *New Deal* en los Estados Unidos y, no hay que dejarlo de lado, la caída de Yrigoyen, rupturista también a su manera, e instauración de una dictadura militar enemiga de toda innovación y cuestionamiento.

La ciudad como espacio político. Hacia un mapa de las metrópolis modernas

Los actores de las *metrópolis culturales* —artistas, intelectuales, operadores culturales— intervienen a partir del reconocimiento de las marcas propias del espacio que se configura (escenario de las instituciones, formaciones, representaciones socioculturales, etcétera) con el propósito de situarse en una u otra posición respecto de los sitios de poder dentro del campo artístico. En otra inflexión de este movimiento, por otra parte, serán estas *metrópolis culturales* las que se presenten unas a otras como capaces y dispuestas a establecer intensas redes de intercambio; en el breve recorrido por las notas de prensa en las que se yuxtapone la imagen de Buenos Aires con las de las otras ciudades, esta vocación interactiva y altamente receptiva de la ciudad aparece, entonces, como un indicio más de su vocación de *metrópolis cultural*. La superposición de representaciones de unas ciudades en otras, se constituirá en un rasgo creciente dentro del proceso de integración de las metrópolis culturales en el contexto de una amplia red internacional que continúa su avance en las décadas siguientes.

Si los años veinte fueron los del impacto del arte nuevo y del debate moderno, los treinta proponen un nuevo perfil del espacio metropolitano; el giro del debate estético hacia su implicación en lo político aporta nuevas alternativas para la representación de la experiencia urbana que aparecerá ahora mirada desde otras perspectivas.

Como parte de la hipótesis que guía este recorrido es necesario señalar que justamente por el carácter interactivo de las metrópolis culturales, Buenos Aires aparece en el mapa de la modernidad, hacia los años treinta, como una opción dentro de los destinos tanto de los viajes políticos de distinto signo: los muy significativos de Margherita Sarfatti y la muestra del *Novecento Italiano* en 1930, de David Alfaro Siqueiros en 1933, o el de Federico García Lorca en 1934, como de las migraciones forzosas de Sergio Sergi (procedente de Italia), Clement Moreau (Carl Meffert, 1903-1988), Grete Stern (1904-1999), Annemarie Heinrich (1912-2005) (de Alemania), Luis Seoane (1910-1979), Manuel Ángeles Ortiz, Maruja Mallo (1902-1995) (de España), que identificaron a la ciudad como un espacio artístico-cultural en el que podían integrarse de manera rápida y proseguir sus respectivos programas de trabajo. Las nuevas presencias exhiben las posibilidades de la *metrópolis cultural*, sus capacidades de interacción y de articulación. Asimismo, el giro estético-político de los años treinta y la integración de esas nuevas miradas activan otras representaciones de la ciudad enriqueciendo la imaginación y aportando nuevos sentidos a la experiencia urbana.

La cultura se presenta como un activo territorio de disputas en el que se debaten los partidos estéticos a seguir. Hay una profusa presencia de revistas en el escenario en el que se libran las batallas entre el "arte puro" y el "arte propaganda", tal como se decía en la época, al tiempo que el avance de los autoritarismos, tanto a nivel nacional como internacional, y de la censura instalan en otro lugar al artista que ensaya nuevos y variados modos de intervención en esta compleja realidad. En el fondo, la idea de "ruptura", de una u otra forma, por diferentes opciones, está instalada y se ha visto favorecida por el desarrollo urbano y la transformación de Buenos aires en una ciudad moderna, capaz de soportar y aun asimilar unas y otras manifestaciones rupturistas, sean las que siguen su propio impulso, ligadas a las vanguardias, sean las que, sin poder sustraerse a los cambios que proponen las vanguardias, tienden a producir mensajes de cambio social.

Fotografías, grabados y pinturas dieron en el curso de los años diez y veinte nuevas representaciones de la situación del artista y de la experiencia urbana: diferentes versiones de una ciudad que crecía albergando la convivencia de pasado y presente, situando al hombre como promotor de este crecimiento a la vez que como su destinatario. Más allá de las diferencias sociales, los obreros que construyen los edificios, los paseantes de los parques de Palermo o del Zoológico, quienes transitan como mercaderes ambulantes por las calles del centro y de los barrios, habitan la ciudad sin que aparezca el conflicto hasta el momento en que se elige registrar la situación en los márgenes: la "quema" se presenta en este sentido como la contracara de un supuesto progreso luminoso. Habrá que esperar a la década del 30, para que este costado oscuro ocupe un sitio destacado en el imaginario artístico y literario de la época.

El silencio inquietante de las sombras y las ausencias que habita las fotografías de Horacio Coppola (1906) y Grete Stern dialoga con las representaciones también inquietantes que Lino Enea Spilimbergo desarrolla hacia 1937 para el relato de Oliverio Girondo, *Interlunio*.[27] El poeta que en los años veinte pensaba en una modernidad que lo deslumbraba y abrumaba a la vez, tanto que al cruzar la calle se veía obligado a abandonar el lastre que su sombra representaba, emprende en 1937 un proyecto que recupera esa dimensión agobiada en la figura de un poeta europeo que llega a Buenos Aires en busca de nuevos horizontes y va narrando la manera en que percibe el entorno. Los ruidos, las luces, la presencia de los otros afectan su subjetividad, lo van cercando y enloqueciendo poco a poco, lo obligan a huir hacia los bordes de la ciudad para reencontrarse allí alucinando. A pesar de su deriva oscura y del clima irreal, la historia no desdeña el anclaje en aspectos muy caros a su autor, como su identificación con Buenos Aires y su relación con la pampa en una articulación que posibilita el avance de la historia.

Buenos Aires aparece como un sitio en el que es posible continuar un proyecto creativo: la novela de Girondo, al construir la historia imaginaria del poeta-espía que huye hacia el Río de la Plata, recoge aspectos que circularon en el universo mental de artistas e intelectuales acerca del lugar que la ciudad ocupó en el mapa de la modernidad:

> Es así como [se refiere al poeta] antes de embarcarse para la Argentina, ya se la representaba como una enorme vaca con un millón de ubres rebosantes de leche, y como, a los pocos días de ambular por Buenos Aires, había comprendido que, a pesar de su apariencia bombardeada, la pampa acababa de aproximarse al río para parirla. Frente a ella, la vieja Europa es algo podrido y exquisito. La tierra ya no da más. Es demasiado vieja. Está llena de muertos.

Frente al abatimiento de la tradición europea, América, la Argentina y Buenos Aires, aparecen como un espacio apto para la refundación de una utopía. El relato, sin embargo, está invadido por el clima de desazón creciente que emerge de la amenazante situación internacional a lo que se suma la zozobra que en el ámbito nacional generaba la represión de los gobiernos que a partir del golpe de estado de septiembre de 1930 se sucedieron a lo largo de esa década. La estampa número VI de *Interlunio* realizada por Spilimbergo condensa el angustiante horizonte emocional por el que transita el personaje. La fa-

---

[27] Retomo con este análisis de *Interlunio* aspectos de *La vida de Emma en el taller de Spilimbergo*, Buenos Aires, IMAGO, 2006.

chada de un edificio, llena de numerosas escenas, sintetiza el clima denso y opresivo que Buenos Aires representa para el protagonista, torturado por la proximidad de los otros, de sus ruidos, sus respiraciones, sus tácitas presencias. El mismo clima sombrío, aparece en los trabajos del grabador Víctor Rebuffo(1903-1983) —Nocturno, Momento gris— y se tiñe de dolor en los de su colega, el exiliado Clement Moreau como *Dolor en el puerto*.[28]

A éstas se suman otras miradas políticas que invaden la representación urbana: Los *mítines* —de Bellocq, Sergui, Moreau y Urruchúa entre otros— se suceden para ponerse en relación con diferentes trabajos en los que las masas ganan los espacios públicos: *Manifestación* de Antonio Berni, *Barricada* de Rebuffo, *Para el 1º de Mayo*, de Guillermo Facio Hebequer, y *Frente popular* de Moreau. En todas ellas la escena urbana aparece invadida por las multitudes; la ciudad pasa a un segundo plano y son los hombres en marcha los que se convierten en protagonistas. De esta forma, Madrid, París o Buenos Aires, se confunden dentro de un planteo más amplio: el del movimiento internacional antifascista del que estas y otras metrópolis culturales son escenario. No obstante, los matices diferencian las cargas de sentido de cada imagen señalando un tránsito de la tensión y perplejidad de *Manifestación*, a la glorificación del movimiento popular en *Frente popular* de Moreau.

Por último, resta considerar otra imagen de la ciudad que surge en estos años: la ciudad bombardeada. Una ciudad que no es Buenos Aires (exceptuando las fotografías del golpe de septiembre de 1930), aunque a los ojos del viajero —como el personaje de *Interlunio*— pueda también confundirse con ella. La ciudad bombardeada, precedida por las figuraciones de la ciudad con barricadas o calles en las que se enfrentan las fuerzas represoras con los manifestantes, va apareciendo de manera recurrente en el curso de la década del 30 y de forma creciente a partir del estallido de la Guerra Civil española. *¿Para qué?*, de Raquel Forner, reproducido en *Conducta*, la tapa de la revista *Unidad* ilustrada por Seoane con *Fascismo* junto a *Los bárbaros* de Rebuffo, o *Gernika* del ilustrador Manuel Cantor (1911-1984) que superó, con su presencia en *El Diario*, el ámbito de las revistas de izquierda ganando potencialmente otros públicos. Si bien estas imágenes no están radicadas en Buenos Aires (en su mayoría acompañan textos relativos a la cuestión europea), se las lee como amenaza, como prefiguración de

---

[28] Clement Moreau, seudónimo de Carl Meffert, integraba el grupo de los expresionistas alemanes; se exilió en Buenos Aires en 1935.

una situación posible, una latencia que contribuye a la construcción de una experiencia urbana diferente poblada por la desazón y la angustia del devenir.

En todos los casos se trata de miradas que no intentan ocultar sus propósitos y que buscan afanosamente cumplir un objetivo fundamental: la toma de conciencia. Como dijera Susan Sontag en su libro *Ante el dolor de los demás*: "ser espectador de calamidades que tienen lugar en otro país es una experiencia intrínseca de la modernidad". En este sentido, el registro de las noticias de los sucesos españoles así como la interpretación, en el día a día, del avance de los autoritarismos aparece una y otra vez en las imágenes periodísticas. Si, por ejemplo, en un momento posterior al auge vanguardista, los diarios quisieron escamotear la verdad de lo ocurrido en Guernica, los artistas —Picasso *primus inter pares*— no dudaron en señalar, articulando recursos posvanguardistas con voluntad de mensaje político, quiénes fueron las víctimas y quiénes los victimarios en aquellos escenarios bombardeados. El concepto de "ruptura", de plena vigencia en los años previos, dio cuenta de su fecundidad en esas dramáticas circunstancias sociales cuando ya se estaba de regreso de él en los diferentes campos en los que había reinado.

Estos recorridos parecen significativos puntos de observación de algunas de las formas en las que las redes de la internacionalización del proyecto moderno por un lado, y las de la internacional antifascista por otro, se ponen en juego a la hora de plantear una posición y de desarrollar otras representaciones de lo urbano. A partir de este análisis, es posible observar las formas en las que entra en juego un *concepto moderno de cultura* y de *los usos de la cultura en el mundo contemporáneo* como parte de la experiencia urbana moderna y en el cual la noción de ruptura, sin ser ya objeto de proclama, se ha integrado plenamente. Asimismo, cómo la presencias de diversos migrantes y exiliados y de sus modos de intervención en los diferentes espacios de producción cultural (diarios, revistas, salones oficiales y alternativos, galerías, espacios de arte), exhibe otros aspectos que definen a Buenos Aires como *metrópolis cultural* y en tanto tal como un sitio en el cual es posible desplegar una experiencia moderna en el sentido más extenso del término.

Las cuestiones relativas a la amenaza de los autoritarismos en los treinta, a la necesidad de construir una cultura militante superadora del paradigma burgués y capaz de hacer frente al mismo tiempo a otros modelos culturales como el fascista, que al abrir la década aparecía como parte de un debate político-ideológico en una zona de la intelectualidad nacional e internacional, se van convirtiendo, en el curso de la década, en problemas concretos y de urgente resolución.

Un contexto en el que las imágenes no sólo proporcionan una síntesis significativa que condensa otros sentidos y amplía muchas veces el campo de acción de los textos publicados sino que suelen resolver o poner más claramente de manifiesto lo que está planteado como problema en los textos.

Ante la secuencia de imágenes considerada en el último tramo de este ensayo surge una pregunta: ¿cuál es el tema dominante —si lo hay— de estas ilustraciones? ¿Es el proletariado en marcha, los autoritarismos en el ejercicio del poder represor, la representación de la violencia y la agresión, la guerra? En las palabras de Raúl González Tuñón de 1938, "Hoy el arte no puede estar ajeno al drama del mundo", residiría parte de una respuesta que apunta a formas de representación de la realidad, una realidad que ocurre en la escena pública, en la ciudad. Todas las imágenes están contaminadas de realidad, informan sobre ella a la vez que intentan revisar en unos casos y revelar en otros, nuevos caminos hacia la continuidad de una utopía que quedaría pendiente. Se trata de una realidad que demanda otra presencia a los artistas, que impone su reloj al proyecto creador con temas ligados a la urgencia de los tiempos y que los lleva, de distintas formas, a hacer de la práctica artística una militancia. Es este carácter militante el que imprime un sesgo singular al arte del período y señala un importante punto de inflexión dentro de la articulación arte y vida, arte y política, tanto en la escena cultural nacional como internacional y termina de colocar a Buenos Aires dentro del mapa de las metrópolis modernas.

Bibliografía

María Isabel Baldasarre, *Los dueños del arte. Coleccionismo y consumo cultural en Buenos Aires*, Buenos Aires, Edhasa, 2006.

Roland Barthes, *Lo obvio y lo obtuso. Imágenes, gestos, voces*, Buenos Aires, Paidós, 1986.

Marshall Berman, *Todo lo sólido se desvanece en el aire*, Buenos Aires, Siglo XXI, 1989.

Pierre Bourdieu, *Cuestiones de sociología*, Madrid, Istmo, 2000.

Roger Chartier, *El mundo como representación*, Barcelona, Gedisa, 1992.

Adrián Gorelik, *La grilla y el parque. Espacio público y cultura urbana en Buenos Aires (1887-1936)*, Bernal, Universidad Nacional de Quilmes, 1998.

Jorge Liernur y Graciela Silvestri, *El umbral de la metrópolis*, Buenos Aires, Sudamericana, 1993.

Laura Malosetti Costa, *Los primeros modernos*, Buenos Aires, Fondo de Cultura Económica, 2003.

Graciela Montaldo, "Literatura de izquierda: humanitarismo y pedagogía", en *Yrigoyen entre Borges y Arlt (1916-1930)*, Buenos Aires, Contrapunto, 1989.

Sylvia Saítta, *Regueros de tinta. El diario* Crítica *en la década de 1920*, Buenos Aires, Sudamericana, 1998.

Sylvia Saítta, *El escritor en el bosque de ladrillos*, Buenos Aires, Sudamericana, 2000.

Beatriz Sarlo, *Una modernidad periférica. Buenos Aires 1920 y 1930*, Buenos Aires, Nueva Visión, 1988.

James Scoobie, *Buenos Aires, del centro a los barrios*, Buenos Aires, Solar, 1986.

Susan Sontag, *Ante el dolor de los demás*, Buenos Aires, Alfaguara, 2003.

Gaye Tuchaman, *La producción de la noticia. Estudio sobre la construcción de la noticia*, Barcelona, Gustavo Gili, 1983.

Diana B. Wechsler, *Papeles en conflicto. Arte y crítica entre la vanguardia y la tradición*, Buenos Aires, Facultad de Filosofía y Letras-UBA, 2003.

Diana B. Wechsler, "Buenos Aires (1920-30): fotografía y pintura en la construcción de una identidad moderna", en *Ciudades. Estudios socioculturales sobre el espacio urbano*, Madrid-Buenos Aires, Nuevos Tiempos, 1996

Raymond Williams, *La política de la modernidad*, Buenos Aires, Manantial, 1997.

LECTORES ASIDUOS Y VICIOSOS: LA EMERGENCIA DEL CASO POLICIAL EN LA FICCIÓN

por *Ezequiel De Rosso*

> Pero no hay que prolongar lo patético.
> Es menester indagar, averiguar, saber.
> SAULI LOSTAL

¿Quién lee relatos policiales?

En "Riverita", uno de los relatos de *Cuentos de la oficina*, de Roberto Mariani, Julito Rivera lee novelas policiales: "Traía a la oficina, todos los días, novelitas románticas o policiales o revistas de aventuras. Era lector asiduo y vicioso de *Tit Bits*. Leía en la oficina y en su casa, en la calle y en el tranvía". El lector de policiales es, en este retrato, "vicioso" y, por sobre todo, indiferenciado: consume la nueva cultura de masas con fruición, sin distinguir entre géneros o lenguajes.[1] El narrador, en cambio, que sabe francés, y es un hombre maduro, lee libros. Esa diferencia es presentada como antítesis: "Yo leía libros. Y Julito, revistas policíacas".[2]

El desarrollo de los folletines semanales que proliferan durante la década del 20 puede ser pensado como el revés de la modernización vanguardista. Producto tanto de un nuevo desarrollo social como de nuevos desarrollos técnicos, el folletín semanal vitaliza géneros capitales para la modernización de las letras argentinas: el cuento, la nove-

---

[1] El consumo cultural resulta aquí metonímico de la identidad sexual; cuando el relato concluya, veremos que Julito es un homosexual no asumido, un "vicioso", como lo anuncian sus lecturas. Sobre la "generización" de la cultura de masas (y su relación con las formas de la política), ver Andreas Huyssen, "La cultura de masas como mujer: lo otro del modernismo", en *Después de la gran división: modernismo, cultura de masas, posmodernismo*, Buenos Aires, Adriana Hidalgo, 2002.

[2] Roberto Mariani, *Cuentos de la oficina* [1925], Buenos Aires, Ameghino, 1998.

la corta, el relato de terror, el policial. Una renovada cultura de masas vista con desconfianza, no solamente por la vanguardia boedista; *Martín Fierro*, por su parte, acusaba al grupo de Boedo de participar de la retórica del folletín. En septiembre de 1924, respondía a la famosa diatriba de Mariani:

> ¿Dónde están los escritores realistas, humanos? No los conocemos. Sabemos, sí, de la existencia de una sub-literatura, que alimenta la voracidad inescrupulosa de empresas comerciales creadas con el objeto de satisfacer los bajos gustos de un público semianalfabeto; conocemos glorias de la novela semanal, genios al uso de las modistas y publicaciones que por sus títulos —"Novela Realista", "Novela Humana"— parecen contener un alimento adecuado al paladar de nuestro crítico. (A propósito: recordamos haber visto en ellas los nombres de algunos redactores de *La extrema izquierda*).[3]

Un rechazo a la "literatura de kiosco", que tampoco era exclusivo de las vanguardias, como se ve en la encuesta sobre el estado de la literatura de circulación masiva en la Argentina, de título elocuente: "Literatura pornográfica, ñoña o cursi" (*La Razón*, 1923). Ricardo Rojas lamenta que "en nuestra literatura popular todo sea tan corto, tan sin horizonte, tan inconsistente. En semejantes condiciones, la pornografía resulta sensacional". Manuel Gálvez ratifica la opinión de que la novela de kiosco es un consumo típico de una clase inferior, poco educada: "Entre nosotros, la novelilla milonguera, con un poco de 'cabaré', es la que ilusiona a la modistilla, al cochero, a la mucama".[4]

Sin embargo, en esas revistas publicaban escritores vinculados a todos esos grupos. En *La Novela Semanal*, por ejemplo, publicaron colaboradores de *Martín Fierro* (Arturo Cancela, el Vizconde de Las-

---

[3] "A propósito de ciertas críticas", Buenos Aires, *Martín Fierro*, n° 8/9, reproducido en Héctor Lafleur y Sergio Provenzano, *Las revistas literarias. Selección de artículos*, Buenos Aires, CEAL, 1968. Aunque sin firma, el artículo es atribuido por los compiladores del volumen al director de la revista, Evar Méndez. Por su parte, *La Campana de Palo*, en "Florida y Boedo" (n° 4, agosto de 1925), parecía casi responder a esa acusación: "[...] los de Florida desdeñan a Josué [Quesada] aunque de clasificarlos habría que meterle con ellos". En Jorge Schwartz (comp.), *Las vanguardias latinoamericanas. Textos programáticos y críticos*, México, Fondo de Cultura Económica, 2002.

[4] Ver Margarita Pierini, "Alcaloides de papel. Una encuesta argentina de 1923 sobre la 'literatura barata'", en *Revista de literaturas populares*, año II, n° 2, México, 2002.

cano Tegui, Cayetano Córdova Iturburu); de *La extrema izquierda* (Mariani y un reconocido precursor de Boedo, Héctor Pedro Blomberg) y de la literatura "culta" (Manuel Gálvez —también reconocido como maestro de Boedo—, Benito Lynch, Atilio Chiappori), mientras que en *La Novela Humana* publicaron Leónidas Barletta y Nicolás Olivari.[5] Así, la literatura semanal tal vez pueda ser leída como el revés de la literatura más visible del período, y sus tensiones, desplazamientos y condensaciones, como un mapa de las líneas de fuerza que lo atraviesan y que anuncian formaciones posteriores.

Poco tiempo después, en 1933, uno de los que fueron más conspicuos agitadores martinfierristas, Jorge Luis Borges, publica "Leyes de la narración policial", un texto en el que subraya su predilección por el género y anuncia las reseñas que publicará entre 1936 y 1939 en *El Hogar* y el trabajo como editor de El Séptimo Círculo en la década del 40. Por otra parte Roberto Arlt, afirma por esos años:

> No busquemos técnica novelística. Ellos [Ponson du Terrail y Edgar Wallace], matemáticamente, resuelven las dificultades de sus novelones mediante el procedimiento más descabellado y, a pesar de la truculencia de sus soluciones [...] ambos nos ensartan la atención con el quemante asador de la curiosidad.[6]

Borges y Arlt presentan argumentos simétricos: despreciando el arte novelístico como lo entiende la literatura "oficial", el género policial aparece como un modo de revitalizar la práctica literaria; ahora es un intertexto válido y, aunque provocador, matriz de transformaciones. Pero, sobre todo, el género ha ganado visibilidad, ya no aparece subsumido en la masa indiferenciada de la "literatura de quiosco", ha abandonado el terreno compartido con otros géneros para ser él mismo objeto de reflexión, algo novedoso ha aparecido en el horizonte del género. En este sentido, si se atiende a los argumentos de Borges y de Arlt se verá que lo que gana visibilidad en la década del 30 es esa "matemática" sobre la que escribe Arlt, y esa "álgebra" que Bor-

---

[5] Ver Margarita Pierini (coord.), *La Novela Semanal (Buenos Aires, 1917-1927)*, Madrid, Consejo Superior de Investigaciones Científicas, 2004. También Héctor Lafleur, Sergio Provenzano y Fernando Alonso, *Las revistas literarias argentinas*, Buenos Aires, El 8vo. Loco, 2006.

[6] Roberto Arlt, "Vidas paralelas de Ponson du Terrail y Edgar Wallace" [1940], en *Aguafuertes porteñas: cultura y política*, Buenos Aires, Losada, 1992. Estas reflexiones están en el centro de su poética como se puede ver en "Confusiones acerca de la novela", "Literatura sin héroes", y su elogio de las novelas de Wallace ("Un protagonista de Edgar Wallace") en el mismo volumen.

ges defiende; rasgos con los que aparecería un nuevo objeto en el campo de la ficción argentina: el caso policial.[7]

El caso y el investigador

La existencia del caso como procedimiento narrativo puede datarse en la literatura argentina al menos desde fines del siglo XIX. Este comienzo es doble. Por una parte el folletín policial ya había mostrado, desde el último cuarto del siglo XIX, el gusto por las historias de criminales sostenidas en el caso derivado de la incipiente prensa policial (el moreirismo es un ejemplo). El segundo comienzo puede rastrearse en el caso clínico como forma de la que deriva toda una zona de la literatura naturalista. Se trata de construcciones ambiguas que, al tiempo que condenan la moral de los protagonistas, resultan fascinantes en su descripción de los "monstruos".[8] El caso policial que se consolida en la década del 30 y que se asienta firmemente en la siguiente responde, sin embargo, a un modelo diferente de ficción.

La ficción clínica, el folletín criminal y el caso policial se configuran sobre una anomalía. El "caso", en este sentido, es la ocurrencia anómala, el reverso del ejemplo entendido como ilustración de la ley. Hay caso justamente porque no se sabe qué ley aplicar a los hechos narrados. Esta laguna en la asignación de sentidos permite que el caso se desarrolle y que su resolución recomponga el orden social en función de una norma tácita (de la que la ley en crisis derivaría).[9]

En el caso clínico, ya sea en su vertiente naturalista o modernista, o en el caso del folletín policial, la lógica de las acciones se estructura

---

[7] En "Leyes de la narración policial" (*Hoy Argentina*, año I, n° 2, abril de 1933. Reproducido en *Textos recobrados*, Buenos aires, Emecé, 2007) se afirma: "La organización y la aclaración, siquiera mediocres, de un algebraico asesinato o un doble robo, comportan más trabajo intelectual que la casera elaboración de sonetos perfectos [...]". En su polémica reseña de *Le roman policier*, de Roger Caillois, Borges formula de este modo la diferencia propia del género: "Interjecciones y opiniones, incoherencias y confidencias, agotan la literatura de nuestro tiempo; el relato policial representa un orden y la obligación de inventar" ("Roger Caillois, *Le roman policier*", en *Sur*, año XII, n° 91, abril de 1942. Reproducido en *Borges en* Sur, Buenos Aires, Emecé, 1999).

[8] Ver Alejandra Laera, "Las novelas populares de Gutiérrez: a través de la prensa y en nombre de la tradición", en *El tiempo vacío de la ficción*, Buenos Aires, Fondo de Cultura Económica, 2004. Para una descripción de la constitución del caso clínico como procedimiento narrativo, ver Gabriela Nouzeilles, "Novelas médicas", en *Ficciones somáticas*, Buenos Aires, Beatriz Viterbo, 2000.

[9] Ver André Jolles, "Kasus" en *Las formas simples*, Santiago de Chile, Editorial Universitaria, 1972.

sobre una dualidad: el criminal contra la ley que lo persigue (y en este sentido, notablemente, los "milicos" que persiguen a Moreira son indiferenciados) o la patología (biológica, y fatalmente social, en la novela naturalista) contra la ciencia (y el Estado normativizador). El caso policial, en cambio, incorpora un tercer elemento, el investigador. La lógica del género sustrae protagonismo al criminal (los "folletines policiales" del siglo XIX) y a la víctima (los "relatos clínicos" de principios de siglo) y construye un protagonista nuevo, el investigador.[10]

Contra lo que suele pensarse, esta nueva figura, aunque busca la verdad y la justicia, no es un representante cabal del orden estatal (como solía serlo el "milico" en el folletín o el médico en el "relato clínico"). Por el contrario, los investigadores del policial son sujetos solitarios, que, aunque colaboran con el Estado, cuestionan con sus acciones el orden de la ley.[11] Y aunque puede afirmarse que la ficción policial es políticamente conservadora en la medida en que tiende a ligar la verdad y la justicia con la ley, la aparición del investigador no debería soslayarse como rasgo de cuestionamiento del Estado en la medida en que el género habla siempre (pero no solamente) de una crisis del Estado.[12]

En la definición de Max Weber, el Estado es "la organización que reclama con éxito el monopolio del uso legítimo de la fuerza física". La legitimidad y el monopolio de la violencia definen al Estado. Lecturas contemporáneas de esa legitimidad han insistido en su condición *textual*: la legitimidad se sostiene en relatos, leyes, discursos.

La otra dimensión de la definición de Weber se refiere al "monopolio de la violencia física": para constituirse como tal, un Estado necesita ser el único operador político que pueda actuar sobre el cuerpo de los individuos sin que su autoridad sea recusada. Por supuesto, para que esto suceda el poder del Estado debe ser legítimo. Se trata, como se ve, de la aparición simultánea de dos rasgos. Ley y coerción,

---

[10] Ver Nicolás Rosa, "La ficción proletaria", en *La Biblioteca*, Buenos Aires, nº 4/5, verano de 2006.

[11] Desde Edgar A. Poe el detective está predicado por sus rasgos de excentricidad y su desdén ante las formas de la investigación policial. Aun si se trata de policías, son individuos anómalos dentro de la fuerza. Ver Jerry Palmer, "El aficionado, el profesional, el burócrata", en *Thrillers. La novela de misterio*, México, Fondo de Cultura Económica, 1983.

[12] Michel Foucault ("La resonancia de los suplicios") mostró en qué medida la novela policial sustrajo al criminal de la esfera ambigua de la admiración popular para transformarlo en un neto enemigo de lo social, tal como lo imaginaba la burguesía. En Daniel Link (comp.), *El juego de los cautos. La literatura policial: de Poe al caso Giubileo*, Buenos Aires, La Marca, 1992.

discurso y violencia, forman una constelación que funda al Estado moderno.

El relato policial comienza con una laguna en esa fundación: existe una violencia que ha escapado a su monopolio, entre otras cosas porque el Estado no posee un relato que la haga inteligible. Ese relato que le falta es el que le proporcionará el detective.[13]

La historia comienza con un cadáver y el género instituye a partir de ese cuerpo una duplicidad: el criminal instaura una violencia fuera del monopolio estatal, el detective, un relato fuera de la discursividad del Estado. Se trata de una simetría que, teniendo al Estado como frontera, permite cuestionarlo al tiempo que irónicamente homologa al criminal con el detective.

El caso policial en la narrativa argentina

El caso policial en las ficciones de ambiente argentino se produce de manera plena en la década del 30. Las historias del género coinciden en una periodización que se consolida con la publicación de colecciones especializadas, la producción profesional de textos, la existencia de concursos, etcétera. Hasta entonces, el género había sido una práctica esporádica, trabajo de unos pocos, curiosos, escritores: Paul Groussac ("La pesquisa"), Eduardo L. Holmberg ("La bolsa de huesos"), Horacio Quiroga, Vicente Rossi. En 1927, "Un error judicial", de Roberto Arlt, ya marca una tendencia que pronto se hará predominante.

Las dos primeras novelas policiales de ambiente argentino se publican respectivamente en 1932 y 1933 (*El enigma de la calle Arcos*, de Sauli Lostal, y *El crimen de la noche de bodas*, de Jacinto Amenábar), momento en que también comienza la publicación de *Magazine Sexton Blake* y la colección *Misterio* (con textos de Edgar Wallace) y se multiplican los relatos policiales en revistas: por lo menos ocho de Roberto Arlt; de Nicolás Olivari, "El nudo de la corbata", de Enrique Anderson Imbert, "Las maravillosas deducciones del detective Gamboa", y de Leonardo Castellani, la serie de aventuras del padre Metri. Aunque la producción sea "todavía parcial,

---

[13] Inclusive cuando se la tematiza, la pertenencia del investigador a las instituciones estatales, siempre está cuestionada, es liminar o inestable: los policías de las películas norteamericanas siempre están entregando sus placas a los jefes que, irremediablemente, se las devuelven cuando resuelven el caso y salvan a la población.

fragmentaria y aislada", permite ver las líneas principales de lo que será su desarrollo.[14]

Es en este contexto de condensación y visibilidad crecientes que deben pensarse las afirmaciones de Borges y Arlt: el género afirma sus rasgos y los hace recurrentes, esperables, en función de su nítida articulación en el esquema formal del caso detectivesco. Sin embargo, pocos de estos rasgos fueron un invento de la ficción policial.

El género policial en folletín

A partir de 1920 se registra una expansión en la publicación de traducciones. En *La novela semanal,* por ejemplo, aparecen relatos de William Le Queux, Richard Austin Freeman, Edward Phillips Oppenheim, una práctica vigente, por otra parte, desde principios de siglo en la Biblioteca *La Nación* que viene publicando narraciones de Arthur Conan Doyle y de Gastón Leroux.[15] Existe ya un público familiarizado con el género, al que las publicaciones semanales de ficción alimentan tanto con relatos de autores extranjeros como de autores argentinos ambientados en otros países.[16]

La introducción con la que *La Novela Semanal* presenta dos relatos en mayo de 1923, "Una muerte misteriosa" y "Cómo se descubrió un 'suicidio'" (núms. 287 y 288), ilustra el espacio que en las publicaciones de la época ocupa la ficción policial. Ambos textos son secundarios con respecto a la "novela" que se publica en el número correspondiente y, en este sentido, parecen continuar la línea de ediciones de relatos de autor inglés que la revista había llevado a cabo, con una ubicación similar, entre noviembre de 1922 y abril de 1923. Aunque no tienen, estrictamente hablando, "autor" (sólo se consig-

[14] Para una historia del género policial en la Argentina, ver Jorge Lafforgue y Jorge Rivera, *Asesinos de papel*, Buenos Aires, Colihue, 1996.

[15] Ver un relevamiento de las ficciones policiales publicadas por *La novela semanal*, en Horacio Campodónico, "Los rastros previos. A propósito de las narraciones policiales en *La Novela Semanal*", en Margarita Pierini, *op. cit.*

[16] Un texto como "El pescador de lo desconocido", del Vizconde de Lascano Tegui (1923), que recurre a todos los tópicos (el investigador excéntrico, el rechazo a la policía, la elucubración sorprendente y algo artificiosa), sucede en París. A pesar de que este trabajo se centrará en lo que la crítica reconoce como "policial argentino", habrá que aclarar que el relato de ambiente extranjero ha resultado persistente en la construcción de una tradición nacional. En muy contados casos, esta variante (relatos de Eduardo Pérez Ruiz, Abel Mateo, Eduardo Goligorsky) ha sido vinculada con la historia de la literatura argentina.

na su condición de "recopilación de Adolfo Lazarús"), las historias son una variación de la crónica policial, lograda por medio de procedimientos ficcionales —el narrador omnisciente y la elipsis melodramática—, con el agregado de fotos de los implicados. La introducción informa:

> En la relación de los hechos policiales que se registran a diario, las informaciones de la prensa suelen omitir algunos detalles de capital importancia, restándoles a los asuntos todo el interés que los mismos tienen... Entendiendo que la natural curiosidad del público no queda con esos relatos satisfecha en una medida justa, en esta sección procuraremos dar noticia de todo el asunto con sus incidencias desconocidas, antecedentes de los protagonistas, proceso del esclarecimiento, y de todos aquellos recursos ignorados de los que se vale la policía de investigaciones para dar con la pista y hacer confesar a los delincuentes.

Sucedáneo de los modelos sajones, el lugar del policial en la ficción nacional vendría entonces garantizado por la verdad de los hechos (cuya puesta en discurso originaria es la prensa), pero sería constitutivamente diferente (por su modo de producción, por sus criterios de verdad) tanto de la prensa (la crónica roja) como de la institución policial (el informe policial).

Al tiempo que se publicaban relatos "basados en hechos reales", se daban a conocer cuentos de escritores ingleses y también de escritores argentinos. En "El botón del calzoncillo", de Eustaquio Pellicer, el investigador es alguien que de tanto leer casos policiales, decide hacerse detective.[17] La afición comienza con *Aventuras de Sherlock Holmes*, "obra con que se estrenase como lector de libros": "Ya había logrado Polidoro leer bastante aprisa, porque renunciaba a toda puntuación que implicase soluciones de continuidad retardatarias, aunque ello atentase contra la buena construcción gramatical y el sentido de las oraciones".

El lector de novelas policiales, como se ve, todo lo subordina a la velocidad de la trama, a la satisfacción de la necesidad que el texto plantea: el lector de policiales "devora" las novelas. Finalizada la lectura del libro de Arthur Conan Doyle, el joven Polidoro "se entregó

---

[17] Eustaquio Pellicer, "El botón del calzoncillo", en Jorge Lafforgue (selección y prólogo), *Cuentos policiales argentinos*, Buenos Aires, Alfaguara, 1996.

furiosamente a las crónicas policiales de los diarios, sección informativa por la que nunca había demostrado el más pequeño interés".[18]

Esta lectura de iniciación, sin embargo, no alcanza para constituir la figura del investigador. Polidoro no puede resolver el enigma (su excentricidad lo hace inútil para la investigación), termina encarcelado como sospechoso y finalmente el enigma es resuelto por un agente de la capital. Lo más notable de esta resolución es que el azar está en el centro de su lógica:

> Si hay en el mundo personas suertudas, este pesquisante de la gran urbe argentina merece el primer puesto, porque todo lo que se diga es poco de lo que favorece el hado benévolo. ¿Quieren ustedes creer que en su viaje a Agua Dulce encontró la pulsera buscada?

Por una parte, el investigador ajeno a la fuerza policial no puede resolver el enigma; por la otra, la revelación tampoco puede ser articulada por un investigador (de hecho, en "El botón del calzoncillo", la "segunda historia" es revelada por la dueña "verdadera" de la pulsera).

Algunos años más tarde, en 1923, *La Novela Semanal* publicó "El ladrón de Trigo, Limpio y Cía", del prolífico Bernardo González Arrilli. El relato se desarrolla, en su primera parte, como un relato de enigma. Aquí aparece el detective como empleado de una agencia, la "American Detective Agency", que envía a tres de ellos: "uno [...] usaba gorra inglesa y los otros dos fumaban en pipa, detalles que no olvidaba la 'American Detective Agency'". El texto exhibe los desajustes del pasaje de un modo de ficción (el cuento policial anglosajón) a otro (la novela semanal); tal vez sea por ese desfase entre dos universos ficcionales que se los caracterice como perfectos inútiles: "los tres sabuesos del 'American Detective Agency' tenían la perspicacia de cualquier diputado opositor, es decir, no veían jamás la liebre".

Terminada la primera parte, el texto devela rápidamente al responsable y cuenta cómo llegó al crimen. Es la historia de un "perejil" fascinado por el mundo de "farra" nocturna que le muestra su querida, que en unos meses le ha "evaporado los ahorros de años enteros" y concluye con el robo como única posibilidad. Se trata de una resolución que apela a la lógica del melodrama en lugar de proponer la reso-

---

[18] Sylvia Saítta ha estudiado las continuidades entre crónica roja y novela policial. Ver "Por el mundo del crimen", en *Regueros de tinta. El diario* Crítica *en la década de 1920*, Buenos Aires, Sudamericana, 1998.

lución, años más tarde típica, del enigma policial.[19] En el espacio urbano argentino todavía parece imposible ubicar la acción de un investigador independiente. Habrá que buscar en alguna otra zona literaria los pretextos de esta figura.

El investigador y el grupo social

La composición del género policial clásico (modelo al que responderá la abrumadora mayoría de los relatos producidos en la Argentina entre la década del 30 y el momento de esplendor del género entre 1940 y 1960) insiste en algunos rasgos temáticos recurrentes: el espacio aislado (o, en el extremo, cerrado), la limitación de los personajes sospechosos, el uso de la inteligencia (si no de manera única, sí privilegiada) para la resolución del enigma. Otros elementos son enunciativos, el desafío al lector, y otros, aun, estructurales: el desplazamiento temporal entre historia del crimen e historia de la investigación o la utilización de paradojas.

Un elemento señalado varias veces (notablemente por Borges) es el tipo de cierre que requiere la vertiente clásica del género en tanto se propone sorprender al lector. Diversas "recetas" para escribir relatos policiales ("solución extremadamente simple a misterios aparentemente complejos", "el culpable es el menos sospechoso") apuntan más o menos veladamente a esta característica del relato policial de enigma de la que proviene un rasgo poco estudiado.[20]

El relato clásico, aun en sus vertientes más esclerosadas y aun fracasando estrepitosamente, todavía busca algo del orden de lo nuevo, de la revelación y, en este camino, fatalmente descubre al "otro" entre los "mismos". La imposición del crimen sobre el menos sospechoso, sobre todo en las formas más anquilosadas, redunda en el hecho de

---

[19] La misma imposibilidad se registra en "La mano de Dios" y en *La mancha de sangre* de Joaquín Belda, publicado en 1919 en *La Novela Semanal*. El texto, de origen español, había sido publicado en su versión madrileña en 1915 y determinó la "españolización" de la aventura policial. En *La Novela Semanal* las referencias a Madrid y sus alrededores han sido reemplazadas por el centro de Buenos Aires y sus alrededores, una escenografía para muchos de los rasgos del relato clásico: el enigma del cuarto cerrado, la pesquisa, etcétera. Ver José F. Colmeiro, *La novela policíaca española: teoría e historia crítica*, Barcelona, Anthropos, 1994. Para una puesta en contexto de su edición argentina, ver Campodónico, *op. cit.*

[20] Para una descripción más extensa de algunos de estos recursos consultar Tzvetan Todorov, "Tipología el relato policial", en Daniel Link, *op. cit.*, y "Definiciones, códigos y otros elementos de juicio", en Lafforgue y Rivera, *op. cit.*

que en la mayoría de los casos, esos individuos "más allá de toda sospecha" (padres de familia, hombres probos, damas de sociedad) sean quienes muestren un rostro temible, espantoso, para la estrecha moral que sostiene el relato detectivesco.[21] Para que la revelación sea posible, el relato policial caracteriza al investigador como aquél que llega "de afuera" y así puede ver de un modo nuevo.[22]

La década del 20 ve crecer este extranjero. En *Las timberas. Bajos fondos de la aristocracia*, de Juan José de Soiza Reilly (1927-1928), Ataliva, un escritor, se encuentra en esa posición. Invitado a las fiestas de la alta sociedad porteña, se espanta ante la corrupción de la clase. Su ajenidad al grupo, como en la novela policial, cristaliza en su reacción ante un crimen cuando el padre de Cielita, la mujer que desea, mata a un hombre en una mesa de juego. Mientras que los "aristócratas" se preguntan cómo esconder el cadáver, Ataliva propone convocar a la policía y entonces,

> todos, hombres y mujeres miraron con desprecio al insolente que se atrevía a hablar de la policía entre personas distinguidas. ¿Quién era el tipo grosero que se permitía ofender la dignidad de aquellas virtuosas damas y aquellos caballeros, con la insinuación de que la muerte del doctor Magrida podía interesar a la Justicia?

El conflicto se resuelve con la participación de un juez que "arregló todo a las mil maravillas".

El mundo de la ley y el mundo de las clases altas aparece entonces como un mundo corrupto. Múltiples relatos folletinescos de la década e incluso notables libros del siglo XIX construyeron este tipo de crítica. Habrá que decir, sin embargo, que en *Las timberas* la crítica se condensa en un personaje, que se mueve con la aquiescencia de la clase, pero que también se sorprende: "La verdad es que me asombro de cómo puede conservarse usted, Cielita, tan pura, tan inocente, tan maravillosamente virginal en este ambiente de corrupción y vergüenza".

---

[21] La novela negra, en cambio, es fatalmente redundante. Gilles Deleuze ("Filosofía de la serie negra", en *La isla desierta y otros textos*, Valencia, Pre-textos, 2005) lo formula así: "La reflexión metafísica de la vieja novela policíaca ha sido sustituida por el reflejo del otro. Una sociedad se refleja en su policía y en sus crímenes, tanto al menos como se guarda de ellos, mediante profundas complicidades de fondo".

[22] Ver Richard Allewyn, "The origin of the detective novel", en Glenn W. Most y William Stowe (eds.), *The Poetics of Murder*, New York, Harcourt Brace Jovanovich, 1983.

Y más aún, "Aquella confabulación de los aristócratas ocultando el crimen ajeno para defenderse de futuros crímenes y de propios delitos le erizaba los puños de rabia".[23]

El "periodismo del tábano" (que no todo el periodismo) es el encargado de develar esos crímenes. El texto alude al lugar del cronista policial y, más precisamente a *Crítica*, el diario que publicaría en 1932 la primera novela policial, justamente con un periodista en la función de investigador.

Como en el caso de las notas de Alfredo Lazarús, también *Las timberas* sostiene (ahora casi como una poética) su relación de continuidad y alteridad con la crónica policial:

> ¿Debemos reservar la crónica de policía, es decir, la novela vivida, para los pobres solamente? No. Y no... Hay que descubrir dando alaridos [...] todas las vergüenzas que achican en el hampa de los poderosos la altura de los seres humanos. (No hay en esta novela ningún drama que no esté registrado en el archivo policial de Buenos Aires.)

La novela literaria es un sucedáneo de la "novela vivida" que es la crónica policial. La novela es, también, una novela de clase: si la crónica policial se ocupa de los pobres, la novela se ocupará de los ricos, de denunciar sus crímenes. División del trabajo escriturario, la literatura se presenta como denuncia de las clases dominantes y delega a la prensa el lugar de la denuncia de los crímenes de las clases populares.[24] Se anuncia así la fascinación de la novela policial argentina por el crimen sofisticado, "aristocrático" por su espacio y su método: las casas quinta de Belgrano (*El enigma de la calle Arcos*) y de Villa Ballester (*El crimen de la noche de bodas*) y los enigmas de cuarto cerrado. Se anuncia la riqueza en disputa de "Un error judicial" (1927) o los hoteles lujosos de "La pista de los dientes de oro"

---

[23] Ataliva es todavía una delegación de la voz del narrador y en este sentido tiene todos los rasgos de redundancia y "explicitación" que caracterizan al folletín semanal. Sin embargo, en *Las timberas* (como en la novela policial) es el extranjero quien denuncia la corrupción: no es su víctima, es su juez. Ver Beatriz Sarlo, "El sistema de los textos o la trivialidad de la belleza", en *El imperio de los sentimientos*, Buenos Aires, Catálogos, 1985. Para un desarrollo mayor de la relación entre la obra de Soiza Reilly y el relato policial ver Gabriela Mizraje, "*Pedularios, perdidos y emprendedores* (los irrecuperables de Soiza Reilly)", en Juan José de Soiza Reilly, *La ciudad de los locos*, Buenos Aires, Adriana Hidalgo, 2007.

[24] Esta distribución es imaginaria: múltiples ejemplos pueden citarse en los que la prensa policial del período denuncia "los delitos que se cometen en la *haute*".

(1937), ambos de Roberto Arlt: la novela policial es una novela "de los ricos".[25]

Pero si las clases altas pueden ser juzgadas por su corrupción, otras clases sociales y sus ambientes se presentan como espacios clausurados, refractarios a la lógica del castigo legal. En los textos del grupo de Boedo (particularmente en los de Elías Castelnuovo), las clases populares urbanas también se caracterizan por la opresiva incomunicación con otras zonas de la vida social: ninguna justicia puede esperarse de otros grupos (o del Estado) que, en la mayoría de los casos, están ausentes de los relatos. El caso de Castelnuovo es notable porque en sus textos el encierro, el cuarto cerrado, toma carácter de rasgo estilístico, como lo prueba su recurrencia en *Tinieblas* (1923).

También la oficina, uno de los nuevos ambientes, reducto de las clases medias, se construye en la ficción como un espacio cerrado a la lógica del Estado. En *Cuentos de la oficina*, de Roberto Mariani, el mundo de los oficinistas es un espacio regido por reglas diferentes de las del campo social en su conjunto.[26] Así, todo el libro puede pensarse como el estudio minucioso de esas nuevas reglas. Por eso, cuando el crimen irrumpe se resuelve dentro de esos espacios. En "Lacarreguy", Mendizábal observa preocupado el comportamiento del personaje que da nombre al relato. Sus sospechas se verán confirmadas al conocer, por el mismo Lacarreguy, que éste ha robado dinero de la caja de la oficina para darle todos los gustos a su mujer.

Este cuento es casi una reescritura de "El ladrón de Trigo, Limpio y Cía", de González Arrilli: el hombre honrado que roba a causa de un amor loco. Si en ese caso había policial se debía a la aparición de dos elementos: el grupo de investigadores ajeno al mundo de la oficina y el comienzo con un crimen. En "Lacarreguy" en cambio, se sospecha un comportamiento extraño, una sospecha que sólo se transfor-

---

[25] Y se opone tanto al folletín sentimental como al "folletín pobre", tal como lo definiera Nicolás Rosa. De una parte, el relato policial de enigma constituye un ambiente de "riqueza" (pero también "rico": plagado de vocabulario exótico, de peripecias y enigmas) y un foco narrativo que viene a develar la perversa lógica que esa riqueza oculta (pasiones desaforadas, codicia, hybris); con el policial aparece una voluntad de rigor formal que no pretende "denotar" lo pobre, sino semiotizar la riqueza. De otra parte, el héroe enjuicia a la clase, no es su víctima, como sucedía en el folletín melodramático. Ver Nicolás Rosa, *op. cit.*

[26] El texto inicial, "Balada de la oficina", actúa como presentación de este universo cerrado: "Y vuelve mañana, y todos los días, durante 25 años; durante los 9125 días que llegues a mí, yo te abriré mi seno de madre; después, si no te has muerto tísico, te daré la jubilación.

Entonces, gozarás del sol y al día siguiente te morirás". En Roberto Mariani, *op. cit.*

mará en crimen cuando el responsable lo cuente. Ese desplazamiento evita que el cuento sea policial y se convierta, en cambio, en un estudio sobre la lógica de la oficina.

Lógica que, al menos hacia 1920, parece refractaria a los pliegues del caso policial. En el texto de González Arrilli, los detectives son incompetentes y el narrador revela, fuera de la lógica del caso policial, los hechos que llevaron al robo. En "Lacarreguy", el robo tampoco llega a conformarse en caso policial. No sólo porque el énfasis está puesto en el protagonista sino, sobre todo, porque el mundo de la oficina se cierra sobre sí mismo: Mendizábal está dispuesto a endeudarse para que Lacarreguy no vaya a la cárcel. Aquí, como en el caso de *Las timberas*, existe el personaje que conoce el crimen y no lo denuncia.

Esta impenetrabilidad de las clases medias, persiste inclusive cuando el caso policial se desarrolla plenamente. En "El misterio de los tres sobretodos" (1937), de Roberto Arlt, el robo también se produce en una oficina (de hecho, según el narrador, se conoce como "el enigma de la oficina"). La empresa, como en González Arrilli, también se muestra ineficaz para detener al ladrón; sin embargo, la resolución es diferente. Ernestina, una de las empleadas, rastrea al ladrón y lo asesina. Se trata de una nueva forma de justicia que el relato subraya con una seca ironía: "Aquel día, los empleados de la casa Xenius, incluso Ernestina, se sintieron enormemente felices".

El comienzo del relato anuncia la excepcionalidad de las normas de la oficina: "De haberse sabido que fue Ernestina la que descubrió al ladrón, probablemente Ernestina hubiera ido a parar a presidio por un largo tiempo de su vida... Nunca pudo ser aclarado el misterio de la oficina". Primero, la aparente contradicción con la lógica genérica: quien descubre al criminal no debería correr el riesgo de terminar en la cárcel. Y luego, la irresolución del enigma: una cosa justifica la otra, el hecho de que el misterio no pudiera ser aclarado justifica la libertad de Ernestina. La imaginación del policial se altera frente a la lógica de la oficina: develar un crimen no equivale a darlo a conocer a la ley. Más aún, la oficina y la ley son objetos que se excluyen mutuamente y, en este sentido, el trabajo con los mecanismos del género permite iluminar los modos de esta exclusión.

El Estado y la política

Durante la década, junto con la imaginación conspirativa crece la producción de ficciones en las que el Estado se presenta como opaco al sentido o bien como inoperante debido a la burocracia que entorpece su funcionamiento.[27] La opacidad de sentido en las acciones del Estado, de todos modos, queda limitada a la ineptitud burocrática. Así, todo peligro será desplazado por el género hacia los grupos conspirativos, que ahora serán vistos "desde afuera", como los enemigos del Estado con el que el investigador colabora. Esta neutralización de la amenaza será tal vez la operación ideológica capital del género durante su formulación clásica.

En "El cocobacilo de Herrlin" (1918), de Arturo Cancela, se cuenta el proyecto delirante del gobierno argentino para deshacerse de los conejos que pululan por su territorio. Contrata a Herrlin, un científico alemán cuyo descubrimiento (el cocobacilo) puede eliminar a los conejos. Perdido en un laberinto burocrático, desesperado, el científico sueña con "vengarse sobre los conejos de la inacción a que le obligaban las conspiraciones políticas del país, y en alfombrar su cuarto con las pieles de los vencidos, como los crueles guerreros de Asiria". A lo largo del relato esas conspiraciones (armadas alrededor de un centro hueco: la existencia de conejos a eliminar) van cambiando de sentido: la condición del Estado es la conspiración y ésta prolifera en todos los ámbitos, inclusive en el de la oposición que, en el paroxismo, acuña el exitoso lema "El conejo no existe".

Hay algo, sin embargo, que sostiene al Estado en el texto de Cancela, más allá de cualquier maniobra política: la burocracia. Sea cual fuere la utilidad política del cocobacilo, oficinas, departamentos creados a tal efecto, ministerios, comisariatos proliferan transformando al científico en una figura grotesca: "fue adquiriendo poco a poco la reputación de un maniático". El relato de Cancela es notable también porque construye un foco doble: al tiempo que cuenta las diferentes maniobras políticas dentro del Estado, cuenta "desde afuera" esa lógica. Toda vez que focaliza en Herrlin, construye ese funcionamiento a través de una mirada incompleta, plagada de sombras de sentido que no podrían iluminarse. Incluso la lengua literaria aparece atravesada por la ambigüedad: Herrlin levanta su copa por "el ministro de Agricultura y el gobierno de la República, comprometidos en una siniestra conjuración de conejos, audaces conspi-

---

[27]La imaginación conspirativa ha sido indicada en la ficción de Roberto Arlt. En el caso de Borges, la conspiración sería uno de los motores principales de su ficción, particularmente durante la década del 40. Los orígenes de esta figura pueden rastrearse, sin embargo, en la década del 20. En una carta de 1921 a Jacobo Sureda, Borges comenta los modos en los que junto con Macedonio Fernández y Santiago Dabove imaginaron la toma del poder. Ver Isabel Stratta, "Documentos para una poética del relato", en Sylvia Saítta (dir.), *El oficio se afirma*, vol. 9, *Historia crítica de la literatura argentina*, Buenos Aires, Emecé, 2004.

radores que llegaban en su insolencia hasta penetrar en las casas a la hora sagrada de la comida familiar…" En el momento en que se pretende imitar la retórica política, la lengua del relato se torna indecidible (el compromiso "en" la conjura con los conejos indica tanto la connivencia como la enemistad), y pone en escena lo inextricable de la lógica de Estado.

La misma opacidad puede encontrarse en otros relatos de la época. En "El Presidente está loco", de E. M. S. Danero, publicado en 1923 en *La Novela del Día*, un concejal de provincias se vuelve loco y debe ser internado. Escapa y dado su increíble parecido físico con el Presidente (cuyo nombre nunca es mencionado, aunque que no es difícil de adivinar), lo reemplaza en la labor de gobierno. El engaño funciona a la perfección hasta que decide controlar el trabajo de sus subordinados para no hallar "uno solo que trabajara". Ordena su expulsión al secretario, quien "cogiéndose a las paredes como un beodo, encaminóse a la subsecretaría, gritando desaforado: —¡El Presidente está loco! ¡El Presidente está loco!" La razón de Estado obliga a la burocracia, la produce, aun en su inutilidad: quien intente oponerse a ella es acusado de insania.

Pero hay más. El relato termina con la aparición del verdadero Presidente, a quien nadie quiere reconocer como tal. Don Marcelo lo invita a pasar a su despacho. Cuando salen, "aquellos dos hombres eran uno solo". Y entonces: "El autor mismo, debe, tiene que confesarlo. No puede decir más. No sabe cuál, al abrirse la puerta, era don Marcelo de Alvarado y cuál el verdadero presidente. Es una cosa atroz y desconcertante…"

Frente a la locura del/en el Estado el narrador (omnisciente hasta ese momento) se declara incapaz de descubrir la verdad: su lógica se ha vuelto opaca:

> Y nadie, nadie más, hasta ahora, al cabo de los años, cuando todo ha muerto y se ha renovado, puede decir cuál de ambos fue el loco y cuál, el intruso, y cuál el inocente; nadie sabrá si existió un sacrificio o si se cometió una injusticia; nadie podrá decir si el verdadero presidente quedó o si, por un capricho de la suerte, don Marcelo de Alvarado fue, por espacio de seis años, el magistrado ejemplar que todos hemos visto y que la historia enaltece ahora…

El lugar de la ficción policial

Con la publicación de las dos primeras novelas policiales en 1932 y 1933 se produce una variación en la historia del género: no sólo se consolidan las formas del caso, sino que el policial se transforma y gana la especificidad de formas que permitirán su expansión: aparece la novela y la serie protagonizada por un mismo personaje.

Durante la década anterior se había diseñado un sistema de atribuciones que anunciaba, como en *Las timberas. Bajos fondos de la aristocracia*, de Soiza Reilly, algunos de los rasgos más notables del caso policial (la formulación del enigma, el personaje ajeno al grupo que lo enjuicia), pero la figura necesaria del investigador no se articulaba con plenitud. Este nuevo lugar parece formularse en el aparente oxímoron que construye en el mismo título referentes imposibles y mezcla campos semánticos: el tremendismo amarillista y la rancia sofisticación de la nota de sociedad. La función de la literatura es denunciar lo que el periodismo no puede denunciar (justamente porque su objeto son los "bajos fondos"), pero su condensación como oxímoron parece sugerir que el pasaje de la crónica policial a la ficción resulta sorprendente. Esa distribución de tareas (que ya se presenta como problemática) deberá ser reconfigurada para que la ficción policial pueda estabilizar sus mecanismos. Por eso no es sorprendente que las primeras novelas policiales trasunten esta tensión entre periodismo y ficción.

Hacia un nuevo caso

Diversos rasgos de lo que luego será el caso policial pueden percibirse en diversos modos textuales. Fragmentos que, leídos retrospectivamente, anuncian la presión de un género todavía incipiente en la literatura argentina, pero que ya se perfila como una posibilidad que resolvería en otro modo narrativo tramas afincadas en el relato farsesco o el melodrama.

En este sentido, la prensa condensa los procedimientos textuales que la acercan a la novela policial, aunque su pasaje a la ficción tomará todavía algunos años. No es sorprendente entonces que los primeros investigadores de casos policiales ficcionales declaren la importancia del periodismo para develar los enigmas o que sean ellos mismos periodistas. La década del 20 ya imagina, como se ha visto, una posición narrativa en la que un individuo cercano a grupos sociales poderosos cuestiona sus manejos. La corrupción de esas clases debe ser develada y existe un personaje (no un narrador omnisciente) que debe hacerlo.

Por lo demás, el Estado comienza a ser visto con una desconfianza creciente. Por una parte, crece la idea de su inoperancia, se lo ve como productor de una masa burocrática pesadillesca cuya posibilidad de acción efectiva es cada vez más remota. Por otra, se lo figura como incapaz de ordenar la vida social. Y en tercer lugar, se lo representa como cada vez más corrupto. También el campo social que se representa en estas ficciones se constituye como un espacio amenazante: lleno de conspiraciones cambiantes que responden a intereses oscuros, suma al mundo cotidiano una opacidad que también aparece en el Estado, que no puede ser verdaderamente distinguido de los criminales.

Todos estos rasgos, sin embargo, no alcanzan a estabilizarse en una forma. La frecuente inestabilidad de los registros narrativos (cambios súbitos de narrador, detención de las tramas, cruces genéricos) sugiere que algo desordena las lógicas narrativas.

Periodismo y policial

Las dos primeras novelas policiales argentinas se publican en diarios "amarillos", de hecho competidores entre sí, que habían hecho de la noticia roja un tema dominante.[28] La publicación de *El enigma de la calle Arcos* (en *Crítica* entre noviembre y diciembre de 1932, y luego en libro en 1933) y de *El crimen de la noche de bodas* (en *Noticias Gráficas*, entre el 6 de julio de 1933 y el 17 de agosto de 1933) permite pensar que el género ha cambiado de estatuto, que sus mecanismos buscan una expansión (y una estabilidad) que, negada en la cultura de masas de las décadas anteriores, ahora aparece alcanzable.[29]

La coincidencia entre ambas novelas va más allá del marco cronológico y aun de la competencia entre ambos diarios, que autorizaría a

---

[28] Ver Sylvia Saítta, "Por el mundo del crimen", en *op. cit.*, y Osvaldo Aguirre, "Historia del género policial en la Argentina", en *Todo es Historia*, n° 474, Buenos Aires, enero de 2007.

[29] Sobre la autoría y las condiciones de publicación de *El enigma de la calle Arcos*, ver Saítta; "Informe sobre *El enigma de la calle Arcos*", en Jorge Lafforgue y Jorge B. Rivera, *Asesinos de papel*, *op. cit. El crimen de la noche de bodas* fue publicado como libro por Librerías Anaconda (en el ejemplar que manejamos no figura la fecha de edición). Según Juan Jacobo-Bajarlía (en *Cuentos de crimen y misterio*, Buenos Aires, Jorge Álvarez, 1968), "Jacinto Amenábar" es un seudónimo utilizado por el director de *Noticias Gráficas*, Alberto J. Cordone. Lafforgue y Rivera no lo desmienten.

pensar que la publicación de la primera haya sido probable causa de publicación de la segunda.[30] En verdad, las coincidencias son notables: ambas cuentan el asesinato de una mujer de alta sociedad en un espacio cerrado, el marido es uno de los principales sospechosos y la responsabilidad del crimen recae en otra mujer (en *El enigma de la calle Arcos*, el asesino es un hombre instigado por su hermana, amante del marido de la víctima), finalmente, una pasión anómala lleva al crimen (en la de Lostal el adulterio, en la de Amenábar la pasión incestuosa sugerida entre la hija del marido y su padre).

Si se tienen en cuenta estas similitudes, y se atiende a las consideraciones realizadas por Sylvia Saítta acerca de la importancia de la figura del moderno "reporter" en la novela de Lostal, llama la atención su ausencia en la novela de Amenábar. El enigma de la calle Arcos es resuelto por el joven jefe de policiales del diario *Ahora*, y toda la novela puede leerse como el conflicto entre dos vespertinos para obtener la mejor información. En *El crimen de la noche de bodas* el protagonista, Jacinto Amenábar (autor y narrador del texto presentado como una "memoria") es, en cambio, un ex investigador de la policía. La novela, sin embargo, le reserva al periodismo, por vía negativa, un lugar de privilegio: "Lo que tenemos en contra en este asunto es la falta de publicidad que se le ha dado. Si los periódicos hubieran hablado..." Finalmente, los diarios no hablan (la acción sucede en 1904) y la resolución del crimen no se hace pública hasta la edición de las memorias de Amenábar, es decir, hasta que *Noticias Gráficas* la da a conocer. El lugar del periodismo entonces se traspone de lo temático a la enunciación: presentada como un hecho verídico, *El crimen de la noche de bodas* da a *Noticias Gráficas* el lugar que *El enigma de la calle Arcos* tematizaba en su escritura para el vespertino *Ahora*, según Saítta hipóstasis de *Crítica* en la ficción.

---

[30] Diversas marcas indican esta relación. El caso que presenta *El crimen de la noche de bodas* es un "Misterio auténtico; mil veces más perturbador que el que rodeó ciertos crímenes famosos, el de Garland o el de Ray, por ejemplo". El asesinato de Carlos Ray, concejal radical, había sido en 1926 uno de los éxitos más resonantes de la sección de policiales de *Crítica*. Uno de los investigadores "torpes", ansiosos de fama y gloria, pero inútiles a la hora de resolver el enigma se llama Francisco Diéguez. Luis F. Diéguez era el prosecretario de *Crítica* en el momento de publicación de ambas novelas. Más aún, a Luis F. Diéguez se le atribuyó la autoría de *El enigma de la calle Arcos*, en un artículo publicado en *Literatura argentina* en julio de 1933. La coincidencia onomástica (y el descrédito del inspector Diéguez) sugieren una competencia que se extiende desde el periodismo a la ficción. Sobre *Crítica* y *El enigma de la calle Arcos*, ver Sylvia Saítta, Prólogo, en Sauli Lostal, *El enigma de la calle Arcos*, Buenos Aires, Simurg, 1996.

Así es que el periodismo es figurado como revelador de verdades.[31] Se trata de una ideología del relato que sostiene en "los hechos" la verosimilitud de lo que cuenta. En *El enigma de la calle Arcos*, por ejemplo, se afirma:

> Nosotros, simples narradores de este episodio real, nos limitaremos ¿por el momento? a transcribir textualmente los artículos y notas más ilustrativas que, en los días subsiguientes aparecieron en los dos periódicos nombrados y que darán al lector amplio campo para compenetrarse mejor de este enigma.

El narrador cuenta hechos reales, la reproducción de los artículos y los informes policiales avalan su palabra. La novela policial devela lo que el periodismo no puede develar (los modos de construcción de la noticia). Pero el ingreso de estos materiales no sólo verosimiliza los hechos como "reales", sino que su ubicación dentro del texto hace que, como veremos, cambien su funcionalidad y se transformen en elementos de la ficción que reconfiguran los modos de lectura.

En *El crimen de la noche de bodas* se insiste de manera recurrente en que "no es una novela":

> Esta narración se ajusta [...] rigurosamente, en lo demás, a los hechos. Copias de partes policiales, anotaciones mías, recortes de periódicos, a decir verdad, poco útiles me han sido estos y, sobre todo, la memoria, que todavía no me falla, me han servido para referir con exactitud lo acontecido.

"Rigurosamente", "exactitud", copias de documentos, todo propende a una verosimilitud que sólo puede encontrarse fuera del texto.

Algo similar sucede con los relatos de Leonardo Castellani, *Las 9 muertes del padre Metri*, publicados en *La Prensa* desde 1934 y recogidos en libro en 1942. El protagonista es un personaje real y los textos se ocupan de verosimilizar su figura por la vía de los documentos: cartas de Demetrio Constanzi, poemas a él atribuidos, memorias que recogen su figura, utilización de diversos narradores testigo.[32] Caste-

---

[31] Otros investigadores comparten este rasgo: el oficial de policía a cargo de la pesquisa en "El nudo de la corbata", de Nicolás Olivari, "había sido periodista en sus comienzos y gustaba de la lectura". El cuento, según Lafforgue y Rivera (*op. cit.*), apareció durante la década del 30. Ver *La noche es nuestra*, Buenos Aires, Borocaba, 1952.

[32] Ese rasgo lo diferencia de la primera persona protagonista o del relato focalizado de la mayoría de las ficciones del período (la novela de Lostal, los cuentos de A[lfonso] Ferrari Amores).

llani, sin embargo, en la "Advertencia" reconoce los límites de esta reconstrucción:

> Debo advertir formalmente a mis benévolos lectores, que la figura novelesca del padre Metri, levantada aquí por mí, no tiene de la figura histórica de fray Ermete Constanzi, tal como trabajan en diseñarla actualmente historiógrafos y cronistas, más que el mero nombre, algunos sucesos y los grandes lineamientos de su psicología.

El texto se encuentra entonces tensionado entre lo histórico y lo ficcional. Más aún, en la dedicatoria se advierte: "Al doctor Luis O. Castellani, para que vea por dónde han ido a rebotar las lecturas infantiles de Nick Carter y Buffalo Bill". Así es que el origen de los textos es doble: una figura "verídica" y dos personajes "ficcionales". Este doble origen produce una incomodidad que puede verificarse en la "Advertencia": al tiempo que se declara el origen "real" del personaje, se denuncia la manipulación ficcional de que es objeto.[33]

Pero esta tensión no es excepcional. La edición en libro de *El enigma de la calle Arcos*, lleva un "Preliminar" desafiante:

> La lectura de las más mentadas novelas policiales ha creado el prejuicio, casi general, de que no es posible escribir una obra de este género, emotiva, llena de intriga, impenetrable y misteriosa sin recurrir a lo truculento, a lo inverosímil, fantasmagórico y en pugna con toda lógica. A los que ese prejuicio tengan dedico esta humilde obra.

El caso de *El crimen de la noche de bodas* es más curioso. Su primera entrega aparece acompañada de la leyenda "Resolver el crimen de la noche de bodas es ganar". Con la publicación de "las memorias" de Amenábar se plantean tres preguntas: "¿Quién la mató? ¿Cómo la mató? ¿Por qué la mató?". A quienes respondan con exactitud *Noticias Gráficas* promete premiarlos con "un juego de muebles de dormitorio y otro de comedor, de la casa *Harrod's* o con una orden para adquirir mercaderías por valor de mil pesos, en la misma casa". Los "he-

---

[33] En el segundo párrafo de la "Advertencia" se insiste en las virtudes hiperbólicas de un personaje histórico ("me llegó a mí por la leyenda mucho antes que por la historia") y en el párrafo siguiente se niega casi toda continuidad entre la historia y los textos de Castellani. Casi todo ha sido cambiado por la ficción, y la "Advertencia" explicita la reunión de estos materiales disímiles.

chos reales" son parte de un juego que cuestiona la verosimilitud verista proclamada en el cuerpo del texto.[34]

Así, la ficción policial se expande hacia la novela (o el libro de cuentos) incorporando a sus mecanismos una mezcla incómoda (cuando no directamente contradictoria) de objetos que provienen de campos diversos: el periodismo, la biografía, la novela, el juego.[35] Esta mezcla, que en décadas posteriores será eludida o depurada hasta la síntesis (como en *Operación Masacre*, de Rodolfo Walsh, un objeto cualitativamente diferente), se relaciona con la expansión del género, que requiere de nuevos materiales que lo hagan espeso, que lleven adelante una trama que no debería agotarse en el formato de un cuento. La literatura policial los encuentra en la zona escrituraria más afín a sus posibilidades: la de los medios de masas.[36]

El asentamiento de esta nueva forma es inestable y todavía no define su campo de operación aunque en formatos más breves también se registra este modo exploratorio. En "El crimen de la Safo de terracota" y en "La noche del 31", de Alfonso Ferrari Amores (publicados en la *Revista Multicolor de los Sábados* respectivamente el 3 de marzo y el 7 de julio de 1934), la alteridad es radical: la policía requiere la colaboración "del pesquisante chino Fu-Yi-Nam, al servicio de Investigaciones de Buenos Aires". Fu-Yi-Nam es, claro, un personaje exótico (probablemente derivado de las ficciones de Earl Derr Biggers). En estos textos de Ferrari Amores (y también en "La acusadora falta de rastros", de Emilio Villalba Welsh, publicado también en *La revista multicolor de los sábados*, el 13 de enero de 1934), entonces, se verifica una estrategia diferente de apropiación del género: la ficción se muestra desaforadamente, las "aclimataciones" son parciales o irónicas. Habría que postular, entonces, que la instauración de una ficción masiva de corte policial puede hacerse por esos años exhibiendo los mecanismos ficcionales o desplazándolos hacia los bordes de los tex-

---

[34] Si las hipótesis de Bajarlía sobre el autor fueran ciertas, el estatuto ficcional del texto quedaría confirmado.

[35] El juego tampoco está ausente de las ficciones de Castellani. Desde su apelación a la infancia en la dedicatoria de *Las 9 muertes del padre Metri* hasta la definición que el fraile da de sí mismo en "El fusil que tira solo".

[36] Thomas Narcejac, en *Una máquina de leer: la novela policíaca* (México, Fondo de Cultura Económica, 1986), ha indicado cómo el pasaje del cuento a la novela (en la ficción europea de principios del siglo XX) requiere de un cambio en la materia del relato: "la materia debía ser *rebelde* y *resistirse* a la investigación. Y, para ello, debería presentar un efecto de *masa*, una compactibilidad bastante densa [...]". Alcanzarla requiere más personajes y más conflictos (de ahí la proliferación de lo melodramático en estas novelas, por lo demás ya presente en el período anterior).

tos. Se trata de una inversión simétrica en la que los textos están obligados a dar cuenta de los modos de circulación y lectura que están proponiendo al lector. Por lo demás, los textos de Villalba Welsh y de Ferrari se publican en la *Revista Multicolor de los Sábados*, que por aquellos años dirigían Borges y Ulyses Petit de Murat. La exhibición de los procedimientos ficcionales tal vez no haya sido ajena a la voluntad de sus directores.

Los materiales

El emplazamiento ambiguo de estas ficciones, la estabilización de los mecanismos genéricos, también genera estrategias específicas dentro de los textos. En efecto, los libros y las novelas policiales parecen explorar los materiales en los que se asientan sus procedimientos.

El enigma de la calle Arcos, por ejemplo, explora las diferentes texturas de las que se compone. El uso de juegos tipográficos, por ejemplo, distingue claramente (al punto de que incluso aísla secciones completas del texto) el texto "novelístico" de las notas de prensa (los titulares de las notas están escritos todos en mayúsculas). La novela, además, incorpora (hasta donde sabemos, hechos inédito en la ficción argentina) un plano de la casa. Y, sobre todo, reproduce (con los saltos tipográficos y de diseño que esto implica) el recorte de diario que le permite a Suárez Lerma resolver el enigma.

Pero al tiempo que expande sus dispositivos y estabiliza sus metadiscursos genéricos, el policial argentino comienza a producir un uso específico de la lengua, desconocido hasta entonces. Si, como dijimos, el relato policial de enigma busca el asombro, resulta lógico que toda su estructura se sostenga en la contradicción. De esta voluntad de sorprender deviene también una de las principales figuras retóricas del género: a diferencia de lo que sucedía con la ficción policial de la década previa (en la que prima el "buen decir"), los nuevos relatos se pueblan de contradicciones y construcciones oximorónicas. En *El enigma de la calle Arcos* se habla recurrentemente de "LA EXPLICACIÓN DE LO INEXPLICABLE", a César Bramajo (conocido como "El mago de la calle Moreno") se lo denigra llamándolo "mago sin magia". En "El nudo de la corbata" se describe el cielo como un "milagro heterodoxo"; el padre Metri protagoniza cuentos llamados "El fusil que tira solo"; en *El crimen de la noche de bodas* el narrador afirma: "Aunque siempre se me había juzgado como a un muchacho de inteligencia clara y rápida penetración psicológica, mis juicios sobre las personas a veces eran errados".

Estos juegos de lenguaje son complementarios de otros: la circulación de significantes osificados por el uso se revitaliza al exhibir los modos de funcionamiento del relato o del enigma (pero, justamente porque son lugares comunes, no se los considera en su uso literal). En *El crimen de la noche de bodas*, se usa frecuentemente el sintagma "jugarse una carta brava", cuando uno de los principales mecanismos para extraer información de los testigos es hacer valer una carta de amor que el investigador no posee; en "La acusadora falta de rastros" se habla de la "llave maestra" del enigma, cuando la solución está en una llave que siempre estuvo a la vista de los investigadores; en "La mosca de oro", de Castellani, el asesino del Gato Sanabria posee un revólver matagatos.

Estos usos del lenguaje extrañan la lengua, la ubican en un espacio indecidible, y si bien es cierto que estos juegos son característicos del género desde sus inicios, resultaban inéditos para la ficción popular argentina. Estos procedimientos, modestos tal vez, contribuyeron a afianzar un uso de la lengua que en el mismo período puede encontrarse en ficciones mucho menos populares que las citadas. Así, el oxímoron ya era característico del Borges de la *Revista Multicolor* y los juegos de palabras estaban presentes en las ficciones de José Bianco recopiladas en *La pequeña Gyaros* (de 1932).[37]

Algunos investigadores

La renovación de la prosa que realizan estos textos se debe tanto a la exploración de los materiales lingüísticos y tipográficos que llevan a cabo como al cruce inestable entre un género que comienza a formularse en su versión nacional y sus lugares de asentamiento. Pero esta inestabilidad, a la vez, está soportada en una estabilización formal que evita la dispersión de los materiales y permite construir el horizonte de expectativas necesario para que el género se distinga de otros productos de la cultura de masas. En estos textos, el caso policial se conforma plenamente y con él gana entidad la figura del tercero del crimen: el investigador eficaz.[38]

---

[37] Más aún, la retoma de la ficción folletinesca trabajada por los marcos rigurosos de la ficción genérica caracteriza relatos de José Bianco como "La pequeña Gyaros" (y su reescritura desde otro punto de vista, "La visitante"), en la que la trama de infidelidades dobles (cuyo centro es una mujer extranjera) es casi un preludio al crimen de *El enigma de la calle Arcos*.

[38] Sobre la estabilidad del género y su relación con estructuras y metadiscursos, ver Oscar Steimberg, "Proposiciones sobre género", en *Semiótica de los géneros masivos*, Buenos Aires, ECA, 1991.

En la mayoría de estos relatos el Estado es meramente acusado de inoperancia. El narrador a cargo de la pesquisa en "La acusadora falta de rastros", de Emilio Villalba Welsh, no sólo muestra cómo es su subordinado quien resuelve el enigma sino que es el único que se construye con un narrador testigo que presencia los hechos. La ironía de esta posición (quien debiera ser Holmes ocupa el papel de Watson y viceversa) muestra, además, las dificultades de adaptación del modo de la novela policial sajona a los ambientes nacionales. La jerarquía policial está alterada y es más sagaz el "pinche" que el Inspector. Los investigadores eficaces, pero excepcionales dentro de una fuerza policial burocrática y, en ocasiones, corrupta, constituyen tal vez el mayor aporte temático a la constitución del género. En efecto, la ficción del período clásico en la Argentina tendrá como protagonistas en su mayoría a oficiales excéntricos, Jorge Vane, Don Frutos Gómez, o a ex oficiales de la ley, como Leoni, y en el extremo de la ajenidad, Fu-Yi-Nam, quien ayuda a la policía pero también a los particulares.

La década registra también la emergencia de otra posición característica del género y, en este sentido, más cercana a los modelos europeos: el investigador ajeno al Estado. En *El enigma de la calle Arcos* la verdad la alcanza un periodista policial de *Ahora*, quien no sólo resuelve el caso, sino que descubre que el responsable es el inspector César Bramajo.[39] En "El caso de Ada Terry" (en *Las 9 muertes del padre Metri*) el narrador describe la situación política a la que se enfrenta el investigador:

> Jefe político, juez de paz, comisario, receptor de rentas y hasta maestro, y Dios quiera que el cura no, eran siervos o al menos cautivos de la política. Era proverbial la frase del juez Tobal: ¡Di'ande vas a tener razón vos, si en marzo votaste por los contrarios!

En "La mosca de oro" Metri se enfrenta al gobernador y al médico que le impiden dar la extremaunción a la víctima, el gato Sanabria: "¡Ahí lo tienen! ¡Ahí tienen al desdichado que fue instrumento de ustedes! Muerto sin confesión. Usté, que ya no lo puede curar, me impide que yo lo absuelva. [...] Médico de cuerpo, asesino de al-

---

[39] El colmo de la inoperancia de las instituciones permite que los criminales se acojan a ellas. La construcción de Amenábar, Metri y Suárez Lerma, los más importantes personajes investigadores del período, pero no los únicos, como figuras exitosas y no como objetos de burla, se asienta en la crítica no sólo a la inoperancia burocrática, sino también a la corrupción.

mas. Eso es un crimen, más crimen que el que mató al pasquinero Sanabria".

Como todos los investigadores de la vertiente clásica, Suárez Lerma, el padre Metri, Amenábar, son personajes excéntricos: distraídos, incomprensibles, delirantes, pero, a diferencia de los modelos sajones, se caracterizan por la ausencia de método. Es característica de estas ficciones la metáfora de la luz y de la epifanía en la resolución del enigma.[40] En "El caso de Ada Terry", Metri descubre al asesino:

Otra vez los ojos del fraile se anublaron, se volvieron para adentro, mientras sus quijadas se asentaban y el cuerpo se contraía como en un esfuerzo. Los labios se le movían como rezando. Parecía un hechicero en comunicación con los espíritus. De repente sus ojos empezaron a posarse, opacos como ojos de muerto, en cada uno de nosotros. Entonces sufrió un choque, un estremecimiento que le batió las manos. Dio un suspiro y dijo:
—Ya sé... ya veo... ¡Qué horrible![41]

En *El enigma de la calle Arcos*, cuando Suárez Lerma resuelve el caso "el muchacho tuvo muchas veces gestos de loco, ademanes incomprensibles, miradas resplandecientes, muecas insospechadas y, en su cuerpo, sacudidas propias de un sobresaltado". Más aún, cuando intenta describir su estado a un amigo, explica:

[...] en este momento, se lo aseguro, yo soy algo así como un hombre que, después de haber permanecido semanas y semanas en un cuarto oscuro, saliera repentinamente a la luz, y a una luz fantástica, luminosísima, encandiladora...¡Tal cual! [...] La primera impresión sería, naturalmente, de perfecta ceguera... ¿no es así? Bien... lo mismo me está pasando ahora... Bruscamente me inunda la luz, me acosa, me asalta. Por lo tanto quedo como deslumbrado, atontado...[42]

---

[40] Inclusive en *El crimen de la noche de bodas*, que enfatiza el método, puede verse este modo irracionalista de entender el trabajo investigativo.

[41] Eduardo Romano señala la cercanía de esta epifanía a los procedimientos con que Chesterton desarrolla al padre Brown.

[42] La metáfora de la luz, asociada a la alegoría de la caverna platónica (nótese el sintomático cambio entre "caverna" y "cuarto oscuro"), ya había sido formulada por Soiza Reilly en *Las timberas*.

Así, la ficción enfatiza el momento del descubrimiento, intuitivo e irracional, antes que la lógica del método deductivo. De ahí que en otros textos, la figura del investigador se relacione con la del artista como sucede con las epifanías religiosas de Metri:

> Lo que se puede presumir es que, siendo el fraile un tipo visual, un temperamento artístico nato, sus pensamientos profundos se construían durante su sueño en esa forma de cuadros vivísimos, y de ese modo se resumían y aclaraban, como es propio de la creación artística, en la cual —según dicen— el artista, al ir haciendo, va entendiendo.

El investigador de "El nudo de la corbata": "se regodeaba más en cuidar el estilo de sus frases que en averiguar la verdad". Se anuncia así uno de los rasgos más característicos del género: el crimen como esfera estética, como entretenimiento intelectual. Ese modo se impondrá en años posteriores, transformando al relato policial en juego literario (famosamente en Borges) y aislándolo de las tensiones entre periodismo y ficción que había caracterizado su emergencia en la década del 30.

Continuará

Lo que se condensa en relatos como "La noche del 31" o *El crimen de la noche de bodas* es una estructura triádica que estabiliza conflictos que la ficción folletinesca (pero no sólo folletinesca) de la década anterior había esbozado. Esta tripartición prolifera en el género y constituye las relaciones de base del relato: criminal-detective-Estado. Es esa extremada formalización la que distingue al género (por su "rigor" y su resolución "matemática", según Borges y Arlt) del resto de la producción cultural de masas.

La constitución del caso policial en el 30 ordena formalmente estos elementos. Así, el espacio social, que se percibe como caótico en la década del 20 será ordenado por la estructura triádica del caso. Se constituyen entonces lugares estables para eso que se percibe como caótico: existen criminales y existe el Estado, y entre ambos un miembro excepcional de la sociedad civil (pero aun así un miembro de la sociedad civil) que, ayudando al Estado, controla a ambos. Así, la labor del investigador es encontrar al culpable, y la del Estado impartir justicia. Esta estructura formaliza (y fija) los lugares que la ficción del período previo parece hacer proliferar en el universo social, tal como lo representan los veinte. En este camino, la sociedad se ordena y el género garantiza, en la independencia del investigador, que el Estado inconsecuente con los criminales no se confunda con ellos. Las ficciones policiales que emergerán en el período siguiente transforman eso que la década del 20 percibe como anomalías en parte del horizonte de expectativas genérico: la policía es inepta o corrupta. En este sentido, la policía del género representa los males de los que la sociedad moderna acusa al Estado y provee en la figura del investigador una solución tranquilizadora.[43]

La formulación borgeana del género como matriz formal (y la poca atención que durante la década del 30 presta a los relatos producidos en la Argentina) es, se ha indicado, el efecto de una operación vanguardista anacrónica.[44] El éxito, sin embargo, que esa formulación tuviera en décadas posteriores (aun hoy se imagina al relato de enigma como mero entretenimiento formal) tal vez se deba a que los conflictos que durante la década del 30 el policial clausuraba formalmente hayan cambiado o quizá ya no admitan ese tipo de formalización. Tal vez por eso la nitidez formal que les dio solución imaginaria (y que produjo el éxito de esa estructura) sea lo único que hoy nos parezca rescatable de esa narrativa.

---

[43] Ambos fenómenos, el crecimiento desmedido de la burocracia y la corrupción y los excesos de la policía tuvieron su correlato en las experiencias políticas de la década. Ver Luis Alberto Romero, "La construcción de la ciudadanía, 1912-1955", en Leandro H. Gutiérrez y Luis Alberto Romero, *Sectores populares, cultura y política*, Buenos Aires, Sudamericana, 1995. También Martin Edwin Andersen, "Los radicales hacen una reforma a su medida... y a medias", en *La policía*, Buenos Aires, Sudamericana, 2002.

[44] Ver Beatriz Sarlo, "Borges en *Sur*: un episodio del formalismo criollo" en *Escritos sobre literatura argentina* y Stratta, *op. cit.*

Bibliografía

Algunos relatos policiales (1920-1940)

AA.VV. (selección de Margarita Pierini), *La Novela Semanal (1917-1926)*, Buenos Aires, Universidad Nacional de Quilmes-Página/12, 1999. 4 vols.

Jacinto Amenábar, *El crimen de la noche de bodas*, Buenos Aires, Librerías Anaconda, s.f.

Roberto Arlt, "Un error judicial" (1927), "La jugada" (1933), "La pista de los dientes de oro" (1937), "El incendiario" (1937), "La venganza del mono" (1937), "El misterio de los tres sobretodos" (1937), "El enigma de las tres cartas" (1939), "El crimen casi perfecto" (1940), en Ricardo Piglia y Omar Borré (eds.), *Cuentos completos*, Buenos Aires, Seix Barral, 1996.

Joaquín Belda, "La mancha de sangre", en *La novela semanal*, Buenos Aires, nº 93, 25 de agosto de 1919.

Leonardo Castellani, *Las 9 muertes del padre Metri*, Buenos Aires, C.E.P.A., 1942.

Bernardo González Arrilli, "El ladrón de Trigo, Limpio y Cía.", en *La novela semanal*, Buenos Aires, nº 277, 5 de marzo de 1923.

Vizconde de Lascano Tegui, "El pescador de lo desconocido", en *Mis queridas se murieron* (edición de Gastón Gallo y Guillermo García), Buenos Aires, Simurg, 1997.

Adolfo Lazarús, "Cómo se descubrió un 'suicidio'", en *La novela semanal*, Buenos Aires, nº 288, 21 de mayo de 1923.

Adolfo Lazarús, "Una muerte misteriosa", en *La novela semanal*, Buenos Aires, nº 287, 14 de mayo de 1923.

Sauli Lostal, *El enigma de la calle Arcos* [1932], Buenos Aires, Simurg, 1996.

Nicolás Olivari, "El nudo de la corbata", en *La noche es nuestra*, Buenos Aires, Borocaba, 1952.

Eustaquio Pellicer, "El botón del calzoncillo" [1918], en Jorge Lafforgue (comp.), *El cuento policial argentino*, Buenos Aires, Alfaguara, 1997.

A[lfonso] Ferrari Amores, "El crimen de la Safo de terracota" (1934) y "La noche del 31" (1934), en la *Revista Multicolor de los Sábados. 1933-1934*, Buenos Aires, FNA, 1999.

Juan José de Soiza Reilly, "La mano de Dios", en *La ciudad de los locos* (edición crítica de Gabriela Mizraje), Buenos Aires, Adriana Hidalgo, 2007.

Emilio Villalba Welsh, "La acusadora falta de indicios", en *La revista multicolor de los sábados. 1933-1934*, Buenos Aires, FNA, 1999.

Sobre el relato policial en la Argentina

Horacio Campodónico, "Los rastros previos. A propósito de las narraciones policiales en *La novela semanal*, en Margarita Pierini (coord.), *La Novela Semanal (Buenos Aires, 1917-1927)*, Madrid, Consejo Superior de Investigaciones Científicas, 2004.

Carlos Gamerro, "Para una reformulación del género policial argentino", en *El nacimiento de la literatura argentina y otros ensayos*, Buenos Aires, 2006.

Elvio E. Gandolfo, "Policial negra y argentina: Perdónalos, Marlowe, porque no saben lo que hacen", en *Fierro*, n° 23, Buenos Aires, julio de 1986.

Jorge Lafforgue y Jorge B. Rivera, *Asesinos de papel*, Buenos Aires, Colihue, 1996.

Daniel Link, "Peronismo y misterio", en *Literatura argentina: cuatro cortes*, Buenos Aires, Entropía, 2006.

Néstor Ponce, Sergio Pastormerlo, Dardo Scavino, *Literatura policial en la Argentina. Waleis, Borges, Saer*, La Plata, Facultad de Humanidades y Ciencias de la Educación, Universidad Nacional de La Plata, 1997.

Jorge B. Rivera y Luigi Volta, *Los héroes "difíciles": la literatura policial en la Argentina y en Italia*, Buenos Aires, Corregidor, 1991.

Nicolás Rosa, "La ficción proletaria", en *La Biblioteca*, Buenos Aires, n° 4/5, verano de 2006.

Sylvia Saítta, "Por el mundo del crimen", en *Regueros de tinta. El dia-*

rio Crítica *en la década de 1920*, Buenos Aires, Sudamericana, 1998.

Algunas antologías de cuentos policiales argentinos

Diez cuentos policiales argentinos. Selección y noticia de Rodolfo Walsh, Buenos Aires, Librería Hachette, 1953.

Cuentos policiales argentinos. Estudio preliminar y selección de Fermín Fèvre, Buenos Aires, Kapelusz, 1974.

Asesinos de papel. Una introducción: historia, testimonios y antología de la narrativa policial en la Argentina. Selección, introducción y notas de Jorge Lafforgue y Jorge B. Rivera, Buenos Aires, Calicanto, 1977.

El cuento policial argentino. Una propuesta de lectura productiva para la escuela secundaria. Selección, prólogo y actividades de Elena Baceras, Cristina Leytour y Susana Pittella, Buenos Aires, Plus Ultra, 1986.

El relato policial en Argentina. Antología crítica. Compilación Jorge B. Rivera, Buenos Aires, Eudeba, 1986.

Policiales. El asesino tiene quien le escriba. Selección y prólogo de Roberto Ferro, Buenos Aires, Desde la Gente, 1991.

Las fieras [1993]. Selección y prólogo de Ricardo Piglia, Buenos Aires, Alfaguara, 1999.

Thrillers al Sur. Antología de relatos policiales compilados por Germán Cáceres. Libro en disquete para IBM PC, Buenos Aires, Axxón, 1993.

Cuentos policiales argentinos. Selección y prólogo de Jorge Lafforgue, Buenos Aires, Alfaguara, 1997.

Escritos con sangre. Cuentos argentinos sobre casos policiales. Edición y prólogo de Sergio Olguín, Buenos Aires, Norma, 2003.

Policiales argentinos. Prólogo de Emiliano Pereyra, Buenos Aires, Andrés Bello, 2005.

DEL SUEÑO TECNOLÓGICO
A LA ESCRITURA AUDIOVISUAL
LITERATURA Y CINE (1920-1960)

por David Oubiña

Horacio Quiroga y Roberto Arlt:
el cine como fantasía tecnológica

Desde comienzos del siglo XX, la experiencia cinematográfica del público en la Argentina fue intensa. Las primeras películas habían llegado al país pocos meses después de la exhibición de los Hermanos Lumière en el Grand Café del Boulevard des Capucines. Desde 1897, Eugenio Py y Max Glücksmann venían utilizando el invento para registrar noticiarios o documentales y, en 1909, Mario Gallo filmó *La Revolución de Mayo*, el primer film argumental.

Como consecuencia de esta pronta absorción, aparecieron también, muy tempranamente, numerosas publicaciones dedicadas al fenómeno de las imágenes en movimiento. Iban destinadas a dos grandes grupos de lectores: por un lado, revistas con anticipos de estrenos o chismes sobre la vida de las *stars* dirigidas a un público masivo (*Film-Excelsior, Imparcial film, Cinegraf, Sintonía, Cine popular, Cine argentino, Cine revista*) y, por otro lado, revistas con información sobre cuestiones técnicas que buscaban interesar a los exhibidores (*La película, Cine productor, Gaceta de los espectáculos* y, más tarde, *Heraldo del cinematografista*). Sus notas no pretendían investigar o analizar las películas en el sentido en que lo practica la crítica en la actualidad: eran meramente informativas y remitían al aspecto sociológico del film o al negocio cinematográfico. El cine era considerado como un entretenimiento propio de la cultura de masas y las publicaciones venían a organizar esa nueva forma del gusto.

Habrá que esperar hasta los años cincuenta y sesenta (con el surgimiento del "cineclubismo", los archivos y las revistas especializadas) para que el cine se vislumbre como un medio culturalmente respetable y asome como objeto del pensamiento. Durante la primera mitad del siglo, la cultura letrada no suele aventurarse por las salas de proyección, de manera que ese territorio queda librado a los diarios y los magazines populares. Pocos escritores advirtieron, en ese momento, el potencial expresivo de las películas y su capacidad para responder a las necesidades de un nuevo tipo de espectador. En un texto de 1922, Horacio Quiroga se queja:

> Los intelectuales son gente que por lo común desprecian el cine. Suelen conocer de memoria, y ya desde enero, el elenco y programa de las compañías teatrales de primer y séptimo orden. Pero del cine no hablan jamás; y si oyen a un pobre hombre hablar de él, sonríen siempre sin despegar los labios [...] Acaso el intelectual cultive furtivamente los solitarios cines de su barrio; pero no confesará jamás su debilidad por un espectáculo del que su cocinera gusta tanto como él, y el chico de la cocinera tanto como ambos juntos.[1]

Quiroga es, sin duda, un pionero de la crítica cinematográfica; no sólo porque advierte en seguida las posibilidades de una forma de expresión novedosa sino porque, en las reseñas que escribe a lo largo de la década del 20, desarrolla un acelerado aprendizaje en el oficio de comentar películas y pone a prueba una serie de hipótesis sobre qué es y qué debe hacer el cine. Aunque es autodidacta, precario e intuitivo, ese adiestramiento le permite acercarse con notable agudeza a una definición posible sobre la especificidad del nuevo medio. Tanto como la fotogenia o el carisma de las actrices (Lilian Gish, Mary Pickford y, en especial, Elsie Fergusson, Gladys Brockwell y Dorothy Phillips: "el luminoso triángulo del arte mudo"), a Quiroga lo seduce la maravilla técnica que implica la realización de un film: ve en las películas una maquinaria perfecta que combina lo tecnológico con lo artesanal y, por eso, su gusto por el cine está vinculado a una pasión tanto estética como técnica. O mejor: ese gusto consiste en descubrir las posibilidades estéticas de la técnica para hacer arte a partir de materiales que la literatura había ignorado o que,

[1] Horacio Quiroga, "Los intelectuales y el cine" (*Atlántida* n° 227, 10-8-1922), en *Arte y Lenguaje del cine*, Buenos Aires, Losada, 1997.

en todo caso, aún eran demasiado recientes para que pudiera haberlos procesado.

Para Quiroga —como para Arlt, poco después— el cine constituye un territorio no tradicional que es preciso delimitar según sus diferencias con la literatura y el teatro. Se trata de un arte perfectamente naturalista que se sostiene sobre la verdad del ambiente y la verdad de la expresión. En una película, las locaciones pueden ser reales y los actores no precisan gesticular de manera exagerada: "El cine es un arte cuyos intérpretes dan la impresión de que nadie los ve cuando actúan entre ellos, y con mucha más razón cuando se hallan solos. Viven, hasta donde es posible en una ficción, la vida misma".[2] Esa impresión de realidad sin engaño constituye la intensidad singular de los *films*. Y por eso —dice el escritor— los norteamericanos son los únicos que han entendido las diferencias entre las películas y las obras teatrales, y que han sabido crear auténticos dramas cinematográficos.

Aunque Quiroga critica duramente los films de David Griffith (sobre todo por su innecesaria crueldad y por sus tramas alargadas), reconoce en el estilo del director estadounidense los elementos fundamentales del arte cinematográfico: ausencia de vicios teatrales, intensidad de la expresión, economía verbal, importancia de los primeros planos para transmitir emociones y aprovechamiento de los planos detalle para construir descripciones sugerentes o evocadoras. Mientras los cineastas europeos se empeñan en llevar a la pantalla conflictos escénicos que resultan inevitablemente artificiales, Griffith y los norteamericanos han encontrado "temas poéticos en el corazón mismo de la vida en lucha":

> Esta poesía de la vida no es por cierto privativa de los norteamericanos. Cualquier país de Europa y del orbe entero está revuelto por la acción de los grandes esfuerzos. En cualquier rincón del mundo se tienden líneas férreas con infinitas penurias; se levantan diques gigantescos; se sondea febrilmente el suelo en busca de petróleo, o se trasladan de una región a otra grandes tropas de ganado esquilmadas por la sed. Pero sólo los norteamericanos vieron que en el canto de esos grandes esfuer-

---

[2] Horacio Quiroga, "Teatro y cine" (*El Hogar* n° 942, 4-11-1927), en *op. cit.* Lo que el escritor aprecia en los *films* es un elemento central de su propia poética. Sobre la relación entre experiencia vital y experiencia literaria, ver Noé Jitrik, *Horacio Quiroga. Una obra de experiencia y riesgo*, Buenos Aires, Ediciones Culturales Argentinas, 1959.

zos del hombre, saturados de épica viviente, latía fecunda la savia del cinematógrafo.[3]

Es evidente que el teatro consiste en la representación de sentimientos mediante la declamación y que el cine, en cambio, debe ser mudo. Por lo tanto, el surgimiento del sonoro representa una catástrofe y Quiroga siente que es la tumba del arte cinematográfico. Sin embargo, fue precisamente el advenimiento del sonido lo que permitió la consolidación de una industria. En nuestro país, los estudios Lumiton y Argentina Sono Film se lanzaron a producir desde 1932 y, muy pronto, se les sumaron otras empresas. Gracias a un sistema de discos de acetato sincronizados con la imagen, similar al Vitaphone utilizado por Warner Brothers, *Muñequitas porteñas* (José Agustín Ferreyra, 1931) fue el primer film con diálogos y, poco después, *¡Tango!* (Luis Moglia Barth, 1933) se convirtió en el gran éxito del cine sonoro.

En seguida el cine argentino comienza a exportar sus producciones y sus estrellas. El viaje de Carlos Gardel a Francia y a Hollywood (en donde filma sus siete largometrajes sonoros) resulta paradigmático: el artista local exitoso que parte para ampliar sus horizontes y triunfar fuera del país. Su figura condensa la fascinación por las luces de Hollywood, el prestigio de Europa y la fantasía insolente del *rastaquouère* que pretende triunfar en una gran metrópoli. Sin embargo, el éxito de Gardel en el exterior es módico y contradictorio. Sus películas, producidas por la Paramount para el mercado hispanoparlante, aseguran buenas ganancias en América Latina pero no tienen mayor difusión en los Estados Unidos. El soñado desembarco en Broadway es más bien relativo. A diferencia de Carmen Miranda, Gardel no logra integrarse a los elencos norteamericanos y su pobre dominio del inglés acota las posibilidades de una carrera internacional.[4] Sus únicas participaciones para el cine sonoro argentino son los diez cortometrajes dirigidos por Eduardo Morera en 1930, en donde entona algunos de sus tangos. Esas películas —visualmente muy elementales y limitadas a un simple registro de las canciones— estaban pensadas para el lu-

[3] Horacio Quiroga, "La poesía en el cine" (*El Hogar* n° 946, 2-12-1927), en *op. cit.*

[4] En este sentido, habría que diferenciar el viaje de Gardel del legendario periplo del realizador Hugo Fregonese cuya singular experiencia en el exterior se vincula a su capacidad para adaptarse a las condiciones del mercado internacional. Sobre Carlos Gardel, Carmen Miranda y los orígenes de la industria cinematográfica, ver Florencia Garramuño, *Modernidades primitivas. Tango, samba y nación*, Buenos Aires, Fondo de Cultura Económica, 2007.

cimiento del intérprete y para promocionar la novedad del cine sonoro. Así lo expresa Gardel en uno de los diálogos: "Aquí ando, hermano, dispuesto como siempre a defender nuestro idioma, nuestras costumbres y nuestras canciones con la ayuda del film sonoro argentino". En efecto, con el surgimiento del sonido, la industria local se adelantó a otras cinematografías para ocupar el mercado de habla hispana e imponer su modelo: a lo largo de la década del 30 y hasta comienzos de los años cuarenta, nuestro país será el gran abastecedor de películas para el público de habla hispana.

En realidad, ese modelo local no aportaba demasiadas diferencias frente al sistema de estudios de Hollywood. Dentro de una vasta producción caracterizada por la línea de entretenimiento popular pintoresquista, probablemente la mayor novedad fueron ciertos *films* que exploraban una forma de realismo folclórico y social como *Prisioneros de la tierra* (Mario Soffici, 1939, sobre varios relatos de Horacio Quiroga) o *La guerra gaucha* (Lucas Demare, 1942, a partir del texto de Leopoldo Lugones) que, durante mucho tiempo, permanecería como la película argentina de mayor convocatoria. Luego, sin embargo, esa época de oro conoció la bancarrota: de cincuenta y seis películas en 1942 (un año record), se pasó a sólo veintitrés en 1945. Por un lado, el mal manejo de la producción y la distribución impidió que películas exitosas dieran las ganancias correspondientes; por otro lado, la pretensión de los cineastas por seducir a las clases medias derivó en el abandono de las bases populares, la creciente europeización de los temas y la consiguiente pérdida del mercado latinoamericano; por último, la vocación hegemónica de los Estados Unidos aprovechó la excusa de la neutralidad argentina durante la Segunda Guerra para bloquear todo envío de material virgen y dejar a la industria virtualmente paralizada.

Pero es cierto que, durante esos años dorados de los estudios, el cine en la Argentina cumplió con las fantasías de un sueño industrial. Instalado como entretenimiento popular, se opuso a las expresiones de la alta cultura (el teatro y la ópera) que deleitaban a la burguesía. Al igual que Quiroga, Roberto Arlt entendió que ese nuevo imaginario proveía una materia inexplorada; sin embargo, las diferencias entre uno y otro también son significativas. En sus cuentos de tema cinematográfico ("Miss Dorothy Phillips, mi esposa", "El espectro, El vampiro", "El puritano"), Quiroga utiliza el imaginario tecnológico para ensayar variaciones dentro del marco de la literatura fantástica. Allí reescribe, en clave de reproductibilidad técnica, ciertos tópicos románticos: la desmesura de la pasión amorosa, el deseo de posesión incluso más allá de la muerte, el triunfo sobre el paso del tiempo y la caducidad, el fetichismo de la imagen de la amada, el vampirismo, los espectros, el poder genésico del creador.[5] Estos relatos anticipan las exploraciones de Adolfo Bioy Casares, en *La invención de Morel*, sobre la capacidad de las imágenes para producir realidad. En cambio, las fantasías arltianas son —quizás— ensoñaciones diurnas, hipótesis de anticipación o conjeturas sobre futuros distópicos. Su literatura está atravesada por una estética industrial y por los sueños tecnológicos que eso produce. Como afirma Beatriz Sarlo:

> La pregunta acerca del orden social, que recorre *Los siete locos* y *Los lanzallamas*, tiene una respuesta técnica y otra mítica. En las novelas de Arlt ambas dimensiones están unidas: la técnica hace posible, aliada a la riqueza, la producción tanto de un orden como de una mitología [...] El industrialismo no es sólo un deseo bolchevique ni sólo el motor del capitalismo occidental o el militarismo expansionista, sino también una de las formas literarias de esta ensoñación moderna: el "misticismo industrial" se apoya en una transmisión estética de la ciencia, con cuyos recursos se dispone de un parnaso de "dioses supercivilizados".[6]

La fantasía de Quiroga es romántica, la de Arlt es futurista. Mientras la actitud de uno frente a la industria del cine es ambivalente (la reiteración de procedimientos, la ausencia de buenas historias, el acelerado y descuidado ritmo de producción), el otro está completamente fascinado por la megalomanía industrialista de la ciudad moderna. A Arlt le interesan los datos sobre recaudaciones, el mundo de las *stars*, el fenómeno mediático de Rodolfo Valentino (un actor que, por otra parte, le parece nulo en términos expresivos, que sólo sirve para mostrar la estupidez de las multitudes y que constituye la negación del arte), los mundos ilusorios que crea el cine para las "futuras madames Bovaris" de los pueblos chicos y, sobre todo, los grandes actores como Emil Jannings. Jannings lo subyuga porque representa para el cine lo que Dostoievski representa para la novela. Se trata de un actor prodigioso que puede revelar, en la sola expresión de su rostro, todos los matices de un desequilibrado. Escribe Arlt sobre él:

[5] Sobre la relación entre la tecnología cinematográfica y el sueño de dar vida a lo inanimado, ver Nöel Burch, "Charles Baudelaire contra el Doctor Frankenstein", en *El tragaluz del infinito*, Madrid, Cátedra, 1987.

[6] Beatriz Sarlo, *La imaginación técnica. Sueños modernos de la cultura argentina*, Buenos Aires, Nueva Visión, 1992.

Es un lujo de expresiones. Parece que quisiera decirnos: "Yo he venido hasta ustedes miserables mortales para demostrarles toda la belleza que existe en el mal, en el dolor, en la fiereza, en el odio y en el recogimiento; yo he venido hasta ustedes, que tienen siempre un chato rostro con una sonrisa mezquina, para demostrarles qué profundidades tiene el corazón de un artista, qué infinito y qué hermoso es el mundo de la locura. Y ustedes no lo conocían ni lo sospechaban".[7]

La predilección de Quiroga por el realismo norteamericano excluye, casi de manera espontánea, la estética expresionista. Y aunque *El gabinete del doctor Caligari* no le resulta del todo antipática, afirma que no es una obra propiamente cinematográfica.

Tal vez en esa diferencia estriba la distancia que va de Quiroga a Arlt, cuya estética está impregnada de "caligarismo". Es indudable que no se trata sólo de eso y que las diferencias van más allá. Quiroga se esfuerza por dilucidar la especificidad formal del cine; a Arlt, en cambio, no le interesa convertirse en crítico cinematográfico sino que se aprovecha del imaginario audiovisual para sus aguafuertes tal como lo hace con los materiales más diversos. Sin embargo, es cierto que ambos comparten una misma obsesión por la técnica y aun cuando utilizan los elementos analíticos aprendidos en la literatura, lo que les atrae del cine es su novedad frente a la cultura letrada. Escribe Arlt:

El cine está realizando una tarea revolucionaria en estos pueblos atrasados, donde un comerciante de libros se moriría de hambre. Por otra parte, hay poco dinero para comprar libros, y la lectura requiere una imaginación cultivada, innecesaria ante el espectáculo cinematográfico.[8]

En el caso de Arlt, en particular, resulta evidente la voluntad de proponer una hipótesis sobre la cultura argentina a partir de saberes poco prestigiosos y no consagrados por la tradición literaria. En este sentido, la suya es una experiencia cinematográfica completamente diferente de la de Jorge Luis Borges. Como sucede con muchos escrito-

---

[7] Roberto Arlt, "Viendo actuar a Emil Jannings" (*El Mundo*, 29-11-1929), en *Notas sobre el cinematógrafo*, Buenos Aires, Simurg, 1997. Sobre la impronta de Dostoievski en los personajes arltianos, ver Oscar Masotta, *Sexo y traición en Roberto Arlt*, Buenos Aires, Centro Editor de América Latina, 1982.

[8] Roberto Arlt, "El cine en estos pueblitos" (*El Mundo*, 30-8-1933), en *op. cit.*

res modernos, el cine es, para Borges, una otredad sorprendente aunque no exenta de vulgaridad, un modelo envidiado y una influencia endemoniada contra la cual la literatura debe recortar y redefinir su especificidad. En el preciso momento en que el imaginario tecnológico se halla en expansión, Borges proyecta su imaginación cinematográfica hacia el pasado: le interesan los *films* en la medida en que puede descubrir allí los motivos compositivos que lo obsesionan en la literatura. Quiroga rescata la naturalidad no impostada de William Hart así como para Arlt lo que conmueve en Chaplin no es el actor sino el hombre; Borges, en cambio, valora la estilización y el artificio en los *films* de Von Sternberg. Quiroga y Arlt se interesan por la caracterización en desmedro del conflicto; Borges, en cambio, se preocupa por la trama. Quiroga y Arlt aprecian la técnica visual; Borges, en cambio, ve estructuras narrativas en abstracto.

Jorge Luis Borges: el espectador corto de vista

La figura de Borges importa porque el vínculo que establece con el cine (en sus ficciones, en sus reseñas, en los guiones que compone junto a Adolfo Bioy Casares) permite identificar un conflictivo lugar de cruces: entre cultura elevada y cultura de masas, entre cine y literatura, entre lectores cultivados y espectadores populares, entre cine clásico y cine moderno, entre el cinematógrafo como arte y la industria del entretenimiento. Borges es, en este sentido, un nudo privilegiado en el que se condensan todos esos contrastes.

Si esa relación entre el escritor y el cinematógrafo resulta hoy evidente, *Borges y el cine* —el libro de Edgardo Cozarinsky— fue una instancia clave. Su hipótesis no se limitaba a confirmar el entusiasmo de Borges como espectador, ni a rastrear la admiración de ciertos cineastas por su obra, ni a recopilar un conjunto de textos menores sobre películas; lo que el libro revelaba era el impulso crucial que había representado el cine (sobre todo como modelo de relato) en la práctica narrativa del primer Borges. Según Cozarinsky, cierto imaginario cinematográfico resulta fundante en la concepción borgeana de la narración:

Hay un momento, que podría situarse entre Evaristo Carriego y la composición de "Hombre de la esquina rosada", en que Stevenson y Von Sternberg suscitan por igual la atención de Borges, en que parece posible someter a los guapos del 900 y a

Palermo a un tratamiento verbal equivalente al que Underworld aplica a Chicago y a sus gangsters.[9]

Joseph von Sternberg, Ernst Lubitsch, King Vidor: fines del período mudo y comienzos del sonoro, el apogeo de Hollywood. El universo cinematográfico de Borges parece restringirse a esos años en que da forma a su concepción de la narración literaria y que hacia 1935, con *Historia universal de la infamia*, está ya nítidamente configurada. Es indudable, entonces, que sus preferencias cinematográficas se hallan en consonancia con su poética de la escritura: Borges encuentra en el cine un dispositivo de resonancia en donde amplificar sus ideas generales sobre la narración.

No se puede avanzar por ese mismo camino sin repetir lo que Cozarinsky dijo en su momento. Pero todavía es posible indagar sobre los otros aspectos de ese vínculo que, en Borges y el cine, se recortaban y se excluían. Digamos que, hacia la década del 50, Borges ya no puede ver el surgimiento del cine moderno. No puede verlo, obviamente, porque va quedándose ciego; pero esta coincidencia determina una tensión más profunda: Borges no puede dialogar con los *films* de las "nuevas olas" porque se trata de un espectador anticuado cuyos gustos pertenecen a otro universo cinematográfico. Lo curioso es que esta manera de estar fuera de lugar no es contraproducente en su literatura. Más bien al contrario: esa tensión entre un medio moderno y un espectador anticuado tiene efectos positivos sobre sus textos. Borges no entiende ni le interesa el cine moderno, pero tampoco le es ajeno. Habría que entender ese vínculo a contrapelo: como un negativo —en el sentido fotográfico— que presiona sobre su obra, como una ausencia que insiste provocativamente sobre su escritura. Pensado desde esta perspectiva, ya no se trata de identificar los puntos de continuidad entre la literatura de Borges y el cine (tal como puede hacerse en Arlt o en Quiroga) sino, al contrario, descubrir las pruebas de ese malentendido, caracterizar la productividad estilística del escritor miope y rastrear en sus textos las implicaciones concretas de la mala vista.

Borges siempre sacó provecho del desliz: ese momento en que algo se sale de lugar pero no desaparece en la insignificancia sino que somete todo a una nueva configuración significante. El desliz lleva a un grado paroxístico la dislexia interpretativa de Borges, su modalidad daltónica de la lectura. Sylvia Molloy ha destacado la atracción del escritor

---

[9] Edgardo Cozarinsky, *Borges y el cine*, Buenos Aires, Sur, 1974.

por el dislate: ese corrimiento inesperado llama la atención sobre "la arbitraria concatenación de toda escritura. El asombro, lo *unheimliche* del discurso borgeano no reside en el aislamiento de lo extraño, fácilmente clasificable, sino en la extrañeza del dislate incorporado dentro de ese discurso, nivelado por la gramática de ese discurso: diversos elementos lo afectan y sin embargo no lo aniquilan".[10] Ya se sabe que todo el movimiento creador de Borges consiste en esa práctica del *misreading* que le permite funcionar en forma desplazada. "Yo tampoco sé lo que es la poesía —dice—, aunque soy diestro en descubrirla en cualquier lugar: en la conversación, en la letra de un tango, en los libros de metafísica, en dichos y hasta en algunos versos".[11] Borges lee mal y sostiene que allí radica la única verdad de la literatura. No hay acontecimiento estético si no hay interpretación errónea. Ésa es la ley sobre la que se funda esta poética: existe la ficción porque alguien entiende mal los signos que le han sido dados para descifrar.

Tal como aparece formulada en "Los traductores de las 1001 noches", esa ley sostiene que es justamente la "infidelidad creadora y feliz" de Joseph Mardrus hacia el original, lo único que debe importarnos. La insidia es una palabra clave en el diccionario borgeano. Borges lee insidiosamente. En cuanto algo se desvía, en cuanto algo se sale de cauce, en cuanto algo queda fuera de lugar, empieza a producir nuevos sentidos. De manera incontenible. En este punto, se puede decir que leer mal es leer bien. Cuando el escritor lee insidiosamente —tanto las inscripciones de los carros como la poesía barrial de Evaristo Carriego— imagina o inventa. Entiende una cosa diferente de lo que el texto dice. Pero al fin y al cabo lee bien puesto que, como en el efecto de toda buena lectura, no podría afirmarse que ese agregado sea completamente agregado: es porque la mirada ha venido a depositarlo en el texto que ahora sabemos que estuvo siempre allí. Eso es lo que sucede con las cuatro páginas intercaladas en la Anglo-American Cyclopaedia de donde sale "Tlön, Uqbar, Orbis Tertius": son falsas pero, inevitablemente, pasan a formar parte del volumen, así como los *hrönir* de Tlön se filtran en nuestro mundo y empiezan a instalarse en él. Borges promueve los lapsus, las adulteraciones y los anacronismos porque advierte allí un texto nuevo "mejorado —como solía decir— por las erratas". En la mala repetición anida, de alguna manera, el gesto estético.

---

[10] Sylvia Molloy, *Las letras de Borges*, Buenos Aires, Sudamericana, 1979.
[11] Jorge Luis Borges, "Ejercicio de análisis", en *El tamaño de mi esperanza* [1926], Madrid, Alianza, 1998.

Esta forma de estar fuera de lugar es, también, lo que define su relación con el cine. El vínculo se sostiene sobre un gran malentendido, porque Borges no ve allí otra cosa que un avatar de la literatura. Reinvierte lo que ve sobre la pantalla en la cuenta de los textos. Malversa el capital cinematográfico de los *films*, en el mismo sentido en que se dice de un funcionario que desvía una partida de dinero, dándole un uso diferente a aquél para el cual había sido asignada. No considera lo que está ahí, realmente, en las imágenes, sino el producto de un desplazamiento operado por la visión. Borges mira los *films* como mira un miope. Recordamos las imágenes que lo muestran acercándose a los objetos, dominado por la necesidad de observarlos muy de cerca y esforzándose vanamente por identificar alguna señal que le descubra qué tiene enfrente. Para el miope, los contornos son siempre borrosos y sólo es posible adjudicar algún sentido gracias a cierta arbitrariedad inventiva más deudora de la imaginación que del objeto. En "La postulación de la realidad", se lee:

> La imprecisión es tolerable o verosímil en la literatura, porque a ella propendemos siempre en la realidad. La simplificación conceptual de estados complejos es muchas veces una operación instantánea. El hecho mismo de percibir, de atender, es de orden selectivo: toda atención, toda fijación de nuestra conciencia, comporta una deliberada omisión de lo no interesante.[12]

Es que, en efecto, además de un padecimiento corporal, la miopía podría definir un modo de la visión. O mejor: puesto que es una enfermedad, define una forma de ver. Si se le quita, por un momento, el lastre de lo minusválido, la miopía no es tanto una afección de la vista sino una forma singular de observar el mundo.

Borges ve poco porque su mirada está acotada por el estrecho marco de sus intereses. Mira los *films sub specie* literaria, no sólo porque utiliza un saber aprendido en los libros sino, ante todo, porque proyecta la literatura sobre ellos. El escritor-espectador lee todo el cine como si fuera un medio hecho de relatos ilustrados. Es decir: ve lo literario en ellos. Por eso se refiere a las "novelas cinematográficas" de Josef von Sternberg; por eso declara que, cuando una película tiene un buen argumento, no importa tanto el director; y por eso, si valora que

---

[12] Jorge Luis Borges, "La postulación de la realidad", en *Discusión*, Buenos Aires, Emecé, 1982.

Hollywood preserve el espíritu de la épica, es para lamentarse porque los escritores han olvidado que ése era uno de sus deberes. Borges no sólo padece su miopía: ella implica, también, una perspectiva de máxima concentración. Es corto de vista porque su mirada alcanza hasta los límites de la literatura. Y no más allá.

¿Qué ve Borges en los *films* que reseña? Por un lado, admira los argumentos logrados: eso le permite rescatar un film como *Morocco* (Josef von Sternberg, 1930) que, sin embargo, lo ha decepcionado. Aprecia, también, los momentos significativos en los que se produce la revelación de una verdad estética, como sucede en ciertas escenas de *The Informer* (John Ford, 1935) o de *Street Scene* (King Vidor, 1931). Asimismo, estima la coherencia dramática en la construcción de los personajes, lo cual no excluye las contradicciones psicológicas. Dice, por ejemplo, sobre una película de Mario Soffici (*Prisioneros de la tierra*, 1939):

> Un hombre es arreado a latigazos hasta un río final. Ese hombre es valeroso, ese hombre es soberbio, ese hombre es más alto que el otro... En escenas análogas de otros films, el ejercicio de la brutalidad queda a cargo de los personajes brutales; en *Prisioneros de la tierra* está a cargo del héroe y es casi intolerable de eficaz.[13]

Por otro lado, desconfía de los clisés del nacionalismo y eso lo lleva a quejarse ante la falta de autenticidad de la ciudad de Dublín tal como es representada en *The Informer*. Detesta el costumbrismo y el color local. Dice, por ejemplo: "Entrar a un cinematógrafo de la calle Lavalle y encontrarme (no sin sorpresa) en el Golfo de Bengala o en *Wabash Avenue* me parece muy preferible a entrar en ese mismo cinematógrafo y encontrarme (no sin sorpresa) en la calle Lavalle". Si comienza así su reseña sobre *La fuga* (Luis Saslavsky, 1937) es, justamente, para reivindicar en ese film argentino la ausencia de los lugares comunes y de las tautologías en que suele incurrir el realismo cinematográfico. En seguida agrega:

> Buenos Aires, pero Saslavsky nos perdona el Congreso, el puerto del Riachuelo y el Obelisco; una estancia entrerriana, pero Saslavsky nos perdona las domas de potros, las yerras, las

---

[13] Jorge Luis Borges, "Prisioneros de la tierra" (*Sur* n° 60, septiembre de 1939), en *Borges y el cine, op. cit.*

carreras cuadreras, las payadas de contrapunto y los muy previsibles gauchos ladinos a cargo de italianos auténticos.[14]

Y, finalmente, repudia la excesiva motivación de los actos del héroe, la psicología dramática, los diálogos inverosímiles, el sentimentalismo. Todo eso es lo que le molesta en *Los muchachos de antes no usaban gomina* (Manuel Romero, 1937): "Es indudablemente uno de los mejores *films* argentinos que he visto: vale decir, uno de los peores del mundo".[15]

Es posible constatar esas mismas preocupaciones y preferencias en los guiones que escribió junto a Bioy Casares. *Los orilleros* vuelve sobre el arrabal, las historias de guapos y el mito oral del coraje tal como aparecen en diversos relatos borgeanos. Julio Morales es un compadrito que se interna en el Sur, a modo de viaje iniciático, buscando probar su valor y así resarcirse de una acción cobarde. *El paraíso de los creyentes*, en cambio, se parece más al resultado de una verdadera interacción de los estilos de ambos escritores. El guión explora (a la manera de ciertos *films* de Fritz Lang o de Von Sternberg) el submundo exótico e inesperado de una Buenos Aires de *chinoiserie*, plena de aventuras fantasiosas y malvados folletinescos, como en los primeros seriales cinematográficos. Al principio del relato, Raúl Anselmi e Irene Cruz salen del cine luego de ver un film de gángsters. Ignorando que en seguida se verá entreverado en una intriga semejante, el joven reconoce que esas películas son "inmorales y falsas" pero que de todos modos lo atraen porque le recuerdan las historias fantásticas de su infancia animadas por Morgan, un legendario jefe de pistoleros.

En el prólogo al volumen que incluye ambos guiones, los autores reconocen que no han pretendido innovar en las convenciones genéricas y consignan que "ambos *films* son románticos, en el sentido en que lo son los relatos de Stevenson. Los informa la pasión de la aventura y, acaso, un lejano eco de epopeya".[16] La estilización, el trabajo sobre los géneros, los personajes arquetípicos, la obsesión de una trama perfecta que gire sobre sí misma como un mecanismo autónomo, son el marco de estos relatos para el cine. Borges busca en los *films*

---

[14] Jorge Luis Borges, "La fuga" (*Sur*, n° 36, agosto de 1937), en *Borges y el cine*, *op. cit.*

[15] Jorge Luis Borges, "Dos films" (*Sur*, n° 31, abril de 1937), en *Borges y el cine*, *op. cit.*

[16] Jorge Luis Borges y Adolfo Bioy Casares, *Los orilleros / El paraíso de los creyentes*, Buenos Aires, Losada, 1983.

aquello que lo fascina en los textos. A menudo, aclara en sus críticas cinematográficas

> Yo desconozco la espaciosa novela de la que fue excavado este film: culpa feliz que me ha permitido gozarlo, sin la continua tentación de superponer el espectáculo actual sobre la recordada lectura, a ver si coincidían.[17]

Parecería que sólo es posible disfrutar de las películas en un sentido puramente cinematográfico cuando la literatura se ausenta; de otra manera, ella impondría su preeminencia y su irresistible dominio. Aun así, Borges nunca se despoja de sus gestos de literato. Continuamente sobreimprime los textos en los *films* y ve a éstos en tanto derivaciones de aquéllos. Como un explorador, atraviesa la pantalla —despejando la selva de imágenes y sonidos que la habitan— hasta llegar a ese templo secreto de la literatura que se oculta entre la maleza. Esto no es necesariamente malo, por supuesto. En ocasiones, trabaja siguiendo convenciones ya cristalizadas por los *films* clásicos, como si fueran algo inapelable; en otras oportunidades, en cambio, propone disonancias impensadas que dejan entrever una modulación de provocativa belleza. Pero en cualquier caso, la escritura de guiones y los comentarios de los *films* terminan siempre utilizando al cine en tanto teatro de operaciones literario. Lo que dice o hace allí puede ser trivial o interesante (por lo general es interesante), aunque rara vez obedece a un trabajo auténtico sobre lo cinematográfico.

En primer lugar, Borges considera que un buen argumento es de importancia fundamental. Aun cuando reconoce que siempre hay algo de mecánico en toda trama compleja, acepta de buena gana someterse a "esas tristes obligaciones". Un film debe ser una máquina de funcionamiento perfecto. Por eso, mientras que un mal argumento necesita un gran director, el trabajo ya está casi hecho cuando hay una buena historia. Luego de reseñar el funcionamiento de *Prisioneros de la tierra*, concluye lacónicamente: "Las fotografías, admirables". Resulta significativo que un escritor tan atento a las formas literarias, tan experto en los ardides retóricos de la ficción,

---

[17] Jorge Luis Borges, "Films" (*Sur*, n° 3, invierno de 1931), en *Borges y el cine*, *op. cit*. Dice casi lo mismo a propósito de *The Informer*: "Ignoro la frecuentada novela de la que fue extraído este film: culpa feliz que me ha permitido seguirlo, sin la continua tentación de superponer el espectáculo actual a la recordada lectura, para verificar coincidencias", en "El delator", en *Sur*, n° 11, agosto de 1935, en *Borges y el cine*, *op. cit*.

considere que basta con adjetivar la labor compositiva de las imágenes. Como si sólo fueran elementos accesorios o meros soportes materiales de un relato; como si el cine no fuera, esencialmente, una construcción audiovisual. Borges piensa en el argumento de los *films* de acuerdo con criterios abstractos; es decir, en este caso, literarios. Por eso, cuando trabaja sobre un guión, no considera que se trata de describir situaciones dictadas por una imaginación audiovisual sino que todo consiste en producir un esqueleto narrativo adaptado del relato novelesco o del folletín. Como sostiene Alan Pauls,

> Eisenstein y Fritz Lang lo deslumbran y enseguida lo decepcionan: demasiadas "bellezas visuales", demasiado pathos, demasiada falta de fe en la persuasión narrativa; cree, en cambio, en Von Sternberg, en el cine de *gangsters* y en el *western*, tres formas de la épica y la magia.[18]

En segundo lugar, Borges conserva todavía cierta suspicacia un poco aristocrática hacia el cine. Como los otros trabajos en colaboración que realiza con Bioy Casares, los guiones son siempre divertimentos paródicos o satíricos, imposturas excesivas, extravagantes, casi ejercicios de destreza escrituraria y de experimentación estilística que indagan hasta dónde pueden tensarse las convenciones de verosimilitud narrativa. Pero no hay desdén en *Seis problemas para don Isidro Parodi*, en *Dos fantasías memorables* o en *Un modelo para la muerte*. En los textos de Bustos Domecq o de Suárez Lynch, el exceso siempre es salvado por la literatura: puesto que los relatos se cierran sobre sí mismos y funcionan como entidades autónomas, la afectación y el barroquismo se instalan de pleno derecho como una perspectiva manierista del estilo. En cambio, en los guiones, en donde el momento del estilo está ausente porque pertenece a la puesta en escena, ese mismo exceso resulta a menudo artificial por lo literario. Al criticar los *films* de Leopoldo Torre Nilsson, Borges dice que era "muy chambón":

> Hizo el Martín Fierro en colores cuando, cualquier persona que conoce ese libro sabe que es un libro gris, que no es un libro espectacular. ¿Cómo no sintió eso él? O posiblemente, no

[18] Nicolás Helft y Alan Pauls, *El factor Borges*, Buenos Aires, Fondo de Cultura Económica, 2000.

haya leído nunca el Martín Fierro, ¿no? Martín Fierro no es un libro visual. Uno podría leerlo y no saber nunca cómo se trajeaban los gauchos, qué uniformes tenían.[19]

Borges entiende que el horizonte de posibilidades abierto ante la literatura es distinto del que se ofrece al cine. Entiende los peligros de trasladar un texto de fuerte estilización verbal a imágenes que serán inevitablemente concretas y exuberantes. Entiende que la abstracción poética corre el riesgo de transformarse en espectáculo audiovisual. El problema con Torre Nilsson es que muestra groseramente y vuelve obvio todo aquello que en el texto era efecto de una retórica sutil.

Por último, la literatura aparece también como una marca ineludible en la escritura de los diálogos para el cine. Muy a menudo es justamente esa impropiedad, esa forma de estar en la imagen como un cuerpo ajeno, lo que confiere a los diálogos borgeanos una refinada teatralidad, una dicción afectada pero elegante y una intensidad retórica singular. Todo esto produce un efecto estimulante dentro de un discurso audiovisual tan acostumbrado a la eficacia informativa de las palabras. No obstante, en otras ocasiones, esa modalidad se vuelve problemática. Es que, a menudo, los diálogos que escribe Borges son imposibles de pronunciar. Bioy se queja de que no basta con poner en primera persona textos que, en una novela, irían en tercera. Ése es, quizás, el punto: Borges se extravía en pensamientos ingeniosos que se desentienden de toda puesta en escena. Como si el plano cinematográfico fuera sólo un continente que alberga los diálogos, un mero sostén del sentido discursivo.

Aunque las normas que rigen la redacción de guiones son suscriptas por ambos autores, resulta evidente que llevan las marcas de la sensibilidad borgeana y que su amigo acompaña aunque no siempre concuerda. En sus largos años de trabajo en colaboración, Bioy Casares parece haber tenido sus diferencias más importantes con Borges a propósito de ciertas preferencias audiovisuales. Al comentar una jornada de escritura para el guión de *Los otros*, dice Bioy:

Esta noche ocurre mi primera desinteligencia con Borges sobre la redacción de un texto. Las hubo, tal vez, cuando quería amontonar bromas en Bustos Domecq; yo sabía que arruina-

[19] Fernando Mateo (comp.), *El otro Borges. Entrevistas (1960-1986)*, Buenos Aires, Equis, 1997.

ba el texto, pero el agrado de las bromas, el gusto de reír, allanaba el camino. Hoy quiere que los personajes dialoguen en monólogos, en discursos, de frases muy redactadas, precisas y concluidas [...] Asimila toda acción a las corridas de una película del Oeste y de Tom Mix.

Borges sostiene que hay que escribir de manera tal que el público entienda. Bioy no dice su respuesta en voz alta, pero la piensa:

Si vamos a aburrir al espectador con largos diálogos, renunciemos. El argumento que gusta a la gente es el que se despliega ante sus ojos, no el referido en diálogos. Mentasti, Ulyses Petit de Murat, Hollywood lo adoctrinaron [a Borges]: [según su opinión] el cine es para un público inferior. Hay que escribir una novela de Carolina Invernizzio, de Delly; vale decir, hay que ser lo que [el propio Borges] dice [citando a Bernárdez] que no se puede ser: un autor en dos niveles.

La malicia de Bioy, su desdén e, incluso, cierto resentimiento no debería impedirnos advertir la precisión de un juicio tan severo.[20]
Aun si Borges no hubiera dicho eso, aun si fuera una pequeña difamación producto de la envidia, el episodio importa porque revela lo que Bioy piensa de su amigo (o, al menos, lo que piensa de él cuando está un poco molesto) y, sobre todo, porque permite diferenciar las actitudes de ambos escritores frente al cine. Que Borges se haya formado como espectador en los films de Hollywood y en los intentos locales de productores como Atilio Mentasti por remedar la idea de un cine industrial, significa que su gusto en esta materia es vulgar y poco refinado. Que Ulyses Petit de Murat le haya enseñado a escribir guiones, confirma que no ha dejado de considerar al cine como una provincia de la literatura, como un territorio colonial producto de la reducción (la jibarización, la deformación) de textos literarios. En ese momento, Petit de Murat es probablemente el más reconocido adaptador del cine argentino, lo cual significa: un divulgador encargado de convertir clásicos como *Martín Fierro*, *El santo de la espada* o *La guerra gaucha* en éxitos populares, un mediador que acerca la literatura a las masas pero cuyo prestigio de segunda mano está destinado al medio pelo. El cine es, en este sentido, un entretenimiento o una distrac-

---

[20] Todas las citas del párrafo pertenecen a Adolfo Bioy Casares, *Borges*, Buenos Aires, Destino, 2006.

ción superficial, una ilustración siempre empobrecida de un relato entendido en términos literarios.

¿Es que Borges piensa en la "novela realista y sentimental del siglo XIX" cuando escribe para el cine o, acaso, el problema es que Bioy no alcanza a percibir la productividad latente en ciertas formas narrativas a las que usualmente no se les concede un estatuto estético? El cine es, para Borges, un género menor, un espacio sin tradición, una cantera fértil de relatos en bruto. Se trata de un discurso no demasiado formalizado, todavía sujeto a esos modos colectivos de enunciación que son los géneros; por eso mismo, sintoniza perfectamente con los otros discursos que orbitan en la periferia de la literatura consagrada y que sirven de fuente para los textos de ficción que viene escribiendo desde *Historia universal de la infamia*. Bioy Casares, en cambio, piensa en el cine como un medio con las aspiraciones legítimas de un arte mayor. Reconoce, en determinados casos, una escritura cinematográfica que permite diferenciar a las grandes películas de los meros productos de entretenimiento. ¿Cómo debe comportarse frente a eso un escritor formado en la cultura letrada? Bioy dirá: debe rendirle tributo. Debe poner su competencia literaria al servicio de un guión. He ahí la diferencia entre ambos amigos: mientras que a Borges le interesa qué puede hacer un escritor con el cine, a Bioy le preocupa qué debe hacer un escritor por el cine. Ya sabemos lo que Borges hace con ciertos materiales populares, cómo los procesa, cómo los somete a una torsión. Y sabemos, también, que esa aparente modernidad de Bioy a menudo no era otra cosa que un olfato para la actualidad que luego quedaría rápidamente fechado.

Con todo, es evidente que Bioy Casares tiene una idea más moderna sobre el cine. Establece con las películas una relación más natural (aunque no necesariamente más rica o productiva). En este punto, tal vez, los 15 años que separan a los dos amigos pueden ser significativos precisamente porque suponen un vínculo distinto con el medio. Mientras Borges ha sido testigo del proceso de depuración y refinamiento que llevó a los films desde los espectáculos de variedades y las ferias populares hasta el espacio decente de los teatros burgueses, para Bioy el cine ha sido un medio artístico consolidado desde que empezó a ver películas. Lo que está en el centro de ese desacuerdo, entonces, es una idea del cine como gramática audiovisual específica frente a una concepción de las imágenes como vehículo para ilustrar un relato previo (que siempre es de naturaleza literaria o literaturizada).

La nueva literatura y el cine moderno

En la entrada del jueves 23 de diciembre de 1954, Bioy Casares anota en su diario: "Borges fue al cinematógrafo y casi no vio nada". Es el comienzo de la ceguera (si es que ese proceso, que lo aquejaba desde siempre, pudiera fecharse). Unos días antes le habían diagnosticado un desprendimiento de retina en su ojo sano y poco tiempo después, pese a las nuevas intervenciones quirúrgicas, quedará definitivamente ciego. No deja de ser curioso que Bioy consigne el episodio asociándolo al cine. Borges ya estaba mal de los ojos; pero es porque no logra ver nada en la pantalla que entiende que ha perdido la vista.[21] Como si eso fuera una prueba fehaciente, un diagnóstico o una sentencia. ¿Qué es lo que ya no podrá ver? Son las postrimerías del neorrealismo como movimiento de tema social: el estilo testimonialista de las películas italianas de posguerra transita hacia un formalismo más abiertamente abstracto y señala el umbral que dará lugar a la *nouvelle vague* francesa. Por una coincidencia azarosa aunque significativa, Borges empieza a perder la vista cuando surge el cine moderno. En esos años, Jean-Luc Godard dijo que, luego de ver *Viaje a Italia*, el célebre *film* de Roberto Rossellini, de 1953, comprendió que para hacer cine era suficiente con un hombre y una mujer en un auto. La película describe la crisis de pareja de un matrimonio inglés que viaja a Nápoles. Nada particular sucede en sus vidas ordenadas, excepto el ocio, y eso es justamente lo que dispara el conflicto. De pronto, la acumulación de tiempos muertos empieza a producir extraños sentidos. Pocas películas de ficción se aproximan tanto a un documental sobre sus propias condiciones de rodaje como ésta: lo que en su momento resultó sorprendente fue que Rossellini filmó sin guión, siguiendo su intuición y desconcertando a todos sobre el sentido de lo que registraba. Durante días enteros siguió a Ingrid Bergman paseando por el museo y varios de los elementos centrales de la película fueron hallazgos azarosos que se incorporaron tardíamente. La puesta en escena no ilustra una narración previa sino que la busca y, en esa búsqueda, la genera. Sin ninguna verdad de la cual partir, el cine se vuelve una instancia de riesgo pero, también, una pesquisa en procura de una revelación. En este sentido, la película extrema la dirección que venía tomando el cine de Rossellini: una larga espera que sólo será redimida por la reve-

---

[21] Pocos años después, al ser interrogado por una película que ha visto, Borges responde: "Más exacto sería decir que la oí, porque, en cuanto a ver, se trata de una hipérbole o de una metáfora, en mi caso: yo veo muy poco...", en Fernando Sorrentino, *Siete conversaciones con Jorge Luis Borges*, Buenos Aires, Pardo, 1973.

lación de un hecho tal vez nimio pero que súbitamente cobra un poder extraordinario.

Poco queda de las "novelas cinematográficas" de Sternberg en los films que continúan el surco abierto por *Viaje a Italia*. Si no le deben nada al argumento literario es porque han comprendido que el cine no narra lo mismo con otros medios sino que debe construir un relato diferente y con una especificidad propia. Es evidente que el paradigma de representación que proponen las películas modernas entra en contradicción con el universo borgeano. Como los *folk tales* o las narraciones orales, los *films* de género no tienen dueño ni están rubricados por la firma de ningún autor; son susceptibles, por lo tanto, de cualquier variación —es decir: apropiación y transformación— estilística. El cine moderno, en cambio, es un cine de autores en donde lo que cuenta no es tanto un argumento logrado sino el estilo individual de un cineasta que se impone sobre ese lenguaje colectivo y anónimo, no estorbado por los nombres propios, que caracterizaba al cine de géneros. Bioy Casares intuye que es preciso dialogar con los *films* de la misma manera que con la obra de los grandes pintores o los grandes compositores. La astucia de una novela como *La invención de Morel* para negociar con el cine, por ejemplo, no radica sólo en que hace de él su tema central sino, sobre todo, en que incorpora el mecanismo cinematográfico de reproducción como motor narrativo del texto. La capacidad de duplicación y la potencia de repetición del registro fílmico se adscriben al modo de funcionamiento de la memoria. En ese sentido, *La invención de Morel* es una novela escrita bajo el signo del cine; no podría existir sin él. Bioy descubre eso: que es preciso reabsorber el concepto de lo fílmico como una modalización del relato. Entonces, le da un uso al dispositivo cinematográfico, lo aplica a la novela y lo naturaliza como procedimiento.

Cierta inactualidad parece propia del temperamento borgeano. Pero de una manera paradójica o contradictoria, esa inactualidad es, quizás, su forma de ser moderno. Es que la pregunta de Borges no es ya "¿qué hacer frente al cine?" sino "¿cómo debe comportarse la literatura en el siglo del cinematógrafo para preservar su especificidad?" Su respuesta indica que los textos que hay que escribir deben ser infilmables, deben ser refractarios a la gramática audiovisual. En este punto, se entiende por qué su concepción sobre el cine es ciertamente más anticuada que la de su amigo; pero también se entiende, en contrapartida, por qué la literatura de Bioy Casares resulta hoy más convencional mientras que los textos de Borges permanecen en un borde irreconciliable, en una zona de radical modernidad.

El escritor moderno, entonces, es el reverso (la consecuencia) del espectador anticuado. Borges no negocia. No podemos saber qué hubiera opinado sobre los *films* modernos de haber quedado expuesto a ellos, aunque podemos inferirlo. Se dijo, por ejemplo, que le habían incomodado ciertos cambios que Hugo Santiago hizo al guión de *Los otros*. El cineasta se defendió:

> La tarea del director es llevar al escritor hacia las necesidades del film, que son específicas: es lo que denominé la puesta en estilo. En *Los otros* hay una larguísima escena erótica que de algún modo ya estaba en el guión de Borges y Bioy, pero allí ocupaba una sola frase: 'Valérie le enseña a Spinoza los gestos del amor'. En el film, esa línea se despliega a lo largo de quince minutos; sin embargo, la actriz no hace otra cosa que lo que se dice en el guión: efectivamente, Valérie le enseña a Spinoza los gestos del amor.[22]

En efecto: lo que va de *Invasión* a *Los otros* es la distancia entre una película que procura una respiración cinematográfica y una película que trabaja tensionando esa armonía de un estilo literario muy definido contra los procedimientos vanguardistas de cierto cine moderno (o para decirlo de otro modo: tensionando entre un guionista que aprendió de Ulises Petit de Murat y un cineasta discípulo de Bresson). La discrepancia no es sólo una cuestión de preferencias y debería enmarcarse dentro de un gran cambio generacional (para el que, incluso, un gusto cinematográfico más *à la page* como el de Bioy también resulta un tanto vetusto). Desde comienzos de los años cincuenta, el desarrollo de cineclubs —Gente de cine, Núcleo— y el surgimiento de revistas especializadas —*Gente de Cine, Tiempo de Cine, Cuadernos de Cine, Cinecrítica*— venían difundiendo películas y teorías modernas que contribuyeron a la formación de un nuevo tipo de espectador e inspiraron perspectivas diferentes para entender el cine.

Con una industria completamente desmantelada, a mediados de la década se produjo la aparición de los nuevos realizadores, técnicos y guionistas de la Generación del 60. A pesar de las diferencias estilísticas y temáticas entre ellos, hubo un cruce de ciertos factores sociales, políticos, económicos y culturales que determinarían un espíritu común de oposición al viejo cine de estudios. A menudo ese eje se definió un tanto difusamente como "búsqueda de la autenticidad" o "búsqueda de una fisonomía nacional"; pero, quizás, la formulación más precisa fue la

---

[22] David Oubiña y Gonzalo Aguilar, "Partituras (Entrevista a Hugo Santiago)", en *El guión cinematográfico*, Buenos Aires, Paidós, 1997.

de Leopoldo Torre Nilsson que proponía el enfrentamiento entre un cine espectáculo y un cine de expresión. En el primero, el director se limita a ordenar los elementos del rodaje como parte de una maquinaria industrial que lo excede mientras que, en el segundo, participa de todas las etapas de la realización y el *film* se convierte en una obra de creación personal. Aunque no se trata de una consecuencia obligada, es evidente que ese cine de autor escapa al gusto popular: "Vital y sangrante. Vivo y necesario. Ni cine teatro, ni cine pintura, ni de vanguardia, ni de masas. Un cine cálido y auténtico, producto de la soledad, la tristeza, la alegría y el oficio de un hombre. Un cine que se reconoce fácilmente: es el que siempre enfurece a las multitudes.[23]

Aun así, la perspectiva de Torre Nilsson era más amplia que la de sus compañeros de generación y le permitía rescatar a directores del viejo cine como Mario Soffici, José Agustín Ferreyra, Leopoldo Torres Ríos, Lucas Demare o Hugo del Carril. Para la mayoría de los jóvenes realizadores, sin embargo, la idea de un cine de expresión excluía toda referencia a los *films* de la industria:

> La sombra terrible del cine nacional se imponía casi fatalmente para oscurecer cualquier detención en precursores nativos, porque la historia de la industria en desmoronamiento estaba muy connotada por la política argentina reciente y ésta disponía así el centro de casi todas las reflexiones. El cine argentino, su historia, podía llegar a conformar un todo homogéneo que quedaba asimilado al gobierno peronista y a su política estatal de control sobre los medios.[24]

La Generación del 60 prefiere buscar sus influencias en las nuevas corrientes del cine europeo (el neorrealismo, la *nouvelle vague*, Michelangelo Antonioni, Alain Resnais, Ingmar Bergman) y confronta con el lenguaje artificioso del cine de estudios, con sus decorados falsos y su *star system*. Los jóvenes realizadores se piensan como artistas que dominan un medio expresivo antes que como artesanos que operan una técnica.

Las nuevas películas son narrativamente innovadoras, modernas, cosmopolitas y pensadas para la clase media culta. Sus historias se

---

[23] Leopoldo Torre Nilsson, "El cine que enfurece a las multitudes" (*Gente de cine*, n° 15, septiembre de 1952), en *Torre Nilsson por Torre Nilsson*, Buenos Aires, Fraterna, 1985.

[24] Emilio Bernini, "Ciertas tendencias del cine argentino. Notas sobre el *nuevo cine argentino* (1956-1966)", en *Kilómetro 111*, n° 1, noviembre de 2000.

ocupan del mundo de los jóvenes (su angustia, su hastío, su desconcierto, su rebeldía) y muestran en primer plano el enfrentamiento con las costumbres de sus mayores. Si hasta ese momento las adaptaciones habían elegido autores consagrados de la literatura universal (León Tolstoi, Honoré de Balzac, Gustave Flaubert, Oscar Wilde, Fedor Dostoievski), ahora los cineastas encuentran afinidades estéticas con escritores argentinos de su época. Es cierto que Torre Nilsson empieza adaptando textos de Bioy Casares (*El crimen de Oribe*, 1949, basado en "El perjurio de la nieve") y de Borges (*Días de odio*, 1954, basado en "Emma Zunz"); sin embargo, bien pronto se decidirá por una asociación perseverante con la literatura —más deslucida pero más joven— de Beatriz Guido. Los otros nuevos cineastas, y los que luego trabajarán en la huella abierta por esa Generación del 60, optarán de manera más contundente por escritores que les son contemporáneos. David Viñas escribe el guión para *El jefe* (Fernando Ayala, 1958), *El candidato* (Fernando Ayala, 1959) y *Dar la cara* (José Martínez Suárez, 1962). Augusto Roa Bastos adapta una novela de Jorge Abalos para *Shunko* (Lautaro Murúa, 1960), un relato de Bernardo Kordon para *Alias Gardelito* (Lautaro Murúa, 1961) y, junto a Tomás Eloy Martínez, escribe el guión de *El demonio en la sangre* (René Mugica, 1964); además, un relato suyo sirvió de argumento para *Castigo al traidor* (Manuel Antín, 1966). Noé Jitrik trabaja en el guión de *Todo sol es amargo* (Alfredo Mathé, 1966), a partir de la novela *Para ellos la eternidad*, de Alberto Vanasco. *La cifra impar* (1962), *Circe* (1964) e *Intimidad de los parques* (1965), de Manuel Antín, son adaptaciones de cuentos de Julio Cortázar. *Pajarito Gómez* (Rodolfo Kuhn, 1965) se basa en un guión de Paco Urondo y *Tute cabrero* (Juan José Jusid, 1968) en uno de Roberto Cossa. *Palo y hueso* (Nicolás Sarquis, 1968) adapta el cuento de Juan José Saer.

En la década del 50, la distancia entre el universo cinematográfico de Borges y los nuevos filmes es la misma que separa a una revista como *Sur* de los intelectuales críticos agrupados alrededor de la revista *Contorno*. Las películas modernas entienden el discurso audiovisual de una manera que Borges no alcanza a percibir. Si aparece en sus textos, esa presencia se dibuja en la concavidad de las formas. Es decir, opera a partir de su radical negatividad.

A diferencia de un escritor como José Bianco (para mencionar otro intelectual también ligado por esos años al grupo Sur), Borges no se coloca por afuera de los filmes. La obra de Bianco resulta refractaria al cine. Ésa es su respuesta frente al influjo dominante de las imágenes. Si hay en sus libros alguna presencia fílmica es sólo como un resto que se elimina: lo cinematográfico es aquello de lo que el relato debe prescindir para constituirse en literatura. Ante el poderío del cine, su escritura reacciona con textos que se repliegan sobre una tradición no audiovisual. El arte de un escritor, para Bianco, consiste en la literatura menos el cine. Borges, en cambio, no se sustrae a lo cinematográfico: lo necesita y le es imprescindible.

Es cierto que, para la década del 50, también el universo cinematográfico de Arlt y de Quiroga pertenecía a formas pretéritas. Si las viejas películas podían ser aliadas de la literatura, eso era porque trabajaban con los mismos materiales de la cultura de masas; pero ahora, eso era parte de un pasado que las nuevos cineastas procuraban olvidar para asociarse a los modos de un arte elevado. El cine moderno se acerca a la literatura contemporánea porque se piensa a sí mismo —para decirlo en los términos de Alexandre Astruc— como un medio de expresión tan flexible y tan sutil como el lenguaje escrito. Y para los literatos y los intelectuales, las películas ya no son el anuncio de un sueño tecnológico sino el campo de experimentación para una escritura audiovisual. La fascinación mutua que la literatura y el cine desarrollaron a lo largo del siglo ha llegado a un momento crucial: las imágenes y las letras se integran ahora en esa red de intercambios entre lenguajes estéticos que dan forma a la cultura moderna.

Conclusión

Si de ruptura se trata, en un medio en el que las rupturas se dan en todos los campos, lo cierto es que el cine argentino no adoptó los caminos que había seguido el cine europeo en lo que va de 1920 a 1940: las aventuras fílmicas francesas y alemanas sobre todo, acompañaron y hasta remodelaron las tentativas literarias y sociales en curso acompasándose con los nuevos horizontes que proponían las nacientes vanguardias, pero eso no ocurrió en la Argentina. Lo que ocurrió —y podemos por eso incluir al cine en un panorama general de ruptura— fue la aparición misma del hecho cinematográfico en un lugar que, para la fortaleza de los cines europeos y norteamericanos, era impensable. Sea como fuere, tengan o no valor las películas que se produjeron en ese momento, constituye una hazaña haberlas ejecutado contraviniendo la inercia de lo imposible y, sobre todo, enfrentando la masiva respuesta que había logrado el teatro, objeto privilegiado entonces para satisfacer la necesidad de entretenimiento y de enseñanza de los nuevos públicos. La atención que algunos escritores muy formados en el oficio literario dedicaron a los films no se dirigió específicamente al orden de la producción: el cine no era, tal vez, un "arte" para muchos de ellos, pero constituyó un motivo de sorpresa porque advirtieron en ese fenómeno una sensibilidad moderna que venía a aportar, si no un quiebre revolucionario, al menos un cambio profundo en términos de lenguaje. Seguramente una intención o una percepción de la voluntad y la decisión de ruptura deba ubicarse en momentos muy posteriores, cuando ya no sea necesario defender la especificidad cinematográfica ni la cultura en la que se había apoyado. Pero eso es ya otra historia.

Bibliografía

Roberto Arlt, *Notas sobre el cinematógrafo*, Buenos Aires, Simurg, 1997.

Roberto Arlt, "Los siete locos". "Los lanzallamas", en *Obras completas*, Buenos Aires, Carlos Lohlé, 1981.

Jorge Miguel Couselo, "Horacio Quiroga y el cine", en VV.AA., *Ocho escritores por ocho periodistas*, Buenos Aires, Timerman, 1976.

Horacio Quiroga, *Arte y Lenguaje del cine*, Buenos Aires, Losada, 1997.

Carlos Dámaso Martínez, Estudio preliminar, en Horacio Quiroga, *Arte y lenguaje del cine*, Buenos Aires, Losada, 1997.

Oscar Masotta, *Sexo y traición en Roberto Arlt*, Buenos Aires, Centro Editor de América Latina, 1982.

Sylvia Molloy, *Las letras de Borges*, Buenos Aires, Sudamericana, 1979.

Ricardo Piglia, "Ideología y ficción en Borges", en VV.AA., *Borges y la crítica*, Buenos Aires, Centro Editor de América Latina, 1981.

Pablo Rocca, "Horacio Quiroga ante la pantalla", en *Anales de Literatura Hispanoamericana*, n° 32, 2003.

Beatriz Sarlo, *Borges, un escritor en las orillas*, Buenos Aires, Ariel, 1995.

Leopoldo Torre Nilsson, *Torre Nilsson por Torre Nilsson*, Buenos Aires, Fraterna, 1985.

APUNTES SOBRE LA MÚSICA
EN LOS TIEMPOS DE LA MODERNIDAD

por Diego Fischerman

Serpientes en Islandia

Las películas argentinas crearon un lenguaje propio, mezcla de tuteo castizo y entonación gardeliana, que nadie hablaba en Buenos Aires pero que algunos, a partir de ellas, intentaron aprender. "Yo sé Rosemary, que tú, Rosemary..." cantaba, mucho después, Litto Nebbia, reconocido como fundador del rock argentino, cuando *Adán Buenosayres*, de Leopoldo Marechal, de 1947, tenía ya más de veinte años de publicado. Las escuelas enseñaban —y tal vez lo sigan haciendo— formas verbales inexistentes en lo cotidiano mientras se revelaban impotentes para lograr la corrección de sus alumnos en los tiempos usuales. Las escuelas no garantizaban que el educando supiera cuándo usar el "habría" y cuando el "hubiera" pero producían expertos en el "vosotros amabais".

Si todo país tiene una historia hasta cierto punto imaginaria, en la Argentina eran —y tal vez lo sigan siendo— imaginarios su idioma, su geografía (con una gigantesca "Antártida argentina", que sólo aparece en los mapas de la industria nacional) y, desde ya, su música. Será por eso, por la inasibilidad de ese objeto, que las apariencias podrían hacer creer inexistente, que no existe teoría acerca de ella.

Jorge Luis Borges, en una conferencia dictada en diciembre de 1953, cuyo tema era la literatura alemana en la época de Bach, comenzaba señalando el parecido entre el objeto de su alocución y el capítulo de un libro de un viajero holandés acerca de las serpientes en Islandia ("es muy breve, suficiente y lacónico: consta de esta única frase: 'Serpientes en Islandia, no hay'"). Después decía: "...Además, he reflexionado que hay dos criterios distintos para la literatura. Hay el criterio hedónico, el del placer, que es el criterio de los lectores; y, desde este punto de vista, la época de Bach fue, literalmente, una época pobre. Y luego, hay el otro criterio, el de la historia de la literatura —que es mucho más hospitalario que la literatura; y, desde este punto de vista, se trata de una época importante, porque preparó la época siguiente..." Ese comienzo de esa conferencia contiene dos elementos significativos a la hora de hablar de la música argentina mientras se gestaba una literatura nacional con rasgos propios y a la vez modernos. El primero es, simplemente, la tentación de citar al viajero citado por Borges (y antes por Kipling). "Serpientes en Islandia, no hay". El otro es la idea de que son las lecturas las que crean el objeto (una idea que Borges desarrollaría en "Kafka y sus precursores") y, sobre todo, de que existe una lectura hedonista, la del lector, y una lectura histórica, la de la literatura. Y si se empieza a pensar no en la música que, extrañamente, sigue llamándose "música" y que guarda un parentesco inocultable con las serpientes islandesas, sino en la que no recibió ni recibe ese nombre, que no formó parte de los diversos "manuales del alumno" —como el voseo— ni mereció teorización alguna —por lo menos en relación con sus aspectos musicales— pero se produjo y se escuchó en la Argentina entre los comienzos del siglo y la década de 1950, el panorama es otro.

En 1927, por ejemplo, el Teatro Colón estrenó tres óperas: *Chrysanthème*, un acto de Peacan del Sar con libreto de Colelli basado en la novela de Pierre Loti; *Frenos (Parábola del genio)*, de Raúl Espoile con libro de Víctor Mercadante, y *Afrodita*, del italiano nacionalizado argentino Arturo Luzzatti, con libreto de Théophile Puget y Gabriel Bernard sobre una novela de Louÿs. 1927 fue el año de la ejecución, en Massachussets, de Sacco y Vanzetti.

Y fue, también, el año en que el Sexteto de Julio De Caro grabó *Guardia vieja*. Ese grupo estaba conformado, en ese entonces, además de Julio, por dos de sus hermanos, el notable pianista y compositor Francisco y, en el segundo violín, Emilio, junto a Ruperto Thompson en contrabajo y, en los dos bandoneones, Pedro Laurenz y Armando Blasco, que habían reemplazado a los originales Pedro Maffia y Luis Petrucelli. La música que hacían era, obviamente, tango. Era un entretenimiento menor, se suponía. Era para bailar, se sobreentendía. No formaba parte de los estudios musicales de nadie. Pero hacía algo que no sólo contradecía su supuesta funcionalidad sino que contrastaba dramáticamente —aunque nadie reflexionara sobre ello— con la medianía de lo ofrecido en el Colón, es decir con aquello que se llamaba "música" y a la que se referirían los libros de "música". El sexteto de De Caro hacía algo que nada tenía que ver con el baile: desarrollaba casi todo el tema en el registro más grave de los instrumentos y hasta explicitaba el recurso con una frase: "Uy mama, qué miedo, viene el cuco", que se grabó junto a la música. Esa especie de chiste con el que se asignaba un permiso, en realidad se refería a algo que no se ponía en juego en la pista de baile sino en la escucha. Ese uso atípico de los graves, como el del *East St. Louis Toodle-o*, grabado ese mismo año por Duke Ellington junto a los *Washingtonians*, daba una señal inequívoca de algo que sería un rasgo esencial del desarrollo musical argentino. La búsqueda de originalidad, las apelaciones a la atención, la curiosidad y la inteligencia de la escucha, el afán por conseguir lenguajes propios e inconfundibles, estarían mucho más en el campo de lo que provenía de las tradiciones populares que en lo que trabajaba a partir de la herencia europea y escrita.[1]

Las historias de la música —que, como la literatura en relación con los lectores, son más hospitalarias que los oyentes— quizá reservaran algún capítulo para Espoile, Peacan del Sar o Luzzatti. Pero la música argentina, en esos años, se escribiría, sobre todo, con los nombres de De Caro, Troilo, Pugliese, Caló, Salgán, Yupanqui, De los Ríos, Falú, Leguizamón, Ramírez y Piazzolla. El conjunto de esos nombres constituye el campo de los enfrentamientos posibles aunque, claro, sin proclamas y concebidos como continuidades.

Los paisajes, de todas maneras, están lejos de ser homogéneos. Es cierto que muy poco de lo sucedido en la composición dentro del ámbito de la música clásica dejó una huella en la cultura argentina. Pero también lo es que ciudades como Buenos Aires, Rosario o Mendoza e incluso localidades más pequeñas como San Nicolás tuvieron a lo largo del siglo XX una actividad musical "clásica", con muy pocos parangones en toda América del Sur. Hubo, en Buenos Aires, sociedades filarmónicas y de música de cámara que estrenaban las grandes obras del momento a escasos meses de distancia de sus presentaciones europeas. Y hubo personajes, como Victoria Ocampo, que habiendo estado en el estreno de *La consagración de la primavera*, de Stravinsky (apenas unas décadas después de que Sarmiento espiara a Chopin desde atrás de una cortina, en la casa de George Sand), junto a su amigo, el compositor, director y pianista Juan José Castro, mucho tuvo que ver con el intento de modernizar, si no la composición, por lo menos el consumo musical de la Argentina. En realidad, en un medio bastan-

---

[1] La música artística de tradición europea y escrita es la que el mercado identifica como "música clásica". A pesar de las imprecisiones que conlleva esta calificación, será la que este artículo tome en adelante, en tanto es la corriente y, por otra parte, nadie duda acerca de su significado.

te chico en relación con el de otros países y donde la tradición clásica se inventó de golpe y más por voluntad que por historia —el Colón se fundó antes que un conservatorio oficial, una orquesta o una escuela de canto—, fue muy fuerte el peso de algunos actores culturales como Ocampo o de compositores devenidos divulgadores, como Juan Carlos Paz o, ya sobre el final del siglo pasado, Gerardo Gandini, con los matices y las diferencias generadas por las singularidades de la relación de estos actores y los medios en los que les tocó y les toca actuar.

Lo que no sucedía como consecuencia del propio desarrollo cultural aparecía gracias al deseo y la capacidad organizativa de esas personas capaces de traer a Stravinsky y estrenar junto a él, en 1936, un oratorio como *Perséphone*, en el Teatro Colón.

Ocampo, que fue parte de un directorio señalado en su época como vanguardista —y como "esnobista" por los socialistas de *La Vanguardia*—, estuvo frente al Colón junto a Constantino Gaito, Alberto Prebisch y Juan José Castro como director general, apenas hasta agosto de 1935. Era la primera vez que intelectuales emparentados con una cierta idea de modernidad ocupaban ese cargo y, según señala el musicólogo Omar Corrado, el proyecto tuvo que ver con el entonces intendente, Mariano de Vedia y Mitre, abogado, historiador, traductor y profesor universitario prestigioso.[2] Ocampo explicaba sus planes en el diario *El Mundo*, el 20 de marzo de ese año: "Las óperas de mayor atracción no serán excluidas. Esto no significa que renunciemos a introducir en esas óperas archiconocidas, modificaciones escénicas que las alejen un poco del ridículo círculo de convencionalismos que han tejido la rutina y los intérpretes carentes de sentido artístico […]. Haría conocer lo mejor que se produce actualmente en música sinfónica; pondría en escena *Las noticias del día*, la célebre ópera de Hindemith; *Orfeo* de Monteverdi; traería a Serge Lifar y sus compañeros habituales para animar *Apollon* de Stravinsky y otros ballets modernos […]. Desgraciadamente, de todas esas bellas ilusiones probablemente no se realizarán sino dos: el estreno de la ópera *Wozzeck* de Alban Berg, y la visita de Igor Stravinsky". Incidentalmente, el estreno de *Wozzeck* tendría lugar apenas en 1952 y Stravinsky no llegaría hasta 1936, pero las declaraciones de la flamante miembro del consejo directivo dejan claras sus intenciones. Intenciones que, llamativamente, excluyen toda mención a encargos a compositores, posibles encuentros entre ellos y los escritores que

---

[2] En "Victoria Ocampo y la música: una experiencia social y estética de la modernidad", *Revista Musical Chilena*, diciembre de 2007.

formaban parte de su mundo cultural, o cualquier clase de proyecto que pudiera relacionarse con la creación.

Nuevamente, el vacío. ¿Cómo es que no hay una ópera con libreto de José Bianco? ¿Cómo es que Constantino Gaito o Juan José Castro no trabajaron con textos de Silvina Ocampo o del joven Borges? ¿Cuál es la clase de divorcio que hace que la obra de autores que, como señala Corrado, se habían formado en la misma matriz de la modernidad a la que ella contribuyó desde la gestión cultural, no fueran tenidos en cuenta como creadores? ¿Por qué, en definitiva, Victoria Ocampo, tal vez la más melómana de los intelectuales argentinos, habiendo convivido con Juan José Castro, Juan Carlos Paz, Alberto Ginastera y José María Castro, no registró ni mínimamente la importancia de sus producciones musicales?

Podría encontrarse una explicación sencilla en el rechazo de la escritora al color local (finalmente una imposición del centro a las culturas periféricas). Podría entenderse la omisión de los nombres de los cultores del nacionalismo musical institucionalizado en la Argentina de las primeras décadas, reacios por otra parte a la incorporación de recursos nuevos de lenguaje. Pero el programa estético que puede reconstituirse de la acción de Victoria Ocampo y el núcleo de Sur es casi idéntico al de esos compositores modernistas y exigentes. Y, no obstante, no hay diálogo. Victoria Ocampo ignora la creación musical de quienes están a su lado de la misma manera que los intelectuales de *Contorno*, en un paralelismo curioso, omitirán toda referencia a la música, incluyendo la de tradición popular y a quien, entre 1955 y 1960, apareció como correlato más exacto de sus relecturas de la tradición, Astor Piazzolla.

Tampoco hubo reflexión de los intelectuales de las décadas anteriores acerca del tango, salvo en lo referente al baile o a los aspectos míticos de sus letras y su eventual capacidad para reflejar una supuesta identidad cultural ciudadana. Incluso los escritores del grupo de Boedo, que podrían considerarse más afines al género, lo omiten casi por completo, incluso como tema ficcional. Si el cantor de tango aparece en algún texto de Bernardo Kordon o Bernardo Verbitsky, el músico de orquesta, la creación de los compositores, los problemas laborales de los músicos, yendo de un baile a otro por una paga miserable, los conflictos sociales que acarreaba el trabajo nocturno, en una época en que el hecho de que un ascensor se pusiera en funcionamiento pasada la medianoche y se detuviera siempre en el mismo piso era motivo de una reunión de consorcio, las dificultades de los músicos "viejos" para leer y acostumbrarse a los estilos más nuevos, la pérdida de fuentes de trabajo a partir de la migración interna y del progresivo predominio del llamado "folklore" en las capas sociales más pobres, la censura a las letras durante el peronismo, entre muchos otros temas ligados al "tango real", están totalmente ausentes de la literatura y de los guiones para el cine. Hasta en las películas musicales faltan músicos con vidas reales. Buenos Aires, para la literatura y la ensayística, es una ciudad silenciosa, la silenciosa ciudad de Raúl Scalabrini Ortiz, Ezequiel Martínez Estrada o Eduardo Mallea, nombres rutilantes de la física y la metafísica de la ciudad. El tan agudo observador Roberto Arlt, apenas menciona una vez, y de refilón, en sus *Aguafuertes*, a un vecino que toca el bandoneón.

Ginastera sin Paz

La relación entre quienes aparecen como los nombres más significativos de la música clásica encierra, con sus contradicciones y paradojas, una especie de metáfora acerca de la creación musical en la Argentina. A diferencia de la literatura, el teatro y el cine, la progresiva politización de la sociedad, que se desarrolla abruptamente y en varias direcciones después de la caída de Yrigoyen, no derivó en un cambio de valoración con respecto a los rasgos localistas. La música, ya se sabe, tiene una referencialidad velada. Salvo que se trate de obras con texto, sólo puede fijar una cierta pertenencia cultural a partir de alusiones. Una determinada rítmica, la aparición de alguna escala o giro melódico, la utilización de cierta tímbrica —una quena, un charango, un bandoneón— serán los que puedan precisar, de manera bastante imprecisa, una filiación y, eventualmente, una ideología. Pero, si en el ámbito de la literatura la irrupción de ciertas temáticas populares estuvo del lado de la modernidad, en la música nunca dejó de ser vista como argumento de la reacción. Los nacionalismos, en literatura, fueron, sobre todo a partir de la década de 1950, modernistas. En la música fueron siempre reaccionarios. Juan Carlos Paz, el modernista, se burló de los "incas ravelianos" y "coyas franckianos". Alberto Ginastera, el creador de la carrera de música en la Universidad Católica, el compositor que construyó su lugar internacional gracias a la Cancillería y el que ocupó el lugar de "artista oficial", diseñó estilos que, más allá de los cambios a lo largo de su vida, siempre se las arreglaron para sonar "argentinos" (incluso en su etapa dodecafónica). De Paz, el icono de la modernidad argentina, rara vez se escucha su música. Su lugar como compositor, podría decirse, lo ganó como escritor. Ginastera, el conservador, terminó siendo quien dirigió el núcleo por excelencia de la modernidad, el "Centro de Altos Estudios Musicales" del Instituto Di Tella. Ginastera, el oficial —y oficialista—, fue quien terminó siendo censurado por el gobierno de Onganía.

"Mirá Eugenio, vos me sacás *Bomarzo* mañana mismo o yo te cierro el Colón mañana mismo", dicen que le dijo el dictador Juan Carlos Onganía al entonces intendente, el coronel Schettini. El lugar fue el palco presidencial, durante la velada de gala del 9 de julio de 1967. Un año antes, el teniente general y su esposa se habían retirado ofendidos de ese mismo palco, debido a la inmoralidad de la obra de un joven coreógrafo: la versión de Oscar Aráiz *de La consagración de la primavera*. *Bomarzo*, la segunda ópera de Alberto Ginastera, con libro de Manuel Mujica Lainez basado en su propia novela, había sido programada para esa temporada por el anterior director del teatro, Juan Pedro Montero, derrocado por la alianza del ejército golpista con un sector gremial del Colón, que reclamaba "óperas nacionales". El nuevo director, Enzo Valenti Ferro, confirmó, a pesar de todo, los planes de su antecesor. El estreno de la obra de Ginastera había sido realizado en Washington, con auspicio de la Cancillería y gran boato en los festejos posteriores, provistos por el embajador en Estados Unidos, el ingeniero militar Álvaro Alsogaray, y su joven hija María Julia, que se ocupó personalmente de que las langostas servidas en la mesa tuvieran forma de clave de sol. Las críticas y comentarios laudatorios, que hablaban de la osadía de la obra (y que se debieron a una gigantesca operación de prensa de otros sectores del poder, que llegaron a invitar a Estados Unidos a gran parte de la redacción de la revista *Panorama*) fueron los que alertaron a ese oscuro teniente general al que en la época llamaban "caño" (duro por fuera y hueco por dentro) y que había agregado una tilde en su apellido para otorgar algo de sabor vascuence al *ongania* original, oriundo de Italia como muchos de los que venían accediendo a la carrera militar en los últimos tiempos.

Toda obra de arte es, al mismo tiempo, la que fue creada y la que la historia construyó con ella. *Bomarzo*, en ese sentido, está condenada a arrastrar su propia leyenda, a ser, mucho más que una ópera, la señal de una fractura en la derecha argentina, como señala el musicólogo y escritor Esteban Buch en su brillante *The Bomarzo affair*.[3] No era lo mismo la derecha laica que la católica, no eran lo mismo los católicos cultos y los incultos y, sobre todo, no eran lo mismo los antiguos militares aristocráticos y liberales que los recibidos en el Colegio Militar en las últimas décadas. Onganía estuvo bastante solo en su decisión de prohibir el estreno de *Bomarzo* —salvo por el aplauso del

[3] Esteban Buch, *The Bomarzo affair. Ópera, perversión y dictadura*, Buenos Aires, Adriana Hidalgo, 2003.

arzobispo de Buenos Aires, cardenal Caggiano—. En su contra se alzaban las voces de quienes, desde la misma derecha, aseguraban que el arte era superior a las ideologías (incluso a las morales), con Manuel Mujica Lainez y Ginastera a la cabeza. La izquierda estuvo, como otras veces, ausente. Así como en los años siguientes no registrarían el rock (ni serían registrados por él, a decir verdad), los intelectuales de lo que podría considerarse el progresismo de entonces no estaban al tanto de las posibles polémicas entre reacción y vanguardia en el campo de la música. El italiano Luigi Nono, en ese momento de visita en Buenos Aires, fue el único músico que condenó abiertamente la prohibición. El mismo Juan Carlos Paz, más allá de llamar "bromazo" al episodio y de pronunciarse genéricamente en contra de la censura, estaba muy lejos de querer salir en defensa de Ginastera, que parecía descubrir el dodecafonismo treinta años después que él.

Esta conversión de Ginastera (y no de Paz, que nunca tuvo cómo molestarlos demasiado) en símbolo de la libertad creadora y de la persecución ideológica del onganiato no es, en todo caso, la única paradoja. La más salvaje de ellas tal vez sea la que tiene que ver con la existencia real de la música. La de Juan Carlos Paz, como se ha dicho, no se escucha. Nadie la toca, nadie la programa e incluso la mayoría de sus admiradores creen que el mejor lugar para su autor es el del lúcido y sarcástico cronista que quedó plasmado en las anotaciones que, luego de su muerte, se editaron como memorias.[4] La de Ginastera, sólo aparentemente goza de una suerte mejor. Salvo las versiones de su última esposa, la cellista Aurora Natola, las de algún pianista y las recurrencias a los ballets (o a fragmentos de ellos) de la primera época —*Panambí* y *Estancia*—, la discografía tampoco reconoce su existencia y las programaciones de las salas de concierto y de ópera apenas le guardan el lugar del *compositor exótico* que se alternará, a lo largo de los años, en la vacante reservada para chinos, malayos, rumanos y mexicanos o brasileños.

Es curioso, pero en un estudio reciente sobre su música, escrito en francés por una investigadora rosarina y publicado en Francia, el eminente musicólogo Jean-Jacques Nattiez, responsable del prólogo, se siente obligado a una mención que, hasta hace unos años, hubiera resultado sorprendente.[5] Dice que el libro está "consagrado a aquél que, junto a Astor Piazzolla, aunque en un género totalmente distinto, es-

[4] Juan Carlos Paz, *Alturas tensiones ataques intensidades*, Ediciones de la Flor, 1977.

[5] Antonieta Sottile, *Alberto Ginastera. Le(s) Style(s) d'un compositeur argentin*, Paris, L'Harmattan, 2007.

tá considerado, sin duda, como el compositor argentino más importante". Piazzolla vivió deseando que el mundo clásico lo reconociera como uno de los suyos y, hasta cierto punto, envidiando a quien había sido su maestro. Y en los comienzos del siglo XXI, para darle una entidad a Ginastera, el mundo clásico lo pone junto a Piazzolla, aunque aclarando, por cierto, que "en un género totalmente distinto".

La cuestión de los géneros, en todo caso, no es menor. Aun cuando la palabra "género" es demasiado "genérica" y se ha referido a demasiadas cosas a lo largo de la historia (y cosas sin posible equivalencia entre sí) expresa, con precisión, pactos implícitos de escucha. Más allá de un hipotético lugar diferenciado en los exhibidores de una disquería (o en el catálogo de Amazon, que, de todas maneras, no se priva de poner a Piazzolla en ambas partes, por las dudas), la cuestión de los géneros musicales va mucho más allá de las discusiones de coleccionistas maniáticos, en tanto habla de cómo escuchan quienes escuchan música. Podrá no ser lógico, pero la misma persona, aunque no piense en ello y no sepa por qué, no escucha de la misma manera —no espera escuchar lo mismo— cuando oye música de tradición popular y cuando está ante obras clásicas. Los sistemas de valor están integrados a la escucha. El público demanda niveles distintos de trabajo con determinados parámetros según escuche jazz, música étnica, folclore de algún país, música clásica o música de Piazzolla. Y cuanto más informado está, más sutiles son las diferencias que establece entre sistemas de valor. No juzga de la misma manera ni con el mismo patrón la música del barroco y la del romanticismo o el jazz de Nueva Orleáns y el *free jazz*, por ejemplo. Y lo que podría resultarle malo o insatisfactorio como "música clásica" sería capaz, en cambio, de deslumbrarlo como "música popular". O todo lo contrario. *La creación del mundo*, de Darius Milhaud, una muy atractiva obra *clásica* que integra materiales provenientes de tradiciones populares, resultaría inmensamente pobre como música de *jazz* y no resistiría la comparación con ningún buen solo de Benny Golson montado sobre un *blues* de tres acordes. Jean-Jacques Nattiez, aunque posiblemente guiado por un cierto afán corporativo de no confundir la paja con el trigo, acierta al colocar a Ginastera y Piazzolla en dos lugares diferentes, yendo en contra del *dictum* del mercado, que tiende a mezclar los géneros cada vez más. Para la industria, y para cierto "sentido común", Piazzolla es el "músico clásico" no reconocido en su momento. Su obra, como la de Bach o Beethoven —o la de Stravinsky o Chávez, si se piensa en la mitología acuñada por los piazzollianos—, lleva materiales populares hasta la altura del *Gran Arte*. La atención que a su música le dispensan músicos como Yo-Yo Ma o Gidon Kremer lo probaría. Al fin y al cabo, ¿quién toca hoy las composiciones de quienes en su momento despreciaban a Piazzolla? Si hasta Ginastera es hoy menos tenido en cuenta que Piazzolla por los músicos clásicos y un libro sobre él, para hablar de su importancia, se ve obligado a mencionar a su lado al bandoneonista. Lo que no suelen tener en cuenta quienes reclaman el lugar "clásico" de Piazzolla es que los músicos clásicos que tocan su música no interpretan sus obras clásicas sino las populares. Son *Adiós Nonino*, *Verano porteño* o, a lo sumo, esa operita llamada *María de Buenos Aires*, que nada tiene ni de ópera ni de clásica. "Ni yanquis ni marxistas, peronistas", rezaba una apología de comienzos de la década de 1970. "Ni yanqui ni marxista, bandoneonista", bromeaba en la misma época Piazzolla. Y, frente a la polémica entre Juan Carlos Paz y Alberto Ginastera —polémica que jamás tuvo un eco en la intelectualidad argentina, por otro lado—, la historia terminó ofreciendo su propia paráfrasis: "Ni Paz ni Ginastera, Piazzolla".

Piazzolla y la modernidad paradójica

Las fuentes de Piazzolla fueron, en gran medida, las que más se propagaron por la cultura "culta" porteña entre 1940 y 1980: la tradición del tango, el modernismo ya un poco anticuado de principio del siglo XX, los nacionalismos estéticos, el descubrimiento de Johann Sebastian Bach y del barroco, la entronización de la fuga como la *forma de las formas*, el jazz comercial, las comedias musicales norteamericanas, el *cool jazz* y, más tarde, el *jazz rock* y el llamado *rock* progresivo, el culto a los *Swingle Singers* y al *Modern Jazz Quartet*, las músicas de Hollywood e, incluso, la canción italiana *alla* San Remo.

Piazzolla no era un experto en ninguna de estas músicas. Ni siquiera en la música clásica, cuya aura de prestigio siempre reclamó y alrededor de la cual él y sus seguidores construyeron varios de los mitos que aún hoy circulan. Sin embargo, posiblemente haya sido precisamente lo parcial de esos conocimientos lo que lo salvó de la copia. Los materiales de lo que Piazzolla llamó la revolución del tango fueron los de su época. La mirada sobre esos materiales fue tan propia e inconfundible, que terminó cerrando cualquier posibilidad de continuación por la misma vía. Los caminos encontrados por Piazzolla son tan suyos que es imposible seguirlos sin que la música suene a una mera réplica de su estilo, seguramente desmejorada.

Más allá de las anécdotas ligadas a los comienzos del tango, a fines del siglo XIX y en las orillas del Río de la Plata (posiblemente en ambas), en ese origen puede rastrearse una de las características esenciales del género y, en particular, uno de los elementos primordiales de Piazzolla: el doble juego entre escritura e interpretación. El tango es, desde sus comienzos, una música escrita. Y el tango es, también, una música en que la escritura, por error o por decisión, se transgrede. La obra de Piazzolla está escrita. No podría concebirse sin esa escritura. Y se construye en tensión con esa escritura. Nunca lo que suena es exactamente lo que está en la partitura. Secciones enteras aparecen agregadas por la práctica, por la acumulación de interpretaciones, a lo pautado. Ritmos escritos de una manera deben sonar de otra. Los músicos de Piazzolla lo sabían y se lo transmitían de boca en boca. Pero, además, está el bandoneón. Y la manera de tocarlo de Piazzolla. Para él no hay notas que comiencen sobre los acentos. Todo sonido es, siempre, sincopado. No importa cómo esté escrito. Piazzolla convierte en un elemento esencial, material, indivisible de la propia música, una interpretación absolutamente personal del *rubato* característico del tango, de ese atrasarse en el tiempo y después recuperarlo en un rapto de aceleración (el *tiempo robado* del que habla la palabra *rubato*) que Aníbal Troilo, Pedro Laurenz y Ciriaco Ortiz, entre muchos otros, también habían hecho propio.

En su música, en sus estilos, resulta tan importante lo que está escrito como aquello que la práctica hizo con lo representado en el pentagrama. Su estilo de interpretación no es un agregado a la música. No es un detalle de terminación. Es la propia música. Un análisis de la obra de Piazzolla, incluso de sus piezas más modernistas y más alejadas de la tradición del tango, revela la recurrencia a unos pocos elementos: una armonía ubicable genéticamente en los comienzos del siglo XX, compases aditivos, algunas escalas identificables con el estilo temprano de Alberto Ginastera y el Stravinsky del *Octeto* y el "período ruso", el uso de "ostinatos", un manejo fluido —aunque incompleto— del contrapunto escolástico, la influencia de George Gershwin y del Leonard Bernstein de *West Side Story*.

El análisis de lo escrito muestra, en suma, una música bastante poco sorprendente, altamente previsible y ya sumamente conservadora en los mediados de la década de 1950. Y, sin embargo, la obra de Piazzolla está lejos de sonar de esa manera. En las que podrían llamarse sus composiciones *de tesis* —composiciones siempre ligadas a la interpretación de un grupo particular, desde la orquesta de 1946 o el octeto al último quinteto o el sexteto— hay algo potente, original, inquietante, que las partituras no muestran. Si el tango es una música que se cifra en la distancia entre lo escrito y lo que suena, la obra de Piazzolla lo es en extremo. Su música es una música constituida en el *resto de texto*, en aquello que se resiste al análisis tradicional, en un espacio determinado por la interpretación y que sólo puede ser abordado en la medida en que ese *resto de texto* pueda desentrañarse. Es una música, además, construida sobre combinaciones originales y únicas de elementos que no eran ni originales ni únicos pero que fueron, en muchos casos, traspolados desde esos lenguajes en los que resultaban convencionales a otros donde aportaban una cualidad de novedad y sorpresa. Dicho de otra manera, la referencia *bartokiana* y el espíritu casi *jazzístico* —con su acentuación siempre en el aire— de *Tango para una ciudad*, pueden no haber sido nuevos ni para el *jazz* ni para la música clásica pero funcionaban con una perturbadora modernidad en el contexto de esa música original, que terminaba de adquirir su forma en el sonido particular —en la interpretación— del bandoneón de Piazzolla, el piano de Jaime Gosis, el contrabajo de Kicho Díaz, la guitarra eléctrica de Oscar López Ruiz y el violín de Antonio Agri.[6]

Piazzolla no era ni un músico de *jazz* ni un músico clásico. Tampoco era un músico de cine, campo en el que su relativa eficacia venía del oficio aprendido ni más ni menos que mirando películas. Y su relación con el tango estaba signada por la distancia de quien lo había aprendido en el barrio italiano de Nueva York. Pero es precisamente allí donde nace su estilo. En esas distancias, en esos saberes parciales, en esas lecciones indulgentes de Ginastera, que no le pedía lo mismo que más tarde les exigiría a otros porque era "un músico de tango", en ese incompleto adiestramiento de contrapunto recibido de mano de una vieja maestra que terminó aconsejándole dedicarse al tango, en ese *jazz* escuchado de costado, es donde crece un estilo único. Su música es el resultado de una combinación improbable de componentes infrecuentes. Y es el producto de una ciudad, Buenos Aires, a la que él, marplatense crecido y educado sentimentalmente en Nueva York, supo interpretar como nadie. Una ciudad fragmentada, donde la endeblez de la historia se compensaba con la altisonancia de las declaraciones y donde el provincianismo, el atraso tecnológico, la pequeñez del mercado y el aislamiento de los centros de irradiación cultural del momento se daban la mano con una industria editorial que modificó los hábitos de lectura no solo locales sino de Latinoamérica y España, con focos de modernidad como el Instituto Di Tella, y con algunos creadores que tuvieron una inmensa influencia en todo el mundo.

Piazzolla, lejos de la posibilidad —y del deseo— de generar un movimiento colectivo —como el *bop* había sido para el *jazz*—, se parece, en ese sentido, mucho más a Jorge Luis Borges que lo que podría

---

[6] Incluido en el disco del mismo nombre, editado por CBS Columbia en 1963, y publicado en CD como parte de la *Edición crítica* de Sony-BMG, en 2005.

suponerse. Ambos instituyeron sistemas de lecturas, inventaron sus genealogías y crearon a partir de recortes arbitrarios. Ambos generaron estilos únicos e irrepetibles (aunque imitables) a partir de enciclopedias parciales y lecturas sesgadas. Uno, Borges, se declaró conservador y fue, sin embargo, revolucionario. El otro, Piazzolla, aunque declarara la revolución, también la logró desde un programa conservador —Bach, el Stravinsky de comienzo de siglo, Gershwin en la década de 1930, el Bartók de 1940, *West Side Story*, el *cool jazz* y, sobre todo, una firme resistencia a los rumbos que había tomado la música clásica a partir de 1950. Su secreto, como el de Borges, fue el desplazamiento. Ninguna de esas músicas significaba ya una revolución, en el momento en que Piazzolla volvió de París en 1955. Pero algunos de sus elementos exteriores, combinados entre sí y aplicados sobre materiales provenientes de la tradición del tango, sonaron nuevos y sorprendentes. Un conservador que se jactaba de ser revolucionario había logrado, en todo caso, una suerte de revolución paradójica. Una música que, menospreciada por la academia y rechazada por el moribundo universo del tango, terminó convirtiéndose en el único sonido posible de esa Buenos Aires contradictoria donde en plena década de 1960 una revista, *Primera Plana*, salió a disputarle a la Iglesia la formación del gusto *culto* de la clase media y donde una dictadura militar decidió tratar de restaurar el estado original de las cosas. Ese *ser nacional* que la modernidad ponía en peligro, al que el cine retrató incansablemente con familias en las que, de manera invariable, había por lo menos un militar y un sacerdote y que, curiosamente, terminó musicalizada, también, con el sonido de Piazzolla y el de sus imitadores.

El sonido de la ciudad

Buenos Aires reproducía los grandes centros culturales —París, Nueva York—, o, mejor, las noticias llegadas desde allí a saltos, sin continuidad, incompletas y muchas veces idealizadas, pero en miniatura. Lo que en esas ciudades eran movimientos, apoyados por una industria cultural (aun el arte no comercial y más alejado de la industria del entretenimiento contaba con una cierta red de sellos discográficos, galerías de exposiciones, clubes o salas de conciertos y revistas especializadas), en Buenos Aires eran grupos minúsculos, ocupando sin hablarse distintos sectores de un mismo *bar* y sostenidos, hasta cierto punto, por emprendimientos de fans que subsistían hasta que sus responsables caían en bancarrota.

El propio tango, que durante unas dos décadas había llegado a convertirse en una industria más o menos floreciente, era un campo mucho más quebrado y heterogéneo de lo que pintan las visiones idealizadas de los exégetas de los sesenta y los setenta. Ya desde sus comienzos, en que las partituras llegaban con facilidad adonde el baile estaba prohibido, es notable una serie de líneas divisorias que atraviesan ese paisaje supuestamente cristalino de tradición nacional —o ciudadana— que más tarde se construyó con el tango. La primera falsedad es la que se refiere a la clandestinidad y la circulación eminentemente prostibularia en los comienzos del siglo xx. Las primeras grabaciones fonográficas de tangos, realizadas en 1907, muestran que, para ese entonces, ésta ya era una música firmemente asociada a usos lícitos y hasta ceremoniales. Que la casa Gath & Chaves enviara a Alfredo Eusebio Gobbi y su esposa Flora Rodríguez a París, en ese mismo año, para coordinar el registro de tangos a cargo de la Banda Republicana de esa ciudad, o que, en 1909, la Banda de la Policía de Buenos Aires, dirigida por A. Rivara, grabara *El purrete*, de José Luis Roncallo, habla, en todo caso, de una aceptación social bastante mayor de la que la leyenda les confiere a esos años de fundación. Es posible que en el novecientos el tango se bailara en burdeles pero todo parece indicar que, para ese entonces, ya se bailaba también en otras partes. Y si bien era cierto que las niñas bien no lo bailaban —por lo menos en público, como muestra la historia contada por Edgardo Cozarinsky, donde Ricardo Güiraldes se lo enseñaba en secreto a Victoria Ocampo—, sí lo tocaban al piano.[7] Entre 1910 y 1920 hubo una verdadera explosión en la publicación de partituras con reducciones para piano de los tangos más populares y eran precisamente las jóvenes damas de la sociedad porteña quienes las ejecutaban en los salones. El baile, por otra parte, si es que efectivamente había tenido algo del erotismo que Europa descubrió en él por la vía de Rodolfo Valentino, lo fue perdiendo a lo largo de sus décadas de esplendor, convirtiéndose en una danza estereotipada, de salas bien iluminadas y clubes familiares, con novios oficiales y matrimonios bien constituidos, hasta que una nueva mistificación vino a rescatarlo del olvido, a partir de la década de 1990. Una cosa era el baile, en todo caso, y otra el desarrollo musical.

Además de las rivalidades —que con frecuencia llegaban a los enfrentamientos físicos entre los *hinchas* de una orquesta o un cantante en particular y los de otros— el mundo del tango mostraba ásperas diferencias entre quienes bailaban y quienes no lo hacían; entre quienes

---

[7] Edgardo Cozarinsky, *Milongas*, Buenos Aires, Edhasa, 2007.

valoraban el lado recio, *canyengue*, y los que destacaban las sutilezas y los arreglos. Como mucho más tarde sucedería en el pop y el *rock*, estaban los que en el tango encontraban, sobre todo, un gesto, una determinada manifestación de algo relacionado con la identidad, algo asimilable al barrio o la ciudad, o a ciertas costumbres de un pasado convertido en leyenda, y quienes buscaban allí —aunque esa búsqueda rara vez fuera formulada con precisión y careciera de una teoría que la sustentara— una música "para escuchar", un lenguaje de una cierta abstracción.

Las adhesiones o rechazos tenían que ver, en algunos casos, con cuestiones puramente musicales —o ligadas a la coreografía— como las maneras de acentuar los tiempos fuertes, la regularidad de esos acentos, las maneras del rubato o la complejidad de los arreglos, que podían en algunos casos confundir a los bailarines. Y había también cuestiones ideológicas, algunas más vagas, relacionadas con la mayor o menor reciedumbre que mostrara la orquesta o el cantante, y otras más directas, relacionadas con aquello que era explicitado en la letra. Por un lado, el tango, que aunque más no fuera como elemento melodramático había llegado a mencionar la Primera Guerra Mundial en *Silencio*, se había ido separando de cualquier intento de registro de la realidad más o menos cotidiana. Temas que fueron centrales en la vida de Buenos Aires, como la Guerra Civil española, la Segunda Guerra Mundial, el peronismo, las migraciones internas, las vacaciones en la costa atlántica o los cambios en las relaciones sociales a partir de las leyes de alquileres y de propiedad horizontal, no fueron recogidos por casi ningún tango de esas épocas. Podría decirse que el tango les cantó a las carreras de caballos pero fue insensible al automovilismo. Y que fijó su época en la de la muerte de Gardel, como si allí hubiera muerto, también, algo de su capacidad evolutiva o, por lo menos, de la supuesta representatividad urbana de sus letras. Si bien la canción popular de las décadas de 1930 a 1950 fue, por naturaleza, nostálgica (y no sólo el tango), el tango, aún hoy, para su público, basa una supuesta legitimidad en la manera en que refleja a la ciudad de Buenos Aires.

En ese sentido, resulta interesante analizar la letra, escrita por el autor teatral Ivo Pelay, del tango *Rascacielos*, con música de Francisco Canaro, que fue estrenado como parte de una revista musical a comienzos de la década de 1930. Allí aparece, por ejemplo, una valoración del progreso que más tarde desaparecería por completo del género.

"Mi Buenos Aires/ suelo porteño!/ Cómo has cambiado/ tus casas y calles/ por otras de ensueño!/ Con diagonales/ y rascacielos/ vas ya vestido/ hoy de largo/ lo mismo que yo!", celebra, para rubricar: "Mi Buenos Aires/ crisol de razas!/ De los que llegan/ dulce esperanza./ Tu aspecto cambian/ pero no cambiarán/ tu corazón jamás!/ Ciudad adorada..!/ Hay en tu entraña/ venas de acero/ que serpentean/ gritando: Progreso!..." En las décadas siguientes, el tango prefirió, en cambio, una imaginería no demasiado diferente de la que había empleado Esteban Echeverría en 1840 cuando describía las aguas de la crecida buscando su cauce entre los terraplenes del sur. El canto al progreso —no sólo a los rascacielos sino también a la diversidad de la inmigración— de Canaro y Pelay bien puede contrastarse, por otra parte, con esa imagen de Julio Sosa agrediendo a un grupo de jóvenes que bailan *twist*, en la película *Buenas noches, Buenos Aires*, dirigida por Hugo del Carril en 1963 o con *Che existencialista*, ese extraño manifiesto cantado por Alberto Echagüe junto a la orquesta de Juan D'Arienzo, en 1954: "En esta tierra que es tierra de varones, / hecha con lanzas de gauchos legendarios,/ nos han salido una porción de otarios, / que yo no sé por qué usan pantalones", empieza el tango. Allí, el cantante, que en realidad se llamaba Juan de Dios Osvaldo Rodríguez, interpreta con su habitual tono pendenciero la letra de Rodolfo Martincho a la que había puesto música otro de los cantores de D'Arienzo, Mario Landi (en realidad Mario Villa) que, a aquellos gauchos oponía esos que "llevan el pelo largo y despeinado,/ el saco de un color y otro el talonpa,/ hablan de "ti" y de "tú" los pobres gansos,/ y al agua y al jabón le tienen bronca", para precisar, en el estribillo: "Che existencialista, / no te hagas el artista, / mejor cachá un pico y una pala, / andá y yugala, flor de vagón. / Che existencialista, / mejor cambiá de pista. / Andá a Paúl y pelate, / alargá el saco y bañate, che cartón".[8]

Entre ese mundo y el de las orquestaciones de Argentino Galván para la orquesta de Aníbal Troilo o el virtuosismo de la de Francini y Pontier, había muy poco en común. Como nada tenía que ver Echagüe con Alberto Marino u Oscar Serpa o, más tarde, con las infinitas sutilezas del joven Roberto Goyeneche. No había demasiado en común entre D'Arienzo y su sobreactuación del reinado del compás y Osvaldo Pugliese, cuyo estilo, juzgado por muchos bailarines como "violento", era considerado por otros "imposible de seguir" debido a sus frenos y aceleramientos repentinos. Y, desde el punto de vista del mercado, tampoco eran lo mismo los cantantes más populares, ídolos de la radio y de las revistas femeninas, o las orquestas preferidas por los bailarines, que orquestas como la de Salgán, que nunca tuvo un gran éxito, jamás fue demasiado popular y se reveló insostenible económicamente para su director.

---

[8] Paul era el nombre de una veterinaria y peluquería para perros famosa en esa época.

En los finales de la década de 1940 pero, sobre todo, en los comienzos de la siguiente, el delicado equilibrio que sostenía al tango como negocio comenzó a romperse de manera acelerada. Los que buscaban allí "una música" encontraban cada vez menos para escuchar. Los que valoraban una cierta poética, se topaban con una letrística anticuada y cada vez más alejada de la ciudad real. Sobre todo las generaciones más jóvenes tenían muy pocas posibilidades de identificarse con ese mundo de malevos, terraplenes, inundaciones, farolitos, madres junto al piletón y relaciones sentimentales más cercanas a los folletines del siglo XX (con tuberculosos incluidos) que a las que podían tener lugar en una ciudad en la que hacía mucho que la mayoría vivía en departamentos, paseaba en tranvías eléctricos y viajaba en automóviles. Pero, sobre todo, los bailarines más jóvenes empezaron a elegir otras danzas. Es ese universo dividido y agonizante, del que por un lado se reclamaba la representatividad de una cierta identidad cultural pero que, por otro, perdía público de manera acelerada, el que harta a Piazzolla y lo lleva a intentar convertirse en "músico clásico" en París. Ése es el mundo al que violenta con su orquesta de 1946 y con sus arreglos con trinos y pizzicatos. Ése es el mundo que se burla muchas veces de él, como esa dama que, en un baile, cuando actuaba junto a Fiorentino, comenzó a danzar en puntas de pie y con los brazos en alto como para dejar en claro que eso no era tango sino "música clásica". Y ése es el mundo al que regresa desde París, a mediados de la década de 1950, con su idea de modernizar —y sofisticar y convertir en música "de escucha"— el tango pero, también, con su necesidad de confrontación, de poner en evidencia la ignorancia y conservadurismo del medio y, hasta cierto punto, de venganza. Ése es el universo con el que Piazzolla decide interactuar. Podría haberse considerado un músico de jazz que buceaba en el tango o un compositor clásico que abrevara en esas fuentes, pero fuera porque no quiso, en el primer caso, o porque no lo logró, en el segundo, se definió a sí mismo como un músico de "nuevo tango". "Que sea tango y también música", decía en una discutible oposición que, no obstante, reflejaba una intención estética de clara raigambre gershwiniana y en la que, sobre todo, era el tango el que aportaba no sólo los materiales sino el andamiaje, sus formas de circulación y su nombre. Ése es el ambiente que, casi con unanimidad, anatematiza a Piazzolla y lo convierte ya no en un músico impopular (como Salgán, Osmar Maderna o incluso Eduardo Rovira) sino en un traidor, en un apóstata. En el enemigo. Allí, en la música alguien que fue al mismo tiempo condenado y prohijado por las cancillerías, Ginastera, y que reclamó simultáneamente el lugar del clásico y el vanguardista, es donde, quizá por primera vez de una manera tan categórica, encontró su música esa ciudad llena de sonidos en los que nadie reparaba y donde, por ejemplo, el gusto por el tango se emparentaba con la afición a un club de fútbol. Una ciudad en la que las discusiones sobre la música clásica y su devoción por ella carecían de manifestación sonora y donde la música que la inundaba, que crecía en ella y sigue creciendo, aún carece de discusiones que den cuenta de ella.

Aclaración necesaria

No escapará al lector que, al menos en esta presentación, la figura de Astor Piazzolla concentra lo que pudo ser una expresión de ruptura acorde con las que poseían, aparentemente, mayor visibilidad, en otros órdenes entre las décadas del 30 al 50. Acaso no tiene el mismo carácter, agresivo a veces, teóricamente fundado, que las otras, la vanguardia poética por ejemplo, pero señalan fenómenos reales, de orden cultural, no sólo porque son como brotes de una respuesta lo más simbólica posible a los cánones musicales de esos años —que no registraron los temblores que sacudían a la música contemporánea, en Europa y los Estados Unidos— sino porque daban cuenta de algo que se enfrentaba desde la oscuridad de lo embrionario para adquirir, con Piazzolla, una dimensión única. Tal vez no sea mucho en el orden de un concepto tan radical como ruptura pero es innegable que lo que autorizaba a determinadas insurgencias en otros campos, quizás incomunicados entre sí, facilitaba este modo de manifestación musical que en esos años no podía ser otro. Para hallar en la música argentina una modernidad acorde con criterios más universales habrá que esperar varias décadas: nos referimos a la producción de obras calificables como rupturistas o vanguardistas y no sólo a la creciente presencia, uno de cuyos antecedentes visionarios hay que reconocerle a Victoria Ocampo, como se señaló, y receptividad de los públicos, de la experimentación y al tráfico riesgoso de audaces tentativas de ruptura de modalidades, concepciones, cánones y costumbres.

VIAJEROS

EL OTRO VIAJE: GÜIRALDES Y OCAMPO

por *Ivonne Bordelois*

Marcado por el exilio, el clásico viaje argentino del siglo XIX suele ser reivindicación, apóstrofe contra los usurpadores, propuesta de cambio. Sólo en la generación del 80 la figura se atenúa y puede volverse curiosidad cosmopolita, diálogo cortés, ironía intercultural. Dice en este sentido Noé Jitrik, en su prólogo a la antología en la que se recopilan textos de viajeros argentinos:

> [...] el viaje se ha hecho y se hace generalmente, para, escapándose, diferenciarse y enriquecerse, con el proyecto —la esperanza— de ingresar físicamente en la idea que de Europa tenemos los argentinos (Europa modelo de todas las perfecciones, semillero de inteligencia, matriz de revoluciones, depósito secular de madurez y de vida apetecible) y de este modo entrar a formar parte de las huestes del espíritu o ser sus apoderados a la vuelta en esta región poseída por el demonio temporal de la inexistencia, corroída por la marginalidad.[1]

Ocampo y Güiraldes, en parte sostenidos por su trasfondo familiar y social, y en parte por cierta voluntad de ruptura que los caracteriza durante toda su vida, son viajeros excepcionales desde este punto de vista, porque no siempre ven en Europa el modelo de todas las perfecciones, y aun sin ser nacionalistas, tampoco consideran a la Argentina corroída por la marginalidad. Van a Europa con sus propias ob-

---

[1] Noé Jitrik, *Los viajeros*, Buenos Aires, Jorge Álvarez, 1969.

servaciones y la ven con preguntas personales y cuestionamientos diferentes. Cabría decir que con ellos, en alguna medida, el viaje argentino cambia de frontera, volviéndose una peregrinación, no exclusivamente a las fuentes, sino a una cierta sabiduría sobre qué significaba ser ellos mismos como personas, en sus circunstancias concretas, y qué significaba además ser escritores, dentro del horizonte literario de su tiempo.

Más que una iniciación, el viaje aparece para ambos como una oportunidad de trueque; no sólo van a informarse o admirar o a aprender; van también a criticar, a dar, a mostrar. Hay en ambos una disponibilidad para la aventura y para la transformación que no se encuentra en general entre sus predecesores o sus contemporáneos, salvo en aquellos que emigraron para siempre.

Esa transformación abarca ante todo el vaivén que va de lo desconocido a lo propio, la difícil dialéctica entre las dos orillas, la lectura de lo otro espejando lo inesperado en uno mismo. Si para Dante *la gioia è sempre all'altra riva*, para ellos es la verdad la que oscila de una orilla a otra, interrogándoles sus preferencias, sus pasiones, sus elecciones estéticas, su intimidad, su identidad. Dirá Ocampo, hablando de ella misma y de Güiraldes:

> [...] desterrados de Europa en América, de América en Europa. Grupito diseminado en un inmenso continente y afligido del mismo mal, de la misma nostalgia, ningún cambio de lugar podría definitivamente curarnos. De continuo amenazados de ver la tierra —en que queríamos echar raíces— dejar de ser tierra; esto es: alimento, para convertirse en trampolín que nos invita al salto, a la partida hacia otra ribera.[2]

No cabe soslayar aquí el tema de los orígenes: es cierto que ambos representan la oligarquía de los dueños de la tierra en su versión más culta, lo cual significa que contarán con recursos materiales e imaginarios para itinerarios más extravagantes que los comunes. Pero significa también que ambos sentirán en carne propia el aislamiento que su condición de intelectuales les inflige en ese ámbito: Ocampo hablará del menosprecio con que escritores como Güiraldes eran contemplados en su medio, como sospechosamente amanerados y alejados de los trámites mundanos en que se embarcaban sus pares. "La gente de sociedad ponía en cuarentena tus primeros libros", escribirá Ocampo a

---

[2] *Testimonios*, VI serie, Sur, Buenos Aires, 1964.

Güiraldes. "No es su oficio descubrir los valores que todavía no llevan etiqueta". Y hablando del profundo desaliento que provocó en Güiraldes la recepción totalmente negativa de sus primeras obras por parte de su ambiente social, no deja de denunciar:

> El escritor, el artista, sobre todo si pertenecía a la clase social de Ricardo —la aristocracia del país, en cierto modo— era considerado como un holgazán por las gentes de su mundo, como un farsante por los intelectuales, y como un pervertido por la mayoría. Privado de simpatía, privado de crítica concienzuda, es decir, de puntos de referencia, el escritor, el artista, tenía la sensación de no oír ya su propia voz. El sonido no se propaga en el vacío. Ricardo ha sufrido terriblemente de ello al comienzo de su carrera.[3]

El viaje, entonces, es para ellos, en cierto modo, una respuesta necesaria a la expulsión del seno familiar: Victoria la escandalosa y Ricardo el inútil manirroto, sintiéndose incomprendidos por los suyos, buscarán en sus viajes una afirmación distinta de sí mismos, un diálogo que los libere de los prejuicios que los rodeaban, un permanente tanteo hacia nuevas formas de libertad literaria y personal.

Pero es preciso advertir que no todo había sido desventaja para el proyecto literario de Güiraldes y Ocampo en los círculos aristocráticos de los que procedían, ya que, por ejemplo, algunas de las familias patricias se preciaban de un bilingüismo que sería pasaporte conveniente en los horizontes europeos en los que esperaban sobrevivir. Así es como el alemán se volverá familiar para Güiraldes desde temprana edad, mientras el francés será el idioma nativo de Ocampo. En sus memorias narra ella cómo las fábulas de La Fontaine se mezclan en sus recuerdos a los pregones de los botelleros y de los vendedores de tierra negra: "Palabras francesas fundidas con el olor del alquitrán, de la lana, el ruido de las tijeras, los gritos de los peones".[4]

Y aun cuando nunca reniegue de los extraordinarios poderes del francés como lengua poética, Ocampo lamentará hasta su muerte que esa primera e indisoluble proximidad con la lengua de Corneille, de Pascal y Mallarmé, que leyó desde niña, haya constituido por mucho tiempo una barrera infranqueable con respecto al dominio del español. Hasta muy tarde, Ocampo tuvo que hacer traducir o traducir ella

[3] *Testimonios*, VI serie, *op. cit.*
[4] *Autobiografía I: El Archipiélago*, Buenos Aires, Sur, 1979.

misma sus textos, que venían en francés a su pluma. Además, en su medio, como ella misma lo reconoce, existía una especie de "desdén latente por todo lo que venía de España". Y Ocampo deberá esperar a su encuentro con Ortega y Gasset para disiparlo, y cuando lo disipa, se abre para ella una nueva avenida de conocimiento.

A la pasión a menudo centrípeta, aglutinante, identitaria de las generaciones anteriores (afán didáctico de Sarmiento, importador de innovadores sistemas culturales e industriales; afán de curiosidad cultural, mezclado de interés turístico y mundano, de las generaciones anteriores, en hombres como Mansilla o Cané; intención publicitaria de Lugones), ellos opondrán una pasión cosmopolita, itinerante y universal, que es también la de muchos de sus contemporáneos, desde Ernest Hemingway a André Malraux pasando por Antoine de Saint-Exupéry.

Y más allá del hedonismo que habitualmente —y con razón— se les achaca, hay en ellos una intención de conversar cara a cara con lo diferente, con lo extraño. No se trata de vanidad rastacuerista ni de ignorancia de las reglas de juego: ambos intentan seguir la consigna de Baudelaire: "[...] puiser dans l'inconnu pour trouver du nouveau" (hurgar en lo desconocido para encontrar lo nuevo).

La falta de timidez con que Victoria se acerca a Cocteau, por ejemplo, y la facilidad con la que Güiraldes intima con Valéry Larbaud, tienen que ver con la sustentable y saludable autoestima de quienes saben que sus preguntas serán razonablemente acogidas y confían en que su diálogo pueda incluso inspirar a sus eminentes interlocutores.

Pero ni Ocampo ni Güiraldes reniegan de su raigambre natal: como lo afirma el texto de Victoria, citando a D. H. Lawrence, el espíritu y la inteligencia de Europa no los aparta de la sangre y el alma sudamericana. Y esto no es un cliché vitalista más, sino un firme reclamo ante limitaciones que se detectan objetivamente, con una suerte de inocente audacia, por ejemplo en el excesivo cartesianismo de Paul Valéry, que señalan tanto Ocampo como Güiraldes. Y esa misma audacia les permite aventurarse allí donde sus antecesores no lo hubieran hecho —el haschich de Güiraldes en la India, el encuentro mussolinista de Victoria. Se tutean con los grandes del mundo sin pestañear—, allí está el desparpajo con que Victoria narra su almuerzo con De Gaulle. Ambos cuentan con las ventajas que dan la elegancia y la hermosura, y sin esforzarse o proponérselo en particular, imponen la moda de su tiempo: Victoria importa los Chanel de París —elección que era una estética más que un gesto de esnobismo— y Güiraldes introduce el tango en París.[5]

---

[5] Ver Beatriz Sarlo, *La máquina cultural, maestras, traductores y vanguardistas*, Buenos Aires, Ariel, 1998.

Naturalmente, hay diferencias entre ellos: más dinámica y volcada al futuro, y también más longeva, Victoria se enamora en sus últimos años de Nueva York; Güiraldes, en cambio, más contemplativo, registra el cimbronazo imborrable de su viaje a la India en sus cartas, en *Don Segundo Sombra*, su ópera magna, y en los últimos escritos místicos. Mientras Ocampo mira en sus viajes hacia el futuro, Güiraldes se está preguntando en ellos por la eternidad.

Ocampo viaja por derecho propio, es decir, por privilegio de cuna: la célebre imagen de la vaca embarcada en el trasatlántico que navega hacia Francia, donde será sacrificada después de haber provisto leche de la mejor calidad durante toda la travesía, representa los caprichosos y omnímodos poderes de la familia Ocampo.[6] Desde la infancia aprenderá en París —la mejor escuela— el francés en el que se mueve toda su vida como pez en el agua; pero también es en París donde, adolescente, amenaza arrojarse por una ventana cuando su madre, horrorizada, le arrebata el *De Profundis* de Oscar Wilde que estaba comenzando a leer, iniciándose en la carrera de lectora omnívora que la caracteriza hasta su muerte.

Entre duquesas y apaches, Güiraldes instala el tango en París, del mismo modo en que más tarde Victoria instalará a Borges, vía Roger Caillois, en el ámbito inesperado de la revista de Sartre, *Les Temps Modernes*, bajo la pluma de Étiemble.[7] La irreverencia es más notable en Victoria: cuando De Gaulle la invita a un almuerzo exclusivo en el Élysée, ella describe con su habitual frescura, en una carta a su hermana Angélica, la famosa ocasión: Mme. de Gaulle, a la que retrata como la víctima nº 1 del General; el gesto soberano de De Gaulle; el menú, con observaciones críticas de alabanza y reticencia entremezcladas:

> "unos buñuelos riquísimos"... "brioche con fruta adentro: esta mezcla no me gusta"... "el café menos rico que el de José por cierto". "De Gaulle es un soberano que recibe a sus súbditos. A pesar de eso es amable —como los soberanos"... "Chevalier le dijo a De Gaulle que Buenos Aires era una linda ciudad y yo intercalé: Linda no; viviente. Y De Gaulle dijo: Entonces linda no: hermosa".

---

[6] Rodolfo Aráoz Alfaro (*El recuerdo y las cárceles*, Ediciones de la Flor, 1967) también recuerda la anécdota de la vaca trasladada a París.

[7] Étiemble, "Borges: un homme à tuer, cosmopolite", en *Les Temps Modernes*, Paris, septembre, 1952.

Y finalmente el remate típicamente victoriano: "¡Qué suerte que acabé con este compromiso! No me gustan los almuerzos de más de cuatro personas".[8]

Los continentes y las ciudades son mensajes de novedad, correlaciones con respecto al *habitat* intelectual y social porteño, pero sobre todo oportunidades para encontrar talentos transformadores en todos los ámbitos, desde la pintura hasta la política pasando por la moda y la música contemporánea. Así, Ocampo irá enlazando a Valéry, a Jean Cocteau, a Serguei Eisenstein, a Virginia Woolf, a Waldo Frank, a los más dispares representantes de la música de su época, desde Igor Stravinsky hasta los Beatles. Avanza impetuosamente, y su confianza de primogénita de una familia ilustre, su porte imperioso, su energía insólita, su singular capacidad de escucha, el atrevimiento y la naturalidad con que instala sus preguntas, yendo directamente al corazón del asunto que la apasiona, le dan las credenciales necesarias para establecer un diálogo muchas veces sorprendente con sus eximios interlocutores. A veces, sin embargo, el intento de diálogo fracasa, como en su visita a Bernard Shaw, que apenas la registra; como lo señala Beatriz Sarlo: "La mujer cosmopolita quiere ser observada por una mirada cosmopolita, y muchas veces quien la observa, lejos de ser un cosmopolita, es un francés o un inglés adherido a su cultura como a una valva".[9]

Otras veces dejará una huella indeleble, como en Lacan, Malraux o Camus. Roger Caillois confiesa sentirse empujado por un torbellino: "su naturaleza salvaje me intranquiliza". Ocampo no se desanima por sus derrotas ni se jacta de sus conquistas: avanza siempre requiriendo más.

Pero el cliché que presenta a Ocampo como viajera voraz, devoradora de hombres seductores y fanática de celebridades mundiales, puede atenuarse si se considera su notable capacidad crítica con respecto a alguna de las eminencias que encuentra en su paso vertiginoso por el Viejo y el Nuevo Mundo. En ese sentido, el encuentro con Keyserling, que terminó catastróficamente debido a la imperdonable ingenuidad de Ocampo en sus primeros tiempos, parece haber operado como una catarsis saludable que la remitiría a una perspectiva más sensata para el futuro, abriéndola a una lucidez más exigente con respecto a los interlocutores que le depararía ese futuro.

Victoria gorila, Victoria tilinga, Victoria anfitriona afortunada pero en el fondo prescindible intelectualmente: éstos son los clichés ha-

---

[8] *Cartas a Angélica y otros*, Buenos Aires, Sudamericana, 1997.
[9] Beatriz Sarlo, *op. cit.*

bituales que rodean a la mujer de la que Waldo Frank dijo que había venido al mundo con tres maldiciones: la riqueza, la hermosura y —peor que todas— el talento. Se la ve también como Victoria Regia, como Victoria triunfante; mucho más difícil es descubrir a Victoria combatida, traicionada, derrotada. Una excepción es Juan José Sebreli, quien se atreve a titular un estudio que le dedica, tan discutible como interesante: "Victoria Ocampo, una mujer desdichada". Dice Sebreli, apuntando a la capacidad de ruptura de Ocampo:

> Victoria Ocampo era por cierto una oligarca, pero no todos los oligarcas fueron Victoria Ocampo. Las damas de la alta sociedad, como se decía entonces, no empleaban su dinero y su tiempo en la difusión de las letras, ni abrazaban la causa del feminismo, ni transgredían las costumbres establecidas, ni se animaban a proclamar su agnosticismo: en alguna oportunidad, la Iglesia llegó a censurarla, y su clase sólo la toleró, no por su obra cultural, que ignoraron, sino por ser rica, exitosa y pertenecer a una familia de abolengo.[10]

Es Gabriela Mistral quien dice a Victoria Ocampo: "Desde que leí su primer libro, supe que Ud. entraba en la escritura literaria con cuerpo entero". Pero es también, precisamente Gabriela Mistral —condenada, por su carrera diplomática, a transitar por el mundo— la única que se animó a criticar el eterno vaivén de Victoria, ya que le parecía que ese permanente devaneo disgregaba sus dones y la sustraía a su misión más profunda. En las cartas transcriptas por Alicia Jurado se transparenta su afán por una Victoria más recogida y concentrada, menos amenazada por los poderes de su propia curiosidad e inquietud:

> Continúe lo que Ud. comenzó. Dios mío, Ud. tiene para dar de comer al alma de los pueblos. Ud. es tremendamente rica; Ud. puede hacer lo que quiera del lugar —físico o moral— en el que hinque, al que arribe. Pero hinque, quede, no viaje, no veleidee, no se canse, no se niegue, no renuncie.[11]

Sin embargo, Ocampo era una formidable apasionada que necesitaba viajes, amantes, músicas y experiencias tanto como lecturas y es-

[10] Juan José Sebreli, "Victoria Ocampo, una mujer desdichada", en *Escritos sobre escritos, ciudades sobre ciudades*, Buenos Aires, Sudamericana, 1989.

[11] Alicia Jurado, "La amistad entre Gabriela Mistral y Victoria Ocampo", en *Boletín de la Academia Argentina de Letras*, II, Buenos Aires, 1989.

crituras; no vivía para escribir, porque además de ser escritora y traductora era actriz y feminista de fuste. Nunca existió exclusivamente sólo para las letras sino que, a partir del exceso de vida que la poseía felizmente, transcribió directamente y sin mayores alambiques su experiencia inmediata, desde una espontaneidad, sensualidad y lucidez raras en su síntesis personal, y difíciles de encuadrar en teorías literarias preestablecidas. Pero esa experiencia se había construido a través de una reflexión vital alimentada en hallazgos y encuentros indelebles; sobre todo a través de sus primeras lecturas, las francesas: Racine, Pascal, Baudelaire.

A pesar de haber sido muchas veces retratada como una esnob crédula e ingenua, no deja de clavar un estilete aguzado en las grietas de los gloriosos. Son memorables sus despiadadas instantáneas acerca de los genios y candidatos a genio que la rodean: "Lacan me pareció un pequeño Napoleón". "Ravel parecía ignorar a Ravel". "Noailles era una mezcla de cisne y de serpiente". "Simone de Beauvoir, que me dictaba clase sobre el feminismo de Virginia Woolf, no conocía *Tres Guineas*". Y esta autorradiografía de su relación con Roger Caillois cuando le escribe: "Tal vez no sabes aún la extensión del dominio que hemos cultivado. Tú también me has dado cosas. Quizás no las que yo esperaba. Los dioses me han protegido".[12]

Como dice Sarlo, a Ocampo le parece completamente equivocada (y temible) la idea de que una cultura se pretenda autosuficiente. Por eso, su amor por Francia no deja de marcar límites. Es importante, en ese sentido, tener en cuenta la sinceridad de sus ambivalencias; en otras palabras, intelectualmente hablando, la complejidad con que supo inspirar sus admiraciones. Es decir, la misma persona, el mismo autor podía alternativamente deslumbrarla y decepcionarla, y a estos deslumbres y a estas decepciones se mantenía fiel. Y Francia, que es para ella personaje y persona insustituible, es objeto de su apasionada admiración pero también de sus elocuentes frustraciones. Ocampo encara a Francia con el mismo desparpajo y brutalidad con que encara sus relaciones afectivas con los seres más queridos.

Dentro de este encuadre, un ejemplo particular, es su retrato de Anna de Noailles. Desde su primera visita, Ocampo, quien desde niña ha leído y aprendido de memoria muchos de sus poemas, se deslumbra y se divierte con la condesa, pero también se pregunta: ¿Es ella la que yo he leído? ¿De qué se esconde, qué es lo que esconde esta mu-

---

[12] *Autobiografía V: Figuras simbólicas. Medida de Francia*, Buenos Aires, Sur, 1983.

jer que actúa de un modo tan diferente al de su escritura? ¿Dónde reside en verdad su corazón: en lo que escribe o en lo que actúa?

Aquí su descripción, que parece típica del estilo, el gesto, la mente de Ocampo. En primer lugar lo físico, que siempre es primordial en ella:

> Sus hombros, su cuello delgado y largo, su cabeza morena, de cráneo ligeramente achatado, erguida a cada momento por vivos movimientos, hacen pensar en no sé qué cruel y hermosa mezcla de cisne y de serpiente.

Y después lo estético y lo personal:

> Nunca la vi llevar un vestido que permitiera a su gracia natural y a su delicadeza expresarse plenamente. Sus trajes, como estilo, estaban recargados de epítetos. Sus habitaciones, atestadas de muebles. Se hubiera dicho que no se decidía a elegir y que prefería guardarlo todo por temor de sacrificar algo. Era justamente lo que la perdía. Su abundancia acababa por empobrecerla. [...] Anna era todo lo contrario de la mesura: esto es lo que en ocasiones —y por espíritu de contradicción— me la hacía profundamente simpática en ciertas atmósferas de París en que la mesura se respetaba demasiado.[13]

Son notables los contrastes de esta descripción. Si Ocampo hubiera sido tan sólo una mujer competitiva y segura de sus dones de elegancia —que pocos discutirían—, hubiera podido reducir su retrato a este golpe de estilete, que es también una muy aguda observación ético-psicológica: "Su abundancia acababa por empobrecerla". Ésta es la misma Ocampo que en París había amueblado escandalosamente su departamento con una simple mesa rústica de cocina, de pino blanco. Pero naturalmente, las sillas de paja y los sillones de mimbre alternaban con los cubiertos de plata y los cepillos de carey con iniciales de oro. El arreglo, por su novedad, su falta de convencionalismo y su inesperada belleza y simplicidad, deslumbró a la mismísima Chanel que, acompañada por Misia Sert, había ido a investigar los dones estéticos de su famosa clienta.

Pero Ocampo puede también ser generosa, y deja para el final la nota de simpatía y empatía crucial: Anna era desmesurada y esa desmesura escandalosa resultaba aliviadoramente refrescante y necesaria

---

[13] *Autobiografía V, op. cit.*

en "aquellas atmósferas de París en que la mesura se respetaba demasiado". En el fondo, es un canto a sí misma el que alza en estas líneas: porque había alguien también, del otro lado del océano, que escandalizaba los salones demasiado pacatos de una Buenos Aires burguesa y convencional con su impetuosa juventud, libertad y voluntad de ruptura, y ese alguien se llamaba Victoria Ocampo. Pero más allá de lo que algunos llamarían complacencias narcisistas, lo que se siente es la pujanza de Victoria, a través de Anna, mordiendo el freno de la exquisita y a veces asfixiante y exacta proporción francesa, una dimensión a la que jamás acabaría por acostumbrarse. Algo semejante se desliza en su retrato de Cocteau, "exquisito pero estrechísimo":

París, 18 de marzo de 1930

La velada con Cocteau, Ortega, Ramón Gómez de la Serna y Marie Louise Bousquet fue un éxito. Cocteau se sentía a las mil maravillas; no paraba de hablar, y todo lo que decía era de un encanto y una calidad única (la misma de las joyas de Cartier, los sombreros de Reboux, los nécessaires de Keller). Ortega —que tiene debilidad por ese estilo de ingenio— estaba deslumbrado. Ramón también. Marie Louise emitía pequeños gorgoritos de alegría —como si hubiera sido capaz de comprender. Es inútil tratar de repetir la conversación. Cocteau dice y actúa, mimetizando las cosas que dice: imposible reproducir su magia.

Físicamente, es un ángel del Greco. Delgado hasta lo inverosímil, todo perfil, con un rostro gastado, roído de inteligencia, ojos de mirada aguzada, manos de flacura esquelética, que constantemente dibujan en el aire y completan e ilustran sus frases. Todo en una suerte de vuelo: vuelo de gestos, vuelo de palabras, vuelo de la voz (es un ser intenso pero sin gravedad). Contaba la entrada de Anna de Noailles en el Foyer de los artistas de la Comédie, el día del ensayo de *La voz humana*. Era de una exactitud caricatural que hubiera impresionado hasta al más idiota. Llevaba a Desbordes colgado del brazo izquierdo y daba su mano derecha a besar a todo el mundo, incluso a los bustos de Racine, Corneille, Molière, Marivaux, haciendo crecer brazos desde los bustos... Como todos los franceses, ignora todo lo que ocurre fuera de Francia, y aun fuera de París. Él mismo lo ha dicho: "No he nacido en Francia, sino en la parroquia de la Madeleine". Es curioso, porque esta actitud resulta anticuada en nuestros días. Tanto más cuando es el protagonista de la moda.

Cocteau es, intelectualmente, espiritualmente, sentimentalmente, igual a su aspecto físico: exquisito, pero estrechísimo...[14]

Interesante, y para muchos novedoso, es su retrato de Jacques Lacan, a quien conoce en 1930, cuando Ocampo está entrando en el ce-
nit de su espléndida cuarentena y encuentra a un joven y desconocido
Lacan, según ella "lleno de no sé qué energía desaforada que lo devora física y moralmente. Con sueños napoleónicos de desvarío". Y añade: "Odia a Valéry y escribe versos valéricos". Y más tarde, concilia-
doramente, y muy en la vena de su poderoso sentido del humor:
"Tenemos en común el gusto del disparate".

Y particularmente punzante es su retrato de Paul Valéry, a quien
ha leído con especial devoción cuando joven, sin imaginar que luego
de la guerra tendría la terrible oportunidad de enviarle zapatos desde
la Argentina, tal era la indigencia en que se encontraba su predilecto,
juzgado como una de las glorias del siglo XX francés. He aquí lo que
dice Ocampo de él:

Valéry era una de las inteligencias más claras, uno de los talentos más vivos entre los europeos de nuestra época. Pero
era terriblemente arbitrario. En él, el resecamiento de Europa se había embalsamado, aromatizado, divinizado, pulido
—¡qué sé yo!
"L'insecte net gratte la sécheresse". He dicho alguna vez este
verso en voz alta delante de él, pensando en él, sin darme cuenta de que lo hacía. Nadie ha hablado mejor que él acerca del fin
de las civilizaciones: era su forma de autobiografía.

La inteligencia desligada de la intuición (palabra que Valéry
detestaba), desligada del corazón, desligada de lo humano, nada puede crear ni percibir: está destinada al fracaso. Y desdi-
chadamente, son estas inteligencias despojadas las que parecen
estar trabajando hoy día por la paz del mundo. ¿Son acaso bri-
llantes los resultados? Y sin embargo Valéry era un hombre
lleno de delicadezas. Había una gran ternura inconciente en su
mirada. Una ternura que se ignoraba, que no se sabía tan tierna. Pero ni él ni Drieu podían ver que la sobrevaloración de los
valores intelectuales y materiales llevarían al mundo a una nue-

[14] "Correspondencia", Sur, número 347, Buenos Aires, julio-diciembre de 1980.

va barbarie, esta vez la barbarie del hombre civilizado: una nueva forma de barbarie.[15]

De paso, es interesante ver cómo Güiraldes confluye aquí con Ocampo, cuando dice en una carta a Jules Supervielle:

Aunque mucho admiro a Paul Valéry, no acepto su pretensión de captar lo perfecto. [...] Pero esto de Valéry sería muy largo. No puedo vivir en lo seco y rectilíneo. Necesito la vaguedad de lo curvo y un poco indeciso que rige todo cuanto estamos acostumbrados a ver en el universo. Se me antoja un planeta perdido en línea recta por el espacio. ¿Adónde iría? A ninguna parte. Para estar en alguna parte hay que amar algo y el amor no está en la total posesión del objeto (sobrevendría asimilación del objeto o desaparición en el objeto), sino en la conservación de una distancia que nos haga el objeto siempre necesario (pasionalmente) y nunca poseído.[16]

Con la colaboración de Victoria Ocampo, Roger Caillois —quien fue su huésped durante la Segunda Guerra Mundial— estuvo a cargo de *La Croix du Sud*, una publicación de Gallimard que entremezclaba autores franceses y latinoamericanos. Vuelto a Francia luego de concluida la guerra, Caillois es recibido en su país con todos los honores, que incluyen su entrada en la Academia Francesa; pero esto no significa que haya dado la espalda a sus amigos sudamericanos. Por el contrario, como lo recuerda Ocampo en sus *Testimonios*, la Cruz del Sur estaba grabada por pedido de Caillois en la espada que forma parte del atuendo de los académicos franceses, su célebre *habit vert*.

En su último viaje a la Argentina, Caillois le regala a Ocampo una piedra rosada, rodocrocita, orgulloso de poder señalar su exótico origen: Andalgalá. Y ella, que se ríe del traje de escarabajo que le ha impuesto la Academia, no deja de reflexionar: "Aunque platónico, sospecho, este amor por Andalgalá del flamante escarabajo nos conmueve". Esta mezcla de escarabajos franceses y minerales catamarqueños, esta fusión de academia y poesía, de solemnidad francesa y gracia criolla, es típica de la peculiar atmósfera, entrecruce de olfato sensual, conciencia intercultural y humor, que era capaz de suscitar Ocampo.

---

[15] *Autobiografía V, op. cit.*
[16] Ricardo Güiraldes, *Obras Completas*, Buenos Aires, Emecé, 1962.

Inolvidable también —y algo papelónico en sus postrimerías, en verdad— es su diálogo con Camus —el que en una carta escrita poco antes de su temprana muerte, le dice que en noches de insomnio recuerda con nostalgia la paz que encontró en San Isidro. "¿Vendrá pronto a Europa? Lo deseo y deseo también que establezcamos por lo menos una correspondencia un poco seguida. Somos sólo un pequeño número y nos perdemos al azar de los continentes. Juntémonos. Juntémonos".

"Qué extraño", le contesta Ocampo. "Hay algo en usted, una clase de apertura al mundo, una mirada ávida dirigida al mundo entero, como desde un altísimo acantilado, que no es precisamente francés. No es el mirar francés, encerrado en su propia perfección. Es el mirar del que busca perfecciones ajenas todavía, allí afuera". Me contestó medio en serio, medio en broma: "Olvida Ud. que no soy francés. Soy africano".[17]

Si se pasa al dominio anglosajón, resulta sumamente instructivo observar la interesante relación de Victoria Ocampo y Virginia Woolf: algo así como un clímax del desencuentro. Ocampo admira a Woolf por su talento literario y por su feminismo; Woolf sólo leerá de Ocampo las cartas, y ante Victoria Sackville-West la definirá jocosamente como la amante de Mussolini-Hitler. Sin duda, está abrumada y desconcertada por esta latinoamericana amazónica que la obliga, contra toda su voluntad y las reglas más pertinentes de la *British privacy*, a someterse a la cámara de su protegida, Gisèle Freund —que nos deja, es cierto, uno de sus más memorables retratos. Escribe Ocampo acerca de este desencuentro, que por cierto no dejó de advertir, como lo dice sin amargura: "Para ella, ¿qué habré sido? Un fantasma sonriente, como lo era mi propio país". Y a pesar de todo subsiste "mi amistad con Virginia, tan unilateral, pues yo la conocía y ella no a mí; pues ella existía intensamente para mí y yo para ella fui una sombra lejana en un país exótico creado por su fantasía".[18]

Y en una carta a María Maeztu:

¡Virginia, una inglesa extraordinaria! ¡Más novelesca que sus novelas! Y para quien el mundo real no existe. Fantástica mujer. Pelo blanco, cara muy delgada y belleza conmovedora en medio de su frialdad glacial, como diría la bestia de Grau! ¡Pobre! Me ha preguntado hasta el infinito sobre mi vida, mi país, mi infancia, etc. etc, todo con una pasión y una curiosidad to-

---

[17] "Correspondencia", *op. cit.*
[18] *Virginia Woolf en su diario*, Buenos Aires, 1954.

talmente impersonales. Como si yo fuera una cosa y no un ser viviente. Pero se lo perdono. También me divierte y me inspira una curiosidad que no es cruel, sino infinitamente más directa y humana. Me quedo en Londres por ella, más de lo que pensaba. Me fascina porque tiene todo lo que yo no tengo y porque tengo todo lo que ella no tiene. Y creo que la fascino por la misma causa. Y luego es tan extraña, tan *wrapped up* en su mundo imaginario donde juego el papel de una inmensa mariposa dorada "sudamericana" —es decir exótica— revoloteando a su alrededor, haciéndola soñar con un país que no quiere conocer sino en la forma en que se lo relata a sí misma… (no me lo ha dicho así, pero así lo siento). Las mujeres de talento me interesan, María, más que los hombres. Los hombres me interesan por otras razones… ¡Pero las mujeres! Quisiera desmontarlas pieza a pieza para no dejar escapar nada.[19]

Sin embargo, algo profundo había hecho contacto entre ellas, como lo muestra una carta de Woolf a Ocampo: "¡Qué extrañas vidas rotas tenemos… qué fantasmas!" Woolf ha advertido en Ocampo, mucho más que sus superficiales admiradores, una vida rota, como la de ella. Y estas escalofriantes palabras: "Pero no me deje flotar a la deriva en la niebla".

Woolf imagina a la Argentina como un territorio de mariposas admirables; Ocampo condesciende y le envía una hermosa caja con mariposas latinoamericanas. Cabe preguntarse cuál de las dos era más ingenua. Tiempo después, la guerra destruye una de las casas de Virginia y Victoria escribe: "La casa de Tavistock Square, estrecha, con su escalera empinada, donde vi colgadas de la pared las mariposas cazadas en cielos americanos, ya no existe, destruida por algún muchacho rubio venido en alas plateadas del cielo de Bach y de Goethe".[20]

Sin embargo, ya muerta Virginia, Leonard Woolf, su viudo, le escribe a Victoria que las mariposas de Tavistock Square, milagrosamente, han sobrevivido. Comenta Ocampo en el mismo texto:

Ese vulnerable polvo de colores que en los tórridos veranos superponía su esplendor al de las flores hoy muertas en sus bosques tropicales o sus templados jardines; esas antenas frágiles que el más leve contacto puede deshacer, han atravesado la tempestad de la metralla.

[19] "Correspondencia", *op. cit.*
[20] *Virginia Woolf en su diario*, *op. cit.*

El regalo de Ocampo —juzgado como rasgo ingenuo de prodigalidad extravagante de una rica admiradora latinoamericana a la gran pluma anglosajona— se ha vuelto un símbolo conmovedoramente paradójico a través de los años y de la adversidad. Las mariposas encarnaban, del lado de Woolf, socialista austera a sus propios ojos, la cándida visión virginiana de Sudamérica, mezcla de infantil ignorancia colonialista y de fantasía poética; pero para Ocampo, la sudamericana desaforada y tropical, eran la metáfora misma del estilo de Woolf, el vibrante y frágil aleteo multicolor de su prosa maravillosamente inglesa, cuyo esplendor intermitente amenaza desaparecer a cada instante. Un retrato y a la vez un homenaje de Ocampo a Woolf, ignorado por Woolf; un secreto homenaje que atraviesa el tiempo y la metralla.

Pero lo que acaso caracteriza más adecuadamente la actitud de Ocampo hacia Francia, como síntesis, se encuentra en su semblanza de Güiraldes, de quien era contemporánea y entrañable amiga y con quien bailaba el tango. Él era un consumado bailarín, que cautivaba por igual a apaches y condesas cuando, anclado en París y cortados los recursos de la excesiva generosidad de su familia, se estrenó como introductor del tango, abriendo escuela a la vez en los reductos más sórdidos y los salones más elegantes. Pero también será Güiraldes quien presente Victoria Ocampo a Jorge Luis Borges. Victoria ve a Ricardo como un doble fraterno, como un espejo de lo que ella misma había experimentado en su relación con Francia:

Ricardo era una prueba de la dosis de literatura extranjera que puede digerir un criollo sin perder su criollismo. Leía continuamente en francés y dentro de lo francés la poesía más refinadamente francesa: Mallarmé, Laforgue, Rimbaud. Después de haber pasado años admirando y sabiendo de memoria poemas de sus ídolos, escribió *Don Segundo Sombra*, a mi parecer tan intraducible como el Martín Fierro. Güiraldes había bebido ávidamente en fuentes francesas, se había apoderado de todo lo que en Francia era inconmoviblemente francés y que sufría en él una transustanciación. Francia no se apoderó de él, sino él de ella.[21]

Y hablando de sí misma en una línea similar en el mismo texto:

Yo no me siento extranjera en París, ni en Roma, ni en Londres, ni en Madrid, ni en Nueva York, etc. Y sin embargo soy un bien

[21] *Autobiografía V, op. cit.*

de esta tierra. A esta tierra traigo esas tierras, y a esas tierras llevo la mía. Soy de una esquina de Florida y Viamonte, de otra de San Martín y Viamonte (donde nací), de las barrancas de San Isidro, de una quinta en Mar del Plata (cuando las calles eran de tierra y no de asfalto). Pero soy de París y de Londres y de Roma y de Madrid y de Nueva York y hasta de Calcuta, que no conozco. Soy del mundo entero sin dejar migajas.

Pero no sólo son los héroes culturales presentes o futuros los que atraen la atención de Ocampo, sino que también olfatea el aire de su espacio y de su tiempo encontrando, percibiendo insólitos contrastes y nuevas perspectivas: no sólo es la que amuebla un departamento en París con una mesa de pino blanco, sino que será también una urbanista que modifica los gustos arquitectónicos porteños bajo la inspiración de Le Corbusier y la que se lanza al insólito elogio de la monotonía cuando compara la llanura pampeana con el abigarramiento decorativo europeo, como lo hace en su carta a Drieu La Rochelle:

En Europa me sentía humillada por la falta de pintoresquismo de mi alma. Mi alma no es tampoco *un paysage choisi*. Lo pintoresco, en suma, es ver reunido en el menor espacio posible la mayor diversidad imaginable. ¿No?
Sorprende que con las palabras de tantos idiomas que me son familiares, que con tanta música que me llega de los cuatro puntos cardinales y que me gustan con frenesí, delicia y glotonería; que con pensamientos franceses, ingleses, italianos, rusos, alemanes, españoles de España, indios; sorprendente, digo, que con tal mescolanza de colores se vuelva a componer en mí el blanco. Que el pintoresquismo se vuelva en mí monotonía pampeana, es decir "en la mayor cantidad de espacio posible, la menor cantidad de diversidad posible" [...] Michaux sostiene con razón que la monotonía es una virtud desconocida. "La repetición de una cosa vale tanto como cualquier variedad de cosas; tiene una grandeza muy especial y que proviene sin duda de que la palabra puede difícilmente expresarla. El océano es la repetición de un poco de agua, la repetición considerable... y sin embargo nada es más fascinante que el mar en nuestro planeta. En el mismo sentido, la vida más monótona sería la más *attachante* y hasta la más milagrosa.[22]

[22] *Idem.*

Güiraldes, por su parte, en un episodio excesivamente soslayado por nuestra crítica académica, experimenta el haschich en la India, cuando, junto con Adán Diehl, va a un fumadero y consigue —a través de la mediación de un hindú "flaco y joven"— una sobrecogedora visión de la Argentina y del gaucho, que de algún modo se transmitirá más tarde en *Don Segundo Sombra*. Así lo dice en una carta a Valéry Larbaud:

Estábamos en Kandy con Diehl. Habíamos comido copiosamente, y luego jugado al billar tomando Benedictine entre carambola y carambola, hasta convertir el juego en un infantil bombardeo de las barandas del aparato verde, en que las bolas no parecían entender lo que requeríamos de ellas.[...] Estaba ya dormido cuando Diehl, presa de no sé qué obsesión, me despertó diciéndome que había descubierto un fumadero de haschich y que allí me despejaría yo a la tercera pipa. Me pareció buena idea. Me metí en un pantalón, entré en el saco, me calé los zapatos blancos y allí fuimos. Al rato vino Diehl diciéndome, no sé si en broma: "No querían abrirme pero los he convencido de que soy el duque de Connaught viajando de incógnito, y nos van a preparar unas esteras y proporcionar un par de *boys* para las pipas". Eso que me hubiera, en otras circunstancias, hecho reír hasta rajarme la cara, me dejó muy tranquilo. Si me hubiesen dicho que yo era el rey de Inglaterra, el Maharajá de Tanjore o la Venus de Siracusa, lo hubiera aceptado con igual ingenuidad.
Recobré mi lucidez en un pequeño cuarto sin muebles. Debía, pues, haber fumado las tres pipas. Entre el humo de una bocanada, vi que el incógnito duque de Connaught conversaba con un hindú flaco y joven. En un inglés lleno de calambres, que yo gracias a eso entendía, hablaba de historia argentina. ¿De dónde podía aquel hombre, aparentemente de baja casta, sacar tales conocimientos? O había leído algo al respecto, cosa por demás rara, o procedía con ayuda de algún truco psíquico, extrayendo de nosotros mismos el nombre de San Martín y de algunas batallas, así como los motivos de la insurrección de Mayo. Extraordinario es pensar con tales métodos, pero más extraordinario aún era creer que un sudra o patán indio supiese lo que ignora cualquier historiador francés. En todo caso estaba yo adueñándome de un bienestar lúcido. ¿Eran las pipas o el hombre? Y me alejaba de todo esfuerzo por dilucidar problemas intrincados. En cambio se me proponían, sin esfuerzo, paisajes e imágenes que guardaba cariñosamente ante mis ojos

un momento para luego alejarlos, cesando de entenderlos. La Argentina era un gran país en el mapamundi, que vino así de pronto. Conjuntamente vi su territorio, su historia y sus hombres. Maravilloso el territorio que iba desde la nieve al trópico en los dos sentidos de latitud y altura.

Unos pocos hombres bravos y duros peleaban en pequeños vórtices sanguinolentos, perdidos en aquel mundo, y había en el ambiente fuertes gritos de rebeldía y de fe en la propia capacidad. Yo veía muy bien todo esto desde mi conocimiento de civilizaciones completas y ya en retroceso y cuando, en la calma de los momentos actuales, el país se me presentó liso y aparentemente hecho, vi que todo en él era imitación y aprendizaje y sometimiento, y carecía de personalidad, salvo en el gaucho que, ya bien de pie, decía su palabra nueva.

No era cuestión para mí, en ese momento, argüir nada. El hecho tenía carices de axioma y yo comprendía, no como quien razona, sino como quien constata una evidencia. ¿Eran siempre las pipas o era siempre el hombre?

No he tenido posteriormente sino razones para afirmarme en tal sensación.[23]

Resulta curioso comprobar que en circunstancias tan singulares, y en un medio tan exótico, Güiraldes haya tenido una perspectiva visionaria de su país y de su propia obra, como difícilmente la hubiera alcanzado mediante un esfuerzo de lucidez, en un ambiente más familiar. Hay aquí una anticipación obtenida de un modo aparentemente mágico, en el inesperado escenario de la noche de Kandy. Don Segundo Sombra ya está aleteando allí, con su "palabra nueva", en contraste con el país que es sólo —y acaso lo siga siendo— "imitación y aprendizaje y sometimiento".

Una cierta libertad o desenfado, que quizá se origina en la pertenencia a la clase privilegiada, pero que se arraiga asimismo en las personalidades de ambos, igualmente rebeldes con respecto a su medio, permite a Ocampo tanto como a Güiraldes apartarse de la consabida perspectiva con respecto a lo extraño. En disidencia con la admiración prácticamente incondicional de su clase, Victoria desdeña la armonía preestablecida de los salones franceses, asfixiantes en su proporción admirable. Güiraldes, a su vez, huye de las pompas naciona-

[23] Alberto Oscar Blasi, *Güiraldes y Larbaud, una amistad creadora*, Buenos Aires, Nova, 1969. Ver también Ivonne Bordelois, *Ricardo Güiraldes*, Buenos Aires, Eudeba, 1999.

listas del Centenario para arriesgarse a viajes internacionales muy por afuera del trayecto convencional, y así se interna sin prejuicio en la aventura de la droga, que le abrirá el camino hacia una creación transformadora de la figura del gaucho.

Ambos amplían drásticamente el dial de contactos de los hombres del 80 y del Centenario: excediendo la obsesión por París, tanto Ocampo como Güiraldes se internan en la fascinación por el mundo hindú, que en Ocampo se manifiesta en sus contactos con Rabindranath Tagore, Mahatma e Indira Gandhi, y en Güiraldes en un viaje memorable que germinará mucho más tarde en las lecturas que informan *El Sendero* y los *Poemas Místicos*. Miguel Cané habla de Máximo Gorki entrevisto fugazmente como un mendigo, mientras que Ocampo intima con Eisenstein y Stravinsky; Güiraldes se embarca en viajes latinoamericanos que plasmarán su visión de *Xaimaca*, y Ocampo se entusiasma gradualmente con los poderes de Nueva York —en un periplo eficazmente descrito por Mariano Plotkin—, a través del cual va pasando gradualmente de la admiración pintoresquista por los negros de Harlem al asombro que le produce una nueva forma de belleza, menos armoniosa pero más vital, aterradora y futura que la de París.[24] Como lo dice Viñas, en un libro en líneas generales muy poco favorable a Ocampo:

> Si Victoria Ocampo era "ingenua" —como suelen calificarla sus apologistas—, en ningún momento se convirtió en alguien manejable: "se traga", digamos, ciertas divisas democráticas puestas en circulación, pero así como no incurre en el más trivial cholulismo al negarse a preguntar *how many* o *how much* —como lo hacían los visitantes argentinos más acríticos— también va superando las reticencias tradicionales frente a los negros: desde una óptica "artística" rescata al jazz, a Duke Ellington, la andadura estupenda de "los negritos", o las voces de un coro en Harlem. Y con el tiempo, de acuerdo con esa misma entonación, llegará a indignarse frente al asesinato de Luther King...[25]

Dice Ocampo de Waldo Frank, en carta de abril de 1930 a Tagore:

[24] Mariano Plotkin, *Aprendiendo a entender. Victoria Ocampo y su descubrimiento de los Estados Unidos*, Sevilla, Escuela de Estudios Hispanoamericanos, 2002.

[25] David Viñas, *De Sarmiento a Dios, Viajeros argentinos a USA*, Buenos Aires, Sudamericana, 1998.

Él siente en el Norte lo que yo sufro en el Sur. Y cuando descubrimos que compartíamos el mismo estado de ánimo, la misma sensación de orfandad, también pensamos que podía cesar algún día en todo el continente, por el hecho de que tantas personas lo compartían.[26]

Cambio de dial, tensión, ruptura, opción por el trueque antes que por la asimilación incondicional, lealtad por el lugar de origen como ámbito irrenunciable, dentro de su carencia y de su dificultad, pero precisamente por eso, y por su desmesura, fuente de desafío y de inspiración permanente: éstos son los rasgos que validan el relato de Güiraldes y Ocampo, ingenuos y audaces, críticos y entusiastas, innovadores y fieles, protagonistas indiscutibles del otro viaje.

[26] "Correspondencia", *op. cit.*

BIBLIOGRAFÍA

Obras de Victoria Ocampo

Autobiografía: I-VI, Buenos Aires, Sur, 1979-1984.

Cartas a Angélica y otros, Buenos Aires, Sudamericana, 1997. Introducción y Notas de Eduardo Paz Leston.

"Correspondencia", *Sur*, n° 347, Buenos Aires, julio-diciembre de 1980.

"Homenaje", *Sur*, n° 346, Buenos Aires, enero-junio de 1980.

Correspondencia Victoria Ocampo - Roger Caillois (1938-1978), Buenos Aires, Sudamericana, 1999.

La Belle y sus enamorados, Buenos Aires, Sur, 1964.

Testimonios, Primera serie, Madrid, Revista de Occidente, 1935.1977.

Testimonios, Segunda serie, Buenos Aires, Sur, 1941.

Testimonios, Tercera serie, Buenos Aires, Sudamericana, 1946.

Soledad sonora (Testimonios, Cuarta serie), Buenos Aires, Sudamericana, 1950.

Testimonios, Quinta serie (1950-1957), Buenos Aires, Sur, 1957.

Testimonios, Sexta serie (1957-1962), Buenos Aires, Sur, 1964.

Testimonios, Séptima serie (1962-1967), Buenos Aires, Sur, 1968.

Testimonios, Octava serie (1968-1970), Buenos Aires, Sur, 1971.

Testimonios, Novena serie (1971-1974), Buenos Aires, Sur, 1975.

Testimonios, Décima serie (1975-1977), Buenos Aires, Sur, 1977.

Virginia Woolf en su diario, Buenos Aires, Sur, 1954.

Obras de Ricardo Güiraldes

Ricardo Güiraldes, *Obras completas*, Buenos Aires, Emecé, 1962.

1939 Y DESPUÉS: EL LARGO INVIERNO AUSTRAL DE GOMBROWICZ Y CAILLOIS

por Joaquín Manzi

En circunstancias diversas, y en parte casuales, Roger Caillois y Witold Gombrowicz desembarcaron en el puerto de Buenos Aires a mediados de 1939: el 11 de julio el francés, el 22 de agosto el polaco. Pocos días después, Hitler invadió Polonia y se desencadenó la Segunda Guerra Mundial, lo que los obligó a residir en la Argentina por un período mucho más extenso del que habían previsto: en lugar de unas pocas semanas, fueron respectivamente casi seis y veinticuatro años. Por azares del calendario y también por decisión personal, los dos extranjeros, entonces célibes, quedaron exiliados de sus países de origen, ocupados por los nazis. Ambos pasaron a engrosar las filas de europeos —emigrados o refugiados— que habían desembarcado en América del Norte y del Sur como consecuencia de la política totalitaria de Alemania, con la que la Unión Soviética acababa entonces de pactar.[1]

A su llegada, con el dictado de un seminario y la publicación de artículos en la prensa local, realizaron en parte, cada uno, el programa de los "viajeros culturales".[2] Pero, así definido, el viaje se agotó

---

[1] Entre ellos hubo un nutrido grupo de exiliados españoles, destacándose en particular Ramón Gómez de la Serna, por sus vinculaciones con la vanguardia española y local y tan cercano a Macedonio Fernández y Borges, así como también Rafael Alberti, Arturo Cuadrado, Alejandro Casona, Jacinto Grau, Clemente Cimorra, Francisco Ayala, muchos de ellos publicados por la Editorial Losada en su colección Contemporáneos.

[2] Ver Gonzalo Aguilar y Mariano Siskind, "Los viajeros culturales (1920-1942)", en María Teresa Gramuglio (dir.), *El imperio realista*, vol. 6, *Historia crítica de la literatura argentina*, Buenos Aires, Emecé, 2002.

rápidamente: el transatlántico *Chrobry*, a cuyo periplo inaugural había sido invitado Gombrowicz, regresó a Londres, y Caillois finalizó el ciclo de conferencias sobre el mito organizado por *Sur*. Mientras que el polaco, tal como lo narró en su novela autoficcional *Transatlántico*, dudó hasta último momento acerca del regreso, al punto que incluso se bajó de la pasarela mientras sonaba la sirena de partida, el francés prefirió ir posponiendo la vuelta quizás por miedo a perecer en el intento.

Así como ambos llegaron a Buenos Aires por una invitación, otras los alejarían años más tarde: la beca Ford llevó a Gombrowicz a Berlín en abril de 1963, y la inclusión de Caillois en un viaje itinerante del nuevo gobierno de Francia, lo dejaría en París en agosto de 1945, luego de visitar varias capitales latinoamericanas. Ambos volvieron entonces a Europa a abrirse un espacio editorial, a buscar, o eventualmente recuperar un lugar cultural o intelectual del que la guerra los había separado. En los años en que ambos residieron en Francia, pudieron publicar sus libros y obtener un reconocimiento del que, según creían, el exilio argentino los había mantenido apartados: Gombrowicz obtuvo el premio Internacional de Literatura, Formentor, en 1967, y Caillois ingresó a la Académie Française en 1971.

Aquella prolongada estadía en la Argentina no significó un simple y provisorio refugio de la guerra, sino que acarreó una transformación mayor en sus vidas y ciertas consecuencias para la literatura argentina, ya sea por la acción posterior de Caillois en Francia, ya por la fuerte impronta que dejó impresa Gombrowicz, que traía una experiencia de ruptura de extraordinario vigor, en jóvenes e importantes escritores. En cuanto a sus propias vidas, la experiencia del descentramiento que implicó haber estado inmersos por fuerza en una lengua y una cultura hasta ese entonces totalmente desconocidas para uno y parcialmente para el otro, y adoptadas aunque más no fuera en virtud de las circunstancias.

A través de las nuevas formas de contacto así creadas con una y otra, el polaco y el francés rompieron íntima y profundamente con los medios culturales de origen y también consigo mismos en el sentido de lo que traían como propuesta literaria. En efecto, en la Argentina quedaron descentrados del marco de referencia lingüístico y literario de origen y también inadecuados o descolocados en el medio local. Esta separación, aislamiento en el caso de Gombrowicz, que irá apareciendo aquí en diversas formas literarias y también existenciales, se hace más evidente si se pone en paralelo la permanencia de ambos extranjeros en la Argentina con lo vivido en sus países de origen por otros dos escritores, amigo del polaco y colega del francés, respectivamente: Bruno Schulz y Michel Leiris. El primero fue confinado en el gueto de Drohobycz y luego salvajemente asesinado por los nazis, mientras que el segundo continuó con su trabajo de etnógrafo en el Musée de l'Homme de París para participar desde allí en la Resistencia.[3]

Extranjeros

Durante su estancia argentina, Caillois y Gombrowicz, que nunca dejaron de ser extranjeros, también lo fueron entre sí, puesto que se mantuvieron en una recíproca y olímpica indiferencia apenas quebrada por una mención irónica y despreciativa del polaco en su diario (*Journaux I*), acerca de ese francés que se arrodillaba ante Victoria Ocampo para solicitarle el financiamiento de una revista, *Lettres françaises*. La distancia misma que mantuvieron en esos períodos en que coincidieron, en Buenos Aires en los cuarenta, y en Francia en los sesenta, tiende también a aproximar a estas dos figuras contrapuestas, en una compartida posición ambivalente hacia la Argentina que los acogió: la gratitud y la perplejidad se combinan a la hora de evocar el país ajeno.

Las páginas que les dedicó Juan José Saer en *El río sin orillas* han trazado una vecindad contradictoria entre ellos puesto que nos dan una perspectiva a la vez extranjera y nuestra: la del huésped.[4] Los dos fueron figuras de una alteridad cercana, vecina y atrayente; hoy, leyendo sus textos también a través de los escritores argentinos con los que tuvieron contacto (Borges, Sabato), o que los integraron a sus ficciones (Piglia, Cortázar), Caillois y Gombrowicz son nuestros íntimos extraños, o también, y si se quiere, otros nosotros.

Un acercamiento renovado a estos dos escritores *dentro* de la literatura argentina gana espesor y relieve confrontándonos a la alteridad del francés y del polaco tal como se fue develando progresivamente a sus contemporáneos. La Argentina como país y como literatura les era extranjera, pero a su vez ellos siguen siendo extranjeros a nuestra literatura y a nuestro país. Este acercamiento heterológico implica ir más allá de la formulación figurada y antitética anterior —"otros noso-

---

[3] Del pintor y escritor vanguardista Bruno Schulz sobresalen dos títulos, *El sanatorio de la clepsidra* y *Las tiendas de color canela;* del surrealista y etnógrafo Michel Leiris otros dos, *L'âge d'homme* y *La règle du jeu*. En cuanto a Schulz y Gombrowicz es de notar que conformaron junto con Stanislaw Ignacy Witkiewicz (*Insaciabilidad*) un terceto cuyos textos conmovieron la literatura polaca de los años treinta.

[4] Juan José Saer, *El río sin orillas*, Buenos Aires, Seix Barral, 1991.

tros"— que respondía a otras, inscriptas en y desde la identidad nacional. Desde Sarmiento en adelante, la relación con el escritor o el artista europeo "notable" buscó la apropiación, algunas veces de sus textos, y otras, lisa y llanamente, la anexión a la cultura nacional.[5] Ricardo Piglia y Martín Prieto prolongaron a su manera aquellas apropiaciones identificatorias con Gombrowicz, al hacer de su novela *Ferdydurke* "uno de los textos más singulares de la literatura argentina",[6] o al colocarlo en un "extraño y acotado lugar en la historia de la literatura nacional".[7]

De ahí también el interés por evocar ante todo las simetrías en el recorrido biográfico de uno y otro extranjero, a partir de ese invierno de 1939 en Buenos Aires, para proponer un acercamiento plural y común a una estadía contigua y en parte compartida. Y más aún si fue vivida en circunstancias radicalmente opuestas: bajo la protección amante de Victoria Ocampo en un caso, y en la soledad más inclemente en el otro. Esta oposición —tópica ya en la literatura argentina—, tal como la ficcionalizó Ricardo Piglia, no es, sin embargo, esquemática ni insalvable, puesto que la red de conocidos y amigos que Gombrowicz fue tejiendo le permitió residir temporariamente en Buenos Aires y otros lugares, y sobre todo publicar y actuar en el espacio literario porteño, como lo había hecho Caillois a su llegada.[8]

Huéspedes

Desde el inicio, la escritura funcionó como moneda de cambio, tanto con los artículos que Gombrowicz publicó en *La Nación*, por

---

[5] "Humboldt con la pluma i Rugendas con el lápiz, son los dos europeos que más a lo vivo han descrito la América. [...] Rugendas tiene, sin embargo, sus predilecciones. Alemán, cosmopolita, es por la candorosa poesía de su carácter, arjentino i gaucho". Domingo F. Sarmiento, *Viajes por Europa, África y América 1845-1847*, Madrid, Archivos, 1993.

[6] Ricardo Piglia, "¿Existe la novela nacional?", en *Ficción y dicción*, Buenos Aires, Siglo Veinte-Universidad Nacional del Litoral, 1990.

[7] Martín Prieto, *Breve historia de la literatura argentina*, Buenos Aires, Taurus, 2006. Ver también, Alejandro Rússovich, "Gombrowicz en el relato argentino", en Elsa Drucaroff (dir.), *La narración gana la partida*, vol. 11, *Historia crítica de la literatura argentina*, Buenos Aires, Emecé, 2000.

[8] En la segunda parte de *Respiración artificial* (Buenos Aires, Sudamericana, 1988), Tardewski —una transposición lejana del escritor polaco— opone varios dúos de escritores extranjeros y argentinos, cuyo último avatar lo forman Gombrowicz y Borges.

mediación de Eduardo Mallea, como con los ensayos que Caillois hizo traducir para publicar en *Sur* en 1939. Además, la escritura fue un soporte maleable y dúctil, flexible y permeable a las nuevas circunstancias de extranjería y exilio que irían a alimentar diversamente la práctica literaria presente y por venir. La condición de extranjeros abrió en efecto un espacio de duda y de cambio identitario en una coyuntura histórica particularmente desgarrante: la de estar lejos y casi sin contacto con sus países a causa de la guerra.

Así fue tomando cuerpo —espacial y gráfico— otra distancia con el país de origen, con la comunidad de compatriotas en Buenos Aires y también con el país de acogida. Las investiduras pasajeras y contradictorias que éste fue adquiriendo se orientan ante todo hacia el extranjero mismo, quien halló en la distancia escrita sobre el papel un espacio provisoriamente propio donde volver a crearse a sí mismo. Entonces se fue tramando un cambio en el seno mismo del personaje del escritor: confrontándose con las inmensidades de los espacios pampeanos y patagónicos, Caillois accedió a ciertas epifanías que lo convencieron de ser no ya un mitólogo, o un crítico, sino un literato. Fue gracias a otra dimensión de la escritura, la lábil y acogedora de los diarios literarios —más que íntimos— que fue surgiendo en Gombrowicz una muda de piel: luego de la traducción al castellano y al francés de *Ferdydurke*, reconoció ser un escritor dueño de sí, y a su pesar, maduro.

En esta perspectiva, la condición existencial misma del exiliado no parece tan decisiva para el advenimiento de estos cambios como las experiencias vitales de descentramiento y de reposicionamiento lingüístico y cultural, que impusieron diversas prácticas de escritura: las de redacción y edición de la revista *Lettres Françaises* o las de traducción en grupo de *Ferdydurke*. En textos destinados a medios tan disímiles como la radio, la prensa o el libro impreso, el extranjero fue simbolizando su falta de domicilio, su extrañeza y también su propia errancia hasta poder ofrecer él también un espacio de acogida. Esto ocurrió mucho más tarde, al terminar la estadía argentina, y en Francia.

Esta hospitalidad escrituraria funcionó sobre una base antropológica similar a la recibida por los escritores extranjeros de parte de algunos anfitriones —puntuales o estables—, que cubrieron sus necesidades mínimas de vivienda y alimento y los iniciaron en el aprendizaje del castellano. A partir de esta nueva situación en que el extranjero pasó a ser también un huésped, los encuentros con los escritores y los intelectuales argentinos y latinoamericanos se dieron en términos de asimetría —los roles del extranjero y el local son desiguales— y de reciprocidad —uno y otro están ligados por las obligaciones mutuas— que caracterizan a la hospitalidad. Y como se irá viendo en las vertientes amorosa y traductora de la hospitalidad, esto no sólo fue así en el ámbito socialmente codificado de las *causeries* de Arturo Capdevila y los *tea parties* dominicales de Victoria Ocampo en San Isidro, verdaderas recepciones, ritualizadas y controladas, y por eso una faz rígida de la verdadera hospitalidad que, como lo recuerda Anne Gotman, sería imprevisible.[9] Gombrowicz era un gran aficionado a estas recepciones, y si a veces su condición de parásito era denunciada a viva voz, como lo recuerda en su diario, otras se atribuía el rol de anfitrión y las organizaba con gran esmero en su habitación de la pensión de la calle Venezuela. Por lo demás, esa hospitalidad, heredada de tradiciones rurales familiares, según A. Rússovich,[10] vertebra la intriga de *Transatlántico* a través de la recepción en la mansión de pintor Ficinati, de la cual Gombrowicz huye seguido por un hombre de labios rojos, y de la larga y generosa acogida en la estancia del mismo personaje, Gonzalo, alias *el Puto*.[11]

Amigos y enemigos

Si la hospitalidad occidental se constituyó histórica y especulativamente en la Grecia clásica para, como explica Émile Benveniste, compensar —*hostire*— temporariamente algo que le faltaba al extranjero —*hostis*—, esto es, la casa, la lengua, el estado, y para suspender provisoriamente el peligro de que se constituyera en un eventual enemigo, todavía hoy el acto de acogida del extranjero pone en juego un proceso temporal único, imprevisible cada nueva vez, en el que se negocian identificaciones culturales y sexuales y brotan conflictos afectivos y simbólicos.[12] En la continuidad de la amplísima tradición literaria que va de los episodios homéricos a *Teorema* de Pier Paolo Pasolini, la literatura rioplatense ha sido particularmente permeable a la hospitalidad, por motivos contextuales, por ejemplo, en los ensayos de la generación del 37, o por razones refle-

---

[9] Ver Anne Gotman, *Le sens de l'hospitalité,* Paris, PUF, 2001.

[10] Testimonio de A. Rússovich en Rita Gombrowicz (ed.), *Gombrowicz en Argentine. Témoignages et documents, 1939-1963, nueva edición sencilla y argumentada,* Suiza, Éditions Noir sur Blanc, 2004.

[11] La novela, una parodia del *Pan-Tadeusz* de Mickiewicz, es la única que transcurre en la Argentina; presenta además una carnavalización eficaz de los códigos de la etiqueta, entre los cuales Gombrowicz incluye la hospitalidad.

[12] Ver Émile Benveniste, *Le vocabulaire des institutions indo-européennes, 1. Économie, parenté, société,* Paris, Éditions de Minuit, 1969.

xivas, en algunas novelas de Juan José Saer y en la poesía amorosa de Cristina Peri Rossi.[13]

En el caso de Caillois y Gombrowicz, a partir de la situación vivida en aquel primer período y luego, durante los viajes por el país, el acto de acogida surgió también en el proceso escriturario de entonces, fuertemente signado por la extranjería y el tránsito entre lenguas e identidades culturales de la dinámica hospitalaria. Algunas de las experiencias vividas en carne propia y otras, tramadas en la urdimbre material de tinta y papel de los textos, aparecerán de aquí en más bajo la forma de instantáneas, en el sentido fotográfico del término. A la manera de imágenes escritas furtivas, breves apartados textuales retornarán sobre algunos episodios y aspectos en parte evocados ya por la crítica dedicada a cada uno de los escritores, pero hasta ahora, nunca puestos en relación.[14] Disponiendo las instantáneas fuera de una cronología y también fuera de toda meta descriptiva y/o exhaustiva, la fractura entre el polaco y el francés no quedará superada ni resuelta, pero sí quizás inscripta en un proceso más amplio que el simple movimiento de llegada, estada y partida. Entonces se podrá entrever el proceso diferido y asimétrico del dar y el recibir del que el viaje había sido tan sólo la parte más evidente y tangible.

Raptos pasionales

Un día de invierno de finales de los años treinta, aconsejada por Jean Paulhan —director de la *Nouvelle Revue Française*—, Victoria Ocampo acudió a la trastienda de la librería ubicada en el n° 15 de la calle Gay Lussac, en pleno Barrio Latino de París, donde oficiaba el muy selecto Collège de Sociologie, fundado en 1937 por Georges Bataille, Michel Leiris y Roger Caillois. No hay certeza exacta sobre la fecha de esa visita, a pesar de las cartas y los testimonios escritos por los asistentes: puede que haya sido en diciembre de 1938 o en enero de 1939.

Y es mejor que así sea, que todo quede en la imprecisión y en la fugacidad de un recuerdo inaccesible al testigo y al lector, porque lue-

---

[13] Como resultado de un seminario transdisciplinario, A. Montandon, recoge un centenar de entradas en torno a esta cuestión en *Le livre de l'Hospitalité*, Paris, Bayard, 2004.

[14] Ver María Teresa Gramuglio, "Caillois en *Sur*", en Paul Verdevoye (coord.), *Roger Caillois-Julio Cortázar*, Paris, *Culturas*, n° 13-14, *Río de la Plata*-CELCIRP, 1992, y Alejandro Rússovich, "Gombrowicz en el relato argentino", en Elsa Drucaroff, *La narración gana la partida, op. cit.*

go de la conferencia y de la discusión, el encuentro entre Ocampo y Caillois prosiguió afuera, lejos de las miradas curiosas. Contrariamente a lo previsto por los colegiados, el joven especialista en mitos no cenó con ellos, sino que acompañó a esa señora "muy elegante, con bellas alhajas", y desapareció. "Ante nuestros ojos: ¡un rapto!", según una cita en Denis Hollier.

Aunque ya le habían advertido que corría el riesgo de ser "comido por la pantera",[15] el veinteañero esmirriado cedió al influjo amoroso de Ocampo hasta que finalmente, algunos meses más tarde, viajó a Buenos Aires y otra vez la partida fue vista y vivida como un "rapto", en este caso a los ojos de Jean-Paul Sartre.[16] Las referencias míticas a la hospitalidad femenina y excesiva abundan en la *Odisea*; la biógrafa de Caillois no dudó en actualizarlas cuando nombró a Victoria Ocampo "la Juno argentina". La prodigalidad y el exceso de atenciones con que deseó colmar a Caillois afloran en las cartas archivadas en la Bibliotèque Municipale de Vichy, de las cuales Odile Felgine editó las más sabrosas. Allí surge a menudo la resistencia de Caillois a los impulsos invasivos y controladores de su anfitriona, especialmente durante la travesía transatlántica rumbo a Buenos Aires.

De lo alto de los Andes, escupitajos a los Alpes

Si el extranjero es, para el filósofo, la figura que introduce la diferencia en la naturaleza, aquí, una de las más tempranas y llamativas es la diferencia espacial, manifestada tanto en Francia como en la Argentina.[17] Apenas iniciado el *flirt* amoroso, Caillois invitó a Ocampo a un encuentro, a mediados de marzo de 1939, en el pueblo de Caussols, al sudeste de Francia, cuya meseta adyacente, desértica y árida, era la concreción espacial de sus reflexiones morales y metafísicas de entonces.[18] En la carta de invitación, Caillois se mostró prudente ante lo que

[15] Broma de Gisèle Freund y Denis de Rougemont dirigida a Caillois y recogida por Odile Felgine en una entrevista a la fotógrafa el 9 de julio de 1990. Ver Odile Felgine, *Victoria Ocampo*, Paris, Criterion, 1991.

[16] *Lettres au Castor et à quelques autres I, 1929-1939*, Paris, Gallimard, 1983.

[17] Alain Milon, "L'étranger dans la figure de l'hospitalité: rôle et place d'une anthropologie pragmatique", en Alain Montandon (ed.), *Lieux et espaces de l'hospitalité*, Clermont-Ferrand, PUBP, 2001.

[18] Ver "L'aridité", en *Mesures*, abril de 1938, y "Le vent d'hiver", en *NRF*, julio de 1938. Ambos ensayos fueron leídos por sus contemporáneos como un eco extraño e inquietante del ascenso del fascismo. Muestran, en efecto, un Caillois luciferino, elitista, a pesar de su compromiso con la izquierda de Léon Blum.

ese lugar pudiese suscitar en ella; desde Cannes, Ocampo la aceptó, aunque haciendo alarde de "la riqueza de espacio de América".

Llegados a Caussols, se produjo la primera pelea de la pareja, violenta, apasionada, y en las cartas que siguen, Ocampo volvió a la carga, rechazando los valores de orgullo y de esterilidad que preconizaban los textos de Caillois, pero sobre todo, desafiándolo al viaje para "lanzar desde los Andes escupitajos a los Alpes" (carta del 25 de marzo de 1939). Con este desafío, Ocampo provocaba al joven mitólogo, discípulo de Marcel Mauss y de Georges Dumézil, identificado con ese espacio marginal y descentrado en lo que entonces era su terreno cultural autóctono.

Lo que encontró más tarde en la Argentina no fue otra cosa que lo que ya había querido compartir con Ocampo en Francia, y que ésta había irónicamente desdeñado, asumiendo la superioridad simbólica del espacio americano (vasto, originario) por sobre el europeo (estrecho, caduco). Si Caillois cayó finalmente en la trampa seductora y desafiante de Ocampo, yéndose a una Argentina "de caballos, pampas y gauchos", fue paradójicamente no para repudiar a los Alpes, sino para reencontrar en los paisajes pampeanos y patagónicos sus hallazgos del sur de Francia.[19] Allá lejos, los espacios desérticos en los que proyectaba la interioridad metafísica estaban magnificados, y además, la perspectiva descentrada del extranjero y el horizonte histórico de la derrota, les imprimió un signo íntimo y filosófico bien diverso: el de la renuncia a las turbias fantasías nietzscheanas del pasado, tal como lo señala Claudine Frank.[20]

Un cadáver que da de comer

Después de haberle dicho no al retorno a Europa, Gombrowicz pareciera haber dado un gran sí nietzscheano a todo lo que le iría a acontecer posteriormente. Tal como lo contó en una de sus entrevistas, en una de esas noches de hambre y miseria de los primeros años, se encontró por la calle con un desconocido que le propuso acompañarlo a cenar: "Tengo un cadáver, habrá suficiente para los dos". A pesar de su extrañeza, y luego de un viaje en tren al suburbio porteño,

[19] Entrevista a Roger Caillois, filmada por Jean-Jacques Marchand, Paris, Institut National de l'Audiovisuel, Collection Archives du XXème siècle, 1971, VHS, 110 minutos.

[20] Ver Claudine Frank, *Caillois Reader. The edge of Surrealism*, Durham, Duke, 2003.

Gombrowicz le cuenta a Dominique de Roux que pudo asistir a un funeral seguido de un banquete que le daría alimento para varios días: "Esa comida cadavérica, ese consumo joven y elegante de un cadáver son para mí el símbolo de esos tiempos".

Tras haber recibido un magro subsidio de la embajada polaca, en la misma entrevista cuenta que pasó largos años de "soledad de cementerio a orillas de un río soñoliento" que fueron no obstante regeneradores: "A pesar de la catástrofe que era mi vida, ¡qué liberación la Argentina!"

A diferencia de Caillois, quien leyó fervientemente a Nietzsche en sus primeros años parisinos y que en sus textos convocó a poner en práctica la "jerarquía de los seres", de la que renegó totalmente más tarde,[21] Gombrowicz pareciera haber vivido ese largo período superando a Nietzsche, yendo con fruición por las adversidades, a la vez que con humildad y entereza, como aparece en sus *Diarios*. Se podría pensar que la mirada posterior y retrospectiva funciona a menudo de modo similar al *après coup* freudiano, esto es, cambiando la valencia afectiva de los episodios soñados o rememorados. Pero los testimonios de sus amistades de entonces insisten de manera unánime en la ausencia total de quejas, irritaciones o resignaciones: "¡Su respuesta era ser Gombrowicz!"[22]

Su casa es mi casa

De origen social modesto, Roger Caillois vivía en 1939 todavía en la casa de sus padres, en los suburbios del sur de París, aun cuando ya trabajaba como profesor de francés en una escuela primaria de Beauvais, donde alquilaba una habitación. Sus estadas temporarias en la casa parisina de Victoria Ocampo —situada en la calle Raynouard, en el décimo sexto distrito parisino, burgués y pretencioso— formaban parte de un ritual amoroso que prosiguió en Buenos Aires, puesto que ambos vivieron en dos casas separadas de Victoria Ocampo: ella en la de San Isidro y él en la de la calle Rufino de Elizalde. Este *modus vivendi*, que duró hasta bien entrado el año 1941, presentaba la ventaja de mantener las apariencias de una relación puramente intelectual, mientras que íntimamente la hospitalidad nutría una vertiente amorosa. A la mentira social se vino a interponer otra, insalvable, provenien-

---

[21] "La hiérarchie des êtres", Paris, NRF, 1939.
[22] Testimonio de Adolfo de Obieta, en *Gombrowicz en Argentine*, op. cit.

te del extranjero, que había ocultado a su amante argentina otra relación amorosa, con Ivette Billaud, quien estaba por dar a luz una criatura cuya paternidad dudó en asumir. Luego de varias discusiones entre el huésped y su anfitriona, surgió otra modalidad de convivencia, con la puesta a disposición de un departamento en el edificio en que funcionaba *Sur*, en Tucumán 677. Ahí, enfrente de Rafael Alberti y su mujer, vivió Caillois un tiempo en soledad, infeliz por ser incapaz de administrar su vida cotidiana sin una mujer a su lado (Cartas 14 y 22 de 1941). Temeroso también de todo aquello que había perdido a raíz del ocultamiento, buscó disculparse con la dedicatoria en latín y en mayúsculas romanas que abre su libro *Le roman policier*, editado en Buenos Aires por Amis des Lettres Françaises:

> A mi querida Victoria,
> ni Venus ni María,
> inferior a ninguna,
> le dedica este libro el autor,
> su esclavo, su amigo, su hermano.[23]

Halagada sin duda por esta dedicatoria, Ocampo se desplazó poco a poco del rol de amante hacia el de *"nurse anglaise"*, como solía decir ella misma retomando una *boutade* de Drieu La Rochelle, otro de sus amantes franceses. Esa enfermera maternal se había manifestado ya muchas otras veces desde el comienzo de la relación con Caillois, y le hacía ver en él a un "niño" o a un "petit français illustré". En virtud de esa muda maternal y amistosa de Ocampo, Caillois no sufrió mengua alguna de su generosidad, sino todo lo contrario: la anfitriona hizo posible la venida a Buenos Aires de quien se convertiría en su esposa y colaboradora principal en la revista *Lettres Françaises*, también íntegramente financiada por Ocampo.[24]

La casa, la esposa, la revista, la editorial: todo ello fue un don de una mujer capaz de extraer de la aridez de Caillois "pepitas de oro", pero frente a la cual él mantuvo una ambivalencia constante: en la intimidad de las cartas le rendía un reconocimiento exaltado mientras que en público y más tarde, sólo un homenaje agridulce y a medias tintas.

---

[23] Este pequeño libro, el primero de la colección "Les françaises de la editorial *Sur*", fue incluido un año más tarde en *Puissances du roman*, Marsella, 1942, aunque *sin* la dedicatoria a Ocampo.

[24] Ver Odile Felgine (ed.), *Correspondance 1939-1978. Roger Caillois-Victoria Ocampo*, Paris, Stock, 1997.

Intrusos en una casa vacía

Acosado por las deudas y desprovisto de cualquier fuente regular de ingresos hasta 1947, Gombrowicz se vio obligado a abandonar varias veces su habitación en el conventillo. Una vez, un amigo polaco le ofreció hospitalidad en una casa-quinta en Morón, donde pensaba instalar un taller textil. La casa estaba semivacía y Gombrowicz dormía en el suelo, encima de unos diarios viejos. El anfitrión lo había prevenido de la visita nocturna y regular de intrusos —enviados por sus antiguos socios— ante la cual no debía inquietarse ni tampoco reaccionar. De tanto en tanto, a la noche, escuchaba los ruidos de los que venían a continuar su faena intimidatoria (cortar la luz y hacer saltar los tapones de la casa vacía), pese a lo cual él permanecía quieto y se decía a sí mismo que tampoco allí, en esas circunstancias, tenía nada que perder.

Años más tarde, este vacío espacial y existencial sería tematizado en *Trans-Atlántico*:

> Ahora bien, por todos lados, el Vacío. Incluso en la calle, el Vacío. Un vientecillo ligero y mojado me rozó, no sabía adonde ir ni qué hacer. Entré en un bar, pedí un té, pero el té estaba vacío. Era verdaderamente el fin de la vieja Patria, me dije, pero era un pensamiento vacío y me encontraba en la calle, caminando sin saber adónde ir. Entonces me detuve. Todo estaba seco y vacío como el aserrín, como un tonel vacío.

A medida que va reapareciendo este motivo en la novela, se comprende que además de ser un recurso narrativo (el duelo entre el Puto y Tadeuzs se hace con revólveres sin balas y cargados sólo con pólvora), el Vacío conlleva también una crítica feroz al paternalismo (responsable del duelo) y al nacionalismo (alienado por la invasión extranjera y la guerra). Uno y otro buscan precisamente llenar ese vacío con la hostilidad, el miedo y el rechazo al otro. La risa general con que se cierra la novela podría ser leída, entre otras cosas, como una aceptación corporal y una asunción plena y gozosa de ese vacío, ahí, todo lleno de ruido.

La ropa gastada del refugiado

Poco antes de su partida a Buenos Aires, Victoria Ocampo envió a Caillois al negocio Old England de los Champs Élysées para que adquiriese un par de pantalones de lino blanco y sugirió que la llamase luego por teléfono para ir a comprar juntos, ese mismo día, un tra-je.[25] Un año más tarde, en Buenos Aires, Ocampo le refirió por carta la llegada de un amigo holandés dispuesto a gastar todo su dinero res-tante en ropa para dejar de "estar disfrazado con la ropa gastada del refugiado".

La muda vestimentaria de Caillois, tendiente a que el desembarco en Buenos Aires no lo mostrara como un emigrante ni como un exi-liado, sino como un sociólogo prestigioso, lo que ciertamente todavía no era, aparece como un primer signo exterior de la transformación profunda cumplida en la Argentina de la mano de su anfitriona. Tras una operación de amígdalas para evitar algunas molestias que de he-cho disminuyeron, también su rostro y su cuerpo fueron cambiando a tal punto que, de regreso a París, sus padres fueron incapaces de re-conocerlo cuando bajó del tren.

Entre los primeros textos escritos en la Argentina, uno da fielmen-te cuenta de este cambio bajo la forma del arrepentimiento, por haber estado entre los "Seres del anochecer", a la vez violentos y pasivos, miserables y delicados, deseosos de incendiar su casa (su nación) pero poniendo primero a salvo los objetos de valor.[26] Este retrato figurado del Collège de Sociologie —que se acabó con la partida de Caillois a Buenos Aires—, se cierra con una coda en presente en la cual confie-sa luchar ahora contra aquellos "enemigos fraternos de la barbarie" sin odio y con esperanza, buscando no tanto "doblegarlos sino edu-carlos para poder ser fiel al propio destino". Habiendo abandonado las exigencias paradójicas y místicas del "aprendiz de brujo" de Geor-ges Bataille, que había sido su amigo y maestro, Caillois formulaba en este texto por primera vez una cierta conciencia del tiempo histórico que le tocaba vivir y una responsabilidad en tanto intelectual deseoso de ser ahora eficaz y pragmático.[27]

Cuando llegó la hora de dar en la Argentina el "Testimonio fran-cés" (Sur, n° 61, octubre de 1939), ante el inicio de la guerra, Caillois procuró describir la "Naturaleza del Nazismo" no en función de su totalitarismo, sino a partir de una doctrina que, fusionada con el Es-tado, hacía según él posible cualquier sacrificio. La lectura de este tex-

[25] Ver Cartas n° 44 de 1939 y n° 5 de 1940, en Correspondance 1939-1978, op. cit.

[26] Ver "Seres del anochecer", en Sur, n° 75, diciembre de 1940. Retomado y co-rregido en Le rocher de Sisyphe, Paris, Gallimard, 1946.

[27] Pese al cambio total de perspectivas existenciales e intelectuales que significó la estadía de Caillois en Buenos Aires, la amistad entre ambos se mantuvo intacta a lo largo del tiempo, como lo prueba la correspondencia. Georges Bataille, Lettres à Ro-ger Caillois, Jean-Pierre Le Bouler (ed.), Romillé, Folle Avoine, 1987.

to, limitado y parcial, despertó en Jean Paulhan y Georges Bataille incredulidad y sorpresa,[28] mientras que Walter Benjamin manifestó un profundo sarcasmo.[29] Si hubo realmente una transformación intelectual profunda, tal como lo prueba en detalle Marina Galletti en *Roger Caillois en Argentine*,[30] lo cierto es que también fue lenta y progresiva, con el pasar de los años de acogida en el seno de un grupo Sur elitista, como el Collège, pero liberal y personalista como la revista *Esprit* de Emmanuel Mounier.[31]

Pieles viejas y nuevas

El acmé en el cambio de piel de Caillois quizás se sitúe en julio de 1941 cuando, abjurando de su odio a la literatura, publicó en Buenos Aires el primer número de la revista *Lettres françaises*. Luego de su separación de Victoria Ocampo, logró sin embargo convencerla para que financiara íntegramente la publicación cuatrimestral y también para que la dirigiera formalmente, debido a que la legislación argentina lo impedía a los extranjeros. La marca de *Sur* es patente en el formato, la tipografía y la portada de la publicación, atravesada por una flecha descendente en color. Pero la orientación editorial es inequívocamente la de una revista literaria y académica francesa de los años teinta, con sus cuatro secciones: artículos inéditos, otros éditos y a redescubrir, noticias culturales y reseñas de libros.

Alejando a la revista de toda resistencia política activa ante la Ocupación y el gobierno de Vichy, Caillois se negó otra vez a ponerse "la ropa gastada del exiliado". Pero también la del emigrado que, alejado de su país por razones individuales, quería ante todo integrarse al país de acogida en detrimento del difícil destino de sus compatriotas.[32] Más

---

[28] "A Bataille le parecía que su declaración era exacta, pero esa exactitud no le interesaba mucho. Por supuesto, las reservas vienen no tanto del artículo, sino de Ud. mismo, que acostumbra en general a ser más nervioso y mucho menos moderado". Carta de Jean Paulhan, 25 de noviembre de 1939, en *Correspondance Jean Paulhan-Roger Caillois*, Gallimard, 1991.

[29] "No era necesario ir a las regiones más lejanas del mundo inteligible ni del mundo terrestre para traernos de vuelta semejante cosa [un acercamiento periodístico al nazismo]". Carta en francés a Gretel Adorno, 17 de enero de 1940, citada por D. Hollier.

[30] En L. Jeny (éd.), *Roger Caillois, la pensée aventurée*, Paris, Belin, 1992.

[31] María Teresa Gramuglio, "*Sur*: constitución del grupo y proyecto cultural", en *Punto de Vista*, n° 17, abril-julio de 1983.

[32] Sobre este punto también, Caillois apeló a la postura de Antoine de Saint-Exupéry, y en particular a su "Lettre à un otage", en *Œuvres*, Paris, Gallimard-La Pléiade, 1959. Ver la reseña de este texto en *Lettres françaises*, n° 12, Buenos Aires, 1944.

convencional que una simple revista literaria y más temerosa también que su homónima clandestina de la zona francesa ocupada, que dirigían su amigo Jean Paulhan y Louis Aragon, *Lettres Françaises* respetaba la legalidad argentina pero también la francesa, absteniéndose de atacar frontalmente al régimen colaboracionista y estrechando lazos con *La France Libre* que se publicaba en Londres, coordinada por su amigo Jean Wahl, pero sin realizar una propaganda ostentosa a su favor. Sobria e inactual como la propia prosa de Caillois, la revista quiso crear un espacio de refugio y de encuentro para los escritores de la zona francesa ocupada y los exiliados del extranjero. Accesoriamente dirigida a la comunidad francófona argentina y sudamericana, fue allí donde encontró el financiamiento ulterior a través de suscripciones personales.

La línea editorial fue formulada recién en el número 2 (1941), a través de "Los deberes y los privilegios de los escritores franceses del extranjero", Caillois reivindicó una fidelidad y una apertura hacia los escritores franceses silenciados y no una resistencia o un activismo. Defensora de un clasicismo severo y casi retrógrado en materia de poesía para abjurar mejor de las aventuras surrealistas anteriores de Caillois, la revista nunca dejó de ser literaria, pasablemente ecléctica en sus índices, pero homogénea en el elenco de colaboradores que, en caso de que no fueran francófonos, él se encargaba de traducir.[33] La toma de partido respecto de la actualidad se manifestaba marginal e irónicamente en las dos últimas secciones donde se ensalzaban líricamente los testimonios transmitidos desde Londres y se parodiaban retazos de noticias oficiales.[34]

Los veinte números elegantes y cuidados de la revista sirvieron a Caillois de puente con su país ocupado y también de trampolín editorial a la hora de volver al país liberado y vuelto para él extranjero. De hecho, el último número, publicado a destiempo en junio de 1947, fue concebido cuando Caillois ya estaba en París. Dando refugio editorial a autores franceses tan disímiles como Valéry, Malraux y Michaux, *Lettres Françaises* dio por fin credibilidad a Caillois en el medio editorial, haciendo de él un anfitrión, un mediador, o mejor quizás, un mero intermediario que, a cambio de un cruce de fronteras, exige el re-

---

[33] Textos de Gabriela Mistral y Jorge Luis Borges, traducidos al francés en la sección principal de la revista (n° 12 y n° 14), se prestaron al malentendido, como se verá más adelante.

[34] "La radio invita a la población a dejar de pensar y a seguir ciegamente a quienes están cualificados para dirigir los destinos de la patria", en "Nouvelles", *Les lettres françaises*, n° 2.

conocimiento de su pericia y su autoridad por haber franqueado clandestinamente los controles de aduana.[35]

El ejército y la aviación

Para Caillois, Sur, con sus numerosos traductores y empleados, funcionaba como un verdadero "ejército". *Lettres Françaises* era apenas una mínima escuadra móvil, un trío formado por su mujer Ivette, que traducía al francés y escribía a máquina, Vera Nakarov, una refugiada rusa que colaboraba gratuitamente, y él mismo, que redactaba casi toda la tercera y la cuarta parte de la revista. La infraestructura editorial de Sur le garantizó una tirada importante (2.500 ejemplares en 1944) y le permitió además diversificar las fuentes de financiamiento, con ediciones de lujo como *Poèmes de la France malheureuse* de Jules Supervielle y *Exil* de Saint-John Perse.

En el extranjero, el ejército editorial de Sur participó tan sólo en una batalla, y a pesar suyo, por intermedio de Raymond Aron —director de *La France Libre*—, quien hizo publicar una colección completa de la revista de Caillois en formato de bolsillo para difundirla en Francia a través de los aviones de la RAF en 1943. Una vez terminada la guerra, Sur le facilitó también la concepción de la colección La Porte Étroite, compuesta de diez libros financiados por diversos mecenas argentinos, cuyas ventas se hacían en beneficio de la Cruz Roja Francesa.

En Buenos Aires, y dentro del mismo ejército, se produjo una lucha sorda entre las dos facciones rivales que cohabitaban en Sur: la de la pareja Ocampo-Caillois frente al "trío infernal" (Silvina Ocampo, Bioy Casares y Borges). La traducción de dos cuentos de Borges bajo el título "Assyriennes", precedida de un retrato displicente escrito por su amigo y traductor Néstor Ibarra, fue motivo de un segundo encontronazo entre Borges y Caillois que los mantuvo enemistados durante mucho tiempo.[36]

---

[35] Entre los trabajos dedicados a la revista, uno de Odile Felgine insiste en esta función. "De *Lettres françaises* a *La croix du Sud*: Roger Caillois passeur", en J.-P. Courtès (éd.), *Diagonales sur Roger Caillois.*, Reims, L'improviste, 2002.

[36] El primer encontronazo fue la polémica de 1941 en torno al género policial tratada ampliamente por Jean-Pierre Bernès, "Borges et Caillois: chronique d'un 'desencuentro'", en Paul Verdevoye (coord.), *Roger Caillois-Julio Cortázar, op. cit.* Y más recientemente por Annick Louis, "Borges-Caillois, ou que s'est-il passé?", en *Diagonales sur, Roger Caillois, op. cit.*

La marina

Lejos de estas luchas endogámicas, Gombrowicz concibió la traducción al castellano de su novela *Ferdydurke* como una máquina naval de guerra lanzada contra las defensas del buen gusto y las formas caducas. En una "Epístola a los Ferdydurkistas",[37] anunció en la prensa polaca, justo antes del cierre de la cortina de hierro, la llegada a España, Francia e Inglaterra del navío *Ferdydurke* cañoneando. Su tripulación, constituida por unos quince amigos suyos, cubanos y argentinos, era también arengada en términos bélicos para terminar la traducción.

A pesar de lo esperado por unos y otros, el "combate final" —la presentación de la novela— fue un fiasco total, ya que no hubo ningún artículo crítico, ni siquiera para dar cuenta de la publicación por la editorial Argos en 1947, pagada por Cecilia Debenedetti, que también había financiado la traducción.

A pesar de todo, la máquina de guerra había logrado su meta con la edición del libro y lo hizo otras dos veces más: una, con la pieza teatral *La boda*, traducida al castellano por Alejandro Rússovich y publicada un año más tarde en EAM, la editorial musical de Debenedetti, y otra con la traducción al francés de *Ferdydurke*, junto con Roland Martin.[38]

Aquella máquina bélica puso en marcha lo que Antoine Berman —el traductor de Roberto Arlt al francés y teórico de la traducción— llamó "la prueba del extranjero",[39] a saber, la acogida asimétrica en el nuevo texto de la lengua y la textualidad del otro. Tanto Virgilio Piñera como Adolfo de Obieta, respectivamente presidente y miembro del "Comité de traducción", dieron cuenta de ese trabajo con la materialidad lingüística del nuevo texto, extraño y familiar a la vez. Puesto que los traductores desconocían el polaco y partían de la versión castellana aproximativa del escritor, esa prueba dialógica correspondió más a una adaptación —al castellano primero y al francés después— que a una verdadera traducción literaria.

En todo caso, la máquina puso en marcha un ritual amistoso y festivo a menudo absurdo como el de la novela. El ritual era practicado sólo por hombres, en una camaradería masculina, pero deserotizada,

---

[37] En *Nowiny*, Varsovia, 1947. Traducido y recogido en *Varia I*, Paris, C. Bourgois, 1985.

[38] La traducción al francés se publicó en París en *Les Lettres Nouvelles* en 1958, bajo el seudónimo de Brone.

[39] *L'épreuve de l'étranger*, Paris, Tel-Gallimard, 1995.

que Gombrowicz ensalzaba muy seriamente en la prensa de vulgarización médica de esa época,[40] y que alentaba en lugares semiprivados de sociabilidad —el café del cine Rex—, o íntimos —el departamento de Piñera y Rodríguez Tomeu en Corrientes 758— y en las habitaciones de pensión de R. Martin y de Alejandro Rússovich. Durante más de un año, la amistad, la traducción y la hospitalidad fueron una experiencia vivida, única y plural a la vez, trenzada en el *Ferdydurke* argentino y convertida casi en una leyenda en los testimonios escritos de quienes participaron en ella.

Perros ladradores

Impresa en papel de diario, con las tintas bien cargadas, esas tintas casi húmedas capaces de ensuciar bien los dedos de la mano, Gombrowicz editó en castellano el único número de la revista *Aurora*, un manifiesto literario dirigido a los escritores argentinos y también panfleto humorístico contra Victoria Ocampo.[41]

La revista formaba parte de una competencia infantil con Virgilio Piñera que consistía en ver quién sacaba primero la propia revista. Piñera perdió la carrera, pero poco después publicó *Victrola*, otro panfleto contra el medio literario de las Ocampo. Los textos de *Aurora* —título elegido irónicamente en referencia a la sonata de Beethoven— se ordenan en torno a un breve párrafo que denuncia a la literatura de superficie y llama a defender el movimiento subterráneo de renovación literaria.

Ese manifiesto es seguido de diez párrafos heterogéneos, encabezados por títulos en mayúsculas y negrillas, todos referentes a perros, como si se tratara de anuncios clasificados de venta o de trueque canino. La defensa de una escritura ágil y directa, libre de referencias y de la servidumbre debida a la literatura oficial —envejecida, afrancesada—, establece rápidamente un diálogo ficcional amistoso con otros escritores, hecho de consejos y de telegramas de respuesta (segundo y tercer artículos). De lo que se trata es de asumir en carne y hueso un devenir diverso, inferior, radicalmente otro, como el del conferencista que se desnuda ante el público (quinto artículo) o el del

[40] W. Gombrowicz, "El hombre sudamericano y su idea de belleza", en *Viva Cien Años*, Buenos Aires, n° 9, 1945.

[41] Publicada el 6 de octubre de 1947 en un formato tabloide de 40 por 60 cm y a doble página, *Aurora* fue distribuida gratuitamente en las calles de Buenos Aires. Reproducción facsimilar de la primera página en *Gombrowicz en Argentina*.

perro lector capaz de hacer algo con ese hueso que es la revista misma (décimo artículo).

En la parte central del manifiesto, después del título que ofrece un "PERRO AMARILLO, FOFO Y NUEVO", el Comité procede a homenajear "cortésmente a la Sacerdotisa Suprema del culto inmaduro a la madurez" por su inteligencia, para enseguida proceder a denigrarla tratándola de Señora mundana, propensa a infantilizarse a sí misma ante Valéry (sexto artículo). Dirigiéndose a esa chiquilla que es Victoria Ocampo, proclive a arrodillarse incluso ante el genio francés, se le aconseja en el artículo siguiente levantarse de una vez y mirar a su alrededor para aceptar que incluso las personas grandes son inmaduras, y que a la hora de escribir, conviene apoyarse en "nuestra propia realidad".[42]

Si, como lo cuenta en sus diarios, a fuerza de dedicarse al trabajo literario, a la traducción de *Ferdydurke* y a la escritura de *La boda*, aquel cuarentón —que todavía era llamado "joven" por los desconocidos— iba tomando distancia de la estación Retiro, donde había ido a buscar a los marineros y a los jóvenes homosexuales, *Aurora* surgió ciertamente para atacar a Victoria Ocampo, pero también como una advertencia para sí mismo contra el riesgo de apoltronarse en su reciente y doble papel de empleado del Banco Polaco y de escritor (semi)profesional.

En *Trans-Atlántico*, sin embargo, novela escrita en ese Banco, cuando ya era "todo un adulto", puso otra vez en práctica la letra del octavo artículo de su manifiesto a través de algunos usos irresponsables de la palabra, opuestos al uso oficial y corriente. Aboliendo el significado congelado de las palabras y llevándolas hacia un horizonte de sinsentidos, el personaje autoficcional de Gombrowicz cerró esa novela haciendo sonar la música de las palabras que Victoria Ocampo, a pesar de su oído musical, nunca pudo ni quiso escuchar.

Otra vez, en París

Luego de una larga travesía, en 1945, Caillois y, en 1963, Gombrowicz, volvieron a París a buscar un poco de hospitalidad —familiar y amistosa— y también, por qué no, algo de fama. Aunque sus estrategias estéticas y editoriales no pudieron ser más alejadas, otra vez com-

---

[42] Esta lectura parcial fue hecha a través de la traducción íntegra de los artículos al francés de Abel Gerschenfeld, en *Varia II*.

partieron su condición de extranjeros.[43] Y fue así no en razón de sus respectivas identidades nacionales, sino por la carencia de casa propia y por llevar consigo ese otro espacio y ese otro tiempo ajeno —argentino en este caso— que la palabra señala ya desde el prefijo "ex". Pero también y sobre todo por haber impuesto al otro, a los demás, la experiencia de tener que despojarse, de tener que cederle algo tan sólo, o mejor, todo.[44]

Llegados a París, los extranjeros extrañaron profundamente a la Argentina. Caillois se lamentaba en sus cartas de la falta de espacio físico y también editorial, puesto que execraba la moda del existencialismo y de la poesía comprometida surgida de la Resistencia. Gombrowicz, para quien París seguía "confundiéndose con el universo", afiló la estrategia antiparisina que haría de él un "hueso que impediría que se lo comieran crudo" (*Journal II*). En todo caso, ambos venían a hacer un ajuste de cuentas con el medio literario parisino y a hacerse allí de nuevo un lugar gracias a sus amigos, respectivamente, el editor Jean Paulhan y el traductor K. Jelenski, quien había roto "la jaula argentina" del polaco y abierto "un puente con París".

Contra toda suposición, fueron mayores las dificultades para Caillois, dado el contexto de posguerra, con sus penurias económicas y sus incertidumbres políticas. No obstante, consiguió entrar en el Comité de Lectura de la editorial Gallimard y, sobre todo, dirigir allí la colección La Croix du Sud hecha *para y por* la Argentina" (Carta a Victoria Ocampo en 1945).[45]

En 1953 se publicó el primer libro de la colección: *Labyrinthes*, cuatro relatos de *El Aleph* de Borges, prologados y traducidos por Caillois. A una lectura orientada a develar la circularidad temporal en tanto centro ciego de la poética borgeana, le sigue una versión árida y despojada en lengua francesa de la prosa para dar así metafóricamente una acogida que iba a cambiar la fortuna crítica de sus textos, otorgándole "visibilidad al ciego" tanto en la Argentina como en el extranjero.[46]

---

[43] En sus cartas a Victoria Ocampo, Caillois confesó vivir su retorno a París como un "exiliado" y un "extranjero". Gombrowicz por su parte anunció gozoso en su diario: "el extranjero, el argentino, el polaco de regreso en Europa" (*Journaux II*).

[44] A partir de ciertos episodios bíblicos, Emmanuel Lévinas define así, éticamente, al extranjero. Ver *Totalité et infini*, Paris, Le Livre de Poche, 1994.

[45] Sobre el impacto de esta colección en Francia, ver Sylvia Molloy, *La diffusion de la littérature latino-américaine en France*, Paris, PUF, 1972. Y también Claude Fell, "*La Croix du Sud*: tremplin de la littérature latino-américaine en France", en Paul Verdevoye (coord.), *Roger Caillois-Julio Cortázar, op. cit.*

[46] El juego en torno a la ceguera es de Borges. En Jean-Pierre Bernès, "Borges

Superada en apariencia la recíproca enemistad, Borges lo llamó su "descubridor", y "autor de [su] renombre europeo".[47] A la ironía de estos sustantivos de doble valencia, es preciso agregar que, poco antes de morir, exigió que las traducciones de Caillois fueran revisadas y corregidas en vistas a la edición de su obra completa en la prestigiosa colección de La Pléiade. Caillois, a su vez, no contento con haber sido el "inventor" de Borges en Europa, quiso ser también su propietario y no dudó en integrar la textualidad borgeana a uno de sus propios relatos. En "Récit d'un délogé", uno de sus escasos textos de ficción, retomó literalmente y sin referencias explícitas, una de las páginas de "El inmortal", que él mismo había traducido al francés.[48]

En París, Cortázar también tuvo que vérselas con este mismo anfitrión —posesivo y exigente, acomodado ya en Gallimard y en la UNESCO— deseoso de ser editor y traductor de "La noche boca arriba" para su *Antología de la literatura fantástica*.[49] Ante su propuesta de agregar al cuento una frase final para evitar toda confusión eventual por parte del lector francés, Cortázar pensó primero que "le estaba tomando el pelo" para reconocer, sin embargo, que hablaba con toda seriedad. Entonces le contestó "que al cuento no le tocaba ni un pelo y que si no lo publicaba tal cual, prefería que no apareciera en francés".[50]

Aunque trabajaban los dos en la UNESCO, e incluso en la misma revista, *Diogène*, dirigida por el francés, siguieron siendo extraños, incluso cuando nueve años después Caillois terminó por "descubrirlo" y decidió editar una antología de cuentos suyos en Gallimard.[51]

Caillois, chronique de un desencuentro", en Paul Verdevoye (coord.), *Roger Caillois-Julio Cortázar, op. cit.*

[47] Ver la reproducción facsimilar de las cartas de Borges a Caillois, en castellano y en francés, en *Cosmópolis. Borges y Buenos Aires*, Barcelona, CCCB, 2002.

[48] Ver *Cases d'un échiquier*, Paris, Gallimard, 1970. Michel Panoff fue quien puso en evidencia este préstamo (de inflexiones y de frases enteras) que hicieron del traductor por fin un escritor. En *Les frères ennemis: Roger Caillois y Claude Lévi-Strauss*, Paris, Payot, 1993.

[49] Roger Caillois (ed.), *Anthologie du fantastique. 2, France, Espagne, Italie, Amérique Latine, Haïti, Pologne, Russie, Finlande, Extrême-Orient*, Paris, Gallimard, 1966.

[50] Carta de Julio Cortázar a J. Barnabé, 23 de enero de 1957, en *Cartas I*, Buenos Aires, Alfaguara, 2000.

[51] *Les armes secrètes*, Paris, Gallimard, 1963. Traducción de L. Guille.

Hasta que un océano los separe

A Franciso Porrúa, con quien terminaba en 1962 los detalles de la edición de *Rayuela* en Sudamericana, Cortázar le escribió desde París para insistirle en incluir una cita de *Ferdydurke* extraída de la edición argentina de Argos. Se trataba de un fragmento de "Filidor forrado de niño" en el que se defienden la fragmentación y el desenfado ante los puristas, finalmente incluido en el capítulo 145 de la tercera parte de la novela. Y años más tarde, en otras cartas, volvió a Gombrowicz a la hora de festejar el Premio Internacional de Literatura; Cortázar lo celebró en tanto "artista revolucionario [y] gran creador".[52]

También para Sabato, Gombrowicz fue un íntimo extraño que, en la distancia espacial y el tránsito por los umbrales de la literatura, accedería tardíamente a la condición de amigo. Estando hospitalizado en Berlín en 1964, Gombrowicz releyó *Sobre héroes y tumbas* y, en una carta que serviría más tarde de borrador para el prólogo a la edición francesa de la novela, le transmitió sus elogios irónicos. Tampoco desaprovechó la ocasión para polemizar con la moda estructuralista francesa y para elogiar el clima narrativo de la novela, a la vez "sudamericano y universal".[53]

La acogida que les dio al escritor argentino y a su mujer en su casa de Vence —al sur de Francia— poco tiempo antes de su muerte, imprimió a la amistad el tono "grave, serio, modesto y afectuoso" que Sabato buscaba desde sus primeros encuentros en "1939 o 1940".[54] Ese "océano hecho de tiempo y de alejamiento" había permitido absorber esa mezcla de timidez emotiva y de pudor para ser verdaderamente amigos. Y, según Sabato, fueron la soledad y la distancia nostálgica de esa tierra "lejana e infeliz" —la Argentina— las que hicieron posible la lectura de la novela y ese sinceramiento amistoso final.

Viento sur

La última instantánea es la de dos caminantes solitarios y extranjeros, escrutando lo que les traía el viento frío y polar del sur.

---

[52] Carta a Sara y Paul Blackburn, 17 de mayo de 1965, en *Cartas II*, Buenos Aires, Alfaguara, 2000.
[53] Prólogo a la edición francesa de Seuil, 1965, recogido en *Varia I*.
[54] Testimonio publicado en *Le Monde*, Paris, 27 de julio de 1979 y recogido en *Gombrowicz en Argentina*.

Gombrowicz caminaba hasta altas horas de la noche por Buenos Aires; una mañana de los años cincuenta lo hacía por la Costanera y ahí, mirando las olas encrespadas del río, recuperó un yo del pasado, sufriente y sin defensa (*Journaux I*).

Caillois atravesaba un bosque pampeano bajo la llovizna y fue a guarecerse a un rancho en el que mantendría una "Conversación con los nazis".[55] En "La Plaine" recorrió la llanura a pie y escrutó las nubes a lo lejos para medir el esfuerzo que necesita el hombre para ponerse de pie y hacerse fuerte.[56] En "Patagonie", luego de una travesía en barco, accedió a una extensión lúgubre e inhospitalaria golpeada por un viento hiriente que lo hizo trastabillar y detener la mirada en un montón de huesos de animales marinos.[57]

De un texto a otro, el paisaje invernal argentino da al extranjero la amplitud del desastre personal y colectivo que significó la Segunda Guerra Mundial primero, y la Guerra Fría después. Allá lejos, bien afuera, a la intemperie, el polaco y el francés se encontraban solos, sin nada ni nadie. Lo habían perdido casi todo y, para peor, temían ser declarados insumisos o desertores de sus países de origen. En esa nada fría y regeneradora, Caillois y Gombrowicz parecieran adoptar, respectivamente, y desde veredas opuestas, la tentación telúrica de Girondo[58] y la mirada oblicua y desnaturalizadora de Borges.[59]

Caillois modificó apenas algunas premisas juveniles y excesivas del polémico "Le vent d'hiver" (recogido por Denis Hollier), pero mantuvo el original rigor esencialista y ontologizante porque las grandes extensiones patagónicas habían calado bien hondo en él, llevándole algo de modestia y de arrepentimiento, lo suficiente en todo caso para no sentirse ya "un parásito o un impostor". Gombrowicz, por su parte, bien sabía que "todo es hipotético, nada es categórico" y por eso rehuía de las lecciones y en particular de las lecciones morales, y asistía atónito a ese yo antiguo y polaco, que le traían el viento y las olas marrones del río, aunque se desvanecería pronto ante otras máscaras, otros personajes autoficcionales.

[55] En *Circonstantielles. 1940-1945*, Paris, Gallimard, 1946.

[56] *Lettres Françaises*, Buenos Aires, n° 2, octubre de 1941.

[57] En *Le rocher de Sysiphe*, Paris, Gallimard, 1946.

[58] Oliverio Girondo, "Nuestra actitud ante el desastre" [1940], en Raúl Antelo (coord.), *Obra completa*, Madrid, Archivos, 1999.

[59] "Ensayo de imparcialidad", en *Sur*, octubre 1939, n° 61, Buenos Aires. Annick Louis propone una aguda lectura de esta coyuntura en *Borges face au fascisme 1. Les causes du présent*, Montreuil, Aux Lieux D'être, 2006

Tal como fue escrito por uno y otro extranjero, el viento sur dio la medida de dos devenires radicalmente diversos: mientras que uno se pliega al viento sur, taciturno y paciente durante horas enteras, abandonado en un banco al sueño despierto, el francés se cubre de pieles y lo enfrenta, reptando incluso para avanzar. Poroso y flexible, el polaco; rígido y casi impenetrable, el francés, estos dos devenires literarios no dejaron de llamar por escrito al polo opuesto. No sólo el norte, hacia donde volvieron tan pronto como se lo permitieron las circunstancias, sino hacia otros devenires literarios: Caillois, a los de Saint-John Perse y Marguerite Yourcenar; Gombrowicz a los de Jean-Paul Sartre y Jean Genet cuando la crítica francesa ya los había abandonado por el objetivismo.

Uno de los libros más bellos quizás de Caillois es una evocación abstracta de su vida a través del mito griego de Alfeo, en el que se lee una invitación recurrente a cerrar el paréntesis de los libros y a disolverse en lo indistinto.[60] Esa tentación hecha letra en y con el último libro —murió al año siguiente—, tuvo su origen, según el autor, en aquellas caminatas patagónicas que habían introducido un "quiebre que se iría agrandando" en su vida y en su obra.

Fractura para Caillois, retroceso a la juventud, a lo bajo y lo inferior para Gombrowicz, los años pasados en la Argentina fueron para cada uno de ellos la ocasión de hacer una ruptura mayor: la de devenir no tanto ellos mismos, ni siquiera escritores de renombre, sino sobre todo de devenir por fin algo, algo imprevisto, algo impensado, algo impensable fuera de la escritura y los libros.

---

[60] *Le fleuve Alphée*, Paris, Gallimard, 1978.

Bibliografía

Obras citadas de Roger Caillois

Le mythe et l'homme, Paris, Gallimard, 1938.
Circonstantielles. 1940-1945, Paris, Gallimard, 1946.
L'homme et le sacré, Paris, Gallimard, 1950.
Cases d'un échiquier, Paris, Gallimard, 1970.
Le rocher de Sysiphe, Paris, Gallimard, 1946.
Espace américain, Paris, Fata Morgana, 1983.
Le fleuve Alphée, Paris, Gallimard, 1978.
Correspondance 1939-1978. Roger Caillois-Victoria Ocampo, Odile
Felgine (ed.), Paris, Stock, 1997.
Correspondance Jean Paulhan-Roger Caillois, Odile Felgine
(ed), Paris, Gallimard, 1991.

Sobre Roger Caillois

Odile Felgine, *Roger Caillois, biographie*, Paris, Stock, 1994.
Jean-Pierre Le Bouler (ed.), *Lettres de Georges Bataille à Roger Cai-
llois*, Romillé, Folle Avoine, 1987.
Jean-Paul Courtès (coord.), *Diagonales sur Roger Caillois*,
Reims, L'improviste, 2002.
Denis Hollier, *Le collège de sociologie 1937-1939*, Paris, Folio Essais-
Gallimard, 1996.
Jean-Jacques Marchand, *Roger Caillois*, Paris, Institut National de
l'Audovisuel, collection Archives du XXème siècle, VHS, 1971.
Michel Panoff, *Les frères ennemis: Roger Caillois et Claude Lévi
Strauss*, Paris, Payot, 1993.

Paul Verdevoye (coord.), *Roger Caillois-Julio Cortázar*, Paris, *Culturas n° 13-14, Río de la Plata-Celcirp*, 1992.

Obras citadas de Witold Gombrowicz

Moi et mon double (recoge *Moi et ma Pologne, Bakakai, Les envoûtés, Ferdydurke, Trans-Atlantique, La pornographie, Cosmos*), Paris, Gallimard-Quarto, 1996.
Journaux I, Paris, C. Bourgois, 1981.
Journal II, Paris, Folio-Gallimard, 1995.
Pérégrinations argentines, Paris, C. Bourgois, 1994.
Varia I, Paris, C. Bourgois, 1985.
Varia II, Paris, C. Bourgois, 1989.

Sobre Witold Gombrowicz

Dominique de Roux, *Entretiens avec Gombrowicz*, Paris, Belfond, 1968.
Tadeusz Kepinski, *Witold Gombrowicz et le monde de sa jeunesse*, Paris, Gallimard, 2000.
Ricardo Piglia, *Ficción y dicción*, Buenos Aires, Siglo Veinte-Universidad Nacional del Litoral, 1990.
Jean-Pierre Salgas, *Witold Gombrowicz*, Paris, Seuil, 2000.

En torno a la hospitalidad

Jacques Derrida, "Le mot d'accueil", en *Adieu*, Paris, Galilée, 1997.
Edmond Jabès, *Un Étranger avec, sous le bras, un livre de petit format*, Paris, Gallimard, 1989.
Joaquín Manzi, "Accueillir, aimer, nommer la femme étrangère", en A. Montandon (ed.), *Mythes et images de l'hospitalité*, Clermont-Ferrand, PUBP, 1999.
Joaquín Manzi, "Huéspedes de la intemperie", en M. Ezquerro (éd.), *Le lieu de/el lugar de Juan José Saer*, Montpelllier, *Actes 10*, Ed. du C.E.R.S., Université de Montpellier III, 2002.
René Schérer, *Zeus hospitalier. Éloge de l'hospitalité*, Paris, A. Colin, 1993.

Raúl González Tuñón, caminador por España en guerra

por Leda Schiavo

> Aquí los escritores —españoles y de todo el mundo—
> arriesgan sus vidas y se han puesto cien por cien al servicio
> de una guerra ¡en la que se juega el porvenir del mundo!
> RAÚL GONZÁLEZ TUÑÓN

Gran caminador por vocación y por profesión fue Raúl González Tuñón. Su vocación lo llevó a caminar por calles, plazas, tabernas, cafetines, mercados, circos, y a hacer de sus vagabundeos tema de poesía. Es el *flâneur* de los barrios porteños, sus andanzas son una búsqueda de lo que le parece rescatable y puede mirar con ternura en el caos ciudadano. Por algo es el padre de Juancito Caminador, personaje que aparece en *Todos bailan. Poemas de Juancito Caminador*; luego en *Canciones del tercer frente* que incluye "Los caprichos de Juancito Caminador" y llega a *La literatura resplandeciente*, publicado póstumamente en 1976, una de cuyas secciones es "Del cuaderno de apuntes de Juancito Caminador". También fue caminador por profesión: sus actividades como periodista y como cronista de guerra lo llevaron a recorrer varios países además del propio. La lista de sus lugares de residencia o de visitas cortas incluye Santa Fe, Montevideo, La Rioja, Tucumán, Brasil, la Patagonia, España, Francia, Chile, la URSS, Varsovia, Praga y China, Uzbekistán, Estocolmo, Amsterdam, Ginebra, Cuba, otra vez la URSS. Algunos fueron viajes culturales, otros se derivaron de su actividad como periodista, otros se relacionaron con su compromiso político.

Sus viajes a España son una vuelta a los orígenes, a ese abuelo asturiano que lo llevó por primera vez a una manifestación de obreros; en los más vinculados a lo político va a buscar lo que ya sabe, a corroborar sus ideas, a demostrar una ortodoxia a la que ha llegado trabajosamente.

En "Descubrimiento de España", un poema de *La muerte en Madrid*, se refiere a la memoria del país que lleva en la sangre:

437

[...]
Un día viniendo del Sur,
vine a dar adonde nunca había estado pero volvía sin embargo,
reconocí los aldabones, el tahonero, la gorda de la pescadería
[...]

Un día viniendo del Sur
vine a dar al país de donde había salido antes de nacer
—cuando mi madre adolescente me soñaba en el fondo del
transatlántico—

Aunque Tuñón estuvo vinculado al grupo de *Martín Fierro*, algunos críticos desorientados lo sitúan en el de Boedo, con el que tuvo también buenas relaciones. Es cierto que su temática y su compromiso político podrían encasillarlo en el grupo de Boedo, pero esto es una simplificación: Tuñón no se deja encasillar en lo literario y tampoco en lo político, pese a su compromiso partidario. Desde 1934 estuvo afiliado al Partido Comunista y quiso serle fiel, sobreponiéndose a los vaivenes y las desazones que esto significaba. Cuando va a España en 1937, financiado por el Partido, ve sólo lo que quiere o desea ver; ve una España utópica, mítica, en la que el mal está enteramente en el fascismo y no llega a ver las perversidades del estalinismo.

González Tuñón estuvo tres veces en España. El primer viaje puede considerarse de iniciación, viaje cultural en el que prima un deslumbramiento por Europa. En *La calle del agujero en la media* se convierte en un *flâneur* baudelairiano, ansioso descubridor de París. Los dos viajes siguientes tienen otro carácter no sólo porque los hizo en años significativos por los acontecimientos históricos que le tocó vivir, sino por la gravitación que tuvieron en su obra. El de 1935, después de los dramáticos sucesos de la represión a los mineros de Asturias, es un viaje a los orígenes, en orgullosa busca de su abuelo, minero asturiano. Al volver a la Argentina, publica en 1936 el libro de poemas *La rosa blindada,* con el subtítulo *Homenaje a la insurrección de Asturias y otros poemas revolucionarios,* y *Ocho documentos de hoy,* donde reúne prosas de denuncia y algunos poemas.[1]

---

[1] Las doce notas que publicó en la revista *El Suplemento* entre abril y julio de 1936 con el título general "Redescubrimiento de España", acaban de ser reeditadas en Madrid por Pilar Iglesias Nicolás, AUPA, 2007, con el título *Raúl González Tuñón. Poeta en la guerra. Cronista para la paz.* El tema más importante de las notas es la lucha heroica de los mineros de Asturias, en la que se destacó como heroína Dolores Ibárruri, *la Pasionaria.*

El de 1935 es, a la vez, un viaje de bodas, recién casado con Amparo Mom, y un viaje muy fructífero intelectualmente, por su vinculación con artistas e intelectuales europeos. Entre el 21 y el 25 de junio de 1935 participa en el Primer Congreso Internacional de Escritores en Defensa de la Cultura, al que asisten en París 230 delegados de 38 países que debatieron sobre el peligro fascista que acechaba a Europa y sobre la actitud y el compromiso de los intelectuales.[2]

En este Congreso se creó la Asociación Internacional de Escritores en Defensa de la Cultura presidida por un Comité Internacional compuesto por Henri Barbusse, Romain Rolland, André Gide, Heinrich y Thomas Mann, Máximo Gorki, Aldous Huxley, Bernard Shaw, Selma Lagerlöf y Ramón María del Valle-Inclán, entre otros, con el fin de continuar impulsando el debate, la solidaridad y la coordinación entre los escritores. Compromiso estético y político otra vez se aúnan al firmar algunos de estos escritores de prestigio internacional, como Vallejo, Aragón, Barbusse, Waldo Frank, Gide, Malraux, Neruda, un documento de apoyo a González Tuñón, cuando recibe la noticia de la condena a dos años de prisión por la publicación del poema "Las brigadas de choque", considerado subversivo.[3] En España, sus amigos, pertenecientes a la llamada Generación del 27, firman también un manifiesto de adhesión, fechado en junio de 1935 y redactado por Federico García Lorca:

> Acaba de conocerse en Madrid la sentencia del juez federal de Buenos Aires condenando al poeta argentino residente entre nosotros, Raúl González Tuñón, a dos años de prisión condicional por la publicación de un poema titulado "Las Brigadas de Choque". Los abajo firmados, escritores y artistas de diversas creencias e ideas políticas, señalamos a la atención general la crueldad e injusticia de esta condena recaída en nuestro compañero Raúl González Tuñón, y protestamos por este nuevo ultraje a la libertad de expresión que constituye nuestro más sagrado e inalienable derecho.[4]

---

[2] Ver Luis Mario Schneider, *II Congreso Internacional de Escritores Antifascistas*, vol. I, *Inteligencia y Guerra Civil española*, Barcelona, Laia, 1978; Manuel Aznar Soler, *II Congreso Internacional de Escritores Antifascistas*, vol. II, *Pensamiento literario y compromiso antifascista de la inteligencia española republicana*, Barcelona, Laia, 1978, y Manuel Aznar Soler y Luis Mario Schneider, *II Congreso Internacional de Escritores Antifascistas*, vol. III, *Ponencia documentos y testimonios*, Barcelona, Laia, 1997.

[3] Fue publicado en agosto de 1933 en el número 4 de *Contra*, la revista dirigida por Tuñón.

[4] Para tener una idea más completa de las ideas y andanzas de González Tuñón

El tercer viaje de Tuñón a España, al que me quiero referir en especial, ocupa buena parte del año 1937. De esta experiencia nos quedan los artículos que escribió para los periódicos *La Nueva España* y *El Diario*, las cartas que envió a Amparo, su mujer (en su mayor parte inéditas), los poemas de *La muerte en Madrid*, publicados en 1939, y las prosas poemáticas de *Las puertas del fuego*, editadas durante su exilio en Chile en 1938.

Tuñón fue corresponsal de guerra para *El Diario* y para el periódico *La Nueva España*, editado éste por el Comité de Ayuda al Gobierno Español del Frente Popular —bajo control del Partido Comunista— y dirigido por Ricardo Setaro.[5] Había viajado a España con Cayetano Córdova Iturburu, quien iba como corresponsal de *Crítica*, y con quien, dice en carta del 31 de marzo, "congeniamos y nos ponemos siempre de acuerdo".

De este viaje, realizado entre febrero y agosto de 1937, y debido a que Amparo Mom no pudo ir con él, nos queda a través de sus cartas un testimonio personal de su visión idealizada de la guerra civil, que repite en las crónicas periodísticas. Llama la atención que Tuñón no diferencie entre lo público y lo privado, porque escribe sustancialmente lo mismo en las cartas que en sus artículos, como también llama la atención que las cartas parezcan escritas para la inmortalidad, por la buena prosa, por el entusiasmo sin límites en defensa de los ideales republicanos y por la cantidad de información que aportan tanto sobre la guerra como sobre la actividad artística y literaria.[6] Antes de citarlas y comentarlas, se hace necesario ponerlas en contexto con los hechos históricos contemporáneos.

El año 1937 fue crucial para la guerra civil, pleno de acontecimientos bélicos y de luchas internas entre quienes apoyaban a la Re-

habría que sumar sus declaraciones en el libro que publicó Horacio Salas (*Conversaciones con Raúl González Tuñón*, Buenos Aires, Editorial La Bastilla, 1975) y que conserva toda la frescura y la autenticidad del diálogo entre los dos escritores.

[5] En la Argentina hubo muchos comités de ayuda a España, con rivalidades que respondían a diferentes ideologías. En agosto de 1937, los comunistas lograron desplazar a los anarquistas del Comité de Ayuda al Gobierno Español del Frente Popular, unificar varias filiales y poner como director del periódico *La Nueva España* a Ricardo Setaro. Ver Silvia Montenegro, *La Guerra Civil española y la política argentina*, Tesis doctoral, Madrid, 2002.

[6] Algunas veces la carta y el artículo tienen el mismo texto con el solo cambio de encabezamiento. En su mayoría inéditas, las cartas están en poder de su segunda mujer, Nélida Rodríguez Marqués de González Tuñón y de su hijo Adolfo, a quienes agradezco su generosidad.

pública. Es importante saber a qué España viaja Tuñón, cuáles son los dramas dentro del gran drama de la guerra. El ejército fascista se encontraba a las puertas de Madrid y, ante el peligro, el gobierno ordena la evacuación de la ciudad luego de que el presidente de la República, Manuel Azaña, se trasladara a Barcelona el 28 de octubre de 1936.[7] Madrid, bombardeada constantemente, fue heroicamente defendida por el general Miaja, que dirigía la Junta de Defensa, y por las Brigadas Internacionales; ambas formaciones luchan sin cuartel en la Ciudad Universitaria entre el 9 y el 23 de noviembre y logran detener el avance del general Varela, cuyas tropas ocupaban la Casa de Campo y, en la Ciudad Universitaria, el Hospital de Clínicas y la Casa de Velázquez. El jefe de Gobierno, Francisco Largo Caballero, se había trasladado en noviembre a Valencia, que será capital de la República hasta el 31 de octubre de 1937. En mayo de ese mismo año hay una gran crisis política y Largo Caballero debe dimitir a favor de Juan Negrín, que tenía el apoyo del cada vez más influyente Partido Comunista.

Fue, como queda dicho, un año particularmente dramático para España, no sólo por las acciones militares sino por las discrepancias políticas entre los republicanos, principalmente entre el Partido Comunista y el anarcosindicalismo, discrepancias que tienen una trágica resolución en mayo en Barcelona y en el cambio de gobierno que acabamos de mencionar.

En lo que se refiere a las acciones de la guerra, en febrero de 1937, Málaga cae en poder del ejército fascista y se libra la sangrienta batalla del Jarama en la que pierden la vida muchos de los integrantes de las Brigadas Internacionales que apoyan a la República. El ejército fascista, intentando apretar el cerco sobre Madrid, inicia una ofensiva en el frente de Guadalajara apoyado sobre todo por unidades italianas, que sin embargo los republicanos logran desarticular. Comienza entonces la ofensiva fascista en el país vasco con el bombardeo de Guernica por la aviación alemana el 26 de abril; en junio cae Bilbao y en agosto Santander, con lo que la República pierde toda la zona norte.

Es un año de derrotas y éxitos para la República; los éxitos se deben en gran parte a que el ejército se organiza, y al apoyo de la Unión Soviética con armas, aviones y consejeros militares. Pero el apoyo de la Unión Soviética tiene un gran costo político, porque se inicia una

---

[7] Uso el adjetivo "fascista" porque el ejército, encabezado por Francisco Franco, que se llama a sí mismo "nacional" —en realidad, es internacional ya que está integrado por italianos, alemanes, marroquíes y españoles— proclama esa ideología.

represión a los anarquistas, fuertes sobre todo en Barcelona y en el frente de Aragón, y contra el POUM, el Partido Obrero de Unificación Marxista, vinculado al trotskismo.

Para evitar enfrentamientos entre las facciones, en Barcelona se prohibe la celebración del 1º de Mayo, pero pocos días después empieza el hostigamiento del Partido Comunista y las fuerzas de seguridad de la República contra la Confederación Nacional del Trabajo (CNT) y el Partido Obrero de Unificación Marxista (POUM), dos organizaciones enfrentadas al estalinismo, hasta que en los llamados sucesos de Barcelona o Jornadas de Mayo se enfrentan sangrientamente. Hubo un testigo de excepción, George Orwell, quien relata los hechos en su libro *Homenaje a Cataluña*. Es "La guerra civil dentro de la guerra civil", como titula Antony Beevor un capítulo de su libro.[8] Orwell, que luchó tres meses y medio con las milicias del POUM en el frente de Aragón, al volver a Barcelona en mayo, dice que había en la ciudad "una horrible e inconfundible sensación de rivalidad política y odio". Lo que dice Orwell, antiestalinista, es esclarecedor:

> los comunistas habían ganado poder y aumentaron considerablemente el número de los miembros del partido apelando a las clases medias en contra de los revolucionarios, pero también porque eran los únicos que parecían capaces de ganar la guerra. Las armas rusas y la magnífica defensa de Madrid hecha por tropas que estaban principalmente bajo control comunista habían hecho que fueran los héroes de España.[9]

Los comunistas querían, en primer lugar, ganar la guerra y los anarquistas y trotskistas hacer la revolución al mismo tiempo que luchaban en la guerra, aunque no tenían los medios para pelear, ya que el gobierno, influido por los comunistas, les negaba las armas. Aunque ahora se reconoce que la estrategia del Partido Comunista era la adecuada, los medios que usaron fueron inadmisibles. Usaron la calumnia, la censura de prensa, los secuestros, la tortura y el asesinato; los agentes soviéticos tenían cárceles clandestinas en España y, frente a esto, los anarquistas y trotskistas aparecen como ingenuamente infantiles. No puedo entrar en el detalle de los hechos históricos, pero tengo que referirme al secuestro, tortura y asesinato de Andreu Nin,

---

[8] *La Guerra Civil española*, Barcelona, Crítica, 2005.
[9] Ver George Orwell, *Homage to Catalonia*, Orlando, Harcourt, 1980. (T. de A.) L.S.

fundador y dirigente del POUM y al montaje del Partido Comunista acusándolo de fascista y de ser quinta columna de Franco.[10] También hay que señalar que ya en 1934 Stalin había lanzado una nueva campaña de terror político entre los miembros de su propio partido con el pretexto del asesinato de Sergio Kirov. Las grandes purgas se intensificaron en 1936 y 1937. Una importantísima figura del PCE fue Vittorio Codovilla que estaba en España desde 1932 y que gozó de la confianza de Stalin hasta el final de la guerra; luego Codovilla fue destinado a la Argentina, donde dirigió el Partido Comunista local durante varios años.

En 1991 y 1992 se abrieron archivos de la URSS hasta entonces desconocidos por los investigadores, lo que hizo posible que se reescribiera la historia de la Guerra Civil española. Se publicaron los informes que la policía secreta soviética (NKVD) y la inteligencia militar (GPU, antes Cheka) mandaban a Stalin y se conoció que los soviéticos funcionaban con sus propias leyes, con independencia del gobierno republicano.[11]

Pero lo cierto es que, en su momento, la guerra civil hizo florecer un idealismo sin límites entre los jóvenes izquierdistas de casi todos los países. Así se explica el fervor de los brigadistas internacionales que fueron a participar en la guerra de España, donde creían que se jugaba el destino de la humanidad. Basta leer las innumerables novelas que tratan el tema, las películas, las biografías y autobiografías de testigos, los documentos de toda clase que atestiguan la pasión y la limpieza con que se entregaron a luchar en defensa de la República.

González Tuñón participó de ese entusiasmo y ese idealismo, como se refleja en sus crónicas y en sus cartas. Es difícil juzgar cuánto sabía de las purgas estalinistas, aunque no pudo ignorar lo sucedido en Barcelona durante la represión a los anarcosindicalistas en los sucesos de mayo. En una de sus primeras cartas a Amparo Mom, fechada en Barcelona el 12 de marzo, luego de expresar su entusiasmo por el valor con que lucha el pueblo, Tuñón se refiere con fervor a la cooperación que observa entre anarquistas, socialistas y comunistas, unidad "por la cual han luchado intensamente, y luchan, nuestros camaradas —al menos esa es la impresión que tengo". Quizás este último inciso revele que es más bien una expresión de deseos que una observación objetiva, ya que lo escribe apenas dos meses antes de que se desatara la lucha armada entre

---

[10] Fue secuestrado, junto a otros dirigentes del POUM, el 16 de junio de 1937 por la GPU; se desconoce la fecha de su asesinato.

[11] Ver Ronald Radosh, Mary R. Habeck y Grigory Sevostianov (ed.), *Spain Betrayed. The Soviet Union in the Spanish Civil War*, Yale University Press, 2001.

las facciones en Barcelona. En dos o tres artículos y en la carta del 12 de marzo habla de una idílica unidad entre marxistas.

He aquí la carta a la que me refiero:

Barcelona, marzo 12 (viernes)
Amparito querida, imposible expresar con palabras lo que estoy sintiendo y viviendo. Esto es formidable, extraordinario, prodigioso. Un pueblo que resiste la embestida del fascismo internacional, un pueblo que sufre y se desangra y que, mientras tanto, supera el caos, la desorganización, la desesperación y levanta sobre su angustia y su esperanza una nueva sociedad, porque por ese camino se anda en España a un ritmo apresurado [...] Llegamos anoche viniendo de Port Bou [...] y a la media hora ya estábamos vinculados al Partido Socialista Unificado —socialistas y comunistas— fuerza poderosísima, disciplinada y heroica, adherida a la I.C. y en relación estrecha con la U.G.T. La C.N.T. y la F.A.I. —anarquistas, como tú sabes— colaboran en el gobierno y están en tren de unidad —esta unidad por la cual han luchado intensamente, y luchan, nuestros camaradas— al menos ésa es la impresión que tengo. Pero lo notable es que ante la amenaza fascista todos están de acuerdo en la defensa de la república democrática, república democrática activa, en ascenso, sin la politiquería y la pequeñez de tantas repúblicas democráticas —soi dissant— como andan por ahí [...] Pensamos seguir viaje a Valencia en estos días, para encontrarnos con los camaradas de la Alianza de Intelectuales y con Siqueiros, que está allá. [...] Estoy en otro mundo. Policho [Córdova Iturburu], tan deslumbrado como yo, vive la emoción más intensa de su vida. [...]
Querida mía, te mando miles de abrazos, estoy orgulloso de mi raza española. ¡Hasta pronto!

Hay que señalar que uno de los poemas de *La muerte en Madrid*, titulado "La muerte del héroe", exalta la figura de Buenaventura Durruti, muerto por una bala perdida en la defensa de Madrid el 20 de noviembre de 1936. Durruti, sindicalista, anarquista, de un heroísmo sin límites, fue una figura legendaria, mítica. Tuñón pasa revista en su poema a algunos rasgos sobresalientes de su biografía y personalidad:

Juego de la linterna y el gatillo
lo veo en el retrato del prontuario,
de frente, de costado, con un número,
con un cabello turbio y despeinado.

[...]
Lo veo derramando plomo y oro
por las huelgas del mundo, comandante,
lejos aún de la bala de plata
fundida para él un siglo antes.
[...]
En donde yacen los himnos anarquistas,
entre tahonas, libreros de lance,
novias de fugitivos y retratos
de Francisco Ferrer ya fusilado;
durante el heroísmo sin consignas,
antes del cine y de los comisarios
oh, qué auténtica entonces
su mezcla de cordero y de leopardo,
qué madurez crecida de repente,
qué francotirador y Jesucristo
su corazón, perdido por noviembre.

En las cartas se revela que Tuñón se movía constantemente entre Valencia, Barcelona, Madrid, y algunos frentes de batalla. Que todo lo que ve lo entusiasma y no duda ni un momento de la victoria. Y va nombrando en la que se acaba de citar a los camaradas y colegas que aprecia, como David Alfaro Siqueiros, el muralista mexicano que ya había conocido en Buenos Aires y cuya notoriedad no sólo se debía a su obra artística sino a su dura militancia en el Partido Comunista Mexicano, a punto tal que encabezó el primer atentado contra Trotsky.[12]

En una carta fechada en Valencia el 29 de marzo, Tuñón conjuga sus intereses políticos con los artísticos y literarios y expresa su deseo de conocer a Rafael Alberti, que se encuentra en Moscú con María Teresa León. Cita a Julio Álvarez del Vayo, ministro de Estado de Largo Caballero, solidarizado con los comunistas y después de la crisis de mayo, otra vez ministro de Estado con Juan Negrín. La difusión de la cultura durante la República y aun en medio de la guerra no tenía precedentes en España, gracias en gran parte a la labor de Carlos Esplá, y a su apoyo a la publicación de *Hora de España*.

Un acontecimiento cultural de gran importancia es la Exposición Internacional de Artes y Técnicas que se abrió en París el 17 de mayo;

---

[12] El tercer número de *Contra* (julio de 1933) fue dedicado a Siqueiros, alrededor del cual se había desatado una polémica en Buenos Aires, a tal punto que la Asociación Amigos del Arte suspendió su tercera conferencia y clausuró su muestra. El debate surgió a raíz de lo que se consideró propaganda política en sus charlas y en su obra.

el Pabellón Español fue diseñado por José Luis Sert y Luis Lacasa, y allí se expuso el famoso cuadro de Pablo Picasso sobre el bombardeo de Guernica, una obra de Joan Miró y otra de Alexander Calder y hubo una escultura de Alberto titulada *El pueblo español tiene un camino que conduce a una estrella*. Es interesante saber que la otra España tuvo también su Pabellón, financiado por la Iglesia española y bajo bandera del Vaticano, en el que un altar pintado por José María Sert llevaba el título "Intercesión de Santa Teresa por la guerra española". En las cartas, Tuñón nombra en varias oportunidades a Gustavo Durán, músico e intelectual con activa participación en la Residencia de Estudiantes, que luego mostró su heroísmo en el frente de batalla, lo que le valió el grado de coronel. Nombra también repetidas veces al grupo de intelectuales y artistas que ya había frecuentado en su viaje anterior, a su amigo y entusiasta admirador, Miguel Hernández, al músico chileno Acario Cotapos, a Neruda y Delia del Carril, pero cuando dice "¡faltan tantos!", el recuerdo de García Lorca se hace casi tangible. Veamos un fragmento de la carta del 29 de marzo:

> Estamos rodeados de grandes amigos. En los ministerios —estuvimos ya con Vayo, con Esplá—[13] nos facilitan la tarea admirablemente dándonos todo lo que necesitamos. Sólo nos falta visitar Madrid y cuando recibas esta carta ya estaremos de vuelta en Valencia. He visto a Miguel Prieto, su mujer y el niño. A Manolito Altolaguirre y a Arturo [Serrano Plaja] —este último vino por dos días y ya se volvió a Madrid—, a Cernuda. Luis Lacasa y Alberto [Sánchez Pérez] se fueron a París por lo del Pabellón Español. He visto a Fulgencio Diez Pastor y he conocido a otros escritores y políticos, artistas y sabios. Nuestro viejo grupo está desparramado. Unos en un lado, otros en otro. Unos con misiones en el extranjero, otros, como Miguel Hernández, Durán, Petere Herrera, en el frente. Sólo cuando estuve con Cotapos, Luis y Alberto me pareció volver a encontrar al viejo grupo pero ¡faltan tantos! Sobre todos, Pablo y Delia, a cuyo alrededor el grupo se hacía más compacto [...] Pero este desparramo intelectual y esta nerviosidad de retaguardia no impide que Córdova y yo hayamos sentido ya muchas veces, e intensamente, la enorme cordialidad y genero-

---

[13] Carlos Esplá fue ministro de Propaganda hasta mayo de 1937 y luego ocupó con Negrín la Subsecretaría de Estado. Como ministro de Propaganda difundió la cultura dentro y fuera de España.

sidad del pueblo español [...] Este pueblo es único y estoy orgulloso de mi sangre. No encuentro palabras para expresar mi admiración. Trato de hacerlo en algunos poemas que estoy madurando y que superarán sin duda a los ya lejanos de *La Rosa Blindada* [...][14] Desgraciadamente no he visto a Alberti porque había marchado a Rusia unos días antes. Ahora se anuncia su regreso y espero conocerlo de una vez. Me interesa como amigo y como intelectual porque él nos orientaría a Policho y a mí, mejor que nadie.

Otra carta, fechada en Valencia el 31 de marzo, lo muestra defendiendo el arte comprometido y atacando a Victoria Ocampo y a la gente de *Sur*.[15] Éste es también un tema reiterado ya que lo obsesiona la respuesta de su país al drama español y no admite adhesiones superficiales como las que cree ver en los escritores que nombra. En esta carta no disimula su irritación contra los que considera enemigos, y se refiere a Ramón Gómez de la Serna, que había abandonado España y a Rafael Benjumea y Burín, conde de Guadalahorce porque había organizado en Buenos Aires un homenaje al gobierno de Burgos.[16] Frente a éstos, ensalza Tuñón la valentía de los escritores y artistas y de todo el pueblo español.

Aquí, más que a exhibirse o hacer una propaganda que el pueblo español no necesita hay que trabajar [...] No importa que las Victoria Ocampo, los Mallea y todos los mezquinos, cobardes o falsos intelectuales sin comprensión de la hora histórica se aparten o despotriquen. Ellos, como Ramón, como esos infelices cómicos sirvientes del conde de Guadalahorce, están muertos ya, mucho más muertos que los muertos de verdad cuya ceniza, al fin y al cabo, es útil a la tierra. En mi colaboración para *Hora de España* denunciaré y pondré de vuelta y media a todos esos imbéciles. Y en Buenos Aires [sabrán] cómo un Antonio Machado, viejo y glorioso, supo ponerse al ritmo de España. Cómo un Ángel Prieto llevó

[14] Se refiere a los poemas de *La muerte en Madrid*. El libro, publicado en Buenos Aires en 1939, ha sido reeditado en Madrid por AUPA, 2006.

[15] González Tuñón ya había hecho juicios despectivos sobre Victoria Ocampo en *Contra*, n° 2, mayo de 1933. Ver Sylvia Saítta, *Contra. La revista de los francotiradores*, Bernal, Universidad de Quilmes, 2005.

[16] El Conde se encontraba en Buenos Aires trabajando en la contratación del subterráneo.

su arte al frente mismo. Cómo un Serrano Plaja, un Pablo Neruda, un Luis Cernuda —que solían poner peros al arte al servicio del pueblo— de una manera o de otra se pusieron al servicio del pueblo. Cómo un Gustavo Durán, de espíritu tan fino, tomó el fusil. Cómo un Vicente Aleixandre que era un solitario, posiblemente un descreído, enfermo y todo abandonó su casa para intervenir en las primeras tareas de la Alianza. Y cómo un pueblo, todo un pueblo, que esto es lo importante, se lanzó a las calles y a los campos en defensa, no sólo de su dignidad sino de la cultura misma amenazada por los bárbaros.

En la carta siguiente, fechada en Madrid el 6 de abril, además de referirse al heroísmo del pueblo madrileño, nombra especialmente al Quinto Regimiento, que se formó con milicias populares al día siguiente de la sublevación contra la República y actuó hasta la formación del Ejército Popular Republicano. Tuñón nombra a algunos de sus comandantes, al legendario Enrique Líster, a Modesto Guilloto, a Valentín González, llamado *el Campesino* y también a Gustavo Durán. El escritor iba a dedicar varios de sus poemas de *La muerte en Madrid* y varias de sus crónicas a exaltar el heroísmo del pueblo de Madrid y a contar cómo sigue la vida bajo el intenso bombardeo de las fuerzas fascistas.

La mayoría de los poemas de *La muerte en Madrid* están dedicados a la exaltación del heroísmo de una ciudad que soportó durante tres años el bombardeo del ejército enemigo, los obuses y el fuego de las ametralladoras. El primer poema del libro, fechado en abril de 1937, se titula "Madrid" y viene a decir, ahora en exaltados endecasílabos, fundamentalmente lo mismo que la carta:

> [...]
> Creadora de Líster, de Modesto,
> de Durán, de Galán, del Campesino,
> qué calientes arroyos te socavan
> de ceniza y de sangre.
>
> Capital del coraje, capitana,
> sin secretos, desnuda, sin orgullo,
> te apareces ahora con un viento
> de pólvora final y nuevo mundo.
> [...]
> Superando un dolor de niños muertos
> estás recién parida, sonriente,

en las colas del hambre y los aviones,
novia de la muerte.

Este viaje de Tuñón tuvo también como objetivo participar como delegado en el II Congreso de Escritores convocado por la Alianza Internacional de Intelectuales Antifascistas, junto a Córdova Iturvuru. Otra de las preocupaciones constantes expresadas en las cartas es qué otros delegados asistirán al Congreso, dónde y cuándo se hará, ya que dadas las circunstancias de la guerra se cambiaba de idea constantemente. El Congreso por fin se realizó entre el 4 y el 11 de julio; se inauguró en Valencia, pasó luego a Madrid y Barcelona y se clausuró en París. Raúl González Tuñón habló en el inicio y el cierre. Quedan varias cartas sobre el tema. En la que citaré a continuación, del 11 de abril y fechada en Valencia, se muestran los continuos desplazamientos de Tuñón y otros intelectuales por las ciudades y frentes de guerra, un renovado entusiasmo por la victoria y algunas reflexiones interesantes sobre personajes que iré comentando:

Ahora, algo muy importante: El Congreso Mundial de Escritores se realizará el día ocho de junio. Rafael y María Teresa, de quienes ya me he hecho muy amigo, quieren que nos quedemos. Rafael es una mezcla de Pablo y Federico por lo que te imaginarás lo gran tipo que es [...] Quiero quedarme en España y también quiero verte de modo que te ruego busques la forma de resolver este problema. Anoche estuve hasta muy tarde con Rafael y María Teresa. Me presentaron a un gran tipo: Kléber. Hoy a mediodía nos hemos reunido con ellos: Bergamín, Arturo, Corpus Barga, Ilya Erenbourg [*sic*], Siqueiros —que volvió del frente y se va otra vez— Miguel Prieto, Madero, Cotapos, etc. Todos hablan de ti y piden que vengas.

En este último párrafo, Tuñón demuestra su entusiasmo por haber conocido al célebre comandante militar de la XI Brigada Internacional, que usaba el seudónimo de Emilio Kléber. Este general luchó en la defensa de Madrid y fue considerado un héroe, aunque luego cayó en desgracia, y fue una de las víctimas de Stalin. Luego, entre otros nombres que ya hemos visto, Tuñón cita a hombres relacionados con la cultura, como al escritor católico José Bergamín, director de la revista *Cruz y Raya*, y al conocido con el seudónimo de Corpus Barga, que participó activamente tanto en la propagandística de la República como en el área militar. Miguel Prieto colaboró como tantos otros con las Misiones Pedagógicas, que llevaban la cultura por el interior del país. Fue pintor y escenógrafo, ilustrador de las revistas de la Asociación de Intelectuales Antifascistas y creador del guiñol *La Tarumba*.[17] Por fin, al famoso corresponsal de *Izvestia*, Ilya Ehrenburg, que tuvo a lo largo de su vida problemáticas relaciones de ida y vuelta con el estalinismo.

En su carta del 16 de abril Tuñón dice, escuetamente, que conoció a Hemingway y a John Dos Passos. Sabemos por sus entrevistas con Horacio Salas que Hemingway no le simpatizaba, y que lo califica como "notabilísimo escritor pero un hombre muy frívolo". Con Dos Passos discrepa abiertamente: "por eso no me extraña su desviación ideológica, pues entonces nos dijo que simpatizaba con los anarcotrotskistas del POUM, un típico caso de extremismo infantil".[18]

En todo momento, Tuñón destaca el acercamiento entre artistas e intelectuales y el pueblo. Así dedica a las Misiones Pedagógicas tres artículos de los publicados en *El Suplemento*, nombra una y otra vez en sus cartas a Manolo Altolaguirre, quien llevó su imprenta al frente de batalla, a Miguel Hernández, que recitaba para los soldados. También hace constar en su carta del 29 de marzo que al banquete con el que se celebrará su cumpleaños asistirá "El Retablo Rojo" del Altavoz del Frente "en pleno". Altavoz del Frente era una organización dependiente de la Comisión de Agitación y Propaganda del Partido Comunista Español, creada para llevar a los milicianos actividades culturales. Publicaba un periódico para el que Tuñón escribió alguna poesía, según dice en una de sus cartas.

En cartas posteriores, Tuñón expresa sus preocupaciones principales: las reacciones en la Argentina ante lo que sucede en España y su participación en el II Congreso de Intelectuales Antifascistas:

> Madrid, 19 de abril
> Bergamín está escribiendo una carta a Victoria Ocampo que firmaremos todos y se publicará en todo el mundo. Yo entrego a *Ayuda* un brulote bárbaro a los cobardes y vendidos de Buenos Aires [...] Estamos locos de contentos con lo que le ocurrió a Marañón. Hay que echarlo de allí. Sabemos que la carta de Bergamín que te mandó Delia causó sensación. Más

[17] En carta sin fecha, Tuñón agrega a mano (las cartas están dactilografiadas): "Estoy escribiendo una farsa para La Tarumba".

[18] Dos Passos, que se encontraba en España para la filmación del documental *Tierra española* junto a Hemingway, se retiró indignado por la desaparición y posterior fusilamiento, acusado de espionaje, de su amigo y traductor, el republicano pero no comunista José Robles Pazos, intérprete de la Embajada soviética en Valencia. Ver Stephen Koch, *La ruptura Hemingway-Dos Passos y el asesinato de José Robles*, Madrid, Galaxia Gutenberg, 2006.

aún va a causar la carta a Victoria. Oficialmente la Alianza ha nombrado delegados a Policho, a [Aníbal] Ponce, a Deodoro [Roca] —por representar el interior de la Argentina además de ser un gran tipo—, pero pueden venir y deben venir todos los muchachos que puedan hacerlo.

El 10 de mayo de 1937 se difundió en Buenos Aires la carta que Bergamín escribió a Victoria Ocampo, fechada el 28 de abril, en la que la insultaba por proteger a Gregorio Marañón durante su estadía en Buenos Aires. Como en el caso de Gómez de la Serna, no se le perdonaba a Marañón el haber adherido a la República para luego incurrir en lo que se consideraba una defección. La carta de Bergamín está naturalmente crispada porque, en su opinión, Marañón iba desparramando mentiras sobre España:

> Usted [Victoria Ocampo] con su equivocada y equívoca protección se hace cómplice suyo y enemigo nuestro. Enemigo del pueblo español. Enemigo de España. Porque el delito de lesa patria que ese Marañón va explotando remunerativamente por el mundo, es un crimen en constante perpetración [...]. Y en este Madrid, cada vez más vivo y verdadero, me ha llegado como le digo, esa noticia de su aparente apoyo a quien tan cobardemente nos traiciona. No comprendo su gesto. No quiero comprenderlo [...].

La directora de *Sur* contestó, a su vez, indignada. En realidad *Sur* había tomado partido apoyando a la República casi al principio de la Guerra Civil aunque la mayoría de los escritores cercanos a la revista desconfiaba del apoyo de los comunistas. El liberalismo burgués que para Tuñón estaba representado por Victoria Ocampo, Mallea y otros cercanos a ellos no era admisible en momentos en que "se jugaba el destino de la humanidad".

Tuñón expresa una y otra vez en las cartas su preocupación sobre quiénes irán como delegados argentinos al II Congreso Internacional de Escritores Antifascistas. Se barajan muchos nombres, pero él apuesta por Pablo Rojas Paz, que ya había participado en el primer congreso y que acabará por participar también en el segundo. Y por supuesto quiere que Amparo Mom se una a él.

El II Congreso se inaugura el 4 de julio de 1937 en Valencia, con palabras del presidente del Gobierno, Juan Negrín. Tuñón habla tras Julio Álvarez del Vayo, comisario de Propaganda; Mikhail Koltzov, Julien Benda, José Bergamín, Alexis Tolstoi, Joaquín Xirau, Malcolm Cowley y Ana Seghers:

Americano, español de América, incorporado a España desde hace mucho tiempo, pero nunca desvinculado de la Argentina, mi tierra, cuyos escritores de izquierda represento aquí, qué honor para mí poder dirigiros estas pocas palabras en medio de tan insignes valores de la literatura del mundo. Es éste el Segundo Congreso Internacional de Escritores y el segundo al que yo asisto, pues tuve la suerte de hallarme en París, en 1935, cuando nació nuestra Asociación Internacional.

Tuñón vuelve a dirigirse al Congreso durante la clausura, en París, el 17 de julio, día en que fue el primero en hablar seguido luego por Julien Benda, Bertolt Brecht, Paul Vaillant, Carlos Pellicer, Claude Aveline, Ramón J. Sender y Jean Richard Bloch:

Las delegaciones de la América Hispánica han hecho oír en el Congreso la voz de un continente que comienza a golpear en las puertas de la historia. Desde hace tiempo al mirar hacia España, nosotros, los jóvenes de este continente, dirigimos al mismo tiempo nuestra mirada hacia Francia y la Unión Soviética. Es éste el triángulo de nuestra esperanza.[19]

Tuñón sigue haciendo camino al andar. Se embarca en el vapor *Arica*, que zarpa del puerto de Amberes el 28 de agosto rumbo a Valparaíso, en compañía de Pablo Neruda, Delia del Carril y Amparo. Decide no volver a la Argentina debido al proceso que se le sigue por el poema "Las brigadas de choque" y permanece en Chile, con viajes esporádicos a su país, hasta su regreso en 1945.

He aquí la historia parcial de este viajero apasionado, que nunca pudo recuperarse de la pérdida de España. Otras pérdidas, la de Amparo en 1940 y la de su hermano Enrique dos años después, se sumaron para que no quisiera, por un tiempo, volver a su país.

---

[19] Ver *II Congreso Internacional de Escritores Antifascistas, vol. III. Ponencias, documentos y testimonios*, ed. por Manuel Aznar Soler y Luis Mario Schneider, Barcelona, Laia, 1979. Las ponencias completas están publicadas en *Las puertas del fuego, op. cit.*

BIBLIOGRAFÍA

De Raúl González Tuñón

Todos bailan. Poemas de Juancito Caminador, Azul, Don Quijote, 1935. *Canciones del tercer frente*, Buenos Aires, Problemas, 1941. Incluye "Los caprichos de Juancito Caminador"

Hay alguien que está esperando, Buenos Aires, Carabelas, 1952. Incluye "El penúltimo viaje de Juancito Caminador".

La literatura resplandeciente, Buenos Aires, Boedo-Silbalba, 1976.

8 documentos de hoy, Buenos Aires, Federación Gráfica, 1936.

La muerte en Madrid, Buenos Aires, Feria, 1939. Reeditado por Pilar Iglesias Nicolás, Madrid, Ediciones AUPA, 2006.

Bibliografía

Susana Cella (ed.), *Por Tuñón*, Buenos Aires, Centro Cultural de la Cooperación, 2005.

Germán Ferrari, *Raúl González Tuñón periodista*, Buenos Aires, Centro Cultural de la Cooperación, 2006.

Víctor Fuentes, *La marcha al pueblo en las letras españolas 1917-1936*, Madrid, Ediciones de la Torre, 1980.

Stanley G. Payne, *The Spanish Civil War, The Soviet Union and Communism*, New Haven, Yale University Press, 2004.

Carlos García Santa Cecilia (ed.), *Corresponsales en la Guerra de España*, Madrid, Instituto Cervantes y Fundación Pablo Iglesias, 2007.

Sylvia Saítta (ed.), *Contra. La revista de los franco-tiradores*, Bernal, Universidad Nacional de Quilmes, 2005.

Beatriz Sarlo, *Una modernidad periférica*, Buenos Aires, Nueva Visión, 1988.

MÁRGENES

LA RENOVACIÓN EN EL MARGEN: LASCANO TEGUI, BARON BIZA, FILLOY

por Gastón Sebastián M. Gallo

La coincidencia temporal en la gestación y publicidad de sus obras más representativas, durante el período que va del esplendor de las vanguardias históricas hasta el término de la Década Infame, no supone entre Emilio Lascano Tegui (1887-1966), Raúl Baron Biza (1899-1964) y Juan Filloy (1894-2000) un firme lazo de cohesión generacional. En una suerte de contemporaneidad ignorada, los tres autores asumen variables independientes y atípicas respecto del canon vigente y aparecen como expresiones de una *rareza* constitutiva que, en otros tiempos, probablemente habría alcanzado el índice del famoso libro de Rubén Darío. Con obras extrañas y anticonvencionales que hacen del cosmopolitismo y la hibridación de géneros y voces un sustrato renovador, ninguno de ellos reniega, sin embargo, de la tradición heredada.

Si los escritores de la "Generación del 80" reclamaban una centralidad estética y temática fundada en gran medida en el vínculo mantenido con el Estado argentino, para cuya unificación ideológica y jurídica colaboraron ampliamente, al final del arco que trazan los cincuenta años que van de la consolidación nacional a la quiebra de las instituciones iniciada con la caída de Hipólito Yrigoyen, se puede observar que los autores que ahora se reconocen como sostén moral del Estado —cuyo caso más emblemático es Leopoldo Lugones, por su discurso sobre la "hora de la espada" y su participación ideológica en el golpe del 6 de septiembre— se han consolidado como figuras públicas pero, también, han desistido de toda innovación. Desplazada hacia el margen y crecientemente individualista, la renovación literaria se desliga progresivamente de la política cultural oficial, aunque en Lascano Tegui, Filloy y Baron Biza todavía perduren algunos rasgos característicos del 80: los tres tematizan en sus libros incontables viajes —rasgo típico de los hombres de entre siglos— y, en dispar medida, la sombra del Estado resuena en la escritura o condiciona, así sea en parte, la difusión de sus obras.

Lascano Tegui, diplomático de carrera y miembro del grupo *Martín Fierro*, encargado de fundar y dirigir el museo de la casa histórica de San Martín en Boulogne-sur-Mer, escribirá —tras la denuncia de un superior en el escalafón que lo acusa de "amoral" y niega su nacionalidad argentina[1]— *El libro celeste* (1936), donde atenúa el ímpetu vanguardista y en el que, sin desdecir su voluntad cosmopolita, combina la antigua tradición memorialista con un nuevo interés por la reflexión acerca del ser nacional. En cuanto a Baron Biza, que bien podría haber sido un miembro natural de la vieja "coalición cultural" —en curioso paralelismo con Cambaceres, también rico heredero y con algunas inflexiones literarias compartidas—, su enorme fortuna se constituye en sostén financiero de una relación crispada con los gobiernos militares a los que intentará vanamente derribar en una cruzada personal, litigio permanente que modifica el curso de su literatura y hace de la lucha política y su crónica uno de sus puntos vitales. Finalmente, Juan Filloy, juez en Río Cuarto, decide inhibir la circulación de sus libros mediante el subterfugio de las ediciones privadas y abandona luego la publicación por considerar que su literatura, por tono e intereses contrarios al gobierno, lesiona su calidad de magistrado.

Escritores reseñados en los principales diarios y revistas de su tiempo, fueron durante años "olvidados" por la academia y la industria editorial y compartieron, además de la persecución de sus obras —ocasionalmente calificadas de amorales u obscenas—, un mismo destino cuando críticos o periodistas los catalogaron no sólo como tangenciales a la centralidad estética en que se inscribían, sino como versiones desleídas de textos y autores más divulgados. Tal es, en particular, el caso de Filloy. En los términos establecidos por Borges en "Kafka y sus precursores", su calidad de precedente literario —pero no por eso menos *borroso* al momento de las comprobaciones efectivas— en que aún suele ser leído en relación con Marechal, Cortázar y el mismo Borges, es un claro indicio de que la filiación intenta resol-

---

[1] Tales son los argumentos utilizados por el doctor Juan E. Fitz Simon, cónsul en Boulogne-sur-Mer, para solicitar su alejamiento del cuerpo diplomático en el que había ingresado en 1923 por decreto de Marcelo T. de Alvear. (Ver Legajo de Emilio Lascano Tegui, Ministerio de Relaciones Exteriores y Culto, folios 28-29.)

ver, entre otros factores, las dificultades propias de la dilación entre los tiempos de escritura y edición de sus libros, fractura que también afectó a Lascano Tegui y a Macedonio Fernández.

Un vizconde entrerriano

El primer vínculo con la cultura literaria de Emilio Lascano Tegui se asocia a la política: el radical Juan José Frugoni lo inicia en los misterios de la métrica del verso, enseñándole a medir las sílabas en un almacén de las calles San Luis y Azcuénaga. Poco después, siendo orador del partido entre 1905 y 1907, Lascano componía sus discursos públicos en octosílabos rimados, una asociación inédita que provocaría la risa en sus ocasionales oyentes de la plaza Lavalle o ante el monumento a los caídos de la Revolución del 90. Una extravagancia equivalente aparece como mito de origen de la amplia serie de sonetos de Juan Filloy.[2]

Fue, sin embargo, durante un viaje por África y Europa emprendido en 1908 en compañía de Fernán Félix de Amador cuando Lascano afirma su vocación poética mientras descubre su afición incansable por el perpetuo movimiento del viajero. Durante el extenso itinerario decide modificar su apellido de origen vasco, Lascanotegui, y transformarlo en uno doble, y hacia 1909 le antepone el apócrifo título de *Vizconde* con el que firmará su primer libro después del regreso a la Argentina. *La sombra de la Empusa*, publicado en mayo de 1910, inquietó a los círculos literarios y sembró el escándalo en un ambiente todavía algo cansino que, un año antes, era aún esquivo a las metáforas extrañas de *Lunario sentimental* de Leopoldo Lugones. Impreso en Buenos Aires con un falso pie de imprenta de París, *La sombra de la Empusa* hizo olvidar rápidamente la pálida recepción de *Lunario sentimental* y desplazó el sarcasmo hacia el nuevo poeta, a quien le fue adjudicado el mote de *loco*.

El libro, por cierto, dejaba muy atrás las audacias formales del modernismo local y no es raro que el mismo Lugones lo calificara de

---

[2] "Mi primer soneto aconteció en 1915. Era alumno de la Facultad de Derecho de la Universidad de Córdoba. Era mi profesor de Minería el hijo del codificador doctor M. Rodríguez. Fijado el tema para una clase posterior, en vez de memorizarlo estudiándolo bien, se me ocurrió convertirlo en un soneto de forma irregular, por cierto. Helo aquí: 'Toda persona puede abrir en tierra / un socavón para explotar metales, / si cumple con los términos legales / que el precepto 206 encierra. / En la solicitud pondrá, sincero / qué ancho y largo de tierra necesita; / y la Ley le dará cuanto se cita / en la sección del Título tercero' " […]. En Juan Filloy, *Sonetos*, Córdoba, Ediciones Argos, 1996.

"abracadabrante". En sus páginas, el adverbio inesperado se cita con el neologismo chocante, en una espiral creciente que combina, a la ya asimilada tradición decadentista heredada de Francia, el gesto de evidente provocación que juega con la interpretación desenfadada y el sentido oblicuo, casi secreto, de algunos poemas. Si bien su restringido sistema metafórico no reniega del ámbito modernista, manifiesta predilección por la imaginería tenebrosa y anticipa, algunas veces, el cruce sensorial que se afianzará con la posterior importación del ultraísmo. De escritura libre y pretendidamente espontánea, su dislocada conjunción recibió el juicio adusto que Roberto Giusti, director de la revista *Nosotros*, efectuó dos años después al revisar las últimas producciones poéticas nacionales.[3] Décadas más tarde, sin embargo, Nélida Salvador lo ubica entre los precursores de la renovación vanguardista de los años veinte, en la línea de Manuel Gálvez, quien, en sus memorias, ya había expresado un reconocimiento similar.[4]

Además de la introducción de un peculiar desenfado en el plano local que, poco después, se reconocerá como inicio de "la nueva sensibilidad", tal vez su gesto más renovador sea el de la provocación casi profesional que, dos lustros más tarde, será también bandera de su amigo Oliverio Girondo en pleno estallido martinfierrista.[5] Pasajes de su primer libro, por cierto, se reformulan y tienen eco en *Veinte poemas para ser leídos en el tranvía* (1922). Algunos de sus versos ("En tanto: en sus abrigos encerradas / las lindas modistitas / llevan por calorífero el deseo") bien podrían ser un fragmento obliterado del "Exvoto" dedicado por Girondo a las chicas de Flores, quien también en "Sevillano", de 1920, retoma con indisimulado parecido el cruce entre religión y sexualidad ya presente en "Al aquelarre".[6]

---

[3] "Y lo terrible es que logogrifos tan asombrosos como los de *La sombra de la Empusa* de Emilio Lascano Tegui, se escuden tras el lema de la sinceridad á todo trance. ¡Oh, la plaga de los versificadores espontáneos, que dicen lo que sienten, así no más, como lo sienten, que se exprimen el corazón como si fuese un furúnculo!" En *Nuestros Poetas Jóvenes. Revista Crítica del actual movimiento poético argentino*, Edición de Nosotros, Buenos Aires, Albasio y Cía., 1912.

[4] Nélida Salvador, *Revistas argentinas de vanguardia (1920-1930)*. Buenos Aires, Universidad de Buenos Aires - Facultad de Filosofía y Letras, 1962.

[5] El sintagma "la nueva sensibilidad", con el que se identificaban originalriamente los vanguardistas del período, tuvo por difusor local a José Ortega y Gasset, quien tradujo con esas palabras —durante una conferencia en Buenos Aires en 1916— las utilizadas por Guillaume Apollinaire (*l'esprit nouveau*) en un artículo de *Les peintres cubistes* (1913), "L'esprit nouveau et les poètes".

[6] Ver Beatriz Sarlo, "Oliverio, una mirada de la modernidad", en *Una modernidad periférica: Buenos Aires 1920 y 1930*, Buenos Aires, Nueva Visión, 1988.

En ocasión de la visita de Darío en 1911, Lascano Tegui publicó un nuevo conjunto de poemas que tituló *Blanco...* y firmó con el seudónimo de "Rubén Darío (hijo)". El libro, que reeditará al año siguiente con su firma y nuevo título, *El árbol que canta*, fue su calculada respuesta a la recepción del poemario inicial y una venganza literaria que descubrió cuánto pesa, en el momento de ser juzgado en público, el valor de un texto, su marco de enunciación; fue un nuevo jalón en la carrera provocadora del Vizconde, sintetizada por el ecuatoriano Benjamín Carrión:

> ¿Recordáis la historia de un libro, *Blanco*, por Rubén Darío (hijo)? De ello hace diez y nueve años, cuando la gloria del Rubén Darío de *Azul* se hallaba en su apogeo. *Blanco* apareció en París con un preludio lírico de Fernán Félix de Amador [...] y el cebo tentador del nombre del poeta: Rubén Darío, hijo, que escribía *Blanco*, después que su padre había escrito *Azul...*
> Los versos de *Blanco* están bien, hay en ellos "raza" dariana. Todo el mundo aceptó la cosa, y los augurios autorizados de que la sucesión del gran poeta de la lengua iba a quedar en familia, vinieron unos tras otros. Yo he visto el *dossier* que sobre la curiosa cuestión guarda Lascano Tegui. Cartas de eminencias literarias de América, que alentaban al joven lirida (en ese tiempo se decía lirida) y que le rogaban transmitiera saludos a su papá...
> Parece que Darío protestó, no por la cuestión literaria ni porque considerara a este hijo indigno de su nombre, sino por las complicaciones domésticas y sentimentales que esta paternidad le traía. Un verdadero lío para el gran poeta.[7]

Revelada la superchería literaria del hijo de Rubén Darío, la aparición de su segundo libro obtuvo una reseña inusualmente extensa de Álvaro Melián Lafinur en las páginas de *Nosotros*. Mucho más modernistas que *La sombra de la Empusa* (lo que equivale a decir menos iconoclastas y modernos), los de *El árbol que canta* siguen pareciendo oscuros al crítico, aunque en ellos admita descubrir el don de la poesía.[8]

Dos años después de ingresar en 1923 en el servicio diplomático del Ministerio de Relaciones Exteriores y Culto, Lascano Tegui publica su obra maestra, *De la elegancia mientras se duerme*. La novela, de-

---

[7] Benjamín Carrión, *Mapa de América*, Madrid, Sociedad General Española de Librería, 1930.

[8] Álvaro Melián Lafinur, "El árbol que canta", Poemas de Emilio Lazcano [sic] Tegui, en *Nosotros*, Año 6, vol. 8, n° 41, Buenos aires, junio de 1912.

dicada a los miembros de La Púa —cenáculo de rioplatenses en demorado tránsito por París—, fue presumiblemente escrita entre 1910 y 1914 y es de una modernidad asombrosa: amparado en la forma del diario íntimo, el narrador quiebra la estructura del relato con un espacio narrativo poblado de breves historias autónomas enlazadas hasta la consumación de un crimen que no deja afuera la poética del autor ("¿Y no llegará a ser el libro como un derivativo de esa idea del crimen que desearía cometer? ¿No podría ser cada página un trozo de vidrio diminuto en la sopa cotidiana de mis semejantes?"). La forma astillada de la narración se convirtió, por cierto, en el previsible vidrio fragmentado que muchos contemporáneos no pudieron asimilar. Acusado de inmoral a causa del tono escabroso de algunos pasajes, Lascano Tegui descubre el lugar privilegiado que las manos ocupan en su imaginería personal; ascendidas por momentos a fetiche, en ellas se verifica el gesto de lo mínimo que caracteriza el tono voluptuoso de su prosa. El perturbador inicio de *De la elegancia mientras se duerme*, uno de los más notables entre las páginas inaugurales de la novelística argentina, da cuenta del particular interés:

> El primer día en que confié mi mano a una manicura fue porque iría en la noche al Moulin Rouge. La antigua enfermera me recortó los padrastros y esmeriló las uñas. Luego les dio una forma lanceolada y al concluir su tarea las envolvió en barniz. Mis manos no parecían pertenecerme. Las coloqué sobre la mesa, frente al espejo, cambiando de postura y de luz. Tomé una lapicera con esa falta de soltura con que se toman las cosas ante un fotógrafo y escribí.
> Así comencé este libro.
> A la noche fui al Moulin Rouge y oí decir en español a una dama que tenía cerca, refiriéndose a mis extremidades:
> —Se ha cuidado las manos como si fuera a cometer un asesinato.

A diferencia de lo sucedido con los primeros libros de poesía, la crítica recibió favorablemente esta novela. Antonio Vallejo la declara vigorosa y "de los mejores nuevos libros que he leído, éste es el menos literario, hecho de hermosas páginas sin oficio, lleno de expresión franca y desparpajo vital".[9] Y en una reseña firmada por E.S.C. en la revista *Nosotros* (Año 20, vol.52, nº 203, abril 1926) se lee:

---

[9] En *Martín Fierro*, Buenos Aires, Segunda época, Año III, nº 36, 12 de diciembre de 1926.

Lascano Tegui descoyunta los acontecimientos, eleva o disminuye la presión arterial que regula el sentimiento y la comprensión, hace tabla rasa de unidades y principios, y, sin embargo, en sus páginas se va revelando con unidad y ritmo, un hombre y su visión del mundo que más cercanamente lo angustia o lo entusiasma. / El despertar de la sensualidad masculina por ejemplo, nos parece que no puede ser dado más sintética y justamente —de justeza— que como lo da Lazcano [*sic*]. Y este ejemplo elegido entre muchos que ofrece el libro, afirma la solidez con que está construido... / No es nueva la manera, sobre todo hoy en día, en las letras universales; pero casi lo era hace diez años cuando ese libro fue escrito.

La novela, una apropiación innovadora del género, que depara un sinfín de pequeñas historias y cuadros convergentes en el crimen gratuito de las últimas páginas, se conjuga con la asistematicidad de los tiempos narrativos que pervierte el decurso de la forma tradicional del diario.[10] La transformación del tiempo en la novela tiene su correspondencia en las metamorfosis que el narrador despliega en diversos pasajes de oscilación genérica (humano/animal, masculino/femenino), desconocidos hasta entonces en nuestras letras: así, por ejemplo, la percepción humanizada de una cabra alienta una platónica historia de amor y la figura masculina del narrador se confunde en vaporoso travestismo ante la presencia varonil de un pasajero en el compartimiento de un tren. La edición francesa de 1928 fue traducida y prologada por Francis de Miomandre, quien se manifestó perplejo ante la originalidad del texto en el que reconocía algo inasible que escapa a toda explicación.[11]

Con excepción de un breve opúsculo publicado en 1935, *Les bannières d'Obligado (Une Revendication Argentine)*, Lascano Tegui no volvió a publicar hasta 1936 cuando, de regreso a la Argentina y antes de trasladarse a Venezuela en calidad de cónsul de tercera clase, dio a

[10] Ver Celina Manzoni, "Ocio y escritura en la poética del Vizconde de Lascano Tegui", en Noé Jitrik (comp.), *Atípicos en la literatura latinoamericana*, Buenos Aires, ILH, FFyL, 1996.

[11] "Je suis extrêmement embarrassé pour parler de ce livre, qui n'est peut-être pas un chef-d'œuvre (je ne sais trop ce que c'est qu'un chef-d'œuvre, et même je me méfie de ce genre d'ouvrages), mais qui est certainement une des choses les plus originales, les plus caractéristiques que j'ai jamais lues. En quoi consiste donc cette originalité? Je sens qu'il y a là-dedans quelque chose d'insaisissable, qui échappe à toute définition, à toute explication." En Vicomte de Lascano-Tegui, *Élégance des temps endormis*, Paris, Le Dilettante, 1994.

la prensa *El libro celeste* y *Álbum de familia*, editados por Viau & Zona entre junio y agosto. Su obra literaria acumulaba para entonces no pocos volúmenes inéditos: en sus libros más recientes, y bajo la franca leyenda de "Esperando Editor", Lascano anuncia un tomo de poesías completas (*El cactus y la rosa*), tres novelas (*Mujeres detrás de un vidrio, Daguerrotipos románticos* y *Mis queridas se murieron*), dos volúmenes de cuentos cortos aún sin título, un tomo de ensayo (*La Europa y la América contra los Estados Unidos*) y una obra teatral (*La esposa de Don Juan*).

El libro celeste, estructurado en numerosos capítulos breves sin numeración, retoma el fragmentado estilo de *De la elegancia mientras se duerme* pero con un renovado signo que se traslada de la incursión por la tradición francesa al despliegue de una ferviente argentinidad amparada en la dedicatoria que encabezan Domingo French y Antonio Beruti, "los dos merceros inspirados que el 25 de Mayo de 1810, cerrando las calles adyacentes al Cabildo, sólo dejaron pasar a los criollos perfectos que iban a darnos la libertad". Este libro no es, por cierto, un simple elogio criollista ni un exaltado ejercicio de patriotismo; es un volumen de pulida prosa, mezcla irreductible de autobiografía lírica, pintoresca sátira, análisis sociológico, etimologías provenientes de Isidoro de Sevilla y enciclopedismo medieval, y configura un extraño mundo cuya órbita se centra en la participación de las letras locales en la cultura universal. Presentado como geografía abstracta, bestiario, herbario y lapidario argentinos, la novela del Vizconde —si es que la amplitud de este género moderno puede admitir tan particular composición— reclama la ayuda de la fantasía como camino hacia la felicidad. Sus originales cruces iluminan —en un tono por demás opuesto al de las preocupaciones contemporáneas de Eduardo Mallea o Ezequiel Martínez Estrada— la esencia del ser nacional. El diagnóstico de los males de la Argentina se entreteje en sus páginas en clave contrapuntística con las analogías menos esperadas provenientes de la imaginación poética del autor. Mezcla de géneros y tradiciones, *El libro celeste* perpetúa en renovada línea la experimentación híbrida que, noventa años antes, se perfilaba ya en el *Facundo* de Sarmiento. Pero es también, y en esencia, ejemplo de la memoria atravesada por el tiempo, los viajes y las lecturas de un espíritu itinerante que titula su libro con el color del barrilete de infancia en atemporal vuelo.

La otra novela editada en 1936, *Álbum de familia con retratos de desconocidos*, es un volumen más extenso precedido por un breve prólogo y con un primer episodio narrativo que funciona como marco introductorio. A diferencia de *El libro celeste*, cuya escritura le habría demandado pocas semanas de labor, esta obra le requirió varios años. Colección de biografías imaginarias en el espíritu de Marcel

Schwob, *Álbum de familia* se plantea como una extravagante galería escrita por Miguel Bingham, un antiguo inspector de dos compañías de seguro inglesas que, encargado de hallar mediante la minuciosa investigación genealógica de los muertos en una catástrofe ferroviaria de 1900 una razón actuarial que ajustaría la previsión de siniestros, demora su paciente tarea más de veinte años para descubrir, cuando intenta presentar el informe definitivo, que las empresas aseguradoras han quebrado hace ya largo tiempo y su trabajo se ha vuelto inútil. Sátira del realismo documentalista y de la novela como espejo del mundo, la tarea fútil de Bingham anticipa los devaneos poéticos que Carlos Argentino Daneri, en el célebre cuento de Borges, emprende ante la visión del *Aleph*.

El libro celeste tuvo una entusiasta recepción crítica. En una nota publicada sin firma en *La Nación* el 19 de julio de 1936, el cronista da cuenta de "una animación orgánica que llega a la palpitación expresiva". Más extensa e interesante es aún la reseña conjunta de ambos volúmenes que firma Horacio Rega Molina al señalar el carácter innovador de estas obras: "El Vizconde de Lascano Tegui ha escrito dos hermosos libros que, para ser ubicados en la producción argentina, requieren un índice no abierto aún".[12]

En 1944, durante su regreso en barco a Buenos Aires después de concluir su representación diplomática en Los Ángeles, el Vizconde sufre un accidente que sumerge en la incógnita buena parte de su obra: un incendio en el camarote que compartía con su esposa le hace perder los originales de varios libros inéditos, con excepción de *Muchacho de San Telmo (1895)*, que imprimirá Guillermo Kraft ese mismo año. El poemario en que rememora su infancia logró salvarse porque la edición había sido contratada con anterioridad y su ilustrador, Alejandro Sirio, contaba con una copia. Algunos de los libros perdidos (*Daguerrotipos, Mujeres detrás de un vidrio, El círculo de la carroña, Filosofía de mi esqueleto*) corresponden a volúmenes ya anunciados en espera de editor en *El libro celeste* y *Álbum de familia*, con leves modificaciones de nombre. De *Mis queridas se murieron*, novela concluida a comienzos de la década del 30, se conserva hoy un anticipo de pocos capítulos aparecido en el único número de *Imán*, la lujosa revista que Elvira de Alvear editó en París con la colaboración —como secretario de redacción— de Alejo Carpentier. La reconstrucción nostálgica del pasado, centro emotivo de muchas de las viñetas que Lascano Tegui publica en *Patoruzú* a partir de 1945, es también el núcleo que,

---

[12] Buenos Aires, *El Mundo*, 5 de octubre de 1936.

en clave poética, desarrolla en *Muchacho de San Telmo (1895)*. Con lenguaje sencillo, remanso de las inquietudes vanguardistas de antaño, el poemario construye su particular homenaje a un tiempo y un espacio conjugados en el ámbito del recuerdo.

Lascano Tegui falleció en Buenos Aires en abril de 1966. En su testamento, fechado en Suiza casi dos años antes, declara que en una habitación clausurada de un departamento de la calle Paraná al setecientos conserva los originales de varios libros terminados (*Mujeres detrás de un novio, Cuando La Plata era señorita, Vía Láctea de polillas, El 32 de diciembre*), el manuscrito de sus memorias y centenares de artículos inéditos para la prensa que, hasta el momento, se encuentran perdidos. Hoy su legado va adquiriendo una difusión que transmuta en invitación pública el destino privado que el autor, en una breve autobiografía de 1941, asumía como contrapartida natural de su compromiso con la literatura:

> Confieso que continúo escribiendo por pura voluptuosidad. Escribo para mí y mis amigos. No tengo público grueso, ni fama ni premio nacional. No me gusta el "Tongo". Como periodista que soy sé "cómo se llega". Conozco a fondo la estrategia literaria y la desprecio. Me da lástima la inocencia de mis contemporáneos y la respeto. Además tengo la pretensión de no repetirme nunca, ni pedir prestado glorias ajenas, de ser siempre virgen, y este narcisismo se paga muy caro. Con la indiferencia de los demás. Pero yo, he dicho que escribo por pura voluptuosidad. Y como una cortesana, en este sentido, he tirado la zapatilla.[13]

El pornógrafo moralista

Establecer el conjunto de la obra literaria de Raúl Baron Biza presenta dificultades que deben su oscuridad tanto a confusiones del propio autor como a cierta añadida mistificación en los listados de obras publicadas y de libros "en prensa" o "en preparación" incluidos en los títulos que manejamos como su *corpus* cierto. Sus orígenes literarios se remontarían a *Del ensueño*, un conjunto editado en España hacia 1917 o 1918, que —según la dispar noticia que ofrece en distintas oca-

[13] "Vita efímera", en *Saeta. Cuadernillos de arte y letras*, Buenos Aires, Año IV, vol. IV, enero-febrero de 1941, n° 34 y 35.

siones— tanto podría tratarse de "fragmentos" como de "cuentos"; carece de existencia comprobada la novela *Alma y carne de mujer*, que alternativamente da por publicada en Chile en 1923 o en la Argentina en 1922, así como *Margot* que, en suspensión de lógica, anuncia "en preparación" (con el título de *Manón*) en *Risas, lágrimas y sedas*, un volumen de cuentos de 1924, y aparece luego como editada en Chile en 1923, antes de ser apartada de la tabla incluida en su último libro, *Todo estaba sucio* (1963).

Risas, lágrimas y sedas, su primer conjunto comprobado de cuentos, aparece entonces con un título algo *kitsch* que sintetiza, con tres sustantivos a modo de sinécdoque, la órbita que a partir de allí ampliará en el conjunto de su literatura: el jolgorio frívolo de la clase alta a la que pertenece y su tránsito hacia la decadencia económica o moral. Con una edición de autor de cinco mil ejemplares —anticipo de las fantásticas tiradas que alcanzarán posteriormente sus novelas—, fue escrito con los resabios de la lengua modernista y bajo el resguardo del decadentismo finisecular; en algunas descripciones (quizá sus mejores momentos) adquiere autonomía de estilo y el conjunto anticipa la voz disonante de un escritor que hará del combate contra las dictaduras militares, la clase alta y los prejuicios de la burguesía sus principales objetivos.

Textos desplegados con una sintaxis no siempre cuidada ni concordante, se constituyen en la base constructiva y temática de sus futuras novelas: en el conjunto aparecen ya el heredero que disipa su fortuna en continuos viajes de lujo, las depravaciones de la clase alta, la gesta individual de reconstruir la herencia dilapidada después de llegar a los estratos más bajos de la miseria, la defensa de la igualdad entre los sexos y, contradictoriamente, la sumisión de la mujer al pacto matrimonial que otorga al marido "patente de vida o muerte sobre ella". El prólogo de B. de la Parra, posible seudónimo del propio Baron Biza, señala, entre los elogios dispersos de una biografía épica, que "a través de sus escritos se comprende que Baron escribe de prisa. De que apenas concebido el asunto que ha de desenvolver, comienza la tarea, hasta finalizarla. Por eso su estilo es incorrecto y desigual".[14]

Para 1933, Baron Biza, heredero de una de las mayores fortunas de la Argentina y activo mentor en los contragolpes radicales que debían restituir el gobierno a Hipólito Yrigoyen, ya había tenido numerosos enfrentamientos públicos con Uriburu y Justo y padecido —o planea-

---

[14] B. de la Parra, Prólogo, en Raúl Baron Biza, *Risas, lágrimas y sedas*, Buenos Aires, 1924.

do— diversos atentados. Incluso hacía responsable de la muerte de su esposa Myriam Stefford en agosto de 1931 —mientras intentaba unir en raid aéreo catorce provincias argentinas— a la mano militar que habría provocado un desperfecto en el motor del avión.[15]

No sorprende, entonces, que casi toda la edición de *El derecho de matar*, publicado en noviembre de 1933, fuera secuestrada en la imprenta por una comisión policial y su autor acusado públicamente de pornógrafo y encarcelado por violación al artículo 128 del Código Penal. La novela narra el itinerario sentimental de Jorge Morganti y Cleo de Saint-Ibet, joven extranjera a quien conoce en un pueblo de Córdoba mientras se recupera de la tuberculosis, estigma de su vida alocada; acosados por las murmuraciones cumplen un itinerario modélico: traslado a Río de Janeiro, pobreza denigrante, retorno, vinculación con las altas esferas y, mediante inteligentes maniobras, logro de una inmensa fortuna. En una de las habituales fiestas de *garçonnières*, Morganti reconoce en una prostituta a su hermana, a quien no había vuelto a ver desde su alejamiento del país, y para redimirla decide llevarla a su casa donde, poco después, descubrirá estupefacto el vínculo amoroso que la une a su mujer y que le otorga el "derecho" de matarlas.

En la dedicatoria que encabeza el volumen, "A S.S. EL PAPA PÍO XI", Baron Biza despliega una furibunda pieza anticlerical en la que, además de mencionar una generosa donación a la Iglesia con la que se construyó el Colegio Wilfrid Baron de Ramos Mejía, lo amenaza con un "libro que ha de recordarte, Señor, la mentira de vuestros oropeles, la falsedad de vuestra prédica, libro que tendrá la cualidad afrodisíaca de recordarte como a los eunucos que no todo es oro y que existe el placer de poseer la vida". En el prólogo, y habiendo terminado de construir literariamente la figura de escritor que desde entonces lo caracterizará públi-

---

[15] Myriam Stefford, con quien se había casado en Venecia pocos meses antes, decidió abandonar su carrera cinematográfica para dedicarse a la aviación. Después de su accidente en Marayes, Baron Biza construyó en Alta Gracia un mausoleo de ochenta y dos metros de altura donde sepultó sus restos y algunas de sus valiosas joyas en los cimientos de la construcción. La narración de la historia del accidente fue anunciada por Baron Biza en diversas oportunidades, pero jamás fue publicada: en 1934 como libro "en preparación" con el título de *Gusanos (Tragedia aeronáutica)*; hacia 1935, "en prensa"; y, en 1941, con el título modificado de *Gusanolandia (tragedia aeronáutica)* y la leyenda "A publicarse 'post mortem' del autor". Un aviso incluido en la tercera edición de *El derecho de matar* anuncia la aparición en breve de "el más sensacional libro de la época" y resume brevemente el argumento: "...en él se ponen en descubierto por primera vez los entretelones de la miseria de la aviación nacional conjuntamente con la pobreza espiritual de ciertos hombres del gobierno. Hondo drama social en donde una heroína es sacrificada al egoísmo del ambiente".

camente, anuncia: "Lector: No quiero, ni debo engañarte. No necesito tu aplauso, no temo a tu brazo, ni me hace falta tu dinero. Estoy más allá del oro y de la fama; más allá de esa fe que hácete creer sincera la caricia de tu hembra y la mano de tu amigo. [...] He nacido rebelde, revolucionario, como otros nacen proxenetas o cornudos".

Recibido negativamente por la crítica y leído como un "alegato cívico-lésbico", a partir de la segunda edición lleva un elocuente epígrafe firmado por el autor ("La pornografía en los libros, está en proporción a la degeneración del cerebro lector") junto con la defensa del abogado Néstor I. Aparicio durante el juicio por inmoralidad de 1934 y el fallo absolutorio del doctor Raúl B. Nicholson. En éste, fechado el 9 de abril de 1935, el juez sostiene "que examinado el texto del libro u obra incriminada debe reconocerse que el autor ha usado de términos, expresiones y conceptos un tanto crudos en ciertos pasajes de la misma aunque en otros denota un propósito de exultación y elevación moral que está en desacuerdo con aquéllas". La enorme publicidad recibida por la exposición del proceso judicial generó el mayor *best seller* argentino de la época: la segunda edición fue de veinticinco mil ejemplares, la tercera duplicó la cifra y, en total, el libro tuvo seis ediciones además de una adaptación estrenada en el Teatro Argentino.

Con oscilaciones continuas que tanto manifiestan la defensa de una opinión como su contraria, *El derecho de matar* presupone de modo explícito lectores de ambos sexos a quienes destina específicamente algunos párrafos e interpelaciones individuales, y se configura como una novela de tesis decantada en una perspectiva filolésbica a la que el condicionamiento social obliga a renunciar; en este sentido, la tensión entre el mandato social y la convicción íntima —precipitado de la filosofía de Max Stirner— encuentra en él la mejor expresión del autor:

¿Por qué las mujeres no pueden unirse, legalmente?
¿Con qué derecho los hombres dosificamos sus pasiones o calificamos sus actos ya que en nada nos perjudica? Sí, nos perjudica, nos roba para nuestro placer de bestias esos pechos y nalgas que, por la ley del fuerte deben pertenecernos, y es así como hemos llevado a inventar el repudio al amor más perfecto que creó la naturaleza, en él no se deforman los vientres, no se caricaturizan las mujeres, en el que no hay dolor de desgarramiento, ni manchas de semen. [...] Sin embargo, yo "debo" matarlas.[16]

---

[16] Raúl Baron Biza, *El derecho de matar*, Buenos Aires, 1935 (tercera edición).

Por qué me hice revolucionario, terminado en Montevideo en mayo de 1934 y publicado inmediatamente en la misma ciudad con el subtítulo *La Triple Alianza contra el derecho de asilo*, es la autobiografía romántica del perseguido político.[17] Su biógrafo Christian Ferrer sostiene que se trata de "un testimonio de sucesos históricos que habían nacido extintos" y "se lee menos como un documento político que como una novela de aventuras".[18] Crónica de su fervor contra el golpe de Uriburu, aparece también como el minucioso derrotero de un hombre en rebeldía y, en cuanto expresión de su oposición al gobierno, es símbolo de la transformación que contrapone a un escritor marginal de la Década Infame con los intelectuales de cincuenta años antes: si Miguel Cané, representante emblemático de su generación, había propuesto en 1899 en la Cámara del Senado su proyecto de expulsión de extranjeros —conocido como Ley de Residencia, aprobada en 1902 con el número 4.144—, Baron Biza encarna, en las páginas de su libro, la figura inversa del intelectual que no puede regresar a su país ni asumir, en plenitud, el derecho de asilo en los países vecinos.

Las primeras páginas condensan, en primera persona, una figuración del personaje que aparece de modo semejante en sus ficciones y que demuestra, en inusual grado, la transposición literaria que Baron Biza hacía de su biografía. La abrumadora inclusión de citas de manuales de derecho, cartas y recortes de prensa en español y portugués, vinculados con su caso, entorpece la lectura y desequilibra la línea de la narración; sin embargo, en tanto libro de *política* —como gustaba clasificarlo el autor— en línea con otros de denuncia que surgieron a ambas orillas del Plata, puede ser leído como la apoteosis del *yo* en su producción y hasta justificar a posteriori la frase que le había sido adjudicada en una reseña de *El derecho de matar*: "Baron Biza es un hombre que parece haber fugado de una novela de Roberto Arlt".

La aparición de *Punto final* en 1941 fue preparada con una campaña publicitaria armada a la medida del autor. Los avisos en diarios y revistas anunciaban la comercialización en los siguientes términos:

[17] El título de la obra ha sobrevivido erróneamente en la bibliografía crítica como *Porque me hice revolucionario*, que reproduce la errata de tapa original y no agrega la necesaria tilde que la tipografía de época no admitía en las mayúsculas. El autor ya había salvado el error cuando incluyó el título correctamente entre las obras listadas en su último libro.

[18] Christian Ferrer, *Baron Biza. El inmoralista*. Buenos Aires, Sudamericana, 2007.

Señor comerciante: es un libro para GANAR DINERO en pocos días. "Punto final". Obra escrita por la pluma inimitable de BARON BIZA, el discutido autor de 'EL DERECHO DE MATAR', cuya publicación mereció uno de los más sonados procesos judiciales. [...] Presentación elegantísima. Tapa impresa en tricromía, envuelta en papel celofán, con un cartelito que advierte 'Inconveniente para menores'. Audacia realista. ¿Será secuestrado?

El plan de difusión se completaba con avisos periódicos en los más importantes medios gráficos, quince anuncios diarios en cadena por las principales estaciones radiales (Splendid, Belgrano, Argentina, Callao, Mitre y otras), colas en colores en los cines más concurridos de Buenos Aires y afiches murales en todos los subterráneos y calles principales de la ciudad. El libro, previsiblemente, copió las vicisitudes del anterior: casi cien mil ejemplares vendidos en tres ediciones, el extraño "honor" de una edición pirata —testimonio consagratorio de su éxito de ventas— y un nuevo proceso judicial por inmoralidad que prescribió en 1946.

Tramada en múltiples niveles, *Punto final* se inicia con la ya habitual presentación romántica del autor y abre luego su espacio narrativo a una ucronía malthusiana en la que la humanidad ha sido esterilizada y, mediante simple operación quirúrgica, perdido "la glándula de la personalidad".[19] Poco después se revelará la pesadilla del protagonista, Ego, que repite casi punto por punto los pasos de sus libros anteriores. Sin embargo, la narración se torna compleja y una novela dentro de la novela, "prólogo inconcluso" del personaje-escritor Michel Martín, aparece enmarcada por el transcurso de la acción y genera, en un nuevo prólogo subsidiario, la más feroz y contundente invectiva de las letras nacionales:

Tú, crítico literario, hombrecito endeble y de gafas, posiblemente, doctorado en gramática pero aplazado en rebelión y vi-

---

[19] El personaje principal de *¡Estafen!* (1932) de Juan Filloy también realiza un elogio de Malthus: "Muy pocos son los que meditan sobre la gran verdad de Malthus. La religión, la política, la ciencia se emulan industrialmente en la tarea de llenar al mundo de hombres, sin juzgar que el mundo es ya pequeño, que la limitación del espacio y del tiempo originan degeneraciones, neurosis y, sobre todo, indisciplina, en la cual sólo los astutos o los audaces alcanzan la felicidad. [...] En las minorías selectas, el aborto se practica ya como una liturgia económica. Es preciso generalizarlo". En Juan Filloy, *¡Estafen!*, Buenos Aires, Paidós, 1968.

rilidad; tú, maestro en letras y prisionero de la palabra, esclavo del acento; tú, incapaz de crear o destruir el sonido o la forma; tú, lacayo de la Academia y maricón de las comas [...] Tú, político, señor de la promesa, caballero de la patada, profesor de la mentira y geómetra de la curva, prestidigitador con alma de clown, animal invertebrado y de gelatina, que tienes la productiva cualidad de adaptarte a cualquier recipiente o molde, hueles mal, tienes lúes en el alma y pus en el cerebro [...] Tú, "niña bien", que utilizas tres apellidos y solamente mereces, quizá, llevar el de tu madre; tú, bartolinítica por culpa del mucamo [...] tú, que ante la compañera del internado quisiste ser macho y no supiste frente al macho ser hembra; tú, deberías haberte ahogado, antes de nacer, en un lavaje de "bidet".

Novela de tesis sobre la sexualidad y el matrimonio ("venta legalizada del amor, y que, como toda consecuencia sólo deja una simple dilatación vaginal"), alterna continuamente la interpelación a los lectores mediante un foco múltiple que detecta y amplía el horizonte de recepción del *best seller*: un hecho de inusual pragmatismo para provenir de un escritor desplazado del sistema literario, promovido en la época por las publicaciones periódicas de mayor prestigio, y al margen de las editoriales (pagaba sus propias ediciones y llegó, más tarde, a crear la Editorial de Baron Biza para comercializar *Todo estaba sucio*).[20]

Transcurrido un silencio voluntario de más de dos décadas, en 1963 Baron Biza publicará *Todo estaba sucio*, un texto que condensa la totalidad de su obra y detalla apocalípticamente el balance de una vida y el alcance de su resentimiento. Introducida por la vieja defensa que Aristóbulo Aráoz de Lamadrid había realizado durante el juicio de *Punto final* —y que ya había circulado como folleto independiente— esta novela-testamento anuncia en su epígrafe la decepción de la lucha: "Que mi tumba no tenga nombre, ni flores, ni cruz..."

Con los fragmentos supérstites de una continua obsesión literaria, emplazados en un texto proliferante, astillado de registros y perspectivas, Baron Biza construye una novela de divulgación científica que descubre en el doctor Ogino y sus tablas de fertilidad femenina —la publicidad del método de control natal del médico japonés era habitual en diarios y revistas argentinos de la época— la solución contra el

---

[20] Su hijo Jorge, autor de *El desierto y su semilla*, dirá del padre a Christian Ferrer: "Tenía un sentido absoluto del margen, como si fuese su mundo natural o como si él se sintiese el creador del margen".

crecimiento poblacional y un camino para la liberación de la mujer. La anticipación desoladora del destino de una humanidad multiplicada se manifiesta sobre un fondo permeable a diversas afirmaciones y conjeturas: la necesidad de una "Máquina-Dios" al servicio de la felicidad de los hombres —en la línea de Aldous Huxley y Karel Capek—; la expresión antisemita que también se desplaza hacia el elogio de la civilización judía —un péndulo en movimiento perpetuo que hace convivir los contrarios en su obra y arrasa con cualquier certeza acerca de su ideología profunda—; las páginas autobiográficas que reiteran en su alter ego Víctor Curza el itinerario político de *Por qué me hice revolucionario*; el alegato civil que propugna el avance social y establece, por ejemplo, el elogio de la concubina.[21]

El nombre de Baron Biza, de tanto en tanto recordado por el periodismo amarillista sólo a causa de su suicidio y del episodio que lo desencadenó, ha sido en cambio absolutamente olvidado por la crítica especializada pese a que en *Punto final* ya fragua la rara amalgama que ésta descubrirá en Manuel Puig como contribución renovadora:[22] el *kitsch* de diálogos y descripciones, las tensiones alrededor de la sexualidad, la igualdad entre géneros y la apropiación del discurso del folletín amoroso, son reelaborados por Baron Biza con imágenes y tropos que escandalizaron por su tono, un más allá de la figuración del deseo de la novela romántica-sentimental. Y el conjunto de su obra —en diálogo con aquellos libros anunciados y jamás escritos o publicados[23]— testimonia una particular concepción de la literatura, territorio de batalla y expresión inmediata del combate político.

[21] "Hay que jerarquizar, elevar, magnificar el concubinato, sacarlo de las sombras, legalizarlo en el sentido social. Hacerlo respetable como derecho humano. La concubina es tan honesta o más que aquella que ha comprometido su conducta futura en un contrato. Su fidelidad es voluntaria. Debe enfrentar el desprecio y la humillación y aceptar su condición de paria dentro de la ley con tal de conservar su albedrío de amar".

[22] Las más de mil cuatrocientas páginas de *Capítulo* no registran mención de Raúl Baron Biza. Lo mismo sucede con el *Diccionario de literatura latinoamericana* de Susana Cella (Buenos Aires, El Ateneo, 1998), el *Diccionario de autores latinoamericanos* de César Aira (Buenos Aires, Emecé - Ada Korn Editora, 2001) y la *Breve historia de la literatura argentina* de Martín Prieto (Buenos Aires, Taurus, 2006).

[23] Entre otros, *Tras las rejas justicialistas de Perón* (anunciado a la prensa en el exilio uruguayo después de su detención en Villa Devoto a causa de un mitin político en agosto de 1950); *Mis hermanos los buitres* (sobre los políticos argentinos) y *Yo fui concesionario municipal (historia increíble)*, que iba a narrar su experiencia después de ganar la licitación pública para administrar las galerías subterráneas vecinas al Obelisco.

El hombre centenario

La valoración de Juan Filloy aún se resiente por la dificultad para aprehender de manera cabal una obra que mantiene veinte libros inéditos. Además, la publicación de los treinta volúmenes que comprende su legado visible, minada por rupturas y desplazamientos causados por prolongados intermedios de silencio, ha incidido negativamente y es, en gran medida, motivo de confusión entre aquellos que intentan reconstruir su circulación. Una lectura errática de sus libros ha generado un nítido antagonismo entre quienes lo acusan de proliferar en reiteraciones técnicas y *manías* personales, y quienes, apreciando mejor sus virtudes, exageran su proyección y suelen asignarle una tutela benefactora y omnipresente sobre autores más difundidos: Marechal, Cortázar, Borges. Entre los que promueven esta línea se destaca Mempo Giardinelli, amigo de Filloy y entusiasta difusor de su obra, quien declara una inapelable relación de causa-efecto:

> Es obvio que Marechal se inspiró en *Op Oloop* para su novela *El banquete de Severo Arcángelo*, del mismo modo que es evidente la deuda que tiene lingüísticamente *Adán Buenosayres* con *Caterva*. Es obvio también que *Rayuela* y otros textos de Cortázar acaso no se hubieran escrito sin *Caterva* y otros textos de Filloy detrás. [...] Un estudio de las correspondencias intertextuales entre Filloy, Cortázar, Marechal, Borges y muchos otros, arrojaría resultados asombrosos.[24]

Asentado en Río Cuarto desde 1921, Filloy ejerció en la pequeña ciudad cordobesa su profesión de abogado con un puesto inicial de asesor de menores y pobres y transitó todo el escalafón judicial hasta jubilarse como presidente de la Cámara de Apelaciones en lo Civil y Comercial. Durante la década del 30 visitaba con regularidad Buenos Aires y se encargaba personalmente de la edición de su obra en libros de reducidas tiradas de la imprenta Ferrari Hnos. Así aparecen, entre 1931 y 1939, siete títulos que comprenden un ciclo fundamental y establecen su prestigio entre los selectos destinatarios de estos ejempla-

---

[24] Mempo Giardinelli (Selección y prólogo), *Don Juan. Antología de Juan Filloy*. Buenos Aires, Instituto Movilizador de Fondos Cooperativos, 1995. Esta exageración encuentra anticipada respuesta en Bernardo Verbitsky, "Noticia de Juan Filloy", *Op Oloop*, 1967, y en el prólogo de Jorge Torres Roggero al libro de conversaciones de Mónica Ambort, *Juan Filloy. El escritor escondido*. Córdoba, Op Oloop Ediciones, 1992.

res de rara belleza tipográfica, no destinados a las librerías e invariablemente dedicados a mano; *Periplo* (1931), *¡Estafen!* (1932), *Balumba* (1933), *Op Oloop* (1934), *Aquende* (1935), *Caterva* (1937) y *Finesse* (1939) entablan diálogos con diversos géneros y proponen una expansión de la frontera literaria nacional; a la precisión decantada de una prosa de vocabulario amplísimo —resultante personal de la influencia cruzada de Groussac, Lugones y el lenguaje jurídico— y la incorporación de nuevas modulaciones en la poesía —que alcanza en *Balumba* la elegía prostibularia y el retrato de los detenidos en Ushuaia—, se suma un desenfado sin límites que hace de tropos escatológicos e insultos pertinaces el rasgo desaforado de una escritura muchas veces brillante.

El desconcierto de una obra nueva y sin parangón parece haber signado su lectura desde los comienzos, por lo que la crítica acumuló sobre ella contradictorias etiquetas. Así, M. Llinás Vilanova lo califica tempranamente de "postrer escritor decadentista" y dice que *Periplo* "es demasiado perfecto. Su total ausencia de defectos, su perfección llevada al límite extremo es el único defecto que cabe achacarle".[25] En un comentario posterior, el mismo crítico considerará a *¡Estafen!* "una novela sencillamente deliciosa", y ejemplo de "literatura surrealista bajo cuya bandera milita Filloy".[26] Por su parte, el comentario de Pedro Juan Vignale descubre —con términos similares a los de Rega Molina sobre los libros de Lascano Tegui— el carácter fundacional de *¡Estafen!*: "un libro nuevo, único en nuestra literatura".[27] Alternativamente decadentista, surrealista, vanguardista o poeta "social" —según una mención de *Capítulo* corregida más tarde—, Filloy parece prescindir de toda sujeción y renegar de escuelas literarias o adscripciones vinculantes. Sin embargo, a pesar de su incuestionable novedad y del elogio general de la prensa durante los años treinta, sus libros no tuvieron espacio en las páginas consagratorias de *Sur* y él no despertó mayor interés entre los escritores agrupados en la revista de Victoria Ocampo.[28] En un juego privado que recorre su obra, pequeña muestra de su asombrosa y legendaria inmodestia, los personajes suelen ci-

---

[25] M. Llinás Villanova, Reseña de *Periplo*. *Nosotros*, XXVI, junio de 1932, n° 277.

[26] M. Llinás Villanova. Reseña de *¡Estafen!*, en *Nosotros*, XXIII, n° 284.

[27] Citado por Bernardo Verbitsky en "Noticia sobre Juan Filloy", en Juan Filloy, *Op Oloop*, Buenos Aires, Paidós, 1967 (2ª ed.)

[28] Bioy Casares, que transcribió en su diario las conversaciones mantenidas con Borges, sólo registra la siguiente mención relativa a Filloy: "[Borges] Dice que no sólo los libros de Filloy tienen nombres de siete letras, también los hijos. Libros (extravagantes, ilegibles de este hombre agradablemente razonable en la conversación): *Balumba, Estafen*". En Adolfo Bioy Casares, *Borges*, Barcelona, Destino, 2006.

tar elogiosamente fragmentos de sus propios libros en una *autolectura* que intenta reparar omisiones recurrentes; en *L'ambigú*, de 1982, Filloy apunta el "olvido" de *Sur*:

SEPTIMUS versus OPTIMUS. Victoria Ocampo que expuso al dedillo cuanto atañe al primero, personaje de la novela inglesa *Mrs. Dalloway*, ignoró olímpicamente al segundo, personaje de la novela argentina *Op Oloop*. ¡Siempre así su xenofilia! Sigue la confrontación SEPTIMUS versus OPTIMUS.[29]

Periplo reúne sus impresiones de viajero inaugural por el Mediterráneo en ocasión de su primera travesía lejos de la Argentina y las escande en breves prosas de tonalidad poética. Lejos de la típica libreta de viajes, colmada con las anotaciones del paseante en trances de instrucción o deslumbramiento —la de Oliverio Girondo en Roma o el diario que en París, años antes, había llevado Horacio Quiroga—,[30] Filloy presenta una perspectiva interior en la que el viaje sólo reafirma, en curiosa catálisis de tedio y circunspección, la trascendencia del yo. Su primera novela, *¡Estafen!*, muestra el dominio de una técnica narrativa personal que avanza sobre las convenciones de la época. El protagonista, un estafador de expansiones filosóficas, reproduce en calco los intereses del autor: anticlerical acérrimo, además de experto palindromista ("Esa mañana su *leit motiv* eran las frases. Estuvo las horas haciendo frasecitas…"), arbitra *matches* de box y conoce en profundidad el derecho, que —para Filloy— admite la comparación con el arte.[31] Esta relación entre arte y derecho es, ciertamente, uno de los ejes productivos en su obra; a los saberes desplegados en los libros se suma una concepción particular en la que la imaginación del delito aparece como equivalente a la requerida en un narrador: un triángulo dinámico donde el delito, la literatura y la ley asientan las bases constructivas —y también de ocultamiento— de una voz ejemplar.

En una entrevista que ofrece al aproximarse a los cien años Filloy recuerda: "En un cuento que figura en *Los Ochoa* yo aparezco como

---

[29] *L'ambigú (Diario de Elvira y Elvirus)*, Río Cuarto, Imprenta Macció Hnos., 1982.

[30] Ver Oliverio Girondo, "Diario de Roma", en *La diligencia y otras páginas*, Buenos Aires, Simurg, 2004, y Horacio Quiroga, "Diario de viaje a París", Montevideo, *Revista del Instituto Nacional de Investigaciones y Estudios Literarios*, año 1, tomo 1, diciembre de 1949.

[31] "Esto asimila al juez al artista; porque la intuición de lo bello puede llegar a identificarse con la intuición de lo justo" (*op. cit.*).

personaje, precisamente como fiscal, y el dictamen legal que yo había hecho para el caso real, aparece como parte del cuento".[32] Esta contaminación voluntaria de las disciplinas —temática pero también, hasta cierto punto, estilística— reunidas en la figura doble del juez-escritor, tiene derivaciones peculiares en el desarrollo y difusión de sus libros. Por un lado, un pulido uso de la lengua, que prescinde de ambigüedades y locuciones eufemísticas y continúa, en frecuente gesto de agotamiento, hasta el detalle más ínfimo; por otro, el reconocimiento de que su labor pública no parecía congruente con el tono de su literatura: "El hecho de tener un cargo judicial me inhibía de hacer ediciones públicas de gran tiraje, porque en los libros míos expresaba opiniones e ideas muchas veces contrarias al gobierno".[33]

En los años de apogeo del militarismo y la derecha católica, la mofa contra clérigos y militares debía, por cierto, administrarse con cautela. Así, las ediciones privadas, interpretadas entonces como gesto de dandismo selectivo, incluyen además la precaución de las "noticias" que encabezan algunos de sus textos. En ¡Estafen! (para molestia de Llinás Villanova, quien señala que "no sólo huelga en la novela sino que involucra espíritu timorato en el autor"), Filloy introduce una por la que autoriza al lector a la libre interpretación mientras afirma que "sobre cualquier giro de la anécdota [prima] un afán arquitectónico limpio de toda intención o malevolencia". Cinco años después, en Caterva, otra leyenda similar pedirá que "nadie asigne a su peripecia otra intención que un odio reverente: vale decir un amor desahuciado de esperanzas". Estos primeros libros de Filloy "son textos que circulan en un área restringida, vedada a la ley, como ciertas zonas de una ciudad".[34]

A pesar del sigilo y las prevenciones, en 1934 Op Oloop fue amenazado con el secuestro en imprenta, destino bastante previsible para un libro anticristiano y "soez", en el que el protagonista reúne a los amigos para conmemorar su descomunal itinerario sexual, en una Buenos Aires convertida en sede del XXXII Congreso Eucarístico Internacional. Los episodios de la novela se aprietan en aproximadamente veinte horas que van del 22 al 23 de abril de 1934, densa unidad de tiempo cuyo antecedente más próximo se encuentra en el agitado

---

[32] " 'La trama sin revés': Juan Filloy a los 99", en Biblioteca, Año 1, n° 1, Buenos Aires, diciembre de 1993.

[33] Idem.

[34] Sandra Gasparini, Resquicios de la ley. Una lectura de Juan Filloy. Buenos Aires, Facultad de Filosofía y Letras - Universidad de Buenos Aires - Hipótesis y Discusiones/3, 1994.

día de Leopold Bloom en el *Ulysses* de James Joyce. Op Oloop, el personaje central, es un minucioso estadígrafo que enloquece en las horas previas a la celebración del banquete con el que, en compañía de seis extraños personajes, celebra anticipadamente su encuentro número mil con prostitutas y que termina en suicidio tras reconocer en un burdel a la hija de una novia de su juventud. Como corresponde a la extensa tradición de textos que se desarrollan durante un banquete —de Platón y Jenofonte en adelante—, se impone la especulación filosófica:

> Supe así que los sentidos captan lo objetivo, tal cual es, y que el pensamiento lo defrauda, trascendentalizándolo. El intelecto, queridos amigos, es el gran cuentero del tío. El mundo es un preconcepto mental. No existe en realidad concreta, sino en realidad ilusoria. Por tanto, Dios no es ningún sujeto, sino una entelequia parasitaria ubicada en la conciencia lo mismo que el bife duro se ubica en el estómago. Luego es apariencia. Y como la apariencia es lo que no es, pero simula serlo —tal la engañifa de los estafadores—, llegué a la conclusión de que la idea de Dios y los bifes duros se tragan, pero intoxican y desconsuelan.[35]

En un contexto de renovación temática y estilística, los libros de Filloy sustentan la modernización en su erudición de lenguas —a cuyo reservorio acude en busca del *mot juste* cuando no lo halla en el castellano—, el humor procaz y escatológico, la amplia tradición de la cultura europea y un empleo de la lengua coloquial que anticipa la libertad de expresión de los narradores del 60. Se insertan, por lo demás, en un espíritu de época en el que la crisis económica, la circulación del dinero, el delito de estafa y la conjura revolucionaria germinan simultáneamente en muchos textos con variantes de estilo e intereses (*Los siete locos* y *Los lanzallamas* de Roberto Arlt, *El tirano* de Enrique González Tuñón, la impronta antisemita de Hugo Wast en *Oro* y *El Kahal*, etcétera).

Caterva, publicado en diciembre de 1937, es uno de los pilares de su obra y libro de culto de la literatura argentina después del homenaje de Julio Cortázar en el capítulo 108 de *Rayuela*:

---

[35] No sólo arriba en la novela a una tesis teológica absolutamente contraria al ambiente social, sino que la combina con un leguaje inaudito: "¡Me están haciendo tirar pedos por la pija!", "Yo lo hacía un tipo decrépito, con reuma en la poronga".

—La cloche, le clochard, la clocharde, clocharder. Pero si hasta han presentado una tesis en la Sorbona sobre la psicología de los clochards.

—Puede ser —dijo Olivera—. Pero no tienen ningún Juan Filloy que les escriba Caterva. ¿Qué será de Filloy, che?

Naturalmente la Maga no podía saberlo, empezando porque ignoraba su existencia. Hubo que explicarle por qué Filloy, por qué Caterva.

Ambientado durante el gobierno de Justo, su carácter contestatario halla expresión colectiva en los ciento seis personajes que la integran y que postulan, como principales, a siete linyeras en fuga que deben entregar dinero al comité pro presos de la Juventud Obrera de Almafuerte después de una huelga reprimida. Con un fondo político convulsionado en el que sobresalen el temor rojo, el orden conservador y la represión policial, *Caterva* despliega múltiples tesis sobre la democracia, el catolicismo, el orden dictatorial y la lengua literaria de los argentinos:

El idioma debe traducir la modalidad natural del pueblo. Mamar en ella, que es su pezón auténtico. Rechazar las amas secas, que son los profesores españoles que vienen a lucrar con su mala leche. Y rechazar los sucedáneos locales, esos escritores engolados que pretenden agallegarnos.

Incorpora el lunfardo —que el autor todavía distancia con las comillas—, el voseo y una serie de metáforas ramplonas e insultos variopintos que hacen del coloquialismo una elección firme de estilo. También, como otros libros de la época, se resiente de la expresión antisemita que, sin embargo, no se continuará en el resto de la obra de Filloy.

El inicio de *Caterva* es un *tropo filloyano* por antonomasia: los nombres de catorce localidades cordobesas, ciudades de tránsito de los protagonistas, conforman un breve listado que el autor se encargará de ampliar *ad nauseam* en otros textos. *La Purga*, terminada en 1977, incluye una nómina de trescientas treinta y ocho escuelas o tendencias pictóricas contemporáneas; *La Potra*, diez años antes, había inventariado los nombres de setecientos cuarenta y cinco mapuches y comechingones. Tiempo muerto de la diégesis narrativa, las "listas" de Filloy son una de sus obsesiones constantes y, de tanto en tanto, como en "Yo y los intrusos", de *Yo, yo y yo (Monodiálogos paranoicos)*, convocan el ritmo de la salmodia, versión más generosa de la ecolalia apenas balbuceada por muchos de sus personajes como habitual índice expresivo de conmoción interior.

Sin embargo, la *manía* personal que hace de Filloy un personaje impar en las letras castellanas es, sin dudas, la escritura de palíndromos, esas laboriosas frases que tanto pueden leerse de izquierda a derecha como en dirección inversa: NOEL AMA COMO CAMALEÓN, ALLÍ TÁPASE MENEM ESA PATILLA, EL EMIR PEDRO YA MAYOR DEPRIMELE. Récordman mundial de palindromía, como gustaba jactarse públicamente, despliega en ellas el vasto repertorio del idioma y una percepción del lenguaje que descubre, en su materialidad más expuesta, una visión personal de la escritura que, nuevamente, participa de la investigación de un ocultamiento:

> La palindromía es aventura y epopeya intelectual, según la intensidad de la vocación. La equiparo a la *morosa delectatio* de labrar sonetos. Si aquí se elabora y modula la substancia poética en finos patrones de ritmo y rima, allí la pesquisa exitosa de los enigmas que oculta la locución y la palabra duplican el encanto de virtualizarlos.[36]

Después de un silencio autoimpuesto de casi tres décadas, durante las cuales continuó escribiendo solitariamente y atesorando originales en la caja fuerte de su departamento de Río Cuarto, Juan Filloy autorizó a la editorial Paidós de Buenos Aires la reedición de *Op Oloop* con prólogo de Bernardo Verbitsky (noviembre de 1967) y de *¡Estafen!* en marzo del año siguiente. Por primera vez, con la distribución masiva en el circuito de librerías, su nombre pareció conquistar un merecido lugar entre los escritores más destacados; sin embargo, la editorial no extendió la publicación a otras obras, con la única excepción de *La Potra* en 1973, y Filloy prosiguió la edición de sus libros en imprentas o pequeñas editoriales de la provincia de Córdoba. Con todo, esos títulos y el prestigio del prologuista —autor de libros muy difundidos y por entonces titular de la página bibliográfica del diario *Noticias Gráficas*— divulgaron el nombre de Filloy en un público ampliado. Verbitsky señala la importancia que en el reordenamiento del sistema literario supone la reimpresión de estas novelas en la medida en que "llevar al lector actual los libros de Filloy significa remediar una fractura, establecer una correcta continuidad, como ocurrió cuando *Adán Buenosayres* llegó finalmente a ocupar un lugar en la realidad de una viviente literatura argentina" y fija la paradoja de

---

[36] *Karcino. Tratado de palindromía*, Buenos Aires, El Cuenco de Plata, 2005 (Edición original de 1988).

estimación de Filloy, "cumbre invisible dentro de un mapa hasta ahora secreto de nuestra literatura" [...] "pues si bien es cierto que hay un mito Filloy en un ámbito limitado de escritores o de entendidos, son inhallables los libros que les dan fundamento".[37]

Lamentablemente, las ediciones privadas preparadas por Filloy y, a partir de su *rentrée* tras el voluntario paréntesis de anonimato, aquellas de editoriales o imprentas cordobesas con poca o nula distribución, han retardado la difusión del autor fuera de su provincia hasta estos últimos años, en que cobra impulso la reimpresión de sus obras y comienza a ser traducido a otras lenguas.

---

[37] Bernardo Verbitsky, *op. cit.*

Bibliografía

Del Vizconde de Lascano Tegui

La sombra de la Empusa, París, 1910. Nota: El libro, impreso en Buenos Aires, apareció con un pie de imprenta apócrifo. [Poesía]

Blanco..., Buenos Aires, 1911. Con seudónimo Rubén Darío (h). [Poesía]

El árbol que canta, Buenos Aires, Tierras de Marco Polo, 1912. [Poesía]

Al fragor de la revolución, Buenos Aires, *La Novela Semanal*, 10 de abril 1922, Año VI, n° 230. [Prosa]

De la elegancia mientras se duerme, París, Editorial Excelsior, 1925. [Novela]

Les bannières d'Obligado. Una Revendication Argentine, París, 1935. [Ensayo histórico]

El libro celeste, Buenos Aires, Viau & Zona, 1936. [Miscelánea]

Álbum de familia, Buenos Aires, Viau & Zona, 1936. [Novela]

Venezuela adentro. Turista en los Llanos; Pescador en Margarita; Golondrina en el Táchira. Prólogo de Pedro Sotillo, Caracas, Ediciones de "El Universal", 1940. [Ensayo]

Muchacho de San Telmo (1895), Buenos Aires, Guillermo Kraft Ltda., 1944. [Poesía]

Mis queridas se murieron. Edición y estudio preliminar de Gastón Sebastián M. Gallo y Guillermo García, Buenos Aires, Ediciones Simurg, 1997. [Antología]

Bibliografía sobre el Vizconde de Lascano Tegui

Celina Manzoni, "Ocio y escritura en la poética del Vizconde de Lascano Tegui", en Noé Jitrik (comp.), *Atípicos en la literatura latinoamericana*, Buenos Aires, Instituto de Literatura Hispanoamericana, Facultad de Filosofía y Letras / Oficina de Publicaciones del Ciclo Básico Común, Universidad de Buenos Aires, 1996.

Celina Manzoni, Prólogo a Vizconde de Lascano Tegui, *De la elegancia mientras se duerme*. Edición y contribución bibliográfica de Gastón Gallo, Buenos Aires, Ediciones Simurg, 1995.

Gastón Gallo y Guillermo García, Estudio Preliminar, en Vizconde de Lascano Tegui, *Mis queridas se murieron*, Buenos Aires, Ediciones Simurg, 1997.

Gastón Gallo, Estudio Preliminar, en Vizconde de Lascano Tegui, *El libro celeste*, Buenos Aires, Ediciones Simurg, 2006.

Dietrich Lückof, "'Ich bin die Stimme meiner Mutter' Der Vizconde de Lascano Tegui, eine vergessene argentinische Legende". En *Schreibheft. Zeitschrift für Literatur*, n° 49, mayo de 1997.

De Raúl Baron Biza

Risas, Lágrimas y Sedas (De la vida inquieta), Prólogo de B. De la Parra, Buenos Aires, 1924. [Cuento]

El derecho de matar. Novela, Buenos Aires, 1933.

El derecho de matar. Adaptación teatral en prólogo y tres actos (firmado Bellini - Bronenberg - Ruiz), *Revista Teatral Argentores*, Buenos Aires, n° 95.

Por qué me hice revolucionario (La Triple Alianza contra el derecho de asilo), Montevideo, Editorial Campo, 1934. [Crónica]

Punto final. Novela. Presentación del autor por Max Hoxber. [Buenos Aires], 1941.

Un proceso original, Córdoba, 1951 (folleto sin firma acerca de su encarcelamiento por episodio de violencia en casa de Amadeo Sabattini).

La gran mentira, Buenos Aires, 1959 (folleto en que anticipa prólogo y epílogo de *Todo estaba sucio*).

Todo estaba sucio. Novela. Buenos Aires, 1963.

Bibliografía sobre Raúl Baron Biza

Christian Ferrer, *Baron Biza. El inmoralista*, Buenos Aires, Sudamericana, 2007.

Aristóbulo Aráoz de Lamadrid, *Defensa jurídica de Punto final; Novela de Baron Biza*, Buenos Aires, 1943.

Néstor I. Aparicio, "Defensa de Baron Biza, autor del libro 'El derecho de matar', presentada por el doctor Néstor I. Aparicio". En Baron Biza, *El derecho de matar*, Buenos Aires, 1935 (tercera edición).

De Juan Filloy

Periplo, Buenos Aires, Imprenta Ferrari Hermanos, 1931. [Crónica de viajes]

¡Estafen!, Buenos Aires, Imprenta Ferrari Hermanos, 1932. [Novela]

Balumba, Buenos Aires, Imprenta Ferrari Hermanos, 1933. [Poesía]

Op Oloop, Buenos Aires, Imprenta Ferrari Hermanos, 1934. [Novela]

Aquende. Sinfonía Autóctona, Buenos Aires, Imprenta Ferrari Hermanos, 1935. [Miscelánea]

Caterva, Buenos Aires, Imprenta Ferrari Hermanos, 1937. [Novela]

Finesse, Buenos Aires, Imprenta Ferrari Hermanos, 1939. [Prosas breves en forma de baladas]

Ignitus. Tragedia del tiempo que transcurre y del dolor que no se aleja, Río Cuarto, Imprenta Macció Hnos., 1971. [Drama]

Yo, yo y yo (Monodiálogos paranoicos), Río Cuarto, Imprenta Macció Hnos., 1971.

Los Ochoa. Saga nativa, Río Cuarto, Imprenta Macció Hnos., 1972. [Cuento]

La Potra. "Estancia Los Capitanejos", Buenos Aires, Paidós, 1973. [Novela]

Usaland, Río Cuarto, Imprenta Macció Hnos., 1973. [Poesía]

Vil & Vil. "La gata parida", Río Cuarto, Imprenta Macció Hnos., 1975. [Novela]

Urumpta, Río Cuarto, Imprenta Macció Hnos., 1977. [Ensayo histórico]

Tal cual, Río Cuarto, Imprenta Macció Hnos., 1980. [*Nouvelle* y cuento]

L'Ambigú (Diálogo de Elvira y Elvirus), Río Cuarto, Imprenta Macció Hnos., 1982. [Novela en diálogo]

Karcino. Tratado de palindromía, Río Cuarto, Blanco & Barchiessi Editores, 1988. [Palíndromos]

Gentuza, Río Cuarto, Blanco & Barchiessi Editores, 1991. [Prosas breves]

Mujeres (cuentos y nouvelles), Río Cuarto, Blanco & Barchiessi Editores, 1991. [Cuento y nouvelle]

La Purga, Córdoba, Advocatus, 1992. [Novela]

Elegías, Córdoba, Argos, 1994. [Antología] (Reedición parcial de *Balumba*)

Esto fui. Memorias de la infancia, Córdoba, Marcos Lerner Editora, 1994. [Memorias]

Ságese, Córdoba, Op Oloop Ediciones, 1994. [Antología]

Don Juan, Antología de Juan Filloy. Selección y prólogo de Mempo Giardinelli, Buenos Aires, Instituto Movilizador de Fondos Cooperativos, 1995. [Antología]

Sonetos, Córdoba, Argos, 1996. [Poesía]

Sexamor, Córdoba, Op Oloop Ediciones, 1996. [Novela]

Decio 8A. Saga de los Ochoa, Córdoba, Op Oloop Ediciones, 1997. [Novela]

Obras en publicaciones periódicas

Jjasond (crónicas de viajes, publicado en los diarios *El Pueblo* de Río Cuarto y *La Nación* de Buenos Aires, 1964); *Metopas*; *Ñampilm*.

Inéditas

Ambular, Changüí, Churque, Eran así, Footing, Gaudium, Homo Sum, Ironike, Item Más, Llovizna, Nepente, Nefilim, Quolibet, Recital, Revenar, Sicigia, Tanatos, Todavía, Xinglar, Zodíaco

Bibliografía sobre Juan Filloy

Dardo Cúneo, "El 'Raro' Juan Filloy", en Juan Filloy, *Aquende. Sinfonía Autóctona*, Córdoba, Op Oloop Ediciones, 1996.

Bernardo Verbitsky, "Noticia de Juan Filloy", en Juan Filloy, *Op Oloop*, Buenos Aires, Paidós, 1967 (2ª edición).

Sandra Gasparini, *Resquicios de la ley. Una lectura de Juan Filloy*. Buenos Aires, Facultad de Filosofía y Letras - Universidad de Buenos Aires - Hipótesis y Discusiones/3, 1994.

Sandra Gasparini, "En nombre de la ley. Juan Filloy y la Década Infame", en Noé Jitrik (comp.), *Atípicos en la Literatura Latinoamericana*. Buenos Aires, Instituto de Literatura Latinoamericana - Facultad de Filosofía y Letras - Oficina de Publicaciones del Ciclo Básico Común - Universidad de Buenos Aires, 1997.

Mempo Giardinelli, "Don Juan de las Siete Letras. Vida y Obra de Juan Filloy". Prólogo a *La Potra*, Buenos Aires, Interzona, 2003.

Mempo Giardinelli, Prólogo, *Don Juan*. Antología de Juan Filloy.

Selección y prólogo de M.G., Buenos Aires, Instituto Movilizador de Fondos Cooperativos, 1995.

Jorge Torres Roggero, Prólogo, en Mónica Ambort, *Juan Filloy. El escritor escondido* (Entrevista), Córdoba, Op Oloop Ediciones, 1992.

SALVADORA, ALFONSINA Y LA RUPTURA DEL PUDOR

por Josefina Delgado

> ¿No hemos convenido, muchas veces en que somos dos mujeres extraordinarias? Bueno. Las otras deshacen sus dolores con lágrimas. Yo los deshago con palabras.
>
> SALVADORA MEDINA ONRUBIA, *Las descentradas*

> Empiezo a comprender a las mujeres de antes y a las de ahora. Las del pasado, privadas de la palabra, mujeres que buscaban refugio en mudas intuiciones, y las de ahora, entregadas a la acción, mujeres que copian a los hombres.
>
> ANAÏS NIN, *Diario*

Entre 1924 y 1925 aparecen tres libros de mujeres que despliegan distintas posturas: *De Francesca a Beatrice*, de Victoria Ocampo, *Akasha*, de Salvadora Medina y *Ocre*, de Alfonsina Storni.[1] La experiencia que relata Victoria es libresca, la mirada de Alfonsina es metonímica, propia de una vanguardia poética en la que no atina a integrarse plenamente; Salvadora, en cambio, tiene la audacia de mutarse en otros: quiere ser a la vez el traidor y la heroína, que en dos reencarnaciones elige el suicidio o la victoria. El pensamiento esotérico le sirve a Salvadora para escapar de la condena de un destino único, que es en todo caso la dualidad de su propia vida. De las tres, es la que intenta una salida espiritual en lo nuevo, en la propuesta que viene de un pensamiento que, en el mundo industrial, busca suavizar las aristas de una vida ya incómoda y sin sentido. Pero las tres, cada una a su modo, tratan de procurarse nuevas energías espirituales. Más que las vanguardias, más que la innovación en el territorio de la expresión, las empu-

---

[1] Victoria Ocampo, *De Francesca a Beatrice*, Madrid, Revista de Occidente, 1924; Salvadora Medina, *Akasha*, Buenos Aires, 1924; Alfonsina Storni, *Ocre*, Buenos Aires, 1925.

ja la búsqueda de nuevos sentidos. Y esto en un mundo que no las apoya en absoluto.

Las tres mujeres pertenecieron a una generación que podría ser llamada la de las modernas. Las tres rompen con los modelos recibidos, ninguna acepta las imposiciones familiares o sociales, de clase o de género. Pero voy a detenerme particularmente en Salvadora y en Alfonsina, porque añaden a las dificultades de su género la necesidad de ganarse la vida. Y su ruptura no es solamente a través de la escritura, sino también de la necesidad de vivir desde la sentimentalidad un nuevo camino. Los hijos no reconocidos por sus padres, en los dos casos, muestran lo que las mujeres anarquistas de la época levantaban como una bandera: la libertad sexual.

Salvadora marca un camino hasta entonces no transitado: la escritura, la militancia. Alfonsina da a su vida un final también de ruptura. Porque el suicidio es una elección frente al sufrimiento de la enfermedad. No estaban solas, sin embargo, porque en otros lugares otras mujeres también habían recogido, como ellas, la experiencia de la vanguardia feminista, algunas hebras de textos dispersos en los misales anarquistas, y se habían enrolado en la búsqueda de un camino personal. Se pasaron el santo y seña quién sabe cómo: no ajustarse a lo que se esperaba de ellas, buscar una identidad incuestionable. Katherine Mansfield, Isadora Duncan, Ana Ajmátova, Marina Tsvietáieva, Virginia Woolf, Dolores Ibárruri, Federica Montseny, Frida Khalo, Tina Modotti. En Sudamérica, Magda Portal, Blanca Luz Brum. Y muchas otras, lejos o cerca, como la cuentista japonesa Higuchi Ichiyo, que con apenas veinticuatro años de vida inaugura en un remoto país la literatura escrita por las mujeres de la modernidad. Algunos varones piensan en ellas como en sus pares, y les dedican sus homenajes. Como el poema de Raúl González Tuñón a Blanca Luz, el de Neruda a Tina Modotti, o el texto de José Carlos Mariátegui a Magda Portal.

¿Por qué volver a hablar de estas mujeres? Quizás porque la historia repite, en sus laberintos, las mismas o parecidas circunstancias. Y a veces se borran las huellas de lo recorrido y hay que volver a empezar. Y porque sus figuras tienen mucho que ver con una literatura que no deja de buscar su forma.

Estas mujeres salieron de sus círculos protectores y se expusieron a la opinión. Según Hannah Arendt, cuando lo privado se hace público, el espacio de aparición de la *polis* es tal que le exige a cada uno que demuestre un "coraje original", que consienta "en actuar y hablar", abandonar el abrigo privado para exponerse a los otros y, con ellos, "estar dispuesto a correr el riesgo de la revelación". La primera condición política de la "revelación", según Arendt: "manifestar quién soy y no lo que soy [...] En suma, se trata de una apreciación política, puesto que es en la red de las relaciones humanas donde se definirá lo que se sustrae a lo común, lo que es extraordinario".

Para Arendt, el ejemplo está en el personaje de su libro *Rahel Varhagen, biografía de una mujer judía en la sociedad alemana del romanticismo*.[2] Lo que me interesó, dice Arendt, "fue narrar retroactivamente la vida de Rahel tal como ella misma hubiera podido narrarla". Y Arendt se hace una pregunta clave: El pudor de las mujeres, ¿atenta contra la creatividad?

La vida de una heroína

A Alfonsina todos la conocen: es la poeta de por lo menos dos poemas ampliamente divulgados. "Tú me quieres blanca" y "Voy a dormir". El imaginario popular la acepta como la madre soltera que se suicida no se sabe bien por qué. Victoria, en cambio, es la amiga y amante de los hombres famosos, la fundadora de la revista *Sur*. De Salvadora, pocos quieren hablar. Resulta incómoda, porque la persigue el recuerdo del suicidio de su hijo, y porque otro de sus hijos le atribuye la responsabilidad de esa muerte. Muy recientemente se han reunido los testimonios necesarios como para, al menos, sacar del reduccionismo moralizante de sus descendientes una vida compleja y por cierto dolorosa.[3]

Salvadora Medina Onrubia de Botana fue un personaje destacado de la vida cultural y política de la Argentina de su tiempo. Nació en La Plata en 1890 y murió en Buenos Aires en 1971, acompañada de dos sobrinas, hijas de su cuñada Tirsa. En ella se reúnen las condiciones de algunas mujeres precursoras de la liberación femenina: pobre, maestra, escritora, sin nadie que la sostenga ni la ayude a conseguir un puesto digno en el mundo al que pertenece. Maestra en Carbó, pueblito de Entre Ríos, su biógrafa y secretaria Ema Barrandeguy, nacida en Gualeguay, donde conoció a Salvadora, cuenta que de ella, de su madre y de su hermana se decía con ironía: "¿Señoras? ¡Ésas no son señoras!" Pero no solamente esto, sino también rasgos personales que la convierten en un personaje de ficción: joven, hermosa, dueña de una cabellera roja que le permitía ser identificada de inmediato, llegó desde una provincia del litoral en busca de quien la ayudara a estrenar su pieza teatral *Alma fuerte*.

---

[2] *Rahel Varhagen, The Life of a Jewess*, Baltimore Johns Hopkins University Press, 1997.
[3] Ver Emma Barrandeguy, *Salvadora Medina Onrubia*, Buenos Aires, Vinciguerra, 1990.

Así es como conoce a Natalio Botana, que acababa de fundar el diario *Crítica*. Lo deslumbra con su belleza, consigue su apoyo para estrenar su obra y a partir de aquí lo acompaña, a veces críticamente, en las campañas políticas a favor del socialismo, de la Guerra Civil española, de la postura pro aliada en la Segunda Guerra Mundial, no así en el apoyo al golpe del 6 de septiembre de 1930. También contribuyó a la creación de un verdadero polo cultural que, en tiempos de la dictadura de Uriburu y del gobierno autoritario del general Justo, permitió la apertura del pensamiento a través del suplemento del diario, que reunió firmas como las de Jorge Luis Borges, Pablo Neruda, Salvador Novo, Edmundo Vasconcellos, Federico García Lorca, y otros relevantes intelectuales y poetas, a los que ayudaron a consolidar su posición en la cultura. Otro aspecto de la tarea conjunta fue el de la solidaridad que desplegaron con todo aquel que se acercaba al diario, ya fuera en busca de trabajo o de ayuda en la enfermedad o en la desgracia.

Pero Salvadora no se limitó a ser la compañera de este Randolph Hearst sudamericano: desde antes de conocerlo se había volcado a la militancia anarquista, por la que luchó en las barricadas de la Semana Trágica en Buenos Aires, y se propuso conseguir el indulto de Simón Radowitsky, responsable de la muerte del jefe de policía Ramón Falcón. En estos vaivenes entre gobiernos democráticos, como el del presidente Yrigoyen, y dictaduras pro fascistas, como la del general Uriburu, Salvadora no perdió nunca el horizonte de un cambio social que pudiera modificar la vida del pueblo oprimido. Su vida personal se repartió entre la militancia social y el teatro, al que se dedicó plenamente escribiendo varias obras que logró ver representadas con éxito comercial.

En 1929 la pareja hizo su primer viaje a Europa, a raíz del suicidio del hijo mayor de Salvadora, quien, al enterarse de que Natalio no era su padre, se quitó la vida. La desesperación de Salvadora la convirtió en adicta al éter, y más adelante sólo la teosofía la sacó del camino de las drogas y el alcohol, aunque con cierta recurrencia volvía a ellos.

En España se deslumbraron con Andalucía, de donde provenían los abuelos y la madre de Salvadora, y allí proyectaron construir la que más adelante sería Villa Los Granados, una majestuosa quinta en las afueras de Buenos Aires, donde pintaría David Alfaro Siqueiros su mural *Ejercicio Plástico* y se reunirían Pablo Neruda y Federico García Lorca.

En Madrid se hizo amiga de Concha Méndez, primera mujer del poeta Manuel Altolaguirre, y frecuentó a Maruja Mallo, a María Lejárraga, a Federica Montseny y a otras mujeres que militaron por la liberación de la mujer. En Barcelona conoció a Buenaventura Durruti, el militante anarquista que vivió varios años refugiado en Buenos Aires, tres veces condenado a muerte: en Chile, en la Argentina y en Francia.

Salvadora y Natalio fueron detenidos por la dictadura de Uriburu en 1930 y el diario *Crítica* fue clausurado, a pesar de que en un primer momento Botana había apoyado el derrocamiento de Yrigoyen. Una vez conseguida la libertad, viajaron nuevamente a España, donde permanecieron varios meses, en plena ebullición de la República del 31, y en medio de un debate político que sirvió para definir sus posturas más adelante, en su propio país. En Galicia fueron recibidos como héroes, ya que habían intervenido en la liberación de obreros gallegos residentes en la Argentina; más tarde, Botana ayudaría, desde su diario, a los republicanos españoles, y una vez consumada la derrota, solventó el traslado de muchos de ellos en el *Massilia*, que llegó a Buenos Aires a fines de 1939 y al que Natalio se acercó contra la prohibición de que sus pasajeros descendieran aquí. Salvadora, por su parte, escribió, apenas comenzada la guerra, *Un hombre y su historia* (1936), una pieza teatral en la que con gran lucidez observa el debate entre el estalinismo y el trotskismo, hasta el comienzo de la guerra en España.

La vida del matrimonio atravesó por varias crisis, más bien provocadas por la decisión de ambos de vivir libres de las rígidas convenciones sociales. Esto los convirtió en precursores de un tipo de unión respetuosa de las diferencias, pero les atrajo también acerbas críticas, y en el final de la vida de Natalio, que muere en un accidente de automóvil luego de que su diario luchara encendidamente en contra del nazismo y develara las intenciones del régimen alemán de crear en Sudamérica un polo que le fuera favorable, Salvadora vivió sola, dedicada a su escritura, aunque unida en el espíritu con quien fue su gran amor, Natalio Botana.

Los Botana modificaron las consignas del periodismo: incluyeron crónicas policiales, el seguimiento de procesos sociales latinoamericanos, artículos firmados por León Trotsky mientras vivió en México, una importante nota en homenaje a Benito Pérez Galdós a su muerte, y críticas cinematográficas y teatrales firmadas por expertos.[4] Este periodismo revolucionario fue transformándose en un proyecto que hoy llamaríamos multimedia, ya que comenzó a desarrollar estudios de cine y una estación de radio. Introdujo innovaciones tecnológicas como las rotativas, que permitieron 300.000 ejemplares en una sola edición y construyó finalmente un edificio, verdadera joya del *art déco*, sede

---

[4] Ver, en este volumen, Sylvia Saítta, "Nuevo periodismo y literatura argentina".

del diario, para el que convocó a dos arquitectos húngaros, los hermanos Kalnay, y que adorna todavía la Avenida de Mayo de Buenos Aires. Paradójicamente, hoy se encuentra instalada allí la Superintendencia de la Policía Federal.

La vida como tesis

Salvadora es la primera mujer que entra al mundo del teatro de la mano del éxito: su primera obra, *Alma fuerte*, no sólo tuvo una buena temporada, sino que aún hoy aparece como una revelación en el trabajo con el lenguaje a la vez fluido y entrecortado del monólogo interior, uno de los artificios más difíciles de lograr en el discurso teatral.

¿Por qué sacar otra vez a la luz estas piezas olvidadas, algunas publicadas en las revistitas de teatro de la época, otras editadas por ella misma, que para eso era rica, la esposa de un millonario dueño del diario *Crítica*, el más innovador del siglo XX en la Argentina? Quizás para rastrear en los bordes, otra vez, la pregunta de si el género define el pensamiento, la conducta, la creatividad. Contracara de un gran seductor, como lo fue Natalio Botana, ella "le sigue los pasos" pero con la voz propia de una mujer.

La historia de Salvadora pertenece al orden de lo que Arendt llama un "ejemplo actuado", ejemplo en el sentido kantiano: no un caso, que ilustra un concepto abstracto, sino un individuo o un acontecimiento que suscitan la imaginación.

En su vida todavía hay misterios. Misterios que importan dentro de la concepción de una sociedad en la que se insertó como esposa de Natalio. Pero su vida no terminó ni en la militancia ni en el acompañamiento en el periodismo a su marido. Escribió siempre, y comenzó en el *Diario* de Gualeguay y en las revistas *Fray Mocho* y *PBT* de Buenos Aires. Cinco obras de teatro (*Alma fuerte*, *La solución*, *Lo que estaba escrito*, *Las descentradas* y *Un hombre y su vida*), dos libros de poemas (*La rueca milagrosa* y *El misal de mi yoga*), una novela (*Akasha*), dos libros de cuentos (*El libro humilde y doliente* y *El vaso intacto*), otro libro en el que se defiende de los que le disputan la propiedad del diario *Crítica* (*Crítica y su verdad*). Y al menos dos folletos donde denuncia al general Uriburu y habla de los métodos de tortura ejercidos durante su gobierno.

Misterios: los vínculos legales entre sus padres, la existencia de un hermano criado por la madre, el suicidio de su hijo Pitón. Y el vínculo de la familia materna con el coronel Falcón, asesinado por el militante anarquista Simón Radowitsky, a quien Salvadora salvó de la prisión gracias al indulto otorgado por el presidente Yrigoyen, luego de intentarlo por medios absolutamente novelescos.

Y la pregunta principal: ¿quién fue realmente Salvadora? ¿La del pelo rojo en forma de corola? ¿La abuela de Copi, el transgresor, a quien ella le dio el sobrenombre? Porque la familia la vio —y algunos la ven todavía— como a una señora de Rolls Royce y tapado de marta cibelina que jugaba a ser anarquista. Pero este jugar, ¿no tiene acaso que ver con el pudor? El juego, ¿no encierra el deseo de ser? ¿Y cuál es el verdadero ser?

Nadie puede negar, a pesar de todas las resistencias, que Salvadora es el oponente de Natalio Botana, en una situación triangular donde el deseo se constituye en lo que hay que arrebatarle al otro. Tanto Natalio como Salvadora son los respectivos mediadores del deseo. Y a la vez, los propietarios del objeto. El modelo de Salvadora es Natalio, la libertad, el saber siempre cómo actuar. Pero la relación entre el sujeto y su modelo instala un sentimiento desgarrador, que llega a convertirse en odio. Solamente el ser que nos impide satisfacer un deseo que él mismo nos ha sugerido es realmente objeto de odio. La ambivalencia de Natalio consiste precisamente en eso: sugerirle a Salvadora que puede convertirse en una mujer diferente, apoyar su parte sin pudor, la de la creación, y luego cerrarle el camino convirtiéndola en una vestal, cuidadora de la llama del hogar, frustrada, asesina, reveladora de verdades que no pueden ser dichas. Y castigarla cuando el hijo, que es el hijo de otro, muere.[5]

Pero si Salvadora es un texto, una construcción que llega a través de otros (y de sus propios textos, versiones de sí misma), el texto de su vida, armada de hebras de realidad, sugiere una tesis que su escritura va a desarmar: como en la tragedia griega, cuando la mujer pierde el pudor y entra en la *polis*, el carácter de su revelación es tan fuerte que desata las furias y las convierte en sus enemigas. Si a Clitemnestra no se le perdona el crimen ni siquiera como madre que venga la muerte de su hija, a Salvadora, que aceptó un hijo sin padre, no se le va a perdonar que use su propia verdad para defender su derecho sobre el hijo.

Y tampoco se le va a perdonar que abandone la casa para ocuparse de los hijos de las otras: léase Simón Radowitsky o América Scar-

---

[5] El matrimonio como condena se vincula a la mitología de Perséfone y a varias leyendas. Ver Sandra M. Gilbert y Susan Gumar, *The Madwoman in the Atic*, New Haven, Yale University Press, 1979. También un verso de "La loba", de Storni, alude al tema: "¡Que yo no pude ser como las otras, casta de buey / con yugo al cuello; libre se eleve mi cabeza!"

fó. Me pregunto: ¿tramar dos fugas desde el penal de Rawson, donde Simón se pudría desde 1910, es jugar a la militancia? Vuelvo a preguntarme: rechazar el indulto del general Uriburu y llamarlo "fantoche con bigotes", todo esto desde la cárcel donde ni siquiera con la manta de piel de una millonaria puede librarse del frío, ¿es jugar a la militancia? Entregar la vida y la razón al éter para librarse del dolor del hijo suicidado, ¿es jugar a la maternidad?

Entonces, la tesis propuesta por la vida real se agranda y recuerda las palabras de Hamlet: "Dinamarca es una cárcel". La sociedad argentina que alberga a Salvadora es una cárcel. La cárcel de barrotes lustrosos donde el prisionero tiene libertad para jugar a ser. Pero no un juego demasiado fuerte.

Para su vida de militante hay textos suyos y de otros que organizan el recuerdo.

La escritura como antítesis

Ya sabemos: Salvadora escribe siempre. Teatro, cuentos, poemas en prosa, una novela, sus discursos, sus memorias, un prólogo a los escritos de un torturado del 30, la carta a Uriburu prometiéndole una bofetada apenas lo tenga a tiro, la carta a Eva Duarte. Salvadora estaba siempre en movimiento, iba y venía. Al punto que resulta difícil organizar el sistema de sus domicilios: Vicente López, Juncal, Olivos, Rodríguez Peña, Don Torcuato. ¿Cuándo escribe, dónde escribe? Fortuitamente, deja en sus cuadernos fechas y lugares. Y en el interior de sus textos las pistas que permiten entender las instantáneas de su propia historia.

Las contradicciones la marcaron: primero anarquista, más tarde adepta a la teosofía, amiga de Krishnamurti y lectora de Mabel Collins, llevaba en su cartera un frasquito de éter. Hacía interminables solitarios, tiraba las cartas y siempre estaba acompañada de algún gato.

Obra fragmentaria, insegura, a veces omnipotente, reveladora de enormes baches culturales; sin embargo, es en los textos teatrales donde puede percibirse una voz atractiva. Y también los retazos de sus experiencias, a veces mal digeridas, pero que siempre introducen una visión del mundo diferente.

Las descentradas es posterior a la muerte de su hijo Pitón, en 1929, un suicidio del que todos la acusaron. En el texto es posible ver de cerca sus heridas: una mujer que se queda sola, por propia decisión, pero también porque el marido no le perdona una falta menor. La aleja de sus hijos, y esta especie de Nora del siglo XX entiende que su postura es posible de entender si se pone a escribirla. Salvadora reinventa algo que después será casi un tic, el teatro dentro del teatro, un recurso que ya había sido utilizado por el teatro barroco.

En *Un hombre y su historia* sorprende cómo, apenas un mes después de la invasión de las tropas franquistas en España, Salvadora tiene una comprensión tan lúcida del problema de las revoluciones. Sitúa la trama en tres momentos: 1905 y la prerrevolución en Rusia, 1930 y la contrarrevolución en París, 1936 y el comienzo de la victoria fascista en Granada.

Los textos "bizarros"

Además de esta obra, que fue exitosa, con una temática poco frecuente, están aquellos textos en los que Salvadora usa de su pluma para refutar, para aconsejar, para denunciar.

Uno de estos textos es el de la carta que le escribe a Uriburu desde la cárcel del Buen Pastor, en 1931, cuando una vez cerrado el diario *Crítica* y presos Salvadora y su marido, un grupo de escritores, entre los que se encuentra Borges, consigue el indulto para la escritora. Entonces ella se da un lujo: no sólo rechaza el indulto, sino que escribe una carta restallante como una bofetada. Y la termina precisamente con el gesto puesto en palabras: "General Uriburu; guárdese sus magnanimidades junto a sus iras y sienta cómo, desde este rincón de miseria, le cruzo la cara con todo mi desprecio".

Pero el odio que le despierta Uriburu no se agota en esta carta que se publica en forma de folleto en 1932. Porque desde Montevideo, en febrero de ese mismo año, prologa otro folleto, *El martirologio argentino*, esta vez un testimonio de Carlos Giménez, torturado en las cárceles argentinas. Y allí vuelve a enarbolar el tono de la retórica militante:

Otro libro que enriquece la ya copiosa bibliografía de la fantochada trágica de Tirano bigotes. Aquí está. He prometido prologarlo yo. Ante todo digo que es un libro sincero. Estas narraciones no son fruto de una desordenada fantasía literaria. Son, en su raíz, reales, desesperadamente reales. […] Y la página de vergüenza, de horror y de ignominia de la que este libro es una letra imprecante, no se borrará nunca, nada podrá borrarla de la historia que aprenderán en la escuela los hijos de nuestros hijos. Es como si el contenido viscoso y nauseabundo del célebre tacho de la "Sala de torturas", hubiera empezado a alzarse en hirviente marea, se hubiera derramado por sobre todo el país argentino, hubiera empapado cuerpos y conciencias, y alzándose siempre en su hirviente marea hubiera alcanzado las páginas de la historia de la libre América, que jamás podrá purificarse, que quedarán infamadas para siempre jamás...

En 1944, a tres años del accidente en el que murió Natalio Botana, y en medio de pleitos con sus hijos Helvio, Jaime, Georgina y su yerno Raúl Damonte Taborda, un conflicto con el personal de *Crítica* es resuelto por ella misma de su puño y letra: un comunicado a la redacción del diario donde la compara con cualquier sección de "una tienda de novedades, o taller de una fábrica de zapatos al por mayor o menor". Y añade que "la diferencia estriba en que aquí se trabaja con papel, tijera, engrudo y máquina de escribir en vez de trabajar con máquinas de coser, resistente cuero y noble, aunque maloliente, cerote". En un tono coloquial aunque tratando de mantener su autoridad, rechaza la pegatina de volantes en los ascensores, de la que responsabiliza a un tal señor Massini y escribe "Que el Sr. Massini le pegará papelitos a su propia abuela en su propio cuarto de baño, o en el ascensor de la casa que ocupa, y para uso de los inquilinos. Que eso no me interesa, porque juro que a mí no me pega nadie más papelitos en ninguna parte".

Y su intento de defender a Eva Perón, al regresar ésta de su gira por Europa, publicada en *Crítica* el 17 de junio de 1947. El tono profético encierra casi a uno de sus personajes teatrales, con la intención tal vez de construir un eslabón con aquella mujer que representa quizás para ella el mismo ímpetu que la llevó años atrás a sumarse a las filas del anarquismo:

> Nunca mires, Evita, a las miserias del suelo. Lucha y sirve a tu ideal desde el lugar que el destino —que es el aspecto exterior de las fuerzas que rigen y ordenan el mañana del mundo— sabe por qué ha preparado para ti. Porque no sirves al azar. Sabe, Evita, que la jornada de servicio es corta y preciosa y que el derecho a servir exige y demanda las facultades íntegras de cada ser...

El triunfo de lo propio por el camino del orgullo

Los poetas modernistas —y entre ellos hay que incluir a Salvadora y a Alfonsina, aunque sea por influjos tardíos— coincidieron en sostener valores opuestos a los de su entorno social. Si bien esto puede decirse quizás de los movimientos literarios a partir del romanticismo, hay que distinguir que pocos antes —ni hablar de las mujeres— habían sostenido con tal empeño el embarcarse en aspectos tabúes de la sentimentalidad.

Esta sentimentalidad fue puesta en relación con un sensualismo desconocido aún —la poeta uruguaya Delmira Agustini se atreve antes que Alfonsina— en el que amor, naturaleza y mujer son términos que se reúnen permanentemente. Pero Alfonsina, además, busca un público que pueda comprender la necesidad de una renovación femenina.[6]

La afirmación a partir del orgullo es uno de los nexos que unen la obra de Salvadora y Alfonsina, ambas amigas desde que se descubrieron en Rosario como militantes anarquistas. Vale la pena confrontar dos citas de ambas. Dice Salvadora:

> Y yo aún no sé si mi humildad es orgullo,
> si es orgullo el sello que puse en mi boca
> si es orgullo el nudo con que até mis manos
> si es orgullo el nudo con que até mis pies
> si orgullo es la venda con que até mis ojos
> si es orgullo todo mi Yoga devoto
> si es orgullo toda mi renuncia fría
> si es orgullo todo mi destino roto...
>
> A todos los pequeños orgullos de la vida
> los troncharon mis manos para encender tu pira.
> Pero el gesto... Señor, el gesto destructor.
> Tú, que todo lo sabes... ¿no era orgullo, Señor?

Y pareciera contestarle Alfonsina:

> Yo soy como la loba.
> Quebré con el rebaño
> Y me fui a la montaña
> Fatigada del llano.

Y más adelante, en el mismo poema:

[6] "Sábado", en *El dulce daño*: "Levanté temprano y anduve descalza/ Por los corredores; bajé a los jardines / Y besé las plantas; / Absorbí los vahos limpios de la tierra, / Tirada en la grama; / Me bañé en la fuente que verdes achiras / Circundan..."

Yo soy como la loba.
Ando sola y me río del rebaño.
El sustento me lo gano y es mío
Donde quiera que sea,
que yo tengo una mano
Que sabe trabajar
y un cerebro que es sano.[7]

Pero Alfonsina no fue simplemente una poeta inspirada que recogió, de su entorno y de su propia vida, ciertos estímulos que la llevaron a defender los derechos de las mujeres, absolutamente ignorados por entonces. Fue una lectora infatigable de los libros que el socialismo de la época hacía circular para que sus adherentes fueran sólidos pensadores y pudieran argumentar correctamente. Con otras mujeres —entre ellas, desde luego Salvadora, Fifi Kusrow, Felisa Ramos Mozzi— se acercó a la revista *Insurrexit* y bordeó los intereses del anarquismo. Cuando, al iniciarse la Guerra Mundial, se organizó una colecta a favor de Bélgica por la agresión sufrida, su nombre figura entre los donantes; luego recibirá una medalla del Comité de Defensa de Bélgica, en agradecimiento a su colaboración.

En 1924, la Argentina fue invitada a participar del Congreso Internacional de Mujeres por la Paz y la Libertad. Como delegada irá la doctora Alicia Moreau. En el teatro Marconi, la Unión Feminista Nacional se organizó para adherir al congreso, y allí habló Alfonsina, junto a la Moreau y a uno de los fundadores del partido socialista, Nicolás Repetto.[8]

Éste es, quizás, uno de los aspectos menos divulgados de la vida de Alfonsina Storni: ni su militancia feminista ni su militancia política se conocen demasiado. La pregunta es: ¿por qué no incluir estos aspectos fragmentados en una crítica de la cultura o en una historia de la política que reivindique a todas las personas que complejizaron su inserción social, jugándose en distintos espacios, contribuyendo desde todos ellos a las causas que consideraron justas?

Pero la ruptura del pudor, siguiendo a Hannah Arendt, ocasionó en torno de Alfonsina algunos equívocos aparentemente literarios. Como ocurre, por ejemplo, con su poema "Carta lírica a otra mujer", del libro *Languidez*, donde el yo lírico se atreve a pedir a la otra, la

---

[7] De Salvadora Onrubia, *El misal de mi yoga;* de Alfonsina Storni, *La inquietud del rosal.*

[8] Ver Josefina Delgado, *Alfonsina Storni. Una biografía*, Buenos Aires, Planeta, 2001.

que se alza con el amor de su amado, que le deje perseguir sus huellas besándole las manos. Esto exaspera nada menos que a Roberto Giusti, su amigo y colega, uno de los fundadores de la revista *Nosotros*; casi veinte años después de la publicación de este poema, a la muerte de Alfonsina, Giusti alude en su discurso fúnebre al poema "Carta lírica a otra mujer" de modo tal que la poeta queda sospechada de lesbianismo.[9] Una más de las lecturas condicionadas que su valiente actitud femenina tuvo que sobrellevar.

Otras lecturas desviadas: "Aunque en *Ocre* Alfonsina se muestra como una mujer sentimentalmente independiente, el amor es todavía una sujeción poderosa, ya que ocupa casi la totalidad de la temática del libro. Y si bien el libro es expresivamente más maduro que los anteriores, no representa una renovación poética sino un cambio de criterio con respecto a la actitud de la mujer frente al hombre". Juan Carlos Ghiano se atreve a decir que "los cambios en la poesía de Alfonsina se deben a sus desbordes emocionales".[10]

La consideración de su poesía desde la crítica feminista permite pensar que su escritura la convierte no sólo en el sujeto adecuado para analizar los cambios en la "persona" femenina, sino también los temas del imaginario social, de la representación y el sujeto. Porque el orgullo de ser mujer, ese orgullo que le hace escribir en "Traición", incluido en *Ocre*:

> Corazón que me vienes de mujer,
> Hay algo superior al propio ser
> En las mujeres: su naturaleza.

En ambos casos, las dos escritoras abordan una temática que solamente puede serlo desde el género mujer. Y se atreven a hacerlo en contra de la hegemonía cultural masculina, usando géneros tradicionalmente practicados por los varones. Salvadora compite en los escenarios con autores que pertenecen al canon del teatro social argentino (Florencio Sánchez, Gregorio de Laferrère) y con cierto teatro de tesis; en ese marco, es la única mujer que persiste no sólo en estrenar sus piezas, sino también en publicarlas. Sus temas son los que se le acercan a través de su propia experiencia: la supremacía del varón, la doble moral, la militancia en sectores cuestionadores del *establishment*. Para Alfonsina, son los poemas de amor el vehículo más adecuado, y

---

[9] Ver Conrado Nalé Roxlo y Blanca Mármol, *Genio y figura de Alfonsina Storni*, Buenos Aires, Eudeba, 1964.
[10] Citado en Josefina Delgado, *Alfonsina Storni. Una biografía, op. cit.*

en ellos se vale de un yo lírico que por primera vez afirma el camino de la voz del género en la poesía argentina. Y es en esta voz que hace extensiva a "todas", donde se permite lo que quizás sea la mayor de sus rupturas: aun cuando se limita a un género tradicionalmente femenino, lo hace con el atrevimiento que supone introducir los temas del cuerpo y del deseo, no tras la veladura de tul, como lo analiza sensiblemente Delfina Muschietti, sino más bien saliendo del encierro y enfrentándose con críticas e interpretaciones.[11] Porque si algo demuestran las dos escritoras —y sin duda lo hacen junto a otras, aunque más tempranamente— es que la mujer puede ser cuerpo y cabeza. Pero lo que cabe destacar en ambas, y no puede de ningún modo soslayarse, es que escritura y vida fueron una sola y misma cosa, al punto de que las fronteras de la transgresión las arrastraron sin duda a la tragedia. El propio suicidio en el caso de Alfonsina, el suicidio del hijo en el caso de Salvadora, que la lleva al consumo desmesurado de drogas y de alcohol. *Logos* y *pathos*, todo ello a través del propio cuerpo puesto en el papel.

Los críticos acuerdan en señalar dos épocas en la obra de Alfonsina. Una, marcada fuertemente por la estética rubendariana, aunque con resabios del romanticismo en cuanto al tratamiento del amor como tema. Abarca sus cuatro primeros libros: *La inquietud del rosal* (1916), *El dulce daño* (1918), *Irremediablemente* (1919) y *Languidez* (1920).

En sus primeros libros, toma del modernismo la celebración del mundo de los sentidos por medio de la naturaleza, que como una verdadera liberación sustituye al mundo grecorromano; y aunque aparecen los cisnes, no adquieren aquí un carácter simbólico sino más bien estetizante y decorativo. En esta primera etapa, con un tono personal que la distingue entre todas las demás poetas de América, se equilibran en su escritura el subjetivismo romántico y el riesgo de nuevas formas métricas, una de las rupturas que caracterizan al modernismo.

En 1925 publica *Ocre*, un libro de transición, que encierra su mayor capacidad de maduración formal convirtiendo el tema del amor en el centro de su poética. En él se renuevan su imaginario y su escritura. Aparecen nuevas formas métricas, y un cultivo del soneto, como también hacía Enrique Banchs por la misma época, donde los viejos resabios del modernismo se encuentran con una visión que hoy llamaríamos vanguardista. Horacio Armani sugiere la posibilidad de que Alfonsina haya leído a Giuseppe Ungaretti; esto la vincularía con las

---

[11] Delfina Muschietti, "Las estrategias de un discurso travesti. (Género periodístico y género poético en Alfonsina Storni)", en *Dispositio*, vol. XV, n° 39, Department of Romance, University of Michigan, 1990.

nuevas corrientes poéticas europeas.[12] Y finalmente, los dos libros donde las técnicas de la vanguardia alcanzan su mayor punto: *Mundo de siete pozos* (1934) y *Mascarilla y trébol* (1938). La *Antología poética*, de su autoría, aparece ese mismo año e incluye algunos poemas no publicados anteriormente en libros.

La sensualidad femenina aparece en sus tres primeros libros como un desafío no sólo a las costumbres sino también a la retórica tradicional con la que contaba. La mujer raramente era la voz confesional, sino más bien el referente al cual se confesaban las pasiones y desvíos eróticos. Con una excepción en la lengua española: Sor Juana Inés de la Cruz, de quien no sabemos si Alfonsina pudo haber conocido su "Hombres necios, que acusáis…"

Su construcción de "lo femenino" supera el sentimiento dionisíaco del modernismo, no limitándose a lo erótico con la naturaleza como marco, sino que objetiva el mundo de la mujer desde una ironía que no debe confundirse con el yo de la autora: "las mujeres lloramos sin saber, porque sí", "…vanas mariposas sobre jardín de enero", "movilidad absurda de inconsciente coqueta", "en el cerebro habemos un poquito de estopa", "torpeza de mujer".[13]

En este sentido, es una precursora. Pero, además, instala el tema del suicidio, y el paganismo de esta postura lo despliega a través no sólo de su poesía sino también de alguna anécdota de su vida personal. Como aquella que la muestra descubierta en su empleo de cantante en un lugar de "fama dudosa", como dijeron los periódicos discretamente, y entonces se escapa de la fiesta en la Escuela Normal, dejando una nota en su cuarto que dice "después de lo ocurrido no tengo ánimo para seguir viviendo".[14]

La encuentran en las barrancas, junto al río y Alfonsina simula haber imaginado esta broma para reírse de todos, pero este jugar con la vida y la muerte se conecta con su historia familiar y sin duda con su destino posterior. El padre, un suicida, se une a su imagen del hombre junto a Horacio Quiroga, quizás uno de sus amores, en el poema "Ultratéléfono". También aquí el impudor muestra descarnadamente no sólo la muerte, sino también la muerte por propia mano.

Alfonsina perfeccionaría su idea del suicidio a través de sus poemas. También la muerte con su recurrencia de epitafios y cementerios. De su primer viaje a Montevideo, en compañía de Manuel Gálvez y su

[12] Ver Horacio Armani,"La renovación poética de Alfonsina Storni", en *Boletín de la Academia Argentina de Letras*, n° 209-210, Buenos Aires, 1988.
[13] "Capricho", en *El dulce daño*.
[14] Ver Josefina Delgado, *Alfonsina Storni. Una biografía*, op. cit.

mujer Delfina Bunge, nace un poema inusual, que dedica: "A un cementerio que mira al mar", y que está motivado por la visita que el grupo de argentinos hace al viejo cementerio del Buceo.[15] En una nota escrita en esos días para el diario *El Social*, de Rosario, llama la atención su preocupación por la "frialdad verdosa y negruzca del mar", en la que "no se hubiera agradado sentir envuelta mi persona".

Y en el poema escribe: "Decid, oh muertos, ¿quién os puso un día / así acostados junto al mar sonoro?" Pero de pronto el interlocutor se transforma en primera persona del plural: "Venid, olas del mar, rodando; / venid de golpe y envolvednos", "Estrujadnos, olas, / movednos de este lecho donde estamos / horizontales" y concluye con una insinuación que trae al poema uno de los rasgos de Alfonsina más aludidos por quienes la conocieron, el cabello. Cuando el mar haya arrebatado a las tumbas sus habitantes, se verán "algunas desprendidas cabelleras, / rubias acaso, como el sol".[16]

Sin duda donde más se afirma el momento de revelación del que habla Arendt es en el poema "Epitafio para mi tumba", en el que equilibradamente los versos pareados van cotejando lo que se celebra todavía y lo que se da por terminado, con ironía mayor, hasta terminar "Como es mujer grabó en su sepultura / Una mentira aun: la de su hartura".[17]

Pero quizás su verdadero epitafio, si por epitafio entendemos el texto que clausura el sentido de una vida y, en este caso, de un trayecto poético, se concentre en el soneto "Pudiera ser":

> Pudiera ser que todo lo que en verso he sentido
> No fuera más que aquello que nunca pudo ser,
> no fuera más que algo vedado y reprimido
> de familia en familia, de mujer en mujer.
> Represión secular que la rebela en la autocelebración final:
> Y todo esto mordiente, vencido, mutilado,
> Todo esto que se hallaba en su alma encerrado,
> Pienso que sin quererlo lo he liberado yo.[18]

---

[15] En Delfina Bunge de Gálvez, *Diario inédito*, 23 de enero de 1920.
[16] En *Languidez*.
[17] En *Ocre*.
[18] En *Irremediablemente*.

Por la ruptura del pudor hacia la revelación

Entre Salvadora y Alfonsina hay vínculos laberínticos. El lirismo de Alfonsina no tiene semejanza en ninguna de las poesías conocidas de Salvadora; en cambio, el lenguaje teatral de Salvadora es maduro y comunica. Las dos se desdoblan en otras mujeres, las de la creación, y les transmiten sus búsquedas y sus sufrimientos. Salvadora encierra en sus mujeres luchadoras todo lo que no pudo reconocer como su propio triunfo; Alfonsina practica un desdoblamiento del yo poético que se convierte en una eficaz técnica de transmisión. Las dos hablan por la mujer que no ha comprendido, hablan por un yo ficticio que coincide bastante con sus personalidades, dialogan a través de él con otras mujeres con las que comparten sufrimientos, y por último, como en el poema de Alfonsina "Voy a dormir", se quedan solas consigo mismas, y ése es el momento peor, porque es el de la muerte. Alguien que escribe un "Epitafio para mi tumba", como Alfonsina, es alguien que ha pensado no solamente en la muerte sino en lo que viene después, y ése es otro tipo de angustia: la de desaparecer, no ser nada, que nadie la recuerde. Salvadora le hace decir a Sonia, la rusa revolucionaria de su obra *Un hombre y su historia*:

> ¿Qué somos nosotros, Álvaro? Criaturas de un minuto, sombras de carne que nos desvanecemos. Si queremos ser algo nuestro, ser yo, vibrar por nosotros, afirmarnos en nuestros pies, gritar yo, elegir nuestros destinos, nos destrozamos. Yo elegí mi destino y me destrocé. La ola nos tira a un lado como muñecos rotos. Caemos a un lado y la vida sigue, qué le importo yo a la vida yo y mi pequeño mi mínimo lugar.[19]

Pero cuando es Salvadora la que cuenta su propia historia, la explicación tiene el tono sereno de la convicción, aunque esta convicción haya costado amargas experiencias:

> Yo decidí hablar en ese entierro y los compañeros me subieron sobre los ataúdes, que estaban amontonados. Había llevado conmigo a mi hijo Carlos Natalio, "Pitón", porque quería que él se fuera enterando de lo que era la lucha social. En ese momento cargaron los "cosacos" sobre todos los que estábamos en ese acto de postrer homenaje a nuestros muertos y Marotta

---

[19] *Un hombre y su historia*, 1936, edición de la autora.

me agarró de una pierna y me tiró junto con él en la fosa que estaba abierta. Pasaron los caballos sobre nuestras cabezas llenándonos de tierra. No sé cómo Marotta pudo salir y sacarme de la fosa, pero ya tranquilizados salimos a la calle donde no sé tampoco cómo se consiguió un coche con el que fuimos a México 2070, ya nuestra sede en ese entonces. Mi hijo se me había perdido en el tumulto y al llegar lo encontramos. ¿Quién lo había llevado allí? Era Antonio de Tomaso, gran amigo de Marotta. De Tomaso había conseguido rescatarlo y estaba esperándonos con él, porque sabía que allí iríamos. Lo encontré dormido en un banco. [...] cuando llegué a la estación me encontré a Natalio, encuentro que me dio mucho más terror que la carga de los añamenbuyses. Yo, que llevaba dos hijos conmigo, a Pitón de la mano y a la China en la barriga, no sabía cómo disculparme con él. Cargó el chico en el hombro y caminamos, ya con luz del día, las once cuadras que llevaban de la estación a nuestra casa. Ese día es para mí "un día sin huella", porque dormí exhausta y cuando me desperté, Natalio había salido temprano para el diario.

En una carta a su amigo, el filólogo español Julio Cejador, Alfonsina escribe quizás lo que constituye la explicación más clara de los conflictos a los que la ruptura de los márgenes llevó a estas mujeres:

[...] sufro achaques de desconfianza hacia mí misma. De pronto la fiebre me posee y lo olvido todo: en esos momentos produzco, publico. Y el círculo de estos hechos se prolonga sin variantes sobre la misma espiral... ¡Es que a las mujeres nos cuesta tanto esto! ¡Nos cuesta tanto la vida! Nuestra exagerada sensibilidad, el mundo complicado que nos envuelve, la desconfianza sistematizada del ambiente, aquella terrible y permanente presencia del *sexo* en toda cosa que la mujer hace para el público, todo contribuye a aplastarnos. Si logramos sostenernos en pie es gracias a una serie de razonamientos con que cortamos las malas redes que buscan envolvernos; así, pues, a tajo limpio nos sostenemos en lucha. "Es una cínica", dice uno. "Es una histérica", dice otro. Alguna voz aislada dice quedamente: "Es una heroína". En fin, todo esto es el siglo nuestro, llamado el siglo de la mujer.

Estos dos últimos textos circunscriben un pensamiento de revelación el sentido de la ruptura. Que nadie impuso, sino la propia necesidad.

BIBLIOGRAFÍA

Obras de Salvadora Medina Onrubia

La rueca milagrosa (poesías), Buenos Aires, Tor, s.f.
El misal de mi yoga (poesías), Buenos Aires, s.d., 1929.
Akasha (novela), Buenos Aires, M. Gleizer, 1924.
El libro humilde y doliente (cuentos), s.d.
El vaso intacto y otros cuentos, Buenos Aires, M. Gleizer, 1926.
Crítica y su verdad, Buenos Aires, Edición de la autora, 1958.
La casa de enfrente [cuentos], Buenos Aires, Mate, 1997. Con un prólogo de María Moreno.

Sus obras teatrales, depositadas en la biblioteca de la Sociedad Argentina de Autores (Argentores), son: *Alma fuerte, La solución, Lo que estaba escrito, Las descentradas* y *Un hombre y su vida*.

Sobre Salvadora Medina Onrubia

Alvaro Abós, *El tábano. Vida, pasión y muerte de Natalio Botana, el creador de* Crítica, Buenos Aires, Sudamericana, 2001.
Hugo Achugar, *Falsas memorias. Blanca Luz Brum*, Buenos Aires, Siglo XXI, 2000.
Helvio L. Botana, *Memorias. Tras los dientes del perro*, Buenos Aires, Peña Lillo, 1985.
Andrés Bufali, *Secretos muy secretos de gente muy famosa*, Buenos Aires, Eagle, 1991.
Josefina Delgado, *Salvadora. La dueña del diario* Crítica, Buenos Aires, Sudamericana, 2005.

María Luisa Magagnoli, *Un café muy dulce*, Buenos Aires, Alfaguara, 1997.

Sandra McGee Deutsch, *Contrarrevolución en la Argentina. 1900-1932. La Liga Patriótica Argentina*, Bernal, Universidad Nacional de Quilmes, 2003.

Pablo Neruda, *Confieso que he vivido*, Buenos Aires, Losada, 1974.

Obras de Alfonsina Storni

La inquietud del rosal, Buenos Aires, Librería de la Facultad, 1916. Prólogo de Juan Julián Lastra. También, Buenos Aires, Sociedad Editora Latinoamericana, 1964.

El dulce daño, Buenos Aires, Cooperativa Editorial Limitada, 1918. 2ª edición, 1920. También, Buenos Aires, Sociedad Editora Latinoamericana, 1964.

Irremediablemente, Buenos Aires, Cooperativa Editorial Limitada Buenos Aires, 1919.

Languidez, Buenos Aires, Cooperativa Editorial Limitada Buenos Aires, 1920. También, Buenos Aires, Ediciones Meridión, 1957.

Ocre, Buenos Aires, Babel, 1925.

Poemas de amor, Buenos Aires, Editorial Nosotros, 1926. También, Madrid, Ediciones Hiperión, 1999, 2001. Prólogo de Jesús Munárriz Peralta.

Mundo de siete pozos, Buenos Aires, Tor, 1934.

Mascarilla y trébol: círculos imantados, Buenos Aires, Imprenta Mercatali, 1938. También, Buenos Aires, Ediciones Meridión, 1957.

Teatro de Alfonsina Storni

El amo del mundo, Revista *Bambalinas*, Año IX, n° 470, Buenos Aires, 16 de abril de 1927.

La debilidad de mister Dougall, Escrita alrededor de 1927, publicada por primera vez en *Obras*, tomo II, Buenos Aires, Losada, 2002. Edición de Delfina Muschietti.

Dos farsas pirotécnicas, Cimbellina en 1900 y pico... y Polixena y la Cocinerita, Buenos Aires, Cooperativa Editorial Limitada Buenos Aires, 1931.

Los degolladores de estatuas, en *La Nación*, Buenos Aires, 13 de noviembre de 1932.

El Dios de los pájaros, en Revista *Ser*, n° 23-24, Buenos Aires, 1942.

Teatro infantil (Blanco... negro... blanco..., Pedro y Pedrito y Un sueño en el camino), Buenos Aires, Ramón Roggero, 1950.

Jorge y su conciencia (Diálogo), Lima, Servicio de Publicaciones de la Universidad de San Marcos, Serie VI, n° 28, agosto de 1979.

Entre un par de maletas a medio abrir y las manecillas del reloj (Conferencia), Buenos Aires, Edición de José D. Forgione, 1939.

Antología poética, Buenos Aires-México, Espasa-Calpe 1938. Prólogo y selección de Alfonsina Storni.

Obra poética, Buenos Aires, Roggero Ronal, 1946.

Antología poética, Buenos Aires, Losada, 1980. Edición de Susana Zanetti.

Antología mayor, Madrid, Hiperión, 1997. Edición de Jesús Munárriz.

La caricia perdida, Barcelona, Plaza & Janés, 1999. Edición de Esther Tusquets.

Nosotras y la piel..., Buenos Aires, Alfaguara, 1998. Selección de artículos periodísticos y edición de Mariela Méndez, Graciela Queirolo y Alicia Salomone.

Obras. Poesía, Buenos Aires, Losada, 1999. Edición de Delfina Muschietti. Tomo I.

Obras. Prosa. Narraciones, periodismo, ensayo, teatro, Buenos Aires, Losada, 2002. Edición de Delfina Muschietti. Tomo II.

Documentos de Alfonsina Storni en diarios y revistas

"La armonía femenina", en *La Capital*, Rosario, 18 de mayo de 1920.

"Alfonsina frente al mar", *Caras y Caretas*, Buenos Aires, enero de 1924.

"Cuatro poetisas en Mar del Plata", *Caras y Caretas*, Buenos Aires, marzo de 1925.

"Diario de navegación", en *La Nación*, Buenos Aires, diciembre de 1929- enero de 1930.

"Diario de una ignorante", en *La Nación*, Buenos Aires, 30 de julio de 1933.

"Carta a Juan Julián Lastra", en *La Nación Revista*, Buenos Aires, 6 de agosto de 1972.

Crónicas del estreno de *El amo del mundo*, en diarios *La Nación*, *La Prensa* y *Crítica*, marzo de 1927.

Reportaje a Alfonsina Storni, en *Crítica*, Buenos Aires, 16 de mayo de 1931.

Reportaje a Alfonsina Storni, en *Democracia*, 1932.

Documentos de Alfonsina Storni. Inéditos

Carta a su amiga María Luisa Albornoz, en archivo de Julieta Gómez Paz.

Carta a Roberto Giusti, en Archivo de la Academia Argentina de Letras.

Carta a Leopoldo Lugones, publicada por León Benarós, sin datos de edición.

Sobre Alfonsina Storni

Osvaldo Bayer, *Severino Di Giovanni. El idealista de la violencia*, Buenos Aires, Planeta, 1998.

Osvaldo Bayer, *Los anarquistas expropiadores*, Buenos Aires, Planeta, 2003.

Alberto Ciria y otros, *La década infame*, Buenos Aires, Carlos Pérez editor, 1969.

Georges Clemenceau, "Crónicas de Buenos Aires", en José Luis Busaniche, *Estampas del pasado*, Buenos Aires, Solar/Hachette, 1971.

Ernesto de la Fuente, "La poesía y la prosa de Alfonsina Storni", reportaje en *El Suplemento*, 1928.

José María Delgado y Alberto J. Brignole, *Vida y obra de Horacio Quiroga*, Montevideo, Biblioteca Rodó, 1938.

Fermín Estrella Gutiérrez, "Alfonsina Storni, su vida y su obra", en *Boletín de la Academia Argentina de Letras*, 1959, tomo XXIV.

César Fernández Moreno, *Situación de Alfonsina Storni*, Santa Fe, Castellvi, 1959.

Tito Livio Foppa, *Diccionario teatral del Río de la Plata*, Buenos Aires, Argentores, Ediciones del Carro de Tespis, 1961.

Ana Silvia Galán y Graciela Gliemmo, *La otra Alfonsina*, Buenos Aires, Aguilar, 2002.

Lucía Gálvez, *Delfina Bunge. Diarios íntimos de una época brillante*, Buenos Aires, Planeta, 2000.

Manuel Gálvez, *Recuerdos literarios*, Buenos Aires, Solar/Hachette, 1962.

Roberto Giusti, "Alfonsina Storni", en *Literatura y vida*. Buenos Aires, Nosotros, 1939. Conferencia pronunciada el 16 de noviembre de 1938.

Judith Gociol, *Alfonsina Storni. Con-textos*, Buenos Aires, Ediciones Biblioteca Nacional, 1998.

Julieta Gómez Paz, *Leyendo a Alfonsina Storni*, Buenos Aires, Losada, 1966.

Bernardo González Arrilli,"Cómo viven nuestros poetas". Reportaje en *Caras y Caretas*, Buenos Aires, 24 de mayo de 1924.

Andrew Graham-Yoll, *Goodbye Buenos Aires*. Ediciones de la Flor, Buenos Aires, 1997.

Juana de Ibarbourou, "Recuerdo de Alfonsina". Homenaje de la Segunda Jornada de Poesía, Piriápolis, 1957. Reproducido en *Clarín*, Buenos Aires, 3 de abril de 1980.

Noé Jitrik, *Horacio Quiroga, una obra de experiencia y riesgo*, Buenos Aires, ECA, 1959.

Sonia Jones, *Alfonsina Storni*, Boston, Twayne Publishers, 1979.

Francis Korn, Buenos Aires, *Mundos particulares, 1870-1895-1914-1945*, Buenos Aires, Sudamericana, 2004.

Julia Kristeva, *Historias de amor*, México, Siglo XXI, 1999.

Paulina Martignoni viuda de Perelli, "Cartas al director. Aclaración sobre el origen de Alfonsina Storni", artículos publicados en *Mundo Argentino*, 21 de junio de 1939.

Gabriela Mistral, "Algunos semblantes: Alfonsina Storni", en *Repertorio Americano*, tomo XII, n° 29, San José de Costa Rica, mayo de 1926.

María Gabriela Mizraje, "Alfonsina Storni. Escándalos y soledades", en *Argentinas de Rosas a Perón*, Buenos Aires, Biblos, 1999.

Conrado Nalé Roxlo, "Cómo la conocí a Alfonsina", Buenos Aires, *Vosotras*, 25 de enero de 1957.

Lucrecio Pérez Blanco, *La poesía de Alfonsina Storni*, Madrid, Villena, 1975.

Rachel Phillips, *Alfonsina Storni. From Poetess to Poet*, London, Tamesis, 1975.

Horacio Quiroga, *Cartas inéditas*, Instituto de Investigaciones y Archivos Literarios, Montevideo, 1942.

Emir Rodríguez Monegal, *El desterrado. Vida y obra de Horacio Quiroga*, Buenos Aires, Losada, 1968.

Evelia Romano Thuesen, "Introduction to The Master of the World", Katherine E. Kelly (ed.), en *Modern Drama by Women 1880s-1930s: An International Anthology*, Routledge, Londres-Nueva York, 1996.

Enrique M. Rúas, "La poetisa Alfonsina Storni", reportaje en *Mundo Argentino*, Buenos Aires, 1924.

Sylvia Saítta, *Regueros de tinta. El diario* Crítica *en la década de 1920*. Buenos Aires, Sudamericana, 1998.

Horacio Sanguinetti, *Los socialistas independientes 2*, Buenos Aires, Centro Editor de América Latina, 1987.

Dora Schwarzstein, *Entre Franco y Perón*, Barcelona, Crítica, 2001.

Berta Singerman, *Mis dos vidas*, Buenos Aires, Tres Tiempos, 1976.

Roberto Tálice, *100.000 ejemplares por hora. Memorias de un redactor de* Crítica *el diario de Botana*, Buenos Aires, Corregidor, 1989.

Taullard, *Historia de nuestros viejos teatros*, Buenos Aires, Imprenta López, 1932.

Félix B. Visillac, "Cómo conocí a Alfonsina Storni", en *La Prensa*, Buenos Aires, 19 de abril de 1953.

Jorge Warley, *Vida cultural e intelectuales en la década de 1930*, Buenos Aires, Centro Editor de América Latina, 1985.

Fuentes

Archivo de Julieta Gómez Paz. Cartas y recortes, algunos sin referencia de publicación.

Archivo de la Academia Argentina de Letras.

Diario inédito de Manuel Mujica Lainez. Archivo de Oscar Hermes Villordo.

Entrevista a Haydée Ghio, no publicada, realizada por Josefina Delgado.

Entrevista a Julieta Gómez Paz, septiembre de 1990, no publicada, realizada por Josefina Delgado.

IMAGINANDO EL NORTE:
DE LETRADOS A POETAS

por Carmen Perilli

La ciudad letrada del Centenario

El siglo XX encontró a Tucumán ocupada en proyectar su propio festejo. A seis años de los fastos porteños y, a pesar de las promesas presidenciales, el último gobernador conservador, Ernesto Padilla, tuvo que apelar a la voluntad ciudadana para organizar las celebraciones que, en medio de un clima enrarecido por conflictos sociales y económicos, recibieron fuertes críticas del diario *El Orden*, de tendencia radical y opositora:

> El Centenario nos sorprenderá con el mismo desquicio político y administrativo que nos desacredita y nos deshonra. Esto es más bien una satrapía que un Estado republicano [...] sin gobierno, sin municipalidad, sin representación parlamentaria, con una Legislatura hija del fraude, con la campaña asolada por el caudillaje insolente y bárbaro y con la anarquía y sedición de las alturas y la oposición y desconfianza abajo, con el capricho y arbitrariedad de la ley, ¡Oh el Centenario![1]

La Generación del Centenario o de la Universidad, integrada, entre otros, por Ernesto Padilla, Alberto Rougés, Ricardo Jaimes Freyre, Miguel Lillo, Juan B. Terán, Juan Heller y Julio López Mañán, for-

---

[1] "Cien años de democracia", en *El Orden*, Tucumán, 22 de marzo de 1910.

mó parte de lo que Natalio Botana llama el orden conservador y diseñó un proyecto de modernización para Tucumán y el Noroeste.[2] Este grupo intelectual se reunía en la Sociedad Sarmiento, sus miembros poseían una clara autoconciencia como colectivo y sustentaban una estética modernista que encarnaba entonces en la excéntrica figura del escritor boliviano Ricardo Jaimes Freyre, afincado en la capital de la provincia hacia 1909. Todos estaban directamente vinculados con el poder económico y la administración del Estado.

El proyecto giraba en torno a una definición, afirmativa y muy convencida por cierto, de la región e implicaba, además, una apuesta a una modernización moderada, semejante al pensamiento que estaba en curso en el orden nacional. Hijos del positivismo, reaccionan, sin embargo, y tal vez previsiblemente, contra sus principios que rigen toda la estrategia gobernante porteña. Muy activos y universalistas, se ocupan de gran variedad de temas de interés local, desde una posición de ideólogos y educadores. En ese sentido, despliegan una extraordinaria acción pública sobre todo en el campo educativo y protagonizan cambios duraderos, entre los que se cuenta principalmente la fundación de la Universidad.[3]

Prueba de ese fervor y esa tendencia es la publicación de la *Revista de Letras y Ciencias Sociales*, que, según consta en el número inicial

Aspira a ser un eslabón entre el aula y la tribuna, entre la tribuna y el libro, entre el libro y el público. Aspira a reflejar en sus páginas el movimiento de los espíritus en los universales campos de la creación y de la especulación.

En sus páginas predominan la historia, el derecho, las ciencias naturales junto con la literatura. La filosofía, en su vertiente fenomenológica, alcanza su mayor desarrollo en la obra de Alberto Rougés, autor de *Jerarquías del ser y la eternidad* (1943). La *Revista de Letras y Ciencias Sociales* dirige su mirada a Europa (Francia, Italia, Inglaterra), de cuyas novedades literarias y científicas se hace eco. Pero no se quedan en eso: América es en sus páginas un espacio de fraternidad hispanoamericana que excluye los Estados Unidos.

---

[2] Ver Natalio Botana, *El Orden Conservador. La política argentina entre 1880 y 1916*, Buenos Aires, Sudamericana, 1994.

[3] Ver Soledad Martínez Zuccardi, *Entre la provincia y el continente. Modernismo y modernización en la* Revista de Letras y Ciencias Sociales *(Tucumán, 1904-1907)*, Tucumán, Instituto Interdisciplinario de Estudios Latinoamericanos, Facultad de Filosofía y Letras, Universidad Nacional de Tucumán, 2005.

En el campo político, el grupo sostiene con firmeza la necesidad de considerar que el Norte Argentino es no sólo una región geográfica sino también cultural.[4] El argumento para tal aseveración es la existencia de una tradición histórica común, a cuyo rescate acuden de modo tenaz organizando archivos y colecciones que resultan insustituibles para conocer tanto la región como lo que este grupo hace en y para ella. En congruencia con este propósito, la Universidad, proyecto del historiador y ensayista Juan B. Terán, surge como institución provincial en 1914, se nacionaliza en 1921 y, nacida en el cruce de modernidad y regionalismo, se proyecta como usina de ideas funcional a un novedoso desarrollo industrial que acarrea las previsibles huelgas obreras, como rasgo del siglo que comienza.[5]

Hacia 1916, deteriorada su hegemonía política, pero no la económica, esta formación cultural-política continúa siendo determinante para la cultura tucumana en su proyección regional. El mismo Terán se encarga de proporcionar los argumentos demográficos, geográficos, históricos y "espirituales" destinados a demostrar la existencia de la postulada unidad regional. Describe el Norte como una extensa zona, constituida por las provincias de Tucumán, Santiago del Estero, Salta, Catamarca y Jujuy, que reúnen en el conjunto más de un millón de habitantes. El centro "de atracción natural" de esta región es, precisamente, la ciudad de San Miguel de Tucumán, "tierra de encuentro" de dos civilizaciones, como capital que tiene "vida industrial y agrícola activa e inteligente" y un apreciable capital educativo. Su argumentación tiende a demostrar que la actual división política de un territorio que "en todo momento intervino con acción común en la evolución argentina" es reciente, o sea que no tiene un carácter histórico. Asimismo, pone el énfasis en la condición fuertemente hispánica de la colonización, que consolidó una configuración sociocultural diferente de la de la nación. De este modo, la región presenta "fenómenos propios" aunque, desde hace un largo período, su historia "ha quedado a la sombra".[6]

---

[4] En el Centro Cultural Alberto Rougés, de la Fundación Miguel Lillo, funciona desde el año 2000 el Programa de Investigación sobre la Generación del Centenario.

[5] En el discurso inaugural, Terán proclama: "Quiere ser la Universidad del Tucumán, que es una denominación familiar de América" y señala, además, "la existencia de una doble frontera, histórica y geográfica". Ver "La nueva universidad", en *La Universidad y la Vida*, *Obras Completas*, tomo V, Tucumán, Universidad Nacional de Tucumán, 1980.

[6] Ver Elena Perilli "Lo regional, instrumento de equilibrio de la nación", en *La generación del Centenario y su proyección en el Noroeste argentino (1900-1950)*. Ac-

El Norte es para esa mirada una comarca incontaminada que, sin despreciar el progreso sostenido por el liberalismo porteño, conserva auténticos sentimientos y valores patrióticos, que la convierten en reservorio moral en tiempos de crisis. Terán define a la universidad regional como un órgano al servicio del programa de restauración nacionalista impulsado por Ricardo Rojas, un tucumano-santiagueño muy "nacional", por su obra y por su acción política y cultural. Por su lado, en carta a Alberto Rougés, Ernesto Padilla propone que "con las cinco provincias que integran la región noroeste se debe dar algo más que una expresión geográfica, son más una expresión social con caracteres definidos dentro del medio argentino".[7]

Desde ese punto de vista, en parte utópico, y generalizando los conceptos de Padilla, el país estaría estructurado en regiones que responderían a formaciones "naturales" en condiciones de impulsar el destino de cada zona. Pero complementariamente y en otro plano, hay también una estrecha vinculación entre familia, provincia y nación, tanto que todos los miembros del grupo ocuparon prominentes puestos políticos provinciales y nacionales. Además, varios de ellos eran propietarios y administradores de los ingenios azucareros, de modo que las preocupaciones intelectuales del grupo por la preservación y la difusión de valores culturales tienen un tinte fuertemente patrimonial y escasamente social. De ello da cuenta, desde otro espacio ideológico y cultural, el senador socialista Mario Bravo quien describía la situación del campesino en los siguientes términos:

> no saben leer ni escribir, muchos no conocen una escuela; no tienen idea del gobierno republicano [...], ejercitan el derecho de votar por mera obediencia sin saber muchas veces ni el nombre del ciudadano que elevan a los altos puestos públicos; trabajan con exceso, no son bien pagados, comen muy mal, viven en ranchos miserables, como casuchas construidas con totora, tierra cruda, paja o despunte de caña de azúcar; durante la mitad del año no les es permitido descansar ni aun en día festivo.[8]

tas de las III Jornadas, Tucumán, Centro Cultural Alberto Rougés-Fundación Miguel Lillo, 2000.

[7] Cartas de Alberto Rougés, Centro Cultural Alberto Rougés, Fundación Miguel Lillo, 6/IX/1935.

[8] Mario Bravo, Proyecto y Debates en la Cámara de Diputados de la Nación, Buenos Aires, 1914. Citado por Elena Perilli, Tucumán en los dos centenarios (1910-1916), Tucumán, Centro Cultural Alberto Rougés-Fundación Miguel Lillo, 1999.

En su programa, la Generación del Centenario prestó un apoyo decisivo al maestro catamarqueño Juan Alfonso Carrizo (1895-1957), quien recolectó valiosos cancioneros provinciales en los que descubre y destaca la importancia de la tradición hispánica en la cultura oral popular; su labor, análogamente a lo que preconizaban Ricardo Rojas (*La restauración nacionalista*), Enrique Larreta (*Zogoibi*) y Manuel Gálvez (*El solar de la raza*) hacia 1910, constituye un punto de partida para la recuperación de esa tradición, a la que él, como otros intelectuales del Centenario, considera cimiento de la identidad nacional.[9] Juan Alfonso Carrizo (1885-1957) abre el Primer Congreso de la Cultura Hispano-Americana en Salta en 1942 con un significativo discurso: "En todas partes está España: en los llanos y en los valles, en los viejos y en los mozos, en la plegaria y en el cantar de amor".[10] Este hispanismo proviene tanto del arielismo modernista, proclamado por José Enrique Rodó, como de impregnaciones ideológicas que desembocarían en el nacionalismo reaccionario que tomará plena forma en la década del 20. A ello hay que unir un rebrote romántico de signo herderiano que se da en la búsqueda, propia de esta generación, de "un alma nacional". En "Educación y Tradición" (1938) Rougés dice:

> El gran tesoro ha sido hallado en los viejos labriegos que cultivan con las manos el solar heredado. Se ha conservado en la memoria de esos hombres de campo y en manuscritos amarillentos de puro viejos. Transmitidos de boca en boca, de corazón en corazón, el tesoro poético ha viajado varios años y aun siglos para llegar a nosotros, como que en él se encuentran algunas piezas de la poesía juglaresca del siglo XVI.[11]

La tarea propuesta es vasta e incluye la labor de Bruno Jacovella y Rafael Jijena Sánchez así como las recopilaciones de los santiagueños Orestes Di Lullo y Manuel Gómez Carrillo. El archivo musical cuenta, además, con la activa intervención de Isabel Aretz. Mientras tanto,

---

[9] Ver Alfredo Rubione, "Retorno a España", en *La crisis de las formas*, vol. 5, *Historia crítica de la literatura argentina*, Buenos Aires, Emecé, 2006.

[10] Este congreso se realiza los días 16 y 17 de septiembre de 1942 en el Club 20 de Febrero de la Ciudad de Salta. Coincide con las festividades religiosas que conmemoran los 350 años de la llegada de la imagen del Señor del Milagro y los 450 años del descubrimiento de América. Juan Alfonso Carrizo habla en la primera sesión. En la segunda, Ricardo Caballero disertó sobre las quinas y Ángel Guido sobre la arquitectura hispanoamericana.

[11] "Educación y tradición", en *Ensayos* de Alberto Rougés, Tucumán, Centro Cultural Alberto Rougés-Fundación Miguel Lillo, 2005.

el científico Miguel Lillo, en sus numerosos viajes de exploración y recolección, arma el mapa fitogeográfico de Tucumán inventariando géneros y especies hasta entonces ignorados de la flora autóctona. Poco antes de morir dona a la Universidad casi todos sus bienes y su herbario que, constituido por más de 20.000 ejemplares, registra unas 6.000 especies distintas provenientes de colecciones de la Argentina, Chile, Uruguay, México, Estados Unidos y Brasil. Este material permanece en la provincia gracias a la decisiva acción de Ernesto Padilla y Alberto Rougés.

En otro orden de iniciativas, el programa cultural incluye veladas líricas y musicales, de carácter heterogéneo, que se realizan en la Sociedad Sarmiento. El cosmopolitismo intelectual que implica una tarea semejante contrasta con la declarada necesidad de preservar la tradición que, encarnada en el folclore viene a ser el muro simbólico que, según Rougés (en carta a Ernesto Padilla), "serviría de valla al tango y al foxtrot invasores, que han llegado a los puntos más apartados de la campaña". Por ello:

> es necesario que demos toda la importancia que tiene a nuestra poesía tradicional. Su arte, sus ideas y sus sentimientos vuelan a gran altura sobre la letra de tanto disco barbarizante que se mete en las entrañas de nuestro pueblo.

El movimiento de resistencia frente a lo que propone la modernización a la que en general tiende la cultura nacional se apoya, ciertamente, en un rescate o una nostalgia del pasado, lo cual no les impide proyectarse hacia el futuro; no se trata sólo de documentar, sino de convertir la poesía tradicional en instrumento de nacionalización: según los voceros del grupo, el hispanismo, unido al catolicismo y al espiritualismo, al enfrentar las ideas laicas, que sostienen el radicalismo y el socialismo "bárbaros", es la punta de lanza de tal nacionalización. Sea como fuere, predomina en ese movimiento una idea de cultura superior basada en lo espiritual, pero sin desmedro del desarrollo científico: clasificar, ordenar supone también inventariar un Tucumán que, en gran medida, está cambiando.

Pese a que propugna un modelo francés de cultura (sobre todo Terán se pronuncia por la latinidad), la reivindicación del hispanismo, fortalecido quizá por el diálogo constante con Miguel de Unamuno en la *Revista de Letras y Ciencias Sociales* y la visita de figuras de prestigio, como la de José Ortega y Gasset en 1916, encuentra su raigambre americana en el pensamiento de José Enrique Rodó, con quien el grupo mantiene contacto epistolar. El choque en el discurso del grupo es inevitable porque la literatura de fuente hispánica tradicional, anterior al noventaiochismo y desde luego al ultraísmo, parece regresiva y tal vez anquilosada en relación con la renovación modernista hispanoamericana.

La literatura tucumana, puesta en ese dilema, padece de un modernismo epigonal bajo el ala ancha de Ricardo Jaimes Freyre. David Lagmanovich refiriéndose a estos escritores afirma: "Sus lecturas son principalmente francesas [...] y la actitud poética oscila entre el apego a la tierra y a sus tradiciones, la ocasional reflexión filosófica y —más frecuentemente— el sentimentalismo irrestricto".[12] Es el caso de Luis Eulogio Castro (1901-1923), un poeta suicida cuya figura romántica cristaliza en mito ante sus coetáneos quizás a causa de su muerte, aureolada por la gran repercusión que tienen sus lánguidos y angustiados versos, de los cuales valga este ejemplo. "Somos la hueste pálida de la Miseria / somos dos mil inválidos de la paz..."[13]

La época posterior: La Brasa en las salinas santiagueñas

El período descrito constituye un telón de fondo, el antecedente necesario, que va a estallar a partir de los años treinta, que son la bisagra de una situación que se vuelve crítica y en la que los referentes de la generación tucumana del Centenario se vinculan con el general José Félix Uriburu, también salteño, para enfrentar al radicalismo, al socialismo y al anarquismo (Padilla formará parte del gabinete nacional golpista).[14] Entretanto, los enfrentamientos en la provincia con los obreros y los cañeros aumentan, pero la Universidad de Tucumán permanece como el mayor legado de esa generación. La ciudad ha cambiado con el Parque 9 de Julio, los museos, los teatros. En las primeras décadas del siglo, el diario El Orden, que era el principal medio periodístico, reproducía en sus páginas folletines franceses y cables internacionales. En 1912, Alberto García Hamilton funda La Gaceta de Tucumán, que se convertirá en el órgano predominante de la cultura regional.

Mientras Tucumán se debate en sus crisis azucareras, Santiago del Estero, concluido el ciclo de la economía pastoril exclusiva, se encuentra con un nuevo paisaje debido a la tala de los bosques y a la expan-

---

[12] David Lagmanovich, Literatura del noroeste argentino, Rosario, Biblioteca, 1974. El grupo está representado en dos antologías: El Tucumán de los poetas de Manuel Lizondo Borda (1916) y Florilegio de poesías tucumanas (1921).
[13] Luis Eulogio Castro, Angustia, Buenos Aires, 1934.
[14] Ver Juan V. Orona, La revolución del 6 de septiembre, Buenos Aires, 1966.

sión del ferrocarril. El fragor modernizador que trae riquezas provoca la desertificación. En este crítico marco surge el grupo llamado La Brasa, fundado en 1925 e integrado por Bernardo Canal Feijóo, Manuel Gómez Carrillo, Emilio Wagner, Orestes Di Lullo, Emilio Christensen, Carlos Abregú Virreira, Pedro Cinquegrani, Clementina Rosa Quenel y Santiago Dardo Herrera. Rápidamente, el grupo establece estrechas relaciones con la Universidad de Tucumán y la Sociedad Sarmiento.[15] Preocupados igualmente por la identidad nacional y regional, aunque sin títulos académicos formales, asumen una función educativa y arman un proyecto para ordenar y orientar el desarrollo regional que culmina en el Plan Integral para el NOA (PINOA).

El grupo se presenta con un manifiesto en el que, por sus expresiones, en cierto sentido sigue el gesto vanguardista de las proclamas y declaraciones:

> La Brasa quiere ser lo que hace falta: un centro de pura actividad espiritual. Como aquí las cosas, las grandes iniciativas mueren, tal vez de un exceso de organización. La Brasa ha tratado primero de descubrir el modo de no acabar de constituirse.[...] La Brasa no se propone redimir a nadie, no pretende hacer de un leño una antorcha, no ofrece dulces mentiras para curar a nadie de su amarga verdad.

El promotor es el abogado Canal Feijóo (1897-1982), quien regresa de Buenos Aires luego de un período en el que ha participado de la aventura martinfierrista. Imbuido de ese espíritu vanguardista, publica en 1924 en Santiago el *Penúltimo poema del fútbol*, con la firma de "Bernardo" e ilustraciones del autor; en palabras de Octavio Corvalán es un "solitario cometa vanguardista en el cielo santiagueño".[16] Todo el poemario se organiza de modo narrativo alrededor del partido en una serie de estampas o cuadros en los que predomina la metáfora, instrumento retórico decisivo en el ultraísmo: "Como si le hubiera desatado el moño a la tarde rubia, se derramó su cabellera de oro sobre el hombro descubierto del estadio".[17]

---

[15] Curiosa coincidencia que las bibliotecas más importantes de Tucumán y Santiago del Estero lleven el nombre de Sarmiento y que sean los espacios de los que surgen los proyectos educativos de los dos grupos.

[16] Octavio Corvalán, *La obra poética de Canal Feijóo*, Tucumán, Facultad de Filosofía y Letras, Universidad Nacional de Tucumán, 1976. Corvalán ha publicado una antología de los ensayos: *Bernardo Canal Feijóo o la pasión mediterránea*, Santiago del Estero, Universidad Nacional de Santiago del Estero, 1988.

[17] Hay que recordar a ese respecto lo que Jorge Luis Borges preconizó en su de-

En *Dibujos en el suelo* (1927), canta, imbuido de fervor deportivo y visión dinámica, como Vicente Huidobro y los futuristas, al aeroplano y al automóvil, a la velocidad y a la pujanza de los motores: "Nuestra estética es, pues la de la urgencia". Esta modernidad resulta extraña en la provincia, donde emerge como flor rara. Pocos años después, con *La rueda de la siesta* (1930), el poeta vuelve la mirada sobre el espacio provincial: "Blancura áspera de las salinas", una dolorosa exploración del paisaje santiagueño: "Quién las tiró en los campos / pedazo que sobró de la luna".

En su empresa poética, la estética vanguardista confluye con la conciencia regional. Con *Sol Alto* en 1932, profundizará esta línea expresiva de una cierta nostalgia por el cambio de los tiempos: "y ya no fue beatitud el tiempo / sino drama. / Y la tierra geométrica sangró en cada camino. / Y el cielo se ahogaba en la distancia".

La Brasa cambia la vida cultural de Santiago, la moderniza al posibilitar el establecimiento de fuertes lazos con la revista *Sur* cuyos invitados más notorios, Waldo Frank, el conde de Keyserling, Tagore, Ortega y Gasset visitan Santiago del Estero. Cuando en 1925 se inaugura la biblioteca pública en el viejo edificio de la Sociedad Sarmiento, Juan B. Terán pronuncia el discurso inaugural:

> No hay ciudades argentinas más hermanas que Santiago del Estero y Tucumán. [...] Tienen el mismo padre, ese férreo y andariego Francisco de Aguirre, se abrevan en el mismo río. [...] Sellaron su fraternidad mezclando dolores y sangre.

En sus reflexiones culturalistas, la otra vertiente de su obra, Canal Feijóo, congruente con su poética metaforizante, se ocupa de una previsible confrontación entre cultura popular y alta cultura, la cual, eso es lo que preconiza, debe resolverse en integración. En ese propósito, el folclore sería un mito en proyección o en liquidación. En cualquier caso, el proceso debería permitir superar lo arcaizante y crear lo nuevo, pero incorporando lo tradicional. Ante este desafío, el poeta se convierte en antropólogo y en historiador, estudia el folclore santia-

---

cisivo artículo publicado en el número 151 de *Nosotros* (1921), a su regreso de España: "1. Reducción de la lírica a su elemento primordial: la metáfora. 2. Tachadura de las frases medianeras, los nexos y los adjetivos inútiles. 3. Abolición de los trebejos ornamentales, el confesionalismo, la circunstanciación, las prédicas y la nebulosidad rebuscada. 4. Síntesis de dos o más imágenes en una, que ensancha de ese modo su facultad de sugerencia". Ver en este volumen Jerónimo Ledesma, "Rupturas de vanguardia en la década del veinte. Ultraísmo, Martinfierrismo".

gueño y se enfrenta con las concepciones tradicionales proponiendo que no se "encapsule" su historia.[18] El también santiagueño Ramón Leoni Pinto señala que, como historiador, Canal Feijóo enfrenta la sobrevaloración que las recolecciones folclóricas existentes, entre ellas la de Juan Alfonso Carrizo, realizan del elemento hispánico, ya que "se consagró una sola cara del fenómeno con una sobrestimación de la cultura donante".[19] En polémica implícita con Carrizo y la Generación del Centenario, Canal Feijóo critica silenciamientos inexplicables como, por ejemplo, el de las expresiones sexuales y burlescas del *Cancionero Tabernario*.

En su teoría sobre la ciudad argentina, Canal Feijóo diferencia dos ciclos fundacionales: uno dirigido hacia adentro, del que emergen las ciudades mediterráneas, otro hacia afuera, en el que se afirma el poderío de Buenos Aires. Sitúa al primero en el Noroeste. En cuanto a la región, considera que el principal fundamento de las regiones es cultural y lingüístico: la "tonada" característica, que señala diferencias provinciales, es el indicio más claro de la supervivencia indígena.[20]

Hacia finales de los treinta la acción de La Brasa se prolonga en la revista *Vertical* dirigida por Horacio Rava en la que participan las poetas María Adela Agudo y Blanca Irurzún, el reconocido quichuista Domingo Bravo y el dirigente socialista Américo Ghioldi, entre otros. La línea editorial inscribe la política nacional e internacional y expresa posiciones progresistas frente a conflictos internacionales como la Guerra Civil española. Entre las noticias que trae el número 16 está la realización del Segundo Congreso de Escritores de la SADE en Córdoba en 1940.

Particularmente interesantes son sus conclusiones acerca de la misión del escritor en América: "denunciar la condición de coloniaje de sus pueblos, señalando las proporciones y consecuencias del fenómeno imperialista". Para ello debe conocer el paisaje geográfico, resaltar

---

[18] Ver en particular, dentro de su vastísima obra, *Proposiciones en torno al problema de una cultura nacional argentina*, Buenos Aires, Institución Cultural Española, 1944.

[19] Ramón Leoni Pinto, *Obra y pensamiento historiográfico de Bernardo Canal Feijóo*, Tucumán, Universidad Nacional de Tucumán-Barco Editora, 1997.

[20] El estudio más pormenorizado sobre La Brasa es el de Marta Cartier de Hammann, *"La Brasa". Una expresión generacional santiagueña*, Santa Fe, Colmegna, 1977. Para un panorama de la literatura santiagueña, ver el libro de José Andrés Rivas, *Santiago en sus letras. Antología conmemorativa de las letras santiagueñas*, Santiago del Estero, Universidad Nacional de Santiago del Estero, 1989. También Alfonso Nassif, *Antología de poetas santiagueños*, Santiago del Estero, Santiago Ediciones, SADE, 1978.

la cultura nacional, buscar la originalidad e investigar la realidad nacional y continental.

La tribuna cultural americana

En la provincia y en la universidad los tiempos cambian. Al rectorado de Juan B. Terán sucede en 1929 el de Julio Prebisch, un reformista cuya candidatura surge de los sectores estudiantiles en contra de los conservadores, lo que es ya un hecho de ruptura.[21]

Desde comienzos de la década, los gobiernos radicales se suceden y la provincia vive años turbulentos: Octaviano Vera, que asume en 1922, promulga leyes sociales que implican una elevación de impuestos a los sectores oligárquicos, al tiempo que la agremiación cañera presiona por sus intereses.

Aunque el reciente dictador Uriburu depone por teléfono al gobernador, el desarrollo cultural no se detiene.[22] A fines de 1936 se crea el Departamento de Filosofía, Historia, Pedagogía, Letras e Idiomas que, tres años después, se convertirá en Facultad de Filosofía y Letras, un hecho que adquiere las características de una verdadera renovación de la vida intelectual. Llegan figuras nacionales, como Enrique Anderson Imbert, Eugenio Pucciarelli, Silvio y Risieri Frondizi, Aníbal Sánchez Reulet, Alfredo Roggiano, entre otros. También son contratados por la Universidad maestros de trascendencia internacional, como Marcos Morínigo, Manuel García Morente, Clemente Balmori, Lorenzo Luzuriaga, Rodolfo Mondolfo y Roger Labrousse. Casi todos ellos mantienen vínculos con los representantes de la Generación del Centenario, en especial con Alberto Rougés. La institucionalización de la enseñanza de la literatura producirá un enorme impacto en su desarrollo y la aparición de especialistas en las distintas áreas de la cultura tenderá a diferenciarse. Y esta repercusión es, sin duda, un hecho de ruptura, no en el sentido vanguardista de la palabra, pero sí cultu-

[21] "En ciertas épocas de la historia, trabajar por el porvenir de la juventud, por el progreso de la cultura, por la felicidad colectiva, fuese un pecado mayúsculo que tuviera por castigo el exilio, la injuria y la calumnia. [...] Yo soy un ácrata, yo conspiro contra la tierra en que nací, y que mi padre aprendió y me enseñó a querer en cincuenta años de lucha honesta y tesonera. Conspiro contra el solar tres veces centenario de mis antepasados maternos, muchos de los cuales derramaron su sangre por la independencia de la Patria". Ver Julio Prebisch, *Homenaje de la Universidad Nacional de Tucumán*, Tucumán, 1966.
[22] Carlos Páez de la Torre (h), *Historia de Tucumán*, Buenos Aires, Plus Ultra, 1987.

ral, en la medida en que incide y gravita en un pensamiento estabilizado y conservador.

La fisonomía urbana cambia por el impacto de nuevas olas modernizadoras y en 1939 se vuelve necesario realizar un plan regulador que se encarga a Ángel Guido. En el paisaje urbano se integran coches "de plaza", tranvías y automóviles, desaparecen construcciones tradicionales y surgen edificios en altura. Todo sucede en un enrarecido clima político agravado por las tensiones entre el Gobierno Nacional y las fuerzas provinciales, que se resuelven en múltiples intervenciones.

El programa de la Generación del Centenario en la Sociedad Sarmiento se continúa en el Grupo Septentrión, bajo la dirección de Alfredo Coviello, quien funda *Sustancia. Revista de Cultura Superior*, que luego cambia ese título por el de *Tribuna Superior de la Cultura Americana*.[23] Coviello es simultáneamente codirector de *La Gaceta de Tucumán* y tiene una activa participación en la política universitaria. Nuevamente, un grupo ilustrado es hegemónico en el campo intelectual. *Sustancia,* admirable por su continuidad, no es estrictamente una revista "literaria"; más bien, reproduce la ideología del proyecto modernizador y defiende una idea jerárquica de cultura. Su interés y preocupación fundamentales son de orden pedagógico y se centran sobre todo en lo que se refiere a las universidades. En su Consejo de Redacción figuran Gino Arias, Juan Alfonso Carrizo, Marcos Morínigo, Pablo Rojas Paz, Eugenio Pucciarelli, Alberto Rougés y Aníbal Sánchez Reulet.

Desde sus páginas, la revista intenta la "descentralización de la cultura", esto es, el desarrollo de la cultura en las regiones en nombre de la universalización.[24] Coviello considera que la "proporcionalidad geográfica" del país es un elemento central de esta política y afirma que de la universidad depende su equilibrio cultural. Establece así un cruce entre geografía y cultura, que se advierte con claridad en su concepto de "regionalidad".[25] Es llamativa la importancia

---

[23] En este punto, teniendo en cuenta los trabajos ya publicados, seguramente constituirá un aporte la tesis de doctorado de Soledad Martínez Zuccardi, *Literatura, vida intelectual y revistas culturales en Tucumán (primera mitad del siglo XX).*

[24] Ver David Lagmanovich, "Perfil para algunas revistas tucumanas de cultura", en *La Generación del Centenario y su proyección en el Noroeste Argentino (1900-1950),* Tucumán, Centro Cultural Alberto Rougés-Fundación Miguel Lillo, 2005. Un relevamiento de las revistas tucumanas puede encontrarse en el libro de Estela Assis y Nilda Flawiá, *Prosa y poesía en Tucumán*, Tucumán, Instituto de Investigaciones Lingüísticas y Literarias, 1982.

[25] Ver Soledad Martínez Zuccardi, "Nación y Región: Juan B. Terán, Ricardo Rojas y Alfredo Coviello", en *Revista Telar*, nº V, Tucumán, Instituto Interdisciplinario

otorgada a la filosofía europea, en especial a Heidegger y Bergson, como una idea superior de cultura. Si bien proclama el interés regional y americano, también defiende un ideal universalista de cultura, tal como lo habían hecho intentos precedentes, la propia Generación del Centenario y el grupo La Brasa. Lo nuevo es que Europa ya no es el único modelo de civilización: la barbarie bélica que se está expandiendo así lo pone en evidencia, de modo que el continente y la nación se ven con nuevos ojos.

Sustancia reclama la autonomía de la cultura respecto de la política, adhiere a las ideas de Julien Benda y José Ortega y Gasset, propone listas de libros, estimula la relación entre bibliotecas e incluye secciones destinadas al análisis bibliográfico. En las "Notas" asoman novedades de la provincia y del mundo (la Guerra Civil española, la Guerra Mundial). Muchos de los colaboradores están relacionados con el mundo académico y la temática es ecléctica. Participan intelectuales de diversas procedencias, como Macedonio Fernández, Juan Carlos Dávalos, Ricardo Rojas, Fausto Burgos, Manuel Gonzalo Casas, Pablo Rojas Paz y Rafael Jijena Sánchez.[26]

Por otro lado, *Cántico* (1940), revista fundada por Marcos Morínigo, inaugura un espacio distinto. En la presentación se define como espacio de los jóvenes y para los jóvenes, dedicado exclusivamente a la poesía y a la poética, no sin un intento de agitación de la vida literaria de la provincia. Colaboran tres poetas que adquirieron importancia en un momento posterior: Guillermo Orce Remis, Leda Valladares y María Adela Agudo.[27]

Si bien el gesto no es radical, en el sentido de una ruptura, puesto que las voces ahí congregadas cultivan un lirismo semejante al de la llamada Generación del 40, se acentúa en *Tuco. Revista Literaria* (1943) dirigida por el poeta santiagueño Nicandro Pereyra. En su número inicial, el fundador afirma: "Ser regionalista es tomar la contramano en la historia, porque el pensamiento se aplasta y tiende a cubrir

---

de Estudios Latinoamericanos, Facultad de Filosofía y Letras, Universidad Nacional de Tucumán, 2007.

[26] Rafael Jijena Sánchez, además de estudiar y recopilar el folclore regional, hace poesía nativista, intentando construir, a través de la impostación, una voz popular fabulada, diferente de la del escritor. Esta relación entre norma y trasgresión se traduce en un establecimiento de jerarquías.

[27] Leda Valladares, con una voz potente, edita *Se llaman llanto o abismo* (1944). A pesar de haberse mantenido al margen, continuará muchos de los postulados de La Carpa. María Adela Agudo, con *Canto al hombre del bosque* (1940), se inscribe en la vanguardia.

la Humanidad". Colaboran en estas páginas futuros integrantes de La Carpa; uno de ellos, Silverio Boj, seudónimo de Walter Guido Weyland, en el segundo número define: "Es escritor, a mi juicio, y siempre he de defender este modo de pensar, tan sólo el que vive de y para la literatura, desarrollando una labor eminentemente literaria". En tanto preconiza una idea de la literatura como ámbito específico, no subordinado, la publicación se sitúa en una posición que podemos considerar de ruptura porque se aparta del espacio institucional hegemónico y busca acercarse al pueblo excluido. La idea del canto de la tierra prefigura un cierto resarcimiento simbólico de los zafreros e inaugura uno de los tópicos dominantes en el escenario cultural de las décadas siguientes.

El canto de La Carpa

La Carpa se integra con jóvenes nacidos en las provincias del Norte. Son maestros, profesores, abogados y libreros ligados a la Facultad de Filosofía y Letras. Cuando el jujeño Raúl Galán formula el punto de religación del grupo en la *Muestra colectiva de poemas* dice: "Los autores de los poemas recogidos en este cuaderno poseemos en común un hondo amor a la tierra y ahincada preocupación por la aventura del hombre; del hombre que es también naturaleza".[28] Aunque sus palabras se alejan del telurismo, la geografía del norte emerge de manera obsesiva. Sus integrantes conocen las vanguardias, pero tratan de alcanzar una formulación universal y emplean el folclore como capital simbólico. Forman parte de la corriente romántico-surrealista caracterizada por el lirismo, el nacionalismo, el tono elegíaco y la escasa innovación formal, con una gran preeminencia del sujeto de la enunciación.[29]

Si las generaciones anteriores trabajaron para consolidar la presencia de la región a nivel político y cultural, este grupo construirá un lenguaje estético aunque el nombre elegido delimita su autofiguración: se instalan en un afuera, muy cercana la idea a un imaginario juvenilista. Julio Ardiles Gray recuerda:

[28] En *Muestra colectiva de poemas*, Tucumán, La Carpa, 1944.
[29] Ver César Fernández Moreno, "La poesía argentina de vanguardia", en Rafael Alberto Arrieta, *Historia de la literatura argentina*, Buenos Aires, Peuser, 1959. Es importante el aporte de Alfredo Veiravé, "La poesía: la generación del 40", en *Historia de la literatura argentina* III, Buenos Aires, Centro Editor de América Latina, 1968.

A fines de 1943 llegaron a Tucumán con la novedad de sus títeres, Alberto Bournichon, amigo de Javier Villafañe y que más tarde fuera fundador del Taller del Teatro Universitario, y el pintor y escultor brasileño de origen lituano Ben Ami Voloj [...].Y fue entonces cuando comenzamos a delirar: podíamos levantar una carpa, la de los circos criollos e ir de pueblo en pueblo llevando, en lugar de *écuyères*, payasos y equilibristas, a los poetas para que leyeran sus versos, y a los plásticos para que exhibieran sus pinturas y esculturas. Claro está que esta muestra itinerante de arte total debía cerrarse con una gran función de títeres. Galán hasta escribió una pieza para los muñecos, *Bambolebi*, cuyo texto desgraciadamente se ha perdido. Pero la inmensa carpa no llegó y los pobres muñecos tuvieron que contentarse con un humilde retablillo. Y los poetas con editar una especie de libro = revista, o mejor dicho, un libro unitario de autor y un boletín con las noticias que cada uno hacía en su provincia.[30]

El 29 de agosto de 1954, desde las páginas de *La Gaceta*, Galán defiende los postulados con pasión:

Hace algo más de trece años que varios poetas, escritores y artistas hemos instalado *La Carpa* en Tucumán como un cobijo imprescindible porque hacía mucho frío y, para colmo, llovía. Aclaremos: era el frío de la cursilería literaria y la lluvia de los ripios.

Y agrega: "Buscan a *La Carpa* y no la encuentran porque no tiene palos, ni lonas, ni alambrados. Pero nuestra carpa no es eso sino lo que merece ser: un canto, nada más que un canto. Nada menos que un canto".

Las librerías, los diarios, la facultad, los cafés son algunos de los espacios por los que transitan los miembros de un grupo que se reúne también en antologías como la *Muestra colectiva de poemas*, antes mencionada, o en el homenaje a María Adela Agudo. Los poetas pasean por el interior, recorren ciudades y campos. En el primer boletín (abril-mayo de 1944), con la reproducción de un dibujo de José Nieto Palacios, "Cabeza de la ausente", la revista se anuncia como *Publicación Bimestral de Literatura y Arte* y propone:

[30] Julio Ardiles Gray, "Raúl Galán en mi recuerdo", en *La Gaceta de Tucumán*, 27 de marzo de 1994.

En *La Carpa* cosemos nuestros libros que más tarde saldrán a la circulación y a la benevolencia del público. Así entregamos además de la labor personal de cada uno de nosotros, el cariño de todos expresado en el trabajo manual. No sabemos que otros grupos como el nuestro hagan lo mismo en la república.

La exaltación de la artesanía vincula palabra y mano, acercando el artista al trabajador. El viaje tierra adentro es encuentro con la identidad. El viaje al exterior puede ser pérdida de autenticidad. Un riesgo que no se extiende a los escritores españoles republicanos ni a los vanguardistas latinoamericanos, como Pablo Neruda y César Vallejo. Aunque en "Vallejo en París", el cronista lamenta:

Este viaje hizo perder a Vallejo su riqueza expresiva, su fuerza creadora, apartándole de su camino verdadero. La tertulia del café cosmopolita, el movimiento sonoro del gran bulevar, la frecuencia cotidiana del libro, la revista, el teatro, en el idioma pulquérrimo de Flaubert, fueron reduciendo cada vez más su léxico castellano, embotando su paladar y obscureciendo su visión del mundo americano. [...] Fue necesario nada menos que el estallido de la guerra española de 1936 para que se produjera en Vallejo una conmoción profunda.

Este mismo boletín reproduce composiciones de María Elvira Juárez y otro de Alba Marina que pueden leerse en contrapunto. Mientras la primera explora cauces intimistas, la otra proclama su fe en la épica soviética: "los hirvientes bosques de legiones que hacia el / Oeste avanzan". Fuera de programa se anuncia la edición de un cuaderno especial con un poema de Lubicz Miloz ilustrado por Nieto Palacios. La *Muestra colectiva* amplía las ideas sobre la poesía. Estos artistas declaran compartir "un hondo amor a la tierra y una ahincada preocupación por la aventura del hombre, del hombre que es también naturaleza". Atacan a los falsos folcloristas, niegan el mensaje regionalista y cualquier responsabilidad por el nativismo. No obstante lo cual es posible advertir una expresión de orgullo, casi elitista, en sus formulaciones. El poeta es el vate, un privilegiado mediador entre el mundo y el hombre:

Sentadas las premisas de que la Poesía es flor de la tierra y que el poeta es la más cabal expresión del hombre, asumimos la responsabilidad de recoger por igual las resonancias del paisaje y los clamores del ser humano (ese maravilloso fenómeno terrestre en continuo drama de ascensión hacia la Libertad, como el árbol).

Repetimos: la Poesía tiene tres dimensiones: belleza, afirmación y vaticinio. Atenderlas con firme fidelidad es asumir una integral actitud de poetas. Ese integralismo es nuestro objetivo. Hacia él procuramos ascender. Pretendemos que sus gérmenes estén presentes en nuestras reacciones ante la Vida, en nuestro afán vocacional y en nuestros cantos.

Tucumán es el escenario donde se aglutinan los poetas y la poesía del Norte. De Jujuy, Raúl Galán, Manuel Corte Carrillo y Alberto Bournichon; de Salta, Raúl Aráoz Anzoátegui y Manuel J. Castilla; de Santiago del Estero, María Adela Agudo, y en Tucumán, la rama más numerosa: María Elvira Juárez, Sara San Martín, Julio Ardiles Gray, Nicandro Pereyra, Omar Estrella, Juan H. Figueroa y Eduardo Joubin Colombres. A poco andar se unen figuras como Víctor Massuh y Octaviano Taire de Tucumán, Carola Briones de Santiago del Estero, María Emilia Azar de Catamarca y Alberto Santiago de Jujuy.[31]

Se trata de inventar una nueva tradición, arraigada en el pueblo. Galán afirma:

¿Y la tradición? La tradición la hacemos nosotros, los poetas y el pueblo, en lo que tiene de poeta. Por favor: cuando me muera, que no me entierren los profesores ni los críticos; que me tapen con un poncho y me despidan las guitarras de mi pueblo con alguna copla mía.

El afán de definir la poesía y la función del poeta constituye una preocupación central de La Carpa, presente también en muchos de los artículos incluidos en los boletines que el grupo publicó durante 1944. Para Lagmanovich:

En un sentido general, era legítimo decir que en aquel momento había algo que comenzaba en esa parte del país; no "la" poesía, claro, pero sí en todo caso una cierta variedad poética: la de una generación que no había pasado por el experimento posmodernista en sentido estricto, y que ya cerca de la mitad del siglo buscaba intuitivamente integrar los frutos válidos del ultraísmo, del superrealismo (bien leídos, aunque pocas veces ci-

---

[31] En los años setenta el periodista Octaviano Taire escribe *Azúcar para el monopolio*, Buenos Aires, Ediciones del Pago Chico, 2006 (2ª edición).

tados, tenía Galán a sus teorizadores) y de la nueva corriente tradicionalista que se autobautizó como neorromanticismo.[32]

No muy diferente es la resurrección del surrealismo en esos mismos años, en torno a la revista *Letra y Línea* y a figuras como Oliverio Girondo y Enrique Molina.[33]

Los poetas experimentan con variadas formas líricas entre las que se destaca la copla, una composición poética breve que proviene de la tradición oral de origen anónimo que se entrelaza con los moldes musicales de la baguala, la vidala, la chacarera y el gato. Su vasta proliferación estructura poemarios como *Copajira*, *Se me ha perdido una niña* o *Coplas del cañaveral*.

El propósito es llevar a cabo un proceso que va desde la estilización de la cultura popular a una re-producción creativa. El poeta se convierte en un intermediario de intensa participación, entre las formas tradicionales originarias —indígenas y españolas— y la nueva poesía. El desafío mayor de la renovación literaria se le presenta al regionalismo: resguardar valores y tradiciones y, al mismo tiempo, trasmutarlos y trasladarlos a nuevas estructuras literarias, equivalentes pero no asimilables. Se trata de resistir la aculturación sin dejar de aprovechar las aportaciones de la modernidad.

Los poetas de La Carpa comparten las notas atribuidas a toda la generación, los diferencia la geografía cultural que les permite un contacto particular con la tradición populista. En algunos casos el circuito de recepción se amplía con el folclore, que propone una relación distinta con el público. Por otra parte, tanto el regionalismo popular, pero poéticamente elaborado, como la libertad creadora, los acercaban y alejaban del populismo. Si la Generación del Centenario y sus seguidores encarnan un regionalismo oligárquico, La Carpa representa un regionalismo atribuible a las clases medias. Sus integrantes pueden vibrar con gestas soviéticas idealizadas y sostener un filocomunismo o un socialismo americanista, cantar libre y ocasionalmente al zafrero colla, al minero boliviano o al sufrido chaguanco, pero más difícilmente podrán identificarse con la mezcla de autoritarismo y populismo que adviene con el peronismo. El acercamiento de Galán al peronismo desata una polémica que acaba con lo que queda del grupo.

El espacio contó con una gran participación femenina: las tucumanas María Elvira Juárez y Alba Marina Manzolillo y las santiagueñas

---

[32] David Lagmanovich, *op. cit.*
[33] Ver en este mismo volumen Miguel Espejo, "Los meandros surrealistas". También Rodolfo Alonso, "Antes y después de *Poesía Buenos Aires*".

Carola Briones, Juana Briones y María Adela Agudo. Interesa destacar la figura de la poeta santiagueña María Adela Agudo, que muere trágicamente en 1952. Su escritura se inicia en una primera etapa sentimental neorromántica, próxima al sencillismo. Luego cultiva una poesía ligada a la tierra y al canto para concluir en una lírica existencial. Pese a lo que se podría considerar una contribución ancilar, en La Carpa se convierte en paradigma del poeta.[34] Sus amigos publicaron gran parte de sus poemas en un homenaje en la revista *Agón*.[35] Nicandro Pereyra la considera "casi el emblema de *La Carpa*: el sueño de ese cuño de poesía-conducta aparece patéticamente en ella".[36] El sujeto lírico se confunde con la autora. Todos los elementos concurren en la figuración de la poeta por antonomasia: mujer, bella, joven, trágica, amante, heroína y muerta. Poeta transformada en musa y encarnación de una mística elegíaca y sentimental.

Dos poéticas. Raúl Galán y Manuel J. Castilla

Raúl Galán (1913-1963) nació en Jujuy y se recibió de profesor en Letras en la flamante Facultad de Filosofía y Letras de la Universidad de Tucumán. En su obra lírica se destacan los dos libros publicados por La Carpa: *Se me ha perdido una niña* (1950) y *Carne de Tierra* (1952).[37] El primero lleva xilografías de Víctor Rebuffo y el segundo, dibujos de Lajos Szalay.

En *Raíz y misterio de la poesía*, un extenso ensayo, desarrolla una concepción de la poesía y la literatura en la que se reconoce la presencia de Heidegger. Revisa la lírica hispánica desde Garcilaso de la Vega

---

[34] María Adela Agudo fundó, junto a Blanca Izurzun, la revista *Zizayan* en La Banda, Santiago del Estero.

[35] *Agón. Revista de Filosofía y Letras. Cuaderno a María Adela Agudo*, Buenos Aires, 1953. Con colaboraciones de Gustavo Cirigliano, Bernardo Canal Feijóo, Raúl Galán, Manuel J. Castilla, Carola Briones y Nicandro Pereyra, entre otros.

[36] Nicandro Pereyra, "Evocación de María Adela Agudo", en *Cuadernos de Cultura Santiago del Estero* II/3, 1971. Soledad Martínez Zuccardi "Una figura olvidada de la poesía argentina. María Adela Agudo y los ideales de *La Carpa*", inédito.

[37] La producción lírica de Galán puede dividirse en dos grandes momentos. Una primera etapa de la inocencia, que incluye los poemarios mencionados y el "Poema" publicado en la *Muestra colectiva* y una segunda etapa del desencanto, que comprende los libros *Ahora o nunca* (1960) y *Canción para seducir a un ángel*. Los poemas "¡Ahora o nunca, oh duendes!", "Chaco-mataco" y "Baguala del chaguanco y la sombra" se situarían en un momento de transición. Ver Ricardo Kaliman, *La obra poética de Raúl Galán*, Tesis de Licenciatura, Facultad de Filosofía y Letras, Universidad Nacional de Tucumán, 1982.

hasta el cancionero intentando mostrar el estrecho diálogo entre tradiciones literarias. La poesía es "confidencia del asombro" y posee una función comunicativa social, no política. Debe arrancar al hombre de su "retórica de la soledad."[38] Alfredo Roggiano señala:

> Tanto en sus meditaciones sobre la poesía como en su producción poética, lo que él quiere es hallar ese ser de la poesía que establezca una patria para el hombre, le dé su condición más auténtica y lo establezca en el mundo, en tanto que éste se funda definitivamente por aquél.[39]

Se me ha perdido una niña, con prólogo de Manuel J. Castilla, abreva en rondas y cuentos que derraman "el vino de sus viejas maravillas". "Ronda" es una palabra clave en su imaginería que remite a las canciones infantiles que reivindican la poesía pura. Títulos, citas y epígrafes muestran la confluencia de modernismo y neorromanticismo con la poesía española medieval y renacentista y los cancioneros populares. La lírica de Galán se constituye en una asociación entre lo regional y lo español, pero, además, en una perspectiva muy próxima a los poetas de la Generación del 40, frecuentaba a poetas como Lubicz Miloz, Neruda, Saint-John Perse, Vallejo, Stefan George.

El poeta nombra al mundo desde el sentimiento de pérdida y, al hacerlo, busca reponer sentidos en un diálogo entre el adulto que es y el niño que ha sido: desde la infancia nos acecha ese "niño celeste que hemos sido", confiesa y, al mismo tiempo, persigue el tono llano y la pureza ideal de la poesía popular: "Yo quiero escribir un poema muy simple, / más simple que las coplas de los cantares de mi pueblo". Sin duda, idealiza lo popular pero eso no le impide apelar a formas y conceptos universales. Se coloca en el centro del poema para hablar, romántica o neorrománticamente, de su dolor individual. Los poemas testimoniales, como "Colla muerto en el ingenio", incluido en *Carne de Tierra*, no son frecuentes, sino una excepción.[40] En esos cruces, recusa al vanguardismo directamente, le atribuye "palabras fantasmales

---

[38] "El poeta y el público", en *La Gaceta*, 15 de noviembre de 1953.

[39] Alfredo Roggiano, "Seis poetas del Norte argentino", en *Norte*, 6, 1954.

[40] El poema publicado como "Oración por el Colla muerto en el ingenio" fue incluido en la *Primera Antología Poética Tucumana*, al recibir el Primer Gran Premio en el Certamen organizado por la Comisión Provincial de Bellas Artes en 1952. Curiosamente, este volumen lleva la cinta de luto por la muerte de Eva Perón y la poesía es la única pieza de denuncia social de Galán. El premio fue compartido con dos poetas de generaciones posteriores: Guillermo Orce Remis y un joven Tomás Eloy Martínez.

y fantasmas / de sombras de palabras". Como neorromántico deja entrar las formas populares por la vía de la estilización.[41]

Manuel J. Castilla (1918-1980) es salteño. Su primera publicación es *Agua de lluvia* (1941), un poemario romántico-sentimental pero que deja aparecer cierta tendencia a lo social, incluso indigenista: "Hay que tener tu ternura / y tu corazón de amigo, / para recién atreverse / a mirar de frente al indio" escribe en el poema dedicado "A Federico Gauffin". Modernismo y poesía social se reúnen en la grandilocuencia de los versos.

Castilla recorre, en un incansable viaje hacia sus raíces, el Noroeste y el Gran Chaco. En Bolivia, de donde era oriunda la familia materna, se encuentra con "las propias raíces del alma americana". *Luna muerta* (1943), con ilustraciones de Héctor Bernabó, está dedicado "A los indios del Chaco de Salta". En este libro el proceso de nominación comienza a ocupar un lugar importante. Los indios, protagonistas, de las pequeñas historias de los poemas tienen nombres —Carybé, Inocencia, Juan del Aserradero— "¡Tu nombre es una espina / que se nos clava en medio de la lengua!"; "Juan del Aserradero / tirado en la vereda / se parece a los perros". Las representaciones de matacos y chaguancos tienen un tono trágico y caen en la estereotipia: "¡Enséñame, chaguanco, / tu lengua para verte! / ¡Morena por afuera / y por adentro verde" ("Luna para tu frente").

El indio sigue siendo exótico objeto de la poesía. El mundo de la región está poblado de sonidos: coplas, zambas, cajas, campanas, sonajas. El ingenio representa el capital y la explotación arranca al indio del mundo natural: "Si no tuvieras hambre, te diría: / no vayas al Ingenio". El poeta ocupa el lugar del que, desde fuera, dice, advierte. En eso sigue los pasos de José Pedroni y Nicolás Guillén. El efecto poético está dado por el ritmo: "Al cañaveral / se fueron los indios / y no volverán". La geografía del Norte se tiñe de opresión con la irrupción de las máquinas. El patrón tiene "zapatos de Liverpool, / un habano de La Habana".

En 1946 La Carpa edita *La niebla y el árbol*, con ilustraciones de Ben Ami y Luis Lüsnick. En este libro se reúne una poesía sentimental y nostálgica, el amor y la ausencia se unen a la muerte y el dolor. "En la pena de irse con los trenes del alba / y retornar al musgo y a los papeles viejos". La tierra y la mujer forman parte de un mismo universo de significados. Los once primeros versos están dedicados a

---

[41] Roggiano concluye: "Su asombro es celebración, no aventura. Su riesgo es menor, pero también creemos que ahí está su limitación", *op. cit.*

evocar a Nila "enterrado nombre, como una flor de nieve duerme entre los dedos". Poesía y naturaleza se relacionan: "La tierra se daba como una mujer / y caía en los ojos / como si cayera un pétalo sobre / el agua". En otro poema leemos: "Tú buscabas la tierra, / pero una tierra negra y desolada / y brutal y confiada / Tú buscabas al hombre de la tierra / con una amplia canción en la garganta". Sus efectos poéticos recuerdan al Neruda de *Veinte poemas de amor. Copajira*, dedicado a los mineros de Oruro y Potosí, cierra la primera etapa de su poesía. En este libro editado en Salta en 1949 recupera el nombre aymara "copajira" para el ácido de cobre que recorre en agua amarillenta los socavones quemando poco a poco la piel y los pulmones de los indios mineros en Oruro y Potosí, que se constituyen en trágicas figuras del poemario. El epígrafe de León Felipe remite a la relación entre la libertad y la política.

En libros posteriores —*La tierra de uno* (1951) y *Norte adentro* (1954)— comenzará a producirse un cambio sustancial en su poesía. "El evidente deseo de huir de la limitación de lo folclórico y lo pintoresco, el mero regionalismo, el estrecho tipismo, lo accesorio y cercano del paisaje, lleva al autor a cantar lo que ve y vive".[42] La "tierra" y sus habitantes sufren lo que Roggiano llama una "transfiguración creacionista". Revelación e invencionismo se mantienen en contraste. El poeta no declina el poder celebratorio de la palabra.

Si bien en las primeras obras predomina en Castilla la poética neorromántica, orientada hacia el indigenismo, poco a poco su palabra poética se vuelve más hermética, en un barroquismo expresivo semejante al de las *Residencias* de Pablo Neruda. El gesto elegíaco persiste y el yo se agranda y se torna activo. "La poética de Castilla, en su acción desconstructiva, opera la inversión del neorromanticismo, mira a la poética dominante a través del espejo".[43]

Ahora que el vino viene desde los tinajones a mis ojos
creciendo turbio y acezante como una yegua
desbocada,
yo lo recobro con su puñal y su guitarra, alto y ausente,
yendo a mojar de música el fondo caliente de la tierra.
("El gaucho")

[42] Roggiano, *op. cit.*
[43] Ricardo Kaliman, *Creacionismo y referentes en la poesía de Manuel J. Castilla: Emergencia de la visión del mundo de los indígenas del noroeste en la institución poética neoeuropea*, Universidad de Pittsburgh, 1990. UMI, Dissertation Services.

Usa la adjetivación, pone nombres todo el tiempo, incluye, sin diccionario, palabras regionales cuya sonoridad justifica su inclusión en el poema:

Por eso es que sentimos como nuestra
La roja y pétrea sangre del cebil desgajado,
El molle que llora su propia muerte que no llega,
El urundel solo denominando pueblos en el chaco
Y cuya sombra es como un agua leve
En las arenas que devela una luna inmensa y amarilla
("Verano")

Vuelve sobre algunas de las figuras de sus primeros libros. La construcción arma una suntuosa naturaleza donde todo está por ser creado. Los versos usan todo el espacio de la página, dibujando variadas figuras. El Chaco, así como La Puna, se convierten en poéticas geografías mitológicas:

Desde los libros organizados en torno a un tema, en los que todos los poemas refieren un mismo paisaje humano, avanza hacia poemarios en los que acaba rindiendo homenaje a la multiplicada riqueza de la región a través de poemas consagrados a localidades particulares; una voluntad abarcadora que se ve incluso en los títulos elegidos para sus libros.[44]

En el segundo período de la poesía de Castilla, el neobarroco se consolidará. En 1957 aparece *De solo estar*, un largo poema en prosa. El yo "de solo estar cuenta sus cosas", el tiempo se vuelve espacio en cada lugar que el tiempo visita. Las imágenes ornamentadas se enlazan y organizan el poema. La intención descriptiva domina el enunciado, preocupado por su propia forma y por el canto ajeno. El poeta es consciente de la búsqueda de la voz de los otros. El canto es una "imposibilidad de articular" que,

unida a la expresividad contenida en el grito, delata una represión, una ablación, de la posibilidad de articulación. En este sentido los textos de Castilla configuran una poesía social: la

---

[44] Ricardo Kaliman, "Sueño quieto y palabras caudalosas". A 25 años de la muerte de Manuel J. Castilla, *Revista Ñ*, Buenos Aires, 2005.

escritura reivindica el poder del discurso... El discurso es la voz de los que no tienen voz.[45]

En los años siguientes, Castilla separa los registros de la literatura y el folclore. La relación entre poesía y música se hace intensa en las letras de las canciones folclóricas mientras su poesía culta experimenta con otras formas y se abre a la emergencia de una enunciación plural: como Juan Alfonso Carrizo o Luis Franco, recopila alrededor de mil coplas en Salta, editadas por la Fundación Michel Torino. Su producción ingresa en un circuito en el que "distintos sujetos se van apropiando del enunciado (y por momentos también de la enunciación)" y en el que

el discurso poético adquiere un valor distinto: deja de ser una producción específica para producirse a sí mismo e integrarse como discurso repetido, como procedimiento de la lengua, posibilidad por cierto inherente a toda forma de poesía, en especial a la de origen popular.[46]

Conclusión

En este vasto recorrido nos hemos visto obligados a dejar de lado una gran cantidad de material. Tanto la tarea de relevamiento como su estudio distan de estar concluidas. El desafío es historiar una literatura y una cultura que exhiben las marcas de un doble colonialismo, presa de una grave devastación económica, cultural y política.

La Generación del Centenario, sin dejar de lado sus intereses de clase, proyectó una región cultural sentando las bases del Tucumán moderno. Para ello planificó y construyó colecciones y archivos. En Santiago del Estero, en la conjunción entre vanguardia y regionalismo, surgió una lectura distinta. Con *Sustancia* nos encontramos con un grupo heterogéneo, que preconiza un americanismo retórico, atado a una idea de cultura superior. La institucionalización de la enseñanza de la literatura en la Universidad Nacional de Tucumán tiene profundos efectos sobre la producción literaria. El lugar de la literatura cambia por la acción de revistas como *Cántico*, *Tuco* y, por fin, la constitución del grupo La Carpa. La juventud de clase media se apro-

---

[45] Baumgart y otros, *op. cit.*
[46] *Idem.*

pia de la palabra para acercarse al canto del pueblo, en una propuesta neorromántica y populista. Un ejemplo son las poéticas de Raúl Galán y Manuel J. Castilla. De la región cultural proyectada por el Centenario quedan magníficos archivos patrimoniales, hoy deteriorados; del grupo La Carpa, un imaginario poético regional que impregna, desde hace tiempo, la literatura.

BIBLIOGRAFÍA

Obras de Bernardo Canal Feijóo

Penúltimo poema del fútbol, Santiago del Estero, 1924.
Dibujos en el suelo, Buenos Aires, Roldán, 1927.
La rueda de la siesta. Poemas, Buenos Aires, Inca, 1930.
Sol Alto. Poemas. Buenos Aires, La Facultad, 1931.
Ñan. Revista de Santiago, Santiago del Estero, n° 1, 1932.
Pasión y muerte de Silverio Leguizamón (Mito popular heroico), Buenos Aires, Compañía Impresora Argentina, 1937.
Ensayo sobre la expresión popular artística en Santiago del Estero, Buenos Aires, Compañía Impresora Argentina, 1937.

Ediciones de La Carpa

Tiempo deseado de Julio Ardiles Gray, 1941.
Muestra colectiva de poemas, 1944.
Tierras Altas de Raúl Aráoz Anzoátegui, 1945.
La niebla y el árbol de Manuel J. Castilla, 1946.
Esther Judía de Nicandro Pereyra, 1948.
Se me ha perdido una niña de Raúl Galán, 1950.
Cánticos terrenales de Julio Ardiles Gray, 1951.
Carne de Tierra de Raúl Galán, 1952.
Habitante de mí mismo de Julio Ovejero Paz, 1952.
Coplas del cañaveral de Nicandro Pereyra, 1953.

En prosa

Horacio Ponce de Juan H. Figueroa, 1944.

La grieta de Ardiles Gray, 1952.

Manuel Castilla, *Obras Completas*, tomos I, II y III, Buenos Aires, Corregidor, 1984.

Raúl Galán, *Obras completas*, Jujuy, Cuadernos del Duende, 2004.

CONFLICTOS

VACILACIONES DE UN ROL: LOS INTELECTUALES EN 1936

por Celina Manzoni

Zona de debate

Las explosivas discusiones desarrolladas en Buenos Aires en el mes de septiembre de 1936, en el XIV Congreso Internacional de los PEN Clubs no han sido recuperadas todavía críticamente, o por lo menos no en todas sus implicaciones, por la historia literaria. Rodeadas de un momentáneo entusiasmo, las siguió un prolongado olvido cuyas razones parecen hundirse en lo que quizá fue su mayor mérito: mostrar, en el momento en que se estaba produciendo, un giro, si no espectacular, tampoco modesto, en la definición entonces vacilante del rol de los intelectuales, nombrados todavía como "clercs" y asimilados sin mayor discusión a los escritores y eventualmente a los filósofos y pensadores en consonancia con la tradición francesa de *les philosophes* y sus descendientes en *la république des lettres*.[1]

Las alternativas del XIV Congreso del PEN Club (5 a 15 de septiembre), además de suscitar el seguimiento diario de la prensa y numerosas reflexiones inmediatas publicadas en revistas literarias y culturales, merecieron glosas, críticas y comentarios en las memorias y testimonios de los actores, así fueran secundarios, del drama. Asomarse a esas reflexiones y recuerdos no sólo vuelve evidente la importancia que contemporáneamente se acordó al encuentro, sino las expectativas que

---

[1] Ver Zygmunt Bauman, *Legisladores e intérpretes. Sobre la modernidad, la posmodernidad y los intelectuales* [1995], Bernal, Universidad Nacional de Quilmes, 1997.

alentó en quienes pensaron, como Manuel Gálvez, por ejemplo, que podía redundar en el siempre esquivo reconocimiento de las letras nacionales por los extranjeros.[2]

Sin negar la pertinencia del reclamo, lo cierto es que en el encuentro repercutieron con mayor intensidad los acontecimientos que en el orden internacional cambiarían de manera abrupta la historia contemporánea y, con ella, la vida de muchos de los participantes en la reunión. Una dramaticidad de la que apenas se tenían vislumbres pese a la denuncia de H. Levick, delegado en lengua *yiddish* contra los *pogroms* en Polonia, las de Emil Ludwig y Stefan Zweig contra la persecución de los intelectuales en Alemania y al inicio de la guerra en España (18 de julio de 1936), que crispó todo el encuentro, aunque hubo escasas menciones explícitas, una de ellas por parte de la debilitada delegación española.[3]

El documento oficial editado por el PEN Club de Buenos Aires, que reúne las intervenciones desde la ceremonia inaugural hasta la de clausura, sumerge al lector actual en ese momento único de quiebre, ese magma que, cuando todo parece derrumbarse y lo nuevo no es todavía visible, apenas permite vislumbrar los destellos de un cambio que en esta ocasión contribuirá a redefinir en el largo plazo tanto el rol del escritor como los modos de representación y autorrepresentación de los intelectuales.[4] Las escasas y en general demasiado rápidas menciones a esta reunión en los trabajos que analizan nuestros años treinta, suelen aludir al carácter confuso de los discursos y a la dificultad para seguir argumentaciones imprecisas, a veces vagarosas o teñidas de un espiritualismo algo diletante.

[2] Ver Manuel Gálvez, *Entre la novela y la historia (Recuerdos de la vida literaria III)*, Buenos Aires, Hachette, 1982. Un apocamiento de Gálvez que se expresó también en su discurso a los visitantes en el que insistió en la falta de encanto de la ciudad, la trágica soledad de los escritores y la carencia de una cultura propia. De paso, cuando Domingo Melfi, delegado chileno, reivindicó para ilustración de los invitados las grandes novelas americanas del siglo (*La vorágine, Doña Bárbara, Don Segundo Sombra, Huasipungo*, entre otras), no mencionó ni una de las publicadas por el prolífico Gálvez.

[3] José Ortega y Gasset y Gabriel Alomar, huéspedes de honor, no pudieron llegar a Buenos Aires. Melchor de Almagro de San Martín, delegado oficial, presentó un proyecto de "Pacto de no agresión entre los escritores" propuesto por Madrid antes del inicio de la guerra civil.

[4] P.E.N. Club de Buenos Aires, *XIV Congreso Internacional de los P.E.N. Clubs. Discursos y debates*, Buenos Aires, 1937. Incluye un "Apéndice" con los discursos pronunciados por autoridades nacionales y de diversas instituciones. Todas las citas provienen de esta fuente.

Suele olvidarse el impacto que la experiencia del radical enfrentamiento de los escritores europeos en lo que se suponía que debía ser el espacio ecuménico del PEN Club, produjo en el público y en los delegados, aunque por lo menos éstos no deberían haberse sorprendido demasiado, no sólo porque la fractura del propio campo estaba empezando a constituirse en una práctica compartida, sino porque la circulación de información sobre los acontecimientos europeos era intensa.[5] La revista *Dialéctica* (siete números entre marzo y septiembre de 1936), dirigida por Aníbal Ponce, informa y comenta, por ejemplo, entre otras, las revistas francesas *Commune, Europe, Vendredi,* y las españolas *Leviatán, Nueva Cultura* y *La Nueva Pedagogía* —todas en el centro de las polémicas europeas— además de reproducir junto a los clásicos del marxismo y artículos sobre la actualidad soviética, un comentario de Gorki sobre el Congreso Internacional de Escritores: "A propósito de la cultura". El grupo Sur, por otra parte, no sólo compartía la lectura de los mismos materiales sino que mantenía correspondencia, a veces cercana y personal, con sus colaboradores a quienes además traducía y publicaba en su editorial.

La conquista del espacio público

Terminado el momento heroico de las vanguardias, uno de cuyos últimos documentos en América quizás haya sido la "Ligera exposición y proclama de la Anti-Academia nicaragüense" de 1931, cerradas casi todas o todas las publicaciones juveniles, se va imponiendo un reordenamiento del campo cultural y con él una torsión que pone el ojo en la seriedad y la responsabilidad en el compromiso de los escritores con la sociedad.[6] El nombre de "compromiso" que parece fijarse en esos años, y no en la segunda posguerra, como generalmente se acepta, al establecer puntos firmes de anclaje con el mundo se proyecta en objetivos específicos pero en lo fundamental, en una moral. Los

---

[5] Ante la virulencia del debate entre italianos y franceses, algunas crónicas parecen reaccionar, no obstante, con estupor y cierta ironía: "[...] los europeos nos habían venido dando muy malos ejemplos. Mientras nosotros, los hispanoamericanos, a quien ellos han llamado siempre 'revoltosos', los mirábamos asombrados y permanecíamos serenos, los europeos se agitaban, se insultaban mutuamente, lloraban, se amenazaban. Nosotros parecíamos los hombres de experiencia y sabiduría; y ellos, los primitivos, los aniñados, los bárbaros". Manuel Gálvez, *Entre la novela y la historia (Recuerdos de la vida literaria III), op. cit.*

[6] Ver René Marill Albérès, *La aventura intelectual del siglo XX. 1900-1950,* Buenos Aires, Peuser, 1952.

cambios en las formas de sociabilidad son intensos y en la Argentina, con el golpe de Estado comandado por el general José Félix Uriburu en 1930, se abre una década marcada por la incidencia directa del militarismo en los asuntos públicos.[7] Lo que se llamó "la república conservadora", hegemonizada por grupos nacionalistas seducidos por el fascismo, o directamente fascistas, encontró una creciente oposición liberal, democrática y de izquierda que fue construyendo los cauces de nuevos reagrupamientos en los que durante un tiempo convivieron orientaciones diversas.

La nueva situación operó, entonces, sobre el límite de diferencias que llevaron a la postulación y, en algunos casos, a la concreción de profundos cambios en la cultura y en el concepto hasta entonces vigente de intelectual así como, en otra instancia, en el de nación. Mientras que una mayoría de los escritores y los artistas se distinguió por la fortaleza de un compromiso político sustentado en una ética de la acción que modificó radicalmente muchos de los hábitos característicos de los escritores del fin del siglo XIX, otros realizaron un esguince como el que evoca la publicación en 1936 de *Destiempo*, una revista cuyo solo nombre se constituye en manifiesto.[8]

La ruptura de una tradición democrática más bien breve, aunque indudablemente fecunda, se agravó por las violentas particularidades del reordenamiento europeo; la generalizada exacerbación nacionalista de esos años podría leerse, por lo demás, como una respuesta diferida al auge internacionalista que caracterizó a los años veinte, no tan lejanos. Aunque en América la tensión entre internacionalismo y nacionalismo fue vigorosa, la agudización de las contradicciones llevó a los actores del drama al límite de un pensamiento que se debatía entre un concepto cerrado de patria y principios morales que los condujeron casi necesariamente a incidir en cuestiones que excedían las fronteras nacionales. Es lo que legitima a Juan Pablo Echagüe, delegado oficial de la Argentina, para proponer una declaración contra la guerra del Chaco y lo que, en uno de los momentos de mayor violencia en el Congreso, articula la denuncia de Marinetti contra sus colegas franceses por la crítica a la campaña de Mussolini en Etiopía.

[7] Ver José Luis Romero, *Breve historia de la Argentina*, Buenos Aires, Eudeba, 1971.

[8] La revista *Destiempo*, fundada en 1936 por Jorge Luis Borges y Adolfo Bioy Casares, publicó tres números hasta 1937. "En 1936 fundamos la revista *Destiempo*. El título indicaba nuestro anhelo de sustraernos a supersticiones de la época. *Destiempo* reunió en sus páginas a escritores ilustres y llegó al número 3". Adolfo Bioy Casares: "Libros y amistad", en revista *L'Herne* de París, 1964.

En unos pocos años las lides de los intelectuales se fueron trasladando desde los salones, las redacciones de las revistas y diarios, los cafés —que luego la sociabilidad vanguardista prolongó en banquetes numerosos y barulleros en los que además empezaban a participar las mujeres—, hacia un espacio público, una de cuyas modalidades fueron los congresos de escritores, zonas de cruce de cronologías, orígenes e ideologías éticas y estéticas. Sin que se abandonaran los viejos hábitos se fue imponiendo un nuevo escenario: como nunca antes se asistió al espectáculo de los escritores hablando y discutiendo entre sí y a veces a los gritos, frente a espectadores activos pero principalmente frente a las políticas de los gobiernos —propios y ajenos. En esas reuniones casi siempre colmadas de público, los escritores, hombres y algunas pocas mujeres, que la tradición prefiere ubicar en la soledad de sus gabinetes, tuvieron la oportunidad de protagonizar una situación antes poco experimentada, se creó un estilo de exposición personal que llegó incluso a promover actitudes de divismo e incipientes formas del estrellato. Una modalidad notable en Buenos Aires cuando los escritores más conocidos eran esperados a las puertas de los hoteles o del Concejo Deliberante por admiradores que coleccionaban sus autógrafos; los cronistas, pero también los literatos más serios, describen la ropa, el peinado y las actitudes de los congresistas; se publican perfiles y siluetas que recuperan gestos mínimos o exóticos y constituyen el material visible de esta nueva posición ante la sociedad.

La palabra del escritor, que ya venía adquiriendo una potencia insospechada y una influencia decisiva (por lo menos en Francia) sobre la vida pública, se potencia en esos encuentros en los que descuellan figuras como la de André Gide. En la nueva relación entre los intelectuales y el Estado, entre los escritores y la masa, Gide se constituyó tempranamente en el modelo del intelectual comprometido, en el ideal del escritor que aspira a reencontrar a sus lectores en el espacio de la lucha. Siendo el autor francés más conocido en el extranjero, su prestigio aumenta cuando el crecimiento de las tensiones políticas se había anudado en torno a dos ejes cada vez más contrapuestos: comunismo y fascismo. Fue entonces cuando se pronunció públicamente a favor de la Rusia de los Soviets: "Pero, sobre todo, lo que me gustaría es vivir lo bastante para presenciar el éxito del proyecto ruso, y ver a los Estados de Europa inclinándose, a su pesar, ante aquello que se obstinaban en ignorar".[9] La fascinación ante el expe-

[9] André Gide, *Diario*, Barcelona, Alba, 1999. Anotación del 13 de mayo de 1931. Selección, traducción y prólogo: Laura Freixas. Queda al margen de estas consideraciones el hecho de que se tratara también de la Rusia de Stalin, tema sobre el que existe una amplia bibliografía.

rimento de construcción de una nueva sociedad (distinta de la exaltación revolucionaria de los veinte), suscitó el entusiasmo de unos, la prudencia de otros y la inquina de los terceros. En la Argentina, el anuncio de la presencia de Gide desató la animosidad de monseñor Franceschi, quien no se ahorró agravios personales disfrazados de argumento político:

> Quien ha escrito un libro que no quiero nombrar [Corydon], en que se pregona el vicio más nefando, en que se lleva la carnalidad hasta sus últimos extremos, tendrá todo el talento que quieren atribuirle sus panegiristas, pero es sustancialmente antisocial, por la sencilla razón de que el vicio constituye el disolvente por antonomasia de todo lo colectivo.[10]

Las urgencias de la hora vuelven proliferantes los manifiestos políticos en los que la firma de los escritores recupera, de otro modo, un gesto que venía de los ejercicios vanguardistas; se constituyen también asociaciones a veces caracterizadas por una firme voluntad generacional, como el Comité Yrigoyenista de Intelectuales Jóvenes de 1927, avanzadilla de lo que vendría y que culminó con el abrupto cierre de *Martín Fierro*. Se cruzan las corporaciones políticas y las gremiales, que tratándose de escritores, siempre serán políticas, y todavía se cruzan algunos de sus integrantes, como en el saludo de enero de 1932 a Niceto Alcalá Zamora, presidente de la República española, quien luego se exiliaría en Buenos Aires. En el término de pocos años se suceden la fundación de la Sociedad Argentina de Escritores (SADE), presidida por Leopoldo Lugones en 1928; el PEN Club de Buenos Aires en 1930 y la Academia Argentina de Letras el 11 de septiembre de 1931. El mismo año en que, después de largas discusiones, aparece el primer número de *Sur*, la revista en la que a la vera de Victoria Ocampo se sientan María Rosa Oliver y los hermanos Julio y Rodolfo Irazusta.[11]

Cruces de uno y otro signo, en 1934 Buenos Aires asiste a un acontecimiento eclesiástico de proporciones inusitadas: el Congreso Eucarístico Internacional que, si en la opinión católica, que también pronto se trizaría, motivó tanto fervor y vocaciones como profundos cambios, en otra parte de la sociedad no dejó de despertar alternativa-

---

[10] Gustavo J. Franceschi, "Letras y vida", en *Criterio*, n° 445, Buenos Aires, 10 de septiembre de 1936.

[11] Ver en este mismo tomo, Alejandro Cattaruzza, "El revisionismo en los años treinta: entre la historia, la cultura y la política".

mente desdén y alarma.[12] Organizaciones, instituciones, pero también grupos de choque como la Alianza Nacionalista cuyo programa define Bonifacio Lastra: "antiliberal y revisionista (rosista) en historia, xenófobo y antisemita, pronazi y antibritánico, partidario del 'orden' y de la mano dura contra comunistas y judíos, amigo de símbolos patrios grandilocuentes".[13] Crecen la represión y la censura, algo más que un fantasma sobre todo después de la condena a dos años de prisión de Raúl González Tuñón en agosto de 1933 por la publicación de su poema "Las brigadas de choque".[14]

Con la Conferencia Internacional de Escritores Revolucionarios realizada en Moscú en 1927, a la que estuvo invitado Henri Barbusse —el gran referente junto con Romain Rolland de la cultura francesa comprometida durante casi toda la siguiente década—, se inicia en Europa una ofensiva organizativa protagonizada por la izquierda. Reeditada en 1930, la Segunda Conferencia Internacional de Escritores Revolucionarios promueve, entre otras iniciativas, la creación de la que en relativamente poco tiempo se convertirá en AEAR (Asociación de Escritores y Artistas Revolucionarios) que el 21 de marzo de 1933 realiza en París una reunión presidida por André Gide.[15] Todo va confluyendo, entre bruscos golpes de timón, hacia la ampliación del frente antifascista que culmina con el Congreso Internacional de Escritores para la Defensa de la Cultura realizado en el Palais de la Mutualité entre el 21 y el 25 de junio de 1935. Sería difícil exagerar la importancia simbólica que para los escritores comprometidos de los años treinta tuvo este congreso que discutió, entre escándalos, "La herencia cultural", "El papel del escritor en la sociedad", "El individuo", "Nación y cultura", "Los problemas de la creación y la dignidad del pensamiento", "La defensa de la cultura" y una de cuyas creaciones fue la Alianza de Intelectuales Antifascistas para la Defensa de la Cultura que rápidamente se extendió en expresiones universales y que tuvo en la Argentina un rápido desarrollo.

---

[12] Ver Tulio Halperin Donghi, *La Argentina y la tormenta del mundo. Ideas e ideologías entre 1930 y 1945*, Buenos Aires, Siglo XXI, 2003.

[13] Ver Noé Jitrik, "Surgimiento y caída del nacionalismo argentino", en *El ejemplo de la familia. Ensayos y trabajos sobre literatura argentina*, Buenos Aires, Eudeba, 1998.

[14] Ver en este mismo volumen, Leda Schiavo, "Raúl González Tuñón, caminador por España en guerra".

[15] Para seguir el itinerario de estas organizaciones y los encuentros realizados en Europa, ver Herbert Lottman, *La rive gauche* [1982], *La elite intelectual y política en Francia entre 1935 y 1950*, Barcelona, Tusquets, 1994.

La misma estrategia de ampliación del frente antifascista se siguió en Buenos Aires donde tentativas como AJEP (Agrupación de Jóvenes Escritores Proletarios) integrada por Alfredo Varela, Emilio Novas, Emilio Saracco y Raúl Larra, reemplazada por AJE (Agrupación de Jóvenes Escritores), casi con los mismos integrantes, confluyen finalmente el 28 de julio de 1935 en la AIAPE, Agrupación de Intelectuales, Artistas, Periodistas y Escritores que, presidida por Aníbal Ponce, tuvo como vicepresidentes a Alberto Gerchunoff y Vicente Martínez Cuitiño.

Durante su primer año se constituyó en el espacio de reserva moral de una forma de frente cultural que representó la oposición contra el avance del fascismo en actos públicos, declaraciones políticas y protestas: "[...] estamos en condiciones de afirmar que no ha ocurrido un solo atropello a la cultura nacional sin que AIAPE no lo haya denunciado a la opinión del país", recuerda Aníbal Ponce cuando reseña en "El primer año de A.I.A.P.E.", la breve trayectoria de la agrupación en un discurso publicado en el número 6 de *Dialéctica* (agosto 1936). En esa presentación, además de destacar el indudable avance de la organización que pasó de ochenta adherentes a dos mil en el término de un año, recuerda el papel cumplido por los tres números de *Unidad*, órgano de AIAPE en la lucha antifascista.[16] Raúl Larra, recreando esos años en los que el poderoso impacto de la Guerra Civil española en todas las organizaciones de la izquierda empalma la lucha antifascista con la lucha por la emancipación nacional, recuerda la manifestación del 1º de mayo de 1936 convocada por AIAPE en la que se veían retratos de Gorki y de Barbusse pintados por Antonio Berni junto a la imagen de Héctor P. Agosti, joven estudiante comunista preso y en la que Lisandro de la Torre arenga a los presentes: "Hombres libres del mundo, ¡uníos!"[17]

Puede conjeturarse que la ausencia de Aníbal Ponce y de otros intelectuales de la izquierda en una asamblea que, como la del PEN Club implicaría un debate fundamental, se debiera en parte a un menosprecio del escenario, hipótesis alentada, como se verá, en los artículos publicados por el sector de la izquierda reunido en torno a la revista *Claridad*, aunque no sean de desechar otros argumentos: su escasa in-

---

[16] Ver James Cane, "'Unity for the Defense of Culture': The AIAPE and the Cultural Politics of Argentine Antifascism, 1935-1943", en HAHR, vol. 77, nº 3, agosto de 1997.

[17] En Raúl Larra, *Etcétera*, Buenos Aires, Ánfora, 1982.

cidencia en las instituciones, la represión oficial que tampoco se limitaba sólo a los intelectuales. Ponce fue exonerado de su cargo de profesor del Instituto Nacional del Profesorado Secundario "por considerar —dice la nota que le envió el rector— que su actividad como director y colaborador de la revista *Dialéctica* y como autor de otras publicaciones que llevan su nombre... están dentro de las actividades condenadas por el Ministerio de Instrucción Pública".[18] No obstante lo cual, como relata Giusti, en el Primer Congreso Nacional de la SADE realizado en noviembre de 1936, Ponce fue electo para la primera vicepresidencia: "Este congreso probó que los escritores argentinos [...] reclaman como cosa vital la de expresar libremente su pensamiento. [...] Una de las afirmaciones de esa actitud, "fue la elección de Aníbal Ponce para la primera vicepresidencia", quien "con extremada delicadeza no aceptó el honor ni asistió al congreso".[19]

Zona de pasaje

El tránsito desde la prestigiosa intimidad del *entre-nos* en la cultura argentina, del elitismo de los *happy few* que integraban la república de las letras, se percibe también en Buenos Aires. Las pequeñas complicidades, las antiguas amistades, las fórmulas de cortesía que persisten, aunque se van haciendo más difíciles de sostener cuando entran en crisis los paradigmas en que se basan y cuando los escritores asumen un compromiso frente a un público apasionado: una escena que proyecta una imagen que revierte, a su vez, sobre una idea de cómo debe ser la sociedad. Con el auge de los encuentros nacionales e internacionales de escritores, nadie dudaba —ni el público ni sus protagonistas— que la política ocuparía un lugar de privilegio aun cuando el programa incluyera cuestiones de tipo profesional. Pero aun si la política era el asunto convocante, siempre tendieron a buscar en el consenso moral una base que la excediera y superara; es el espíritu que dominó las reuniones que en los treinta se organizaron para luchar por la libertad y la paz, contra el fascismo y el nazismo, objetivos de

---

[18] Cito por la nota de *Criterio*, n° 453, Buenos Aires, 5 de noviembre de 1936, que por supuesto avala la decisión gubernamental no sólo por razones políticas sino de salud: "Porque los enfermos de esa peligrosa índole no pueden ser profesores, ni funcionarios, ni pueden ocupar sitio alguno en el servicio de la Nación. Se los pone en otra parte, donde no puedan hacer daño".

[19] Roberto F. Giusti, "El primer congreso de los escritores argentinos", *Nosotros. Segunda época*, año I, n° 8, Buenos Aires, noviembre de 1936.

cuya transparencia desconfía el articulista de *Criterio*, francamente enrolado en una corriente rencorosa del nacionalismo de derecha: "La libertad tipo PEN debe ser liberal y antifascista, internacionalista y filosemita; anticomunista, nunca". Digamos de paso que también descree de sus héroes: "Así, son hombres perfectos André Gide o García Lorca, de los cuales ni siquiera puede decirse sin equívoco o reticencia que sean hombres".[20]

Muchas de las discusiones de esos días incidieron de manera perdurable en el interior del espacio definido por Jean Guéhenno como "la república de las letras", esa zona de cruce en la que sus miembros naturales —la comunidad de los artistas y los intelectuales— realizan el debate de las ideas:

> no es más extensa que hace doscientos años, en tiempos de nuestros maestros, los filósofos que la fundaron [...] cabe toda ella en algunas casas, algunos estrechos despachos de redacción o de edición, algunos salones, algunos cafés, algunos talleres, algunas buhardillas. No es fácil penetrar en ella. El debate real se mantiene entre algunas decenas de escritores que se han reconocido unos a otros y no más.[21]

Una sociedad que fue pasando del individualismo de un Des Esseintes, para ejemplificarlo de alguna manera, o en términos criollos de un héroe de Eugenio Cambaceres, a la ética del compromiso político y de la acción en un gesto de ruptura que tendría consecuencias impensadas en ese primer tercio del siglo XX.

La creación del PEN Club

Antes de que la situación se tensara en los términos que estamos viendo, un impulso pacifista, compartido por muchos intelectuales, se concreta el 8 de octubre de 1921, pocos años después del fin de la Primera Guerra, en el PEN Club, sigla constituida por las iniciales en inglés de *Poet, Playwright, Editor, Novelist*, por iniciativa de la escritora inglesa Catherine Amy Dawson Scott (1865-1934), con el propósito de reunir figuras de renombre "para enlazar a las naciones [...]

---

[20] "Comentarios", en *Criterio*, nº 449, Buenos Aires, 8 de octubre de 1936.
[21] Citado por Herbert Lottman, *La rive gauche. La elite intelectual y política en Francia entre 1935 y 1950, op. cit.*

mediante la literatura".[22] Iniciada en Inglaterra, muy pronto tuvo centros en diversas ciudades, algunos muy activos como el de París fundado en 1922 y cuyo secretario hasta 1939 fue Benjamin Crémieux (1888-1941), novelista y crítico presente en las deliberaciones de Buenos Aires, muerto en un campo de concentración nazi. Lo que comenzó como un encuentro social de escritores, incluso bastante mundano, pasó rápidamente a la defensa de las cuestiones gremiales, aunque en Buenos Aires tampoco esto pareció suficiente tal como lo expresó Louis Piérard (1868-1951), delegado oficial del Centro de Lengua Francesa de Bélgica en palabras muy duras cuando proclamó que "los Pen no deben limitarse a esta política alimenticia y congratulatoria". Y esto aun después de sucesivos pronunciamientos en años anteriores contra la pretensión del Centro Español de impedir la asociación de las mujeres, contra la persecución de los judíos en Alemania y cuando dio asilo a los escritores desplazados por el nazismo triunfante.

La fundación del PEN Club de Buenos Aires, algo tardía en relación con la de las filiales europeas o norteamericanas y muy cercana al aciago 1936, está narrada con gracia, desparpajo y algo de jactancia por Manuel Gálvez. Según sus dichos, en 1930 el centro de Londres le pidió que encarara la creación de la sección argentina. No es difícil entender su orgullo cuando explica las dificultades de la misión que se le encomienda y su expeditiva resolución:

> Apenas recibí la carta de Ould [Hermon Ould, secretario del Centro de Londres] la contesté aceptando y me puse a la obra. Nada más difícil en esta ciudad que reunir a escritores. Por esos días [1930], las rivalidades, las envidias y los odios habían aumentado por razones políticas. Los izquierdistas eran muchos y fuertes, y los no izquierdistas estábamos muy divididos. Pero yo tenía amigos en todos los bandos y esto facilitaba la empresa.[23]

El 8 de abril quedaba constituido el PEN Club de Buenos Aires presidido por Manuel Gálvez quien en su discurso de inauguración se

[22] Marjorie Watts, *Mrs. Sappho. The Life of C. A. Dawson Scott "Mother of International PEN"*, London, Gerald Duckworth & Company Limited, 1987.

[23] Completaban la primera comisión Eduardo Mallea como secretario, Arturo Capdevila como tesorero y como vocales, Leopoldo Díaz, Enrique Banchs, Atilio Chiappori, Jorge Max Rhode, Evar Méndez y Carlos Obligado. Ver Manuel Gálvez, "Nacimiento y esplendor del PEN Club", en *Entre la novela y la historia (Recuerdos de la vida literaria III)*, op. cit.

pronunció contra el aislamiento de los escritores y reivindicó su asociación como un modo de prestigiar la actividad:

> para que no siga siendo el "bar" —reencarnación de la pulpería— el único modo de asociación, como en los años en que Sarmiento escribió el *Facundo*. Asistir a estas reuniones del PEN Club será realizar obra de civilización. El PEN Club viene a vincularnos con las literaturas europeas, a arrancarnos el bárbaro y sucio poncho del individualismo gaucho, con el que nos envolvíamos vanidosamente.

En este y todos los casos se trata de instituciones que contemplan la necesidad de reunión, intercambio y discusión que se potencia en una ciudad moderna como Buenos Aires, una ciudad cuyos múltiples rostros anudaban las contradicciones de la historia contemporánea: "un período en el cual el significado de vivir en una comunidad se vuelve, tanto para las personas como para las sociedades, un problema más decisivo, inquietante e incierto que nunca antes en la historia".[24] La experiencia de una sociedad aluvial es puesta en crisis; se vuelve necesario explorar y redefinir sentimientos, experiencias e identidades. Son los años en que Enrique González Tuñón publica *Camas desde un peso*, un texto amargo entre otros precedidos por los *Versos de una...* de Clara Beter o *Pesadilla* de Pinie Wald, el testimonio de un militante socialista judío sobre la represión de la Semana Trágica, y el momento de la aparición de *La ciudad junto al río inmóvil* (1936), la rápidamente célebre novela de Eduardo Mallea.[25] Paul Zech, un escritor alemán exiliado en Buenos Aires desde 1933, recupera para la ciudad el sentido del adjetivo baudelairiano: "hormigueante" (*cité, fourmillante cité*) y, con él, la experiencia del hombre en la multitud sobre la que reflexionará Walter Benjamin hacia 1938. En unas pocas líneas, Zech configura una imagen del erotismo de la ciudad que "afiebra" pero no se consuma: "[c]omo en un hormiguero, en una nube de perfumes y polvos, en una espesura de cuerpos donde uno se mueve pero no toca", la calle Florida, excitante por el lujo, el movimiento, la

---

[24] Raymond Williams, *Solos en la ciudad. La novela inglesa de Dickens a D.H. Lawrence* [1970], Madrid, Debate, 1997, Traducción de Nora Catelli.

[25] El texto de Enrique González Tuñón se publicó en 1932, mientras que los poemas de Clara Beter (seudónimo de César Tiempo, seudónimo de Israel Zeitlin) aparecieron en 1926, el mismo año que *El juguete rabioso* de Roberto Arlt. *Pesadilla*, publicado en *yiddish* en 1929, en versión castellana de Simja Sneh, fue incluido en *Crónicas judeoargentinas (1890-1944)*, colección dirigida por Ricardo Feierstein.

sensualidad, el resplandor, es el punto de máximo acercamiento y también el de mayor ajenidad del emigrado alemán, prisionero de esa calle que lo convierte en un *voyeur* casi tan desesperado como los personajes de Roberto Arlt o los de un joven Juan Carlos Onetti.[26]

Los debates de Buenos Aires

El XIV Congreso Internacional de los PEN Clubs se reúne en un momento doblemente crítico. Si ya los senderos atravesaban territorios oscuros o sin una definición precisa, a partir de julio de 1936 la Guerra Civil española provocaría una intensa polarización que afectó profundamente a la sociedad argentina. La comisión organizadora presidida por Carlos Ibarguren, que reúne una heterogénea constelación de nombres bajo el manto de la organización de los escritores (Carlos Ibarguren y Antonio Aita, Victoria Ocampo y Eduardo Mallea, entre otros), es indicativa de la peculiaridad de un momento histórico caracterizado por un grado de inestable equilibrio entre fuerzas que pronto se enfrentarían de manera radical.

En 1934, dos años antes del cónclave, Carlos Ibarguren había analizado la situación nacional e internacional a partir de un diagnóstico que atribuía la sensación de vacío, que consideraba característica de la época, al fracaso del liberalismo tanto en el campo económico como en el político. Según él:

> Una formidable lucha ha comenzado entre las dos grandes corrientes, que son las que ahora ocupan principalmente la escena política mundial: el comunismo internacional y materialista y el fascismo, o corporativismo nacionalista y espiritualista. Estas dos poderosas corrientes combaten encarnizadamente a la democracia liberal para ultimarla. Tal es la evidencia innegable de la realidad actual.[27]

Una profusa bibliografía, principalmente de hoy desconocidos publicistas en su mayoría vinculados al amplio espectro del naciona-

---

[26] Paul Zech, *La Argentina de un poeta alemán en el exilio. 1933-1946*, Buenos Aires, Sección de Literaturas en Lenguas Extranjeras. Instituto de Filología y Literaturas Hispánicas "Dr. Amado Alonso", Facultad de Filosofía y Letras, UBA, 1997. Traducción de Régula Roland de Langbehn.

[27] Carlos Ibarguren, *La inquietud de esta hora. Liberalismo. Corporativismo. Nacionalismo*, Buenos Aires, La Facultad, 1934.

lismo francés, le sirve tanto para probar la debilidad del sistema democrático como la peligrosidad del comunismo emblematizado en "la insignia roja internacional del socialismo marxista". Un diagnóstico que concluye con una afirmación premonitoria: "Una mística nacionalista eleva y conmueve a los pueblos que reclaman, buscan y están encontrando nuevas instituciones en reemplazo de las demo-liberales que yacen derruidas".

Cuando abre los debates, lo sostienen el mismo espíritu y una similar caracterización de la época, ahora adaptada a las circunstancias. Considera que así como el siglo XIX se caracterizó por el dominio del intelectualismo y del racionalismo, la segunda década del XX aparece marcada por corrientes que en el gesto antirracionalista, antitécnico y anticartesiano expresan una reacción contra la existencia industrial y materialista. En sus palabras, surge un nuevo espíritu que, con el desarrollo del intuicionismo y de la vibración espiritualista, propone nuevas formas que rechazan la vieja retórica. Los mitos y la mística serían para él y la corriente que representa, los factores morales que empujan a los hombres a la realización de las grandes empresas. Al reunir en un haz la mística religiosa y los mitos políticos, de los cuales la época estaba presentando manifestaciones casi diarias y estremecedoras, refuerza las "consolidaciones míticas" características del nacionalsocialismo y del fascismo.

No obstante su diagnóstico, Ibarguren otorga confianza a la capacidad de los escritores y los artistas para salvar la cultura amenazada por los factores disolventes que enumera. En el espacio ecuménico del PEN Club se cuida de explayar los beneficios de la solución política que dos años antes les ha atribuido al nacionalsocialismo y al fascismo, en cambio promueve para la literatura la adopción de una estética nacionalista que, en sus palabras, radicaría "tanto en una peculiar visión de la belleza, cuanto en la sustancia moral que el alma de cada pueblo aporta al patrimonio de la cultura universal".[28]

En cumplimiento del protocolo, Jules Romains, que habla en representación de las delegaciones extranjeras, elabora un espacio de coincidencia con el discurso de Ibarguren en la crítica al desmedido

---

[28] Una postura típica de la hora que entre otras cuestiones implica una nueva discusión del enfrentamiento entre nacionalismo y cosmopolitismo y que en una de sus consecuencias incidiría, o por lo menos procuraría incidir, en los modos de configuración del canon de la literatura argentina. Un texto representativo de esa voluntad estética y política en Carlos Ibarguren, Antonio Aita, Pedro Juan Vignale, *El paisaje y el alma argentina. Descripciones, cuentos y leyendas del terruño*, Buenos Aires, Comisión Argentina de Cooperación Intelectual, 1938.

enriquecimiento de la humanidad, al maquinismo y a la embriaguez en la especialización, pero su llamado a la libertad del hombre y su denuncia de los efectos que provoca la manipulación de las emociones de las muchedumbres, no sólo lo proyectan a la popularidad del público sino que marcan la línea sobre la que arduamente se desarrollará el encuentro.

La más profunda zona de acuerdo, sin embargo, parece radicar en el convencimiento, que ambos comparten, acerca de la condición excepcional del intelectual, aquí con el antiguo sentido de "hombre de letras" y su carácter de guía indiscutible. Jules Romains imagina el diseño de una futura "organización de un poder espiritual" y augura que las asambleas con sede en Buenos Aires recuperarán el espíritu de los concilios, entendidos ahora como reuniones de clérigos laicos. Sin que ninguno de los discursos utilice hasta el momento el término y el concepto de "clerc" divulgado por el todavía influyente texto de Benda, muchas de las intervenciones giran a su alrededor: "clerc", que traducido como intelectual o intelectuales, definiría a esos hombres capaces de guiar a sus semejantes hacia regiones diversas de las puramente temporales.[29] Dice Romains: "En otros tiempos, en épocas poco más o menos tan difíciles como la nuestra, la humanidad cristiana confiaba a concilios el cuidado de elaborar la claridad y la unión en el seno de lo que era división y tinieblas".

Respondiendo al tono apocalíptico del discurso de Ibarguren y su alabanza de los mitos y la mística, dice que no es posible renunciar, ni dejarse arrebatar lo que la humanidad ha conquistado desde el Renacimiento: por encima de todo, la libertad de pensar, hija y madre a su vez de todas las otras libertades. En un momento de definiciones, la elección no le parece oscura ni confusa: "No hay literatura contra la libertad, porque no hay literatura contra el espíritu".[30]

Una conflictiva inauguración de las deliberaciones presididas además por otros dos mensajes: el de H. G. Wells, presidente del PEN Club, quien no ha podido viajar a Buenos Aires y recomienda a la asamblea que no se deje perturbar por las urgencias políticas del momento ni "tentar en demostraciones de partido y exclusivismos teme-

---

[29] Ver Julien Benda, *La trahison des clercs* [1927]. Traducción de Luis Alberto Sánchez, *La traición de los intelectuales*, Santiago de Chile, Ediciones Ercilla, 1951.

[30] Domingo Melfi lo recuerda así: "Cuando Jules Romains pronuncia en la sesión inaugural del Congreso de los P.E.N. Club, en Buenos Aires, las primeras palabras de afirmación de la libertad, en medio de atronadores aplausos, queda de hecho fijada la línea que habrán de seguir en lo sucesivo los debates". Domingo Melfi, *El Congreso de Escritores de Buenos Aires (Notas e imágenes)*, Santiago de Chile, Nascimento, 1936.

rarios". Su convocatoria a unir bajo las banderas del PEN "toda inteligencia que hable de manera franca" parte del reconocimiento de la situación que se está viviendo en España y vaticina:

A la larga, creo que la voluntad e inteligencia de la humanidad triunfará por encima de todas las tradiciones y perplejidades que nos dividen hoy tan dolorosamente, y que en esta síntesis final los espíritus que usan la lengua española como medio de expresión jugarán un papel decisivo.

El otro mensaje fue de André Gide quien pocos meses después se convertiría en una figura emblemática de los riesgos implícitos en el violento giro ético que se despliega en el encuentro al que no pudo asistir porque en la misma fecha se había comprometido a realizar un viaje a la URSS.[31] En su saludo, cuando todavía seguía siendo un héroe de la izquierda internacionalista, Gide da por sentado que el objeto de la reunión será "defender y honrar la cultura" y a partir de esa convicción define:

Es sorprendente que la cultura necesite ser defendida, pero hoy la fuerza brutal tiende a imponerse al espíritu y, en muchos países, los valores intelectuales se encuentran en grave peligro. Es necesario que escritores de nacionalidades diversas, y sin preocupación de fronteras, se acerquen y comulguen conscientes de ese grave peligro común. Sería necesario que por encima de las pasiones políticas que ponen frente a frente los hermanos contra los hermanos, un mismo amor a la cultura humana nos otorgara la victoria.

Función del escritor en la sociedad

El desarrollo del debate que se abre con la propuesta presentada por Victoria Ocampo: "Función posible del escritor en la sociedad; posible acción de los P.E.N. a este respecto",[32] permite registrar los modos

---

[31] Tres textos fundamentales en este contexto fueron publicados por la editorial Sur: *André Gide y nuestro tiempo*, un debate sobre la función del intelectual realizado en París el 26 de enero de 1935 en *Unión por la Verdad*, y André Gide, *Retorno de la URSS*, 1936, seguido de *Retoques a mi regreso de la URSS*.

[32] Además de este tema, se discutieron "La inteligencia y la vida" y "El porvenir de la poesía". También se consideraron cuestiones gremiales que derivaron en apreciaciones políticas.

en que las nuevas imágenes de los intelectuales asociadas a la moral del compromiso se construyen en tensión con representaciones deudoras de la inviolable pureza de la vocación individual. Un sistema de citas, que reenvía a diversos escritores franceses e ingleses, es la base en la que Ocampo hace pie para destacar las nuevas obligaciones: "Los escritores [...] no pueden ya contentarse con permanecer sentados en sus plateas y contemplar el espectáculo del desquicio actual con sus anteojos de teatro". Ratifica a Henry de Montherlant (1896-1972), uno de los escritores que descollaría tempranamente en la república de las letras y que en 1941 *mutatis mutandi* manifestaría su admiración por la *Wehrmacht*: "El escritor, cuya parte esencial es extraña a la política, no podría, en tiempos de crisis grave, atrincherarse en esa parte esencial y cerrar los ojos a las angustias de los hombres y de la ciudad".

Entre esa proclamada esencia y la convicción de la necesidad de tomar conciencia de las responsabilidades, las argumentaciones orientadas a redefinir la propia función se cruzan de manera necesaria con las tensiones propias de un momento en el que, citando a Gide, cree ver un signo de los tiempos en que ya no se permite el juego, ni siquiera el de la inteligencia. Si en Ocampo triunfa la fe en la fuerza superior de las influencias intelectuales y espirituales, en Mallea, su compañero de delegación, por el contrario, la fidelidad a la naturaleza de la vocación puede justificar una función que no podría traducirse en acciones, que rechaza, sino sólo en una apuesta, una pasión individual.

Ni siquiera Georges Duhamel, uno de los escritores de mayor prestigio en la delegación francesa, que pronto renunciaría al PEN Club, llega tan lejos pese a invocar el derecho a la soledad recordando a Vigny: "Solo y libre, cumplir su misión solo y libre. Solo, la soledad es santa". En la búsqueda de un equilibrio entre los deseos personales y lo que la sociedad exige del escritor, propone redefinir los nuevos sentidos del término "social" que en el momento está pasando a ser equivalente de "política" o de "política social" para proponer que la función del escritor consista en poner "su talento, su influencia y su persona al servicio de causas justas, al servicio del oprimido contra el opresor y, de una manera más general, al servicio de la humanidad". Una argumentación convincente en términos de lo que hoy llamaríamos políticamente correcto e inspirada en Julien Benda: "El 'clerc' que se rehúsa a toda intervención no parece sublime y libre en su pureza sino más bien estéril y esclavo de su egoísmo".

Sofía Wadia, delegada oficial de la India, cuyo exotismo despierta los más curiosos y también malévolos comentarios,[33] retoma y enfati-

---

[33] Son malignas pero graciosas las observaciones de Gálvez sobre Sofía Wadia, so-

za el sentido de universalismo y humanitarismo de esa responsabilidad proponiendo de paso una imagen idealizada del escritor, que rechaza de manera absoluta la mera posibilidad de una tipología de lo que se podría llamar "el escritor reaccionario". La ovación que premia sus palabras expresaría que, entre otras coincidencias, comparte con el público esa utopía tantas veces desmentida, incluso en el desarrollo de la misma reunión.

En lo que hace al orden argumentativo es interesante que Victoria Ocampo haya elegido como espacio de enunciación el del *common reader*, concepto del doctor Johnson reformulado por Virginia Woolf, quien define así al lector carente de prejuicios literarios, diferente del crítico o del erudito. Un movimiento con el que opta por una retórica de la *captatio benevolentiae* que luego tendrá derivaciones inesperadas, aunque de entrada le permite no sólo ratificar su fe en el poder transformador de la literatura, sino confesarse lectora ávida que ha vivido a la sombra de los libros personificados en sus autores: "Los libros, señoras y señores, son ustedes".

Un impensado efecto de esa retórica redundó en la violenta intervención de Marinetti, quien embistió contra Victoria Ocampo a partir de la incomprensión, desconocimiento quizás, del concepto de *common reader* que tergiversó. Al acusarla de querer restringir las obras de arte a la pura literatura social —la única que interesaría al lector común— despliega una argumentación digna de la tipología del escritor que muchos se negaban a reconocer; asegura que ni Mallarmé, ni Gide, ni Baudelaire ni él mismo escribieron nunca para un lector común cuya "sensibilidad reacciona lentamente".

Ocampo, que apenas intenta refutar con breves interrupciones la arremetida, se ampara en el *esprit de escalier* para darse tiempo y le responderá recién al año siguiente en "Virginia Woolf, Orlando y Cía".[34] Allí reconocerá que hablar del *common reader* en los términos de Virginia Woolf había sido una elección mucho menos modesta de lo que podía parecer en tanto sus referentes habían sido, en primer lugar, la propia novelista inglesa como lectora apasionada, sin más método que "sus gustos, sus inclinaciones, sus instintos" y ella misma.

---

lamente malignas las de la revista *Criterio* y curiosa la silueta dibujada por Alfonsina Storni (entre las de otros congresales): "Apéndice de la luna, cada nube que toca le trae un vestido nuevo". En "Cómo los vio Alfonsina Storni", *Nosotros. Segunda Época*, año 1, n° 6, Buenos Aires, septiembre de 1936.

[34] Victoria Ocampo, *Testimonios. Segunda Serie. 1937-1940*, Buenos Aires, Sur, 1941.

Es indudable que la opción por el lector constituyó un gesto de audacia que tampoco debe de haber sido demasiado apreciado sea porque la confusión creada por Marinetti prosperó hasta el punto que "el *common reader* no tardó en convertirse en *the man in the street* (el hombre de la calle)", según Ocampo, sea porque varias veces en el transcurso de las sesiones ese lector común fue amenazado con la expulsión de la sala. Como fuere, un año después ratifica que su opción no recaía en un lector cualquiera ya que "nunca he creído que los grandes escritores deban descender para ponerse al alcance del ignorante, sino que, por el contrario, es el ignorante quien debe subir para alcanzar un poco de lo que los grandes escritores le ofrecen". Una dialéctica de lo alto y lo bajo en la relación escritor/masa en la que la coincidencia sería unánime en la asamblea y, como se verá, fuera de ella también.

En otra vuelta de una anécdota que en otras circunstancias podría parecer intrascendente, Marinetti en sus memorias le atribuye a Ocampo una actitud beligerante (la que quizás ella hubiera deseado tener aunque no pudo):

> [...] se alinea en contra de mí también la más rica y bella mujer de Buenos Aires, Ocampo, reina de un salón de bolchevismo esnobista, y la hago llorar denigrando con muchas caricias sus teorías comunistas, su incomprensión del adorado Mallarmé, de modo que, rechazando los ataques de Romains, Crémieux y los que me llueven del palco de los comunistas italianos, soy aplaudido y llamado al proscenio.[35]

Más allá de estas alternativas, cuando Benjamin Crémieux, delegado oficial de Francia, intenta resumir los argumentos introduce una diferencia sutil que pudo pasar inadvertida; al coincidir en la indudable responsabilidad del escritor: decir lo preciso en el momento preciso, se pregunta si no es ése también su derecho: "Es este derecho el que querría que los PEN Clubs reivindicaran". Una precisión que se orienta a la denuncia del silenciamiento de los escritores en la Alemania nazi, imputación que Marinetti rechaza para la Italia fascista, clava una pica en lo que estaba empezando a ser piedra de toque de la política cultural en el campo de la misma izquierda: la denuncia de las

---

[35] F. T. Marinetti, *Una sensibilità italiana nata in Egitto*. Traducción de Horacio Armani. Fragmento reproducido en *Más para más. Periódico de información libre*, Centro Editor de América Latina, Buenos Aires, junio de 1983.

persecuciones y los juicios en la URSS que ya había producido la expulsión de André Breton del Congreso por la Defensa de la Cultura en París y, entre otros efectos, el suicidio de René Crevel.

Un debate que por momentos pareció al borde del naufragio se reorienta para continuar en una serie de propuestas gremiales que tampoco pudieron escapar del clima político ya instalado de manera definitiva, tanto por la voluntad de los delegados como de una barra cada vez más apasionada. Hasta el informe sobre una cuestión societaria, la recopilación de documentos para la instalación en Bélgica de un pabellón dedicado al PEN Club, adquiere un sesgo inquietante cuando Louis Piérard (1868-1951), delegado oficial, recuerda que una parte de los documentos provino de los archivos de la policía, información que, como de paso, le permite un excurso: "me permito abrir un breve paréntesis y hacer notar que escritores como los que voy a mencionar dentro de un instante, han podido ocuparse, a ciertas horas, de política sin deshonrar por eso a la literatura". Y se trata de la correspondencia de Goethe, los cuadernos escolares de Charles Baudelaire, las cartas escritas por Verlaine en la prisión.

Un cierre quizás inesperado de la sesión proviene del delegado oficial por Japón, Toson Shimazaki quien, en su lengua, en el momento de fundamentar su apoyo y el de su compañero de delegación (Ikuma Arishima) a la creación de una revista que imagina como el cumplimiento del sueño de Goethe de una literatura mundial, retoma el discurso de Victoria Ocampo para ratificar que "el momento histórico por que atravesamos no permite que los escritores permanezcamos tranquilamente ocupados sólo en trabajos recreativos, o de meditación". La mala memoria de Marinetti asegurará:

> No sé cuántos años hace que en Buenos Aires desafiaba sarcásticamente a los congresales franceses del PEN Club, quienes me acusaban de italianidad prepotente, pero es cierto que quedaron mal parados cuando se alzó el escritor japonés Hiraschiovara [sic] para improvisar un largo elogio de Italia en lengua italiana.[36]

El debate culmina al día siguiente cuando el discurso de Emil Ludwig recupera el dramatismo implícito en la declaración antes citada de

---

[36] F. T. Marinetti, *Una sensibilità italiana nata in Egitto*, op. cit. Es probable que tanto protagonismo hubiera terminado de alejar a sus admiradores de la primera visita en 1926; diez años después sus desplantes y arbitrariedades habían dejado de ser o parecer graciosos. Ver en este tomo Diana B. Wechsler, "Buenos Aires: la invención de una metrópolis cultural".

Victoria Ocampo: "Los libros, señoras y señores, son ustedes". Lo que podía haber parecido un gesto cortés y entusiasta ante los famosos y admirados autores europeos, se proyecta cuando Ludwig tensa las alternativas de la discusión al elegir como espacio de enunciación la representación de los escritores alemanes emigrados y exiliados. Denuncia las cárceles del Tercer Reich, las persecuciones a judíos, comunistas, arios democráticos y católicos, y logra un impacto emocional cuando expresamente identifica los libros quemados por el nazismo con la persona de sus autores:

> [...] una tarde del mes de mayo de 1933 he tenido el alto honor de compartir el destino de mis mejores compañeros en cierta hoguera. Ocupé un buen lugar entre Enrique Heine y Espinoza, y me parecía más digno ser quemado entre dos genios de raza que ser laureado por unos profesores racistas.

De manera para nada elíptica retoma la preocupación formulada por Benjamin Crémieux en el sentido de recuperar el derecho del escritor a la palabra y denuncia la gravedad que supone el haberlo desligado de sus funciones: "me parece una enormidad que en el país de Schiller se haya suspendido la libertad de la palabra de la que ustedes acaban de hablar con tanta devoción". Y, casi como al pasar, establece una diferencia entre cultura y civilización, dos términos que quizás hayan estado relacionados en sus orígenes pero que irían cambiando de sentido en esos años. Reduciendo los efectos de la censura al ámbito europeo asegura que los libros condenados por el nazismo se leen "en todas partes del mundo civilizado, mientras que a los escritores del Tercer Reich sólo se los lee en Alemania", con lo que remite al que fuera el país más culto del mundo, según un consenso casi unánime en la época, al territorio de la barbarie, al margen de la civilización.
Un drama del cual ninguna nación estaría exenta:

> Casi todos los oradores de ayer han destacado que no tenemos nada que ver con la política, y, sin embargo, todos ellos han hablado de política. Se nos invita siempre a permanecer en el Edén del espíritu. Permítanme ustedes afirmar que pronto estos hermosos jardines serán rodeados también en otros países por ametralladoras cuyas bocas, por cierto, no mirarán hacia afuera.

De inmediato formula a la asamblea una pregunta en su contexto alejada de la pura retórica: "Los límites entre la política y la literatura, ¿dónde están?" A partir de esta intervención, que puede pensarse como emblemática, se intensifican todas las contradicciones en que estaban inmersos los protagonistas de la reunión y se abre cauce a los ataques rencorosos de la derecha clerical. Un "instante trascendente" según Melfi, un momento de violenta tensión puntuado por los aplausos del público, la expectación de los delegados, el llanto emocionado de Stefan Zweig y la inquietud manifiesta aunque contenida de Marinetti.

Domingo Melfi recupera los rumores que en los días precedentes aseguraban que se le iba a impedir el uso de la palabra a Ludwig, lo que explicaría una en apariencia extemporánea intervención de Eduardo Mallea quien toma la palabra para proponer que al día siguiente haga uso de la palabra, en primer término, el delegado Emil Ludwig, arguyendo que "así lo determina el programa". El carácter tautológico de la propuesta sólo se comprende en el marco de un clima progresivamente enrarecido que hasta el momento se había expresado casi exclusivamente en llamados de atención a la barra.

Un espectro de opiniones

Entre las derivaciones de este debate quizás sean ejemplares, entre otras, las opiniones de monseñor Franceschi, quien además de señalar la falta de homogeneidad existente entre los miembros del congreso, considerando como defecto lo que constituyó una virtud, advierte con agudeza los deslizamientos entre el concepto de intelectual y el de escritor, un aspecto de la cuestión que, cegado por los prejuicios antiliberales y antisemitas que lo obseden, tampoco resuelve.[37] Una ofuscación que se supera a sí misma cuando una semana después la revista que dirige se encrespa contra la propuesta, que supuestamente habría recibido Ludwig, de escribir la biografía de San Martín. Un proyecto que, ni aun en el marco de la estrecha alianza establecida entonces entre los sectores nacionalistas de derecha y el clero, puede justificar un ataque que sólo se entiende en un contexto de intolerancia a cuyo revelado, en términos fotográficos, contribuyó el encuentro:

Así como es alemán, suizo y judío todo en uno, ¿este "ciudadano del mundo" es también argentino? Este izquierdista desarraigado de todos los países; incapaz de amar a ninguno;

---

[37] Ver Gustavo G. Franceschi, "El Congreso del P.E.N. Club", en *Criterio*, año IX, n° 446, Buenos Aires, 17 de septiembre de 1936.

que sólo ve con buenos ojos la antipatria por excelencia que es el comunismo; que no conoce ni puede sentir nuestras tradiciones, nuestra misión espiritual y cultural, ni nuestro idioma; ¿cómo puede permitirse este don Juan de Afuera, y —sobre todo— cómo puede permitírsele perpetrar el atentado de ese libro?[38]

Si desde este lugar se imputa, entre otras cuestiones, cosmopolitismo —implícito en la acusación de "ciudadano del mundo"—, menoscabo extensible a otros intelectuales, en el otro extremo del espectro, algunas referencias a los debates publicados en la revista *Claridad* ayudan a reconstituir el complejo entramado ideológico que sirve de marco a la reunión. En "El Congreso de los P.E.N. Clubs y la función social del escritor", editorial firmado por Antonio Zamora, director de la publicación, se atribuye el interés del público a la ingente suma destinada a costear los viajes y estadías de los delegados; lo que se presenta como una manera oblicua, y en definitiva algo infantil, de cuestionar la reunión, también puede ser percibida como la demostración de una pérdida de perspectiva por parte de algunos sectores de la izquierda que de pronto se encontraron ante un imprevisto fenómeno masivo, y tanto, que Roberto Giusti llegó a compararlo con los fastos del Congreso Eucarístico, todavía no olvidados. La argumentación que deplora el gasto inútil, sin ser nueva, coincide en el momento con la esgrimida por los diputados que en la cámara rechazaron la asignación de fondos a un proyecto en el que la oposición sólo vería un reverdecimiento de los laureles del conservadurismo en el gobierno. Lo cuenta Manuel Gálvez, quien una vez más devela con gracia y *pro domo sua*, naturalmente, las maniobras detrás del escenario así como las argumentaciones de los diputados que fueron, en su relato, desde la suspicacia en la comisión organizadora del PEN argentino presidida por Carlos Ibarguren ("a quien los izquierdistas de todo pelaje detestaban") hasta la desconfianza puesta en los escritores en general pasando por un voto positivo que jugó con una ironía cachazuda: "Me halaga como argentino que en la ciudad de Buenos Aires haya un congreso de escritores de todos los países, por aquello de que uno siempre tiene inclinación a respetar las cosas inútiles".[39] Un sentimiento de desconfianza que Domingo Melfi recuerda cuando relaciona la ova-

[38] "Comentarios", en *Criterio*, n° 447, Buenos Aires, 24 de septiembre de 1936.
[39] Frase puesta en boca de Francisco Uriburu, director del diario conservador *La Fronda* y primo hermano de Ibarguren. Ver Manuel Gálvez, *Entre la novela y la historia*, op. cit.

ción del público a Jules Romains con "las campañas rudas de la prensa izquierdista de Buenos Aires, sostenidas contra el Congreso un mes antes de verificarse la primera reunión".[40] Mucho después, Pablo Neruda, que no estuvo en Buenos Aires, hace rodar una anécdota que, a propósito de Omar Viñole, también juega a ridiculizar la reunión.[41]

> Cuando se reunió por primera vez en Buenos Aires el congreso del PEN Club mundial, los escritores presididos por Victoria Ocampo temblaban ante la idea de que llegara al Congreso Viñole con su vaca. Explicaron a las autoridades el peligro que les amenazaba y la policía acordonó las calles alrededor del Hotel Plaza para impedir que arribara, al lujoso recinto donde se celebrara el congreso, mi excéntrico amigo con su rumiante. Todo fue inútil. Cuando la fiesta estaba en su apogeo, y los escritores examinaban las relaciones entre el mundo clásico de los griegos y el sentido moderno de la historia, el gran Viñole irrumpió en el salón de conferencias con su inseparable vaca, la que para complemento comenzó a mugir como si quisiera tomar parte en el debate.[42]

Algo más allá de ese espíritu burlón, Antonio Zamora se presenta como muy crítico del PEN: "una institución con más aspectos de sociedad recreativa que de organización de hombres de pensamiento y acción" y califica al presidente del congreso, el argentino Carlos Ibarguren de "fósil cavernícola" y a su secretario Antonio Aita, de "momia". Acusa a los delegados argentinos Juan Pablo Echagüe, Manuel Gálvez y Eduardo Mallea de no haber estado en condiciones de representarse siquiera a sí mismos, además de que, según él, "no han podido hacer otro papel más desgraciado que el que han desempeñado" en la medida que no pueden ir más allá de su propia producción "reaccionaria o soporífera de los últimos tiempos". En ese panorama, calamitoso según Zamora, sólo se salva Victoria Ocampo, quien habría trascendido "por el empeño puesto a favor de las ideas que deben pri-

[40] Domingo Melfi, *El Congreso de Escritores de Buenos Aires, op. cit.*

[41] Sobre Omar Viñole, algunas de cuyas obras se publicaron en la editorial Claridad, ver Dieter Reichhardt, "Macedonio Fernández y Omar Viñole: dos caras del vanguardismo en Argentina", en Harald Wentzlaff-Eggebert (Hrsg./ed.), *Europäische Avantgarde im lateinamerikanischen Kontext. La vanguardia europea en el contexto latinoamericano. Actas del Coloquio Internacional de Berlín 1989*, Frankfurt am Main, Vervuert Verlag, 1991.

[42] Pablo Neruda, *Confieso que he vivido. Memorias* [1974], Barcelona - Caracas - México, Seix Barral, 1981.

mar en el escritor contemporáneo". Un elogio empañado porque, en un alarde de antifeminismo sorprendente, lamenta que la ausencia de los escritores argentinos verdaderamente valiosos haya reducido la representación a "la acción de una mujer".

Con la excepción de los nombres de Jules Romains, Emil Ludwig, Stefan Zweig, Benjamin Crémieux, Jacques Maritain, Sofía Wadia y Georges Duhamel, no encuentra valores en las delegaciones extranjeras a las que acusa de haberse dedicado sólo al turismo, mientras que reserva a la delegación italiana integrada por Filippo Tomasso Marinetti y Giuseppe Ungaretti, el papel de "bufos destinados a representar [un] grotesco papel" en la medida que bajo la "tiranía fascista" los escritores sólo "desempeña[n] una función puramente mecánica". En un discurso que menosprecia el orden argumentativo para elegir la calificación de los contendientes acusa a Ibarguren de haber pronunciado un discurso reaccionario y ambiguo, al tiempo que rescata las intervenciones de Jules Romains y de Emil Ludwig como críticos de la barbarie actual "levantada por el capitalismo ante el estrepitoso derrumbe de su arbitraria organización". En el fondo de muchas de estas afrentas se manifiestan atisbos del desprecio a los letrados que en adelante caracterizará la conflictiva relación de la izquierda con los escritores.[43]

Concluye Zamora con un balance ecléctico en el que resume su opinión en el sentido de que la mayoría de la delegación argentina, representativa de la reacción, no logró todo lo que quería, para terminar reafirmando su convicción de que el deber del escritor consiste en "crear, recoger y dar los frutos de su inteligencia al pueblo, en cuya grandeza y profundidad de emociones residen todos los valores humanos". Una forma del populismo de izquierda tal como se presentaba en esos años y que paradójicamente ratifica la conceptualización de los escritores como élite, su carácter de dadores frente a lo popular, la condición de especialistas, la altura de un vuelo que los diferencia de los comunes mortales. Aun considerando magros los resultados del congreso, la aprobación de una declaración a favor de la paz y el compromiso de "ayudar a salvar la civilización, nuestro patrimonio común, de un desastre que esta vez sería definitivo", lo alienta a esperar que sus miembros trabajen para "realizar los postulados que se han votado".[44]

[43] Ver Oscar Terán, "Intelectuales y antiintelectualismo", en *Nuestros años sesentas. La formación de la nueva izquierda intelectual argentina. 1956-1966*, Buenos Aires, El cielo por asalto, 1993 (2ª edición).

[44] Antonio Zamora, "El congreso de los P.E.N. Clubs y la función social del escritor", en *Claridad*, nº 305, Buenos Aires, septiembre de 1936. En el mismo número: "Carta a Emil Ludwig", Costa Iscar: "El discurso que faltó en el XIV Congreso de Escritores" y "Cuatro comentarios sobre el XIV Congreso de los P.E.N. Clubs".

Algunas conclusiones

Las alternativas del XIV Congreso Internacional de los PEN Clubs realizado en Buenos Aires en septiembre de 1936 crean en el eje de las tensiones en que se constituye un tejido que recupera la aventurada navegación de los intelectuales en un momento de viraje que terminaría marcando su desarrollo posterior. Otorga nuevos sentidos a conceptos en crisis y desmiente también una de las autofiguraciones más acariciadas por los intelectuales respecto de sí mismos y una de las más discutidas en la reunión, la de su autonomía e independencia de la sociedad.[45] Una ilusión que se alimenta, por otra parte, en el consenso acerca de la impureza inherente al campo político, ámbito que se suponía debía ser excluido de las actividades del espíritu. La separación entre espíritu y acción, característica de un pensamiento liberal en crisis, realiza un giro radical en esta reunión mientras que no parece afectar a los intelectuales nacionalistas quienes, favorecidos además por la coyuntura, parecen tener muy clara la necesidad de desempeñar una función activa en las instancias políticas.

Para terminar este acercamiento al tema, diré que una parte fundamental del congreso, leído hoy, con una experiencia de la historia, la magnitud de cuyo horror era difícil entonces prever, podría llegar a ser pensado como la escenificación de los límites que cercaron a los intelectuales reunidos para reflexionar sobre las aflicciones que les deparaba su lugar en la sociedad.

---

[45] Ver Antonio Gramsci, *Los intelectuales y la organización de la cultura*, Buenos Aires, Lautaro, 1960. Traducción de Raúl Sciarreta. También Edward W. Said, *The World, the Text, and the Critic*, Cambridge, MA, Harvard University Press, 1983.

BIBLIOGRAFÍA

Fermín Estrella Gutiérrez, *Recuerdos de la vida literaria*, Buenos Aires, Losada, 1966.

André Gide, *Defensa de la cultura* [Discurso pronunciado por André Gide en el Congreso Internacional de Escritores de París el 22 de junio de 1935. Traducción de Julio Gómez de la Serna]. *Seguida de un comentario y dos cartas de José Bergamín y Arturo Serrano Plaja*, Madrid, Ediciones de la Torre, 1981. Facsímil de la edición de José Bergamín en 1936 con introducción de Francisco Caudet.

Roberto F. Giusti, "El Congreso de los P.E.N. Clubs. Comentario a puertas cerradas", en *Nosotros, Segunda época*, año I, n° 6, Buenos Aires, septiembre de 1936.

Noé Jitrik, "Propuesta para una descripción del escritor reaccionario", *Escritores argentinos. Dependencia o libertad*, Buenos Aires, Ediciones del Candil, 1967.

John King, "Los años de consolidación, 1935-1940", en *Sur. Estudio de la revista argentina y de su papel en el desarrollo de una cultura. 1931-1970* [1986], México, Fondo de Cultura Económica, 1989.

Tomás Maldonado, *¿Qué es un intelectual? Aventuras y desventuras de un rol* [1995], Barcelona, Paidós, 1998.

Celina Manzoni, "Buenos Aires 1936. Debate en la república de las Letras", *Hispamérica. Revista de literatura*, año XXXIV, número 100, Maryland, 2005

David Rock, *La Argentina autoritaria. Los nacionalistas, su historia y su influencia en la vida pública*, Buenos Aires, Ariel, 1993.

Noël Salomon, "Cosmopolitismo e internacionalismo (desde 1880 hasta 1940)", en Leopoldo Zea (Coordinación e Introducción),

América Latina en sus ideas, México-París, Siglo XXI-UNESCO, 1986.

Nicolas Shumway, *La invención de la Argentina. Historia de una idea*, Buenos Aires, Emecé, 1993.

Martín S. Stabb, *América Latina en busca de su identidad*, Caracas, Monte Ávila, 1969.

Michael Walzer, *La compañía de los críticos. Intelectuales y compromiso político en el siglo XX*, Buenos Aires, Nueva Visión, 1993.

Jorge A. Warley, *Vida cultural e intelectuales en la década de 1930*, Buenos Aires, Centro Editor de América Latina, 1985.

Virginia Woolf, *The Common Reader* [1925]. En eBooks@Adelaide The University of Adelaide Library, University of Adelaide, South Australia 5005.

Meridianos, polémicas e instituciones: el lugar del idioma

por Ángela L. Di Tullio

Entre los recorridos posibles de la historia intelectual de determinada comunidad, el relativo a la lengua y sus representaciones ofrece una interesante particularidad. La lengua (sobre todo, la lengua materna) forma parte del individuo como una posesión inalienable, y en tal sentido no sería historiable (como no lo son los atributos físicos o mentales de las personas). Sin embargo, la lengua es susceptible de ser historiada, y de varias maneras, puesto que es la depositaria de representaciones sociales, de actitudes afectivas y de intervenciones destinadas a regular su funcionamiento. Este complejo de factores interrelacionados se convierte en un objeto discursivo recurrente y denso cuando cuestiona una antigua hegemonía, como ocurre con las lenguas europeas trasplantadas a América, donde un mismo idioma se extiende a varios países. Las denominaciones acuñadas, *idioma nacional* o *idioma patrio*, se interpretan como nombres eufemísticos del español (por ejemplo, en el currículum escolar); pero también cabe entenderlos en el sentido literal, es decir, en el sentido de la idea, ingenua o elaborada, de que la lengua es uno de los atributos de la nacionalidad, acaso el primero y más inmediato. Aunque en principio menos ambiguo, la expresión *el idioma de los argentinos* —usada por Borges como título de una conferencia en 1927 y de un libro en 1928— también suscitó reubicaciones y manipulaciones por parte de escritores conscientes de que su lugar en la literatura argentina no era ajeno a su participación en la «cuestión del idioma», que en la década del 1920 parecía acercarse a una solución final.

La cuestión del idioma

El tema de la lengua propia —o «cuestión del idioma»— tiene una larga historia en la Argentina: planteado por la Generación del 37 como parte del programa de independencia cultural con respecto a España, se reactualiza con la masiva presencia inmigratoria. El registro coloquial del español rioplatense se va permeando con sonidos, entonación, léxico e incluso pautas gramaticales de las lenguas de los inmigrantes, sobre todo del italiano. Estos cambios, interpretados por algunos como la formación de una nueva lengua, para otros no son más que la línea de separación entre el habla plebeya y la de los criollos cultos.

Para remediar el «desbarajuste lingüístico» derivado del contacto entre el español y las lenguas inmigratorias, los intelectuales del Centenario deciden recuperar los lazos con España y su tradición. Las señales de esta reconciliación se exhiben en varios frentes. La «educación nacionalista» comprendía una política lingüística dirigida a enaltecer la lengua, identificada con el español castizo, símbolo de la raza. En los diarios, los correctores españoles se encargaban de borrar toda disidencia con el español peninsular. Con el mismo objetivo se confiaba a los gramáticos españoles la labor de escribir los manuales y los libros de lectura. La universidad no permaneció ajena a la campaña: un convenio entre Ricardo Rojas, decano de la Facultad de Filosofía y Letras, y Ramón Menéndez Pidal, director del Centro de Estudios Históricos en 1922, aseguraba que en el recién creado Instituto de Filología de la Universidad de Buenos Aires el estudio y la enseñanza de la lengua y la literatura españolas estuvieran a cargo de filólogos españoles.

En *El solar de la raza* (1913) Manuel Gálvez expresaba enfáticamente este nacionalismo hispanizante: «Somos españoles porque hablamos español». La inversión de la fórmula —«Hablamos en argentino porque somos argentinos»— representa la concepción opuesta. Esa forma del nacionalismo lingüístico pretendía borrar toda relación de dependencia entre la modalidad rioplatense y el español peninsular. La idea del idioma propio se imponía en tanto realidad alcanzada o utopía, según se evaluara la diferencia con el español europeo como una ancha brecha o reducida a un «matiz de diferenciación».[1]

En la década del 20, la «cuestión del idioma» se concentra en la manera de explotar la diferencia —brecha o matiz— para la construc-

---

[1] Ver Ángela Di Tullio, «Organizar la lengua, normalizar la escritura», en Alfredo Rubione, *La crisis de las formas*, vol. 5 de *Historia crítica de la literatura argentina*, Buenos Aires, Emecé, 2006.

ción de la lengua literaria. Lo que se discute, por ejemplo, es su autonomía, la pertinencia del «color local», la distancia que debe mediar (o no) con la oralidad. A diferencia del nacionalismo del Centenario, basado en esencias nativas, el de esta época no ocultaba su condición de construcción intelectual; un carácter imaginado similar se reconocía en la nueva versión de criollismo.

Hablar/escribir bien versus *hablar/escribir mal*

Los discursos dedicados a la lengua ponen de manifiesto esquemas conceptuales y afectivos (en última instancia, ideológicos) que modelan la realidad lingüística y pretenden encauzarla (mediante políticas lingüísticas y otras instancias glotológicas), aunque el tema puntual sea el empleo del *vos*, la legitimidad de los extranjerismos, el alcance del lunfardo o las condiciones de la adjetivación.

Las prescripciones que los gramáticos normativos dictaban sobre errores, barbarismos o vulgarismos contribuyeron decididamente a la labor unificadora asociada a la construcción del Estado, que, en el terreno lingüístico, se había encaminado a la imposición de una lengua única, sin resabios dialectales, aborígenes ni inmigratorios, a través de la educación y la burocracia. Para ello desconocieron las diferencias que separaban la modalidad rioplatense del español peninsular, única norma reconocida.

Desde la perspectiva de su ideología estandarizadora, la selección de una sola forma correcta exigía inhibir el cambio lingüístico, sobre todo en la gramática. Las sanciones recaían sobre los rasgos diferentes, como el voseo. En la medida en que el voseo americano difiere del uso peninsular contemporáneo, pero también del antiguo (por la mezcla entre los paradigmas de la segunda persona del plural *vos* y la del singular *tú* (*te, tú, tuyo*), se le achaca falta de lógica, fealdad e incluso inexistencia. Sin embargo, la indudable existencia del voseo y de otras diferencias produce una suerte de esquizofrenia lingüística, cuya manifestación más evidente es la inseguridad.

Según Arturo Capdevila, en Gringópolis se habla al tuntún: el escándalo lo provocaban la mezcla entre lenguas y, sobre todo, el desorden derivado de la movilidad social: aunque se desdeñaba el habla plebeya, la condena apuntaba fundamentalmente a la afectada *cursi-parla* de los nuevos ricos, que pretendían infructuosamente imitar el habla de los distinguidos. El mal gusto de los cursis, guarangos y plebeyos contrastaba con la sencillez y sobriedad de la verdadera distinción.

Así, *hablar (y escribir) mal* afectaba no sólo la moral del individuo sino también los altos designios del Estado y la nacionalidad, aunque no dependiera solamente de un acto de voluntad. En la década del 20, en cambio, algunos poetas reivindican su derecho a escribir en argentino: «hablar mal» deja de ser una vergüenza y se convierte en un desafío, cuando, por ejemplo, Nicolás Olivari reivindica «el idioma argentino que impertinentemente nos estamos haciendo».

El desconocimiento de las diferencias se pone de manifiesto paradigmáticamente en dos artículos de Américo Castro publicados en *La Nación* en abril de 1924, y dedicados a negar la existencia del «dialecto argentino», tesis que desarrollará ampliamente luego en *La peculiaridad lingüística rioplatense y su sentido histórico*, publicada en 1941.

> [...] las peculiaridades del habla del Plata son más psicológicas que reales. Suprímase la creencia de que los argentinos tienen una forma de hablar *sui generis* y se habrá suprimido el noventa por ciento de las pretendidas particularidades argentinas

Lucien Abeille: un antecedente incómodo

El nacionalismo lingüístico abogaba por la causa del idioma nacional como derecho de las naciones a representar su idiosincrasia a través de una lengua propia. Tal programa, vagamente sustentado por la Generación del 37, halló un entusiasta portavoz en Lucien Abeille. Este ignoto profesor francés, que enseñaba en el Colegio Nacional y en la Escuela de Guerra, arriesga un nombre propio para designar la modalidad lingüística hablada en la Argentina: la denomina *idioma nacional de los argentinos*, anticipo del definitivo *idioma de los argentinos,* aún no formado totalmente.

Su libro, *Idioma nacional de los argentinos*, publicado en París en 1900 y dedicado a Carlos Pellegrini, iba avalado por la autoridad académica del filólogo Louis Duvau y por una copiosa lista de las «principales fuentes lingüísticas y filológicas» consultadas en las *Memorias de la Sociedad Lingüística de París*.[2] Así legitimado, el autor garantizaba el análisis científico que la gramática española no estaba en condiciones de ofrecer. Por otra parte, el antihispanismo aún vigente y un nacionalismo militante descontaban el apoyo entusiasta a la tesis de la

---

[2] Luciano Abeille, *Idioma nacional de los argentinos*, Paris, Librairie Émile Bouillon, 1900.

lengua propia, que se produciría así por una fragmentación similar a la ocurrida en el latín o el indoeuropeo.

En el aparato conceptual que expone en los primeros capítulos, la emergencia del idioma nacional se deriva tanto del concepto de nación como del de raza: para ser una nación completa la Argentina debía tener su propia lengua; ese derecho se basaba, por otra parte, en la formación de una nueva raza a partir de la mezcla entre la población nativa y los pueblos extranjeros, a lo que también contribuía la decidida preferencia de la Argentina por Francia en las relaciones políticas, comerciales y literarias. De hecho, la sintaxis del idioma nacional de los argentinos revelaba su creciente aproximación al francés en busca de claridad, objetivo al que el autor confiesa contribuir al no corregir los galicismos en los textos de sus estudiantes.

Mientras que el galicismo en la sintaxis era introducido por los hablantes cultos, se operaban otros procesos de origen popular: las «fuerzas revolucionarias» del cambio fonético, la analogía en la gramática y el neologismo (sobre todo, indigenismos y términos tomados de las lenguas inmigratorias) se sumaban a los «actos emancipadores del lenguaje»: cambios semánticos por los que se añaden nuevas acepciones a palabras ya existentes.

Así, la evolución de la lengua será eficazmente ayudada: arriba, los letrados introducirán cambios sintácticos; abajo, el pueblo llevará a cabo los cambios en el vocabulario y las alteraciones en fonética, hasta que llegada a su apogeo, «la evolución armonize [sic], en un conjunto propio, todos los elementos preparados por la selección, y semejante a una chispa eléctrica los cristalize [sic] en un todo homogéneo o IDIOMA ARGENTINO».

La retórica que el autor dedica a exaltar las bondades de la joven república y de su lengua no convenció, sin embargo, a sus destinatarios, para quienes resultaba evidente que las supuestas fuerzas revolucionarias no actuaban tan libres en lenguas de cultura como el español o el francés.

Además de las debilidades que su libro presentaba en su parte doctrinal (basada más en principios teóricos que en fundamentos empíricos) y en la descripción concreta, Abeille demostraba no haber entendido los atributos que el español tenía en cuanto capital simbólico: como lengua internacional y estandarizada, contaba con el prestigio de una historia y una literatura, suscitaba el orgullo de sus hablantes y servía de marco de referencia para ser lengua del Estado (en la educación y la burocracia). El modesto origen del *idioma de los argentinos* sólo permitía que se le vaticinara, en el mejor de los casos, el destino de una lengua vernácula. El peligro estribaba precisamente en sustituir el español por una variedad inferior (gauchesco, orillero, cocoliche), que ya contaba con su «gramática» (el libro de Abeille) y con una «literatura» escrita, la criollista.[3]

La definición de una diferencia: ¿idioma, dialecto, jerga?

El dato de partida era la diferencia en la manera de hablar de peninsulares y americanos. La diferencia requería una definición y una denominación. La dificultad de designarla no era un asunto trivial en una comunidad lingüística que había dejado de ser colonia hacía ya un siglo y que además ensayaba nuevos e inestables equilibrios con las naciones con las que compartía la lengua. Las opciones de las que se disponía en la época eran pocas: una prestigiosa, el *idioma* o *lengua*, y varias depreciadas, el *dialecto*, la *jerga*, la *jerigonza*, el *guirigay*. La lengua se diferenciaba de las variedades subalternas por los atributos de la autonomía y la fijación.

La fijación consistía en la selección de una única opción entre las diferentes posibilidades existentes. Esta labor, confiada a la Academia, se seguía realizando sobre la base del español peninsular como único criterio de corrección (estandarización monocéntrica), a pesar de que americanos como Andrés Bello, Rufino José Cuervo y Arturo Costa Álvarez habían reclamado que se reconociera la legitimidad de las diferencias. Éstas se condenaban enfáticamente en el terreno de la gramática, pero se toleraban en la fonética y en el léxico, siempre que se justificaran (como los indigenismos incorporados por designar referentes desconocidos o los derivados y compuestos formados a partir de las reglas de formación de palabras del español).[4] Se rechazaban, en cambio, los «barbarismos», provenientes de otras lenguas, y los términos plebeyos o «guarangos», muchos de ellos recogidos en los dos

[3] A advertirlo apunta la campaña que inicia Ernesto Quesada con «El criollismo en la literatura argentina» (1902). Años más tarde, en un artículo publicado en 1923 en *Nosotros*, «Evolución del idioma nacional», expresa su satisfacción por haber conjurado el peligro gracias a la planificación lingüística que había promovido, tendiente a evitar que se estandarizara ese «caló popular». Ver también Ángela Di Tullio, *op. cit.*

[4] El diferente tratamiento que reciben los vocablos que son propios de América y los de España aún hoy se evidencia en sus respectivas designaciones: *americanismos*, junto a *argentinismos* o *colombianismos*, frente a *andalucismos* o *aragonesismos*, sin un término general que designe los vocablos exclusivos del español europeo. En los otros niveles, el seseo, por ejemplo, no logró la aceptación académica hasta 1956.

diccionarios de argentinismos editados en la época del Centenario, el de Garzón y el de Segovia.[5]

Las variedades subalternas no están sometidas a codificación; en ellas los procesos de cambio se realizan espontáneamente, sin una dirección que los guíe. Así, *dialecto* se asociaba con la modalidad hablada en zonas rurales, mientras que las jergas caracterizaban a los individuos de un cierto oficio.[6] La jerigonza y el guirigay, términos inherentemente despectivos, implicaban dificultad para ser comprendidos, así como «mal gusto» y «mezcla», respectivamente.

Tal conceptualización de la realidad lingüística presentaba evidentes lagunas: la dicotomía entre «*la* lengua» y las otras designaciones peyorativas ignoraba las diferencias léxicas y gramaticales de las variedades cultas americanas, que requerían su propia codificación (estandarización pluricéntrica):

> Y valga esta digresión para desencanto de cuantos pretenden ver florecimientos de un nuevo idioma en cada neologismo, en cada nuevo giro o en cuanto barbarismo asoma por estos mundos. Y para barbarismos, Buenos Aires, por lo mucho que influye la inmigración y el arrabalerismo. En cualquier ciudad de provincia se habla mejor que en la gran capital.[7]

La respuesta socorrida para zanjar esa laguna era la de la lengua propia, una aspiración ya insinuada por la Generación del 37, pero poco verosímil, a pesar de la tesis de Abeille.

---

[5] Garzón reconoce en el prólogo de su diccionario que el intento inicial era formar un vocabulario de barbarismos, pero que «resultaron tantos y tan generalizados (y me refiero al lenguaje de la gente culta) que empezó a repugnarme el nombre». Segovia pensaba que su libro podría ser útil para los hijos de los inmigrantes. Ambos textos recibieron severas críticas. Así, Estanislao Zeballos las condena como «obra estéril de curiosidad y de desocupados» (prólogo a *Notas del castellano en la Argentina* de Ricardo Monner Sans, 1917).

[6] La lingüística actual ha eliminado el componente valorativo de *dialecto*, que designa una variedad geográfica, así como *sociolecto*, una variedad social. En «Las alarmas del doctor Américo Castro», Borges le reprocha que no respete el elemental principio metodológico de comparar variedades del mismo tipo, por lo que los textos que ejemplificaban el «depravado lenguaje» argentino debían cotejarse con coplas madrileñas, y no con textos del nivel culto. Ver *El idioma de los argentinos* [1928], Madrid, Alianza Editorial, 1998.

[7] Ver Juan B. Selva, *Evolución del habla* (*Estudios filológicos*), Buenos Aires, El Ateneo, 1944.

Una década vertiginosa

La tesis rupturista, que parecía definitivamente derrotada en la época del Centenario, reaparece vigorosa en la década siguiente (1922-1931), sostenida por jóvenes intelectuales pertenecientes a diferentes corrientes, pero coincidentes tanto en el orgullo por los avances de la Argentina en materia política y cultural como en un cierto fastidio hacia los españoles y su manía de criticar lo que no les gustaba del país.

Es el tiempo de la conformación de las vanguardias, del florecimiento de las revistas literarias (desde *Proa* y *Martín Fierro* hasta *Sur*) y de encendidas polémicas. En esta etapa se discuten «estilos» consolidados, como el modernismo, el del Centenario o el de la revista *Nosotros*, no obstante ello sus representantes seguían dirigiendo la vida institucional: organizan espacios universitarios como el Instituto de Filología de la Universidad de Buenos Aires (1923) y asociaciones profesionales: la Academia Argentina de Letras en 1931 después de varios intentos frustrados y en 1928 la Sociedad Argentina de Escritores, de cuya flamante Comisión Directiva se burla Roberto Arlt ya que, formada según él, por autores que no consiguen vender sus libros, «no tienen absolutamente intereses ningunos que defender» (en la lista de los que no llegan a vender ni cien ejemplares incluye, naturalmente, a Borges).

Por el contrario, los miembros de la nueva generación no son figuras políticas conocidas como las que intervinieron en las polémicas del siglo XIX, ni tampoco los destacados funcionarios del Centenario. Son jóvenes intelectuales que escriben en revistas o periódicos, colaboradores, y a veces, como Borges y Ulyses Petit de Murat, codirectores de la *Revista Multicolor de los Sábados*. Dirigen suplementos culturales, se presentan a concursos, se congregan en confiterías y se trenzan en ruidosas polémicas, que a veces rozan la injuria, sobre diferencias ideológicas y estéticas, pero se reúnen también en amistosas cenas de camaradería que aparecen comentadas y fotografiadas como hechos relevantes de la vida cultural.

Aunque Borges disminuya la disidencia entre Florida y Boedo a «una broma literaria», tal como lo narra, estaban separados por profundas diferencias ideológicas, por sus orígenes sociales o étnicos y por las respectivas estéticas de la lengua.[8] Un factor de disenso adicio-

---

[8] Ver Fernando Sorrentino, *Siete conversaciones con Borges*, Buenos Aires, El Ateneo, 1996: «Fue un poco una broma como la polémica de Florida y Boedo, por ejemplo, que veo que se toma en serio ahora, pero no hubo tal polémica ni tales grupos ni nada. [...] ¿Qué importancia tiene la topografía? La prueba está, por ejemplo,

nal surgió en torno a la figura de Lugones, avalado por *Martín Fierro* como «gran argentino, decidido "martinfierrista", uno de los nuestros"» y repudiado por Roberto Mariani, en la misma revista y en nombre de la «extrema izquierda», como fascista. A pesar de ser centro de la polémica, Lugones va quedando aislado, sin seguidores en su ardua labor de construir una lengua literaria erudita, que obliga a la consulta del diccionario, o en la de artífice de la «obra de cultura más importante para los pueblos del habla», el *Diccionario etimológico del castellano usual*, a partir de una serie de artículos que, hacia el final del período, comienza a publicar en el *Monitor de la Educación Común* y que la Academia Argentina de Letras reúne póstumamente en 1944.[9]

Entre 1922 y 1931 se publican textos importantes sobre la cuestión del idioma: de Arturo Costa Álvarez, *Nuestra lengua* (1922) y *El castellano en la Argentina* en 1928; *El idioma de los argentinos* de Borges el mismo año y el aguafuerte homónimo de Roberto Arlt en 1930; *Folletos lenguaraces* (1927-1929) y *Vocabulario de vasallaje* (1931), en los que Vicente Rossi proclama la existencia del «idioma rioplatense». Roberto Arlt dice escribir «en porteño», aunque lo circunscribe a un léxico. Más escéptico, Borges ofrece una definición estipulativa del «idioma de los argentinos» a través de algunos rasgos específicos privativos de un sector social, los criollos cultos. En esta etapa, más que el léxico, le interesa la fonética, el tono «de la charla porteña» que la escritura debe reflejar, y los mecanismos productivos de la gramática que le permiten ampliar la lengua, «amillonarla». Costa Álvarez, el especialista en la «cuestión del idioma», rechaza toda propuesta de idioma propio, pero defiende el derecho de los argentinos a gobernar la lengua (la gramática y el diccionario), con independencia de España.

En esa época, la «cuestión del idioma» ya no se deriva de postulados románticos, ni de la fatalidad de la evolución lingüística. Aunque no se enuncie explícitamente, los autores parecen ser conscientes del ingrediente que subyace en la distinción entre lengua y dialecto. ¿La

---

en que un escritor como Arlt perteneció a los dos grupos; un escritor como Olivari, también».

[9] En el exordio Lugones exalta así su labor: «La revisión etimológica del castellano usual es la obra de cultura más importante para los pueblos del habla, ya que uniformado con seguridad científica su principal e indispensable órgano de comunicación, alcanzarán doble eficacia el empleo racional de las voces y la consiguiente firmeza de su concepto, logrados así para utilidad de todos». De paso, rechaza enfáticamente la tesis del idioma nacional que asocia con su despreciado «verbo de la democracia»: «Ese transformismo a la ligera corre parejas con la demagógica presunción que atribuye al uso de la plebe una importancia capital en la formación de los idiomas. Pero no hay tal. Todo idioma es obra de cultura realizada por los cultos».

lengua propia se decide por una disidencia real o por un acto de voluntad colectivo? ¿Cuánta diferencia puede soportar una misma lengua sin escindirse? ¿Basta con un «matiz de diferenciación» o con un caudal de palabras propias? ¿Un *dialecto* puede estar subordinado a una lengua que expresa una sensibilidad y un carácter opuestos? ¿En qué medida la lengua literaria contribuye al proceso de selección y estandarización?

Estas preguntas, implícitas en buena parte de los escritos sobre el tema, no recibieron respuestas categóricas. Al intentar responderlas, los autores que participan en la serie discursiva se instalan en la tradición trazando genealogías u otras líneas de continuidad, que rompen, sin embargo, con nuevos paradigmas, búsquedas formales y una clara voluntad de profundizar la diferencia.

Variaciones sobre un mismo tema: el idioma de los argentinos de Borges y de Arlt

En la década de 1920, la expresión *el idioma de los argentinos* pierde su referencia obligada a Abeille y adquiere nuevas interpretaciones. Corre así una suerte similar a la de otras denominaciones eufemísticas como *idioma nacional* o *idioma patrio* que en el currículum escolar desde 1852 sustituyen intermitentemente los incómodos nombres de español o castellano, aunque mantiene su significado de diferencia y reubicación en el mundo hispanohablante.

Así, en 1927 Borges la emplea en su conferencia, luego publicada como libro, como táctica distanciadora no sólo del hispanismo sino también de los promotores del lenguaje orillero o de otras variedades marginales. La somete a una triple definición: la rebaja primero a la condición de entelequia, de «travesura verbal», para reconsiderarla luego como un escurridizo «matiz de diferenciación» presente en la lengua hablada: «el ambiente distinto de nuestra voz, la valoración irónica o cariñosa que damos a determinadas palabras, su connotación». En tercer término, la proyecta hacia el futuro como esperanza de existencia real.[10]

---

[10] En una nota publicada en *Crítica* (19 de junio de 1927), sostiene su fe en el «idioma argentino»: «La cuestión del idioma argentino no es sentimental solamente. Hay los que tienen miedo a ese idioma y, para serenarse, lo niegan y hacen que su propio miedo o su haraganería sirva de lógica; hay los que quieren con ganas y creen que basta levantar la voz y declarar alguna patriotería para conseguirlo».

Las elecciones que Borges asume son tan significativas como los rechazos. Sus soluciones personales suelen presentarse como paradójicas, tanto por refutar las «verdades establecidas» como por defender argumentos o personajes marginales en el campo intelectual de la época como Vicente Rossi, «el montonero de la filología», frente a Monner Sans, «el virrey clandestino»;[11] a Evaristo Carriego, frente a Leopoldo Lugones y, como se verá, a Arturo Costa Álvarez frente a Amado Alonso y Américo Castro. Algo similar ocurre con la compleja operación de retomar la fórmula de Abeille, negarla primero (mediante la figura retórica de la concesión) y dejarla luego en suspenso, pero invirtiendo su contenido y su referencia.

El compromiso que supone el nombre *idioma* no se mantiene sin embargo en la argumentación, sino que alterna con *lengua* y *dialecto*, sin diferencia apreciable de significado. El «decir en argentino» se caracteriza como «la lengua vernácula de la charla porteña» (Prólogo a *Luna de enfrente*) o como dialecto en «El idioma de los argentinos»:

> Mejor lo hicieron nuestros mayores. El tono de su escritura fue el de su voz; su boca no fue la contradicción de su mano. Fueron argentinos con dignidad: su decirse criollos no fue una arrogancia orillera ni un malhumor [...]. Pienso en Esteban Echeverría, en Domingo Faustino Sarmiento, en Vicente Fidel López, en Lucio V. Mansilla, en Eduardo Wilde. Dijeron bien en argentino: cosa en desuso.

Esos autores constituyen una genealogía auténticamente criolla en la que Borges se inscribe. De este modo disocia la relación entre la obra de Abeille y el criollismo, sobre la que Quesada había alertado. De hecho, Borges sólo menciona a Abeille en «Invectiva contra el arrabalero» y como precursor del arrabalero, «infame jerigonza donde las repulsiones de muchos dialectos conviven». Invalidada, entonces, la referencia que Abeille le había asignado a la fórmula, Borges la recupera para otorgarle otra designación, la legítima.

También Roberto Arlt retoma la expresión en su artículo «El idioma de los argentinos» (*El Mundo*, 17 de enero de 1930, recogido en *Aguafuertes porteñas*), aunque no menciona el libro de Abeille ni tam-

---

[11] Borges apoya reiteradamente a Rossi, «nuestro mejor prosista de pelea» (en *Evaristo Carriego*), el más entusiasta defensor de la causa de la lengua rioplatense, a la vez quien acusa con más encono el «vasallaje» que imponen las instituciones españolas y sus secuaces locales.

poco el de Borges, que no podía desconocer puesto que en 1929 había recibido el Segundo Premio en el Concurso Municipal. Su blanco es el gramático Monner Sans (el «campeón del castellano en la Argentina», el «virrey clandestino», según Borges), quien en Chile había expresado su satisfacción por la «eficaz labor depuradora, en la que se hallan empeñados altos valores intelectuales argentinos» contra el lunfardo.[12] Arlt tacha de inútil el intento de detener la evolución de la lengua en pueblos que se encuentran en continua evolución, como el argentino; sólo los «pueblos bestias se perpetúan en su idioma». Reivindica así el derecho a hablar de manera eficaz, aunque a veces antigramatical, como los «muchachos antigramaticalmente boxeadores», que, si son inteligentes, pueden prescindir de la gramática del boxeo. Lo mismo ocurre con los pueblos: sólo están en condiciones de imponer su arte, su producción y su idioma «por prepotencia».[13]

Otra *Aguafuerte*, «El hermoso idioma popular», que parece anticipar «Las alarmas del Doctor Américo Castro», critica un artículo de Américo Castro referido a «nuestro idioma», publicado en el diario español *El Sol*. A la grave pregunta del filólogo: «¿A dónde iremos a parar con ese castellano alterado por frases que derivan de todos los idiomas?», Arlt no vacila en responder afirmando la existencia del idioma propio: «Pues a la formación de un idioma sonoro, flexible, flamante, comprensible para todos, vivo, nervioso, coloreado por matices extraños y que sustituirá a un rígido idioma que no corresponde a nuestra psicología».

Como Rossi, vincula este idioma con la lengua del inmigrante italiano: «Nuestro caló es el producto del italiano aclimatado» y para demostrarlo dedica varios artículos al análisis de italianismos que designan tipos sociales.[14] En «El origen de algunas palabras de nuestro

---

[12] Sylvia Saítta («Jorge Luis Borges: lector de Roberto Arlt» en AA.VV., *Los clásicos argentinos*, Rosario, e(m)r, 2005) propone un eslabón intermedio entre el texto de Borges y el de Arlt: la invectiva de Monner Sans contra «El idioma de los argentinos», a la que Arlt respondería llenando el vacío que deja el silencio de Borges y que Arlt aprovecha para exponer sus propias ideas sobre la lengua.

[13] También Macedonio Fernández expresaba su desdén por las normas gramaticales en carta a Nicolás Olivari (febrero de 1946): «Yo encuentro que su factura del *mero escribir* —no *su estilo*, palabra para mí sin sentido— es la manera de escribir más personal que he conocido. […] Todos escriben correctamente, porque es lo más fácil. Ser gramatical es como «botines lustrados» y «afeitada de hoy», que nos ahorran ser honrados y pensar. Usted desordena el régimen, hace imperativos con indicativos, etc.»

[14] La creatividad léxica en Arlt depende en buena medida del tipo textual: así en *Aguafuertes porteñas* predomina el italianismo (*berretín, atenti, merza, fungi, capelo, minga*, entre otros muchos), mientras que en los cuentos es más frecuente la formación de derivados, como *brujesca, sombroso, atorbellinar*.

léxico popular», *fiacún*; *furbo, squenún* en «Divertido origen de la palabra *"squenún"*». Los define, a veces incluye los derivados (*furbetto, furbicello, furberia*) y los ejemplifica en breves relatos.

Arlt enuncia categóricamente su decisión de escribir «en porteño», apoyado en su propia genealogía y en su capacidad de llegar a un gran número de lectores. Sin presumir de elucubraciones estéticas o de especulaciones sobre la literatura, se enorgullece de que sus libros se vendan e influyan sobre los lectores. La performatividad de su literatura («libros que encierran la violencia de un cross a la mandíbula», escribe en el Prólogo de *Los lanzallamas*) no es ajena a su forma de producir literatura como asalariado («por prepotencia de trabajo»). Mercado y trabajo son valores que lo distinguen de los gramáticos o de los escritores cultos, «autores de guante blanco»:

> Escribo en un «idioma» que no es propiamente el castellano, sino el porteño. Sigo toda una tradición: Fray Mocho, Félix Lima, Last Reason... Y es acaso por exaltar el habla del pueblo, ágil, pintoresca y variable, que interesa a todas las sensibilidades.

La lengua: un tema recurrente en Borges

En sus primeros libros de ensayos —*Inquisiciones, El tamaño de mi esperanza, El idioma de los argentinos* y *Evaristo Carriego*—, Borges expresa su gozo de criollo por la patria —o su versión acotada, Buenos Aires—, que reencuentra a su regreso de Europa, y por la «fruición» que le brindan los autores rioplatenses: los argentinos Estanislao del Campo, Eduardo Wilde, Eduardo Gutiérrez, Evaristo Carriego, Macedonio Fernández; y los orientales Pedro Leandro Ipuche o Fernán Silva Valdés. La patria recuperada, la ciudad reconocida en sus caminatas y una lengua que pueda expresar ese nuevo paradigma son los motivos recurrentes de estas obras juveniles: «El idioma de los argentinos es mi sujeto», enuncia en *El idioma de los argentinos*. Y «[N]osotros quisiéramos un español dócil y venturoso que se llevara bien con la apasionada condición de nuestros ponientes y con la infinitud de dulzura de nuestros barrios y con el poderío de nuestros veranos y nuestras lluvias y nuestra pública fe» (*El tamaño de mi esperanza*).

Patria e idioma de los argentinos están estrechamente unidos en esta primera etapa de la obra borgeana en la que el poeta y ensayista apresta sus instrumentos. Al rechazar tanto la propuesta rupturista basada en el lunfardo o el orillero como la intransigencia española en la perfección del idioma, delimita un espacio utópico, pero al mismo tiempo personal, como criollo que está en condiciones de hablar de lo universal.[15] Se inserta así en una tradición de discursos sobre la relación entre idioma y nación, pero, a diferencia de sus predecesores, Borges la piensa no a través de discursos políticos (como lo fueron, en última instancia, los de Sarmiento, Cané o Lugones), sino de una reflexión que se entretiene en las «gramatiquerías» pero se profundiza en una teoría del lenguaje y, en particular, del lenguaje literario.

El protagonismo de Borges en la «cuestión del idioma» se concentra en la segunda década del siglo pasado, tanto en la actividad colectiva (las revistas en las que participa) como en la individual. En diferentes ensayos y artículos, reinterpreta la expresión *el idioma de los argentinos* en términos de una tradición que pretende continuar (la de los escritores argentinos que supieron plasmar en la lengua escrita el tono de la oralidad), pero al mismo tiempo como un programa vanguardista, destinado a ampliar los recursos de la lengua, a «amillonarla». Más tarde abandonará este programa —renegando de las obras juveniles en las que lo había plasmado—, y decidirá restringirse a la voluntaria pobreza de las palabras habituales.

Aunque de manera menos sistemática, en las décadas siguientes sigue abordando temas referidos al lenguaje: célebres enfrentamientos con «especialistas» («Las alarmas del Doctor Américo Castro», publicado en *Sur* en 1942 y luego recogido en *Otras inquisiciones*), reedición de algunos ensayos en *El lenguaje de Buenos Aires*, en colaboración con José Edmundo Clemente, donde el término genérico *lenguaje*, menos audaz que *idioma de los argentinos*, se precisa con la misma definición de 1927: «el matiz idiomático nacional». En una conferencia que dicta en 1964 en Estados Unidos («The Spanish in South America — a Literary Problem») señala que la diferencia —«a stress»— entre el español de argentinos y uruguayos —el suyo— y el de los otros países hispanohablantes proviene de su diferente estructura social: los primeros son países de clase media (middle class countries); en los otros una reducida aristocracia gobierna sobre la amplia población nativa. El interés por el lenguaje se extiende a ficciones y ensayos, como «Tlön, Uqbar, Orbis Tertius» o «El idioma analítico de John Wil-

---

[15] Borges distingue entre el lunfardo, que entiende como jerga de delincuentes y, por lo tanto, secreta («jerigonza ocultadiza», «vocabulario gremial de la tecnología de la furca y la ganzúa», «lengua especializada en la infamia y sin palabras de intención general», *Idioma*) y el orillero o arrabalero, usado por el tango en su «cursilería internacional» o por el compadrito «para gallear».

kins», en los que bosqueja lenguas imaginarias. En algunos prólogos reflexiona sobre las sucesivas operaciones de reducción del léxico: así, en el de *Elogio de la sombra* (1969) reitera su adhesión a una «estética de la pobreza», que supone la eliminación de los sinónimos, que tienen la desventaja de sugerir diferencias imaginarias: hispanismos, argentinismos, arcaísmos y neologismos.

El lugar de la gramática

Los gramáticos no tuvieron buena prensa en la literatura argentina; más bien, fueron objeto del denuesto, género discursivo practicado por Sarmiento —en su polémica con Bello— por Arlt —en las mencionadas *Aguafuertes*, con Monner Sans y Castro— y por Borges, que lo teorizó en el "arte de injuriar" (*Historia de la eternidad*), aplicado también a Castro.[16]

Poco interés tienen para Borges las cuestiones normativas (como la de determinar si *ocuparse* exige los «ruiditos del *con* y el *del*, faltos de toda eficacia ideológica»), aunque muestra una actitud de cauto respeto hacia la gramática: «Yo he procurado, en los pormenores verbales, siempre atenerme a la gramática (arte ilusoria que no es sino la autorizada costumbre)». A esta primera definición de gramática —la gramática normativa, entendida como mero registro de las construcciones aceptadas—, contrapone una segunda, que le permite «ensanchar infinitamente el número de voces posibles» a partir de algunas reglas («El idioma infinito», *Tamaño*). Su programa de enriquecimiento de la lengua consiste en desdibujar las clases de palabras, a través de procesos de derivación (*amillonar, frutecer, vehementizar, dubitador, terribilidad*) y de composición: *todoolvidadoras, casi-palabras,* o extendiendo los prefijos de una clase a otras (*incaminado, inquietación, desustancia*. En la sintaxis, propone cambios en el régimen del verbo (*lo ha suicidado, lo ha desaparecido, viviendo las palabras*).

La política de multiplicar y variar el idioma,[17] dirigida a la *concien-*

---

[16] Y lo extendió a Ortega y Gasset en el artículo «Capricho español», publicado sin firma en *Sur* (1939) en respuesta a las obras en las que Ortega traza un diagnóstico sobre la Argentina: *La pampa... promesas* y *El hombre a la defensiva*, ambos publicados en 1929, a los que también se había referido Pablo Rojas Paz en *El Hogar* (10 de enero de 1930): «Todos los extranjeros más o menos ilustres que visitan el país se creen obligados a decir unos cuantos disparates acerca de cómo es el argentino».

[17] Borges no teoriza, en cambio, sobre su práctica de argentinizar la expresión mediante una serie de recursos, algunos, tendientes a aproximar la escritura a la foné-

cia de los escritores, difiere radicalmente del recurso tradicional al préstamo de idiomas extranjeros y, en particular, del galicismo, que tacha de «conducta tilinga e inhábil»: «los haraganes galicistas a la rutina castellana anteponen otra rutina y solicitan para ello una libertad que apenas ejercen». También opone el orgullo académico por la abundancia de vocablos al ideal de selecta pobreza: «Yo he conquistado mi pobreza, ya he reconocido entre miles, las nueve o diez palabras que se llevan bien con mi corazón».

Una tercera definición de la gramática (o de las gramatiquerías que le censuran) corresponde a un abordaje más especulativo, que desarrolla en «Indagación de la palabra» por medio del análisis de la primera oración del *Quijote*.[18] Responde a las preguntas iniciales (*¿Mediante qué proceso psicológico entendemos una oración? ¿Cuál es la menor unidad gramatical con sentido independiente?*) rechazando las soluciones aceptadas (*la palabra* o *la oración en su conjunto*), y proponiendo una tercera: la menor unidad que se asocia con una representación es la unidad intermedia, grupo sintáctico o *sintagma*, prácticamente desconocido en la gramática tradicional, pero fundamental a partir del estructuralismo.

Aunque se acerca por diferentes vías a la gramática, se ubica preferentemente en la zona de la especulación, lindante con la filosofía. Sus planteos anticipan algunas ideas que sólo recientemente ha introducido la teoría lingüística, como las diferentes maneras de pensar la gramática, las relaciones entre los niveles de análisis, la reducción de las categorías a rasgos elementales, que ni remotamente se hacían los gramáticos normativos, quienes, desde posiciones destacadas en la educación y la prensa argentina, seguían rezongando, como censores, o admirando la sinonimia perfecta y el criterio acumulativo del diccionario académico: «ese cambalache de palabras no nos ayuda ni a sentir ni a pensar» («El idioma infinito»).

La evidente molestia que le producen los gramáticos españoles se convierte en ironía con los hispanófilos locales; dice de Arturo Capdevila que es «tan profesionalmente español que ya resultaba falso pa-

---

tica, como la caída de la -d final: *soledá, creolledá, proceridá*, otros, gramaticales, como el tímido voseo, que alterna con *tú*: *Ni vos ni yo ni... Si quieres ayudarme* («Ejercicio de análisis», *Tamaño*), la duplicación del objeto directo: *Voy a cantarlo al arrabal* («La pampa y el suburbio son dioses», *Tamaño*) y gran número de argentinismos, como *viaraza, chúcaro, atorrante*.

[18] A los lectores que lo censuraban por sus «gramatiquerías» y que le pedían una obra *humana*, les responde: «lo más humano (esto es, lo menos mineral, vegetal, animal y aun angelical) es precisamente la gramática».

ra los españoles: «¡Vive Dios, pronta está la merienda!»[19] En cambio, cita a Arturo Costa Álvarez como autoridad en materia lingüística, tanto por sus críticas a los académicos españoles como por el rechazo del lunfardo.

El especialista en la «cuestión del idioma»

En el prólogo de *Nuestra lengua*, Arturo Costa Álvarez, un periodista y traductor platense, se queja de que durante los veinticuatro años que había dedicado a la preparación del libro nunca había contado con un interlocutor: «[S]i en nuestro medio hay algo que no interesa absolutamente a nadie, ese algo son las cosas de la lengua». Sin embargo, el libro no fue ignorado, como temía; así al menos lo demuestran las muchas páginas de elogios que acumula bajo el título «Un libro afortunado» colocado al final de su obra siguiente, *El castellano en la Argentina*.[20] Evidentemente, la «cuestión del idioma» despertaba un gran interés; el hecho de haberlo suscitado e instalado confería a Costa Álvarez el carácter de experto en la materia, como cronista de la «cuestión del idioma» y, lo que más le importaba, como el de EL gramático argentino, que se arrogaba.[21]

En el primer libro, después de trazar la historia del problema de la «lengua nacional», se pronunciaba tanto contra quienes postulaban una lengua propia como contra los que acataban servilmente la norma dictada por la Academia Española. Su ideal de escritor, no realizado aún, conjugaba la corrección del lenguaje y una dosis importante de nacionalismo:

---

[19] También Arlt en «El idioma de los argentinos» parece referirse a Capdevila cuando comenta: «Tenemos un escritor aquí —no recuerdo el nombre— que escribe en purísimo castellano y para decir que un señor se comió un sándwich... tuvo que emplear todas estas palabras: «y llevó a su boca un emparedado de jamón».

[20] Arturo Costa Álvarez, *Nuestra lengua*, Buenos Aires, Sociedad Editorial Argentina, 1922. Arturo Costa Álvarez, *El castellano en la Argentina*, La Plata, Talleres de la Escuela San Vicente de Paul, 1928.

[21] Visto el desinterés que mostraba la Academia Española en refrendar los argentinismos que le habían enviado, Costa Álvarez proponía «tomar las riendas» de la lengua, que eran el diccionario y la gramática, para llevar a cabo una estandarización independiente, sin pedir permiso. La independencia —que no entendía como ruptura— debía ceñirse a la lengua culta porteña; por ello valoraba las «preferencias léxicas y retóricas» del uso de la lengua española en la Argentina, como, por ejemplo, la supresión de la «de» final, el estilo llano, cortado, de cláusula simple, las ideas ensartadas en lugar de eslabonadas.

Aún no ha aparecido en nuestro medio [...] el escritor genial, observador, pensador o soñador, y literato eximio, que realice en prosa o en poesía el desiderátum de escribir, como argentino, en el más correcto castellano; que desdeñe tanto el barbarismo y el solecismo propios del vulgo como el purismo académico, y el indigente y desgarbado galicismo en la sintaxis; que use el castellano respetando su gramática...

Los dos libros de Costa Álvarez recortan precisamente el intervalo en el que el programa estético, literario y lingüístico de Borges contiene una particular impronta nacionalista.

En «Las alarmas del doctor Américo Castro» Borges deja entrever cierta animosidad de Castro hacia el argentino, un pleito que de hecho aparece confirmado en un artículo publicado en *Martín Fierro*, en el que Carlos Grünberg advierte sobre la campaña que Costa Álvarez había tramado contra el método filológico y contra la labor de Castro (el joven director del Instituto de Filología), y que calificaba de «fracaso».[22] El autor, discípulo entusiasta del filólogo, acusa a Costa Álvarez de «charlatanería pedantesca» y de un propósito interesado: «prepararse una cama» para suplantar a Castro en la dirección del Instituto.[23] En el contexto de la oposición entre las disciplinas científicas —filología y lingüística— y la gramática, el título del artículo, «Un gramático», adquiere una connotación peyorativa.[24]

Esta interpretación se ve corroborada en los dos artículos que publica, en 1929, el entonces director del Instituto, Amado Alonso, a propósito de *El castellano en la Argentina* de Costa Álvarez. En el primero («La filología del Sr. Costa Álvarez y la filología», *Síntesis*, n° 23) se propone responder la pregunta que muchos le formulaban acerca de la idoneidad del gramático platense: si era un filólogo o un lingüista, es decir, «si tiene los suficientes conocimientos para poder ejercer

[22] Américo Castro, *La peculiaridad lingüística rioplatense y su sentido histórico*, Buenos Aires, Losada, 1941. Segunda edición, Madrid, Taurus, 1962.

[23] Grünberg juzga esa pretensión en los siguientes términos: «Pues sepa el Sr. Costa Álvarez que si, por desdicha de nuestra cultura universitaria, que tantos contrastes viene padeciendo, su cargo de director de Biblioteca de una institución hípica de la provincia se convierte, por arte de magia, pero la magia posible en un país extraordinario, en cargo de director del Instituto de Filología, sepa, decimos, que sus actuales alumnos lo abandonaríamos en seguida».

[24] Así se deduce de un comentario de Alonso en el que explica la campaña de Costa Álvarez contra el Instituto y su director como reacción frente a las críticas que había recibido de Castro por un estudio que había sometido a su consideración («que llamaba de filología, pero que era simplemente gramatical»).

esa crítica pavorosa que le es característica». La demostración fue contundente; la autoridad que Costa Álvarez exhibía se basaba en unas cuantas lecturas ocasionales, a menudo irreconciliables, con las que creía ocultar su desconocimiento de los principios teóricos y metodológicos elementales de las disciplinas científicas. A pesar de tales debilidades, pretendía erigirse como la autoridad lingüística argentina. En el segundo artículo («Sobre el difunto Costa Álvarez», *Síntesis* nº 26), Alonso completa la semblanza del difunto gramático, refiriéndose irónicamente a su abnegado «patriotismo», a su propuesta de «gramática normativa científica», que combinaba términos incompatibles, a su estilo pedante y al encono con que persiguió a los jóvenes filólogos extranjeros.

El apoyo de Borges al gramático no retrocedió a pesar de estas graves acusaciones; de hecho, en «Las alarmas del doctor Américo Castro» la «injuria» comienza desde el título: «*Doctor* es otra aniquilación», teoriza Borges en el «Arte de injuriar» y la mención al «libro esencial» de Costa Álvarez es una estocada magistral. En esta memorable crítica a la obra de Castro sobre la denominada «peculiaridad lingüística rioplatense» —«la corrupción del idioma español en el Plata»—, Borges no se ocupa de negar los fundamentos que aduce el filólogo en su diagnóstico (el influjo rural sobre la ciudad, un popularismo que nivela hacia abajo, la falta de sanción social frente al error), ni de discutir los rasgos lingüísticos que los fundamentarían (como el voseo), sino que prefiere una estrategia indirecta: el sarcasmo dirigido contra el autor y sus elecciones estilísticas, las fuentes en las que se basa, el corpus que analiza. La conclusión se ordena en dos partes: pasa de lo estilístico —pide «en serio, sin ironía» que se comparen las diáfanas últimas estrofas del *Martín Fierro* y el estilo de su contrincante—, al ataque personal: a pesar de conceder que su nombre figure entre los autores que Castro considera correctos, afirma su capacidad («no me creo incapacitado») en materia estilística, lo que implica la incapacidad del contrincante.

Aunque el blanco del ataque es Castro, elípticamente también apunta contra «El problema argentino de la lengua» de Amado Alonso y la labor del «Instituto dialectológico». El director del Instituto se defiende en *Sur* en 1942, expresa su desconcierto por el ataque recibido y reitera su análisis sobre la anomalía del *voseo* en *Nosotros* en enero del mismo año y se venga en 1950 al abstenerse de recomendar la contratación de Borges por la Universidad de Wellesley por considerarlo «un enemigo profesional de la literatura española».

Martín Fierro y la fe en la fonética

En el prólogo, luego suprimido, de *Luna de enfrente*, Borges anticipa su selección estilística, tanto en lo que se refiere a definiciones como a exclusiones: «Muchas composiciones de este libro hay habladas en criollo; no en gauchesco ni en arrabalero sino en la heterogénea lengua vernácula de la charla porteña». Las dos notas —*habladas en criollo* y *charla porteña*— indican un decidido acercamiento de la escritura a la lengua hablada en busca del matiz, el tono, la fonética que hagan visible la oralidad. Mientras que *criollo* alude a un grupo social y a una historia, *porteño* circunscribe un espacio. De hecho, tampoco excederá el de la lengua de Buenos Aires el recorte de «el idioma de los argentinos».

Esta definición positiva supone, sin embargo, un elíptico contraste: la lengua de la intimidad se ha aproximado a la lengua del inmigrante, de acuerdo con el proyecto de Abeille: «infame jerigonza donde las repulsiones de muchos dialectos conviven y las palabras se insolentan como empujones y son tramposas como naipe raspado» (*Tamaño*). También se refiere al inmigrante metonímicamente, a través de alusiones a los espacios que ocupa:

> En este mi Buenos Aires, lo babélico, lo pintoresco, lo desgajado de las cuatro puntas del mundo, es decoro del Centro. La morería está en Reconquista y la judería en Talcahuano y en Libertad. Entre Ríos, Callao, Avenida de Mayo son la vehemencia (*Tamaño*).

Su adhesión a la periferia, al arrabal, se entiende así en su rechazo al Centro, ocupado por árabes, judíos y españoles, aunque en la introducción ofrezca una definición de *gringo* —y, derivativamente, de *criollo*—, no en términos de lugar de nacimiento o de origen, sino de sentimientos y creencias.[25] Estas definiciones de Borges coinciden con las posturas sostenidas por sus compañeros martinfierristas. El Manifiesto de la revista declaraba: «*Martín Fierro* tiene fe en nuestra fonética, en nuestra visión, en nuestros modales, en nuestro oído, en nuestra capacidad digestiva y de asimilación». ¿Qué significaba eso de

---

[25] A pesar de que más tarde abandone la posición nacionalista que asume en las obras juveniles y conciba de manera diferente el concepto de tradición, mantuvo siempre una definición de nacionalidad en términos de sentimientos o creencias. En 1974 le señala a Francisco Luis Bernárdez («Nuestro tiempo: miradas paralelas»): «Yo creo que pertenecer a un país es, ante todo, un acto de fe, es "sentirse" dentro del país».

«tener fe en nuestra fonética»? Con una sagaz intuición sociolingüística, apuntan a rasgos que se adquieren espontáneamente y que constituyen los más confiables marcadores de pertenencia social y étnica. Ni el aprendizaje ni el disimulo borran la marca más básica de argentinidad o, mejor dicho, de la «criolledad».

En sus disputas con los escritores de Boedo los martinfierristas reivindican su calidad de verdaderos argentinos, de «argentinos sin esfuerzo» que no deben disimular «ninguna *pronunzia* exótica». Sus contrincantes, representados por Roberto Mariani, precisamente por ser hijos de inmigrantes cargan con la «deformidad de la pronunciación» y además escriben mal, en una «jerga abominablemente ramplona, plagada de italianismos» y de palabras de mal gusto (*masturbación, piojos, prostitución, pelandruna, que lo parió, placas sifilíticas,* etcétera).

El Meridiano de Madrid

En 1927 (n° 42, junio de 1927), *Martín Fierro* entabla una ruidosa polémica a propósito de un artículo de Guillermo de Torre, publicado en *La Gaceta Literaria*, en el que proponía a Madrid como «meridiano intelectual de Hispanoamérica» por su influencia cultural e idiomática.[26] La propuesta se interpreta como un intento colonialista, merecedora de un contundente repudio.[27] Nicolás Olivari en 1966 (*Revista Testigo*, n° 2, Buenos Aires) evalúa así el debate que se suscita en torno al Meridiano y que se publica en dos números de *Martín Fierro* (el primero, dedicado a la nota de la Gaceta y el segundo, a las respuestas que dan los españoles):

Nos ensartamos a la vez en una homérica polémica con jóvenes escritores y poetas españoles, quienes sostenían que un

[26] Hablo de polémica, aunque el uso del término sea discutible, por el hecho de que las réplicas al artículo de Guillermo de Torre reciben, a su vez, una pronta respuesta en la revista madrileña (1° de septiembre de 1927, n° 17): «Campeonato para un meridiano intelectual. La selección argentina *Martín Fierro* (Buenos Aires) reta a la selección española *Gaceta Literaria* (Madrid). «Gaceta Literaria» no acepta por golpes sucios de «Martín Fierro» que lo descalifican. Opiniones y arbitrajes»

[27] Más tarde, la *Fiera Letteraria* de Milán propuso que el meridiano pasara por Italia. Para responder a la propuesta la revista *Nosotros* organiza en febrero de 1928, una encuesta («La influencia italiana en nuestra cultura»), cuyo resultado fue categóricamente negativo, excepto en el caso de Evar Méndez. La mayoría de los encuestados, entre los que figuraban Alfonsina Storni, Ravignani, Lugones, Rojas, subrayaba la rápida integración del italiano al medio argentino y el abandono de la lengua en la primera generación.

«meridiano intelectual» único, latinoamericano, pasaba por Madrid. Nosotros les encajamos de prepotencia un meridiano de Buenos Aires, y su tango. [...] Nuestra generación, por casualidad, oportunidad buscada y merecimiento hoy innegable, llenó un vacío existente en la literatura argentina, desde el año veinte al treinta más o menos, con poemas, prosas, ensayos, estudios. Todo entre bromas y carcajadas, pero con una autenticidad y una seriedad de trabajo, inspiración y propósitos que han hecho que decir todavía hoy «la generación de Martín Fierro».[28]

Aunque las respuestas varían en su tono (*joco-serio-despectivas*, las califica Marechal), todas expresan un unánime rechazo a la pretensión española, interpretada como «imperialismo baldío» por Pablo Rojas Paz o como «modelo de protectorado intelectual» por Santiago Ganduglia, quien, sospecha, además, que esconde intereses económicos de la industria editorial.

En el contraste entre Madrid y Buenos Aires se destaca el progreso alcanzado por la Argentina en varios planos, además del intelectual: así, dice Olivari de Madrid: «No hay allí ascensores, ni calefacción, ni tangos porteños». Scalabrini Ortiz se jacta del cosmopolitismo argentino (que supone un elíptico provincianismo español): «Hablamos en castellano, actuamos en inglés, gustamos en francés y pensamos... ¿Es que nos pensamos?» Ese cosmopolitismo se pone de manifiesto en los apellidos ingleses o italianos, que despiertan el recelo de los españoles (González Lanuza), pero también se traduce en el terreno de la lengua en una dudosa identidad lingüística «porque todos somos algo políglotas» (Ganduglia), y en el de la literatura, en figuras como Girondo, Olivari, Borges, Arlt, González Tuñón, entre otros. La argumentación conduce a la inversión de la tesis: el meridiano de Hispanoamérica debe ser Buenos Aires.

Los polemistas coinciden en que el hecho de hablar el castellano no obliga a los argentinos a ningún tutelaje español, puesto que la lengua no ha sido elegida, ni tampoco a compartir la preocupación por mantener la pureza de la lengua. Como en los aguafuertes de Arlt, se acentúa el cambio como un factor positivo para el idioma. Así, González Tuñón reconoce que, a pesar de los gramáticos, la lengua cotidiana se aleja cada vez más del idioma escrito y Rojas Paz señala que, a diferencia de los

---

[28] Marechal les dedica su *Adán Buenosayres* «A mis camaradas "martinfierristas", vivos y muertos, cada uno de los cuales bien puede ser un héroe de esta limpia y entusiasmada historia».

pueblos que habían conservado el castellano de la época de la conquista, como Bolivia o Perú, los argentinos lo cambian «hasta el punto de que no podemos decir en qué idioma hablamos». Francisco Luis Bernárdez rechaza el meridiano y afirma su identidad argentina, pero ante la posible transformación italianizante «a fuerza de bandoneones cocoliches y de tangos d'annunzianos» reivindica sus apellidos españoles.

Aunque varias de las réplicas contienen notas sarcásticas, como la designación «Primo de la Costanera» que emplea Ricardo Molinari para referirse al dictador español Primo de Rivera, la más desenfadada, firmada por «Ortelli y Gasset» pero escrita por Borges y Mastronardi, exhibe varios tipos de italianismos en la forma más marcada del lunfardo: «¡Minga de fratelanza entre la Javie Patria y la Villa Ortúzar! [...] Se tenemo una efe bárbara. [...] ¿Manyan que los sobramos?»[29] Los italianismos directos como *fratelanza* o metafóricos como *manyar*, la pérdida de s final (*tenemo*) y la discordancia entre pronombre y verbo (*se tenemo*) son características del español rioplatense subestándar, procedentes de la influencia dialectal italiana. Contribuyen también al tono jocoso del texto el empleo del *vesre* (*javie*) y las deformaciones (*efe*).

En la réplica que firma con su nombre, Borges acumula con ironía carencias de Madrid, tales como la incapacidad de interpretar un tango, la pobreza de su humorismo y una serie de deficiencias lingüísticas: las limitaciones fonéticas, como la dificultad para pronunciar el grupo *tl-*, gramaticales —el leísmo, calificado de confusión entre funciones gramaticales— y normativas, como el terror al galicismo: «una ciudad cuya sola invención es el galicismo —al menos, en ninguna otra ciudad hablan de él». En «Las alarmas» atribuye estas supuestas faltas del español peninsular a «cierta rudeza verbal». A partir de su observación personal («He viajado por Cataluña [...]; he vivido un par de años [...]; tengo gratísimos recuerdos de esos lugares») rechaza la superioridad del español peninsular, que postulan los gramáticos y filólogos españoles: «no he observado jamás que los españoles hablaran mejor que nosotros». Tras una aparente concesión, que no ofrece ningún rasgo valioso: «los españoles hablan más fuerte, eso sí», lanza la feroz conclusión: «con el

[29] Apellido inventado a partir de los de Roberto Ortelli y José Ortega y Gasset, con un evidente propósito de burla por el evidente desagrado que provocaría en el filósofo español su apellido italianizado. La connotación plebeya que los españoles atribuían a los apellidos italianos la señala González Lanuza como «profunda muestra de incomprensión». Tal actitud se revela en la descripción que traza el padre de Ortega, el académico José Ortega Munilla, de la gravedad de la situación argentina por la inmigración: «[E]l idioma castellano debe conservarse limpio de ajenas sangres, atribuyéndole la condición que es propia de los altos linajes, en los que un entronque plebeyo mancha el escudo y le avillana» (Boletín de la RAE. IV. 122).

aplomo de quienes ignoran la duda». Rechazar la valoración aceptada implica, elípticamente, afirmar su contraria: en la Argentina no se habla peor que en España; es más, se habla mejor.

En nota al «Prólogo» a *Elogio de la sombra*, añade otra observación, dirigida esta vez contra las normas ortográficas de la Academia, que también endilga a la inferioridad del dialecto peninsular: «Deliberadamente escribo *psalmos*. Los individuos de la Real Academia Española quieren imponer a este continente sus incapacidades fonéticas; nos aconsejan el empleo de formas rústicas: *neuma, sicología, síquico.* Últimamente se les ha ocurrido escribir *vikingo* por *viking*. Sospecho que muy pronto oiremos hablar de la obra de Kiplingo».

Borges vs. Arlt; Arlt vs. Borges: sus estéticas de la lengua

El rápido recorrido trazado ha mostrado varias coincidencias entre Borges y Arlt. Ambos se apropian de la expresión *idioma de los argentinos*, aunque la interpreten de manera diferente: Borges se identifica con un tono, el de la charla vernácula; Arlt, con un léxico, en el que se mezclan italianismos, españolismos, lunfardismos. Los dos construyen sus respectivas genealogías, con los nombres ilustres de la literatura argentina Borges; con los del periodismo popular, Arlt. Los dos recorren la misma ciudad: Borges con la «noble tristeza del criollo» los barrios periféricos; Arlt, con la urgencia del cronista obligado a escribir para ganarse la vida, el centro. Borges rehúye el «color local»: sus gauchos o compadritos son máscaras que reproducen mitos o historias desgajadas del tiempo; Arlt construye los nuevos tipos sociales emergentes del contacto inmigratorio (el esquenún, el furbo, el hombre corcho, el que se tira a muerto, los pequeños propietarios, las fieras).[30] Un pasado en el que ubica las hazañas de los ancestros de conocidos apellidos contrasta con quien sólo barrunta un pasado familiar a partir de un apellido tan extraño para los oídos argentinos que crea desconcierto y confusión («Yo no tengo la culpa»).

Arlt menciona a Borges entre los escritores que pueden darse el lujo de no ser leídos; Borges asocia a Arlt con el «arrabal y [...] su bravura» («La pampa y el suburbio son dioses», *Tamaño*), y lo cita para ofrecer un argumento concluyente del carácter artificioso del lunfardo: «Recuerdo a este propósito que a Roberto Arlt le echaron en cara

---

[30] Ver Roberto Retamoso, «Roberto Arlt, un cronista infatigable de la ciudad», en María Teresa Gramuglio, *El imperio realista*, vol. 6 de la *Historia crítica de la literatura argentina*, Buenos Aires, Emecé, 2002.

su desconocimiento del lunfardo y que replicó: "Me he criado en Villa Luro, entre gente pobre y malevos, y realmente no he tenido tiempo de estudiar estas cosas"» (Prólogo de *El informe de Brodie*), si bien Arlt en las *Aguafuertes* se consideraba entendido en lunfardo: «El autor de estas crónicas, cuando inició sus estudios de filología lunfarda, fue víctima de varias acusaciones, entre las que las más graves le sindicaban como un solemne "macaneador"».

En los escritos de la década del 20, uno y otro incurren en vacilaciones y contradicciones —producto de la incipiente estandarización del español rioplatense. Alternan las fórmulas de tratamiento *vos* y *tú*, *ustedes* y *vosotros*, así como, por arcaísmo, suelen extender el empleo del pronombre en posición enclítica (*bástame, díjole*). Borges despliega su conciencia lingüística en la elección del término justo, y en una combinación conceptista (mediante el oxímoron, la hipálage o una metáfora despojada de decoración); a veces, excesiva por lo intrincada e incluso pedante. Así, la palabra inicial del Prólogo de *Inquisiciones*, «prefación», provoca la sorna de Boedo:

> La originalidad consiste para ellos en retorcerle el cogote a las palabras en una forma ambigua y descabellada, haciendo del discurso una verdadera riña de gallos. Hay uno que dice "prefación" por prefacio y cree haber descubierto la cuadratura del círculo (*Los pensadores*, 1925).

Arlt se ufana de escribir en porteño, pero encierra los lunfardismos entre comillas que marcan un extrañamiento. Esta cautela, probable señal de inseguridad, se revela también en un criterio demasiado flexible a la hora de acumular opciones léxicas o gramaticales poco coherentes.

En sucesivas operaciones Borges va limpiando su escritura de los excesos de juventud: la sobriedad patricia —que tiende a un riguroso minimalismo formal— va despojando el léxico —en particular, en los adjetivos— y eliminando toda forma de decoración y énfasis. A Arlt no le preocupa el exceso: reitera, enfatiza y acumula para producir el efecto deseado sobre el lector.

A Borges se lo criticaba por «sus gramatiquerías», por su escrupulosa atención a los aspectos formales, lo que de ningún modo significaba desatender la densidad del contenido —posición que sostiene en todos los escritos dedicados a la lengua y la literatura (además de los ya mencionados, «La supersticiosa ética del lector» en *Discusión*). A Arlt, por escribir mal, mito al que acaso contribuyeron las anécdotas sobre sus faltas de ortografía como las recogidas por Conrado Nalé Roxlo en *Borrador de memorias*, su léxico plebeyo, sus giros coloquiales, sus errores en la puntuación o en la sintaxis, pero sobre todo su actitud de abierto desdén hacia una norma que entendía ajena y arbitraria. A estas críticas responde en el tantas veces citado «Prólogo» de *Los lanzallamas* con una ligera concesión:

> Se dice de mí que escribo mal. Es posible. De cualquier manera, no tendría dificultad en citar a numerosa gente que escribe bien y a quienes únicamente leen correctos miembros de su familia. Para hacer estilo son necesarias comodidades, rentas, vida holgada. […] El estilo requiere tiempo.

Borges y Arlt fueron los episódicos participantes en un debate ya iniciado; sus preguntas novedosas y sus personales respuestas, hasta cierto punto contrapuestas, no lo cerraron, pero se cristalizaron como las soluciones insoslayables de la cuestión del idioma en el siglo XX. La posición de ruptura que ambos aportan se define en la clara conciencia de una identidad lingüística y literaria y de su valor, de ningún modo inferior al de la variedad peninsular, frente a reclamos monocéntricos (pureza de la lengua, unicidad de la norma, meridiano intelectual...), que significan, en última instancia, el mantenimiento de una hegemonía externa.

BIBLIOGRAFÍA

Amado Alonso, *El problema de la lengua en América*, Madrid, Espasa Calpe, 1935.

Roberto Arlt, *Aguafuertes porteñas*, Buenos Aires, Losada, 1998. Ensayo preliminar de David Viñas.

Roberto Arlt, *Los siete locos. Los lanzallamas*, Buenos Aires, Biblioteca Ayacucho, Hyspamérica, 1986. Prólogo de Adolfo Prieto.

Jorge Luis Borges, *Inquisiciones* [1925], Madrid, Alianza, 1998.

Jorge Luis Borges, *El tamaño de mi esperanza* [1926], Madrid, Alianza, 1998.

Jorge Luis Borges, *El idioma de los argentinos* [1928], Madrid, Alianza, 1998.

Jorge Luis Borges, *The Spanish Language in South America — A Literary Problem*, Londres, The Hispanic and Luso-Brazilian Council, 1964.

Jorge Luis Borges y José E. Clemente, *El lenguaje de Buenos Aires*, Buenos Aires, Emecé, 1963.

Ángela Di Tullio, *Políticas lingüísticas e inmigración*, Buenos Aires, Eudeba, 2003.

Ángela Di Tullio e Ivonne Bordelois, «El idioma de los argentinos: cultura y discriminación», en *Cyberletras. Journal of literary Criticism and Culture*, vol. 6, 2002.

Macedonio Fernández, *Epistolario*. Buenos Aires, Corregidor, 1991.

Luis Gabriel-Steehmann, «El noble agarra la escoba: la higiene verbal de José Ortega y Gasset», en José del Valle y Luis Gabriel-Steehmann (eds.), *La batalla del idioma. La intelectualidad hispánica ante la lengua*, Madrid, Vervuert, Iberoamericana, 2004.

María Teresa Gramuglio, «Entre los españoles, Lugones y Mastronardi», en AA.VV., *Los clásicos argentinos*, Rosario, e(m)r, 2005.

Leopoldo Lugones, *Antología de la prosa*, Buenos Aires, Editorial Centurión, 1949. Selección y comentario inicial de Leopoldo Lugones hijo.

Celina Manzoni, «La polémica del Meridiano Intelectual de 1927. El problema del idioma nacional», en *Un dilema cubano. Nacionalismo y vanguardia*, La Habana, Casa de las Américas, 2001.

Celina Manzoni, *Vanguardistas en su tinta. Documentos de la Vanguardia en América Latina*, Buenos Aires, Corregidor, 2007.

Elvira Narvaja de Arnoux y Roberto Bein, «Posiciones de Jorge Luis Borges acerca del idioma nacional», en *Borges*, Buenos Aires, Biblioteca del Congreso de la Nación, 1999.

Ernesto Quesada, «Evolución del idioma nacional», en *Nosotros*, Buenos Aires, n° 164 y n° 165, 1923.

Vicente Rossi, *Folletos lenguaraces*, Córdoba, Río de la Plata, Imprenta Argentina, 1927-1931.

Beatriz Sarlo, *Escritos sobre literatura argentina*, Buenos Aires, Siglo XXI, 2007.

Noemí Ulla, *Identidad rioplatense, 1930 la escritura coloquial (Borges, Arlt, Hernández, Onetti)*, Buenos Aires, Torres Agüero, 1990.

María Esther Vázquez, *Borges: sus días y su tiempo*, Buenos Aires, Javier Vergara Editor, 1999.

Fuentes

Revista Martín Fierro 1924-1927, Edición facsimilar, Buenos Aires, Fondo Nacional de las Artes, 1995.

EL REVISIONISMO EN LOS AÑOS TREINTA: ENTRE LA HISTORIA, LA CULTURA Y LA POLÍTICA

por Alejandro Cattaruzza

A mediados de 1938, algunos historiadores, políticos y escritores fundaron en Buenos Aires el Instituto Juan Manuel de Rosas de Investigaciones Históricas, que sería la institución revisionista más duradera. En los años anteriores, varios de ellos habían publicado libros de historia, organizado conmemoraciones públicas y expresado sus opiniones en la prensa. Más allá de diferencias en otras cuestiones, los revisionistas coincidían en demandar la reconsideración de la que solían llamar la "historia oficial". De acuerdo con las posiciones del grupo, era una interpretación falsificada del pasado argentino impuesta por quienes derrocaron a Rosas en 1852 y mantenida luego por la dirigencia liberal argentina dado que resultaba útil a su programa político. Los planteos y las acciones revisionistas, como es visible, exhibían así una dimensión específicamente historiográfica, una cultural y también una política, que se jugaba en el presente.

Cuando, mucho después, el revisionismo devino un objeto de estudio para las ciencias sociales, la circunstancia de que el grupo hubiera actuado en esos varios escenarios hizo que lo examinaran investigadores que cultivaban diversas especialidades. La historia de la historiografía, la historia política, la historia de las ideas y la cultura, cuyas inquietudes eran parcialmente distintas, se contaron entre ellas.

A lo anterior debe agregarse otra circunstancia importante. La década de 1930, que fue la coyuntura en la cual el revisionismo se transformó en un fenómeno visible en la cultura argentina, fue planteada como un período específico y como "unidad de sentido" desde mediados de los años cuarenta, hecho ya señalado por Darío Macor. Se acuñó por entonces una denominación que tuvo éxito: la "década infame", título de un libro del periodista nacionalista José Luis Torres (1901-1965), que apareció en 1945.[1] Así, prácticamente desde el comienzo, las interpretaciones integrales de los años treinta fueron forjadas en un contexto de producción fuertemente marcado por el peronismo.

Desde ya, no hay sorpresas en el hecho de que el presente deje huellas en las interpretaciones del pasado, pero entre 1943 y 1946 se estableció un corte muy profundo en torno al apoyo o la oposición al movimiento conducido por Perón, que afectó a todos los sectores políticos e intelectuales. Así, desde ese presente de combate, los derroteros en efecto seguidos por los miembros de esos sectores durante los años treinta fueron reordenados de modo tal que condujeran a las posiciones asumidas en 1945. Se "olvidaban" en esa operación encuentros, colaboraciones y ambigüedades al tiempo que se organizaban anticipaciones retrospectivas de las posiciones adoptadas ante el peronismo: los dos bandos, peronismo y antiperonismo, sostenían que en 1945 hacían lo que sus supuestas trayectorias de los treinta permitían prever. Esta construcción imaginaria proponía, además, que desde 1930 dos bandos y sólo dos se habían enfrentado en una disputa central, tal como ocurría en 1943-1945; un período que había sido incierto, confuso, equívoco, se reducía de esta manera a un modelo mucho más esquemático en razón de la urgencia de la disputa política presente. Luego de aquellos años y por mucho tiempo, el peso de la cuestión peronista hizo que la década abierta en 1930 quedara en una condición un tanto subalterna; inclusive la producción académica, hasta no hace mucho, tendía a estudiar el período con el objetivo de explicar el peronismo, que parecía ser el tema verdaderamente apremiante. En virtud de que eran los años treinta el momento de aparición del revisionismo, estas circunstancias afectaron también a las imágenes que de este movimiento se construyeron.

Las circunstancias evocadas tornan aconsejable que en este estudio se planteen algunos puntos de partida, así sean elementales y breves. En primer lugar, se considera al revisionismo un grupo intelectual, una formación cultural si se prefiere, que se fue organizando de manera paulatina, desde mediados de los años treinta, para asumir un cierto grado —bastante laxo— de institucionalización a

---

[1] José Luis Torres publicó en aquellos años *Algunas maneras de vender la Patria,* Buenos Aires, Yunque, 1940; *Los perduellis,* Buenos Aires, Talleres Gráficos Padilla y Contreras, 1943; *La década infame,* Buenos Aires, Editorial de Formación Patria, 1945. Las observaciones de Darío Macor, en *Imágenes de los años treinta,* Documento de Trabajo 3, Universidad Nacional del Litoral, 1995.

fines de la década. Uno de los objetivos que el grupo se dio, como es sabido, fue la reivindicación de la figura de Juan Manuel de Rosas y de sus gobiernos; tal reivindicación significaba simultáneamente impugnar, como dijimos, las políticas seguidas por la dirigencia liberal argentina luego de la batalla de Caseros. En ese empeño, el revisionismo apeló a la investigación histórica, a la divulgación de los resultados alcanzados a través de ensayos, de libros y artículos eruditos y también a otros tipos de intervenciones públicas: creación de comisiones, celebración de homenajes, peticiones a las autoridades y actividad en los medios de comunicación. También fundó instituciones y revistas y organizó cursos y conferencias, herramientas análogas a las que otras formaciones culturales se venían dando hacía tiempo.

Asimismo, el revisionismo se propuso conseguir un lugar como grupo —ya que muchos de sus miembros lo tenían individualmente, como se verá— en el amplio espacio de encuentro que en aquellos tiempos existía entre la actividad historiográfica, las letras y la política. Finalmente, los anhelos revisionistas incluyeron la búsqueda de un cambio más vasto en la interpretación del pasado que entendían dominante y a la que denominaban la historia oficial. Este objetivo, que sólo podía consumarse en un escenario social y reclamaba la conquista tanto del reconocimiento estatal como de la voluntad de públicos amplios, parece haber tomado cuerpo de manera paulatina; en ese proceso fue configurando un programa cuyo carácter disruptivo será sometido a discusión en este trabajo.[2] Precisamente, tal carácter justifica la relación de este fenómeno, o al menos de sus textos, con un propósito de examen de lo que este volumen, acerca de la "ruptura", trata de perseguir.

[2] Es innecesario señalar que las acciones y prácticas que mencionamos no pueden reducirse a la simple reivindicación de Rosas, ya que se trata de fenómenos que no obstante guardar entre sí una relación compleja y estrecha son, como es evidente, de diverso orden. Anticipamos que el aprecio de la figura o las políticas de Rosas no resulta un buen criterio para distinguir al revisionismo en el contexto de la cultura argentina: no todos los estudiosos que plantearon, por las razones que fueran, que los gobiernos de Rosas merecían ser reivindicados, se hicieron revisionistas, ni todos los que se llamaron revisionistas exaltaron cerradamente a Rosas. En lo que hace a este último punto, que quizás sea el más llamativo, debe citarse el caso del revisionismo socialista vinculado a la izquierda nacional; a lo largo de los años sesenta, este sector se inclinaba a hallar sus propios héroes en los caudillos del interior.

La cuestión de Rosas

La opinión, a veces expresada, que reduce el revisionismo a la exclusiva apreciación favorable de las políticas rosistas, produjo equívocos importantes que tienen en común un recorte del fenómeno de su contexto histórico. Uno de tales errores reside en plantear la existencia de una primera generación revisionista a fines del siglo XIX, a partir de los trabajos de Adolfo Saldías (1849-1914) y Ernesto Quesada (1858-1934), cuyas opiniones sobre las políticas de Rosas, expresadas en un ambiente político y cultural en el que claramente predominaba su condena, eran bastante benévolas.[3] Pero parece evidente que existe una distancia importante entre apreciar algún aspecto de la política de Rosas en un libro de historia y fundar un instituto y una revista, dictar conferencias y peticionar a las autoridades, que fue lo que el revisionismo hizo en la segunda mitad de los años treinta; algunos revisionistas como Julio Irazusta advirtieron esta diferencia con mucha claridad.[4]

A comienzos del siglo XX, otros intelectuales combinaron el recelo ante lo que interpretaban como rasgos dictatoriales e incluso tiránicos, presentes en las administraciones rosistas, con reivindicaciones basadas en su carácter autóctono y nacional y en el hecho de haber sido una genuina expresión del estado de la sociedad local, como señalaba Ricardo Rojas (1882-1957) en *La restauración nacionalista*, publicado en 1909. Rojas entendía que "la barbarie", gaucha y argentina, "no había pensado en entregar la soberanía del país a una dinastía extranjera" como habían hecho los unitarios. Agregaba Rojas que, "por lo contrario, la defendió". A su vez, Rosas era presentado como una figura afín al medio natural y social, lo que a juicio del autor resultaba una nota favorable. De todas maneras, su política era calificada al mismo tiempo como nefasta, sobre todo en el momento de juzgar el

---

[3] Este criterio se emplea en el que puede reputarse como el primer trabajo académico dedicado al revisionismo, a cargo del investigador norteamericano Clifton Kroeber, *Rosas y la revisión de la historia argentina*, Buenos Aires, Fondo Editor Argentino, 1964. También algunos revisionistas filiaron su movimiento con las obras de Saldías y Quesada; es el caso de José María Rosa, *Historia del revisionismo y otros ensayos*, Buenos Aires, Merlín, 1968, por ejemplo. Ver también Adolfo Saldías, *La historia de Rozas y su época*, cuyos tres volúmenes aparecieron entre 1881 y 1887, y Ernesto Quesada, *La época de Rosas. Su verdadero carácter histórico*, Buenos Aires, 1898.

[4] Julio Irazusta, *Las dificultades de la historia científica*, Buenos Aires, Alpe, 1955.

estado de la educación pública: "al caer la tiranía, todo quedaba por hacerse en materia de educación".[5]

Argumentos de este tipo, en los que el rosismo se explicaba y en parte se justificaba por su supuesta adecuación a la realidad local, tendrían una circulación muy extendida en el tiempo y se combinarían en cuadros generales no siempre coincidentes desde el punto de vista ideológico, como se verá más adelante.

A lo largo de los años veinte, a su vez, la época de Rosas despertó cierta curiosidad; ello llevó incluso a que varios productos de la cultura de masas fueran ambientados en los tiempos del rosismo y lograran en ocasiones importantes éxitos de público.[6] En 1927, Emilio Ravignani (1886-1954), un miembro muy notorio de la llamada "nueva escuela histórica", que desde la universidad impulsaba la organización institucional y la práctica profesional de la disciplina, señalaba que "la floración de librejos sobre la época de Rosas" tenía como motor casi exclusivo la búsqueda de beneficios monetarios. Si se atiende a que el título elegido por el autor para el trabajo era "Los estudios históricos en la República Argentina", resulta verosímil suponer que el fenómeno de la producción de esas obras era lo suficientemente importante como para que Ravignani decidiera incluirlo en su agenda, pese a que en su propia opinión se tratara de "librejos". Por otra parte, el cálculo que Ravignani atribuye —aun si lo hace injustamente— a sus autores sugiere la existencia de un mercado para tales productos. Quizás pueda verse una oblicua confirmación de la atención que la época de Rosas concitaba en el hecho de que en diciembre de ese mismo año, 1927, y hasta enero de 1928, el muy popular diario *Crítica* organizara una encuesta con la que se proponía "mover las opiniones de las más destacadas personalidades sobre nuestro más discutido personaje histórico: Juan Manuel de Rosas".[7]

Refiriéndose a otros públicos y a otro tipo de actividad cultural, Carlos Ibarguren (1879-1956) evocó en sus memorias el interés y las discusiones que su curso, dictado en la Facultad de Filosofía y Letras durante el año 1922, habrían despertado en el auditorio.[8] El mismo

---

[5] Ricardo Rojas, *La restauración nacionalista* [1909], Buenos Aires, Peña Lillo, 1971.

[6] Un ejemplo sobresaliente de esta tendencia es la obra poética, en su mayor parte de exitosas letras de tango, de Héctor Pedro Blomberg (1899-1955).

[7] Emilio Ravignani, "Los estudios históricos en la República Argentina", en *Síntesis*, año I, número 1, 1927. El dato sobre la encuesta de *Crítica*, en Sylvia Saítta, *Regueros de tinta. El diario Crítica en la década de 1920*, Buenos Aires, Sudamericana, 1998.

[8] Ver Carlos Ibarguren, *La historia que he vivido* [1955], Buenos Aires, Dictio, 1977. El origen autobiográfico del dato podría llamar a cautela, pero aparece ratificado por otras referencias.

Ibarguren presentaba pocos años más tarde su estudio titulado *Manuelita Rosas*, que Gleizer publicó en 1925 y, ya en 1930, el libro *Juan Manuel de Rosas; su vida, su tiempo, su drama*. El trabajo, que según manifiesta su autor estaba basado en los estudios realizados y la documentación recopilada en ocasión de aquel curso de 1922, expresaba un balance favorable a Rosas. Con él, Ibarguren obtendría un éxito muy importante de público, lo que volvía a confirmar que los libros sobre el tema tenían la virtud de captar compradores y potenciales lectores, en un rango que iba desde los trabajos más eruditos como el de Ibarguren hasta los "librejos" denunciados por Ravignani. Por otra parte, el trabajo de Ibarguren recibió tiempo después el Premio Nacional de Literatura correspondiente a 1930.

El artículo de Ravignani posee un interés adicional en lo que hace a su contenido, ya que el historiador sostenía allí la opinión de que el unitarismo había constituido "un mal contra la democracia". La organización nacional, a su vez, habría estado fundada en "el ejercicio de los principios federales" y la política de Rosas sería la base de aquella organización.[9] Es necesario señalar una diferencia entre estas opiniones de Ravignani y las que luego expresarán los revisionistas: Ravignani mantiene el aprecio por la Constitución de 1853, a la que habrían contribuido, a pesar de todo, los gobiernos rosistas; por el contrario, el revisionismo se inclinaría luego a criticar la Constitución y las políticas de los gobiernos posteriores a su sanción. El autor dice entender, además, que han tenido lugar exageraciones, fruto del "partidismo", a la hora de denunciar la "barbarie" de los tiempos rosistas.

Ambos casos, el de Ibarguren y el de Ravignani, ponen en evidencia que a fines de los años veinte y comienzos de los treinta, el tema de Rosas no sólo era frecuentado, sino que, incluso entre quienes se dedicaban formalmente a los estudios históricos, circulaban opiniones que no terminaban en franca censura.

A esta altura de la argumentación quizás convenga echar una mirada rápida a la trayectoria que Ravignani e Ibarguren habían seguido hasta aquellos momentos. En principio, se hace evidente que ambos ocupaban posiciones de cierta notoriedad en varios de los circuitos y complejos institucionales de la cultura argentina. Ibarguren era profesor en la Facultad de Filosofía y Letras desde comienzos de siglo, un tiempo en que los docentes se reclutaban entre los integrantes de las elites sociales y políticas, y miembro de la Junta de Historia y Numismática —antecedente de la Academia Nacional de la Historia— desde

---

[9] Emilio Ravignani, "Los estudios históricos en la República Argentina", *op. cit.*

1924, luego de dictar aquel curso sobre Rosas. También había sido profesor en la Facultad de Derecho; alto funcionario, además, era un miembro pleno de la clase dirigente. En parte diferente era el caso de Emilio Ravignani, cuya pertenencia social era menos señalada, aunque también tenía actividad en la Facultad de Filosofía y Letras y en 1920 había sido nombrado director de la Sección de Investigaciones Históricas. Un año después, la Sección era convertida en Instituto, también bajo la dirección de Ravignani, que ocupó el cargo hasta 1946. En 1927, el mismo año en que publicaba el artículo antes citado, Ravignani alcanzaba el decanato de la Facultad, circunstancia que volvía más significativas sus observaciones parcialmente favorables a los gobiernos rosistas.

Ninguno de ellos, entonces, expresaba aquellas opiniones desde los márgenes del mundo de la cultura y de la universidad, salvo que se atribuya al término márgenes un sentido demasiado extravagante. Tampoco, debe señalarse, ninguno de ellos formó en el revisionismo inicial, aunque Ibarguren frecuentó los círculos nacionalistas desde fines de los años veinte y, ya en los años treinta, también los revisionistas.

Si se intenta ahora un repaso breve de los itinerarios que ambos intelectuales siguieron luego de aquellas publicaciones de 1927 y 1930, también aparecen datos de interés. La opinión de Ravignani no supuso para su posición en las instituciones historiográficas y universitarias dificultad alguna; como dijimos, continuó al frente de uno de los más importantes centros de investigación histórica por largos años, y entre 1940 y 1943 retornó al decanato de la Facultad. En otro plano, se registra que tuvo una relevante participación en el radicalismo de los años treinta: fue diputado nacional y formó parte de la dirección del partido. Tampoco le acarreó inconvenientes a Ibarguren la imagen de Rosas que ofrecía en su libro; en este sentido basta recordar por ahora que el premio que obtuvo su obra fue concedido en 1933, luego de haber participado del golpe de Estado que derrocó a Hipólito Yrigoyen, de haber sido funcionario uriburista e impulsor de una reforma corporativista de la Constitución Nacional. Podría argumentarse que su pertenencia previa a los círculos dominantes menguaba el impacto que la expresión de una opinión favorable a Rosas podría tener en su carrera; esta circunstancia debería entonces advertirnos acerca de algunas peculiaridades propias del modo en que el mundo de la cultura funcionaba en esos tiempos.[10]

---

[10] Ver María Esther Rapalo y María Teresa Gramuglio, "Pedagogías para la nación católica. *Criterio* y Hugo Wast", en María Teresa Gramuglio, *El imperio realista*, vol. 6, *Historia crítica de la literatura argentina*, Buenos Aires, Emecé, 2002.

Recuperando, entonces, planteos previos, se concluye, por una parte, que en los años veinte y comienzos de los treinta, la época de Rosas era un tema trabajado y disponía de un público, incluso amplio; por otra, que voces favorables a su figura habían sonado en lugares centrales de la estructura cultural, no en su periferia; finalmente, que ni el mundo de la cultura, incluyendo en él a la universidad y los ámbitos historiográficos, ni el político, sancionaron la expresión de aquellas opiniones, al menos en el corto plazo. Tiempo después, a fines de los años treinta, cuando el revisionismo organizó sus propias instituciones y las formaciones nacionalistas dedicadas abiertamente a la política asumieron la reivindicación de Rosas como una posición propia y extendida, se hizo evidente que los cambios, aunque paulatinos, habían sido importantes.

Los ritmos y los escenarios del cambio

Varios de los futuros revisionistas participaron, como apoyos civiles, del golpe de Estado que derrocó a Yrigoyen el 6 de septiembre de 1930, en particular desde el periódico nacionalista *La Nueva República*. Según se ha señalado en muchas oportunidades, hacia 1934 tuvieron lugar por lo menos dos acontecimientos de importancia para lo que luego de 1938 sería visualizado con más claridad como el revisionismo. Uno de ellos fue la constitución de la Junta por la Repatriación de los Restos de Rosas entre, aproximadamente, junio y septiembre de aquel año, proyecto que suscitó una nueva encuesta del diario *Crítica*, referida ahora a la conveniencia de la repatriación. El otro fue la aparición del libro de Rodolfo y Julio Irazusta, *La Argentina y el imperialismo británico*.[11]

El acontecimiento mencionado en primer término puede ser útil para señalar el relativo grado de incertidumbre que todavía en 1934 rodeaba la recepción de las acciones públicas de quienes reivindicaban a Rosas. Diana Quattrocchi ha señalado que *Bandera Argentina*, el periódico del nacionalismo uriburista, si bien reconocía que "en el nacionalismo hay un grupo respetable de partidarios del tirano", sostenía que la iniciativa de la repatriación había correspondido al yrigoyenismo, esto es, a su enemigo político principal. Esta vocación antirrosista del uriburismo no era nueva y, por otra parte, perduraría:

[11] Rodolfo y Julio Irazusta, *La Argentina y el imperialismo británico. Los eslabones de una cadena (1806-1933)*, Buenos Aires, Tor, 1934.

en 1933, Carlos M. Sylveira, "antisemita furibundo y líder del pequeño grupo nacionalista Comisión Popular Argentina contra el Comunismo", según ha indicado Federico Finchelstein, sostenía en el Círculo Militar que en la historia argentina se reconocían "tres etapas libertadoras", las de "Mayo, de Caseros y de Septiembre". Algo después, hacia 1935, desde estos grupos se lanzaba un poema que, en uno de sus versos, exigía: "ya basta de Yrigoyen y de Rosas / que pretendan al pueblo pisotear".[12]

Por aquellos años, tampoco los radicales lograban exhibir posiciones uniformes, circunstancia que no se daba solamente en torno a las visiones del pasado nacional. Algunos de ellos, como Dardo Corvalán Mendilaharzu (1888-1959), Laurentino Olascoaga o Lauro Lagos, llegaron a integrar las comisiones de homenaje, y otros, entre los que se cuentan Alberto Etkin y Joaquín Díaz de Vivar (1907-2002), escribieron artículos en la prensa del partido en los que reivindicaban a Rosas; no todos ellos eran yrigoyenistas. Muchos más, entre los que se contaban incluso opositores a la conducción partidaria, veían en Caseros, en cambio, una fecha de gloria y acusaban al Poder Ejecutivo de haber hecho retroceder la "civilidad argentina" a los tiempos de los caudillos federales.[13] La cuestión se hace aún más compleja si se atiende a que en la segunda mitad de la década, el propio Julio Irazusta se incorporó al radicalismo oficial, eje de la oposición al gobierno, conducido por Marcelo T. de Alvear.

El segundo suceso que evocamos, la aparición del libro de los hermanos Irazusta, resultó importante en otro aspecto, vinculado a la construcción y a la estabilización de las claves interpretativas del pasado que el revisionismo puso en juego, antes que a las cuestiones organizativas. El libro fue escrito bajo el impacto de la firma del tratado Roca-Runciman, que los autores impugnaron en tramos de la obra, mientras proponían, en otros, una historia de las claudicaciones de la oligarquía argentina. Quizás, como sostuvo Olga Echeverría, el trabajo de los Irazusta haya contado con la ventaja de asumir la forma de libro, un "producto cultural prestigioso", ya que en lo referido a la crítica al tratado "no hace más que retomar una serie de

---

[12] La cita de Sylveira, en *Bandera Argentina*, 1º de agosto de 1934. En cuanto a la conferencia mencionada apareció como anexo al número 385 de la *Revista Militar*. El poema citado, de F. Basavilbaso, fue publicado en *Bandera Argentina*, 11 de septiembre de 1935. Ambas referencias, junto a la caracterización de Sylveira, figuran en Federico Finchelstein, *Fascismo, liturgia e imaginario. El mito del general Uriburu y la Argentina nacionalista*, Buenos Aires, Fondo de Cultura Económica, 2002.

[13] Ver, por ejemplo, *Hechos e Ideas*, nº 26, Buenos Aires, enero-febrero de 1938.

objeciones y cuestionamientos que se encontraban extendidos en el campo político".[14]

En efecto, la denuncia de las políticas económicas de Justo y de la relación con el capital extranjero no era excepcional en esos años, cuando sostenía aproximaciones personales y argumentativas que pueden parecer inesperadas. Así, por ejemplo, el dirigente comunista Rodolfo Ghioldi había planteado en 1933 que a través del acuerdo Roca-Runciman "el gobierno argentino y las clases dirigentes de que es expresión, se someten servilmente al capital extranjero"; denunciaba la acción del "imperialismo inglés", que fue "indiscutiblemente predominante en la Argentina", así como su "influencia en el desarrollo económico y político del país", en particular desde 1880 y hasta la Gran Guerra.[15] Raúl Scalabrini Ortiz (1898-1959), ya cercano a FORJA, desempeñaba a su vez un papel destacado en la redacción de los discursos a través de los cuales, en 1936, el senador socialista Alfredo Palacios denunciaba en el Congreso la Ley de Coordinación de Transportes. De todos modos, en las intervenciones de la izquierda no se hacía visible el menor atisbo de defensa de los gobiernos de Rosas.

La recepción que obtuvo aquel libro publicado junto a su hermano en 1934 fue evocada, muchos años después, por Julio Irazusta en sus *Memorias (Historia de un historiador a la fuerza)*. En vista del interés que exhibe el escrito, nos detendremos en algunos de sus tramos con cierto detalle. Sostiene Irazusta que su libro *La Argentina y el imperialismo británico* alcanzó "dos ediciones de dos mil ejemplares cada una [que] se agotaron en pocos meses".[16] El historiador revisionista añade que, contando "con nociones ya bastante claras acerca de lo que importaba nuestro desafío a la influencia británica", su expectativa era "que el libro cayera en el vacío. Ocurrió lo contrario. Desde su aparición, prodújose un remolino de opiniones a favor". Pese al silencio de algunos dirigentes y funcionarios a quienes habían enviado la obra, "desde el 10 de mayo de 1934 en adelante cartas de todas procedencias empezaron a cubrir nuestra mesa de trabajo". De entre ellas, elige como ejemplos la de Manuel Gálvez (1882-1962) y la de Emilio Ravignani, quien manifestaba que "con rencor trasnochado y supina

[14] Olga Echeverría, "De la apelación antidemocrática al colonialismo como argumento impugnador de la 'oligarquía'. Los hermanos Irazusta en la génesis del Revisionismo histórico argentino", en Alejandro Eujanián y Vanina Broda (coords.), "Revisionismo histórico argentino. Difusión y recepción", Dossier en *Prohistoria*, nº 8, Rosario, 2004.

[15] Ver *Soviet*, año I, nº 1, Buenos Aires, 24 de junio de 1933.

[16] Julio Irazusta, *Memorias (Historia de un historiador a la fuerza)*, Buenos Aires, Ediciones Culturales Argentinas, Ministerio de Cultura y Educación, 1975.

ignorancia se pretende negar la vitalidad nacionalista argentina" que habría sido propia del período de Rosas. Continuaba argumentando Ravignani que "los unitarizantes, los vinculados a la oligarquía buro-crática, han envenenado la cultura histórica argentina" para pasar lue-go al diseño de un frente en el que cabían también los Irazusta: "con-tra éstos nos empeñamos todos". Celebrando la publicación del libro, agregaba el ex decano de Filosofía y Letras: "queremos saber la otra verdad, esa verdad que Vds. con valentía traducen en su libro". No desentona la pieza si se tiene en cuenta el citado artículo de 1927.

Irazusta concluye este tramo de sus *Memorias* diciendo que "reac-ción tan inesperada para mí del público culto fue una revelación", aunque de inmediato introduce una novedad en el panorama: "la prensa no secundó aquel movimiento de la opinión", y agrega que "los dos grandes matutinos ni siquiera mencionaron nuestro libro". La circunstancia de que *La Prensa* y *La Nación* no comentaran la obra es evidencia para él de que se desató una "guerra del silencio" —uno de los tópicos revisionistas—, que de todos modos "no detuvo la mar-cha del libro". La imagen de la "guerra del silencio" elude la conside-ración de otros datos que ofrece el propio autor: citas en la Cámara de Diputados, un "artículo sensacional" de Ramón Doll (1896-1970) en *Claridad*, comentarios de Ramiro de Maeztu en España, expresiones del mismo Doll y de Eduardo Mallea (1903-1982) —director del su-plemento cultural de *La Nación* y figura decisiva en *Sur*, la revista de Victoria Ocampo—, ante una encuesta que publicó *El Hogar*, en la que se consideraba a la obra en cuestión el "mejor libro del año".

Sin duda, como siempre ocurre con escritos de esta naturaleza, los datos empíricos que se ofrecen son de interés, pero lo es mucho más el modo en que los autores intentan dar forma a aquellas experiencias que relatan, en las que están involucradas sus propias trayectorias pa-sadas, sus posiciones presentes, las expectativas que se vieron defrau-dadas y aquellas que se alcanzaron. Existe además una tendencia muy difundida entre los intelectuales a estimar eternamente escaso el reco-nocimiento que sus pares y las instituciones del mundo en el que se mueven les otorgan, de manera que las evidencias de esa actitud que pueden hallarse en las *Memorias* no deben sorprender. Pero el cuadro ofrecido hasta este punto por Irazusta exhibe elementos que no se ali-nean del todo: se sorprende ante un "remolino de opiniones a favor" entre el "público culto", siendo que esperaba que el libro cayera "en el vacío"; sin embargo, cuando tal caída ocurre en el acotado escena-rio de "los dos grandes matutinos", Irazusta ve una "guerra del silen-cio" contra la obra. En su recuerdo no valen ni el comentario de Maeztu, ni la encuesta de *El Hogar*, ni el artículo aparecido en *Clari-dad*, ni el éxito de ventas, datos que él mismo aporta. El panorama es equívoco, entonces, pero al mismo tiempo revelador de cuánto apreciaba Irazusta la opinión y el reconocimiento de *La Nación* y *La Prensa,* que eran sin embargo denunciados, al mismo tiempo, como agentes de un complot de silencio en el que aparecía complicado el sistema de consagración tradicional.

El complot continúa, si se sigue la narración de Irazusta, con las operaciones montadas para evitar que el libro alcanzara el Premio Municipal de Literatura de 1934. En las *Memorias,* el episodio es relatado con detalles a través de los cuales pueden seguirse las acciones cruzadas de los que habrían sido los bandos en pugna. "Según nos escribió Ernesto Palacio, infatigable gestor de nuestros intereses literarios", recuerda el historiador, "en los primeros días de marzo de 1935 teníamos asegurada la mayoría" de los votos del jurado que debía entender en el asunto. Esa ventaja habría desatado los movimientos del oficialismo, finalmente exitosos, para impedir el triunfo, que hubiera sido fatal, puede suponerse, para el argumento de la conspiración del silencio. La narración culmina con este planteo: "no obtuvimos el premio, pero nosotros habíamos logrado que el régimen se desenmascarase", demostrando la existencia de "un poder oculto tras el poder oficial", que era el del interés extranjero. Un dato que vale la pena considerar es que el tipo de maniobras denunciadas y las discusiones que suscitaban sobre ellas parecían ser bastante corrientes por esos años, en ocasión de la selección de los triunfadores en estos concursos.

Páginas más tarde, Julio Irazusta vuelve a asumir el tema de los premios para señalar, con menos pormenores, que su libro *Actores y espectadores* sí recibió el Premio Municipal de 1937. Habían transcurrido sólo tres años del "complot" y del "desenmascaramiento" del "régimen" y la mayoría de los artículos que componían el libro premiado habían sido publicados en *La Nación* a instancias de Mallea. Sin suponer que hubiera algo que ocultar —ni la circunstancia de que el premio fuera otorgado por el mismo sistema que había sido, se suponía, puesto en evidencia, ni su anhelo de reconocimiento por parte de una de sus instituciones más connotadas—, Irazusta plantea con absoluta transparencia: "*La Nación* me hizo justicia, sobre toda mi obra, desquitándome de los silencios anteriores". Con esta última observación cae también el posible argumento de que la diferencia entre una y otra situación había estado fundada, para el autor, en el tema de cada libro.

Estas memorias escritas en los años setenta revelan entonces con mucha claridad el modo en que Irazusta entendía que debía funcionar el mundo de la cultura, cómo creía que funcionaba en realidad y cuáles eran en su perspectiva los mecanismos apreciables y las posiciones que podían valorarse en ese espacio. Su trayectoria intelectual, tanto la anterior a *La Argentina y el imperialismo británico* y al *Ensayo sobre Rosas* (1935), como la posterior a la publicación de ambas obras, incluso si se la organiza con los datos que ofrece el propio autor, es consecuente con aquella visión.[17]

Julio Irazusta fue amigo cercano de Ernesto Palacio (1900-1979), quien en los años veinte, mientras frecuentaba los grupos vanguardistas, insistió en convocarlo a participar en la revista *Martín Fierro* en la que él mismo colaboraba. Considerado uno de los valiosos críticos literarios jóvenes, Irazusta figuró entre los fundadores de La Nueva República y, como muchos de sus miembros, terminó desengañado del uriburismo. Luego de los dos libros mencionados, en los cuales hacía pública la crítica a la oligarquía y la opinión favorable a los gobiernos rosistas, Irazusta publicó con frecuencia en el suplemento cultural de *La Nación* hasta que, en 1938, dejó de hacerlo de manera espontánea, como él mismo subrayó. Participó en un ciclo de conferencias dictadas en la Asociación Amigos del Arte, junto a Ricardo Levene (1885-1959), Emilio Ravignani, Diego Luis Molinari (1889-1966) y Martín Noel (1888-1963), todos ellos de inserción muy sólida en las instituciones de la historiografía tradicional; formó parte de la Sociedad de Historia Argentina; fue premiado, como se señaló, por un libro publicado por la editorial Sur, asociada a la revista de Victoria Ocampo para la que también tradujo algunas obras. En *Sur* colaboró también al menos hasta 1938: "Todos los que habíamos iniciado el movimiento de *La Nueva República*", evoca en sus memorias, "fuimos invitados a concurrir a la revista o a la casa de Victoria Ocampo"; era éste "un hogar de amplios y libres debates entre espíritus de las tendencias más dispares y opuestas", clima que se habría quebrado, de acuerdo con Irazusta, por la guerra europea y por errores del propio nacionalismo. A las reuniones de *Sur*, entonces, fueron convocados Ramón Doll, ambos Irazusta y Ernesto Palacio, luego de haber criticado fuertemente los mecanismos liberal-democráticos y, en algunos casos, de haberse manifestado rosistas. Así ordenados los datos, parece difícil sostener la imagen del complot del silencio, cuando menos hasta 1938, más allá del episodio de 1934, sobre el cual no hay razones para dudar.

Otro de los intelectuales que, como Ernesto Palacio, había frecuentado en los años veinte los ambientes de las vanguardias fue Raúl Sca-

---

[17] Insistimos, por si fuera necesario, en que no se trata de encontrar errores, falsedades u olvidos en estas memorias, un juego sin gracia que sería probablemente tan eficaz en este caso como en cualquier otro. El ejercicio consiste en cambio en intentar vislumbrar qué dice del autor el modo en que configura su propia trayectoria.

labrini Ortiz. Algunos investigadores lo ubican además como miembro del universo revisionista, una decisión que puede ser discutida ya que en los años treinta no se registra su participación en las empresas más visibles del movimiento. FORJA, el grupo del radicalismo yrigoyenista en el que aun con alguna disidencia se había encuadrado Scalabrini, tampoco hizo de la exaltación rosista una herramienta crucial; el propio Arturo Jauretche (1901-1974) en 1959 lo reconocía críticamente y trataba de ofrecer explicaciones cuando señalaba que no haber asumido posiciones revisionistas le parecía un flanco débil del yrigoyenismo y del peronismo.[18] De todos modos, debe concederse que la crítica a la política británica y a la organización económica del país luego de Caseros acercaba algunas de las posiciones de Scalabrini a las del revisionismo. En cualquier caso, si se toma la decisión de considerar revisionista a Scalabrini, vuelven a aparecer datos reiterados: su circulación por *Martín Fierro* y por *Pulso* había sido intensa y en 1931, *El hombre que está solo y espera* no sólo obtuvo el segundo premio en el Concurso Municipal de Literatura, sino que se constituyó en un éxito de ventas. Scalabrini solía ser presentado en diarios y revistas como uno de los escritores jóvenes más promisorios.[19]

Sin embargo, en el revisionismo formaron intelectuales con derroteros mucho más tradicionales, como Manuel Gálvez, por ejemplo; ésa es una de las circunstancias que hacen muy difícil ver en el revisionismo de fines de los años treinta un heredero de aquellos emprendimientos juveniles de la década anterior. También obtura esta interpretación la variable generacional: aquellos que habían sido jóvenes vanguardistas en los años veinte eran ya hombres maduros, de unos 35 años a mediados de los treinta; y, con excepciones, de las que Scalabrini puede ser ejemplo luego de 1933, ocupaban espacios relativamente cómodos en el mundo de los intelectuales. Finalmente, debe considerarse que la relación entre la cultura y la actividad política era, en ambas coyunturas y en los planteos de ambos grupos, muy diversa. En lo que respecta a Gálvez, fue fundador del Instituto Rosas y uno de los miembros de su primera Comisión Directiva; desde tiempo atrás era un personaje importante en los ambientes literarios y un novelista muy leído; en 1940 publicó una biografía de Rosas que, nuevamente, fue un éxito.[20] Un caso similar es el de Ibarguren, quien, luego del pre-

[18] Arturo Jauretche, *Política nacional y revisionismo histórico*, Buenos Aires, Peña Lillo, 1959.

[19] Ver el Prefacio (Alejandro Cattaruzza y Fernando D. Rodríguez), a *El hombre que está solo y espera*, Buenos Aires, Biblos, 2005.

[20] Manuel Gálvez, *Vida de Don Juan Manuel de Rosas*, Buenos Aires, Tor, 1940.

mio otorgado en 1933, fue electo presidente de la Academia Argentina de Letras en 1935 y 1937. Presidió también la delegación argentina a la reunión internacional de los PEN Clubs en 1936, así como la Comisión Argentina de Cooperación Intelectual y la Comisión Nacional de Cultura. Ambos habían estado próximos a La Nueva República a fines de los años veinte.

Es claro, de todas maneras, que no todos los miembros del revisionismo podían exhibir trayectorias de este tipo en el mundo de las letras; algunos eran militares, incluso de alto rango, y otros se habían dedicado a la política, en ocasiones desde hacía varias décadas y en cargos de importancia. También se dieron casos de revisionistas que participaron de algunas de las instituciones historiográficas clásicas y publicaron en sus revistas, como el ya mencionado Ibarguren o Martín V. Lascano (1859-1940) y, si se tiene en cuenta la Junta por la Repatriación de los Restos, Dardo Corvalán Mendilaharzu.

Ante los indicios que hemos mencionado en estas últimas páginas, se torna complicado sostener la imagen de un revisionismo que en 1938, cuando se fundaba el Instituto Rosas, venía a asaltar los ambientes de la cultura tradicional y admitida desde fuera de ellos o desde su periferia. Tampoco parece tratarse de un frente de los disconformes, salvo por la disconformidad siempre reinante en los grupos intelectuales en lo que hace a las posiciones adquiridas, y sería arbitrario hacer de sus miembros ejemplos de intelectuales en posiciones dominadas, según el canon de Bourdieu, con las trayectorias de Ibarguren o Gálvez a la vista. En los años treinta, por otra parte, ninguno de los revisionistas notorios podía ser considerado tampoco un recién llegado al campo. A su vez, a lo largo de la mayor parte de la década, ni el nacionalismo al que adhirieron muchos de estos hombres, ni la participación de varios de ellos en el golpe de Estado de 1930, ni su rosismo, les trajeron consecuencias serias en lo referido a su inserción en el mundo intelectual, salvo que se asuma un argumento como el de Irazusta en torno al "complot del silencio".

Es posible, entonces, que esa intervención previa en el mundo de la cultura sea la que permita comprender algunos fenómenos que, desde otras perspectivas, serían inexplicables. Un ejemplo podría hallarse en la presencia de Palacio o de Irazusta en actividades organizadas por Victoria Ocampo, en las que participaba también María Rosa Oliver, comunista, y que parecen haber sido, tal como sugieren las *Memorias* del historiador revisionista, el resultado de la participación en los circuitos de la sociabilidad intelectual, que permitía cortesías y gestos amables a pesar de las disidencias, antes que fruto de proximidades ideológicas demasiado estrechas. Por otra parte, hasta la Segunda Guerra Mundial, o casi, esos dispositivos de pertenencia funcionaron con eficacia y desdibujaron —aunque sin duda no suprimieron del todo— las dimensiones ideológicas que exhibieron tanto el proceso de organización del revisionismo como la actitud del resto del mundo cultural ante él; también, simultáneamente, atenuaron las potencialidades disruptivas de la reivindicación de Rosas.

Finalmente, en relación con estos últimos argumentos debe tenerse en cuenta que el revisionismo en ciernes no redujo sus relaciones, en general informales, con los grupos políticos a un solo sector, como señalamos: hubo allí radicales y también nacionalistas. Pero inclusive las zonas que aparecían más inclinadas a la derecha enlazaban sus posiciones con argumentos y posturas que núcleos importantes de la cultura política argentina frecuentaban hacía tiempo. La crítica de los mecanismos de la democracia liberal y de la legislación electoral, por ejemplo, había sido asumida por varios grupos intelectuales y políticos mucho antes de que el revisionismo hiciera su aparición. Y si bien es cierto que fragmentos del universo mental del liberalismo resistían en los años treinta, y en un sentido fue lo que dio tonos propios a la crisis política argentina, no es menos evidente que entre las posiciones toleradas figuraban aquellas que resultaban fuertemente conservadoras —difícilmente concebibles como conservadoras liberales— y otras, lisa y llanamente reaccionarias. La imagen de una cultura argentina organizada, en la década de 1930, en torno a un único eje liberal-democrático claro, sólido, que repudiaba la aparición del revisionismo, sospechado de reaccionario, y lo condenaba al silencio, no parece así verosímil, con certeza no hasta 1938.

A mediados de ese año, como indicamos más arriba, se fundaba el Instituto Juan Manuel de Rosas de Investigaciones Históricas, la entidad revisionista más tradicional.[21] Entre los historiadores, la fundación no parece haber despertado iras inmediatas, a pesar de que la transformación de la Junta de Historia y Numismática en Academia Nacional de la Historia, ocurrida meses antes, pudo haber alentado el esfuerzo organizativo revisionista; algunas otras instituciones historiográficas informaron, por ejemplo, sobre sus actividades. En este mismo sentido puede citarse también, aunque con precaución por ciertas proximidades de coyuntura, el planteo que Rómulo Carbia (1885-1944), miembro prominente de la "nueva escuela histórica",

---

[21] Versiones del proceso que condujo a la fundación pueden hallarse en las *Memorias* de Julio Irazusta, *op. cit.*, y en Pablo J. Hernández, *Conversaciones con José M. Rosa*, Buenos Aires, Colihue-Hachette, 1978, que menciona otras entidades revisionistas. La reunión inicial tuvo lugar el 16 de junio, y el acta de creación está fechada el 5 de agosto. Desde 1997, la entidad es un Instituto Nacional.

realizaba hacia 1940, cuando instalaba a la Facultad de Filosofía y Letras de Buenos Aires, la de Humanidades de La Plata, el Instituto Nacional del Profesorado, y algunas cátedras del interior, pero también al Instituto Rosas, en la estructura de la historiografía más plenamente académica.[22]

A su vez, la política argentina estaba particularmente agitada en ese entonces, tanto por los procesos nacionales como mundiales: el fraude a gran escala en las elecciones presidenciales de 1937; el comienzo de la presidencia de Ortiz, que alentaba las expectativas de quienes entendían necesario acabar con esas prácticas; los anuncios, que todos veían, de una guerra muy próxima; los combates en España, que todavía se hallaban en curso. Es importante tener en cuenta que en esos años el rosismo y la denuncia de la llamada "historia oficial" habían comenzado a ser asumidos por buena parte del nacionalismo político, que estaba ya plenamente movilizado, buscando con más ahínco que en tiempos anteriores, o tal vez logrando más éxitos en el esfuerzo, una convocatoria de masas. Algunos de sus miembros, además, asumían posiciones fascistas o reivindicaban al nazismo. Tal situación, de todos modos, no dejaba de promover en algunos revisionistas llamados a la cautela y declaraciones que insistían en diferenciar un combate más claramente historiográfico de otro que terminaba haciéndose ostensiblemente político; una tarea que no era sin embargo sencilla.[23]

Algunos de estos procesos pueden leerse por detrás de los argumentos que se esgrimieron en la Cámara de Diputados, en una sesión celebrada el 13 de junio de 1941, cuando la guerra llevaba casi dos años de desarrollo y faltaban apenas días para que se produjera la invasión alemana a la Unión Soviética. La reivindicación de Rosas y la crítica a los próceres tradicionales fueron incorporadas por el diputado radical Raúl Damonte Taborda (1909-1982) al conjunto de las llamadas "actividades antiargentinas"; el diputado reclamaba la organización de una comisión investigadora de esas acciones, concebidas como acciones favorables a la penetración extranjera.

---

[22] Ver, por ejemplo, el *Anuario 1940* de la Sociedad de Historia Argentina, Buenos Aires, 1941, y Rómulo Carbia, *Historia Crítica de la Historiografía Argentina*, Buenos Aires, Coni, 1940.

[23] Naturalmente, el revisionismo no desconocía la dificultad de establecer límites claros entre una y otra actividad. Pero no faltaban declaraciones como la de Manuel Gálvez en 1940, quien criticaba que "algunos rosistas —que a la vez son nacionalistas y simpatizantes de Alemania—" y que "tienen más de políticos que de historiadores", ligaran a Rosas con las "dictaduras europeas". Ver Manuel Gálvez, *Vida de Don Juan Manuel de Rosas*, *op. cit.*

El debate exhibe cruces y coincidencias que pueden llamar la atención; nadie, por ejemplo, resignaba en la sala la pretensión de hablar desde posiciones "auténticamente nacionalistas", una fórmula que, como la del "sano nacionalismo", estaba muy difundida en esos años. Damonte Taborda señalaba, en este sentido, que intervenía "en nombre del nacionalismo argentino, criollo", que entendía "enraizado en el pensamiento y en la acción de los precursores, de los fundadores, de los guerreros militares y civiles, de los héroes y de los mártires de nuestra emancipación política y de nuestra organización nacional". Desde ese punto de partida, aclaraba que "la propaganda totalitaria" insistía en que "resucita el espíritu de Rosas", planteado como "el espíritu dictatorial"; Damonte objetaba estos argumentos: "no es el espíritu gaucho de Rosas el que ellos pueden invocar en este instante". Rosas "era auténticamente nacionalista, no nacionalista ucraniano, nacionalista alemán ni nacionalista italiano, sino nacionalista criollo". Y aquí reaparecen razonamientos ya evocados en este capítulo: "él era, sí, un producto telúrico de la tierra argentina, el resultado del medio y de la época primitiva en que vivía". Rosas "traía la voz de nuestras pampas" y "no obedecía a amos extranjeros ni pretendía implantar doctrinas exóticas"; el diputado esboza en ese momento un planteo que será luego debatido en el mismo recinto. Sostiene que, en cambio, "estos nacionalistas de Berlín, de Roma y de Moscú", quienes en el caso de que "Rosas resucitase serían degollados por infames traidores a la patria, son profunda y totalmente antiargentinos. Son extranjerizantes, antinacionalistas y anticriollos".

Damonte Taborda rozaba de este modo una cuestión complicada: por un momento, podría pensarse que el problema no residía tanto en la expresión de un balance positivo de la política de Rosas como en que ella fuera realizada desde posiciones "antiargentinas"; Rosas, finalmente, era un "nacionalista criollo". Pero aquí el diputado reorienta su argumento y señala cuál era el panteón de la nacionalidad y la tradición política auténticamente argentina: "ser nacionalista", manifestaba, "es admirar y seguir a Moreno y Rivadavia, a San Martín y Urquiza, a Sarmiento y Alberdi, a Alem y Sáenz Peña", que le parecían "figuras todas que en este instante están siendo atacadas por estos seudonacionalistas a sueldo de los imperialismos extranjeros". Ser nacionalista, agregaba, "es ser fiel a nuestra tradición republicana, mientras el totalitarismo es completamente adverso a dichos principios".[24] Parece entonces claro que lo que estaba verdaderamente en

[24] La transcripción del debate puede consultarse en el Tomo I del *Diario de Sesiones* correspondiente a 1941, donde figuran las citas que siguen; como en otras oca-

discusión era el conjunto de principios que podían reputarse propios de una tradición política genuinamente nacional.

Quien asumió en la Cámara la defensa del revisionismo fue el diputado por Santa Fe, también radical pero antipersonalista y en consecuencia oficialista, Faustino Infante. El diputado aclara que no habla "en nombre del bloque radical antipersonalista", para luego manifestar su oposición a la iniciativa de Damonte cumpliendo con sus compañeros, los miembros "de los diez centros argentinistas Juan Manuel de Rosas de la provincia de Santa Fe y de los cuatro centros argentinistas Juan Manuel de Rosas de la provincia de Córdoba".[25] De acuerdo con Infante, el objetivo de tales centros es que "el pueblo argentino" tome conciencia de que "puede considerarse como una de las mejores razas a la que la Providencia ha favorecido con sus mejores dones". El diputado pasa entonces a los medios: para lograrlo, explica "le enseñamos nuestra verdadera historia, no la historia desfigurada oficial, que han escrito los partidos oficialistas triunfantes después de la victoria de Caseros". De allí que se haya elegido el "nombre de general Juan Manuel de Rosas con que se distinguen nuestros centros"; Rosas sería el "más genuinamente argentino de nuestros gobernantes", quien "supo defender la Independencia de nuestra patria, que conquistara San Martín, y a quién éste, y por esa causa, legara el sable que le acompañó durante toda la campaña de la Independencia". Debe reconocerse que Infante lograba explicar muy sintéticamente el programa revisionista. El historiador Emilio Ravignani, diputado radical también él, pero opositor, estaba presente en aquella sesión; intervino con más ironía que fervor, diciendo que, si se aplicaran los métodos habituales de Rosas, "en 24 horas" se "habría acabado con la infiltración nazi".

La cuestión del revisionismo, cuando menos en esta coyuntura, había desbordado así el escenario historiográfico y aun el cultural en sentido amplio para ser asumida en el político, a pesar de que los límites entre ellos no eran del todo firmes. La dimensión política de su ta-

siones, agradezco a Carolina Apecetche que llamara mi atención sobre algunos de los argumentos planteados en esta sesión.

[25] La Unión Cívica Radical Antipersonalista fue una escisión de la UCR producida en 1924. Muchos de sus dirigentes fueron colaboradores de Alvear, por entonces Presidente, junto a otros importantes dirigentes provinciales opositores internos a Yrigoyen. Luego del golpe de Estado de 1930, algunos dirigentes antipersonalistas retornaron a la UCR; como agrupación, el Antipersonalismo formó parte de la coalición oficialista junto a los grupos conservadores y el Partido Socialista Independiente. La UCR oficial, conducida por Alvear, era en cambio el grupo opositor más importante.

rea fue advertida por el propio revisionismo, que había comenzado por denunciarla en las acciones de sus adversarios: la historia oficial, sostenía, había sido impuesta por los vencedores de Caseros. A ello se sumaba la apropiación de planteos revisionistas por el nacionalismo político. Era entonces complicado mantener el equilibrio; nunca, de todas maneras, el revisionismo abandonó del todo aquel otro horizonte de acción, el que representaba el mundo de la cultura, ni tampoco el estrictamente historiográfico: como solían plantear sus compañeros revisionistas, el diputado Infante proclamaba en el recinto que "la batalla académica está ya ganada".

Destinos ambiguos

Dos años después de aquella sesión, el 4 de junio de 1943, se producía otro golpe de Estado que ocasionó fuertes cambios en el escenario político. El proceso desatado entonces desembocó en el 17 de Octubre y, finalmente, en la llegada de Perón a la presidencia a través de las elecciones de 1946. Como ocurrió en prácticamente todos los grupos políticos y culturales, algunos miembros del revisionismo adhirieron al peronismo y otros tomaron distancia. En lo que hace al problema de la relación entre el primer peronismo y el revisionismo, basta indicar en esta oportunidad que a pesar de que varios revisionistas se alinearon con aquel movimiento y de que algunos sectores peronistas hicieron propia la mirada revisionista, o cuando menos sus héroes, las políticas oficiales hacia el pasado no incluyeron entre 1946 y 1955 la reivindicación de Juan Manuel de Rosas. El Estado peronista eligió unos anclajes más tradicionales en el siglo XIX, aunque no dejaron de percibirse matices. Y en el caso del Instituto Rosas, como ha señalado Julio Stortini, "se puede dudar de la peronización", dado que ella no se exhibió ante las instituciones oficiales "ni siquiera para lograr auspicios y fondos".[26]

Luego de la caída del peronismo a raíz del golpe de Estado de septiembre de 1955, y en particular durante el gobierno de Aramburu,

[26] Mariano Plotkin, por su parte, evocó unas expresiones del diputado peronista Oscar Albrieu quien, en 1946, sostenía que el peronismo habría sido morenista en 1810, sarmientino en 1860 e yrigoyenista en 1916. Una de las instituciones oficiales que recibía fondos para publicar su revista era el Museo Mitre, padre fundador de la historia oficial de acuerdo con el revisionismo. Finalmente, se ha evocado ya muchas veces el hecho de que los ferrocarriles nacionalizados por el peronismo llevaran los nombres de Urquiza, Sarmiento y Mitre —que eran de los personajes históricos más criticados por el revisionismo—, junto al de San Martín y Belgrano.

ciertas publicaciones de la resistencia peronista, dispersa y heterogénea, parecen haber respondido a la insistencia del gobierno en filiarse con la llamada "línea Mayo-Caseros" a través de la recuperación de figuras y argumentos revisionistas. La operación, con todo, no fue dominante, tal como apunta Michael Goebel.[27]

Algo más tarde, el 1° de mayo de 1958, Arturo Frondizi asumía la presidencia luego de haber sellado un pacto con Perón; "en la madrugada del 2 de mayo", sostiene en sus memorias el editor Arturo Peña Lillo, "mezclados con los diarios y las revistas", *Los vendepatria* y *La fuerza es el derecho de las bestias*, libros escritos por Perón luego de la caída, más "algunos folletos de dudosa autenticidad, cubrieron los quioscos de diarios y revistas". De acuerdo con Peña Lillo, habían sido "impresos en cantidades inusuales —entre 50.000 y 100.000 ejemplares—, de manera secreta"; agregaba el autor que "la demanda de estos libros hubiera arrebatado de gozo al más exigente autor" preocupado por la venta: "las reimpresiones se sucedían semana a semana". Por entonces, Peña Lillo era dueño de una editorial que había conseguido ya un importante suceso entre el público con la *Historia argentina* de Ernesto Palacio, en 1954, y luego, a lo largo de los años sesenta y comienzos de los setenta, los obtendrían con las obras de Arturo Jauretche, José María Rosa (1906-1991) y Jorge Abelardo Ramos, y la popular colección La Siringa, entre otras.[28]

En uno de aquellos libros de Perón, *Los vendepatria*, escrito a fines de 1957 y anticipado parcialmente en la prensa de la resistencia, se hallaba la que se supone es la primera apropiación explícita y pública de una interpretación revisionista de la historia argentina por parte de Perón; una breve referencia que parecía impulsada por la necesidad de diferenciarse aún más de sus adversarios políticos. Ésa fue una oportunidad muy importante para la divulgación de la lectura revisionista del pasado, ya que el jefe del peronismo la convertía en un elemento más de su lectura de la realidad argentina. Como siempre, los sectores populares que hallaban en el peronismo su identidad política realizarían su propio ejercicio de apropiación de los planteos revisionistas, pero el efecto de la indicación de Perón no puede subestimarse: señalaba qué interpretación de la historia nacional, qué autores y qué obras, qué biblioteca histórica en fin, era la del propio bando frente a la del enemigo. Ello, más allá de que

[27] Michael Goebel, "La prensa peronista como medio de difusión del revisionismo histórico bajo la Revolución Libertadora", en *Prohistoria*, n° 8, Rosario, 2004.

[28] Ver Arturo Peña Lillo, *Memorias de papel. Los hombres y las ideas de una época*, Buenos Aires, Galerna, 1988.

continuaban existiendo revisionistas cuya relación con el peronismo era distante.

Como dijimos, no habían faltado en la historia de los intelectuales rosistas y revisionistas los éxitos de público: el libro de Ibarguren y el de los hermanos Irazusta, en la primera mitad de los años treinta, la biografía de Rosas escrita por Gálvez, en 1940, y la primera historia general de la Argentina ofrecida por un miembro de la corriente, Ernesto Palacio, en 1954, se habían vendido muy bien. Pero caído el peronismo y convertido el revisionismo en su visión del pasado, el fenómeno fue más extendido, más continuo, más visible, de efecto más profundo; Oscar Terán ha señalado que la interpretación revisionista, "en algunos de sus aspectos", se transformó en los años sesenta en "una suerte de sentido común histórico entre vastos sectores no sólo intelectuales". La circunstancia que permitió esa transformación fue la apropiación que el peronismo realizó de los argumentos revisionistas.[29]

Es posible, entonces, sumar a los pequeños actos públicos de los años treinta, a la circulación de varios de sus miembros por los círculos literarios, a la investigación de archivo y la publicación de libros de Historia, estos otros sucesos que involucraron al revisionismo: la adopción de su relato del pasado por parte del líder de un movimiento de masas; la circulación extendida de un libro de ese dirigente en una edición basta; la incorporación de la interpretación histórica revisionista al conjunto de posiciones que distinguía al movimiento en cuestión de sus adversarios. Se trataba de un largo periplo desde los ámbitos de la alta cultura a los más amplios públicos que ponía a su disposición la conversión peronista; quizá sea en ese futuro de masas que le esperaba luego de aquella mañana del 2 de mayo de 1958, donde, al menos para los años sesenta, pueda hallarse el potencial en verdad disruptivo del revisionismo histórico.

[29] Ver Oscar Terán, *Nuestros años sesentas*, Buenos Aires, Puntosur, 1991.

BIBLIOGRAFÍA

Pablo Buchbinder, *Historia de la Facultad de Filosofía y Letras*, Buenos Aires, Eudeba, 1997.

Alejandro Cattaruzza, "Descifrando pasados: debates y representaciones de la historia nacional", en Alejandro Cattaruzza (dir.), *Crisis económica, avance del estado e incertidumbre política (1930-1943)*, Buenos Aires, Sudamericana, 2001. Tomo VII de la Nueva Historia Argentina.

Alejandro Cattaruzza, "El revisionismo: itinerarios de cuatro décadas", en Alejandro Cattaruzza y Alejandro Eujanián, *Políticas de la historia. Argentina, 1860-1960*, Madrid-Buenos Aires, Alianza, 2003.

José Carlos Chiaramonte y Pablo Buchbinder, *Provincias, caudillos, nación y la historiografía constitucionalista argentina 1853-1930*, Documento de Trabajo del Instituto de Historia Argentina y Americana Dr. E. Ravignani, Buenos Aires, 1991.

Marcela Croce, "Víctimas de la policía. Los ensayos críticos de Ramón Doll" y "Orden, reacción, tradición: la santísima trinidad del ensayo nacionalista en Julio Irazusta", en Nicolás Rosa (ed.), *Historia del ensayo argentino*, Madrid-Buenos Aires, Alianza, 2003.

Olga Echeverría, "De la apelación antidemocrática al colonialismo como argumento impugnador de la 'oligarquía'. Los hermanos Irazusta en la génesis del Revisionismo histórico argentino", en Alejandro Eujanián y Vanina Broda (coords.), *Prohistoria*, n° 8, Rosario.

Olga Echeverría, "Revisionismo histórico argentino. Difusión y recepción", Dossier en 2004.

Federico Finchelstein, *Fascismo, liturgia e imaginario. El mito del general Uriburu y la Argentina nacionalista*, Buenos Aires, Fondo de Cultura Económica, 2002.

Norberto Galasso, *La corriente historiográfica socialista, federal-provinciana o latinoamericana*, Buenos Aires, Centro Cultural E. S. Discépolo, 1999.

María Teresa Gramuglio, "Michael Goebel, 'La prensa peronista como medio de difusión del revisionismo histórico bajo la Revolución Libertadora'", en *Prohistoria*, número 8, Rosario, 2004.

Tulio Halperin Donghi, *Argentina y la tormenta del mundo. Ideas e ideologías 1930-1945*, Buenos Aires, Siglo XXI, 2003.

Tulio Halperin Donghi, *La república imposible (1930-1945)*, tomo V, *Biblioteca del Pensamiento Argentino*, Buenos Aires, Ariel, 2004.

Tulio Halperin Donghi, *El revisionismo histórico como visión decadentista de la historia nacional*, Buenos Aires, Siglo XXI, 2005.

Darío Macor, *Imágenes de los años treinta*, Documento de Trabajo 3, Universidad Nacional del Litoral, 1995.

Mariano Plotkin, "Rituales políticos, imágenes y carisma: la celebración del 17 de octubre y el imaginario peronista 1945-1951", en Juan Carlos Torre (comp.), *El 17 de Octubre de 1945*, Buenos Aires, Ariel, 1995.

Diana Quattrocchi-Woisson, *Los males de la memoria. Historia y política en la Argentina*, Buenos Aires, Emecé, 1995.

Sylvia Saítta, *Regueros de tinta. El diario Crítica en la década de 1920*, Buenos Aires, Sudamericana, 1998.

Sylvia Saítta, Posfacio, en Raúl Scalabrini Ortiz, *El hombre que está solo y espera*, Buenos Aires, Biblos, 2005.

Beatriz Sarlo, *Una modernidad periférica. Buenos Aires, 1920 y 1930*, Buenos Aires, Nueva Visión, 1985.

Julio Stortini, "Historia y política. Producción y propaganda revisionista durante el primer peronismo", en *Prohistoria*, número 8, Rosario, 2004.

Maristella Svampa, *El dilema argentino: civilización y barbarie*, Buenos Aires, El Cielo por Asalto, 1994.

TESTIMONIOS

LITERATURA Y CINE - CINE Y LITERATURA

por *Manuel Antín*

Todo es literatura. Esta expresión en cierto modo inocente desafiaba a la crítica cinematográfica y por supuesto al cine tradicional, el de Hollywood (para ubicarlo en un espacio concreto y al mismo tiempo definir un modo de ser del cine) en los tiempos en que yo balbuceaba mis primeros pasos detrás de una cámara. Cuánta tinta y cuántas palabras corrieron por aquellos tiempos en pos de una verdad única, como si eso fuera posible. Poco se conocía en torno de mí del cine que después fue haciéndose corriente, algunos nombres ilustres o no se conocían todavía o eran ignorados. Cómo ha cambiado el mundo, no estoy comentando la prehistoria, sólo la Argentina de no hace ni cincuenta años. Y estoy refiriéndome a casi todos los que integraron la *nouvelle vague* en Francia, ni hablar de Resnais, Bergman, Visconti y tantos más que jerarquizaron el mayor invento del siglo XX, el cine, y aportaron notables adaptaciones cinematográficas de textos escritos para el libro.

Tanto es así que —recuerdo— yo comencé a hablar de *leer* el cine y no de *ver* el cine como era y continúa siendo habitual. En aquel entonces surgieron todas las obras literarias que adapté y mi relación casi enfermiza con escritores de distintos cuños: Cortázar, Roa Bastos, Güiraldes, Hudson, Marechal (aunque este último —impiedades o sabidurías del cine—, con *Adán Buenosayres*, se ahogó en mi tintero).

El tiempo no ha pasado en vano, hoy es tarea más sencilla teorizar sobre la relación de la literatura con el cine y el guión cinematográfico. Si, como es mi opinión, se parte de la idea de que el cine es literatura, la tarea se simplifica bastante. Pero existirán siempre los detractores. Aún sobreviven, tal vez con todo derecho, quienes piensan que el cine existe con independencia de la literatura, aunque esa idea suponga, a criterio, simplificación o engaño inconsciente. O ambas cosas a la vez. No son ellos por cierto quienes deberían leer estas líneas.

Es obvio que no me refiero al diálogo cuando afirmo que el cine es literatura. Aun en el cine mudo o en las escenas sin diálogos de las películas hay un espacio intelectual que tiene que ver con historias, y las historias —como la vida misma—, aun las más documentales, son relatos literarios. Como lo son incluso las imágenes estáticas que se contemplan en todas las pinturas aun en las más abstractas.

No tengo otra perspectiva que la visión de la tarea de la adaptación desde el punto de vista del director de cine. Es la función que me ha tocado en la distribución de los roles. La adaptación de obras literarias al cine, desde tal punto de vista, supone varios sentidos: uno, haber encontrado un texto representativo del propio estilo, del propio querer decir, es el caso de mis películas realizadas a base de narraciones de escritores, llámense Cortázar, Roa Bastos, Güiraldes o Hudson, por orden de aparición y cada uno en su ámbito. Todas ellas transmiten o convierten en imágenes algo propio de mí que en la realidad o en la abstracción me había sucedido. Otro, sentir que la traslación se puede realizar sin traiciones, más bien todo lo contrario, con absoluta fidelidad. No se recurre a textos ajenos para alterarlos, sea para bien o para mal. En todo caso, a lo sumo, es admisible explicarlos y traducirlos al nuevo lenguaje, pero hasta ahí no más. Y ello sólo en los casos en los cuales el texto original, concebido para la lectura, pueda no ser debidamente interpretado a la velocidad de veinticuatro fotogramas por segundo. Y sobre todo porque la visión de películas es menos captadora que la lectura minuciosa. Está más ligada con lo instantáneo. En eso tienen razón los demás, en el libro es posible retroceder páginas y releer, y luego retomar la lectura en el punto en el cual se estaba. En el cine no. Aunque hoy día el video lo haga posible. Es la única ventaja de ver películas en uno de esos aparatitos que resplandecen en la soledad, aunque infringen por lo menos una de las normas fundamentales del espectáculo, la comunión de los espectadores o la risa o la emoción por contagio.

El trabajo conjunto del escritor y el director puede dejar huellas y enseñanzas invalorables. Por ejemplo, hacer inteligible un texto supone recurrir permanentemente a puentes tendidos hacia el espectador. Esto lo aprendí de Cortázar: "Si yo hubiera sabido leer como se debe un libro cinematográfico, te hubiera llamado la atención urgentemente cuando me mandaste *Los venerables todos*, mientras que entonces me limité a señalarte las cosas que me parecían más evidentes. Creo que hoy, si me mandaras otro libro basado en una idea tuya, podría demostrarte claramente cuáles son los puentes que faltan, los hiatos que inevitablemente hay que llenar si se quiere que haya una captación aceptable de un sentido o de una acción. He pensado mucho en eso mientras leía y releía "nuestro" (¡mirá qué corte me doy!) guión de Sestri Levante" (Carta de Julio Cortázar desde París, 17 de junio de 1963).

Como director-adaptador he sido protagonista de las dos situaciones, en los ámbitos más extremos. Son los casos Cortázar y Güiraldes, que me permitieron transitar junto a dos escritores igualmente arraigados en nuestra idiosincrasia, pero ubicados en puntos equidistantes. Cortázar es el escritor de ficciones metafóricas y para algunos increíbles. "La historia que me contás sobre la placita Fürstenberg no me sorprende; a vos y a mí tienen que sucedernos cosas así, y me parece natural y bello que sucedan" (Carta de J. C. desde París, 8 de febrero de 1975).

Güiraldes nos ha dejado en cambio un documento casi sin otra lectura que la que él ofrece a primera vista. Con el primero, tanto con *La cifra impar* ("Cartas de mamá"), como con *Circe* ("Circe") o con *Intimidad de los parques* ("Continuidad de los parques" y "El ídolo de las Cícladas"), debí inmiscuirme con interpretaciones y traducciones de sugerencias que hicieran accesible la lectura y la comprensión instantánea del espectador y no la de un lector, mucho más pausada y minuciosa. Con Güiraldes la tarea fue más simple, más descriptiva. La realidad que él describe es la realidad, no puede confundirse con otra cosa. Por eso no es necesario interpretarlo ni traducirlo. Basta fotografiarlo. Y, en todo caso, ordenarlo para que el espectador, menos minucioso y reflexivo que el lector, sienta que lo que ve existe verdaderamente y está vivo. Con eso basta. No puede pretenderse más.

Por esa razón, los trabajos, en cada caso, fueron distintos. La transposición de los cuentos de Cortázar requería una tarea previa antes de trasvasarlos a la pantalla. Aquellos cuentos requerían un trabajo de recreación, de reescritura, que fuera armando el rompecabezas para que el lector-espectador pudiera ser ayudado a entrar en ese mundo aparentemente irreal o de ficción que se canaliza en la sugerencia sin explicaciones, que reordena contenidos no accesibles para todos, y que el lector-espectador, si quiere quedar satisfecho, debe completar con su propia imaginación. Dicho de otra manera, y utilizando la precisa terminología del autor de cinco guiones de películas de Buñuel, Jean-Claude Carrière, el guión en este caso es cabalmente un *estado transitorio*. No puede sobrevivir sin la película ni ésta puede adquirir forma definitiva sin él.

Es precisamente lo que intenté hacer en cada caso, construir un guión que fuera en definitiva la brújula que me guiase hasta la película en su formato final. No podría haber obrado de otra manera. De otro modo, la película no podría haber sido filmada sin el riesgo de crear un caos. Hubiera sido desconcertante para todos: para los actores, para los técnicos, para mí mismo, desde luego, y, lógicamente, también para los espectadores. La tarea proporcionaba satisfacciones impensadas: no se me ha borrado de la memoria aquel momento vivido junto a Cortázar, en la sala de proyecciones del entonces Laboratorio Alex, cuando después de ver una escena de *La cifra impar*, me palmeó el hombro (estábamos solos en el microcine y él estaba sentado exactamente detrás de mí) y me dijo: "Pibe, entendí mi cuento". Un instante fugaz y entonces insignificativo que el tiempo y las circunstancias convirtieron en mágico.

El caso de Güiraldes (*Don Segundo Sombra*) resultó absolutamente diferente. No hubo guión previo porque no resultó necesario. Además, no había con quien discutirlo. La novela era ya desde su origen literario una fotografía textual. Sólo era necesario filmarla. Al propio Güiraldes le había sucedido lo mismo: "Lo único que hice yo fue escribirla", explicó alguna vez refiriéndose a su novela. Así de impresionante había sido para él la realidad que había descrito. Lo único que hice yo fue filmarla, parafrasearía yo. Güiraldes tenía una coincidencia conmigo: ni él cuando escribió la novela ni yo cuando la filmé teníamos profundos conocimientos de la vida en el campo, los dos teníamos orígenes urbanos, aunque a los dos nos guiaron mentores experimentados. A él, los reseros a quienes dedica su novela, a mí esta última que fue la suma de mis propios reseros.

Por lo tanto, no hubo guión previo. Nunca olvidaré a aquellos actores y aquellos técnicos que se desplazaban de un lado a otro durante la filmación llevando consigo cada uno de ellos un ejemplar de la edición de bolsillo que la Editorial Losada había hecho de la novela. Y con eso bastó. Después, una vez concluida la filmación, lo único que hubo que hacer fue reordenar la historia en la moviola para tratar de lograr un relato progresivo que lo hiciera más accesible para el lector-espectador.

Son los casos más sencillos en los cuales la responsabilidad disminuye y el director más que en un recreador de historias se convierte en mensajero. Cualquiera de las dos tareas es fascinante como labor creadora. Asistir a la materialización fílmica de ideas de otros con aportes propios es tan gratificante como comprobar la verosimilitud de las imágenes ajenas tan sólo transcriptas. El cine en verdad no es otra cosa que la conversión de las palabras escritas en móviles y visibles cualquiera sea su origen así como la arquitectura, según Goethe, es la música visible.

Está claro entonces que la tarea del adaptador es diversa según el texto literario que sirve de base a su labor. Según el caso, una tarea compleja y creativa, necesitada de los más variados aportes intelectuales, o una labor tan simple que sería exagerado llamarla de adaptación. No hay en este último caso un *estado transitorio* porque el guión previo o no existe o no es imprescindible.

En definitiva, no existen formulaciones técnicas precisas ni sobre la adaptación ni sobre el guión excepto las que cada uno de nosotros se avenga a admitir. Lo afirma Raymond Chandler: "El arte del guión no existe y es porque no existe tampoco un conjunto de conceptos teóricos y prácticos para definirlo".

TRIBULACIONES DE UN JOVEN ARGENTINO EN LAS ENTREGUERRAS

por Mario Trejo

La primera campanada sonó el 6 de septiembre de 1930. Era "la hora de la espada", anunciada por Leopoldo Lugones que, habiendo sido socialista hasta comienzos del siglo XX, después de haber sido anarquista en su juventud cordobesa, oyó las vociferaciones de Mussolini, que también había comenzado como socialista, aunque contrastaran con los primeros y sutiles poemas que escribió a la sombra de Rubén Darío. Cinco años después, aparece en escena el coronel sonriente, de rasgos gardelianos, el Perón cuya presencia dura todavía.

Lugones, signo de tragedia, se sabe, se suicidó: su hijo Leopoldo introdujo la picana eléctrica y más tarde siguió el camino de su padre. Su nieta Susana (Pirí), desaparecida cuando las botas del 76, engendró tres hijos, el menor de los cuales se hizo muy adicto a mí en los años sesenta. Junto con Mondy (Edmundo, hijo de Samuel) Eichelbaum no se perdía ni una función de *Libertad y otras intoxicaciones*. Solía dormir en casa: canutos, Pink Floyd y Miles Davis. Hasta que un día él también terminó en el suicidio, en el Tigre, como su abuelo. Quizás fue en la casa que tenía en Tigre Rodolfo Walsh. En su cuaderno había una lista manuscrita de suicidas de esa época.

Los Lugones eran como los Quiroga: suicidas, por herencia maldita o vocación genomónica, en fin, conjeturas que pueden terminar en un habitual disparate periodístico. Conrado Nalé Roxlo, Horacio Quiroga y sus descendientes pertenecían a esa tierra de nadie, argentinouruguayos como don Pepe Podestá, que inició el teatro rioplatense con *Juan Moreira*.

La segunda campanada fue en el Colegio Nacional de Buenos Aires, con Juan Nielsen al frente y Arturo Giménez Pastor de subdirector. El 1° de septiembre de 1939, Alemania dio el zarpazo sobre Polonia. Lo que había sido la pequeña *Entente*, Francia y Gran Bretaña, tardó 48 horas en responder y fingir una guerra, *la drôle de guerre*, que terminó el 10 de mayo de 1940 con el ya probado plan prusiano de abrazar hasta la muerte a Francia y sus hermanitas, Bélgica y Holanda. Se dice que el canto del cisne lo ejecutó la *Wehrmacht* bajo los sones de la marcha de San Lorenzo alrededor del Arco de Triunfo, que también recordaba al prebolivariano Francisco de Miranda.

En mí resonaban todavía los secos estampidos de las ametralladoras pesadas. Aún perduran en mí imágenes de elegantes cadetes militares y la de un portero español que en la calle Viamonte se negaba a librar el paso a dos mujeres que exhibían a un niño de cuatro años como posible salvoconducto. Nada nada. Ni cabildeos ni hostias. La balacera se oía y el español no cejaba.

En aquel entonces el tiempo empezaba a medirse por décadas. En la del 30 a mí me tocó saltar de la calle Arenales y Pellegrini a los alrededores de la vieja Facultad de Medicina y la Morgue. Y de ahí a calles lejanas como Argerich y Jáchal, y, otra vez tanteando el centro, Pozos y Venezuela.

Del 30 al 39 hubo la guerra en España, la Tragedia Española, que nos marcó a muchos. La Bordalesa, las Grandes Despensas Argentinas GDA, en cuyo interior una niña que un 20 de junio moría tras una bajada súbita de presión y vecinos curiosos que no se animaban a despojarla de su sostén, presionados entre las ganas de ver surgir los pechos de esa ninfa rubia que no había llegado a los 18 años y los imperativos "morales" de una incipiente clase media. Todo esto en los dominios de Pajarito, el quiosquero del Molino, que me invitaba a ver *Espectros*, de Ibsen, en el teatro de su sindicato.

Pero el verdadero campanazo fue haber coincidido con Alberto Vanasco. El leía *El canto errante*, de Rubén Darío; yo, un libro de ensayos de André Maurois. Ese intercambio se prolongó a través de Miguel Hernández y Hemingway de su parte y mis aportes del García Lorca de *El romancero gitano* y del Neruda de *Residencia en la tierra* (primero y segundo, no confundir).

¡Qué profesores! José María Monner Sans, hijo de Ricardo Monner Sans: en un año nos pasamos, con lecturas apasionadas, todo Rubén Darío, *Las tradiciones peruanas*, de Ricardo Palma, *Cyrano de Bergerac*, de Edmond Rostand, Pirandello y *El inglés de los güesos*, de Benito Lynch, que terminó comprando sus libros para sacarlos de circulación, un gesto justiciero.

De Monner Sans conservo dos imágenes que son una lección del *hablar materno*. Una vez, como un diestro, como un torero, acorraló a un joven que había estado burlando la ley del aula. Por fin, le lanzó la pregunta tan temida. El forunculoso joven, con la típica maniobra de ganar tiempo, alcanzó a emitir un balbuciente:

—Este...

Todavía no había cundido el "eshte". Y Monner Sans lo remató:

—Sientesé. Tiene cero.

Cierra el telón.

Yo quedé deslumbrado. El groserillo de turno, los ojos empapados, yacía ante el diestro, el hombre que sabía.

Pero quedaban los profesores de historia, matemáticas, física, química, latín, un Pessolano que no nombraba a Stendhal, lo llamaba Henri Beyle desde su silla de ruedas. Y queda sin nombrar Ángel Battistesa con quien se hablaba de Rimbaud y Baudelaire, de Mallarmé y Valéry.

Los alrededores

Poderosos como campanarios, los timbres sonaban en todo el colegio. Los alumnos oficiábamos pequeñas ceremonias para simular un orden. Y por fin la salida, la escalera como una catarata nos volcaba sobre la calle Bolívar. En la orilla de enfrente, el pequeño café de vidrios empañados y maderas ennegrecidas. Aire de cuento de Onetti donde un señor de sombrero Stetson, facciones magdalenienses y saudades lisboetas, susurraba el nombre de Rafael Barret, el gran anarquista catalán y su vida secreta. Pegado a este templete, la librería Lajouane, donde uno hurgaba entre títulos seguramente sugeridos por Amadeo Jacques. Y en la esquina norte, frente a San Ignacio, la monumental Librería del Colegio, que tenía todo lo que los catedráticos nos pedían. Porque nuestros profesores no venían del Instituto del Profesorado; eran catedráticos universitarios. Esa diferencia nos marcó para toda la vida. Como los compañeros.

De pronto sonaba el Dios siniestro de Baudelaire; pero uno era muy tierno e ignoraba que lo siniestro era tan sólo un tañido municipal: el reloj imponente de un enigmático Concejo Deliberante que me empujaba más allá de una Plaza de Mayo que nunca me atrajo con sus feos edificios que no daban ni para una postal. Mi rumbo verdadero era la calle Florida, mi bazar de las sorpresas, la boca del Centro, mi Amazonas. Había que entrar por la London, un bastión en Perú y Avenida de Mayo, dejando *La Prensa* a la derecha y, en la misma Rivadavia, al viejo Pedemonte que ofrecía el Pequeño Vasija con su mínima etiqueta pegada en 45°. Guiños de la discreción. Pasando la Nelson y la peinadita Diagonal Norte, el Bank of Boston y el claro monumento a Sáenz Peña, que preanunciaba las plazas duras. La primera estación era el bar Boston, colosal pariente de las tres Richmond: Suipacha. Esmeralda y Florida. Allí, en el Boston tenía a mi disposición *bowling, snooker, pool* y billar europeo en todas sus versiones. Y luego salir y enfrente esperaba la Galería Güemes con sus locas tentaciones, desde las revistas verdes o picarescas —nuestro *burlesque*— pero con suripantas menos lanzadas que las del Bataclán, que eran más para la noche, con recalada en el Texas, parada y fonda de los marineros nórdicos que escribieron con Raúl González Tuñón sus mejores poemas.

Pero la Galería Güemes acechaba también con sus secretos pisitos amoblados que aguantaban a Guillén —Nicolás, el "malo", según Neruda en los años 70, *et pour cause*. Pero en ese entonces eran camaradas y amigos bajo la sombra de la pipa de Stalin. *Tempus fugit.* Y allí fuimos una mañana con María Elena Walsh y aguantamos la lenta ceremonia del despertar asistidos amorosamente por la *Hormiga* (Delia del Carril, cuñada de Ricardo Güiraldes), hasta que el vate Neruda, con esos párpados caídos de ángel en perpetua siesta firmó libros, quedó prendado de María Elena y nos declaró sus "ahijaditos".

Y otra vez al Bazar: ediciones económicas de Faulkner que nadie compraba, *axolotes*, diccionarios de la rima, pizarras de *La Nación* y corros que comentaban la guerra perpetua y ya habíamos pasado el Gran Cine Florida y sus peculiaridades: butacas que se extendían en el sentido de la calle, su empresario Humberto Cairo y un monumental órgano que amenizaba con un tema inolvidable: *En un mercado Persa*. Pero es imposible olvidarse de Casa Tow y de Gath&Chaves, con sus edificios gemelos comunicados por un pasaje que ofrecía todos los quesos del mundo y un salón de té que a las cinco en punto de la tarde regalaba a Pérez Prado y su *Mambo nº 5* con trompetas que venían de Jimmie Lunceford: todo para señoras que con una mano cogían con celo el asa y con la otra contenían al diablo en el cuerpo. En el Paulista de enfrente, sin mambo, la calidad era suprema y el precio menor. Al atardecer uno podía subir a la confitería Adlon (tributo a Berlín) y escuchar a Hamilton-Varela, con el mejor *team* de saxos que haya producido la cultura nacional. Y luego elegir entre los libros del Ateneo y el cine Novedades, dedicado a documentales, *Tom y Jerry* y noticieros de guerra, incluidos los alemanes. Pero no había que salir de Florida pues en el centro todo acechaba con sus trampas: el hotel Jousten y el London Grill y el Comega desde cuyo piso 16 se podían espiar las costas orientales con un clarito en la mano, los anticuarios y las librerías de viejo, los populares restaurantes rusos y ese bar alemán en la calle 25 de Mayo del que uno sólo puede olvidar el nombre, y Warrington y Perramus y los baños Colmegna y el Maipo con Sofía Bozán y Spinetto con sus frascos de Madreselva y sus camisas que sólo podía ofrecer Spinelli, junto con sus trajes a medida y sus chales de alpaca; y más allá, el Yapeyú de Corrientes y Maipú, que iniciaba la ruta de mejillones a 10, almejas a 20 y ostras a 30 centavos (sic, precios de Playa Grande). También, como quien no quiere la cosa, por Reconquista había El Pulpo con flashes de David Cooper, Lidy Prati y Friedrich Gulda, que amaba Buenos Aires desde sus 19 años, descubría a Igor (hijo de David) Oistrach y se había casado con una Loeb argentina que llegó a ser algo más que alguien en las tablas de Viena, y a la vuelta la inolvidable Escalerita, toda importada de España.

Y, orillas del olvido, convoquemos al Odeón con los más más de nuestro teatro junto con los Sakharof —Clotilde y Alexander—, *La table verte* del *ballet* Kurt Joos, el estreno mundial de *Cuando se es alguien* con Pirandello en la platea y los *Seis personajes*, con Vittorio Gassman en escena y en esa *valse* raveliana bailaban todos juntos: Jean-Louis Barrault, Les Frères Jacques, Pepe Arias en *Ovidio*, Enrique Villegas *e tanti tanti di quelli monstres sacrés*. Pero a fines del siglo XX llegó de Entre Ríos un grosero intendente y procedió a una parcial demolición del país, que sumó al Odeón la confitería Cabildo —donde se pegó un balazo Richard Lavalle— justo en esa esquina donde Jorge Newbery amainaba guapos y otros soñaban con la pinta de Carlos Gardel.

Ahora estoy en Corrientes, atrás quedan casa Rosenthal, con Ludovico —el primer nacional que ocupó divanes vieneses y además tradujo a Segismundo (Freud)—, La Piedad, Ciudad de México, Ciudad de Bruselas, Las Filipinas, las sederías de Suipacha y Monseñor de Andrea. Todo entre cardúmenes de Omega, Tissot, Girard Perregaux, Movado, Ulysse Nardin que también conmovían a Bola de Nieve en los negocios junto al Maipo. Y los Mido submarinos, que jamás volví a ver, ¿qué se *fizieron*? Un paso más y ya entraba en Florida la Grande, la que llevaba a la Torre de los Ingleses, el Dios siniestro de Baudelaire que nos pide con Horacio no olvidar que *tempus fugit*. Pero un amigo me recuerda que el tiempo es una paciencia, largamente presentida. Y elástica. Por eso, seguramente, he podido llegar hasta aquí.

El navegante sigue su derrota

Allí, en la mismísima esquina de Florida y Corrientes, había que ser cauto antes de que tus zapatos de Tonsa o Grimoldi (la casa del medio punto) y tus medias Carlitos bajaran del cordón de la vereda decididos a cruzar el proceloso Mar Rojo de colectivos que venían de no se sabe dónde pero sí que de muy lejos (para nosotros, los del centro). Si miraba a mi izquierda —y ya Corrientes había dejado de ser angosta— apenas se alzaba un obelisco municipal, que contra todo pronóstico terminó en el Obelisco, monumento abrupto y fuera de quicio que terminó por sernos útil y que tanto podía echar su sombra sobre el Mono Relojero del Trust Joyero como indicarnos que detrás del generoso Mercado Municipal discurría la calle de las Carabelas donde un sábado a mediodía Juan Carlos Lamadrid me batió: "Pibe, hoy comemos con el Malevo Muñoz". Silencio con calderón. Se apagó la voz de Horacio Motto, que me estaba aleccionando sobre el Gorgonzola. Alberto Vanasco había sido el primero en hablarme de *La crencha engrasada*, con su *laburo turbio* y su *jotraba chorede*. Y remataba con *Tras cartón está la muerte*. Y así fue nomás. Carlos de la Púa se fue a la semana.

Era un enclave muy denso. Hasta ahí bajaban, desde *Crítica*, Arlt, Nalé Roxlo y Borges y Ulyses Petit de Murat y otras fieras que Natalio Botana (*el Uruguayo*, según la novela de su nieto Copi) logró adiestrar, sabiendo cuáles eran los boliches baratos. El cabildo de ese enjambre era el Ateneo con Francisco Petrone a la cabeza del cine nacional y los elencos del Cangallo y del Sarmiento y los que venían de filmar, agotados y eufóricos entre graves y profundas aspiraciones. Y por ahí solía caer Louis Jouvet, el Grande, el Único, que en el teatro Ateneo, a dos pasos apenas, te llevaba a la gloria con la *Ondine* de Giraudoux encarnada por Madeleine Ozeray. El Ateneo no se rindió nunca. Llegó a ser el centro de operaciones de Eli Cohen, el empleado de banco de Tel Aviv que la Mossad elevó a infiltrado en Egipto y terminó colgado en la Plaza de los Mártires de Damasco. Todo Israel vio la ejecución.

Pero hay que volver atrás, atreverse y no dejarse tentar por El Nacional (sic, hasta que cundió el neopatriotismo), tablas que supieron dominar las máscaras de Narciso Ibáñez Menta y los imbatibles glúteos de Nélida Roca.

Instrucciones: cruzar en diagonal Corrientes; donde termina el 500 hay un pequeño local: Fernando Iriberri. Casa de discos, editora de la revista *Síncopa y Ritmo*, formato pequeño con una foto que podía ser de Raúl Sánchez Reynoso, director de la Santa Paula Serenaders con Juan Carlos Torrontegui en la parte vocal, que resultó ser con el tiempo Juan Carlos Thorry, cuñado de Olga Zubarry, primer desnudo en la historia del cine argentino, oblicuo homenaje a Hedy Lamarr, la europea de *Éxtasis*. Thorry no se detuvo ahí; luego de ser el servicial *partenaire* de Niní Marshall hizo nupcias con la mujer más bella que uno pueda imaginarse: Analía Gadé, cuyo hermano es Carlos Gorostiza.

Pero *Síncopa y Ritmo* también emitía discos. *Sweet Georgia Brown* comienza con un solo de alto de Dante Varela, imaginable sólo si se lo escucha.

Pero esto era el *antipasto*. Hollando la calle Florida, mano derecha, estaba la vera Casa Iriberri, que como la Breyer vendía instrumentos y todos los discos del mundo. Sobre la acera de los pares surgía la monumental bombonería Minotti, con tan atractivas vendedoras que una terminó por llevar al altar a un escritor argentino, un amigo de toda la vida. Rhoder's era una sabia mezcla de diseño venido de la Bauhaus pasado por Nueva York y glorioso de paños ingleses, de esos que cuando eres jovencito y vuelves cargado y con culpa te echas en la cama y a la mañana vas al Nacional tal cual. Ni una arruga. Una de esas piezas puro Manchester me duró tantos años que me da vergüenza decirlo. Esto es un paseo por una exposición; honor al mérito: el sublime maestro que concebía estos trajes y los llevaba a término se llamaba Módica, el maestro Módica.

En frente, en la esquina de Lavalle, se levantaba Amyeiro. ¿Cuál era su seducción? Era un Rhoder's con menos protocolo, paños buenísimos, con un trámite de pruebas para la medida rápido y eficaz, y un vendedor no intimidante, que a lo sumo me llevaría unos diez años. ¿Cómo se llamaba ese país? Recuerdo a este vendedor como a un amigo. Campos, se llamaba.

En la esquina estamos en

¿Óptica barata, bien atendida?
Disí, Lavalle esquina Florida.

Y ahora vienen dos platos fuertes: la librería Viau & Zona, que además editaba volúmenes preciosos que me recuerdan que el tiempo, los viajes y las mudanzas todo lo destruyen. Yo alcancé a ser el feliz propietario de los poemas de Mallarmé, Rimbaud y toda esa familia que hizo tanto por algunos de nuestros mejores escritores. No eran *pocket books*. Tamaño y peso respetables. Local silencioso, pocas piezas en exhibición. Atención *ad usum poetarum*.

Y por fin llegamos a Mappin&Webb por donde pasó en vuelo rasante la Primera Dama apenas empezada su película. Todo esto adornado con claustros de la Sociedad Rural y con un Jockey Club que ya fue y cuyo incendio fue pretexto para una novela donde se me agradece algo.

Por Viamonte se podía llegar a la Maison Dorée, desde donde alzó su vuelo Luisito Aguilé. Harrod's me recuerda al enano vestido de *bellboy* onda Philip Morris que cantó Carlos Drummond de Andrade y a una foto en la puerta con mi madre, mi hermana y un señor francés, aviador, y, con Saint-Exupéry, uno de los fundadores de las líneas comerciales argentinas. Se llamaba Jean Mermoz. Su libro *Mis vuelos sobre el Atlántico* lleva prólogo del entrerriano Joseph Kessel, el de *Belle de jour*. Luego entrábamos a la farmacia Brancato para comprar la sublime gomina, la que Céline llamaba *la gomine argentine*.

Y ya pasando Warrington y Les Bébés con sus cajas en negro y amarillo, y antes de llegar a Nordiska, muebles suecos en la esquina de Charcas, se escondía el lugar más secreto, chic y mejor diseñado que Dios pudo concebir: En Ville. Trajes cruzados de franela gris con un clavel en el ojal. Mujeres de pura seda. Sólo quedaba la Torre de los Ingleses. Persisten. Siempre algo persiste. ¿Qué más?

De vuelta a los libros

El Buenos Aires me regaló escenas y personajes. Antes de entrar al aula de pupitres inmaculados formábamos en doble fila; David Boris Salomón aparecía como blanco preferido de las torpezas que ejecutan tan bien los adolescentes. Aparentemente su desaliño, su mucosidad abundante y su aire de otro mundo empujaban a lo que, ya en esa época discerní como un ataque de otro mundo, una pierna obligaba a trastabillar. Un celador, apenas dos años mayor que nosotros, rápidamente recomponía la escena. Era 1941. Uno de nosotros comentó: "Es judío". El colegio abundaba en apellidos nórdicos y patricios. Aldo Cristiani, era hijo del guía de los segundos violines del Teatro Colón, había descubierto un modo casi instantáneo de encontrar el cuadrado de cualquier número que no superase las dos cifras. Tiempo después nos encontramos algunos de los viejos compañeros y antes de separarnos, intercambiamos direcciones y teléfonos.

Cristiani nos invitó a cenar, creo que era en una nave de pequeño porte, un rastreador, imagino. Años después supimos que había abandonado la marina y ejercía una cátedra de filosofía en la Facultad. Con Vanasco las cosas tomaron otro cauce, intercambiábamos autores y lecturas, no sólo literarias. A él le atraía el teatro, como a mí el cine. Vanasco me llevó a ver el estreno de *La cola de la sirena*, de Conrado Nalé Roxlo. Yo lo arrastraba al repertorio de Enrique Jardiel Poncela, precursor del teatro del absurdo, a quien generalmente solía localizar en la platea del teatro Cómico, hoy Lola Membrives.

Reaparición de Alberto Vanasco

Como a muchos de nosotros, los poemas, en su mayoría sonetos, de Miguel Hernández nos deslumbraron. Vanasco logró finales como éste:

> Me sobra con tener en la mirada
> una oveja pascual desenredada
> sin que nada me inquiete ni me aguarde
> para poder vivir, como la piedra,
> en una intensa forma icosaedra,
> toda la eternidad, en una tarde.

La sobreproducción de sonetos hizo que cundiera el olvido. Lo mismo ocurrió luego con los *Sonetos mugres*, de Daniel Giribaldi. A sus diecisiete años, Vanasco había publicado *Justo en la cruz del camino*, donde el protagonista rompe con su vida habitual y, de esa manera, modifica la vida de todos aquellos con quienes se encontraba todos los días. Pero su imaginación se agudiza y produce una novela breve, *Sin embargo Juan vivía*, título que nada tiene que ver con el texto y que surgió de una descuidada respuesta mía.

Se trata de un relato escrito en tiempo futuro, en segunda persona del singular. Sólo pegó en los ojos de Julio Cortázar, un escritor de treinta y tres años cautivado por André Gide (admirador de Chopin, de Dashiell Hammett y precoz desilusionado de la gesta bolchevique). Pero este comentario de Cortázar, aparecido en la revista *Cabalgata* en 1948, revelaba una lectura entusiasta y prescindente. Sólo el prólogo de Noé Jitrik para la segunda edición (1967) alertó que algo había pasado diez años antes del *nouveau roman*.

La historia personal impone que en diciembre de 1947 Vanasco y el autor de estas páginas, marchando detrás de un coche fúnebre que llevaba el cuerpo de una niña de dieciséis años, a la que ambos amábamos, decidieran que la mejor forma de borrar ese dolor sería una obra de teatro. El resultado fue *No hay piedad para Hamlet*, una pieza circular en la que la escena final tiene lugar un par de horas antes de la primera. En 1948 fue ensayada por Miguel Brascó a quien le está dedicada. Ganó dos premios: el Municipal y el Premio Nacional Florencio Sánchez, ambos en 1957. En la lectura que se realizó en el Teatro Odeón actuaban Hugo Caprera y Pepe Soriano. La única persona que escribió sobre *No hay piedad para Hamlet* fue Tununa Mercado, alumna de Letras en la facultad cordobesa. Pero quien tomó el toro por las astas fue Alberto Cousté: reemplazó al protagonista por un magnetófono.

Los cuarenta

Los años cuarenta fueron para mí la entrada y salida de la TBC (con tres intervenciones quirúrgicas, como elige decir el periodismo). Hubo la inauguración del peronismo y de los murales de las Galerías Pacífico, hubo una proliferación de revistas literarias y antologías poéticas, las de Osvaldo Svanascini y Horacio J. Becco fueron las más significativas. Y el Jockey Club en la esquina de Viamonte y Florida ofrecía sus *claritos*: gin Gordon's con *vermouth* blanco Noilly Prat, todo importado y coronado con una aceituna verde. Pero mis amigos eran sobre todo músicos, desde Juan Carlos Paz hasta la gente del jazz, *the jazz people*. Pero a Vanasco se le ocurrió inventar los *happenings* callejeros, unos dieciocho años antes de que Allan Kaprow tuviese la misma visión pero, hay que repetirlo con esa libertad anglosajona que, además, es de largo alcance. Su tejido familiar era sorprendente. Su abuelo Devoto encalló en la provincia de San Juan, y allí Alberto compartió la infancia con Mami Aubone. La madre de Alberto Vanasco era la madrina de Enrique Villegas; Julio Devoto, su primo, corredor de autos, era conocido como Ampacama, en la categoría que aún no se llamaba TC, la de Fangio y los Gálvez. Y había una tía, novelista, que firmaba Lucrecia Villegas. De Daniel Devoto queda un libro inolvidable, *Las hojas*, recopilación de sus artículos sobre música y músicos.

Tres escritores quedaron en mí para siempre: el cubano Virgilio Piñera, a quien volví a ver en La Habana *dopo la rivoluzione*, autor de una pieza fenomenal, *Aire frío*, recuerdos de su vida habanera, escrita durante su exilio en Buenos Aires, en los años cuarenta, creo; Witold Gombrowicz, que acababa de ver su novela *Ferdydurke* traducida al castellano, y que contrajo una pasión platónica por mi amigo de niñez, Alberto Cabado (*Ni vencedores ni vencidos* con Naum Spolianski, film imprescindible para dejar de divagar), a quien llamaba el caballo salvaje de las pampas; con Juan Carlos Onetti la relación fue mucho más intensa y extensa. Cuando yo iba a Montevideo dormía en su casa, fumábamos un *reefer* (*slang* de la época), lo primero que me pedía, y yo disparaba para el SODRE. Recuerdo una vez, a mediados de los cincuenta, cuando el Sindicato de Músicos de la Argentina prohibió el ingreso al país de Woody Herman, nos escapamos a Montevideo con Michelle y el Gato Barbieri (también iba Lois Blue). Yo le había llevado a Onetti *El universo religioso de Dostoievski*, de Romano Guardini. De vuelta me encontré con la edición de Emecé casi intacta. Debajo de mi dedicatoria "para Juan. M. T." se leía "Para M. T. Juan". Uruguay, país laico.

Así eran las cosas. Las pocas veces que Gombrowicz vino a cenar, Madre ponía la mejor vajilla y los cubiertos Plata Lappas. Piñera compartía con Humberto Rodríguez Tomeu un departamento. Recuerdo que tenía una pintura de Portocarrero y otra de Mariano. Todo esto en Corrientes al 800, justo frente al Palacio do Café, dónde Raúl Gustavo Aguirre y Jorge Enrique Móbili fundaron *Poesía Buenos Aires*, que tenía a Juan Carlos Lamadrid, Edgar Bayley y M. T. como cómplices en el número inicial. La llegada de Perón se anunció con un teatro Cervantes iluminado *a giorno* para una asamblea de artistas. Me queda una imagen de Silvina Bullrich, Vanasco y otros en un palco.

Letras entre líneas

No recuerdo cuándo conocí a Aldo Pellegrini, ni entre qué gentes ni diciendo qué palabras, sólo sé que fui convocado al Jockey Club, un sábado a mediodía que para mí todavía huele a primavera.

El Jockey Club, justo en la esquina de Viamonte y Florida, fue punto de encuentro de escritores y artistas y aledaños conocidos donde se consumía rigurosamente un clarito (o dos o tres) bien ortodoxo: una medida de Gordon's en una copa previamente lamida por una lengua de Noilly Prat (precisión de Miguel Brascó), todo rigurosamente importado, que en esos años era lo nuestro de cada día. Ahí me veo yo entrando, jovencito y tímido, y avanzando hacia una mesa cuyo centro era un hombre pintón, ya con canas, que fumaba gloriosamente su pipa, y que yo, con la velocidad de un invento, elegí como padre: Enrique Pichon Rivière. Elías Piterbarg y Aldo Pellegrini, a un costado, completaban el detalle. Se trataba de las satánicas majestades de la revista *Ciclo*, que me recibieron con esa clase (*There are two kind of class: first class and no class*, recordó para siempre David Oliver Selznik), esa clase, digo, que regía ciertas relaciones humanas, y que cuando son civiles de civilidad, te hacen sentir que perteneces a una nación. Eran momentos sin retorno. Pero esa clase no se rinde, persiste a pesar de todo.

La cosa es que fueron años de descubrimientos, de grupos y grupúsculos talibánicos y mínimos (como el dulce Francisco de Asís), de conflictos de baja intensidad entre bandas de poetas que llegaban de todas partes, en el caso de este cronista y otros pocos, coronados por el relámpago de la loca geografía chilena, las cuchillas orientales que llevan a Montevideo *e o grande e maravilhoso Brasil*. Y la amistad de los Fernández Moreno. Todos ellos.

Nada pudo con la relación entre el hombre de la bata blanca y finos modales que era Pellegrini (hasta un segundo antes de estallar frente a la estupidez o la ignorancia) y el jovenzuelo bajo vigilancia. Fue así como, según pasan los años, llegamos al 52 y Pellegrini, quién sabe por qué, me quiso tener a su lado en la creación de una revista que no dictaba leyes ni amenazaba con el pensamiento único. Los dinerillos parecían provenir de la *masmédula* de Oliverio Girondo. Perón gobernaba y Evita estaba entrando en la inmortalidad. El país era otro y todavía no nos dábamos cuenta.

No recuerdo tampoco cuándo y dónde surgió Girondo y la estampa vikinga y única de Norah Lange. Lo que sí es imposible de borrar es la entrada a su casa: una escalera austera que de pronto se convertía en una puesta en escena. Porque al final de los peldaños, como un maestro de ceremonias, nos recibía el *Espantapájaros*, el mismo que Oliverio y Neruda subieron en la esquina de Esmeralda y Corrientes la angosta a un mateo y, ante la mirada de los que soñaban con Carlos Gardel, se lanzaron al galope del matungo a escribir su leyenda.

En esa casa se cocinó *Letra y Línea*; pero ésos son secretos de cocina que no puedo traicionar porque la memoria es leal hasta cuando falla. Todo es un recuerdo de amistad y alegría entre vinos y quesos y un paté preparado por las manos sabias y amorosas de Norah. La literatura era vida y la vida un festejo custodiado por dos vitrinas donde unas ranas elegantes jugaban al billar y fumaban en lo que se supone era un club londinense. ¿Quién hizo esas obras maestras? ¿Dónde están ahora?

Los cómplices eran Osvaldo Svanascini (quien junto con Horacio J. Becco tenía la delicadeza de editar antologías de sus poetas amigos); Brascó (que ya amenazaba con ser Miguel Brascó); el dulce y desaforado Carlos Latorre; Enrique Molina, de cuerpo y alma, que me trataba como a un hermano menor; Alberto Vanasco, que dejaba caer un pensamiento de doble filo de tanto en tanto. Y también estaban Julio Llinás de Santa Cruz y el silencioso Ernesto B. Rodríguez. En el tercer número aparecieron Juan Antonio Vasco, crítico que usaba su saber con una irónica ferocidad, y Juan José Ceselli. Y presentes también en las componendas, tres fórmula 1: Juan Carlos Paz, Francisco Madariaga y el etéreo e imprescindible Juan Esteban Fassio.

Una vez al mes la gran mesa redonda recibía invitados. Bonet, el creador, junto con Ferrari Ardoy y Kirsten, del sillón BKF, único objeto de diseño argentino expuesto en el Museo de Arte Moderno de Nueva York: en la ciudad de Mendoza, donde fue concebido, no pude dar, tanto en la Facultad de Arquitectura como en la de Diseño, con un alumno que tuviera conocimiento, o al menos hubiera oído hablar, de un hecho que hoy podemos llamar un acontecimiento.

Otra persona que me emocionaba cada vez que lo veía era Antonio Porchia. Era tímido y modesto: un aristócrata. Yo recibía en mi casa cada nuevo cuadernillo de sus *Voces*, que tanto perturbaron a André Breton. Porchia, el más sublime regalo que nos hizo Italia, junto con Lucio Fontana, que tuvo la ocurrencia de nacer en Rosario.

De Córdova Iturburu recuerdo una noche, en la sala grande, rodeados de telas de maestros del siglo XX, cuando, después de escuchar con simpatía y aire de abnegada comprensión mis alegatos a favor de Roberto Arlt, me dijo: "Sí, era un tipo genial, lástima que no supiera escribir bien". El uso de la palabra bien, ¿era también un uso del bien? Rodeados como estamos hoy de coránicos (préstamo de Noé Jitrik) y lacanianos postulantes a la literatura, aprovechemos para pasarles la bola de fuego del enigma.

Una noche, durante la opípara cena, Oliverio, a propósito de la inseminación artificial, trazó, con movimientos de brazos y puños, una descripción y defensa jocunda de las actividades procreativas del toro, el macho. Entre las damas presentes, aparte de Olga Orozco y de Norah y sus hermanas, relucían Lidy Prati y Beatriz Guido. Lidy sonrió sensualmente, gozando la actuación de Oliverio. Beatriz, que no dejaba en momento alguno de interpretar a Beatriz Guido, se lanzó en cambio a un trinar de risitas que querían expresar su rubor. Luego de lo cual contó dos de sus chismes disfrazados de historias. Una, cuando le sirvió a Bioy Casares una polenta, y sólo después de terminada, apuntó que era con "pajaritos", escrutando la expresión de su invitado. Que no la decepcionó. La otra historieta recordaba cómo, en casa de Sabato, su mujer distribuía papelitos con una consigna: "Hablen de Ernesto, que está deprimido".

Aparecen las barbas y los rugidos de Oliverio

En la gastada memoria hay nieblas del Riachuelo y el piano bar Unión de Paseo Colón donde, en verdad, eran dos y se daban la espalda y funcionaban gracias a Otto, un dulce pianista vienés que prometía piezas con mucho *swing*, y a Enrique Villegas, que ya imponía su ser él mismo. A la vuelta, sobre Carlos Calvo, tenía su pisito, inolvidable, la Beba Dari Larguía, la legítima fundadora de San Telmo.

Y en la calle Estados Unidos, el espíritu de Oliverio inaguró (con una tripa *à la mode de Caen* culinareada por él mismo) La Fantasma (nombre encubridor o delator de Olga Orozco), que abría sus brazos a todos los noctíferos que empezaban a descubrir la zona y les regalaba la música de un quinteto que pudo haberse llamado del Hot Club de Buenos Aires. Ocurrían bandejas volcadas con copas de vino tinto, empanadas, pasión y muerte de parejas y alguna quijada con triple fractura que Pellegrini y yo transportábamos a cierto sanatorio de la calle Bartolomé Mitre.

> Lo que amaba entonces sigo amándolo hoy. Pero los objetos de mi ardor eran más frágiles de lo que imaginaba. Conquistas que parecían abrir las puertas de una nueva era —como las películas de Godard— llegaron a parecer más bien una culminación de lo antiguo.
> SUSAN SONTAG, 1985

Tratar de recuperar una experiencia es una pasión inútil, pero plausible. En este caso, queda lo escrito, pero no la pasión del momento. Quedan personas, imágenes de individuos, caras detenidas en un gesto cuyo significado se ha perdido, fogonazos sobre un salón donde grupos de personas se mueven, hablan, ríen. Es el momento en que todos creen estar de acuerdo, aunque sea parcialmente; parece que han logrado el disparo certero. Errores y aciertos sólo son visibles cuando el tiempo ha pasado, y esto vale también para las ciencias exactas. Las nuestras, las literarias, como insinúa Tzvetan Todorov, son simplemente, o vagamente, menos exactas.

En 1952 la estrella del poder político empezaba a caer. Pero en esas noches Madame la política no estaba sentada a la mesa. En esos años los jóvenes editaban dos revistas influyentes: *Poesía Buenos Aires*, centrada de una manera incierta entre la poesía brotada del surrealismo y la herencia de Vicente Huidobro y Pierre Reverdy, y que se cubría bajo el nombre de René Char; y *Contorno*, surgida de los espacios académicos, pero que sobre esos saberes construía una réplica, una contestación que llegaba hasta la detestación, muchas veces exagerada, injusta. Pero también rescataban nombres que la sociedad establecida olvidaba o subvaloraba. Ambos grupos tenían un adversario común: la estética de los escritores unidos a la sombra de la revista *Sur* y el suplemento dominical de *La Nación*. Nada más los unía. El desconocimiento era mutuo.

Justificación

¿Justificación? Heroica. Como todas. ¿Por qué hay que justificarse? ¿Ante quién? ¿Contra quién? Es aquí donde tengo el temor de caer en jerga de especialistas, de eruditos a la violeta de Parma o de los

Alpes (nunca se sabe), la de esos cronistas ejemplares que creen ejercer un magisterio de crítica utilizando un dialecto muy siglo XX y que en sus ordenamientos hablan, por ejemplo, de un "arte no figurativo", denominación que excluye tanto a las pirámides egipcias o mexicanas como a los nenúfares de Monet; pero que no alcanzan tampoco a concebir que cualquiera de las tres batallas de Paolo Uccello son ya abstracciones (pasar un objeto de tres dimensiones a una superficie, sin hablar del descubrimiento de la perspectiva).

Pero, en fin, teníamos la insolencia necesaria y propia que pide el combate. El enemigo, como suele darse en las contiendas políticas, era un enemigo único que había surgido a finales del siglo XIX con nuevas y poderosas armas: el periodismo masivo y la apenas nacida publicidad (dinero e ignorancia mediante, también masiva). Ambas aparecen hoy como las vencedoras.

Aldo Pellegrini era el abogado de "los auténticos exploradores de lo desconocido que no suelen llevar una multitud de boquiabiertos detrás de sí [...] estos aislados creadores de hoy son frecuentemente los que construyen el futuro cultural [...], señalarlos hoy significa vencer al tiempo".

Esta heroicidad, que incluía el reconocimiento del error, tiene hoy para nosotros algo de jactancioso, lo que no impide ver su humildad última, su generosidad. Pellegrini, al imponer como consigna la abolición del pensamiento único, abría al mismo tiempo muchos flancos. No podía conformar a todos. Pero, al mismo tiempo, dejaba de lado las guerrillas del esto o aquello, habituales en estas luchas.

La política del frente único no siempre da buenos resultados. Escritores, artistas y músicos poseen en general un ego sobredimensionado y quisquilloso, y los ismos no suelen ser los mismos, ni los únicos. Las denominaciones y las etiquetas pertenecen más a la historia del arte que al arte y terminan por no ser más que herramientas de viaje, mapas incómodos y necesarios para profesores y catedráticos.

Pellegrini convocó para esta empresa riesgosa a creadores que usualmente andaban por vías paralelas, como es el caso de Enrique Molina y Tomás Maldonado. Y saliendo ya de la isla local, *Letra y Línea* publicó por primera vez *Las brujas de Salem* de Arthur Miller; un descubridor trabajo de Juan Esteban Fassio sobre Alfred Jarry y el Colegio de Patafísica; Tristan Tzara y Richard Hülsenbeck junto a Juan Filloy y Juan Carlos Onetti; Wifredo Lam y Vordemberge-Gildewart.

Hay en estos cuatro números y nueve meses de ilusión, algunos trabajos que llaman la atención por su voluntad de despertar a los lectores. Uno es el de Alberto Vanasco sobre Roberto Arlt; otro, la pugna de Onetti —a propósito de *El fin de la aventura* de Graham Greene— entre el talento y el sospechoso premio de la popularidad; a Carlos Latorre, por su parte, le provocan estremecimientos metastásicos la fe literariamente fácil de Francisco Luis Bernárdez y la supuesta ansiedad metafísica de Ricardo Molinari. En otro extremo, Enrique Molina comunica el hechizo de la poesía de Aimé Césaire, aún hoy un desconocido entre nosotros, y Osvaldo Svanascini invita a un conocimiento de la poesía de Vicente Huidobro, otra víctima de la industria cultural. Pero imprescindible es el ensayo autobiográfico de Luigi Dallapiccola sobre su llegada a la música dodecafónica y las relaciones de ésta con James Joyce y Marcel Proust.

Prolongar este catálogo nos llevaría a un festival tautológico. Pero, medio siglo después y derrotando a la cátedra periodística y al supuesto saber publicitario, no está de más recordar que *Los siete locos* fueron inventados dos años antes de que apareciese su hermana *Viaje al fin de la noche*, la obra maestra de Céline, que a su vez engendraría lo más superficial de Henry Miller: sus *Trópicos*. Huidobro va dejando de ser una isla incierta y Dallapiccola vuela, vuela.

¡Cuánto le debo a Juan Carlos Paz, a Juan Esteban Fassio, cuánto les debemos a todos ellos! En un país que parecía culturalmente posible y todavía soñaba con ser una nación, abrieron el libro de lo desconocido y lo dieron a leer.

Oliverio

No creo haber conocido nunca a nadie más discreto y dadivoso con su saber y su experiencia. Nacionalista (en el único sentido que debe entenderse esta palabra), antinazi, tomando distancias con el condado de Victoria Ocampo, respetando a Borges y queriendo a Neruda, pasiones todas que compartía con Norah Lange. Sólo al pasar dejaba caer un recuerdo de sus cuantiosos viajes en paquebotes de ensueño y sus farras con Ricardo Güiraldes, a las que Colette llamó en una de sus novelas "noches de jóvenes juerguistas argentinos". Nunca lo vi ni lo oí insinuar que *Letra y Línea* era él. Solía recibirme los miércoles por la tarde y luego de leer muy atentamente mis poemas con mucha delicadeza me llamaba la atención sobre aquellos versos que no lo convencían. Luego me introducía en su biblioteca erótica y pornográfica, en sus deslumbrantes —por su belleza y acaso por el oro— colecciones de joyas aztecas y en sus huacos incas donde un hombre complacía por detrás a otro hombre. Los sábados por la mañana íbamos a Casa América, en Avenida de Mayo, y compraba los discos de Charlie Parker y Dizzy Gillespie que yo le aconsejaba y que obligaba a escuchar a los pulcros invitados que no pertenecían a nuestro grupo.

Su gesto máximo: una tarde le conté que en la pequeña biblioteca familiar había un ejemplar de la primera edición, con dibujos suyos, de *Veinte poemas para ser leídos en el tranvía*. La edición grande, publicada en París, a la que le faltaba la página blanca y mostraba alguna mancha de humedad. Al miércoles siguiente se lo llevé. Y al otro me entregó un ejemplar como apenas salido de la imprenta. Y estampó con su enorme letra una dedicatoria de ésas.

¿Dónde esta ahora ese ejemplar y los *Tres cantos materiales* de Neruda, y tantos otros? En Barcelona, lo sé. Pero no sé en poder de quién.

Antonio de Undurraga da su casa

Como un eco notorio desde *Caballo verde para la poesía,* que Pablo Neruda y Manolo Altolaguirre habían fabricado en la España de los años treinta, hubo luego *Caballo de Fuego*, inventada por Antonio de Undurraga, poeta y diplomático chileno que en Buenos Aires hizo de su casa un auténtico núcleo cultural. En su revista leí por primera vez a Carlos Drummond de Andrade, ese poema que termina: "pero ésos son otros trescientos cruzeiros". Segundo *cross* a la mandíbula después del *Galope muerto* que abre la primera residencia terrenal de Neruda. Undurraga venía directamente de Huidobro. Y por algo Chile es una "Loca Geografía". Castigo para quien no haya leído al menos esta línea de Violeta Quevedo: "La torre de Pisa es inclinada por fuera y muy gótica por dentro".

En esas reuniones transandinas uno podía oír los juicios y las profecías de Juan Ramón Jiménez, custodiado siempre por Zenobia Camprubí. J. R. J. solía decir: "*El romancero gitano* de Federico García nos muestra una España de pandereta; si alguna vez sale un poeta digno de llamarse poeta, será de la costa atlántica". Y el joven poeta iracundo alzó su voz y su estatura, y preguntó: "Perdón, pero Neruda, Huidobro y Vallejo, ¿de dónde son?"

Entre los poetas habituales a esos almuerzos estaba Francisco Madariaga, correntino, de padre alcohólatra, al que su hijo bautizó *El rehén en la colina*. Pero el encuentro más entusiasta fue con Edgar Bayley, nacido Maldonado. En 1948 ya había vivido en Río de Janeiro y escrito inhabituales poemas, que me mostraron otra forma de entender la poesía y que no sé por qué fue abandonando cansado o desconfiado de un gesto que otros no parecían comprender o gustar del todo. Vivía en una pensión de la calle Uruguay entre Cangallo y Sarmiento, creo. Era un barrio particular al que con Juan Carlos Onetti solíamos llamar "la isla" y estaba rodeado por Cerrito, Bartolomé Mitre, Talcahuano y Sarmiento. Eran pensiones de ex cupletistas y ex de todo convertidas en madamas. En un amplio ambiente único imperaban un típico mobiliario de pensión y nuestro entusiasmo. Edgar me prestaba *Avez-vu lu Char?*, de Georges Mounin y yo le correspondía con Pablo Neruda, *Poesía y estilo de Neruda*, de Amado Alonso. Dos libros que hasta hoy considero insustituibles. Cada vez fuimos más amigos, hasta que él me propuso crear una revista que se llamaría *Poesía Invención*. Y entonces íbamos algunas mañanas al departamento que en José Félix Uriburu compartían Tomás Maldonado y su mujer, Lidy Prati. Pero éramos muy vagos. Creo que una rivalidad funcionaria fue lo que separó a Bayley y Aguirre. La reacción del resto de la tropa fue de un dolor no tan dolorido, de vergüenza. Como todo grupo literario rioplatense era inocente.

Con Bayley coincidimos dos veces en Boulder, Colorado, y ahí lo sentí lejano, lo que no impidió que reconociese en *Los pájaros perdidos* que la elección de Astor Piazzolla de un poeta para su tema merecía un reconocimiento. La misteriosa desaparición de su más fuerte amigo, el escultor Jorge Souza, lo fue llevando a pasar de difícil a imposible comunicarse con él. Una noche le regalé un facsímil de René Char que me había alcanzado otro miembro de las Fuerzas de Resistencia en Francia. No pareció darse cuenta. Volcó vino sobre la carta y se marchó ingnorándolo todo. Ya era un alcohólatra. A los treinta años tenía un aire muy parecido a Apollinaire.

A Enrique Molina lo leí por primera vez a los quince años. Siempre tuve una admiración respetuosa por él. Sus influencias en mí podían verse hasta en los *tweed* y en las camisas saharianas. Me llevaba dieciséis años y yo le venía bien de hermano menor. Junto a él estaba esa reina árabe que se llamaba Olga Orozco y su ex marido que murió mafiosamente poco después incendiado en su coche.

Pero la memoria arranca en un café de la calle Cerrito, frente al Teatro Colón, que en nuestra degradación (sic) ya no existe. Todo ese territorio era como una *mezzanine*, espaciosa y secreta. Con Enrique Molina seguimos evitando cuidadosamente revistas de grupo cerrado. En 1960 me invitó a Miramar, ahí fuimos a reconstruir el match Tahl-Botwinnick, a hundirnos en el mar —especialmente yo—, a despertar intereses inconfesables a pleno sol en las madres de las niñas a su cuidado. Por las noches hacíamos invisibles y fugaces visitas al Casino para ver desaparecer nuestras fichas en líneas y calles y por ahí alguna docena, porque respetábamos las faltriqueras del amor de Enrique. La época de La Fantasma, Estados Unidos y Paseo Colón, no estaba lejana. Cada vez nos queríamos más. En 1995 me llamó a Mendoza para despedirse: sentía que la muerte se le venía encima. ¿Quién olvidará esa línea de gran maestro?:

> Cuando un hombre y una mujer
> que se han amado se separan

Con ese ritmo de mar que Enrique dibujaba tan bien y que no se aleja nunca de mí.

Estas líneas van detrás del reconocimiento: Baldomero Fernández Moreno con quien compartíamos póquer, Humphrey Bogart, un café en plaza Once y la confesión de sus amores tardíos, y era lo más cercano y parecido que tuve a Antonio Machado; su hijo César que se pegó a nuestro grupo apenas menor y con su pinta como pocas atraía bellezas, como Martha Peluffo por ejemplo; Lucio Fontana que vino a un cumpleaños portador de un regalo como un Manifiesto Blanco; Vicente Barbieri: cada charla con él era un aprendizaje; Antonio Porchia, de una modestia sólo igualada por un talento que un André Breton podría reconocer. A todos ellos les debo algo. Éstos son los amigos que juegan seco y duro.

Un testimonio de las rupturas de los años sesenta y el arte de la década

de Enrique Oteiza

El trabajo de John King es el fruto del primer aporte sistemático realizado sobre el Di Tella y el desarrollo cultural argentino en la década del 60.[1] Se refiere en realidad a los tres Centros de Arte que el Instituto Torcuato Di Tella creó entonces simultáneamente con otros importantes programas de investigación en Ciencias Sociales y en Neurología —ubicados en Belgrano R. y en el viejo Hospital de Niños de Buenos Aires, respectivamente—. Parece obvio destacar que la experiencia completa del Di Tella constituye uno de los capítulos más intensos de una historia de las manifestaciones de ruptura, de las que se hace cargo este volumen, aunque se haya producido con posterioridad al período en el que este concepto parece más pleno.

Sin duda, el libro de King constituyó una contribución pionera al campo de los estudios culturales referentes a la Argentina de la década del sesenta. Fue el resultado de un trabajo de investigación serio, que se llevó a cabo entre 1978 y 1980, en el clima político del terrorismo de Estado y del apagón cultural anteriores a la transición democrática del 83; ello limitó sin duda el acceso a archivos documentales (había no sólo censura, sino también la autocensura de la mayoría de quienes vivían bajo un régimen de terror) pero, afortunadamente, se ha avanzado bastante: se ha abierto dicho período a diversas formas de escrutinio que permitieron perforar gradualmente el manto de opacidad que había logrado instalar la última dictadura y se ha realizado un

---

[1] John King, *El Di Tella y el desarrollo cultural argentino en la década del sesenta*, Buenos Aires, Ediciones de Arte Gaglianone, 1985 (2ª edición).

imprescindible trabajo de desbloqueo de la "memoria colectiva" de las décadas del sesenta, del setenta y comienzos de los ochenta. A partir de este importante aporte, otros trabajos de investigación sobre la década del sesenta contribuyeron al examen de la dinámica del campo artístico dentro del proceso cultural y político de la época, enriqueciendo la comprensión de los cambios que se fueron produciendo entonces en las relaciones entre el arte, la cultura y la política así como en el papel que desempeñaron los actores fundamentales —ya fueran institucionales, grupales o individuales— del "circuito del arte".[2] Y también de la dinámica que se produjo en la propia vanguardia y las relaciones entre los distintos grupos que la conformaban, tanto con el "circuito del arte" como con sectores pertinentes no gubernamentales de la sociedad y el Estado.

Trabajos posteriores, como *Cultura y política en los años 60, La vanguardia de los 60 en la Argentina: El Instituto Di Tella, Del Di Tella a Tucumán arde, Vanguardia artística y política en el 68 argentino* y la tesis *La artes visuales en la Argentina de los años 60. Interrelaciones entre vanguardia, internacionalismo y política*, constituyen algunos de los aportes más importantes de esta última década para ubicar a los Centros de Arte Contemporáneo del Instituto como "protagonistas institucionales" importantes del vigoroso movimiento artístico de esa década.[3] Existen asimismo otras contribuciones significativas sobre algunas de las disciplinas artísticas que desplegaron parte de su acción en los Centros de Arte del Instituto, como las publicaciones de Jorge Romero Brest (artes plásticas), Osvaldo Pellettieri (teatro), Jorge Glusberg, Patricia Rizzo y otros autores.[4]

---

[2] De cuyas limitaciones el mismo King —con quien tuve la oportunidad de conversar durante el 77 y el 78— era consciente. En Sussex, donde yo era profesor, King me contó el clima de terror que tuvo que enfrentar en la Argentina, así como las dificultades que encontró en el propio Instituto, dirigido entonces por un coronel, para acceder a los archivos de la institución y la oscuridad que había sobre las circunstancias del cierre de los Centros de Arte; por ese motivo, se limitó a citar a varias personas sin aportar una indagación más profunda. Así y todo, su trabajo sobre el Instituto constituye una fuente muy importante, empleada en valiosos trabajos realizados después de 1983. Una pregunta que me formularon unas cuantas veces es por qué, habiendo sido el director del Instituto durante los 10 años del programa de arte contemporáneo, no aparezco entre los entrevistados por King; esa ausencia es imputable a mi propia decisión de no aparecer en un libro sometido a restricciones por parte de las autoridades de ese momento del Instituto y de los comitentes.

[3] Ver en la Bibliografía algunos trabajos relevantes. Las publicaciones enumeradas, a las que hay que agregar el mencionado libro de King, constituyen referencias fundamentales sobre la sección de arte contemporáneo del Instituto Torcuato Di Tella.

[4] Ver las referencias en la *Bibliografía*.

Más allá de estos trabajos que se refieren a parte o a la totalidad de las actividades del "Instituto de Florida" en relación con el arte contemporáneo, resultado de esfuerzos de investigación, aparecieron en los últimos treinta años numerosas entrevistas en diversos medios a artistas, críticos, historiadores del arte y otros protagonistas del movimiento cultural-artístico de los sesenta, libros sobre artistas, grupos y tendencias, que traen valiosos testimonios personales, aunque no se trate por lo general de visiones sistemáticas y abarcadoras.

Así se fueron sumando aportes fundamentales a un "trabajo sistemático de construcción de memoria colectiva" con respecto a la historia cultural de la década del sesenta, período en el que se instauró la dictadura de Onganía, que introdujo la Doctrina de Seguridad Nacional de alcance latinoamericano, desarrollada en los Estados Unidos en el marco de la Guerra Fría; esta doctrina incluía de manera explícita la dimensión cultural.[5] Las contribuciones citadas son, en general, serias pero también existen otras superficiales que en una versión reduccionista transforman al Di Tella en una suerte de mito en torno a tres o cuatro figuras vinculadas al movimiento artístico de la época y a algunas pocas obras de arte que se expusieron entonces por primera vez en ese lugar. En particular la referencia de manera excluyente a figuras como Jorge Romero Brest y Marta Minujín tiene un efecto empobrecedor que impide conocer y comprender la riqueza y la complejidad de procesos creativos de mucha mayor magnitud que tuvieron lugar en el Instituto, en otros lugares de Buenos Aires y en el resto del país.

Arte contemporáneo y la creación de una institución

Trataremos de responder a las preguntas que se formula King en el párrafo introductorio de su libro: ¿por qué los tres Centros de Arte Contemporáneo del Instituto Di Tella, ubicados en la calle Florida de Buenos Aires, pudieron llegar a convertirse en un "lugar" institucional significativo de la ciudad para la dinámica del movimiento de vanguardia artística de los sesenta, de esta gran metrópolis periférica? ¿Cómo fue que "el Di Tella" de Florida se convirtió en un sitio donde se produjo una articulación vital, no exenta de tensiones, entre un nuevo público en expansión, numerosos artistas creadores en su gran mayoría menores de 30 años y la crítica de arte local?[6] ¿Por qué allí,

---

[5] *Plan Nacional de Seguridad,* 1966.
[6] Ver Regina Gibaja, "El Público de Arte", en *Informes de Eudeba,* Buenos Aires, 1964. Este trabajo de investigación constituye el primer esfuerzo sistemático de

por qué entonces y por qué así? Espero poder responder a estas preguntas por cierto muy pertinentes.

En cuanto a la crítica que se produjo sobre el fenómeno hay que decir que exhibió poca capacidad para brindar nuevas interpretaciones teóricamente significativas que, de haber existido, habrían acompañado y quizás enriquecido la vanguardia del momento.[7]

Como es bien sabido, un movimiento artístico complejo y vigoroso no surge de un día para otro ni puede sostenerse a lo largo de unos diez años sin que la sociedad que le da vida, lo nutre y lo mantiene cuente de manera continuada con recursos del más variado tipo. Históricamente, fenómenos de esta índole se han dado en algunas sociedades urbanas de culturas dinámicas y complejas, en las que existía esa "acumulación de capacidades y recursos" entendidos en un sentido amplio del término (artistas, público, teóricos y críticos, instituciones, escuelas y talleres, galerías, teatros, salas de diverso tipo, materiales y elementos necesarios para las diversas modalidades del quehacer artístico, apoyos técnicos y hasta tecnológicos), condiciones que han sido bien estudiadas por historiadores del arte y más recientemente en estudios del campo cultural-artístico referidos a lugares determinados.[8] No cabe duda de que sobre todo en Buenos Aires, pero asimismo en medida menor aunque no insignificante, en ciudades como Rosario, Córdoba, Tucumán y La Plata, se dieron ambas condiciones, o sea, la existencia de "recursos" y de una secuencia histórica de iniciativas y movimientos de creación artística complejos —no lineales— que fueron acrecentando las "capacidades y recursos artísticos" preexistentes. Ambas condiciones son las que permiten luego la emergencia de mo-

---

indagación de las características del público de las artes visuales que asistía a principios de la década del 60 a una gran exposición de arte contemporáneo en el Museo Nacional de Bellas Artes. Se realizó en un momento de transición en el que el público del arte de Buenos Aires se estaba expandiendo numéricamente de manera veloz y cambiaba las características de lo que había sido el público tradicional, mucho más reducido y de clase social más alta. Se podría interpretar este cambio como un proceso de masificación en el que participaban de manera activa sectores medios urbanos, por cierto muy numerosos. Es también de ahí de donde provenían en su gran mayoría los artistas jóvenes que emergieron en las décadas del 50 y del 60.

[7] Las principales excepciones locales fueron Germaine del Bec, en el diario *Le Quotidien* y asesora de la Galería Lirolay, Aldo Pellegrini y, por supuesto, Jorge Romero Brest, Samuel Paz, Samuel Oliver, Hugo Parpagnoli, Rafael Squirru —estos últimos, directores o curadores de instituciones y, en algunos casos, también críticos de arte— entre pocos otros.

[8] Ver Enrico Castelnuovo y Carlo Ginsburg, "Capítulo I, Italia", en *Storia dell'Arte Italiana*. También Howard Becker, *Art Worlds*, The University of California Press, Berkeley, 1982.

vimientos creativos aún más complejos, dinámicos y también contradictorios y contestatarios (en el plano artístico y en diversa medida,
político) que puedan ser considerados "vanguardias".

Una respuesta a una de las preguntas que se formula King sería
que la creación de los tres Centros de Arte Contemporáneo del Instituto (el Di Tella de Florida) tuvo lugar en un momento oportuno, luego de un previo proceso de acumulación de capacidades. El surgimiento en los cuarenta de los movimientos de "arte concreto" y
"madí" en artes plásticas, la renovación que tuvo lugar en música con
compositores como Juan Carlos Paz y Alberto Ginastera, los nuevos
movimientos de renovación teatral, desde el Teatro de Arquitectura
hasta la multiplicación de las salas y grupos de teatro independiente,
el desarrollo creciente de lo que se denominaba danza moderna, esti-
mulado por figuras pioneras como María Fux, entre otras, el impacto
en la fotografía del trabajo de Grete Stern (quien había estudiado en la
Bauhaus), Horacio Coppola, y otros valiosos precursores; naturalmente el movimiento muy importante de Arquitectura Moderna Latinoamericana con figuras locales (nativas y de inmigrantes) pioneras,
como las de Wladimiro Acosta, Amancio Williams, Antonio Bonet,
Jorge Vivanco, Eduardo Sacriste, Horacio Caminos, Eduardo Catalano, Clorindo Testa, Francisco Bullrich, Claudio Caveri (h) y Eduardo
Ellis, entre otros, contribuyeron también a preparar con su impulso
renovador el terreno para un cambio mayor. Este ímpetu se fortaleció
con la formación de nuevas generaciones de artistas y el surgimiento
de un nuevo público también comprometido con lo que entonces se
denominaba "arte moderno", que visto en su conjunto tuvo sin lugar
a dudas un impacto dinamizador que se manifestó ya de manera clara
hacia fines de la década de los cincuenta. Desde luego, aun en medio
de una crisis política prolongada, los cambios políticos y culturales
que se produjeron a escala mundial en el período de la post Segunda
Guerra Mundial, impactaron en la producción artística, tanto en los
países centrales como en la periferia del sistema mundial más vinculado a dichos países, tal como ocurrió en la Argentina.

En Buenos Aires, en el plano institucional, también se produjeron
fenómenos interesantes en lo institucional vinculados a la cultura
—casi todos inicialmente al margen de las instituciones oficiales— que
enriquecieron el circuito del arte, como la creación por parte de Marcelo de Ridder (un mecenas ilustrado) del Instituto de Arte Moderno,
la fundación del Instituto Libre de Estudios Superiores, el surgimiento de la Asociación Ver y Estimar y más tarde, con buena participación gubernamental, la transformación del Museo Nacional de Bellas
Artes, bajo la dirección de Jorge Romero Brest, en un centro abierto
a las principales corrientes del arte moderno canónico, así como a las

más nuevas del arte contemporáneo, tanto las que existían desde unos años antes como las que iban surgiendo en la Argentina y en otros lugares de Europa, Estados Unidos y América Latina. Posteriormente se creó en el ámbito de la entonces Municipalidad de Buenos Aires el Teatro San Martín que alojó al nuevo Museo de Arte Moderno, que si bien no contaba inicialmente con condiciones adecuadas para una buena tarea museológica, desempeñó un papel fundamental de estímulo a través de la adquisición de obras de arte a jóvenes creadores de las artes plásticas, que surgían ya a comienzos de la década de los sesenta en número importante, cuyo nivel confirmaron luego a través de importantes trayectorias. También el mundo de las galerías de arte de Buenos Aires, que no eran pocas, se dinamizó con la apertura de otras nuevas, como Bonino, Lirolay y más tarde Rubbers y el *aggiornamiento* de algunas de las preexistentes que comenzaban asimismo a abrir espacios a los movimientos renovadores que surgían ya en esa década en las artes plásticas en Buenos Aires con creciente vigor: arte informal, nueva figuración, el movimiento surrealista renovado del grupo Boa, el arte geométrico y el arte cinético que tenían buenos antecedentes en los movimientos de Arte Concreto y Madí; el movimiento de *arte pop*, el de arte conceptual y posteriormente —a partir de mediados de la década— una sucesión de movimientos y experiencias que se abrían con frecuencia a ámbitos interdisciplinarios saliendo de los límites tradicionales de las artes plásticas —o del de las otras disciplinas artísticas tradicionales— y que se manifestaban también, sobre todo en el caso de las artes visuales, no sólo en museos y centros de experimentación, sino fuera de ellos, en diversos espacios públicos y otros tipos de instituciones (calles, plazas, sindicatos y universidades). Similar dinamización comenzaba a ocurrir en el campo musical, y quizás en menor grado en el teatral.

La creación de los Centros de Arte del Instituto tuvo lugar en un momento oportuno. Sus especiales características llenaron nuevas necesidades de un "circuito de arte" al brindar un ámbito en el que la experimentación, la creación más innovadora en las formas, en la ruptura de los géneros tradicionales, en la creación de nuevos lenguajes artísticos, podía materializarse en un espacio especialmente dotado para este fin. El lugar estuvo siempre en contacto con un público que creció y renovó sus concepciones con respecto al arte, acompañando este movimiento de vanguardia en un clima de polémica y libertad.

Los Centros de Florida tuvieron como marco institucional una fundación, con características desconocidas hasta ese momento en el país, que no correspondían a las formas más conservadoras de la "filantropía" tradicional de nuestro medio (como las "obras de beneficencia", el asistencialismo clientelístico, el mecenazgo cultural individual ilustrado —Victoria Ocampo o Marcelo de Ridder—, o los apoyos más condicionados por parte de empresas, lo que hoy se denomina *sponsors*).[9] El Instituto Torcuato Di Tella constituía una institución más parecida a las fundaciones de carácter académico existentes en otros países, que se manejaba con un grado de "autonomía académica" considerable, con criterios artísticos y científicos profesionales. Más tarde surgió la Fundación Bariloche (que tuvo una trayectoria brillante hasta la última dictadura), también creada en la década del 60, y que respondía a similares objetivos y formas organizativas. Así, el Instituto contaba en el comienzo de sus actividades con recursos propios no insignificantes para el medio local de esa época, pero modestos si se los compara con el presupuesto de instituciones similares ubicadas en otras partes del mundo (para los Centros de Arte algo menos que el equivalente a unos quinientos mil dólares por año), objetivos académicos y artísticos bastante definidos, un grado de autonomía considerable, equipos de personas altamente especializadas y conducción con capacidad para la gestión de actividades como las que se impulsaron. Hay que tomar nota de que todos quienes allí trabajaron lo hicieron con dedicación exclusiva, los grupos eran pequeños, la estructura no era burocrática; no existían interferencias ni consideraciones asociadas con ningún objetivo extraño a los del Instituto, como por ejemplo cuestiones que tuvieran que ver con las relaciones públicas de las empresas del grupo Di Tella; muchas de las actividades que se realizaron en los Centros de Arte y que hoy son valoradas muy positivamente, producían en no pocas oportunidades reacciones de mucha molestia en altos funcionarios de las empresas del grupo —cuyos conocimientos sobre arte del siglo XX, por cierto, eran limitados—; sin embargo, nunca experimenté como director durante los diez años de gestión ninguna presión ni interferencia proveniente de ese ámbito.

En cuanto a las personas sobresalientes en las distintas especialidades con quienes se formaron los equipos de apoyo para los Centros de Artes Visuales, de Altos Estudios Musicales y de Experimentación Audiovisual, fueron en casi todos los casos jóvenes que todavía eran casi desconocidos en el medio cultural de Buenos Aires, pero cuyo desempeño era ya entonces sobresaliente. Los Centros de Arte tuvieron directores con mucho peso en sus respectivos campos de acción, Jorge Romero Brest en artes visuales, Alberto Ginastera en música y Roberto Villanueva en teatro y experimentación audiovisual; junto a ellos trabajaban personas como Samuel Paz (museólogo y curador de exposi-

[9] Ver John King, *op. cit.*

ciones de artes visuales de un nivel extraordinario), en diseño gráfico
Juan Carlos Distéfano, gran pintor, escultor y diseñador gráfico, que
creó el Departamento de Gráfica del Instituto con jóvenes como Rubén
Fontana, Ronald Shakespear, Juan Andralis, entre otros, y en fotografía
Humberto Rivas y Roberto Alvarado; en música se desempeñaban
como profesores estables Gerardo Gandini y Francisco Kröpfl,
más tarde se incorporaron Aquiles Lanza, Gabriel Brnzik y el musicólogo
uruguayo Lauro Ayestarán, además de técnicos electrónicos
audiovisualistas como Walter Guth. Francisco Kröpfl, junto con el ingeniero
electrónico Fernando von Reichenbach concibieron —y construyeron—
el laboratorio de música electrónica del Instituto, que fue el
primero de América Latina y cuyo nivel era reconocido en otros centros
similares de avanzada. En bibliotecología se contó con un equipo
pequeño, compuesto también por personas altamente especializadas,
dirigido por Ema Linares, una de las grandes bibliotecólogas de nuestro
medio (quien organizó las bibliotecas de artes visuales y música, así
como la de ciencias sociales en Belgrano —hoy muy consultada).

Cuando decimos, entonces, que los Centros de Arte de Florida
surgieron en el momento oportuno, lo decimos porque se crearon
dentro de un mismo marco institucional innovador que cobijaba bajo
el mismo techo a diversas disciplinas del arte contemporáneo. Allí se
dispuso de un conjunto de capacidades propias en los diversos campos
de especialización que hasta ese entonces no existían en forma organizada
en ningún lugar de Buenos Aires. Esto hizo posible establecer
una articulación interna entre los Centros, así como una muy
fecunda relación de trabajo con numerosos artistas de la ciudad que
traían sus iniciativas y proyectos y participaban en las distintas actividades
de la programación, lo que facilitó en alto grado el surgimiento
de un clima de experimentación que no se hubiera dado de la misma
manera sin la existencia articuladora de estos "recursos" internos y capacidades.
También el hecho de que los tres Centros compartieran un
edificio relativamente chico, donde cada uno de ellos disponía de un
espacio propio, pero intercomunicado arquitectónicamente con los
otros, facilitó con el paso del tiempo que se diera una vinculación creciente
entre artistas provenientes de diversas disciplinas artísticas, lo
cual constituyó otro aspecto enriquecedor, interesante, no totalmente
previsto cuando se estableció la institución. Así, quienes provenían de
la plástica, la música, el teatro de vanguardia, el audiovisualismo o la
danza, se nucleaban para formular nuevas propuestas artísticas, como
por ejemplo montar espectáculos en el Centro de Experimentación
Audiovisual, produciendo síntesis en algunos casos extremadamente
creativas e innovadoras. Sólo a título de ejemplo, el grupo de Alfredo
Rodríguez Arias (proveniente inicialmente de la plástica) y Marilú

Marini (de la danza "moderna"), que con el apagón creciente del onganiato se radicó luego junto a otros artistas en Francia, produjo también en el exterior un impacto significativo con experiencias similares a las que ya habían realizado unos años antes en Buenos Aires. La sala del Centro de Experimentación Audiovisual contaba con medios electroacústicos y de proyección de imagen importantes, así como con un grupo de personas de capacidad sobresaliente, lo que hizo posible desarrollar un importante ámbito de innovación artística. La programación misma del Di Tella estaba encarada de manera que ningún evento quedara "en cartel" durante un período prolongado, aunque tuviera mucho éxito de público, para dar lugar a que otras propuestas pudieran materializarse y entrar así en contacto con el público y la crítica. De esta forma se realizaban ya a partir de 1963 —a pesar de lo reducido del espacio— entre cincuenta y sesenta presentaciones anuales de distintos tipos de actividades artísticas.

El Di Tella de Florida era, de hecho, un nuevo centro cultural interdisciplinario dedicado al arte contemporáneo, con capacidad experimental y en alguna medida investigativa, o sea una institución planteada en términos bastante más amplios que los de un típico "museo de arte contemporáneo" de la época. La existencia de este nuevo ámbito de expresión —el Di Tella de Florida— con sus características propias, permitió aportar al circuito del arte contemporáneo y a la vanguardia artística de la época posibilidades interdisciplinarias, técnico-artísticas y articuladoras, que produjeron un efecto dinamizador importante. No vamos a referirnos aquí a la muy larga lista de artistas creadores sobresalientes que presentaron su trabajo y sus experiencias en el Instituto; por otro lado, la mayor parte de ellos se cuentan hoy entre los artistas más importantes del país, nacional e internacionalmente, y su obra es muy conocida. He preferido aquí centrarme en las características fundamentales de este centro cultural-artístico innovador, para dar a conocer aspectos no presentados anteriormente, parte de una experiencia hasta ahora no examinada en profundidad.

No obstante la multidisciplinariedad de su estructura interna, su capacidad de articulación con numerosos artistas provenientes de distintas disciplinas de la vanguardia local y latinoamericana (sobre todo en composición musical), que allí presentaron sus trabajos, los "medios de opinión" que no rechazaban de plano esta nueva experiencia tendieron a prestar una mayor atención al quehacer de las artes plásticas que al de las otras disciplinas artísticas. Quizás esto se deba a que el director del Centro de Artes Visuales, Jorge Romero Brest, era sin duda un gran museólogo, crítico de arte y un importante promotor y difusor de las artes visuales contemporáneas en Buenos Aires, como ya lo había demostrado desde la época de sus cursos en el Colegio Libre de Estudios Superiores, más tarde en la Asociación Ver y Estimar de la que fue su mentor, y luego como director del Museo Nacional de Bellas Artes. Esta mayor difusión también se explica probablemente por el hecho de que el Centro de Artes Visuales, más vinculado a las artes plásticas, tenía por su naturaleza y sus instalaciones mayores posibilidades que los otros centros de acceder a un público ampliado, en veloz expansión durante la década. El hecho de que algunas de las obras o experiencias expuestas produjeran grandes polémicas en el medio artístico, que trascendían en algunos medios de la época, contribuyó también a que en el nivel menos informado y más superficial de la memoria colectiva quedaran registrados sólo unos pocos nombres y episodios, entre numerosos creadores destacados que allí presentaron su obra.

En materia de creación de vínculos especiales con un público más estable, el Instituto no eligió el camino de las entonces tradicionales "asociaciones de amigos de museos", que solían estar constituidas por grupos pequeños de personas a las que se atraía por su potencial disposición a otorgar o a conseguir apoyos económicos importantes, con la contrapartida de la figuración, sino que se creó una Asociación de Adherentes, que llegó a tener aproximadamente dos mil miembros, quienes pagaban una pequeña cuota mensual y recibían todos los meses un boletín con información sobre la programación del Instituto. Es interesante recordar que fue en este espacio donde Oscar Masotta, Eliseo Verón, César Bolaños, Silvia Sigal, Gerardo Gandini, Juan Marsal, Alejandro Rofman, Héctor Bravo, Darío Cantón, Jorge Katz, Jean Marie Martin, Carlos Martínez Vidal, Jorge Sabato, Carlos Mallmann, Mariano Etkin y muchos otros artistas e intelectuales desarrollaron actividades específicamente programadas para y con los adherentes, actividades que de todos modos estaban abiertas también a otras personas que quisieran participar.

Un momento polémico: nacionalismo versus internacionalismo

Una de las dimensiones de las que se ha hablado con frecuencia en relación con los Centros de Arte Contemporáneo del Di Tella se refiere a lo que en términos polarizados y reduccionistas se conoce como la polémica entre nacionalismo versus internacionalismo artístico. Desde el punto de vista de las posiciones de los teóricos y críticos que escribían en la década del 60, pueden advertirse las siguientes corrientes: la que identificaba tradicionalmente el arte de Buenos Aires con el arte europeo, posición de la mayor parte de los críticos de arte de Buenos Aires de la primera mitad del siglo XX (siempre tácitamente con el arte europeo como referencia central y el arte local como un epifenómeno, en un intercambio asimétrico —los referentes principales en ese caso eran artistas europeos mientras que los artistas locales eran desconocidos en Europa aunque se hubieran formado, en muchos casos, allá). La variante similar, pero que registraba el desplazamiento del centro monopólico parisino a Nueva York, o que interpretaba este desplazamiento en términos del fin de la Ciudad Luz —anteriormente único centro—, y también el surgimiento no sólo de Nueva York sino también de Londres y en menor grado otras ciudades importantes de Europa y los Estados Unidos, posición reflejada por los críticos de arte de la revista *Primera Plana* y el diario *La Opinión*, así como por algunos otros más jóvenes que empezaban a surgir.[10]

La reubicación de Buenos Aires en América Latina tenía que tomar en cuenta sus características socioculturales reales, o sea, la marca impresa por la inmigración europea masiva de modo tal que una perspectiva teórica de un arte argentino de raíces telúricas o anclado en el pasado precolombino no encontraba mayor eco ni correspondencia con dicha realidad sociocultural histórica. A su vez, la variante nacionalista populista tenía pocos referentes importantes en la crítica y la teoría del arte de la época, salvo tal vez en literatura y filosofía, campos en los que existía una tradición muy fuerte.[11] Y el realismo socialista más ortodoxo, fluctuando entre lo nacional y lo internacional, entre la clase obrera urbana y la pobreza o la marginalidad, representado por críticos como Córdova Iturburu y otros vinculados a diferentes partidos y movimientos de izquierda de la época (con grandes polémicas internas) tampoco poseía gran fuerza. En ese marco, los Centros de Arte del Instituto se ubicaron más cerca de una interpretación sobre las diferencias y la complejidad existentes en la cultura latinoamericana, asumiendo las características culturales de Buenos Aires, dentro de su diversidad real, pero abriendo el cauce a aquellos planteos y procesos creativos vigorosos que emergían en nuestro medio, de características innovadoras, sin aislamiento ni seguidismo anacrónico. Esa posición sincronizó bien con lo que era el impulso creativo de sectores importantes de artistas jóvenes que surgían de manera

---

[10] Ver María Eugenia Mudrovcic, "El arma periodística y una literatura 'necesaria'. El caso *Primera Plana*", en *La irrupción de la crítica*, vol. 11, *Historia crítica de la literatura argentina*, Buenos Aires, Emecé, 1999.

[11] Ver María Sondereguer, "Avatares del nacionalismo", en *La irrupción de la crítica*, vol. 11, *Historia crítica de la literatura argentina*, Buenos Aires, Emecé, 1999.

vigorosa de diversos barrios de la ciudad, en particular de los distintos estratos de la clase media.

Por otro lado, la tónica dominante en lo internacional respondía a un clima de época que, con realismo o no, se planteaba como posible participar del movimiento de vanguardia más importante que se daba entonces en los países centrales en las dos márgenes del Atlántico, en un pie de igualdad, aunque desde la periferia. Hoy en día está claro que la dominante presencia de París durante muchos años en las artes plásticas, a nivel internacional "occidental", fue el resultado de una acumulación de recursos, aptitudes, influencia y políticas gubernamentales que hacían que artistas nacionales y extranjeros radicados en París, museos, galerías de arte, coleccionistas y mecenas, y gobierno concordaran en mantener la posición de la Ciudad Luz. Lo mismo ocurrió más tarde en Londres y en Nueva York. No cabe duda de que en Buenos Aires, un grupo importante de artistas, algunas instituciones, unas pocas galerías de arte y quizás un puñado de coleccionistas coincidieron también en la primera mitad de la década del 60 en alimentar un espíritu internacionalista similar, o sea, la idea de una participación activa en el plano internacional de carácter simétrico. Esto a pesar de la debilidad relativa obvia en términos de recursos entre las ciudades centrales a las que hemos hecho referencia y Buenos Aires —gran metrópolis periférica—: la dictadura de Onganía y las que le siguieron terminaron abruptamente con cualquier posibilidad de llevar adelante un objetivo de esa naturaleza, que ciertamente compartíamos con entusiasmo en el Di Tella de Florida. La política cultural del régimen militar instaurado en 1966 fue marcadamente represiva precisamente de todos aquellos sectores de la cultura de nuestra ciudad dispuestos a llevar adelante una aventura creativa de esa índole, que rompía un "orden simbólico conservador", propio de una derecha católica que inspiraba a las dictaduras como las que se instauraron desde 1930. La intervención de siete universidades nacionales, con grave daño para la investigación en ciencias naturales, sociales y en arte y humanidades y la emigración de cientos de universitarios, el cierre de numerosos teatros independientes, la prohibición de obras teatrales y la censura cinematográfica de carácter oscurantista, la censura y quema de libros, la persecución a los jóvenes cuya apariencia no cuadraba con las militarizadas normas oficiales, constituían en conjunto un aspecto saliente de la política cultural oficial que tendía a aniquilar precisamente los alcances del arte y de la creatividad contemporánea cuyo sentido era establecer relaciones más simétricas con el mundo exterior. Ese estado autoritario y retrógrado desempeñaba un papel contrario al que cumplían los Estados de los países en los que los movimientos artísticos de vanguardia florecían y mantenían una presencia internacional importante. ¿Cómo podía, por ejemplo, atraer Buenos Aires a muchos artistas de otras latitudes, como ocurría en París, Londres, Nueva York o San Francisco, si acá la policía perseguía todos los días a los jóvenes artistas en el entorno del Bar Moderno, la Galería del Este, el Instituto Di Tella, o cualquier otro ámbito público de la ciudad?

Así la Noche de los bastones largos parece haber simbolizado el inicio de un largo oscurecimiento cultural que en pocos años logró asfixiar a la vanguardia artística local, forzó a numerosos artistas al éxodo o al silencio, ya hacia fines de la década del 60 y comienzos de los setenta, tal como también ocurrió con muchos investigadores de nuestras universidades. Desde luego, por debajo de estas consideraciones, subyace la pregunta de cuáles fueron (¿son aún?) las características básicas (¿estructurales?) de nuestra sociedad que hicieron que desde 1930 se instauraran regímenes marcadamente oscurantistas, retrógrados y represivos en lo cultural.

En los Centros de Arte del Di Tella había polémicas internas vigorosas. A Romero Brest, y en relación con el internacionalismo, a veces yo mismo le cuestionaba lo que me parecía su excesivo europeísmo. Posteriormente, cuando él tomó nota del desplazamiento que se había producido de París a otras ciudades, nuestra discusión giraba en torno a mi insistencia en establecer mayores vínculos con lo que estaba ocurriendo en arte contemporáneo en ciudades de América Latina. De todos modos, la segunda mitad de la década nos colocó rápidamente en una realidad que nos forzó a tener que defendernos de ataques de grupos parapoliciales que provocaban daños o perturbaciones de distinta índole y cuya impunidad era más que obvia. Como director debí afrontar en 1967 un juicio por supuesto desacato y por atentar contra la moral y las buenas costumbres, así como, por ejemplo, la inspección al local de Florida del jefe de la Policía Federal, el general de Caballería Fonseca, quien llegó en actitud examinadora para decidir si cerrar o no el Instituto. En otra ocasión, la clausura por parte de las autoridades de una obra de arte tridimensional del excelente artista Roberto Plate —un hecho sin precedentes que naturalmente promovió de manera extraordinaria la exposición en la que esa obra estaba expuesta—, la frecuente visita por parte nuestra a la comisaría del barrio para solicitar la liberación de artistas, artesanos de la vecina galería, algún miembro del público, detenidos por su aspecto físico o por su vestimenta, hacían los cosas muy difíciles.[12]

---

[12] La reacción de los artistas que tenían obras en dicha exposición contra una decisión gubernamental inaceptable no se hizo esperar: el conjunto de los expositores tiró sus obras a la calle Florida, y allí las rompió.

Sobre la gravedad y el daño producido a nuestra sociedad por la represión cultural del gobierno de Onganía, creo que gran parte del medio cultural argentino no ha adquirido aún una conciencia suficiente, como sí la tiene la comunidad científica en relación con lo que implicó la intervención a las universidades nacionales. En alguna oportunidad escuché decir a un conocido pintor, en una mesa redonda, que la represión cultural en el plano artístico en la segunda mitad de la década del 60, había sido el resultado de la politización de algunos grupos de artistas (olvidando que el país padecía un gobierno de facto, una dictadura militar, y que precisamente la represión cultural y política de los regímenes de ese tipo se basa siempre en el pretexto de la politización de intelectuales y artistas).

He considerado útil referirme aquí a algunas de las características fundamentales de los Centros de Arte Contemporáneo del Di Tella de Florida. Creo que un examen cuidadoso de esta experiencia, que incluía diversas innovaciones organizativas, puede permitir extraer algunas enseñanzas para proyectos actuales o futuros que se lleven adelante en relación con el arte contemporáneo y otras formas de la cultura, ya sea en la ciudad de Buenos Aires o en otros lugares del país. Museólogos y encargados de centros de cultura, quizás deberían examinar en profundidad las experiencias innovadoras que aquí se realizaron.

Los Centros de Arte: vanguardia artística y vanguardia política

Los estudios sobre arte, cultura y política del momento en el que la vanguardia artística de los sesenta expresaba con máxima intensidad la complejidad y las múltiples tensiones que la atravesaban produjeron avances interesantes. Así, Ana Longoni y Mariano Mestman lograron develar la compleja trama de la que formaban parte los sectores de la vanguardia artística más identificada con lo que pudo ser entendido como vanguardia política en ese momento; sus múltiples y a veces contradictorias relaciones con el resto de la vanguardia artística, así como con otros actores —institucionales y no— del "circuito del arte". Esos investigadores trabajaron sobre un período en el que se vivía una crisis política de larga duración agudizada a partir del golpe de 1966, escenario que en el último tercio de la década experimentaba cambios traumáticos particularmente acelerados. Gracias al rigor de la perspectiva teórica y del análisis empleado en este trabajo, los autores contribuyen a esclarecer tensiones y contradicciones que aparecían hasta ahora como zonas opacas dentro de una compleja problemática.

El título del trabajo, *Del Di Tella a "Tucumán arde"*, da la clave de una fértil idea conductora, en este caso el tránsito del sector de la vanguardia artística que pasó del compromiso autónomo —de corte sartreano— a una vinculación más directa del artista y su obra con la "nueva izquierda" revolucionaria, abandonando en esta opción los espacios renovados del "circuito del arte" en los que antes habían actuado, mientras simultáneamente la dictadura los restringía o cerraba lisa y llanamente. Este abandono del sector relativamente más autonomizado y abierto de los espacios del arte contemporáneo se planteaba, durante el período estudiado, como la "ruptura con las instituciones", y constituía una suerte de quema de naves, propia de quienes desde diversas posiciones vivían un clima revolucionario, en un contexto político de dictadura militar ultraconservadora. Este desplazamiento político vanguardista tiene lugar fundamentalmente en Buenos Aires, pero también, en menor medida, en Rosario, La Plata, Tucumán y Córdoba; este sector de la vanguardia artística trasladaba su actividad y su producción a espacios externos al circuito del arte, como por ejemplo a lugares clave de reunión o de comunicación militante de los sectores vinculados a la "nueva izquierda", como la CGT de los Argentinos, o a espacios públicos, calles o plazas, significativos en términos políticos para las acciones por ella emprendidas.

La represión cultural se profundiza en 1968 y afecta un arte contemporáneo que se había alimentado de diversas corrientes estéticas a partir del arte concreto, el arte abstracto, el nuevo surrealismo del grupo Cobra y la dinamización que se produce en las características de un movimiento de vanguardia con la emergencia de la nueva figuración, que es seguida por una sucesión rápida de corrientes y experiencias que expanden y diversifican la propia vanguardia artística. Al estudiar esta dinámica de manera rigurosa, la vanguardia artística de los sesenta en nuestro país no es vista como un fenómeno canónico que se replica de idéntica manera en diversas partes del mundo, sino que se la examina en toda su riqueza, como parte de un fenómeno más general tanto como en su especificidad y dinámica concreta. También los cambios socioculturales urbanos de Buenos Aires y Rosario son tomados en cuenta, en el marco más general de las transformaciones experimentadas por las autodesignadas vanguardias políticas, para ubicar las características distintivas del caso argentino: un "nuevo circuito artístico" bastante autónomo se constituye sobre todo en Buenos Aires, y en menor medida en Rosario, a partir del surgimiento de nuevas instituciones y la transformación y expansión que experimenta dicho circuito a comienzos de 1960.

El efecto de la represión cultural creciente cerró el espacio de acción para muchos artistas de vanguardia, después de grandes experiencias de arte comprometido en medio de una crisis y de un conflicto político y social que se agravaba: muchos artistas tuvieron que exiliarse, o replegarse a ámbitos muy estrechos y algunos, inclusive, dejaron de producir a veces por períodos muy prolongados. ¿Fin de la ruptura o prolongación en otros espacios?

Ese análisis permite seguir los cambios que se van produciendo en la vanguardia en las artes visuales. Las experiencias que llevaron a la ruptura de las fronteras de los géneros tradicionales de las artes plásticas, instalaciones, producciones interdisciplinarias, arte conceptual, *happenings* y otras múltiples formas de expresión y creatividad artística estuvieron muy presentes en el interés de los investigadores. Se trata de un movimiento complejo, integrado por múltiples tendencias, sin una línea dominante impuesta por alguna autoridad política o artística exterior al mismo. La polémica era intensa, el tiempo transcurría velozmente, y de muchas obras y experiencias de entonces han quedado pocos y en algunos casos ningún rastro. Tampoco la idea de la obra de arte perdurable, eterna, estaba presente en la intención de esos artistas, que buscaban en cambio una comunicación "orgánica" con los "actores del cambio", político, se entiende.

Post scriptum: *vanguardia artística y política*

Tanto el surgimiento de la vanguardia artística de los sesenta, como del Di Tella como actor institucional vanguardista modernizante, fue favorecido por circunstancias políticas y económicas nacionales e internacionales que insuflaron aires de apertura y cambio cultural a la sociedad argentina, de manera particularmente intensa en Buenos Aires, capital cosmopolita, abierta hacia el exterior.[13]

La conjunción de fenómenos como la Revolución Cubana (Revolución Latinoamericana… ¡En español!), el desarrollo del tercermundismo como resultado de la descolonización, las intervenciones e invasiones europeo-norteamericanas en la periferia, por un lado y, en la Argentina, la apertura política aunque limitada del frondizismo y el desarrollismo industrializante, contribuyeron desde lo político y lo económico a dinamizar al comienzo de los sesenta un proceso sociocultural modernizante complejo, transido sin embargo por tensiones no desdeñables. La vanguardia artística fue importante expresión de

---

[13] Ver Silvia Sigal, *Intelectuales y poder en la década del sesenta*, Buenos Aires, Puntosur, 1991.

ese fenómeno, que se desarrolló a través de los actores clásicos: artistas, público, crítica, instituciones, y medios más o menos masivos de difusión.

La vida del Instituto Di Tella se desenvolvió en medio del tironeo de este proceso socio-político-cultural, en un período inestable y conflictivo hasta su cierre. Cierre que, como hemos visto, estuvo signado por acciones de un gobierno de facto autoritario que aplicó desde el Estado una política cultural tradicionalista, represiva. También, por la pérdida de impulso de la fase desarrollista, dinamizada originalmente por las inversiones extranjeras directas, o sea, la radicación de industrias filiales de las grandes empresas transnacionales. En este nivel de lo político y de lo económico aparecen con claridad los límites del "proyecto" de la Fundación y el Instituto Di Tella, un proyecto de una burguesía industrial que no fue (o que no fue como la de San Pablo). Al final de la década, en 1970, se puso en evidencia la debilidad del sustento económico privado nacional, el cambio en la política cultural gubernamental, la estrategia empresaria de salvataje vía nacionalización y la respuesta del grupo familiar fundador, que se desembarcó del proyecto entre gallos y medianoche para minimizar "costos privados".

Existen otras dimensiones políticas importantes entrelazadas con la vida de esta vanguardia artística. Una de ellas se refiere al financiamiento, su origen y estabilidad relativa, en relación con la viabilidad y autonomía de este actor institucional de vanguardia. En efecto, cuando los recursos nacionales propios disminuyen de manera marcada, el peso relativo del financiamiento externo en grandes decisiones que hacen a prioridades entre áreas del conocimiento aumenta de manera decisiva. Cuando importantes fundaciones extranjeras deciden no apoyar el arte y en cambio salvar parte del sector de ciencias sociales del Di Tella, por acción u omisión inciden de manera muy significativa en la política cultural no sólo del Instituto, sino también de Buenos Aires.

Pasando del nivel de las instituciones al de los artistas, también la dinámica política de la década incidió en ellos y, en consecuencia, en la trama misma de la vanguardia. El encuentro entre las corrientes nacionales y populares provenientes del peronismo proscripto, con sectores del marxismo —el PC también estaba proscripto—, se fue articulando en los sesenta a través de la evolución y la contribución de sectores de la intelectualidad progresista y de la práctica política. Así fue creciendo una nueva variante de izquierda nacional, que en sus diversas corrientes se encarnaba en amplios sectores juveniles de clase media. La politización de los intelectuales y artistas aumentó notoriamente, en particular a partir de mediados de la década, y dio un salto después del Cordobazo. La polémica entre artistas de la vanguardia ya no era entre los protagonistas de las diversas corrientes estéticas —abstracto versus nueva figuración o pop porteño contra geométricos, o conceptuales versus arte cinético o música electrónica versus dodecafónica instrumental o teatro realista versus teatro del absurdo— sino compromiso o no compromiso con los procesos sociopolíticos y muy especialmente revolucionarios y, en caso de compromiso, cómo éste se traducía en la creación artística y en el quehacer del artista, en su vida como tal y como ser social y político.

Examinando los Centros de Arte del Di Tella, en el período de su existencia, resulta interesante y curioso constatar que, más allá de las declaraciones, casi no se encuentran exclusiones (o autoexclusiones) significativas de creadores de vanguardia de las artes visuales. Salvo miembros del Grupo Espartaco, muy enrolados en el realismo socialista, como Carpani, quién creaba los afiches de la CGT de los Argentinos, los demás artistas de las diversas tendencias políticas en pugna expusieron en el Instituto. Los más jóvenes ni se planteaban demasiado la cuestión, hasta 1968 o 1969. Respetados pintores de izquierda, de más edad, como Antonio Berni, tuvieron muestras individuales.

A nivel de proclamas y declaraciones la polémica era vigorosa, si bien, como es sabido, sólo una minoría de los artistas plásticos teorizan por escrito, a diferencia de los literatos o autores teatrales:

[...] El Grupo Espartaco (dirigido por Ricardo Carpani) publicó un manifiesto *Por un Arte Revolucionario* que terminaba afirmando: "El Arte Revolucionario latinoamericano debe surgir, en síntesis, como expresión monumental y pública. El pueblo que lo nutre deberá verlo en su vida cotidiana. De la pintura de caballete al arte de masas, es decir, al arte".[14]

Luis Felipe Noé, en cambio, señalaba que "sus fallas principales fueron un dogmatismo temático limitativo de la libertad de expresión, necesaria para el aporte de una voz nueva". *Nueva Expresión*, en 1959, *Hoy en la Cultura*, en 1961, órganos vinculados al Partido Comunista, aunque efímeramente, son ejemplos de esta nueva actitud:

No nos une un credo o una concepción estética determinados, sino una coincidencia de actitud y sensibilidad ante los problemas que, en estrecha relación con los factores políticos, plantea

---

[14] Ver Silvia Sigal, *op. cit.*

casi a diario la política de la cultura. [...] el repudio al proyecto de la mal llamada "ley de defensa de la democracia", el sostén del laicismo y la enseñanza estatal, la salvaguardia de la libertad de expresión y la adhesión apasionada a la Revolución Cubana.

Lo político está, naturalmente, presente, pero como santo y seña de una comunidad, como signo de reconocimiento público de los artistas y no como criterio clasificatorio de las obras. Hacia 1960 comienza esta primera fase de la modernización cultural, que conviene distinguir de la segunda, posterior al Cordobazo, caracterizada por el predominio del "todo es política". Estrictamente hablando, esta primera fase de expansión del espacio cultural de los años sesenta no estuvo dominada por la idea de la obra comprometida, o sea, por la impugnación, desde la ideología, de principios culturalmente centrados.

De hecho, tanto los artistas políticamente comprometidos, como los reformistas y, desde luego, los menos comprometidos, participaron de la vanguardia artística que se expresaba en el Di Tella. También exhibían o expresaban su quehacer en otros ámbitos, como las galerías que les permitían "vender", otros museos y, ocasionalmente, espacios abiertos públicos: plazas y calles. Realizaban también exposiciones fuera de la Argentina, en diversos países de América Latina, Estados Unidos, Canadá y Europa.

Periódicamente, artistas o grupos declaraban contra el Di Tella y otros museos. En todas las vanguardias artísticas emerge en algún momento el cuestionamiento a las instituciones, incluso las más próximas. Sin embargo, no fue esto lo que determinó el cierre de Florida, ni usualmente lleva al cierre de los museos o de otras "instituciones culturales". Estas decisiones las toman los grupos gobernantes o, en el sector privado, quienes detentan el poder económico. ¡Lamentablemente, los artistas parecen pesar poco en estos ámbitos institucionales a la hora de las decisiones fundamentales!

Dentro de las diversas formas de espectáculo que se presentaron en el Centro de Experimentación Audiovisual, fue en torno a las propuestas teatrales donde el enfrentamiento estético-político, o sea, el debate sobre la naturaleza y las formas del "compromiso", fue mayor, donde se produjeron los mayores choques y exclusiones.[15] Osvaldo Pellettieri transcribe una interesante Mesa Redonda en la que algunos de los autores y directores teatrales más importantes de aquel enton-

---

[15] No se puede dejar de mencionar la presentación de la pieza de Mario Trejo, *Libertad y otras intoxicaciones*, que produjo un gran revuelo, así como tampoco las actuaciones del indescifrable, y talentosísimo, Jorge Bonino.

ces se refieren al choque entre vanguardia artística y política.[16] Así, Griselda Gambaro afirma:

[...] Yo estrené en el Di Tella, que era una institución muy resistida por los autores de mi generación, que ya formaban como un núcleo. Y se produjo el gran malentendido, creo, de las falsas opciones: de un teatro de vanguardia o de un teatro tradicional, un teatro que nos representaba o un teatro que no nos representaba, un teatro europeizante o ajeno a las preocupaciones del momento, sobre todo de tipo político-social, o un teatro que sí se preocupaba.

Roberto Cossa, a su vez, afirma "Creo que hubo un gran malentendido... necesario... No creíamos en el Di Tella... ¡Y cuántas imágenes del Di Tella quedaron para nuestro posterior trabajo!" Ernesto Schóo señala:

Todavía en los años 60 éramos capaces de apasionarnos y de decir "Di Tella no", "Di Tella sí". Y todo eso era vital, estaba vivo. Así que después de un tiempo se ha podido reflexionar sobre el tema, cambiar tal vez un referente, modificar sus actitudes, observar la evolución de muchos de estos autores.

Los enfrentamientos tradicionales entre los sectores teatrales comercial, estatal e independiente, de los cuales este último era el más vinculado al arte "comprometido" y a la izquierda política, se vieron perturbados por la irrupción de la vanguardia artística de los sesenta: la sala del CEA del Di Tella desempeñó en esos conflictos un papel focal.

Como es obvio, la historia no ha muerto, la vida continúa. Lo que más se extraña, quizás, de los movimientos de vanguardia, una vez que pasan y si uno los vivió, es su vitalidad arrolladora.

El cierre del Di Tella de Florida

Cuando se instauró el régimen de Onganía en 1966, el Instituto comenzó a sufrir ataques de grupos de ultraderecha, en algunos casos parapoliciales, que rompían vidrios e instalaciones o tiraban gases la-

---

[16] Ver Osvaldo Pelletieri (comp.), *Teatro Argentino de los 60. Polémica, Continuidad y Ruptura*, Buenos Aires, Corregidor, 1989.

crimógenos o vomitivos en el museo. Por su lado, autoridades del Gobierno iniciaron un juicio al director del Instituto por los delitos de atentar "contra la moral y las buenas costumbres" e incurrir en "desacato" contra la investidura presidencial por unos *grafitti* de "autor anónimo" que habían aparecido pintados en el interior de un espacio experimental, que estaba exponiendo en esa época, en la Sala del Centro de Artes Visuales, el artista Roberto Plate. Dicho espacio o ámbito sugería vagamente un baño público, sólo paredes lisas, blancas en su interior, con puertas en los dos extremos señalizadas con las consabidas figuras de un hombre y una mujer. La obra de Roberto Plate fue clausurada, las autoridades colocaron en las puertas fajas judiciales e instalaron en su vecindad un policía que vigilaba el cuerpo del delito día y noche. La sala del Centro abría y cerraba en su horario normal, en su interior el público tenía la posibilidad de contemplar el exterior de la obra de arte, clausurada y vigilada por un policía. La situación, producto típico de una dictadura militar como la de cualquier parte del mundo, se había tornado tragicómica. ¡El todo configuraba un curioso *happening*! El *Buenos Aires Herald* sacó un titular que decía: "*Di Tella toilet too real for cops*".

En 1969, los Centros de Arte de Florida fueron inspeccionados con gran solemnidad por el jefe de la Policía Federal, un general de Caballería que no revestía en la categoría de público de arte. Se sorprendió al ver una buena biblioteca, el laboratorio de música electrónica, compositores en sus estudios, pintura contemporánea, un Picasso... Se rascó la cabeza. Pareció desilusionado al no encontrar un infierno fácilmente discernible de homosexuales, marxistas, prostitutas, judíos, melenudos y drogadictos. ¡Se fue sin comunicar su veredicto!

Mientras tanto, la situación económica del Instituto Di Tella y de la Fundación del mismo nombre que constituía su principal sostén se fue deteriorando de manera pronunciada. Las empresas del grupo Di Tella, cuyas acciones constituían el principal patrimonio de la Fundación, llegaron a estar prácticamente en quiebra; la única posibilidad de que los bienes de la familia fundadora no cayeran también en el derrumbe consistía en que el gobierno aceptara al grupo en el régimen, entonces vigente, de rehabilitación de empresas industriales de capital nacional. El gobierno de Onganía presionaba en esas circunstancias a través del ministro del Interior, Guillermo Borda, con el cierre de Florida.

Por otra parte, el Instituto recibió apoyo importante, en los últimos años de la década de los sesenta, de la Fundación Ford, aunque condicionado a que se aplicara solamente al área de ciencias sociales y no al sector de arte contemporáneo. La Fundación Rockefeller, que había contribuido al Centro de Altos Estudios Musicales dirigido por Alberto Ginastera, no renovó el subsidio.

El clima político, sobre todo a partir del Cordobazo en 1969, se fue poniendo más tenso y violento. Los reclamos sindicales y populares iban en aumento y la presión de tendencias revolucionarias crecía. Perón, desde Madrid, contribuía a esta tensión, que por otra parte la presencia del gobierno militar intensificaba. El mundo intelectual-artístico llegaba así a su nivel máximo de politización. Vanguardia artística y vanguardia política se entretejían, generando choques, tensiones y acciones renovadas, en un clima diferente del que se había vivido hasta 1966 o 1967.

En este contexto, la vanguardia artística se iba debilitando, cumpliendo una suerte de ciclo cuasi canónico. Los actores institucionales de esta vanguardia fueron uno a uno acusando el impacto. Así, la familia Di Tella, que había impulsado el Instituto de Florida y que controlaba el Directorio, resolvió un cierre silencioso, sin explicaciones, de la sección Arte... Quien había sido el director general ejecutivo durante toda la década renunció, considerando que el Di Tella de arte no podía desaparecer sin que se informara al público de las causas del cierre, incluyendo por supuesto la parte de responsabilidad que le incumbía al régimen militar. La serpiente seguía poniendo sus huevos, que engendraron luego la dictadura mucho más atroz de Videla. ¿Habría sido posible la segunda sin la primera?

Si se consideran las actividades que suprimió el Directorio del Instituto Di Tella, cuando los recursos económicos mermaron, la lógica lamentablemente coincide con la que guiaba la política cultural del Gobierno: el Directorio decide cerrar los Centros de Arte Contemporáneo; el grupo de economistas del Centro de Investigaciones Económicas, que se habían integrado como tecnócratas en altos cargos del Gobierno de Onganía, se mantiene en el Instituto, pero el grueso de los investigadores en ciencias sociales de las otras disciplinas (sociólogos, demógrafos, científicos políticos, especialistas en estudios urbanos y regionales, investigadores en Estado y administración pública), fue expulsado.

BIBLIOGRAFÍA

Andrea Giunta, *Vanguardia, internacionalismo y política*, Buenos Aires, Siglo XXI, 2008.

Ana Longoni y Mariano Mestman, *Del Di Tella a "Tucumán Arde", vanguardia artística y política en el 68 argentino*, Buenos Aires, Eudeba, 2008.

Enrique Oteiza, "La Vanguardia de los 60 en la Argentina: El Instituto Di Tella", en Ana Pizarro, y otros, *Modernidad, postmodernidad y vanguardias*, Santiago, Fundación Vicente Huidobro, 1995.

Enrique Oteiza, "El Cierre de los Centros de Arte del Instituto Torcuato Di Tella", en Buch, Buntinx, Cernadas, Fantoni, Fernández Vega, Filippa, Funes, Gilman, Giunta, Goldstein, Longoni, Mangone, Mestman, Oteiza, Peluffo Linari, Tarcus, *Cultura y política en los años 60*, CBC, UBA, 1997.

Osvaldo Pellettieri (comp.), *Teatro argentino de los 60. Polémica, continuidad y ruptura*, Buenos Aires, Corregidor, 1989.

Pierre Restany, "Buenos Aires et le nouveau humanisme", en *Domus*, n° 425, Milán, 1965.

Pierre Restany, "La Nouvelle Vigne Graphique de l'Instituto Di Tella, Buenos Aires", en *Gebrauchsgraphik*, Munich, marzo de 1970.

Patricia Rizzo, "Instituto Di Tella, Experiencias '68" (incluye Oscar Terán, "Cuando Bajo los Adoquines Estaba la Playa". Lucas Fragasso, "Un Desafío a la Memoria"), Buenos Aires, Fundación Proa, 1998.

Jorge Romero Brest, *Arte visual en el Di Tella*, Buenos Aires, Emecé, 1992.

Eduardo Storni, *Ginastera*, Madrid, Espasa Calpe, 1983.

Arquitectura argentina
(1925-1945)

por Francisco J. Bullrich

Al promediar la década de los veinte, cuando parecía que la Argentina había alcanzado su apogeo, tanto desde el punto de vista económico (el séptimo país según su producto por habitante) como de su evolución política (un sistema republicano y democrático aparentemente afirmado) y su nivel cultural y educacional (una tasa de analfabetismo inferior a la de muchos países europeos) se iniciaba precisamente, poco después, el ciclo de su caída.

Aun cuando ningún observador pronosticara un futuro sombrío no faltó una voz que alertara sobre falencias importantes. Desde su puesto en el Departamento Nacional del Trabajo, Alejandro Bunge, que sería el creador del INDEC, comprobó la disminución de los precios de los productos agropecuarios de exportación y pronosticó su persistente disminución pese a que se habían recuperado momentáneamente. Frente al peligro de una próxima crisis advirtió: "Si las altas importaciones y los crecientes gastos públicos coincidieran con una baja de los cereales, cosa que no es improbable, la crisis que me permito considerar en preparación adquiriría proporciones mucho mayores que las anteriores".

El país debía industrializarse; ningún país de alguna importancia había logrado posicionarse sin poseer una industria potente. Señaló que nuestro sistema educativo estaba rezagado aunque se hubiera duplicado la inversión en él, debido a sus características librescas, poco creativas, escasamente orientadas hacia la ciencia y la tecnología. Ello se manifestaba particularmente en el área de los oficios artesanales y fabriles. El bajo rendimiento de la mano de obra era su expresión, de allí que los costos de construcción locales fuesen superiores, por ejemplo, a los de Alemania.

Pero es justamente en la Argentina, donde podían detectarse estas falencias, que surgió un amplio movimiento en todos los órdenes de la cultura, en apariencia contradictorio si se piensa que una crisis en ciernes puede ser paralizante, cuyos orígenes pueden rastrearse en los artículos de Alberto Prebisch en la revista *Martín Fierro*. ¿Cuál fue ese movimiento? Se ha escrito mucho sobre el particular, aquí diremos, solamente, que uno de sus rasgos fundamentales consistió en una actitud de crítica y ruptura de modelos que parecían instalados para siempre.

En una somera descripción, se puede decir que tal movimiento tuvo en la década del 20 diversas expresiones: la divulgación del tango, la aparición de los cuentos de Horacio Quiroga, también de *Don Segundo Sombra* de Ricardo Güiraldes, los *Veinte poemas para ser leídos en un tranvía,* de Oliverio Girondo, los poemas de Conrado Nalé Roxlo y Ricardo Molinari. También fue la década de *Fervor de Buenos Aires,* de Borges, y de la presentación de las pinturas de Emilio Pettoruti, Xul Solar, Miguel Carlos Victorica, Antonio Berni, Horacio Butler, Alfredo Guttero y las esculturas de Pablo Curatella Manes.

También debe destacarse la Asociación de Amigos del Arte, presidida por la señora Elena Sansinena de Elizalde, que promovió la visita de Le Corbusier, cuyo efecto sobre la actividad arquitectónica resultó indudable. En síntesis, esa década es pletórica de actividad y de talento, por lo cual resulta casi natural que la arquitectura, siguiendo una recomendación de Alejandro Christophersen, buscara nuevos rumbos, como un campo más en el que tenía lugar la crítica cultural.

Las obras de Julián García Núñez (1908-1918), de clara raigambre *art nouveau,* y la de Mario Palanti en el Pasaje Barolo, anunciaban en ese contexto cambios sustanciales en la conciencia arquitectónica argentina.

Si bien, aparentemente, el academicismo de influencia francesa parecía dominar la situación, podían percibirse algunos cambios significativos en la obra de Alejandro Virasoro, no obstante se pudiera detectar en ella una influencia importante, la del último Josef Hoffmann (1870-1956), el gran maestro de la Secesión Vienesa.

Respecto de la obra de Virasoro debe destacarse, por encima de las demás que construyó, la casa de Agüero 2038, pero en el diseño de un conjunto de viviendas económicas posteriores se podía advertir que el purismo racionalista arquitectónico había hecho su aparición. En ese mismo sentido, los planteos urbanísticos de Fermín Beretervide, en el barrio de Flores (1921) y en el conjunto Los Andes, de 1927, constituían una indicación del rumbo propio de los nuevos tiempos y sus propuestas de renovación y de ruptura frente a esquemas dominantes.

En cuanto a tentativas en ese orden, como otro de los primeros intentos de encontrar nuevas formas, se puede recordar la obra de los arquitectos Gregorio Sánchez, Ernesto Lagos y Luis M. de la Torre, en particular la Escuela Granaderos de San Martín, que se encuentra en Avenida del Libertador y Olleros.

En 1928, Victoria Ocampo, poco antes de la fundación de la revista *Sur*, convenció, no sabemos cómo, a Alejandro Bustillo, el arquiteto del clasicismo, de diseñarle y construirle una casa moderna, esto es, cúbica y sin decoraciones de ninguna especie, en la calle Rufino de Elizalde. Victoria Ocampo ya había intentado algo semejante al construir una casa en Mar del Plata; su pedido de colaboración a un constructor de caballerizas generó muchas críticas y las mofas más violentas.

Pero en su casa de Palermo Nuevo, Victoria Ocampo no sólo se conformó con los aspectos arquitectónicos de la vivienda sino que abordó temas de amoblamiento, con una adelantada conciencia de diseño.

Pero las diez conferencias que impartió en Buenos Aires Charles Édouard Jeanneret, apodado Le Corbusier, dieron lugar a un giro sustancial a lo que podría entenderse como un conflicto de tendencias y perspectivas estéticas, en el que estaba comprometida la vieja oposición entre tradición e innovación.

Si bien posteriormente Le Corbusier sostuvo una correspondencia bastante intensa con Victoria Ocampo en torno a ese conflicto, ninguno de los proyectos que el maestro le hizo llegar por medio de rápidos croquis se concretó.

En 1931, Alberto Prebisch proyectó y construyó una casa en la Avenida Luis María Campos y, poco después, el arquitecto Jorge Kalnay erigía, en la calle Garay, pleno San Telmo, una torre de departamentos que bien pudo haber constituido un decisivo modelo de arquitectura moderna si un afán de lucro desmedido no hubiera dificultado el logro de soluciones adecuadas. Por otra parte, el edificio situado en la curvilínea esquina de Esmeralda y Juncal es una de las obras más destacadas del período.

Hay que mencionar también el Edificio Comega, construido en 1935, en la esquina de Avenida Leandro Alem y Corrientes; esa obra, de los arquitectos Enrique Douillet y Alfredo Joselevich, alza su cuerpo central por entre la masa de los prismas inferiores que consolidan el volumen general de la obra. Se destaca especialmente el hall de entrada del edificio, con su revestimiento de acero inoxidable, lo que es significativo porque implica la aplicación decidida de nuevos materiales, aspecto clave para entender las innovaciones arquitectónicas que brotaban por todas partes.

En ese mismo año de 1935, Cora Kavanagh, que había encargado a los arquitectos Sánchez, Lagos y De la Torre el edificio, el Kavanagh, que sería el más alto de la ciudad —la altura como rasgo de la modernidad—, culminó en el tiempo récord de catorce meses una obra que resulta aún hoy un mojón arquitectónico. Fue en su tiempo la estructura de hormigón armado más alta del continente, ejecutada por la empresa GEOPE.

Con el mismo espíritu, estos arquitectos llevaron a cabo el Country Club rosarino en Fisherton, poco después. Pero la obra más singular y constante llevada a cabo en esa década del 30 es la del ingeniero Antonio Ubaldo Vilar, autor de un gran número de estaciones del Automóvil Club Argentino, en Olivos, Mar del Plata, Rosario y Córdoba, por citar sólo las mayores. Todas evidencian una coherencia en la elección del partido y en la resolución volumétrica, que alcanza probablemente su expresión más completa en la casa de San Isidro, frente al río.

Asociado a varios arquitectos, el ingeniero Vilar proyectó el Hospital Bartolomé Churruca y la sede del Automóvil Club Argentino, en la Avenida Libertador y Tagle, que en mi opinión no resulta tan feliz como las otras. Pero dos obras sobre la actual Avenida del Libertador merecen especial mención: el inmueble situado en Malabia y Libertador, obra de León Dourge, y el edificio de Lafinur y Avenida Libertador, ejecutado por Sánchez, Lagos y De la Torre, notable por sus proporciones, su elegancia y la contundencia de las ventanas corridas que enunciaban por primera vez el postulado modernista de la separación entre muros y estructura. Sin embargo, la falta de respeto por el arte arquitectónico ha permitido la obliteración del espacio de planta baja que evidenciaban los *pilotis* que Le Corbusier había predicado con tanto entusiasmo y que afirmaban el principio de la independencia de la estructura y de la liberación del suelo urbano.

También deben destacarse, de la arquitecta María Prins, los Laboratorios de YPF, en Florencio Varela, provincia de Buenos Aires. Pero el edificio de oficinas de la calle Uruguay, obra de Raúl Birabén y Lacalle Alonso, de esos mismos años, es conjuntamente con varios edificios de Duggan, en especial el de Callao y Quintana, con su balcón curvo, ejemplo de ese purismo que dominó la escena entre 1931 y 1939.

"Purismo" fue la designación que recibieron las obras pictóricas y escultóricas de Le Corbusier y Amédée Ozenfant, traducción de los conceptos de Adolf Loos que, a principios del 1900, proclamaba la supresión lisa y llana de toda decoración y la necesidad, como afirmaba Cézanne, de basarse en las formas simples de la geometría.

El Cine Gran Rex es probablemente la obra paradigmática del período, llevada a cabo por Alberto Prebisch. Tanto el amplio vano de cristal que define su fachada como el *foyer* con un juego espacial conducido con un refinamiento que demuestra la madurez alcanzada, merecen junto a la resolución de la sala el elogio más completo.

En Rosario sobresale la obra de La Comercial, de Ermete De Lorenzi y Julio V. Otaola en Boulevard Oroño y Córdoba, el edificio Gilardoni de los mismos autores y el Museo Municipal Juan B. Castagnino, obra de Hilarión Hernández Larguía y Juan Manuel Newton. Y en Córdoba hay que recordar a Jaime Roca, quien construyó el edificio Mota Reyna y su propia casa particular. También en Córdoba hay que mencionar la Escuela Sarmiento, obra de Néstor Suárez Cáceres. Por fin, en Mendoza no puede dejar de recordarse el Balneario Playas Serranas y el Teatro Griego de Daniel Ramos Correas.

Una figura se destaca como independiente entre los arquitectos racionalistas que hemos estado considerando hasta aquí. Es Wladimiro Acosta (Wladimir Konstantinovski) que, nacido en Odessa en 1900 y formado en Berlín en los años 1921 a 1925, llegó a Buenos Aires poco después. Aun cuando por su generación está vinculado al racionalismo purista, Acosta concentró menos su atención en los "ismos" figurativos que en las condiciones concretas en que deben llevarse a cabo las funciones vitales de la vivienda. Su estudio de los aspectos de la orientación de los edificios en relación con el desplazamiento solar fue una contribución particular. De allí que, con anterioridad a los sistemas parasolares desarrollados por Le Corbusier, Acosta concibió un sistema de planos y desplazamientos de los volúmenes arquitectónicos, a los que denominó "helios". A partir de la construcción de la Casa Stern, en 1939, su obra se aleja del vocabulario típico de la arquitectura de las cajas blancas y corresponde, por lo tanto, ubicarlo entre los propulsores de la renovación arquitectónica que se desarrolló a comienzos de la década siguiente. Ya no habrá en sus fachadas revoques blancos, sino ladrillo a la vista contrastando con recuadros de hormigón revocado.

Acosta fue el único arquitecto de nuestro medio que por entonces se dedicó a un estudio de la vivienda popular, respecto de la cual publicó en 1936 el libro *Vivienda y ciudad. Problemas de la arquitectura contemporánea.* Entre sus realizaciones debe destacarse el edificio de Figueroa Alcorta y Tagle, terminado en 1943, que, entre otros méritos, es muy sugerente desde el punto de vista de la resolución de un edificio entre medianeras; por otra parte, el proyecto cede un amplio espacio con frente a la Avenida que se cierra al fondo por un gran estar con sus dos largas paredes vidriadas que permiten la salida a sendos balcones. Una de esas salidas es hacia la Plaza Chile y la otra hacia la avenida, y entre ambas se conforma una T; con este cuerpo vidriado se desarrollan todos los otros ambientes de las plantas: los dormitorios principales dan a balcones sobre la avenida. Esta clara definición de volúmenes se eleva sobre pilotes quedando ocupado en planta baja sólo el espacio del *hall* de entrada. Los garajes se encuentran en el subsuelo.

El modernismo, que se había hecho presente con aparente vigor entre 1929 y 1939, en concordancia y hasta simultaneidad con propuestas vanguardistas en otros órdenes, literatura y pintura sobre todo, parece perder su predominio a partir de 1940 y no pocos de sus teóricos y artífices comienzan a defeccionar.

Así, Sánchez, Lagos y De La Torre proyectan la sede central del Banco de la Provincia con un claro acento académico y toda la arquitectura oficial se inclina en esa dirección. Fue entonces cuando se concretó el proyecto del Banco Nación, el Casino y Hotel Provincial de Mar del Plata, el Ministerio de Guerra, la Facultad de Derecho y tantos otros edificios de similar estética.

Todo lo contrario sucedía en Brasil bajo los auspicios del ministro Capanema y del gobernador de Belo Horizonte, Juscelino Kubitschek, que posteriormente sería presidente e impulsor de Brasilia, una ciudad compendio de modernidades. Pero, no obstante ese retorno de lo clásico, surge en 1940 un nuevo movimiento alentado por dos discípulos de Le Corbusier, Jorge Ferrari Ardoy, argentino, y Antonio Bonet, español, formados en su estudio de la rue de Sèvres, en París. Llegados al país al estallar la Segunda Guerra Mundial, junto con Juan Kurchan, Simón Ungar, Hilario Zalba y otros, fundaron el movimiento Austral. El primer manifiesto del grupo —todo grupo de vanguardia tiene su manifiesto— se tituló "Voluntad y Acción" y apareció en forma de fascículo en la revista *Nuestra Arquitectura*. El manifiesto proclamaba que "La arquitectura actual se encuentra, aparte de su relativo progreso técnico, en un momento crítico de su desarrollo y desprovista del espíritu de sus iniciadores. El arquitecto, aprovechando tópicos fáciles y epidérmicos de la arquitectura moderna, ha originado la nueva academia, refugio de los mediocres. La arquitectura funcional, con todos sus prejuicios estéticos e intransigencia pueril, llegó, por la incomprensión del espíritu de la frase lecorbusiana *la machine à habiter* y por el desconocimiento consciente de la psicología individual, a soluciones intelectuales y deshumanizadas".

El grupo fundó la revista *Tecné* que sólo tuvo dos números. La palabra griega "tecné" puede ser traducida por el concepto de "arte", que incluye en sí el aspecto expresivo y técnico a la vez.

De Ferrari Ardoy y Kurchan debemos recordar el edificio de la calle Virrey del Pino 2446 ejecutado entre 1941 y 1943; se trata de una valiente solución urbanística que podría haber sido seguida con consecuencias altamente positivas pues integra, de una manera original, aunque inspirada en un boceto de Le Corbusier, naturaleza y arquitectura. Kurchan, Ferrari Ardoy y Bonet, en otro registro, muy impregnados del concepto de diseño, que comenzaba a imponerse en esos años, concibieron el famoso sillón BKF que marcó todo un período del diseño del mueble y tuvo una considerable difusión internacional.

Bonet se destacó poco después con sus obras en el Uruguay, el Hotel La Solana del Mar y la Casa Berlinghieri. Aun cuando no formara parte del grupo Austral, no podemos pasar por alto la singular contribución de Amancio Williams en su casa de Mar del Plata, la obra más audaz e independiente de todo el período considerado. Si bien participa en cierto modo de la idea lecorbusiana de la *promenade architecturale*, así como de la idea de la elevación sobre el terreno, ambas han sido asimiladas en términos tan absolutamente originales que sus raíces se tornan totalmente irreconocibles. La organización del espacio interior, articulado a partir de dos secuencias longitudinales paralelas, resueltas sobre una bandeja libre y aérea sustentada por un arco estructural de hormigón es de una gran elegancia.

Lo admirable de esta obra reside en el acuerdo perfecto que existe entre la imagen estructural y la configuración del espacio, por no mencionar la perfección del "martelinado" del hormigón y el refinamiento de los detalles. Lamentablemente, la obra se encuentra muy deteriorada por un incendio provocado por grupos de inadaptados y es poco lo que se ha hecho para retornarla a su estado original, a pesar de que ha sido declarada monumento nacional.

Pero los esfuerzos más importantes realizados por Ferrari Ardoy, Kurchan y Eduardo Sacriste, Eduardo Catalano, Horacio Caminos, Jorge Vivanco y otros en proyectos de singular significación, tanto en Buenos Aires como en Tucumán, estuvieron destinados al fracaso por incomprensión de las autoridades. Así, por ejemplo, han quedado enterrados cimientos de hormigón armado del Proyecto Ciudad, frente al Río de la Plata, por valor de dos millones de dólares de aquel entonces, en los predios del Bajo Belgrano donde después se construyó la Ciudad Infantil.

Ello determinó en buena medida el destino posterior de la arquitectura en nuestro país. Al esbozar rápidamente el desarrollo de la arquitectura entre 1925 y 1945, como manifestación de un espíritu de ruptura en consonancia con las propuestas internacionales de la vanguardia, han quedado sin mencionar obras significativas y arquitectos que en su momento realizaron un aporte; esta exposición es, por lo tanto, una apretada síntesis que intenta, sin embargo, mostrar un aspecto de una cultura en rebeldía pero capaz, en este terreno en particular, de crear obras perdurables; en efecto, las obras mencionadas, viviendas y edificios públicos, no sólo brindan el goce de su originalidad y belleza, sino que dan idea de una época de revueltas productivas. Llama la atención, por otra parte, el conflicto estético que subyace en esos edificios tan extraordinarios, a saber, lo que ideológicamente se basa en un enfrentamiento con normas pero que da resultados sólidos y contundentes. Podría pensarse que tal como ocurre en las expresiones literarias de vanguardia, la arquitectura resolvió un problema de fondo de toda ruptura, o sea, la búsqueda de un núcleo primario y fundamental, un regreso a los orígenes, para lograr lo cual cierta destrucción, paso primero de una dialéctica, es indispensable y se justifica si, como es el caso, permite que surjan obras que encierran una historia y se proyectan al futuro.

Apéndice

APÉNDICE

CATÁLOGO DE REVISTAS
(1904-1938)

por *Sylvia Saítta*

Actualidad *(abril de 1932-abril de 1936)*

La revista comunista *Actualidad. Económica, política, social*, se publica en varias etapas y con cuatro interrupciones. Su primera etapa, de doce números, se extiende desde abril de 1932 hasta febrero de 1933; la segunda, entre julio y septiembre de 1933; la tercera, entre mayo y noviembre de 1934; la cuarta, entre mayo y diciembre de 1935; y la quinta y última de un solo número, enero-abril de 1936. Los primeros proyectos para sacar la revista estuvieron en manos de un grupo de dispersos disidentes del Partido Comunista y de un grupo de intelectuales liderados por Elías Castelnuovo. Finalmente, el proyecto se fue modificando y la revista que efectivamente salió a la calle fue vocero del Partido Comunista. Su primer director Elías Castelnuovo fue reemplazado por Ricardo Aranda en su segunda época. Su *staff* de colaboradores estuvo integrado por los argentinos Roberto Arlt, Elías Castelnuovo, Bartolomé Bossio, Ricardo Aranda, Nydia Lamarque, Angélica Mendoza, Aníbal Ponce, Sixto Pondal Ríos, Carlos E. Moog, Ch. Simon, J. Alonso, Carlos Delheye, Luis Guerrero, Ernesto P. Canto, F. Vargas, F. Sikos, P. Álvarez Terán, Jules Panol, Ernesto Brabante, J. J. Cabodi, M. Albert, Aquiles Reni, Esteban Boer, Emma Boer; los norteamericanos John Dos Passos, Michael Gold, Theodore Dreisser, y varios colaboradores de la Unión Soviética, Alemania, Suiza, España y otros países europeos. Como colaboradores artísticos figuran Facio Hebequer, Abraham Vigo, Dardo, Juan Ramón y Sitolla.

Desde su primer número, *Actualidad* se definió como una revista marxista, atenta a los cambios políticos, económicos, sociales y culturales de la Unión Soviética, el movimiento obrero y político nacional e internacional, la situación política en Oriente. A su vez, publicó reseñas de libros temáticamente afines y ensayos literarios, artísticos, teatrales y cinematográficos sobre la construcción de un arte proletario en la Argentina, que acompañaron distintos emprendimientos institucionales como, por ejemplo, la formación de la Unión de Escritores Proletarios en mayo de 1932, la promoción del Teatro Proletario, creado en abierta confrontación con el Teatro del Pueblo dirigido por Leónidas Barletta, en julio de 1932, y el Teatro Judío, en septiembre de 1933.

Argentina. *Periódico de arte y crítica* (*noviembre de 1930-agosto de 1931*)

Tres años después del cierre de *Martín Fierro*, Cayetano Córdova Iturburu, poeta y escritor vinculado a la vanguardia martinfierrista, lanzó una revista similar a *Actualidad*: *Argentina. Periódico de arte y crítica*, que apareció en noviembre de 1930 bajo su dirección. Formalmente idéntica, optó, como *Martín Fierro*, por circunscribir sus intereses al arte y la literatura, sin connotaciones políticas. Si bien se incorporaron nuevas firmas (María Rosa Oliver), y algunos nombres como los de Oliverio Girondo y Jorge Luis Borges estuvieron ausentes, Córdova Iturburu manifestó explícitamente —en su segundo número— que la intención era la misma: se trataba de un periódico exclusivamente literario, en el cual no había cabida para el proselitismo político:

> No hablamos, es cierto, de bolcheviquismo o socialismo. Ni de teosofía. Ni de política. Y no lo hacemos porque nuestro periódico es un periódico de arte. Eso queremos que sea. Y nada más. Obrando así estamos seguros de no eludir los deberes de nuestra generación y de ser útiles a nuestro país y al mundo. [...] Queremos ser solamente artistas, hombre consagrados exclusivamente a una actividad, inaugurar entre nosotros la era de las especializaciones porque sabemos que es la especialización lo que ha edificado la cultura. Creemos, además, que el arte no puede ser vehículo de doctrinas sino que tiene su finalidad en sí mismo y que sus beneficios sociales se producen por virtud de presencia. [...] No admitimos, de ninguna manera, el criterio socialista o comunista de poner el arte al servicio de otro ideal. ¿Es que el arte no es ya un ideal bastante alto? No-

sotros, por lo menos, tenemos la inocencia de creerlo. Y somos, en esto, tan inocentes como Rembrandt y Leonardo da Vinci. ¿Qué queda del llamado arte social de fines del siglo pasado? Nada. Absolutamente nada. Tampoco quedará, aunque ustedes piensen lo contrario, un solo poema socialista, un solo cuadro comunista, una sola sonata radical o demócrata progresista o una sola marcha triunfal conservadora.

Babel. *Revista de arte y crítica (abril 1921-1928)*

Dirigida por el editor, narrador y ensayista Samuel Glusberg, *Babel* salió durante los primeros días de abril de 1921 con una advertencia de su director:

No vamos a exponer aquí el inevitable programa de acción ni la acostumbrada plataforma de promesas que suelen publicar las revistas que se inician. No somos políticos, ni salimos a ganar elecciones. Hombres jóvenes y libres, los que nos decidimos a hacer *Babel* creemos en la necesidad de negar un programa y presentar, simplemente, la revista.

Participó del proyecto un grupo de escritores y poetas, más bien heterogéneo: Luis Franco, Ezequiel Martínez Estrada, Arturo Cancela, Alfonsina Storni, Leopoldo Lugones, Roberto Payró, Horacio Quiroga, Ricardo Rojas, Baldomero Fernández Moreno.

Después de su cierre en 1928, con el número treinta y uno, Glusberg relanzó *Babel*, entre 1940 y 1951, en Santiago de Chile —ciudad en la que se había instalado a comienzos de la década del 30— acompañado por escritores y ensayistas chilenos entre quienes se encontraban Manuel Rojas, Hernán Díaz Arrieta, J. S. González Vera, Laín Diez y Ernesto Montenegro. Ezequiel Martínez Estrada y Luis Franco enviaron sus colaboraciones desde la Argentina.

Claridad. *Revista de arte, crítica y letras.*
Tribuna del pensamiento izquierdista
(julio de 1926-diciembre de 1941)

El editor español Antonio Zamora publicó el primer número de *Claridad* el 23 de julio de 1926 como continuación de *Los Pensadores*, que había dejado de salir el mes anterior. Convocó como secretarios de redacción a Leónidas Barletta y César Tiempo (seudónimo de Israel Zeitlin), y como colaboradores a los principales referentes de la izquierda local: Elías Castelnuovo, Roberto Mariani, Álvaro Yunque, José Ingenieros, Roberto Arlt, Luis Cané, Juan Unamuno. Ilustraron las tapas los integrantes del grupo de los Artistas del Pueblo, Guillermo Facio Hebequer, Adolfo Belloc, J. Arato, Agustín Riganellli. Como otras revistas latinoamericanas, tomó su nombre del grupo *Clarté* de Henri Barbusse, Romain Rolland y André Gide, vinculado a la llamada Internacional del Pensamiento; en explícita referencia al modelo, Zamora incorporó la frase de Barbusse "queremos hacer la revolución en los espíritus" para sintetizar sus propósitos iniciales.

Se trató de una revista cultural de orientación socialista pero que incorporó todas las variantes del pensamiento político de la izquierda, tanto argentino como latinoamericano. De este modo, colaboraron los socialistas Juan B. Justo, Alfredo Palacios y Dardo Cúneo; los socialistas de izquierda Ernesto Giudici y Benito Marinetti; algunos que provenían de la Reforma Universitaria, como los hermanos Sergio y Saúl Bagú; los anarquistas Juan Lazarte y Bartolomé Bossio; los comunistas Rodolfo Puiggrós y Raúl Larra; los trotskistas Antonio Gallo y Liborio Justo. Por lo tanto, su texto de presentación sostenía:

> *Claridad* aspira a ser una revista en cuyas páginas se reflejen las inquietudes del pensamiento izquierdista en todas sus manifestaciones. Deseamos estar más cerca de las luchas sociales que de las manifestaciones puramente literarias. Creemos de más utilidad para la humanidad del porvenir las luchas sociales que las grescas literarias, sin dejar de reconocer que de una contienda literaria puede también volver a surgir una nueva escuela que interprete las manifestaciones humanas en forma que estén más de acuerdo con la realidad de la época en que vivimos.

Conducta. *Al servicio del pueblo* *(agosto de 1938-diciembre de 1943)*

Dirigida por Leónidas Barletta, los veintisiete números de *Conducta* aparecieron como continuación de *Metrópolis*, también dirigida por Barletta a comienzos de la década. Participaron escritores y colaboradores provenientes de diferentes zonas del campo literario, como Eduardo González Lanuza, Raúl González Tuñón, Nicolás Olivari, Marcelo Menasché, Octavio Rivas Rooney, Álvaro Yunque, Luis Ordaz, Raúl Larra, Cayetano Córdova Iturburu, Horacio Rega Molina,

Roberto Mariani, César Tiempo, Mario Bravo, Norah Lange, Emilio Satanovsky, Héctor Agosti, Juan Filloy, Dardo Cúneo, León Klimovsky, Conrado Nalé Roxlo, entre otros. Entre sus ilustradores, sobresalen Emilio Pettoruti, Antonio Berni, Raquel Forner, Raúl Soldi y Guillermo Facio Hebequer.

En sus páginas se combinó la publicación de poemas y breves textos literarios con notas sobre el amplio quehacer artístico del momento: reseñas de cine, comentarios sobre pintura, música, dibujos animados, obras teatrales y libros recientemente publicados. Como su antecesora, y aun cuando el acento estuvo puesto más en lo cultural que en lo político, buscó establecer los vínculos entre el arte y las condiciones sociales, como lo explicita la nota de presentación del primer número:

> Mucha agua ha debido correr para que comprendiéramos que no siendo la cultura un adorno del hombre, ni un arma para agredir, sino su propia capacitación para la vida, debíamos aprender bien nuestro oficio, aunque no fuese de los que se cotizan en el día y aunque se perdiera toda apariencia de heroicidad.

Con los años, *Conducta* se convirtió en una empresa cultural que supo dar cuenta de las principales problemáticas estéticas y culturales del período. Su último número, de diciembre de 1943, estuvo dedicado al Teatro del Pueblo.

Contra. *La revista de los franco-tiradores* *(abril-septiembre de 1933)*

En abril de 1933 salió a la calle *Contra*, dirigida por Raúl González Tuñón y escrita por el ala izquierda del campo cultural argentino. Si bien se caracterizó como "la revista de los franco-tiradores" donde tenían cabida "todas las escuelas, todas las tendencias, todas las opiniones", *Contra* fue una revista de izquierda que postuló el enfrentamiento de clase contra clase y militó a favor de la Revolución rusa. En sus dieciséis páginas tamaño tabloide —cuyo modelo formal fue muy similar al de *Martín Fierro*— se publicaron poemas, relatos breves, artículos sobre el arte revolucionario, comentarios de política internacional, datos estadísticos sobre los avances de la construcción económica soviética, ensayos sociológicos y artículos sobre cine, teatro y literatura de izquierda. De este modo, los nombres de Cayetano Córdova Iturburu, Enrique González Tuñón, Bernardo Graiver, Nydia

Lamarque, Ulyses Petit de Murat, Pablo Rojas Paz, José Gabriel, los hermanos Amparo y Arturo Mom, compartieron las páginas con las traducciones textos y poemas de Louis Aragon, Ilya Ehrembourg, Drieu La Rochelle, Erwin Piscator o Anatolio Lunacharski.

En sus artículos, encuestas y notas de opinión, sostuvo un proyecto estético en el cual se unían los procedimientos formales de la vanguardia estética a la militancia política. Por lo tanto, frente al arte social y el "romanticismo proletario" que caracterizaron el programa del grupo Boedo, *Contra* propuso como modelos estético-ideológicos el surrealismo francés —principalmente Louis Aragon—, la nueva literatura rusa —Gladkov, Fedin, Pilniak, Ivanov, Gomilewsky, Leonov— y algunos escritores norteamericanos, como Sinclair Lewis y John Dos Passos.

Diagramada con un diseño dinámico, las reproducciones fotográficas, pinturas, dibujos y grabados fueron una parte fundamental del proyecto de *Contra*, presente en las reproducciones de las litografías de Guillermo Facio Hebequer —una de las cuales funciona como imagen-manifiesto desde su primera tapa— y en los grabados del flamenco Frans Masereel, que introdujeron una narrativa visual asociada a su discurso de compromiso político y social. A su vez, *Contra* prestó particular atención a la producción de artistas provenientes de distintas áreas —literatura, plástica, cine, fotografía, teatro— que consideraban al arte como parte de la militancia ideológica. De este modo, se publicaron notas sobre el teatro de Erwin Piscator, el cine de Serguei Eisenstein, la fotografía de George Grosz y, principalmente, el muralismo de David Alfaro Siqueiros, a quien la revista ubicó en el centro de la escena en la polémica sobre el arte revolucionario en sociedades capitalistas.

Los motivos del abrupto cierre de *Contra* después de su quinto número fueron políticos: después de la publicación del poema "Las brigadas de choque" en su cuarto número, González Tuñón fue encarcelado durante cinco días y procesado por incitación a la rebelión. No obstante su precipitado final, *Contra* representó una propuesta que literariamente, en la Argentina, era novedosa: la de unir vanguardia estética revolucionaria con una práctica política militante.

Ideas y figuras *(mayo de 1909-agosto de 1916)*

Fundada por Alberto Ghiraldo, *Ideas y Figuras. Revista Semanal de Crítica y Arte* se publicó en Buenos Aires, con la excepción del número dedicado a denunciar el estado de sitio en la Argentina, que apareció en Montevideo, el 11 de enero de 1910.

En sus ciento treinta y seis números, el semanario reunió a algunos de los colaboradores que habían pasado por *Martín Fierro* —Enrique García Velloso, Roberto J. Payró, Rafael Barret, Juan Más y Pi, Alfredo Palacios, Carmelo Martínez Paiva, José de Maturana— a los que se sumaron los nombres más característicos de la bohemia anarquista: Julio Barcos, Juan Emiliano Carulla, Ángel Falco, Félix Basterra, Edmundo Guibourg, Rodolfo González Pacheco, Víctor Domingo Silva. A diferencia de otras publicaciones dirigidas por Ghiraldo, *Ideas y Figuras* dedicó cada número a temas monográficos: la ley de residencia, la trata de blancas, el anticlericalismo, los guardianes del orden; a los artistas Goya, Malharro, Faustino Brughetti, y publicó numerosas traducciones de los clásicos del anarquismo internacional como Bakunin, Kropotkin, Proudhon, Tolstoi.

Inicial. *Revista de la nueva generación* (octubre de 1923-febrero de 1927)

Los once números de *Inicial*, publicados entre octubre de 1923 y febrero de 1927, vincularon dos zonas del campo cultural de los años veinte: renovación estética y Reforma Universitaria. Sus cuatro directores, Roberto A. Ortelli, Alfredo Brandán Caraffa, Roberto Smith y Homero Guglielmini habían estado comprometidos con la lucha reformista desde sus comienzos. Por lo tanto, la revista supo convocar a jóvenes escritores y poetas vanguardistas, como Jorge Luis Borges, Córdova Iturburu, Raúl González Tuñón, Santiago Ganduglia, Eduardo González Lanuza, entre otros, y también a ensayistas y filósofos como Julio V. González, Alberto Etkin, Vicente Fatone y Miguel Ángel Virasoro. En su editorial de presentación, *Inicial* se proclamó como representante del "frente estético-ideológico de la nueva generación" —y por eso *Inicial* "será el hogar de toda esa juventud dispersa que vagabundea por las publicaciones y revistas más o menos desteñidas de nuestro ambiente, sin encontrar donde pueda elevar el tono de su acento a la altura de sus propias convicciones". También dejó en evidencia la contradictoria y polémica trama de discursos que conforman ese frente ideológico, en el que convivieron reformismo, fascismo, vitalismo irracionalista y socialismo:

Queremos para *Inicial* una juventud combativa y ardorosa, que odie y ame, y no haya sacrificado jamás en ningún altar. [...] Contra los grandes diarios malolientes de judaísmo, donde se fraguan, como en un antro de nibelungos, las consagraciones oficiales y donde se escamotean los verdaderos valores...[...]; contra los que han hecho del comunismo y del obrerismo una mentira descarada, un cálculo social sin belleza [...]; contra los que explotan los ideales ingenuos de una juventud sana, prostituyendo la Reforma Universitaria a la caricia torpe de los advenedizos [...]; contra el panamericanismo yanqui y la confraternidad latina; contra los afeminados de espíritu que ponen en verso el gemido de las damiselas y hacen ensueños sobre la ciudad futura; contra los apologistas del sufragio universal, del parlamentarismo y de la democracia de nuestros días, mentiras fraguadas en el gabinete de los banqueros [...]; contra todo lo que hay, en arte, en política, de engaño, de impotencia, de feminidad.

No obstante, en abril de 1924, el enfrentamiento entre Brandán Caraffa y Homero Guglielmini por cuál debía ser la línea ideológica predominante de la publicación se tradujo en la edición de dos números 5 —el de abril, publicado por Brandán Caraffa, y el de mayo, editado por Guglielmini—, en el alejamiento de Brandán Caraffa y en la incorporación de V. Ruiz de Galarreta en su reemplazo. Sin Brandán Caraffa en su dirección, la revista atemperó la virulencia de sus intervenciones pero mantuvo la amplitud de un arco estético-ideológico en el que convivieron los poemas y textos literarios de González Lanuza, Eduardo Keller Sarmiento, Antonio Vallejo, Álvaro Yunque, José S. Tallón, Santiago Ganduglia, Emilia Bertolé, Elías Castelnuovo o Córdova Iturburu con los ensayos de Carlos Sánchez Viamonte, Julio V. González, Juan Antonio Villordo, Carlos Cossio, Manuel Juan Cruz, Vicente Fatone, Ernesto Palacio o los hermanos Rodolfo y Julio Irazusta.

La Campana de Palo
(junio de 1925-octubre de 1927)

La Campana de Palo tuvo dos etapas; la primera se publicó entre junio de 1925 y diciembre de ese mismo año; la segunda etapa, entre septiembre de 1926 y octubre del año siguiente. Fue una publicación mensual dedicada a la literatura y a las artes plásticas, dirigida por el artista plástico Carlos Giambiaggi y por el crítico de arte Atalaya, seudónimo de Alfredo Chiabra Acosta. Si bien se propuso ser "la tribuna de todos aquellos escritores y artistas que desean expresar sin recato su pensamiento; que no tienen intereses creados, y que creen que intentar decir la verdad no puede constituir una ofensa para nadie", sus líneas de filiación estético-ideológica quedaban bien claras desde su primer número: "Nietos, bisnietos y tataranietos de Tolstoi, Romain Rolland, del nazareno Gandhi y de otros duros apóstoles, se puede comprender en seguida cuál será nuestra orientación ética y nuestra actitud espiritual ante la feria de la realidad del mundo físico, del anímico, intelectual, etc.".

Casi todos los artículos fueron anónimos, aun cuando se trató de la publicación de un grupo de artistas cercanos al anarquismo, relacionados con el grupo editor del diario *La Protesta*. Las escasas colaboraciones firmadas correspondieron a Álvaro Yunque, Roberto Mariani, Carlos Astrada, Gustavo Riccio, Luis Emilio Soto, Raúl González Tuñón, Armando Cascella.

Con un tono irónico y burlón, *La Campana de Palo* buscó la equidistancia tanto de Boedo como de Florida, y buscó separarse de sus dos principales revistas: ni *Martín Fierro*, considerado el "periódico snob para literatos burgueses", ni *Claridad*, "una oscura revista", una "tribuna izquierdista del pensamiento zurdo".

Los Pensadores
(febrero 1922-junio de 1926)

Fundada por Antonio Zamora el 22 de febrero de 1922, *Los Pensadores* fue un fascículo semanal que contenía una "obra selecta" de la literatura universal: Gorky, Tolstoi, Dostoiewski, Bujarin, Anatole France, Turguenev, a quienes se sumaron algunos nombres argentinos, como Carriego y Almafuerte. Cada entrega traía un retrato del autor en la tapa y sus datos biográficos en la contratapa.

La primera época de *Los Pensadores. Publicación semanal de obras selectas*, inaugurada con *Crainquebille* de Anatole France, se cerró el 1° de diciembre de 1924. A partir del número ciento uno, del 6 de diciembre de ese año, comenzó su segunda época, en la cual pasó a llamarse *Los Pensadores. Revista de selección ilustrada. Arte, crítica y literatura*. En ella publicaron escritores y ensayistas vinculados al grupo Boedo —Elías Castelnuovo, Leónidas Barletta, Nicolás Olivari, Marcos Fingerit, Luis Emilio Soto, Roberto Mariani, César Tiempo, Álvaro Yunque, Herminia C. Brumana—, en páginas ilustradas por Guillermo Facio Hebequer. Dejó de salir en su número ciento veintidós, de junio de 1926, para reaparecer, un mes más tarde, bajo el título de *Claridad*, anunciada en ese último número como la continuación de la labor de *Los Pensadores* "en representación de los artistas y escritores de la izquierda".

Martín Fierro. *Revista Ilustrada de crítica y arte* (marzo de 1904-febrero de 1905)

De revista a suplemento cultural, los cuarenta y ocho números de *Martín Fierro* narran un capítulo de la historia del anarquismo argentino. Dirigida por Alberto Ghiraldo, su primer número salió el 3 de marzo de 1904, con un diseño que reproducía los rasgos de las revistas populares de comienzos de siglo: páginas misceláneas en las que se combinaron poemas, diálogos porteños, relatos costumbristas con notas científicas, conferencias, artículos sociológicos y textos doctrinarios, siempre acompañados por caricaturas, ilustraciones, fotografías o reproducciones de cuadros. El objetivo de interpelar "al pueblo" para transmitirle los valores del anarquismo se expresó en los propósitos enunciados en su primer número:

> Hacer comprender a los pobres, a los humildes, a todos los tristes que ambulan llevando odio y rencores dentro del pecho sublevado por las injusticias, que una nueva aurora luce el esplendor de sus colores en el horizonte humano. [...] Ofrecer una tribuna libre donde puedan ventilarse, con absoluta amplitud de criterio, todos los problemas políticos, sociológicos e intelectuales que atañen a la colectividad. Ser amenos y amables como el tipo de filósofo, de ese símbolo del alma popular, cuyo nombre nos sirve de bandera. Tener como él, la ironía, la serenidad y la fuerza de la lógica, bellas armas de combate cuya misión es la de ir abriendo surcos fecundos en campos yermos y estériles; poner de relieve el adelanto, el grado de evolución a que ha llegado nuestro pueblo en su estructura mental, en sus costumbres y en su modo de sentir, de comprender la vida. [...] *Martín Fierro* será la encarnación más genuina de las aspiraciones del pueblo que sufre, ama y produce y que buscando va un poco de equidad y alivio en las fatigas, y luz, luz plena, para su cerebro. Abrimos nuestras columnas al pensamiento nacional, entendiendo que a él puede aportar su concurso todo el que habite en esta tierra.

El rescate de la figura de Martín Fierro por parte de la izquierda del campo cultural fue una de las apropiaciones del criollismo gauchesco que entraría en discusión tanto en las conferencias de Leopoldo Lugones de 1913 sobre el Martín Fierro como arquetipo del ser nacional, como también en la operación estética e ideológica de la vanguardia de los años veinte.

Las páginas de *Martín Fierro* convocaron a escritores ya reconocidos, como Rubén Darío, Evaristo Carriego o Roberto Payró, y a los jóvenes talentos de la bohemia, Carlos de Soussens, Manuel Ugarte, José Ingenieros, Ricardo Jaimes Freyre, Carlos Baires, Juan Más y Pi, Eduardo Schiaffino, Alfredo Palacios y Juan José de Soiza Reilly, que compartieron sus páginas con militantes anarquistas como Félix Basterra, Edmundo Bianchi, Víctor Arreguine, Alberto Castro, Osvaldo Saavedra y Julio Molina y Vedia.

Cuando Ghiraldo asumió la dirección del diario *La Protesta* —después de años de publicarse como mensuario bajo el título *La Protesta Humana*, con el que había salido a la calle en 1897—, convirtió a la revista en su suplemento semanal. Desde su número treinta y dos, de octubre de 1904, *Martín Fierro* se publicó como suplemento hasta el 6 de febrero de 1905, fecha en que el gobierno de Manuel Quintana clausuró el diario durante el estado de sitio que siguió a la revolución radical.

Martín Fierro
(febrero de 1924-noviembre de 1927)

Martín Fierro es la revista más importante de la vanguardia argentina de los años veinte; se publicó bajo la dirección de Evar Méndez, quien incorporó a los jóvenes poetas, escritores, artistas plásticos y ensayistas que ya habían comenzado a revolucionar el clima ideológico y estético de Buenos Aires: Oliverio Girondo, Jorge Luis Borges, Xul Solar, Ricardo Güiraldes, Norah Lange, Macedonio Fernández, Leopoldo Marechal, Pablo Rojas Paz, Mario Bravo, Fernando Fader, Conrado Nalé Roxlo, Alberto Prebisch, Raúl González Tuñón, Luis Cané, Raúl Scalabrini Ortiz, Jules Supervielle, Jacobo Fijman, Enrique González Tuñón, Bernardo Canal Feijóo, Ulyses Petit de Murat, entre muchos otros.

Las páginas de *Martín Fierro*, tamaño tabloide y profusamente ilustradas, reproducen poemas, relatos, notas sobre literatura, artes plásticas, arquitectura, cine, jazz; todas las expresiones artísticas de los nuevos tiempos. Su modo de intervención —lúdico, sarcástico, paródico— incorporó muy exitosamente la discusión literaria en el centro del debate público, y lo hizo a través de una diferenciación estética que se tradujo en una disputa territorial y, a la vez, publicitaria: Florida versus Boedo. De un lado los jóvenes de Florida en torno a *Martín Fierro* y del otro los de Boedo, nucleados alrededor de *Los Pensadores* y *Claridad*. Y lo hizo a través de membretes, el "Parnaso satírico" y el "Cementerio Martín Fierro", epitafios, cuartetas, redondillas satíricas que, publicados en sus últimas páginas, adoptaron las formas del discurso irónico y paródico que caracterizó su estilo.

Con el manifiesto de *Martín Fierro*, escrito por Oliverio Girondo, irrumpió en Buenos Aires el manifiesto como forma de confrontación. Publicado en su cuarto número de 15 de mayo de 1924, buscó, entre otras cosas, marcar una división muy clara, no sólo entre quienes participaban de la empresa cultural, sino también entre los lectores a quienes se dirigían. De allí, el uso de la violencia verbal, del sarcasmo y de la ironía sobre los "otros", sobre el público neutral o conformista, sobre las instituciones, o sobre el sistema de valores vigentes:

> *Martín Fierro* siente la necesidad imprescindible de definirse y de llamar a cuantos sean capaces de percibir que nos hallamos en presencia de una *nueva* sensibilidad y de una *nueva* comprensión, que, al ponernos de acuerdo con nosotros mismos, nos descubre panoramas insospechados y nuevos medios y formas de expresión. *Martín Fierro* acepta las consecuencias y las responsabilidades de localizarse, porque sabe que de ello depende su salud. Instruido de sus antecedentes, de su anatomía, del meridiano en que camina: consulta el barómetro, el calendario, antes de salir a la calle, vivirla con sus nervios y con su mentalidad de hoy. *Martín Fierro* sabe que "todo es nuevo bajo el sol" si todos se miran con unas pupilas actuales y se expresa con un acento contemporáneo. *Martín Fierro*, se encuentra, por eso, más a gusto, en un trasatlántico moderno que en un palacio renacentista, y sostiene que un buen Hispano-Suiza es una *obra de arte* muchísimo más perfecta que una silla de manos de la época de Luis XV.

No obstante ser un manifiesto de clara ruptura estética, una parte importante del programa de renovación de *Martín Fierro* reivindicó un programa de nacionalismo lingüístico y de regeneración cultural nacionalista; por lo tanto, se trató de un movimiento que, a diferencia de las escuelas de vanguardia europeas, buscó "poseer —como las mejores familias— un álbum de retratos, que hojea, de vez en cuando, para descubrirse a través de un antepasado... o reírse de su cuello y de su corbata", y no perder la "fe en nuestra fonética, en nuestra visión, en nuestros modales, en nuestro oído, en nuestra capacidad digestiva y de asimilación". La pureza lingüística de un castellano pronunciado sin "acentos exóticos" diferenció la propuesta de *Martín Fierro* de los escritores agrupados en Boedo, otra zona de la renovación literaria que concibió a la literatura en términos de una pedagogía social.

Metrópolis. *De los que escriben para decir algo* (mayo de 1931-agosto de 1932)

En su breve trayectoria *Metrópolis* fue la expresión del Teatro del Pueblo, donde se concentró el elenco más reconocido de Boedo, cuyos escritores compartieron las páginas con las traducciones de los textos ya conocidos de Carlos Marx, Gorki, Kropotkin, Proudhon, Dostoiewsky, Jaurès, Plejanov, Stirner, Otto Bauer y Elías Ehrenburg.

Dirigida por Leónidas Barletta, contó con Virgilio San Clemente como secretario general, y como colaboradores con Raúl Scalabrini Ortiz, Pondal Ríos, Santiago Ganduglia, Amado Villar, Álvaro Yunque, Elías Castelnuovo, Roberto Mariani, José Portogalo, Ramón Doll, Roberto Arlt, Nicolás Olivari, Armando Panizza, Juan D. Marengo, Edgardo Casella, Mauricio Rosenthal, Pedro Godoy, quienes publicaron sus poemas, relatos, ensayos sobre teatro, música, literatura o poesía en medio de un despliegue importante de ilustraciones realizadas por Guillermo Facio Hebequer, Quinquela Martín, Abraham Vigo, entre otros.

Prisma. *Revista Mural* (noviembre de 1921-marzo de 1922)

Los dos números de *Prisma. Revista Mural* introdujeron el movimiento ultraísta en el Río de la Plata, y lo hicieron en un formato novedoso: se trató de la primera revista mural cuyo modelo provenía de los cartelones cubistas y futuristas presentes en las calles europeas. Como recuerda Jorge Luis Borges en su autobiografía, *Prisma* podía leerse en las paredes de la ciudad de Buenos Aires:

> Nuestro pequeño grupo ultraísta estaba ansioso de poseer una revista propia, pero una verdadera revista era algo que estaba más allá de nuestros medios. Noté cómo se colocaban anuncios en las paredes de la calle, y se me ocurrió la idea de que podríamos imprimir también una revista mural, que nosotros mismos pegaríamos sobre las paredes de los edificios, en diferentes partes de la ciudad.

El primer número apareció en noviembre de 1921 con poemas de Borges, Eduardo González Lanuza, Guillermo Juan y Francisco Piñero, fue diseñado por Norah Borges, quien lo ilustró con la xilografía "Buenos Aires", de claras referencias cubistas en la representación de la cuadrícula de la ciudad. En el segundo número de *Prisma*, de marzo de 1922, se incorporaron Guillermo de Torre, Adriano del Valle, Rafael Yépez Alvear, Salvador Reyes y Jacobo Sureda.

Proa. *Primera época*
(agosto de 1922-julio de 1923)

Fundada por Jorge Luis Borges y Macedonio Fernández —escritor que le dio el sello distintivo a esta primera época— alcanzó a publicar tres números. Su estructura repetía el formato tripartito de *Ultra*, la revista española aparecida en enero de 1921 en Madrid, en la cual Jorge Luis y Norah Borges colaboraron asiduamente en su estadía europea. No sólo fue una de las revistas de mayor duración del ultraísmo sino que se convirtió en el principal antecedente del ultraísmo en el Río de la Plata. Esas "tres hojas desplegables como ese espejo triple que hace movediza y variada la gracia inmóvil de la mujer que refleja" —en palabras de Borges— fueron ilustradas por grabados de Norah Borges y en ella publicaron poemas y textos Rafael Cansinos Assens, Borges, Macedonio Fernández, Norah Lange, Sergio Piñero, Salvador Reyes, Guillermo Juan, Guillermo de Torre, Eduardo González Lanuza, Santiago Juárez, Jacobo Sureda, entre otros. En su primer número se presentó al "oportuno lector" con una suerte de texto programático del ultraísmo:

El ultraísmo no es una secta carcelaria. Mientras algunos, con altilocuencia juvenil, lo consideran como un campo abierto donde no hay valladares que mortifiquen el espacio, como un ansia insaciable de lejanías, otros, sencillamente, lo definen como una exaltación de la metáfora, esa inmortal artimaña de todas las literaturas que hoy, continuando la tendencia de Shakespeare y de Quevedo, queremos remozar. De estas explicaciones, intuitiva la primera e intelectual la segunda, elige la que más te plazca. Huelgan ambas, si nuestros versos no te conmueven. Huelgan también, si alguno de ellos logra palparte el corazón.

Proa. *Segunda época*
(agosto de 1924-enero de 1926)

Un año después del cierre de su primera época, *Proa* reapareció dirigida por Jorge Luis Borges, Alfredo Brandán Caraffa, Pablo Rojas

Paz y Ricardo Güiraldes —quien abandonó la dirección después del duodécimo número (agosto de 1925) y dejó de aparecer con el número quince. Diferenciándose de la guerrilla martinfierrista, *Proa* se presentó como "el frente único" de la vanguardia, en un corte juvenilista que, si por un lado incorporaba a varios escritores vinculados con Boedo —como Luis Emilio Soto, Roberto Arlt o Roberto Mariani—, a su vez convocaba a algunos "viejos", como Güiraldes y Macedonio Fernández. De allí, que en los "Propósitos" enunciados en su primer número, *Proa* sostenía:

> [...] aspiramos a realizar la síntesis, a construir la unidad platónica sin la cual jamás alcanzaremos el estilo, secreto matiz que sólo florece en la convergencia esencial de las almas. Queremos que se entienda bien que no pretendemos fusionar a los grupos dispersos, malogrando tendencias y ahogando personalidades. Nuestro anhelo es el de dar a todos los jóvenes una tribuna serena y sin prejuicios que recoja esos aspectos del trabajo mental que no están dentro del carácter de lo puramente periodístico. [...] Porque creemos que nuestra revista debe ser un ser vivo que se incorpore al mundo de lo estético y no un órgano periodístico y una antología mensual, damos una importancia decisiva a la unidad perfecta de aspiración y de tono que debe existir entre los redactores. *Proa* aspira a ser la tribuna perfecta de todos los jóvenes libres aún de las garras descastadoras del triunfo fácil y de la complicidad ambiente.

En efecto, supo conformarse como tribuna de la joven generación tanto a través de sus páginas —en las que abundaron textos programáticos sobre la vanguardia, poemas y cuentos— como también en la fundación de la Editorial Proa, en la cual se publicaron las primeras ediciones de algunos de los escritores más representativos del período: *Don Segundo Sombra*, de Ricardo Güiraldes; *El imaginero*, de Ricardo Molinari; *Inquisiciones*, *Luna de enfrente* y *El tamaño de mi esperanza*, de Jorge Luis Borges; *Alcántara*, de Francisco Luis Bernárdez.

En los números de *Proa* —ilustrados con grabados de Norah Borges, Salguero Dela-Hanty y J. C. Figari Castro—, colaboraron, además de sus directores, Pedro Juan Vignale, los hermanos Raúl y Enrique González Tuñón, Roberto Cugini, Sergio Piñero, Leopoldo Marechal, Francisco Luis Bernárdez, Augusto Mario Delfino, Pedro Herreros, César Tiempo, Luis Emilio Soto, Roberto Arlt, Macedonio Fernández, entre muchos otros.

Revista Oral *(1926)*

En la esquina de Corrientes y Esmeralda se ubicaba el Royal Keller, un café de larga tradición en los círculos literarios y artísticos porteños. José Antonio Saldías, en su radiografía de la bohemia porteña, lo describe diciendo que era

> el verdadero y simpático bar nocturno de gente de arte, típico, bordeado por sus zócalos de azulejos, con la teoría histórica de la cerveza, teniendo de protagonista al campesino y al chivo legendario y su prestigioso palco de orquesta [...] un sótano que tomaba toda la esquina sudeste de Corrientes y Esmeralda, y en toda la extensión de la finca, cuyos dos pisos ocupaba el Royal Hotel, clásico alojamiento de doña María Guerrero y de don Fernando Díaz de Mendoza. Tenía dos entradas: una por Corrientes y otra por Esmeralda, y era un agradable lugar de reunión.

El sótano del Royal Keller fue, en los años veinte, una de las sedes más representativas de la vanguardia literaria pues allí se "editó", durante 1926, la *Revista Oral* del escritor peruano Alberto Hidalgo, "auto-exiliado" en la Argentina desde 1919. En esos encuentros participaron Jorge Luis Borges, Macedonio Fernández, Norah Lange, Francisco Luis Bernárdez, Emilio Pettoruti, Eduardo González Lanuza, Brandán Caraffa, Leopoldo Marechal, Roberto Ortelli y Raúl Scalabrini Ortiz. En cada "edición" de la *Revista Oral*, el auditorio se congregaba en el escenario y los redactores en una hilera de mesas que lo enfrentaba. El director leía primero las páginas editoriales, que eran aceptadas o no por los contertulios, y luego les tocaba el turno a los colaboradores, según el sumario prefijado. Después de cada lectura, se producía el debate y la discusión. Se editaron diez números en Buenos Aires, y otros en Córdoba, Tucumán y La Plata. La *Revista Oral* concluyó, en el Royal Keller, con el número dieciséis. Leopoldo Marechal, en una entrevista realizada por Germán García en 1968, rememoró la dinámica de su funcionamiento:

> Nosotros hacíamos una revista oral que consistía en que cada uno de nosotros dijera lo suyo. Alberto Hidalgo se ponía de pie de repente y decía "Año 1, número 3", y luego venían los editoriales, las colaboraciones, se leían poemas, se hacían críticas literarias generalmente furiosas. Asistido por un público muy heterogéneo, además, en fin, de nuestro grupo; al culmi-

nar las medianoches de los sábados teníamos como público una gran cantidad de muchachos y muchachas que estaban esperando que se abriera el Tabarís, en la sección nocturna, entonces para hacer tiempo se acercaban a nosotros y escuchaban con gran interés.

Sur *(1931-1992)*

El primer número de *Sur*, una las revistas con mayor incidencia cultural tanto en la Argentina como en América Latina, apareció en enero de 1931, fundada por Victoria Ocampo, quien la dirigió hasta su muerte, en 1979. Se publicaron en total trescientos setenta y dos números.

Su consejo de redacción estaba integrado por escritores argentinos y extranjeros: Ernest Ansermet, Drieu La Rochelle, Leo Ferrero, Waldo Frank, Pedro Henríquez Ureña, Alfonso Reyes, Jules Supervielle y José Ortega y Gasset, por un lado, y Jorge Luis Borges, Eduardo J. Bullrich, Oliverio Girondo, Alfredo González Garaño, Eduardo Mallea, María Rosa Oliver y Guillermo de Torre, por otro.

Si bien en su primer número *Sur* se anunció como trimestral, entre 1930 y 1935 se publicaron solamente nueve números. En el octavo (septiembre de 1933), se informó la creación de la editorial Sur y se enunciaron por primera vez los propósitos:

Esta revista no constituye la reedición de otras revistas argentinas; *Sur* se esforzará en revelar valores jóvenes, formados en disciplinas nuevas, auténticamente despiertos ante la miseria actual del espíritu. *Sur* no desea ser un catálogo oficial de nombres, sino campo donde se produzca el afloramiento de una nueva inteligencia.

Desde su décimo número, de julio de 1935, se convirtió en mensual, cambió su formato y redujo su precio a la mitad. Comenzó entonces el período de máximo esplendor que habría de prolongarse hasta bien avanzada la década del 50.

Además de Victoria Ocampo, los escritores argentinos más representativos en la primera etapa de *Sur* fueron Eduardo Mallea y Jorge Luis Borges, Silvina Ocampo, Adolfo Bioy Casares y José Bianco, quien ocupó el cargo de secretario de redacción entre 1938 y 1961, año en el que renuncia por desavenencias políticas sobre la Revolución cubana. El cargo fue ocupado entonces por María Luisa Bastos, quien fue reemplazada, en 1968, por Enrique Pezzoni.

Entre los escritores extranjeros que *Sur* publicó, se destacan quienes sostenían posiciones políticas pacifistas y antifascistas —Aldous Huxley o Jacques Maritain—, los escritores relevantes desde el punto de vista literario —D. H. Lawrence o Virginia Woolf— y los intelectuales cercanos a Victoria Ocampo quienes, a su vez, se convirtieron en visitantes asiduos en Buenos Aires, como Waldo Frank, José Ortega y Gasset, Hermann Keyserling, Ansermet, Roger Caillois, Drieu la Rochelle, Alfred Métraux y Alfonso Reyes.

BIBLIOGRAFÍA

José Barcia, "Claridad, una editorial de pensamiento", en *Todo es Historia*, año XV, n° 172, septiembre de 1981.

Leónidas Barletta, *Boedo y Florida. Una versión distinta*, Buenos Aires, Metrópolis, 1967.

Liliana Cattáneo, *La izquierda argentina y América Latina en los años treinta. El caso de Claridad*, Tesis de Posgrado del Instituto Di Tella, Buenos Aires, 1992.

Cayetano Córdova Iturburu, *La revolución martinfierrista*, Buenos Aires, Ediciones Culturales Argentinas, 1967.

Hernán Díaz, *Alberto Ghiraldo: Anarquismo y cultura*, Buenos Aires, Centro Editor de América Latina, 1991.

Silvia Dolinko, "*Contra*, las artes plásticas y el 'caso Siqueiros' como frente de conflicto", en María Inés Saavedra y Patricia Artundo (dir.), *Leer las artes. Las Artes Plásticas en ocho revistas culturales argentinas, 1878-1951*, Serie Monográfica, n° 6, Instituto de Teoría e Historia del Arte Julio E. Payró, Facultad de Filosofía y Letras, Universidad de Buenos Aires, 2002.

Alejandro Eujanián y Alberto Giordano, "Las revistas de izquierda y la función de la literatura: enseñanza y propaganda", en María Teresa Gramuglio (dir.), *El imperio realista*, tomo 6, *Historia crítica de la literatura argentina*, Buenos Aires, Emecé, 2002.

Florencia Ferreira de Cassone, *Claridad y el internacionalismo americano*, Buenos Aires, Claridad, 1998.

Noemí Girbal-Blacha y Diana Quatrocchi-Woisson (dir.), *Cuando opinar es actuar. Revistas argentinas del siglo XX*, Buenos Aires, Academia Nacional de la Historia, 1999.

Carlos Giordano, "La revista *Inicial*", en *América. Cahiers du* CRICCAL, n° 4 y 5, París, 1er trimestre de 1990.

Eduardo González Lanuza, *Los martinfierristas*, Buenos Aires, Ediciones Culturales Argentinas, 1961.

María Teresa Gramuglio, "*Sur*: constitución del grupo y proyecto cultural", en *Punto de Vista*, año 6, n° 17, Buenos Aires, 1983.

María Teresa Gramuglio, "*Sur* en la década del treinta: una revista política", en *Punto de Vista*, n° 28, Buenos Aires, noviembre de 1986.

María del Carmen Grillo, "*La Campana de Palo*. Breve descripción e índices", en *Boletín de la Academia Argentina de Letras*, año LXVI, n° 261-262, 2001.

John King, *Sur. Estudio de la revista argentina y de su papel en el desarrollo de una cultura. 1931-1970*, México, Fondo de Cultura Económica, 1990.

Cristina Iglesia, "Waldo y Victoria en el paraíso americano. Identidades y proyectos culturales en los primeros años de la revista *Sur*", en *La violencia del azar*, Buenos Aires, Fondo de Cultura Económica, 2003.

Héctor Lafleur, Sergio Provenzano y Fernando Alonso, *Las revistas literarias argentinas (1893-1967)*, Buenos Aires, Centro Editor de América Latina, 1968.

Graciela Montaldo, "*Los Pensadores:* la literatura como pedagogía, el escritor como modelo", en *Cuadernos Hispanoamericanos*, Madrid, n° 445, julio de 1987.

Eduardo Paz Leston, "El proyecto de la revista *Sur*", en Susana Zanetti (dir.), *Historia de la literatura argentina*, tomo 4, Buenos Aires, Centro Editor de América Latina, 1981.

Washington Pereira, *La prensa literaria argentina, 1890-1974*, tomo II, Buenos Aires, Librería Colonial, 1995.

Roberto Pittaluga, Damián López y Ethel Ockier (ed.), *Publicaciones políticas y culturales argentinas (1900-1986)*, Buenos Aires, Centro de Documentación e Investigación de la Cultura de Izquierdas en la Argentina, 2007.

Adolfo Prieto, Introducción, en *El periódico Martín Fierro*, Buenos Aires, Galerna, 1968.

Ana Lía Rey, "Periodismo y cultura anarquista en la Argentina de comienzos de siglo XX: Alberto Ghiraldo en *La Protesta y Martín Fierro*", en *Hipótesis y Discusiones*, n° 24, Instituto de Literatura Argentina Ricardo Rojas, Facultad de Filosofía y Letras, Universidad de Buenos Aires, 2004.

Jorge B. Rivera, *El periodismo cultural*, Buenos Aires, Paidós, 1995.

Fernando Rodríguez, "*Inicial*. El Frente estético-ideológico de la nueva generación", estudio preliminar de *Inicial. Revista de la nueva generación*, Bernal, Editorial de la Universidad Nacional de Quilmes, Buenos Aires, 2004.

Eduardo Romano, "Nace *Sur*, entre el final de *Síntesis* y las elecciones de abril de 1930", en *Tramas*, vol. II, n° 5, Córdoba, 1996.

Nicolás Rosa, "*Sur* o el espíritu de la letra", en *Los fulgores del simulacro*, Santa Fe, Universidad Nacional del Litoral, 1987.

Julia Helena Sagaseta, "*Conducta*, la revista del Teatro del Pueblo: una mirada a la modernidad", en *Espacios de crítica y Producción*, n° 12, Buenos Aires, junio y julio de 1993.

Sylvia Saítta, "Entre la cultura y la política: los escritores de izquierda", en *Crisis económica, avance del Estado e incertidumbre política (1930-1943)*, tomo VII, *Nueva Historia Argentina*, dirigido por Alejandro Cattaruzza, Buenos Aires, Sudamericana, 2001.

Sylvia Saítta, "Polémicas ideológicas, debates literarios en *Contra. La revista de los franco-tiradores*", estudio preliminar de *Contra. La revista de los franco-tiradores*, Bernal, Editorial de la Universidad Nacional de Quilmes, 2005.

José Antonio Saldías, *La inolvidable bohemia porteña*, Buenos Aires, Freeland, 1968.

Beatriz Sarlo, "Vanguardia y criollismo: la aventura de *Martín Fierro*", en Carlos Altamirano y Beatriz Sarlo, *Ensayos argentinos. De Sarmiento a la vanguardia*, Buenos Aires, Centro Editor de América Latina, 1983.

Beatriz Sarlo, "La perspectiva americana en los primeros años de *Sur*", en *Punto de Vista*, año VI, n° 17, Buenos Aires, abril-julio de 1983.

Beatriz Sarlo, *Una modernidad periférica: Buenos Aires 1920 y 1930*, Buenos Aires, Nueva Visión, 1988.

Beatriz Sarlo, "*Contra*: la modernidad de izquierda", en *Le Discours Culturel dans les revues Latino-Américaines de l'entre deux-guerres 1919-1939. América-Cahiers du* CRICCAL, Paris, Sorbonne Nouvelle, n° 4-5, enero-marzo de 1990.

Jorge Schwartz, *Las vanguardias latinoamericanas. Textos programáticos y críticos*, Madrid, Cátedra, 1991.

Saúl Sosnowski (ed.), *La cultura de un siglo: América latina en sus revistas*, Buenos Aires, Alianza, 1999.

Juan Suriano, *Anarquistas. Cultura y política libertaria en Buenos Aires 1890-1910*, Buenos Aires, Manantial, 2005.

Horacio Tarcus, "*Babel*. Revista de arte y crítica", en *Revista Lote*, n° 7, noviembre de 1997.

Horacio Tarcus, *Mariátegui en la Argentina o las políticas culturales de Samuel Glusberg*, Buenos Aires, El Cielo por Asalto, 2001.

David Viñas, "Cinco entredichos con González Tuñón", en *Literatu-*

ra argentina y política. *De Lugones a Walsh*, Buenos Aires, Sudamericana, 1996.

Diana Wechsler, "Impacto y matices de una modernidad en los márgenes. Las artes plásticas entre 1920 y 1945", en José Emilio Burucúa (dir.), *Nueva historia argentina. Arte, sociedad y política*, Buenos Aires, Sudamericana, 1999.

Patricia Willson, *La constelación del Sur. Traductores y traducciones en la literatura argentina del siglo XX*, Buenos Aires, Siglo XXI, 2004.

Cosechas. Sobre tres antologías de la vanguardia (1926-1927)

por Jerónimo Ledesma

> ... una reñida competencia sobre quién había de
> llevar la vanguardia, no queriendo ceder ningún
> vicio esta ventaja del valor y del valer.
> BALTASAR GRACIÁN, *El Criticón*

A mediados de la década, en plena campaña del periódico *Martín Fierro*, tres antologías se publicaron en Buenos Aires con tres posibles sistematizaciones de la poesía nueva que no se diferenciaron por rasgos superficiales o caprichosos de criterio. Cada una de ellas respondía, en rigor, a una idea clara sobre el sentido de la renovación en curso. Interpretaban el hecho y le daban forma. Tanto es así que si se encontraran tres personas, cada una de las cuales hubiera leído uno solo de estos libros, y quisieran discutir sobre el fenómeno de la poesía nueva en los años veinte, difícilmente podrían ponerse de acuerdo, porque no acordarían sus fuentes de información.

El primer trabajo, *Antología de la poesía argentina moderna, 1900-1925*, salió de las filas de *Nosotros*, la revista que impulsó con reservas a los *poetae novi*, y que éstos luego fustigaron con calculada ingratitud.[1] Su cerebro fue Julio Noé, el mismo que había promovido la encuesta sobre la nueva generación y que tanta parte tuvo en la acción reformadora de la Asociación Amigos del Arte. Su "Advertencia preliminar", fechada en noviembre de 1925, es un canto a la sobriedad y la mesura. Noé se autodefine como alguien "apartado de todos los grupos y desapasionado más por reflexión que por temperamento", que no cree que "cada lustro revela una original e insospechada fisonomía del universo, ni que el arte grande y verdadero nace en absolu-

---

[1] *Antología de la poesía argentina moderna, 1900-1925*, Buenos Aires, Edición de *Nosotros*, 1926. Ordenada por Julio Noé con notas biográficas y bibliográficas. Segunda edición ampliada: Buenos Aires, El Ateneo, 1930.

to en cada generación". Para él valen tanto los que se ajustaron a "las normas del modernismo", como "los que actualmente denuncian un estado de nueva sensibilidad y una distinta orientación de gusto".

Pero esta ecuanimidad del valor y del valer, trasladada al libro, se complejiza. El resistido vate Lugones recibe, como palmas, las primeras sesenta páginas y una exclusiva primera parte acoge sus títulos prestigiosos. *Los crepúsculos del jardín, El lunario sentimental, El Libro fiel, El libro de los paisajes, Las horas doradas, Romancero* inauguran, pues, los veinticinco años de la poesía argentina moderna, según Noé. Quien imagine que el gesto fue mal recibido en la revista de Evar Méndez, tendrá razón. Una reseña sin firma en el número doble 27-28 de *Martín Fierro* acusaba a Noé de encubrir sus preferencias detrás de un criterio objetivo, ecléctico y fingidamente desapasionado. Y aunque las observaciones del reseñista anónimo puedan ser adjudicadas a la política contra *Nosotros*, Lugones o inclusive Gálvez, hay que reconocerles verdad. El cuarto de siglo, con Lugones a la cabeza, no es sólo ordenación cronológica: también es jerarquización en el espacio de la cultura. La pirámide asoma. El resto del libro se divide en tres: los contemporáneos de Lugones, los de la revista *Nosotros* y Enrique Banchs ("denunciadores de un estado nuevo de la cultura argentina"), y los de la generación más joven en sus diversas tendencias.

Si se lee atentamente esta antología, se descubren, en efecto, como denuncia el reseñista anónimo, travesuras. Una interesantísima es la inclusión de Ricardo Güiraldes (1886-1926) —el tótem de *Proa*, segunda época, y de un sector de *Martín Fierro*—, en la parte cuarta, que corresponde a los poetas jóvenes, mientras que a Evar Méndez, que es dos años más joven que Güiraldes —nació en 1888—, se lo envía a la parte tercera, junto con los de *Nosotros*. La justificación de Noé es nuevamente cronológica, porque se guía por fechas de libros, no de nacimientos, y Méndez publicó *Palacios de ensueño* en 1910 (¡con prólogo de Ricardo Rojas!), mientras que Güiraldes, *El cencerro de cristal* en 1915 y sólo fue rescatado en los veinte por los jóvenes y por... el propio Méndez. Pero el retraso cronológico, cuando de modernidad se trata, produce inevitables efectos de valor. Y en tren conjetural, uno se pregunta si Julio Noé, tan afinado en la ironía, cuando seleccionó los poemas de Méndez de *Horas alucinadas*, libro publicado en 1924, no leyó con intención y regocijada malevolencia los versos que escribiera este director de "uno de los órganos de las nuevas tendencias literarias": "Fuente de todo vicio y de toda virtud, / mal incurable, bálsamo de perpetua salud, / eres la flor más pura de nuestra alma, inquietud". La poesía, para los líricos, habla verdad. Más visible aún es la mano de Noé en la selección que opera sobre los propios vanguardistas, a quienes amansa notablemente. No se ve esto en Borges, que ya se había amansado solo y entronizaba una marginalidad acorde con el conjunto,[2] ni en Girondo, al que es imposible desactivarle el mecanismo, pero sí se ve en Marechal y mucho más todavía en González Lanuza. De *Prismas* Noé no incluye nada de lo más estridente y se limita al *naïf* "Poema de los caminos".

En el mismo 1926 vio la luz la perfecta antítesis de esta antología: el *Índice de la nueva poesía americana*.[3] Su autor fue Alberto Hidalgo, el peruano radicado en Buenos Aires, que dirigía la *Revista Oral* en el sótano del Royal Keller en Corrientes y Esmeralda. Todo este volumen puede leerse como un gran poema simultaneísta, una proyección de las nuevas estéticas en el espacio de la página americana. En la selección no hay fechas: por cada poeta elegido, viene su nombre, una dirección y el corpus de textos. Nada más. La naturaleza "americana" de la antología no debe inducir a error. En todo caso, Hidalgo busca impedirlo al decir en su prólogo con agresividad característica: "no se crea que esto es una contribución al acercamiento de los países cuya explotación perdió España hace ya sus añitos. Tengo premura en declarar que el hispano-americanismo me repugna. Eso es una cosa falsa, utópica y mendaz, convertida en una profesión idéntica a otra cualquiera".

Todo en este volumen parece el negativo de Noé. Hidalgo suprime —éste es el verbo que usa— "datos biográficos y bibliográficos" y propone su obra como de no conciliación. Rompe con el criterio del libro como unidad de valor. Y se jacta: "Aquí no sobra ningún mal poeta y es probable que no falte ninguno bueno. Mas confieso que para hacer menos estruendosa la presencia de los mejores, he dilatado el vacío de los pésimos". Hidalgo, que entre sus poemas incluye una "Arenga simplista a los ascensores" y que canta "Al fin y al cabo decidió irse el Tiempo / y se quedó la vida / sin la noción de la hora", no recorta caprichosamente, sino estudiada e ideológicamente, pues define el valor estético a partir de la fuerza de novedad o ruptura de los poemas. Abundan previsiblemente los experimentos, las modernolatrías, las mezclas de registros, las formas tradicionales violentadas. Es

---

[2] En *Proa*, segunda época, Borges juzgó la antología como "obra bienhechora" y su selección como "acertadísima". Recriminó solamente que no incluyera a poetas sin libro, como Francisco Piñero y Ricardo Molinari, y que omitiera a Norah Lange, que había publicado el suyo en 1924. Acotó pícaramente que la última parte "es la de aire más respirable, la menos cursilona, la más atropelladora y sin trampas". Ver Jorge Luis Borges, *Textos recobrados 1919-1929*, Buenos Aires, Emecé, 1997.

[3] *Índice de la nueva poesía americana*. Prólogo de Alberto Hidalgo, Vicente Huidobro y Jorge Luis Borges, Buenos Aires, Sociedad de Publicaciones El Inca, 1926. Hay reedición limeña por Sur, Librería Anticuaria, 2007.

paradójico, por eso, que excluya a Girondo, a quien acusa solapadamente de copiar a Gómez de la Serna ("disfrazado en una solución de Paul Morand más unas gotas de pornografía"). Con el mismo gesto soberano, excluye todo Bolivia, porque "no me he encontrado con sus costas", y todo Paraguay, porque "allí sólo se dan loros y yerba mate", y privilegia en la representación a la Argentina, Chile y Perú, privilegio reforzado por la elección de prologuistas: Jorge Luis Borges, Vicente Huidobro, el propio Hidalgo.[4] Todos los autores argentinos que recoge publicaron en *Martín Fierro*, y muchos de los textos que elige también aparecieron en la revista.[5] Los que no habían ingresado en el tomo de Noé, por no tener libros publicados (Molinari, Fijman), aparecen aquí. Y si se compara la selección de *Prismas* de González Lanuza con la que practicó Noé, se ve cómo la balanza se inclina ahora decididamente a favor de lo urbano futurista: "Instantánea", "Poema de los automóviles", "Poema de los ascensores", "Apocalipsis".

Si la *Antología* de Noé está próxima a la ironía de *Nosotros* y sus ambiciones de moderada pluralidad y el *Índice* de Hidalgo es la contracara futurista, de inmoderado sesgo, corte abrupto y globalizante, la *Exposición de la poesía argentina actual* quiere ser precisamente eso, una "exposición", en el sentido de libro "panorámico e imparcial".[6] Con la palabra "exposición", además de remitirnos a las galerías de arte, los compiladores, que son miembros de la nueva camada, niegan propósitos de "antología", que es para ellos resumen, índice o balance, unidad representativa de época o de estética. Una exposición, en su concepto, aspira a reconocer la diversidad del presente, sus "varias maneras, modalidades y empaques líricos", y es condición de antologías futuras. Restituyen por eso el recorte cronológico, que se pliega al período político de Alvear (de 1922 al presente), y sofistican magníficamente el aparato crítico-informativo. Flanquean la selección de

[4] Carlos García ha demostrado que Borges escribió el prólogo para la ocasión, pero que no participó de la selección de textos y que el prólogo de Huidobro fue levantado por Hidalgo de *Manifestes* (Huidobro, 1925). Ver Carlos García, "El Índice de Hidalgo", en Álvaro Sarco (ed.), *Alberto Hidalgo, el genio del desprecio. Materiales para su estudio*, Lima, Talleres Tipográficos, 2006.

[5] En orden alfabético: Francisco Luis Bernárdez, Jorge Luis Borges, Alfredo Brandán Caraffa, Andrés L. Caro, Macedonio Fernández, Jacobo Fijman, Eduardo González Lanuza, Guillermo Juan Borges, Ricardo Güiraldes, Eduardo Keller Sarmiento, Norah Lange, Leopoldo Marechal, Ricardo E. Molinari, Nicolás Olivari, Roberto A. Ortelli, Francisco Piñero.

[6] Pedro Juan Vignale y César Tiempo (comps.), *Exposición de la poesía argentina actual, 1922-1927*, Buenos Aires, Minerva, 1927. Edición fascimilar: Buenos Aires, Tres Tiempos, 1977. Edición on-line en http://www.cervantesvirtual.com

poetas y textos con una introductoria "Situación del lector" por delante y con una especie de epílogo ("Asteriscos") e informaciones diversas por detrás.[7]

La "Situación del lector" es un espacio crispado donde cruzan lanzas los de la generación previa, de Lugones a Evar Méndez, discutiendo dónde aparece lo nuevo propio y cómo. Lugones defiende la armonía del ritmo y la rima, Rafael de Diego pone en el podio de la imaginación al modernismo y rebaja a los nuevos al de la fantasía, Julio Noé blanquea su afiliación al grupo de 1907 a 1922, Ricardo Güiraldes niega validez a programas y capillas y defiende la soberanía del poeta, Tomás Allende Iragorel se jacta de estar al margen de toda posición, a Roberto Mariani se lo hace repetir su esquema dicotómico de Boedo y Florida, mientras que Evar Méndez contabiliza lo realizado por *Martín Fierro* en un período (1923-1927), que aproximadamente coincide con el de la exposición.

La organización del corpus poético es curiosa y entretenida. Son tres secciones, dos principales y un anexo. La diferencia entre las principales parece ser la posesión de libro publicado, algo que repara las omisiones de Noé, aunque mantiene la valoración implícita. El anexo, bien raro, incluye a personajes marginales, como el folclorista Rafael Jijena-Sánchez y termina —ironía fina— con un poema en francés de Lisandro Z. D. Galtier. En cada una de las secciones, luego, la fecha de nacimiento define el orden de aparición. Así los que abren la exposición en la sala de poetas-con-libro son Álvaro Yunque, de 1890, y Girondo, de 1891, y la cierran Raúl González Tuñón y Norah Lange, de 1905 y 1906, respectivamente.

Pero la mejor ocurrencia de Tiempo y Vignale, que es una vuelta de tuerca a la solemne nota bio-bibliográfica de Julio Noé, fue adjuntar pequeñas autobiografías y retratos generalmente caricaturescos de los autores. Allí está, por ejemplo, la implacable autodefinición de Borges, la descansada y bohemia de Nicolás Olivari y la renuente de Brandán Caraffa. Y éste da en el clavo cuando se niega a dar información personal, porque "nada se parece tanto a un prontuario". En efecto, por su presencia, la *Exposición* parece la reescritura de la *Galería de ladrones de la Capital*, con igual mezcla de picardía y objetividad. Un primer dato que salta a la vista solo es el de la juventud, que convierte los documentos y las obras en cartas de intención: muchos podrían hacer propia la frase de Pondal Ríos: "Lo único importante que tengo es mi futuro" o las del malhadado Gustavo Riccio: "¿Pro-

---

[7] Ver "Clara Argentina", en Patricia Artundo, *Mário de Andrade e a Argentina*, São Paulo, Editora da Universidade de São Paulo, 2004.

yectos? Infinidad. Pero no tengo ningún apuro de verlos realizados, porque como decía mi amigo Baudelaire, el goce de proyectar es insustituible".

Pero además, el ejercicio de comparar autobiografías o prontuarios, por estar todos situados rigurosamente en el mismo horizonte temporal, algo que los compiladores deben de haber planeado con júbilo, arroja figuras insospechadas, delatoras. Por ejemplo, es irresistible contraponer el autorretrato retocado de Borges, que busca producir la sensación de que, por algún motivo de amparo cósmico, estuvo siempre en el lugar justo a la hora indicada, con el del pobre C. Delgado Fito, que erró por la tierra como un paria castelnuoviano. Detallemos. Mientras Borges, luego de haberse educado en un alto colegio de Suiza, anda por tertulias y burdeles de Madrid, Delgado Fito, español de nacimiento, pasa hambre en la misma ciudad, luego de haber visto interrumpida su educación, de haber trabajado con su padre en el campo y de haberse enrolado en el ejército durante la Primera Guerra. Cuando Borges publica sus primeros textos, Delgado Fito trabaja en minas de carbón. En marzo de 1921 Borges retorna a Buenos Aires e inicia su trabajo de escritor vanguardista local; Delgado Fito, por esa época, se conchaba como peón de farmacia. Y podemos hacer terciar a Girondo, también: mientras éste monta su Kodak metafórica, Delgado Fito se desempeña como vendedor ambulante de retratos. Y luego se emplea como mayoral de tranvía. Si Girondo destina provocadoramente sus poemas al tranvía, Delgado Fito escribe los suyos en su interior, en el tiempo libre que le dejan los pasajeros. El primer libro de este joven se llama *Sed* y no extraña, por todo esto, que no festeje la ciudad en sus poemas malogrados: "Ciudades: desiertos, horribles desiertos / llenos de crujidos / que rompen la calma de todo silencio". Este juego, como aclaran los compiladores, "aumenta al lector el conocimiento que del poeta pueda adquirir a través de sus versos".

Naturalmente, pese a lo "panorámico" de esta *Exposición*, con sus "más de cuarenta poetas aparecidos después de 1922 y que constituyen los diversos núcleos y aledaños de la nueva generación literaria", no es cierto que sea "imparcial" o que evite travesuras como las de Noé e Hidalgo. Lo sugieren: la alusión inicial a la figura del "lector avisado", un comentario —que no figura en el índice— sobre la encuesta de *Nosotros* de 1923, ciertas intencionadas operaciones de selección, las sumarias y tajantes consideraciones de "Asteriscos" sobre lo nacional en literatura y las autodefiniciones de los compiladores, que los muestran recelosos del vanguardismo literario.

Puestas en el exhibidor de las rupturas, diríase que estas tres compilaciones representan tres perspectivas distintas de integración de lo nuevo a la cultura y la historia nacionales: 1. la que desconfía de la ruptura organizada como estrategia poética y prefiere la evolución a la revolución (Julio Noé); 2. la que enarbola la ruptura como consigna de acción moderna, afirma la revolución permanente y niega el valor de la historia literaria (Alberto Hidalgo); 3. la que, atenta a la diversidad social y deseosa de intervenir en el presente, arma un mapa de posturas, de lenguajes y proyectos, afirmando la existencia de una nueva generación literaria (Pedro Juan Vignale y César Tiempo).

Bibliografía

Alberto Blasi, "Vanguardismo en el Río de la Plata: Un *Diario* y una *Exposición*", *Revista Iberoamericana*, n° 118-119, Pittsburgh, 1982.

Trinidad Barrera, *Testimonio de la vanguardia: La exposición de la Actual Poesía Argentina (1922-1927), Río de la Plata - Culturas*, París, n° 4-5-6. "Los años veinte", *Actas del Primer Congreso Internacional del* CELCIRP, París, Unesco, 23-25 de junio de 1986.

César Tiempo, "Cesar Tiempo y la Bohemia Literaria de 1926: Los 10 centavos fuertes", en *La Opinión Cultural*, Buenos Aires, domingo, 13 de junio de 1976, pp. 2-3.

Pedro Juan Vignale, "Reseña de la Renovación Estética en la Argentina: Hacia un Arte Americano", *Folha da Manhã*, São Paulo, 3 de febrero de 1926.

Atilio García y Mellid, "Algunas notas sobre la nueva generación argentina", en *Nosotros. Revista Mensual de Letras-Arte-Historia-Filosofía y Ciencias Sociales*, Buenos Aires, n° 183, agosto de 1924, pp. 498-515.

Epílogo

por Noé Jitrik

La idea de ruptura, que preside este volumen, en realidad es inherente a toda visión historicista de la literatura; es uno de los términos de una dialéctica que anima todo propósito literario; el otro es conservación: entre los dos no sólo se entabla una lucha sino que se necesitan recíprocamente; es de lo que hablaba Guillaume Apollinaire, de quien Guillermo de Torre tomó el concepto tan fecundo de "La aventura y el orden".

La noción de conservación está ligada a la de perduración y aspira a un estatuto cultural firme; dicho de otro modo, si se piensa que la literatura "construye" cultura, los elementos que la componen deben poseer cierta virtud de perduración. Pero la conservación, sobre cuyo principio se constituye la tradición, promete frisos inertes y en gran medida institucionales, obligatorios, se satisface con la repetición, aunque tolere ciertas, tenues, variaciones.

Por su lado, la ruptura es algo así como una fuerza, una perspectiva de irrupción en el mar calmo de lo que se conserva; se propone —deliberada o espontáneamente— desbaratar y reiniciar procesos tendientes a devolver su energía, que se entiende y a la que se acusa como extraviada, a un imaginario sentido como congelado en el friso. La ruptura, o los movimientos rupturistas, intentan recuperar un dinamismo inicial extraviado en las normas y si arrasan con convenciones o con estabilidades no es con el fin de anular el sentido que puede tener la producción literaria y crear una tierra baldía sino para, como señalaba Mallarmé a propósito de Edgar Allan Poe, "dar un sentido más puro a las palabras de la tribu".

Se diría que esta dialéctica es eterna y si se la deja de lado se deja de comprender una evolución, nada menos que el cambio, o sea esa instancia que canaliza nociones tales como innovación, originalidad, renovación, detención del sentido congelado, y, correlativamente, se pierde la significación que tiene el objeto sobre el cual se ejerce o sea, para decirlo de nuevo, lo que permanece e invita a regresar incesantemente, en otras palabras, el espacio literario.

Hay momentos en la historia de la literatura en los que los intentos de ruptura sufren un bloqueo —academias mediante, dictaduras oprimentes, miedos al pensamiento, inquisiciones feroces— y otros en los que proliferan y rinden frutos más evidentes y aprovechables por la institución que los recoge y asimila. Valga, como un ejemplo preclaro, el aporte modernista a la poesía latinoamericana: nada fue igual después de su irrupción, los códigos establecidos cambiaron radicalmente, pero luego esos mismos cambios incorporados fueron sacudidos por las vanguardias que, a su vez, infundieron a la literatura argentina un dinamismo que alteró la tranquilidad de lo consagrado.

El proceso continúa —es eterno como se dice arriba— pero lo que este volumen recoge es lo que ocurrió en este orden en un momento determinado, en el período que va de 1920 —el paso de Vicente Huidobro por Buenos Aires, la llegada de Jorge Luis Borges portador del ultraísmo, el regreso de Emilio Pettorutti cubista, el futurismo de Cúnsolo y Lacámera, los viajes de Girondo, las extravagancias de Xul Solar, son hechos reveladores, cuando no desencadenantes— hasta 1950 aproximadamente, con importantes secuelas después. Período de grandes cambios sociales y culturales, en una sociedad que si por un lado ya había consolidado instituciones y reglas de convivencia democráticas y aceptado los frutos de una política inmigratoria de gran alcance, por el otro no impedía que determinados sujetos sintieran que el edificio no se tambaleaba porque se pusieran en cuestión algunas de sus funciones e incluso de sus fundamentos.

En ese período pasan muchas cosas en todos los órdenes y en cada uno de ellos se levantan voces cuestionadoras en lo mental e ideológico pero también en lo formal; la actitud generalizada de ruptura establece, precisamente, un continuo entre lo mental y lo formal, un circuito semiótico que confiere a la vida del período una animación sin parangón, una suerte de fiebre creadora cuyo núcleo es una creatividad que le propone a la sociedad entera una modernidad todavía en ciernes en los restantes órdenes de la vida social.

En esa perspectiva, se ha dado entrada en el volumen a fenómenos de ruptura predominantemente en el campo literario, pero también en otros que pueden no ser determinantes unos de otros pero que se homologan en el propósito, a veces en los conceptos operatorios, y en la finalidad. Así, se da lugar a lo que ocurrió en la pintura, en la música, en el pensamiento, en la urbanística, en el teatro, en el cine, en la ciudad, en los centros y en las márgenes. Y, como se trata de "aventura", y toda aventura tiene protagonistas, se ha convocado a algunos de ellos para enriquecer con testimonios de lo vivido esas grandes turbulencias.

La filosofía que guía este volumen no se aparta de la que ha informado todos los volúmenes de esta serie. Se trata de literatura, sin duda, pero también de otras, a veces indirectas, iluminaciones. Es un gesto complejo, sin duda, nada mecanicista, cuyas manifestaciones piden una síntesis que se hará en el ánimo de los lectores. Comprendido ese gesto, la imagen de la literatura argentina no será la misma que campea en otros intentos de historización no por ello menos valiosos. Entre todos se pone en evidencia que esta literatura cumple acabadamente con la proyección sinecdótica que desde antiguo se le atribuye en relación con la cultura toda de un país, la literatura como un lugar privilegiado en el que se concentran las significaciones que guían la historia y la vida de un país.

ÍNDICE ONOMÁSTICO

Alonso, Paula: 263.

Alonso, Rodolfo: 71-85, 86-87, 528 n.33, 721.

Alquié, Ferdinand: 41.

Alsogaray, Álvaro Carlos: 375.

Alsogaray, María Julia: 375.

Altamirano, Carlos: 187 n.58, 235, 703.

Altolaguirre, Manuel (Manolo): 446, 450, 490, 645.

Alvarado, Roberto: 656.

Álvarez del Vayo, Julio: 445, 451.

Álvarez Terán, P.: 683.

Álvarez, José S.: 241 *Véase* Fray Mocho.

Alvear, Elvira de: 465.

Alvear, Marcelo T. de: 153 n.4, 158, 170, 188, 196, 458 n.1, 605, 615 n.25, 708.

Amador, Fernán Félix de: 459, 461.

Ambort, Mónica: 474 n.24, 486.

Amenábar, Jacinto: 316, 328 n.29, 329, 331, 335 n.39, 336, 339. *Véase también* Cordone, Alberto J.

Andersen, Hans Christian: 223.

Andersen, Martin Edwin: 338 n.43.

Anderson Imbert, Enrique: 316, 521.

Andrade, Carlos Drummond de: 80, 106 n.43, 635, 645.

Andrade, Mário de: 106 n.43 , 183 n.51, 709 n.7.

Andrade, Oswald de: 61 n.22, 106 n.43, 143, 163-165, 164 n.23, 177 n.36.

Andralis, Juan: 656.

Andreiev, Leonid Nikoláievich: 276.

Angelini, Franca: 205 n.10, 211, 212 n.19.

Ansermet, Ernest: 699-700.

Ansolabehere, Pablo: 49-70, 158 n.8, 297 n.23, 721.

Antelo, Raúl: 21 n.12, 89-112, 113, 141, 141 n.50, 145, 433 n.58, 722.

Antín, Manuel: 365, 623-647, 722.

Aparicio, Néstor I.: 469, 484.

Apollinaire, Guillaume: 19, 61 n.22, 168, 172, 180, 180 n.43, 460 n.5, 646, 713.

Aracama, Omar Rubén: 79.

Aragon, Louis: 16, 232 n.38, 425, 439, 442, 688.

Aramburu, Pedro E.: 616.

Aranda, Ricardo: 683.

Aranha, Graça: 164.

Aráoz Alfaro, Rodolfo: 393 n.6.

Aráoz Anzoátegui, Raúl: 527, 536.

Aráoz de Lamadrid, Aristóbulo: 472, 484.

Arato, J.: 686.

Ardiles Gray, Julio: 524-525, 525 n.30, 527, 536, 537.

Arendt, Hannah: 488-489, 492, 498, 502.

Aretz, Isabel: 515.

Arias, Gino: 522.

Arias, Pepe [José Pablo]: 220 n.12, 633.

Arishima, Ikuma: 560.

Arlt, Roberto: 59 n.18, 78, 92 n.11, 178 n.37, 222, 224, 229, 229 n.29, 232-233, 232 n.38, 233 n.40, 239, 230 n.1, 241 n.4, 248, 251-252, 251 n.30, 252 n.31, 256, 259, 263, 277, 295, 295 n.19, 298, 309, 313-314, 313 n.6, 316-317, 323-324, 325 n.27, 337, 339, 343-350, 349 n.7 y 8, 351, 366, 368, 374, 427, 470, 478, 552 n.25, 553, 576-577, 576-577 n.8, 578-580, 580 n.12 y 14, 581, 583, 585 n.19, 590, 592-594, 592 n.30, 595-596, 634, 641, 643, 683, 686, 695, 697, 725, 728.

Armani, Horacio: 500-501, 501 n.12, 559 n.35.

Aron, Raymond: 426.

Arreguine, Víctor: 693.

Arrieta, Rafael Alberto: 217, 524 n.29.

Bayley, Edgar: 20, 22, 40, 72, 74-80, 83, 85, 86, 106 n.43, 639, 645-646.

Beauséant [señora de]: 227.

Becciú, Ana: 46.

Becco, Horacio Jorge: 86, 638, 640.

Beckett, Samuel: 123, 281.

Bécquer, Gustavo Adolfo: 224.

Becú, Teodoro: 282.

Beethoven, Ludwig van: 377, 428.

Beevor, Anthony: 442.

Belda, Joaquín: 320 n.19, 339.

Bellini, Mario: 212, 483.

Bello, Andrés: 574, 583.

Bellocq, Adolfo: 306, 686.

Benarós, León: 508.

Benda, Julien: 451, 452, 523, 555, 555 n.29, 557.

Benjamin, Walter: 108-109, 113, 121, 131, 131 n.28 y 30, 134, 186 n.55, 424, 552.

Benjumea y Burín, Rafael, conde de Guadalhorce: 447.

Benveniste, Emile: 416, 416 n.12.

Beretervide, Fermín: 674.

Berg, Alban: 372.

Berg, Clara: 90.

Bergamín, José: 449, 451, 567.

Bergman, Ingmar: 364, 623.

Bergman, Ingrid: 361.

Bergson, Henri: 274, 523.

Berman, Antoine: 427.

Berman, Marshall: 309.

Bernard, Gabriel: 370.

Bernárdez, Francisco Luis: 159, 159 n.11, 172, 175, 176 n.32, 224, 279, 281, 359, 588 n.25, 591, 644, 697, 698, 708 n.5.

Bernès, Jean-Pierre: 426 n.36, 430 n.46.

Berni, Antonio: 296, 298, 302, 306, 548, 666, 674, 687.

Bernini, Emilio: 364 n.24.

Bernstein, Leonard: 379.

Berruti, Alejandro: 212.

Bertolé, Emilia: 690.

Beruti, Antonio: 464.

Beter, Clara: 49 n.1, 51, 59, 68-70, 68 n.29, 552, 552 n.25. *Véase también* César Tiempo.

Beyle, Henri: 631. *Véase* Stendhal.

Bianchi, Edmundo: 693.

Bianco, José: 281, 334, 334 n.37, 365, 366, 373, 699.

Bickel, Karl: 290.

Bigatti, Alfredo: 302.

Bioy Casares, Adolfo: 22, 183, 281, 348, 350, 355, 355 n.16, 357-365, 359 n.20, 426, 475 n.28, 544 n.8, 641, 699.

Birabén, Raúl: 676

Blackburn, Paul y Sara: 432 n.52.

Blake, William: 35.

Blake, Pedro V.: 160 n.11.

Blanchot, Maurice: 111.

Blasco, Armando: 370.

Blasi, Alberto Oscar: 406 n.23, 712.

Bloch, Jean Richard: 452.

Blomberg, Héctor Pedro: 223, 313, 601 n.6.

Bloom, Harold: 105.

Blue, Lois [Lucía C. A. Bolognini Míguez]: 638.

Blum, Léon: 418.

Bobes, Carmen: 173 n.23.

Boer, Emma: 683.

Boer, Esteban: 683.

Bogart, Humphrey: 647.

Boj, Silverio [Walter Guido Weyland]: 524.

Bola de Nieve [Ignacio J. Villa Fernández]: 633.

Bolaños, César: 658.

Bondoni, Néstor: 79, 84, 86.

Bondoni, Osmar Luis: 79.

Bonet, Antonio: 640, 653, 678-679.

Bonet, Juan Manuel: 116.

Bonino, Jorge: 654, 667 n.15.

Carrizo, Antonio: 218 n.2.

Carrizo, Juan Alfonso: 515, 515 n.10, 520, 522, 534.

Carrol, Jorge: 79.

Cartier de Hamman, Marta: 520 n.20.

Carulla, Juan Emiliano: 689.

Carvalho, Ronald de: 164.

Casas, Manuel Gonzalo: 523.

Casasbellas, Ramiro de: 79.

Cascella, Armando: 691.

Casella, Edgardo: 695.

Cassano, Marino: 14.

Cassou, Jean: 116.

Castellani, Leonardo: 316, 330-331, 331 n.33, 332 n.35, 334, 339.

Castelnuovo, Elías (Roland Chaves): 49, 49 n.1, 51-57, 52 n.5, 59 n.17, 60-61, 61 n.21, 67-70, 67 n.27, 68 n.28, 259, 276, 297, 297 n.23, 298, 323, 683, 686, 690, 691, 695.

Castelnuovo, Enrico: 652 n.8.

Castilla, Manuel José: 527, 529, 529 n.35, 530-535, 532 n.43, 533 n.44, 536, 537.

Castriota, Samuel: 207 n.12.

Castro, Alberto: 693.

Castro, Américo: 572, 575 n.6, 579-450, 582, 583, 586-587, 586 n.22 y 24.

Castro, José María: 373.

Castro, Juan José: 371-373.

Castro, Luis Eulogio: 517, 517 n.13.

Catalano, Eduardo: 653, 679.

Cattáneo, Liliana: 701.

Cattaruzza, Alejandro: 546 n.11, 597-618, 610 n.19, 619, 703, 723.

Cavacchioli, Enrico: 205.

Caveri, Claudio (h.): 653.

Cazap, Susana: 204 n.7.

Cejador, Julio: 504.

Céline, Louis-Ferdinand: 636, 644.

Cella, Susana: 453, 473 n.22.

Cendrars, Blas: 128.

Cernuda, Luis: 446, 448.

Cerrato, Laura: 46.

Certeau, Michel de: 198.

Cervantes, Miguel de: 274.

Césaire, Aimé: 81, 644.

César Tiempo (Clara Beter) [Israel Zeitlin]: 49 n.1, 51 n.4, 59 n.17, 68, 68 n.29, 70, 175 n.29, 179, 212, 248 n.25, 276, 552 n.25, 686-687, 691, 697, 708 n.4, 711, 712.

Ceselli, Juan José: 22, 31, 40, 42, 640.

Cézanne, Paul: 16, 676.

Chab, Víctor: 40.

Chamico [Conrado Nalé Roxlo]: 220 n.10, 235. *Véase también* Nalé Roxlo, Conrado.

Chandler, Raymond: 627.

Chanel, Coco [Gabrielle Bonheur Chasnel]: 392, 397.

Char, René: 34, 80, 81, 642, 646.

Chasles, Michel: 104 n.41.

Chavée, Achille: 80, 81.

Chaves, Roland [Elías Castelnuovo]: 49 n.1, 68. *Véase también* Castelnuovo, Elías.

Chesterton, Gilbert K.: 223, 336 n.41.

Chiabra Acosta, Alfredo (Atalaya): 690.

Chiappori, Atilio: 313, 551 n.23.

Chiarelli, Luigi: 202.

Chiarello, Florencio: 212 n.21.

Chitarroni, Luis: 230 n.32.

Chopin, Frédéric: 371, 637.

Christensen, Emilio: 518.

Christophersen, Alejandro: 674.

Cicerón: 92.

Cinquegrani, Pedro: 518.

Ciria, Alberto: 508.

Claudel, Paul: 108.

Clemenceau, Georges: 508.

Clemente, José Edmundo: 582, 595.

Echagüe, Alberto [Juan de Dios Osvaldo Rodríguez]: 384.

Echagüe, Juan Pablo: 245, 544, 564.

Echeverría, Esteban: 115, 139, 139 n.42, 142, 170, 266, 268, 274, 384, 579, 605.

Echeverría, Olga: 606 n.14, 619.

Eco, Umberto: 83, 86, 225, 225 n.21, 230, 235.

Edmunson, Carolyne: 96 n.22.

Ehrenburg, Ilya [Ehrembourg, Ilya. Ehrenburg, Elías]: 450, 695.

Eichelbaum, Mondy [Edmundo]: 629.

Eichelbaum, Samuel: 629.

Eisenstein, Serguei: 357, 394, 407, 688.

Ellington, Duke [Edward Kennedy Ellington]: 371, 407.

Ellis, Eduardo: 653.

Éluard, Paul: 16, 81.

Elytis, Odisseas: 84.

Erfjord, Estela: 90 n.4.

Escalígero, Julio César: 224.

Escardó, Florencio (Piolín de Macramé): 220, 222.

Espejo, Miguel: 13-40, 26 n.22, 39 n.39, 41, 45, 528 n.33, 724.

Espinoza, Baruch [Spinoza]: 96, 363, 561.

Espiro, Nicolás: 73, 75, 78-79, 82-83.

Esplá, Carlos: 445-446, 446 n.13.

Espoile, Raúl: 370-371.

Espósito, Fabio: 273 n.17, 276-277, 277 n.24, 280 n.29.

Esquilo: 274.

Estrella Gutiérrez, Fermín: 508, 567.

Estrella, Omar: 527.

Étiemble: 393, 393 n.7.

Etkin, Alberto: 605, 689.

Etkin, Mariano: 658.

Eujanián, Alejandro: 58 n.14, 606 n.14, 619, 701, 723.

Evita. *Véase* Duarte de Perón, María Eva.

Facio Hebequer, Guillermo: 297, 306, 683, 686-688, 691, 695.

Fader, Fernando: 693.

Faguet, Émile: 223 n.17.

Falco, Ángel: 56, 689.

Falcón, Ramón: 490, 492.

Falú, Eduardo: 371.

Fangio, Juan Manuel: 638.

Fassio, Juan Esteban: 640, 643-644.

Fatone, Vicente: 152-153, 689, 690.

Faulkner, William: 281, 632.

Fedin, Konstantin: 262, 688.

Felgine, Odile: 418, 418 n.15, 421 n.24, 426 n.35, 435.

Felipe, León [Felipe León Camino Galicia]: 532.

Fell, Claude: 430 n.45.

Fergusson, Elsie: 344.

Fernández de Obieta, Adolfo: 253.

Fernández Moreno, Baldomero: 128, 647, 685.

Fernández Moreno, César: 508, 524 n.29.

Fernández Moreno, Clara: 79.

Fernández Moreno, Manrique: 79.

Fernández Peña, Manuel: 175 n.28.

Fernández Vega: 671.

Fernández, Macedonio: 40, 75, 78-79, 86, 89, 149, 169 n.8, 171, 196, 224, 253, 269, 277-279, 279 n.27, 325 n.27, 411 n.1, 459, 523, 564 n.41, 580 n.13, 581, 595, 639, 693, 696-698, 708 n.5.

Ferrari Amores, Alfonso: 330 n.32, 332-333, 340.

Ferrari Ardoy, Jorge: 640, 678-679.

Ferrari, Federico: 89 n.1.

Ferrari, Germán: 453.

Ferrari, Gustavo: 245 n.16.

Ferreira de Cassone, Florencia: 276 n.22, 701.

n.14, 15, 17 y 18, 128 n.19 y 20, 129 n.22, 130 n.26 y 27, 134 n.36, 139 n.42, 140 n.46, 141 n.50, 142 n.51 y 52, 143 n.53 y 54, 144 n.55, 145, 159, 159 n.11, 164 n.23, 171, 172, 175, 177, 177 n.36, 178-182, 178 n.37 y 38, 184, 186-187, 190, 193-194, 196-197, 197 n.77, 279, 282, 294, 294 n.18, 298, 305, 433, 433 n.58, 460, 476, 476 n.30, 528, 590, 640, 674, 684, 693-694, 699, 707-710, 714, 722, 725.

Girri, Alberto: 72.

Gish, Lilian: 344.

Giudici, Ernesto: 686.

Giunta, Andrea: 671.

Giusti, Roberto F.: 460, 499, 508, 549, 563, 567.

Gladkov, Fiodor: 262, 688.

Gleizer, Manuel: 42, 90 n.3, 273, 278, 278 n.26, 505, 602.

Glücksmann, Max: 343.

Glusberg, Jorge: 650.

Glusberg, Leonardo: 277.

Glusberg, Samuel: 188, 273, 277, 277 n.25, 278 n.26, 685, 703.

Gobbi, Alfredo Eusebio: 382.

Godard, Jean-Luc: 361, 642, 727.

Godoy, Pedro: 695.

Goethe, Johann Wolfgang: 402, 560, 626.

Goicoechea, Carlos: 212 n.21.

Gola, Hugo: 85.

Gold, Michael: 683.

Goldstein, Víctor: 18, 671.

Goligorsky, Eduardo: 317 n.16.

Golluscio de Montoya, Eva: 58 n.13, 204 n.8.

Golson, Benny: 377.

Gombrowicz, Rita: 416 n.10.

Gombrowicz, Witold: 411-422, 413 n.3, 414 n.7 y 8, 416 n.10 y 11, 417 n.14, 420 n.22, 427-434, 428 n.40 y 41, 432 n.54, 436, 638-639.

Gómez Carrillo, Manuel: 515, 518.

Gómez de la Serna, Ramón: 61 n.22, 96 n.23, 99, 99 n.29, 101-102, 113, 116, 122, 152, 170, 172, 180, 182, 182 n.49, 193, 223, 293, 293 n.17, 398, 411 n.1, 447, 451, 567, 708.

Gómez Paz, Julieta: 507, 508, 510.

Gomilewsky: 262, 688.

Goncourt, Edmond de: 223.

Góngora, Luis de: 127 n.18, 128 n.19, 223.

González Arrili, Bernardo: 267, 292, 292 n.13, 319, 323-324, 339, 508.

González Castillo, José: 207 n.12.

González Garaño, Alfredo: 699.

González Lanuza, Eduardo: 50, 51 n.4, 160, 161, 170, 172-177, 172 n.17, 176 n.31, 187, 190, 194, 196, 219 n.7, 281, 590, 591 n.29, 686, 689-690, 695-696, 698, 702, 707-708, 708 n.5.

González León, Adriano: 32.

González Pacheco, Rodolfo: 55, 689.

González Pulido, Andrés: 222, 222 n.15.

González Tuñón, Adolfo: 440 n.6.

González Tuñón, Enrique: 248-251, 248 n.25, 249 n.26 y 27, 250 n.28 y 29, 278, 478, 552, 552 n.25.

González Tuñón, Raúl: 78, 93, 100, 100 n.32, 108 n.45, 135 n.38, 149, 159, 159 n.11, 172, 194, 240-241, 240 n.3, 241 n.4, 255-256, 259-262, 260 n.52 y 53, 261 n.56, 278, 308, 437-452, 438 n.1, 439-440 n.4, 447 n.15, 453, 488, 547, 547 n.14, 590, 632, 686, 687-689, 693, 697, 703, 709.

González Vera, J. S.: 685.

González, Joaquín V.: 274.

González, Julio V.: 689-690.

González, Valentín (el Campesino): 448.

729

Gorelik, Adrián: 309.

Gorki, Máximo: 58, 67, 104, 276, 407, 439, 543, 548, 691, 695.

Gorostiza, Carlos: 634.

Gosis, Jaime: 380.

Gotman, Anne: 416, 416 n.9.

Gourinski, Celia: 35, 38-39, 39 n.39, 42-43.

Gourmont, Remy de: 193.

Goya, Francisco de: 102, 689.

Goyeneche, Roberto: 384.

Gracián, Baltasar: 705.

Graiver, Bernardo: 687.

Gramsci, Antonio: 566 n.45.

Gramuglio, María Teresa: 52 n.5, 58 n.14, 68 n.28, 202 n.2, 204 n.7, 229 n.29, 251 n.30, 280,l 280 n.28, 281 n.30, 297 n.23, 411 n.2, 417 n.14, 424 n.31, 592 n.30, 596, 603 n.10, 620, 701, 702.

Graziano, Frank: 38, 38 n.37.

Greene, Graham: 643-644.

Griffith, David: 345.

Grillo, María del Carmen: 702.

Gris, Juan: 301.

Grosz, George: 688.

Grotowski, Jerzy: 208.

Groussac, Paul: 316, 475.

Grünberg, Carlos: 586, 586 n.23.

Guardini, Romano: 638.

Gudiño Kieffer, Eduardo: 284.

Guéhenno, Jean: 550.

Güiraldes, Ricardo: 125 n.10, 159-160 n.11, 171, 194-196, 195 n.76, 277, 279, 279 n.27, 299, 382, 389-408, 400 n.16, 406 n.23, 410, 623, 624-626, 632, 644, 674, 693, 697, 706, 708 n.5, 709, 722.

Guerrero, Luis: 683.

Guerrero, María: 698.

Guglielmini, Homero: 171, 689, 690.

Guibourg, Edmundo: 245, 245 n.14, 689.

Guido y Spano, Carlos: 224.

Guido, Ángel: 515 n.10, 522.

Guido, Beatriz: 365, 641, 722.

Guijarro, Juan: 64-65 n.26.

Guillén, Nicolás: 531, 632.

Guillot Muñoz, Gervasio: 194 n.74.

Guilloto, Modesto: 448.

Guimarães Rosa, João: 111.

Gulda, Friedrich: 633.

Gumar, Susan: 493 n.5.

Guth, Walter: 656.

Gutiérrez, Eduardo: 314 n.8, 581.

Gutiérrez, Federico: 55-56.

Gutiérrez, Leandro H.: 270, 270-271 n.10, 338 n.43.

Gutiérrez Solana, José: 101, 101 n.35.

Gutman Margarita: 288 n.5.

Guttero, Alfredo: 301, 674.

Habeck, Mary R.: 443 n.11.

Hahn, Oscar: 198.

Halperin Donghi, Tulio: 547 n.12, 620.

Hamilton, Ken: 632.

Hamilton-Varela. *Véanse* Hamilton, Ken; Varela, Luis.

Hammett, Dashiell: 637.

Hauser, Arnold: 16, 16 n.5.

Hearst, Randolph: 490.

Héctor (dibujante de *Crítica*): 221.

Heine, Enrique: 223, 561.

Heinrich, Annemarie: 304, 439.

Heisenberg, Werner: 21.

Helft, Nicolás: 357 n.18, 725.

Heller, Juan: 511.

Hemingway, Ernest: 392, 450, 450 n.18, 630.

Henríquez Ureña, Pedro: 281-282, 699.

Herman, Woody [Woodrow Charles Herman]: 638.

Hermat, Haber: 286 n.3, 293.

Hernández Larguía, Hilarión: 677.

Hernández, José: 188-189, 189 n.66, 191, 596.

Hernández, Miguel: 274, 446, 450, 630, 637.

Hernández, Pablo J.: 612 n.21.

Herrera y Reissig, Julio: 123-125, 224, 231, 277.

Herrera, Ricardo H.: 47.

Herrera, Santiago Dardo: 518.

Herrera *Petere*, José: 446.

Herreros, Pedro: 697.

Hidalgo, Alberto: 159-160 n.11, 174-175, 196, 698, 707-708, 707 n.3, 708 n.4, 710, 711.

Higuet, Gilbert: 228 n.28.

Hindemith, Paul: 372.

Hitler, Adolf: 401, 411.

Hlito, Alfredo: 79, 83, 87.

Hoffmann, Josef: 674.

Hölderlin, Friedrich: 105, 108, 108 n.45, 113.

Holiday, Billie [Eleonora]: 63 n.23.

Hollier, Denis: 418, 424 n.29, 433, 435.

Holmberg, Eduardo Ladislao: 316.

Homo Sapiens. *Véase* Conrado Nalé Roxlo.

Horacio: 633.

House, Guillermo: 277.

Hudson, Guillermo E.: 142, 623, 624, 722.

Hülsenbeck, Richard: 643.

Hugo, Víctor: 125, 224.

Huidobro, Vicente: 14, 14 n.3, 72, 167, 167 n.1, 174, 176 n.32, 198, 519, 642, 644-645, 671, 707 n.3, 708, 708 n.4, 714.

Humboldt, Alexander: 414.

Huxley, Aldous: 280-281, 439, 473, 700.

Huysmans, Joris-Karl: 224.

Huyssen, Andreas: 311 n.1.

Iadarola, Luis: 79.

Ibáñez Menta, Narciso: 634.

Ibarguren, Carlos: 553-555, 553 n.27, 554 n.28, 563-565, 563

n.39, 601-603, 601 n.8, 610-611, 618.

Ibarra, Néstor: 169, 176 n.33, 426.

Ibárruri, Dolores (la Pasionaria): 438 n.1, 488.

Ibsen, Henryk: 58, 90, 630.

Ichiyo, Higuchi: 488.

Iglesia, Cristina: 702.

Iglesias Nicolás, Pilar: 438 n.1, 453.

Iglesias, Pepe (El Zorro) [José Ángel Iglesias Sánchez]: 220 n.12.

Illari, Pietro: 194.

Infante, Faustino: 615-616.

Ingenieros, José [Giuseppe Ingegnieros]: 155, 194, 223, 267, 267 n.3, 268, 270-271, 273-274, 686, 693.

Invernizzio, Carolina: 359.

Ionesco, Eugène: 208, 224.

Ipuche, Pedro Leandro: 190, 194 n.74, 581.

Irazusta, Julio: 546, 600, 600 n.4, 604, 604 n.11, 605-611, 606 n.14 y 16, 612 n.21, 618, 619, 690.

Irazusta, Rodolfo: 546, 604, 604 n.11, 605-611, 606 n.14, 618, 619.

Iriberri, Fernando: 634-635.

Irume, Pedro: 267.

Isidoro de Sevilla: 464.

Ivanissevich, Oscar: 72.

Ivanov, Lev: 262, 688.

Izurzun, Blanca: 529 n.34.

Jabès, Edmond: 436.

Jacovella, Bruno: 515.

Jacques, Amadeo: 631.

Jacques, hermanos. *Véase* Les Frères Jacques.

Jaimes Freyre, Ricardo: 511-512, 517, 693.

James, Henry: 281.

Jardiel Poncela, Enrique: 224, 636.

Jarnés, Benjamín: 117.

Jarry, Alfred: 643.

Jaurés, Jean: 695.

Jauretche, Arturo: 610 n.18, 617.

Jeanneret, Charles É. *Véase* Le Corbusier.

Jelenski, Kot: 430.

Jannings, Emil: 348, 349 n.7.

Jenofonte: 478.

Jeny, Laurent: 424 n.30.

Jerome, Jerome K.: 223.

Jijena Sánchez, Rafael: 515, 523, 523 n.26, 709.

Jiménez de Asúa, Felipe: 282.

Jiménez de Asúa, Luis: 282.

Jiménez, Juan Ramón: 645.

Jitrik, Noé: 41, 69, 85, 167 n.1, 189 n.66, 192 n.73, 198, 224 n.19, 241 n.4, 345 n.2, 365, 389, 389 n.1, 463 n.10, 483, 485, 509, 547 n.13, 567, 637, 641, 713-715, 725.

Johnson, Samuel (doctor): 558.

Jolles, André: 314 n.9.

Joselevich, Alfredo: 675.

Joubin Columbres, Eduardo: 527.

Jouvet, Louis: 634.

Joyce, James: 123, 217-233, 230 n.31 y 32, 232 n.37, 234-235, 478, 644.

Jozef, Bella: 41.

Juárez, María Elvira: 526, 527, 528-529.

Juárez, Santiago: 696.

Juarroz, Roberto: 34, 34 n.31.

Jurado, Alicia: 395, 395 n.11.

Justo, Agustín P.: 467, 479, 490, 606.

Justo, Juan B.: 277, 686.

Justo, Liborio: 686.

Kafka, Franz: 132, 270, 281, 370, 458.

Kaliman, Ricardo: 529, 532 n.43, 533 n.44.

Kalnay, Jorge: 240, 492, 675.

Kalnay, Andrés: 240 n.2, 492.

Kant, Immanuel: 97, 152, 185, 492.

Kantor, Tadeusz: 208.

Kaprow, Allan: 638.

Kartun, Mauricio: 214.

Katz, Jorge: 658.

Kavanagh, Cora: 676.

Kayser, Wolfgang: 210, 211 n.18.

Keller Sarmiento, Eduardo: 159, 159-160 n.11, 690, 708 n.5.

Kepinski, Tadeusz: 436.

Kessel, Joseph: 636.

Keyserling, Hermann, Conde de: 281, 394, 519, 700.

Khalo, Frida: 488.

Kierkegaard, Sören: 23.

King, John: 567, 649, 649 n.1, 650 n.2, 651, 653, 653 n.9, 702.

King, Martin Luther: 407.

Kipling, Rudyard: 223, 370, 592.

Kirov, Sergio: 443.

Kléber, Emilio: 449.

Kleff, Walter: 96.

Klimovsky, León: 687.

Klix, Miranda: 60 n.19.

Klossowski, Pierre: 69.

Koch, Stephen: 450 n.18.

Kollontay, Alejandra: 95.

Koltzov, Mikhail: 451.

Konstantinowski, Wladimir. *Véase* Acosta, Vladimiro.

Kordon, Bernardo: 365, 373.

Korn, Francis: 509.

Krause, Karl: 274.

Kremer, Gidon: 377.

Krishnamurti, Jiddu: 494.

Kristeva, Julia: 131, 131 n.29, 509.

Kröpfl, Francisco: 79, 656.

Kropotkin, Piotr Alexéievich: 689, 695.

Krupskaia, Nadia: 104.

Kubitschek, Juscelino: 678.

Kurchan, Juan: 678-679.

Kusrow, Fifi: 498.

La Rochelle, Drieu: 404, 421, 688, 699-700.

Labrousse, Roger: 521.

Lacámera, Fortunato: 296, 714.

Lacan, Jacques: 17, 394, 396, 399, 641.

Lacasa, Luis: 446.

Lacau, María Hortensia: 224 n.18, 235.

Laera, Alejandra: 314 n.8.

Laferrere, Gregorio de: 499.

Lafforgue, Jorge: 217, 232 n.37, 275, 275 n.20, 317 n.14, 318 n.17, 320 n.20, 328 n.29, 330 n.31, 340, 341.

Lafleur, Héctor: 53 n.6, 188 n.62, 259 n.49, 272, 272 n.15, 273 n.16, 312 n.3, 313 n.5, 702.

Laforgue, Jules: 15 n.4, 124, 223, 403.

Lagerlöf, Selma: 439.

Lagmanovich, David: 517, 517 n.12, 522 n.24, 527, 528 n.32.

Lagos, Ernesto: 675-676, 678.

Lagos, Lauro: 605.

Laín Diez: 685.

Lam, Wifredo: 43, 643.

Lamadrid, Juan Carlos [Simón Contreras]: 72, 76, 634, 639.

Lamarr, Hedy [Hedwig Eva Kiesler]: 634.

Lamarque, Nydia: 90, 90 n.5, 92, 97, 98, 103, 103 n.38 y 39, 104-110, 104 n.41, 105 n.42, 107 n.44, 108 n.46, 109 n.47 y 48, 115-116, 683, 688.

Lamborghini, Leónidas: 79, 84-85, 231.

Lamborghini, Osvaldo: 132 n.32, 134 n.36.

Landi, Mario: 384.

Lang, Fritz: 355, 357.

Lange, Norah: 27, 35-36, 89-90, 90 n.5, 6 y 8, 91, 91 n.9, 92, 92 n.10 y 13, 93 n.13, 96 n.22 y 23, 97, 97 n.26, 99, 106, 106 n.43, 107, 109-112, 111 n.49 y 50, 114, 115, 129 n.22, 157, 160 n.11, 172, 175, 182, 279, 640, 644, 687, 693, 696, 698, 707 n.2, 708 n.5, 709.

Lange, Susana: 90 n.4, 139 n.39.

Lanza, Aquiles: 656.

Larbaud, Valéry: 232, 392, 405, 406 n.23.

Largo Caballero, Francisco: 441, 445.

Larra, Raúl: 78, 548, 548 n.17, 686.

Larreta, Enrique: 277, 515.

Lascano Tegui, Emilio, Vizconde de: 167, 317 n.16, 339, 457-481, 458 n.1, 460 n.3, 463 n.10 y 11, 482, 483, 725.

Lastra, Bonifacio: 547.

Lastra, Juan Julián: 506, 507.

Latorre, Carlos: 21, 29-31, 40, 43, 80, 640, 644.

Laurenz, Pedro: 370, 379.

Lautréamont, conde de [Isidoro Ducasse]: 16, 18, 35, 228 n.26.

Lavado, Joaquín. Véase Quino.

Lavalle, Richard: 633.

Lawrence, D. H.: 280, 392, 552 n.24, 700.

Lazarte, Juan: 686.

Lazarús, Adolfo: 318, 322, 339.

Le Bouler, Jean-Pierre: 423 n.27, 435.

Le Corbusier [Charles Édouard Jeanneret]: 404, 674-679.

Le Queux, William: 317.

Ledesma, Jerónimo: 167-197, 519 n.17.

Legaz, María Elena: 114.

Léger, Alexis. Véase Saint-John Perse.

Leguizamón, Cuchi [Gustavo]: 371.

Leiris, Michel: 412, 413 n.3, 417.

Lejárraga, María: 490.

Lena Paz, Marta: 204-205 n.8.

Lenin [Vladimir I. Ulianov]: 104-106, 104 n.41, 105 n.42, 108, 113.

León, María Teresa: 18, 445.

Leonov, Leonid M.: 262, 688.

Leonardo da Vinci: 685.

Leoni Pinto, Ramón: 520, 520 n.19.

Maldonado, Tomás: 76, 83, 567, 643, 646.

Malharro, Martín: 689.

Mallarmé, Stéphane: 16-17, 100, 126 n.12, 131, 131 n.30, 140 n.46, 391, 403, 558-559, 631, 635, 713.

Mallea, Eduardo: 278, 281, 374, 415, 447, 451, 464, 551 n.23, 552-553, 557, 562, 564, 607-608, 699.

Mallmann, Carlos: 658.

Mallo, Maruja [María]: 92, 98, 98 n.28, 99, 99 n.29 y 30, 100, 100 n.32 y 33, 101, 101 n.35, 102-103, 110, 113, 116-117, 304, 490.

Malosetti Costa, Laura: 293 n.15, 309.

Malraux, André: 392, 394, 425, 439.

Malthus, Thomas R.: 471, 471 n.19.

Mandiargues, André Pieyre de: 37, 81.

Mangone, Carlos: 188 n.60, 263, 671.

Mann, Heinrich: 439.

Mann, Thomas: 227, 439.

Mansfield, Katherine [Kathleen Mansfield Beauchamp]: 488.

Mansilla, Lucio V.: 142-143, 274, 392, 579.

Manzi, Joaquín: 411-434, 436, 726.

Manzolillo, Alba Marina: 528.

Manzoni, Celina: 7-10, 198, 302 n.26, 463 n.10, 483, 541-566, 567, 596, 726.

Maples Arce, Manuel: 14, 17, 176 n.32.

Marañón, Gregorio: 450-451.

Marceau, Marcel: 31.

March, Horacio: 296-297.

Marchand, Jean-Jacques: 419 n.19, 435.

Marcu, Valeriu: 104 n.41.

Marcucci, Carlos (orquesta de): 154.

Marechal, Leopoldo: 33, 35, 42, 122, 149, 151-152, 159-160 n.11, 172, 175, 195, 232, 232 n.37, 258, 278, 369, 458, 474, 590, 590 n.28, 623, 693, 697-698, 707, 707 n.5.

Marengo, Juan D.: 695.

Marial, José: 214 n.24.

Mariani, Roberto: 51, 59 n.17, 68, 191, 193, 276, 278, 311-313, 311 n.2, 323, 323-324 n.26, 577, 589, 686-687, 691, 695, 697, 709.

Mariano [Rodríguez]: 639.

Mariátegui, José Carlos: 273, 277 n.25, 488, 703.

Marinetti, Benito: 686.

Marinetti, Filippo Tomasso: 54, 54 n.10, 61-62 n.22, 82, 152, 165, 168 n.6, 301-302, 544, 558-559, 559 n.35, 560, 560 n.36, 562, 565.

Marini, Marilú: 656-657.

Marino, Alberto: 384.

Maritain, Jacques: 281, 565, 700.

Mármol, Blanca: 499 n.9.

Mármol, Mabel: 235.

Marsal, Juan: 658.

Marshall, Niní [María Esther Traverso]: 220 n.12, 634.

Martin, Jean Marie: 658.

Martin, Roland: 427.

Martincho, Rodolfo: 384.

Martínez Cuitiño, Vicente: 212, 548.

Martínez Estrada, Ezequiel: 374, 464, 685.

Martínez Martín, Jesús: 284.

Martínez Paiva, Carmelo: 689.

Martínez Rus, Ana: 284.

Martínez Sarasola, Carlos: 143 n.53.

Martínez Suárez, José: 365.

Martínez Vidal, Carlos: 658.

Martínez Zuccardi, Soledad: 512 n.3, 522 n.23 y 25, 529 n.36.

Martínez Zuviría, Gustavo. *Véase* Wast, Hugo.

Martínez, Carlos Dámaso: 368.

Martínez, Tomás Eloy: 243 n.9, 530 n.40.

Molinari, Diego Luis: 609.

Molinari, Ricardo E.: 90, 172, 279, 591, 644, 674, 697, 707 n.2, 708, 708 n.5.

Molloy, Silvia: 114, 115, 141, 186 n.55, 244 n.11, 351, 352 n.10, 368, 430 n.45.

Mom, Amparo: 92-96, 93 n.16, 94 n.18, 95 n.19 y 21, 96 n.22, 100 n.32, 109-110, 439-440, 443, 451, 688.

Mom, Arturo: 261-262, 688.

Mondolfo, Rodolfo: 521.

Monet, Claude: 643.

Monner Sans, José María: 630-631.

Monner Sans, Ricardo: 139 n.40, 575 n.5, 579-580, 580 n.12, 583, 630.

Montaldo, Graciela: 59 n.18, 60 n.19, 92 n.11, 139 n.42, 178 n.37, 180-181 n,44, 188 n.60, 190 n.67, 263, 276, 276 n.22, 277 n.24, 297, 297 n.24, 309, 702.

Montale, Eugenio: 84.

Montandon, Alain: 417 n.13, 418 n.17, 436.

Monteavaro, Antonio: 245.

Montejo, Eugenio: 87.

Montenegro, Ernesto: 685.

Montenegro, Silvia: 440 n.5.

Montero, Juan Pedro: 375.

Monteverdi, Claudio: 372.

Montherlant, Henry de: 557.

Montseny, Federica: 488, 490.

Moock, Armando: 212-213 n.21.

Moog, Carlos E.: 683.

Morales, Ernesto: 272.

Morand, Paul: 127 n.18, 128, 193, 708.

Morandi, Giorgio: 296

Moreau, Alicia: 498.

Moreau, Clement [Meffert, Carl]: 304, 306, 306 n.28.

Moreau, Frédéric: 227.

Moreno, María: 505.

Moreno, Mariano: 267-268, 614.

Moriconi, Italo: 113.

Morínigo, Marcos: 521, 522, 523.

Most, Glen W.: 321 n.22.

Motto, Horacio: 634.

Mounin, Georges: 646.

Mudrovcic, María Eugenia: 659 n.10.

Muello, Juan Carlos: 212 n.21.

Mujica Lainez, Manuel: 375-376, 510, 725.

Muñoz del Solar, Carlos (Carlos de la Púa): 220.

Muñoz y Pérez, Raúl Carlos (Carlos de la Púa): 220.

Muñoz, Malevo: 634.

Murat, Ulyses Petit de: 243, 256, 261-262, 263, 333, 359, 363, 576, 634, 688, 693.

Muscetta, Carlo: 205 n.10.

Muschietti, Delfina: 21 n.14, 92 n.11, 95 n.21, 111 n.49, 121-144, 121 n.2, 144 n.55, 178 n.38, 500, 500 n.11, 506, 507, 726.

Mussolini, Benito: 302, 401, 544, 629.

Nalé Roxlo, Conrado (Homo Sapiens): 217-233, 218 n.4, 219 n.8, 220 n.9 y 10, 221 n.13, 226 n.23, 229 n.29, 230 n.33, 231 n.34 y 35, 234, 235, 256, 499 n.9, 509, 593, 629, 634, 636, 674, 687, 693.

Nancy, Jean-Luc: 89 n.1.

Narcejac, Thomas: 332 n.36.

Nassif, Alfonso: 520 n.20.

Natola de Ginastera, Aurora: 376.

Nattiez, Jean-Jacques: 376-377.

Navarro Viola, Jorge: 245, 245 n.15.

Navarro Viola, Miguel: 267 n.4.

Nebbia, Litto [Félix Francisco]: 369.

Negrín, Juan: 441, 445, 446 n.13, 451.

Neruda, Pablo [Neftalí R. Reyes Basoalto]: 84, 100 n.32, 223, 439,

Reyes, Salvador: 176 n.32, 696.

Riccardo, Carlos: 42.

Riccio, Gustavo: 64-65 n.25, 691, 709.

Ridder, Marcelo de: 653, 655.

Riganellli, Agustín: 686.

Rilke, Rainer M.: 36.

Rimbaud, Arthur: 16, 18, 24, 91, 105-109, 107 n.44, 108 n.46, 109 n.47, 116, 123, 131, 141, 194, 403, 631, 635.

Rimsky-Korsakov, Nikolai: 152.

Ríos, Waldo de los [Osvaldo N. Ferrero]: 371, 729.

Rivara, A.: 382.

Rivas Panedas, J.: 182.

Rivas Rooney, Octavio: 686.

Rivas, Humberto: 656.

Rivas, José Andrés: 520 n.20.

Rivera, Diego: 300.

Rivera, Julio: 311.

Rivera, Jorge B.: 218 n.3, 222 n.15, 225 n.20, 228, 235, 263, 270, 270 n.9, 272, 275, 275 n.20, 278, 317 n.14, 320, 328, 330 n.31, 340, 341, 702.

Rizzo, Patricia: 650, 671.

Roa Bastos, Augusto: 365, 623-624, 722.

Roberto (dibujante de *Crítica*): 221.

Robles Pazos, José: 450 n.18.

Roca, Deodoro: 451.

Roca, Jaime: 677.

Roca, Julio A.: 140, 143, 291 n.12

Roca Julio A. (h): 605-606.

Roca, Nélida [Nélida Mercedes Musso]: 634.

Rocca, Pablo: 368.

Rock, David: 567.

Rodó, José Enrique: 515-516.

Rodríguez Arias, Alfredo: 656.

Rodríguez Leirado, Eduardo Manuel: 240 n.2.

Rodríguez Marqués de González Tuñon, Nélida: 440.

Rodríguez Monegal, Emir: 509.

Rodríguez Tomeu, Humberto: 428, 639.

Rodríguez, Ernesto B.: 640.

Rodríguez, Fernando Diego: 150 n.2, 253 n.34, 610 n.19, 702.

Rodríguez de Gobbi, Flora: 382.

Rodríguez, Juan de Dios Osvaldo. *Véase* Echagüe, Alberto.

Rodríguez, Mariano (Mariano): 639.

Rodríguez, Martín: 212 n.21.

Rofman, Alejandro: 658.

Roggiano, Alfredo: 521, 530, 530 n.39, 531 n.41, 532, 532 n.42.

Roh, Franz: 302.

Rohmer, Sax: 232.

Roitman, Wolf: 73, 78.

Rojas Paz, Pablo: 117, 159, 171, 195, 256, 262, 451, 522, 523, 583 n.16, 590-591, 688, 693, 696.

Rojas, Manuel: 685.

Rojas, Ricardo: 191, 267-268, 270, 273, 312, 514-515, 522, 523, 570, 589, 600, 601 n.5, 685, 702, 706.

Rojas, Waldo: 14 n.3.

Roland de Langbehn, Régula: 553 n.26.

Roldán, Juan: 267.

Rolland, Romain: 152, 202, 202 n.3, 439, 547, 686, 691.

Romains, Jules: 276, 281, 554-555, 555 n.30, 559, 564-565.

Romano, Eduardo: 218, 222 n.15, 228 n.27, 235, 241 n.5, 263, 336 n.41, 703.

Romero Brest, Jorge: 650-655, 657, 661, 671.

Romero, Francisco: 282.

Romero, José Luis: 246, 544 n.7.

Romero, Luis Alberto: 270, 270-271 n.10, 275, 338 n.43.

Romero, Manuel: 355.

Roncallo, José Luis: 382.

Rosa, José María: 600 n.3, 612 n.21, 617.

Rosa, Nicolás: 315 n.10, 323 n.25, 340, 619, 703.

Rosa, Rafael José De: 212-213 n.21.

Rosales, César: 139, 139 n.42, 141.

Rosas, Juan Manuel de: 170, 509, 597, 599, 600-607, 600 n.3, 610, 610 n.20, 612-613, 613n.23, 614-616, 618, 722.

Rosenthal, Ludovico: 633.

Rosenthal, Mauricio: 695.

Rosenvald, José Ricardo: 257.

Rosman-Askot, Adriana E.: 115.

Rossellini, Roberto: 361.

Rossi, Alberto: 293.

Rossi, Atilio: 117, 282.

Rossi, Vicente: 316, 577, 579-580, 579 n.11, 596.

Rosso di San Secondo, Piermaria: 205.

Rosso, Ezequiel De: 311-338, 724.

Rosso, Lorenzo: 267.

Rostand, Edmond: 630.

Rougemont, Denis De: 418 n.15.

Rougés, Alberto: 511-516, 514 n.7, 515 n.11, 521-522.

Rousseau, Jean J.: 274.

Roux, Dominique de: 420, 436.

Rovira, Eduardo: 385.

Roxlo, Carlos: 217.

Rrose Sélavy [Marcel Duchamp]: 96.

Rubione, Alfredo: 58 n.13, 201 n.1, 515 n.9, 570 n.1.

Rugendas, Johann Moritz: 414.

Ruiz de Galarreta, V.: 690.

Runciman, Walter: 605-606.

Rusiñol i Prats, Santiago: 223.

Ruskaja, Jia: 157.

Russell, Bertrand: 71.

Rússovich, Alejandro: 414, 416, 416 n.10, 417 n.14, 427-428.

Saavedra, María Inés: 701.

Saavedra, Osvaldo: 693.

Sabato, Ernesto: 413, 432, 641.

Sábato, Jorge: 658.

Sabella, Andrés: 80.

Sacco, Nicola: 370.

Sackville-West, Victoria: 401.

Sacriste, Eduardo: 653, 679.

Sade, Marqués de [Donatien Alphonse François]: 19, 69.

Saer, Juan José: 85, 87, 340, 365, 413, 413 n.4, 417, 436.

Sagaseta, Julia Helena: 703.

Sagastizábal, Leandro de: 275 n.19, 276 n.23.

Said, Edward W.: 566 n.45.

Saidón, Daniel: 73, 78.

Sainte-Beuve, Charles Augustin: 223 n.17.

Saint-Exupéry, Antoine de: 392, 424 n.32, 636.

Saint-John Perse: 17-18, 80, 530.

Saint-Point, Valentine: 93, 93 n.15.

Saítta, Sylvia: 21 n.12, 94 n.18, 95 n.19, 96 n.22, 103 n.39, 104, 103-104 n.11, 177 n.35, 218 n.5, 225 n.20, 229 n.29, 236, 239-262, 243 n.10, 261 n.56, 264, 280 n.28, 281 n.31, 291 n.12, 309, 319 n.18, 325 n.27, 328 n.28 y 29, 329, 340, 447 n.15, 453-454, 491 n.4, 509, 580 n.12, 601 n.7, 620, 683, 700, 703, 725, 728.

Sakharof, Clotilde y Alexander: 633.

Salas Subirat, José: 229.

Salas, Horacio: 150 n.1, 174 n.26, 203, 439-440 n.4, 450.

Salazar Bondy, Sebastián: 31.

Salazar, Toño: 221 n.13.

Saldías, Adolfo: 600, 600 n.3.

Saldías, José Antonio: 264, 698, 703.

Salgán, Horacio: 76, 371, 384-385.

Salgas, Jean-Pierre: 436.

Salguero Dela-Hanty: 697.

Salomón, David Boris: 636.

n.72, 569-594, 570 n.1, 574 n.3, 595, 724.

Turguenev, Ivan S.: 691.

Twain, Mark [Samuel Langhorne Clemens]: 223.

Tzara, Tristan: 109 n.47, 199, 643.

Uccello, Paolo: 643.

Ugarte, Manuel: 693.

Ulanovsky, Carlos: 264.

Unamuno, Juan: 686.

Unamuno, Miguel de: 223, 516.

Undurraga, Antonio de: 645.

Ungar, Simón: 678.

Ungaretti, Giuseppe: 18, 80, 87, 500, 565.

Urgoiti, Julián: 282.

Uribe, Basilio: 87.

Uriburu, Francisco: 563 n.39.

Uriburu, José Félix: 52, 134, 135 n.38, 467, 470, 490-492, 494-495, 517, 521, 544, 605 n.12, 620, 646.

Urondo, Francisco (Paco): 75, 79, 81, 85, 87, 122, 122 n.4, 125 n.8, 365.

Vaccaro, Severo: 267.

Vaché, Jacques: 232 n.38.

Vaillant, Paul: 452.

Val, Luis de: 224.

Valenti Ferro, Enzo: 375.

Valentino, Rodolfo [Rodolfo Guglielmi]: 348, 382.

Valéry, Paul: 97 n.26, 144, 392, 394, 399-400, 425, 429, 631.

Valladares, Leda: 523, 523 n.27.

Valle-Inclán, Ramón María del: 223, 224, 439, 728.

Valle, Adriano del: 696.

Valle, José del: 595.

Vallejo, Antonio: 32, 190, 194 n.74, 196, 462, 690.

Vallejo, César: 8, 17, 40, 78, 132, 132 n.31, 134, 134 n.35, 439, 526, 530, 645.

Van Gogh, Vincent: 16, 18, 116.

Vanasco, Alberto: 40, 75, 79, 84, 365, 630, 634, 636, 637-640, 643, 729.

Vando Villar, Isaac del: 168.

Vanzetti, Bartolomeo: 370.

Varela, Luis (Hamilton-Varela): 632.

Varela, Alfredo: 548.

Varela, Dante: 635.

Varela, general (España): 441.

Vargas Vila, José María: 224.

Vargas, F.: 683.

Vasco, Juan Antonio: 22, 29-32, 30 n.25, 40, 47, 80, 640.

Vasconcellos, Edmundo: 490.

Vásquez, Lucio Oscar: 264.

Vattimo, Gianni: 140, 140 n.47.

Vautier y Prebisch: 158.

Vaz Ferreira, Carlos: 277.

Vedia y Mitre, Mariano de: 372.

Vedia, Joaquín de: 245, 278.

Vedia, Mariano de: 257.

Vehils, Rafael: 282.

Veiravé, Alfredo: 20 n.10, 524 n.29.

Vela, Rubén: 79.

Velasco, L. M. de: 113.

Vera, Octaviano: 521.

Verbitsky, Bernardo: 474 n.24, 475 n.27, 480, 481 n.37, 485.

Verdevoye, Paul: 417 n.14, 426 n.36, 430-431 n.45 y 46, 436.

Verhesen, Fernand: 80, 87.

Verlaine, Paul: 175, 560.

Verón, Eliseo: 658.

Viale, Oscar [Gerónimo Oscar Schissi]: 214.

Viana, Javier de: 245.

Victorica, Miguel Carlos: 674.

Vidor, King: 351, 354.

Vignale, Pedro Juan: 93, 159-160 n.11, 175 n.29, 475 554 n.28, 697, 708 n.6, 709, 711, 712.

Vigny, Alfred de: 557.

Vigo, Abraham: 683, 695.

Vilar, Antonio Ubaldo: 676.

Zapata, Emiliano: 104, 104 n.40.
Zea, Leopoldo: 567.
Zeballos, Estanislao: 575 n.5.
Zech, Paul: 552, 553 n.26.
Zetkin, Clara: 95, 104.
Žižěk, Slavoj: 113.

Zola, Émile: 58, 69, 223.
Zonza Briano, Pedro: 152.
Zubarry, Olga [Olga Zubarriaín]: 634.
Zweig, Stefan: 274, 542, 562, 565.

ÍNDICE TEMÁTICO

276 n.22, 279, 293 n.16, 297, 548, 563, 565 n.44, 607, 685-686, 691, 693, 701.

Clasicismo: 302, 425, 675.

Clercs: 541, 555, 555 n.29, 557.

Cocoliche: 204, 574, 591.

Código: 73, 75, 173, 178, 206-209, 222, 320 n.20, 416 n.11, 714.

Colaboración periodística: 22, 32, 80, 152, 219, 220 n.10, 223 n.17, 272, 447, 465, 685, 691, 698.

Colegio Nacional de Buenos Aires: 572, 629-630.

Colmegna (baños): 632.

Coloquialismo: 204, 250, 252, 478, 479, 496, 570, 596.

Color local: 251, 354, 373, 571, 592.

Comedia: 203, 212, 224, 378, 398.

Comega (edificio): 632, 675.

Comercialización de libros y folletos: 265, 470, 472.

Comité Yrigoyenista de Intelectuales Jóvenes (1927): 546.

Common reader: 558-559, 568.

Commune (revista): 543.

Compatriota: 415, 424

Compensación: 380, 416.

Competencia enciclopédica: 225.

Compromiso: 49-50, 84, 326, 394, 439, 466, 543, 549, 557, 565, 579, 663, 666-667.

Compromiso estético y político: 49-50, 89 n.2, 439.

Compromiso político: 418 n.18, 437-439, 439 n.2, 543-544, 550, 568, 666-667, 688.

Comunidad: 9, 97, 181, 186, 415, 425, 550, 552, 569, 574, 662, 667.

Comunismo: 15, 16, 49, 69 n.30, 82, 108 n.45, 109, 280, 438, 440-445, 440 n.5, 450-451, 450 n.18, 528, 545, 547, 548, 553-554, 559, 561, 563, 605-606, 611, 666, 683-686, 690.

Concejo Deliberante: 545, 631.

Conciencia: 37, 66, 74, 102, 109, 134 n.35, 140, 153, 174, 179, 185-190, 189 n.65, 204-205, 207, 209, 269, 289, 300, 307, 353, 400, 423, 478, 496, 512, 519, 557, 593-594, 615, 662, 674-675.

Concilios: 555.

Conducta (revista): 306, 686-687, 703.

Conferencia Internacional de Escritores Revolucionarios (Moscú, 1927): 547.

Congreso Eucarístico Internacional (Buenos Aires 1934): 477, 546, 563.

Congreso Internacional de Escritores Antifascistas (1937): 439 n.2, 451, 452 n.19.

Congreso Internacional de Escritores para la Defensa de la Cultura (París 1935): 16, 547.

Congresos de escritores: 545.

Conjugación de Buenos Aires (revista): 76.

Consenso moral: 549.

Consolidaciones míticas: 554.

Conspiración: 325, 325 n.27, 328, 608.

Construcción simétrica: 162-163, 333.

Contacto lingüístico: 407, 412-413, 570, 592.

Contemporánea (revista): 73.

Contorno (revista): 75-76, 85, 365, 373, 642, 725.

Contra. La revista de los franco-tiradores: 94 n.18, 95 n.19, 96 n.22, 97, 98 n.27, 103 n.38 y 39, 104 n.41, 135 n.38, 260-261, 261 n.54 y 56, 262, 439 n.3, 445 n.12, 447 n.15, 454, 687-688, 703.

Conventillos: 63, 134, 204, 207 n.12, 209, 422.

347, 365, 426, 431, 464-465, 467, 476-477, 483, 484, 485, 492, 494, 505, 530, 554 n.28, 580 n.14, 625-626, 631, 674, 697, 722.

Cuerpo: 39, 55, 83, 89-90, 91-92, 95, 98 n.28, 100, 102-104, 102 n.36, 123-126-127, 131-138, 132 n.32, 141, 143-144, 143 n.53, 148-149, 151, 157, 159, 179, 184, 210, 250, 315-316, 332, 335-336, 358, 395, 415, 423, 496, 500, 552, 632, 637, 675, 677.

Cuestión del idioma: 569, 570-571, 577, 578 n.10, 582, 585-587, 594.

Cuestión social: 64, 95.

Cultura: 8-9, 14, 16, 22, 26, 31, 50, 51 n.4, 57-58, 60 n.20, 82-83, 93-94, 105, 109, 113, 114, 121-123, 127, 129-130, 134-135, 139, 157, 161, 165, 170-171, 177, 183, 187-188, 190-191, 191 n.71, 193, 194 n.74, 201, 203, 203 n.5, 205, 212, 213, 215, 232, 241-242, 245-246, 254, 266, 268-269, 271, 273, 275, 276, 278-280, 282, 285-308, 300 n.25, 311 n.1, 344, 349, 363, 366-367, 371-374, 378, 380-381, 385-386, 392, 392 n.5, 394-396, 404, 411-412, 414, 415-417, 419, 424 n.31, 437-438, 448-449, 457-458, 459, 464, 478, 489-490, 494, 498-499, 513-517, 520-521, 521 n.21, 522-525, 528, 534-535, 541, 542 n.2, 543-544, 546 n.11, 548, 549, 554, 556, 560 n.36, 561, 563, 570, 576-577, 577 n.9, 586 n.23, 589, 589 n.27, 597-618, 599 n.2, 632, 643-645, 649-657, 649 n.1, 659-667, 670, 673-674, 680, 684, 687, 689, 692, 694, 699, 706, 711, 713-715.

Cultura de izquierda: 57-58, 65, 64-66 n.25, 702.

Cultura de masas: 311-312, 311 n.1, 328, 334, 337, 343, 350, 366, 601.

Cultura en la España Republicana: 52, 72, 78, 325, 439 n.2, 440-445, 446 n.13, 448-450, 450 n.18, 451, 491, 526, 546, 550.

Cultura letrada: 246, 344, 349, 360.

Cultura popular: 205, 222 n.15, 228 n.27, 236 263, 271, 528, 727.

Cultura popular /Alta cultura: 266, 272-273, 347, 350, 519, 618.

Cultura reformista y humanista: 271.

Dadaísmo: 16, 18, 83, 95, 172, 180, 180 n.42.

Danza moderna: 653.

Decadentismo: 54, 103, 168 n.5, 205 n.10, 467.

Defensa de la cultura: 16, 115, 439, 547, 560, 567.

Defensa de Madrid: 442, 444-446, 447 n.14, 448-451, 453.

Denuncias en los años treinta: 63, 66, 210, 293, 293 n.17, 297-298, 311, 322 n.23 y 24, 327, 391, 447, 492, 495, 520, 548, 561, 602, 606, 608, 613, 616, 688.

Derecha católica: 375-376, 477, 546 n.10, 549 n.18, 550, 550 n.20, 557-558 n.33, 562, 562 n.37, 563 n.38, 603 n.10, 660.

Derecha laica: 84, 151, 194, 262, 271, 375-376, 516, 562, 612, 631, 668.

Descentralización de la cultura: 522.

Desierto: 27, 33, 133, 138, 140, 142-144, 472 n.20, 710.

Despuesismo: 187, 187 n.57.

Devenir: 27, 73-74, 81, 307, 428, 434.

Diagonal Presidente Julio A. Roca: 290.

Diagonal Presidente Roque Sáenz Peña: 290, 631.

Dialéctica (revista): 543, 548-549.

Dialecto: 571, 572, 574-575, 575 n.6, 577-579, 587, 588, 591-592, 643.

El *Nacional* (teatro): 634.

El nuevo periodismo: 159-160 n.11, 218 n.5, 225 n.20, 239-262, 263-264, 299 n.29, 291 n.12, 491 n.4.

El *Orden* (diario): 257, 511, 511 n.1, 517.

El Prado (museo): 302.

El Pulpo (restaurante): 633.

El séptimo círculo (colección): 313.

El Sodre: 638.

El *Techo de la Ballena*: 32.

El Trust Joyero Relojero: 634.

Elite /elitista: 53, 127, 241, 246-247, 265, 277, 280, 298, 424, 526, 547 n.15, 549, 550 n.21, 565, 602.

Elite letrada: 265.

Emigrados: 68, 214, 277 n.25, 390, 411, 423-424, 553, 561, 660.

Empire State Building: 295.

Enigma: 69, 144, 316, 319-320, 320 n.19, 322-324, 323 n.25, 327-330, 328 n.29, 329 n.30, 333-338, 334 n.37, 339, 340, 480, 641, 724.

Ensayo: 19-20, 25, 29, 58-59, 69 n.30, 77, 79, 83, 86, 113, 130, 167 n.1, 168 n.5, 176 n.33, 181, 186 n.55, 187 n.58, 192 n.73, 195 n.75, 196, 213, 225 n.22, 235, 244, 270, 271, 275 n.20, 280, 308, 340, 415, 416-417, 417 n.18, 433 n.59, 464, 482, 484, 507, 515 n.11, 518 n.16, 529, 536, 547 n.13, 581, 582, 590, 595, 599, 600 n.3, 609, 619, 630, 644, 684, 687, 690, 695, 703.

Entonación gardeliana: 369, 629.

Enunciación antropoide: 148.

Enunciador: 147, 225.

Epigonal: 201, 517.

Epitafios: 165, 256-258, 261, 501-503, 694.

Epopeya: 224, 355, 480.

Escritor de izquierda: 49-70, 52 n.5, 53 n.6 y 7, 58 n.14, 59 n.17 y 18, 60 n.19 y 20, 64-65 n.25, 69 n.30, 158 n.8, 191, 194, 261-262, 268, 276, 276 n.22, 297, 297 n.23, 306, 309, 312, 313, 376, 452, 547, 548-549, 556, 559-560, 563, 565, 565 n.43, 577, 599 n.2, 606, 659, 663, 665, 668, 686, 687, 691, 692, 701, 702, 703.

Escritor y medio social: 206

Escritor-periodista: 9, 32, 79, 162, 219-220, 220 n.10, 223-225, 225 n.20, 227-228, 239-262, 241 n.5, 243 n.9 y 10, 246 n.17, 263, 264, 265, 301, 322, 327, 328-330, 329 n.30, 330 n.31, 332, 335, 337, 368, 437, 440, 453, 466, 492, 500 n.11, 507, 548, 585, 592, 598, 629, 638, 659 n.10, 697, 702, 727.

Escritura automática: 15, 17.

Escritura e imagen escrituraria: 25, 26, 28, 30, 61 n.22, 72, 75, 106, 173 n.22 y 25, 174, 176, 177, 179-180, 182, 185, 196, 241 n.4, 348, 417, 473, 518-519 n.17, 533, 552

Escuela de los Anales: 13.

Escuela Granaderos de San Martín: 675.

Escuela Sarmiento: 677.

Espacio editorial: 186-187, 196, 266 n.1, 412.

Espacio literario: 414, 545, 548, 550, 561, 599, 714.

Español castizo: 369, 570.

Espasa Calpe Argentina (editorial): 282, 284.

Especificidad relativa: 161, 161 n.15.

Estados Unidos: 40, 63 n.23, 262, 290, 303, 316 n.13, 345-346, 347, 349, 366, 375, 378, 386, 407 n.24, 464, 512, 516, 551, 582, 641, 651, 654, 659, 664, 667, 683, 688, 690.

Estalinismo (stalinismo): 15, 109 n.47, 303, 438, 442-443, 449-450, 491, 545 n.9.

Estética y tecnología: 133, 136, 177, 191, 239-240, 251, 255, 287, 343-344, 347-348, 348 n.5, 350, 366, 380, 491, 652, 673.

Estilización: 220 n.11, 358, 528, 531.

Estilización en cine y en literatura: 225-226, 350, 355, 358, 528-531.

Estridentismo: 14.

Estrofa popular: 222.

Ética de la acción: 544.

Ética y política: 97-102, 554 n.28.

Exacerbación nacionalista: 422, 514-515, 544, 547, 550, 554, 562, 570-572, 585-586, 600-605, 605 n.12, 613-614, 613 n.23.

Exiliados: 29, 139, 144, 191 n.71, 214, 299, 306-307, 306 n.28, 389, 411, 412, 415, 423-425, 430 n.43, 440, 473 n.23, 521 n.21, 552, 553 n.26, 561, 638, 664, 698.

Exilio republicano: 78, 282, 301, 411 n.1, 546.

Éxodo de artistas e investigadores: 661.

Experiencia urbana: 299, 303-304, 307.

Experiencia y memoria: 102.

Experiencias interdisciplinarias: 657, 664.

Experimentación: 7, 10, 11, 14, 83, 86, 121-123, 124 n.7, 133, 134 n.35, 139-141, 144, 169, 180, 185, 190-191, 221, 357, 366, 386, 464, 528, 534, 545, 654-657, 663, 667-669.

Experimentaciones periodísticas: 222-223.

Exposición Internacional de París: 151.

Exposición Internacional de Artes y Técnicas (París): 445.

Exposición Internacional de Arte del Centenario: 300.

Expresionismo/ Expresionistas: 16, 175 n.28, 201, 239, 301-302, 349.

Expresionismo alemán: 306 n.28.

Fans: 381

Fantasías: 25, 98 n.28, 343, 346-348, 357, 401, 403, 419, 464, 495, 709.

Fascismo: 82, 108, 189 n.64, 198, 302-303, 306-307, 418 n.18, 433 n.59, 438-439, 441-444, 441 n.7, 448, 490, 495, 544-545, 548-550, 553-554, 559, 565, 577, 605, 613, 620, 689.

Feminismo y revolución: 94-95, 95 n.21, 396, 401, 488, 498-499.

Ficción clínica: 314.

Ficciones metafóricas: 625.

Filmación: 232 n.38, 450 n.18, 626.

Filósofos: 196, 541, 550, 689.

Financiamiento: 245, 413, 421, 424-427, 438, 446, 665.

Folclore: 377, 516, 519-520, 523 n.26, 524, 528, 534.

Folletín: 9, 69 n.30, 232 n.38, 266, 323 n.25, 334 n.37, 337, 355, 357, 385, 473, 517.

Folletín policial: 314-315, 317-320.

Folletín semanal: 311-312, 322 n.23.

Folletinistas: 69 n.30.

Fonética: 573-574, 577, 588-589, 591-592, 694.

Formaciones: 50, 51 n.4, 78, 303, 313, 441, 514, 599, 604.

Fotografía: 63 n.23, 78, 96, 99, 148, 150-151, 156-157, 177-178, 247, 286-288, 290-298, 304, 306, 310, 351, 356, 417, 418 n.15, 562, 576, 625, 653, 656, 688, 692.

Fotografía textual: 626.

Fotogramas: 624.

Foxtrot: 127 n.17, 516.

Fractura: 37, 70, 97, 127, 174, 178 n.38, 375, 417, 434, 459, 480, 543, 642.

Fragmentación: 35, 101, 104, 126-127, 134, 144, 207, 232, 380, 432, 462, 464, 494, 498, 573.

Fray Mocho (revista): 242, 492.

Free jazz: 377.

Frente cultural: 194, 516, 548, 611, 643, 688-689, 697, 702.

Fundación Miguel Lillo: 513 n.4, 513-514 n.6 y 8, 515 n.11, 522 n.24.

Futurismo, futurista: 50, 54, 61-66, 61 n.22, 93, 93 n.15, 153, 157, 168, 168 n.5 y 6, 169 n.7, 176, 212, 241 n.4, 296, 301-302, 348, 519, 695, 708, 714.

Galería Güemes: 632.

Galerías Pacífico: 638.

Galicismo: 573, 584, 586, 591.

Gath&Chaves: 382, 632.

Gauchesca: 107, 132 n.32, 222 n.15, 266-268, 574, 588, 692, 721.

Generación: 15, 20 n.10, 27, 36, 53, 71, 85, 131, 133, 133 n.34, 135, 150, 152, 164 n.22, 171, 188, 253, 259 n.50, 278, 363-365, 385, 389, 392, 416, 439, 457, 469, 470, 488, 511-512, 513 n.4-6, 515, 517, 520, 520 n.20, 521-524, 522 n.24, 524 n.29, 527-528, 530, 530 n.40, 534, 546, 570, 572, 575-576, 589 n.27, 590, 600, 610, 653, 668, 677, 684, 689, 697, 702-703, 705-706, 709-711, 712.

Género: 7, 9, 29, 55, 82, 84, 87, 98 n.28, 102 n.37,121 n.2, 125, 132 n.32, 142, 152, 157, 180, 201, 203-205, 208 n.14, 210-211, 213, 218 n.3, 226, 228 n.27, 243, 246, 249, 256, 266, 270, 275, 280, 334 n.38, 355, 360, 362, 373, 376-377, 379, 383, 457, 463-464, 468-469, 473, 475, 492, 500 n.11, 583, 654, 664, 724.

Género policial: 275, 275 n.20, 284, 311-338, 314 n.7, 315 n.11 y 12, 317 n.14-16, 319 n.18, 320 n.19 y 20, 322 n.23 y 24, 323 n.25, 328 n.28 y 29, 329 n.30, 332 n.34-36, 334 n.37 y 38, 339-341, 426 n.36, 724, 727.

Gil Blas: 242.

Glosa periodística: 248-251.

Gramática normativa: 583, 587.

Gran Arte: 377.

Gran Cine Florida: 632.

Gran Guerra. *Véase* Primera Guerra Mundial.

Gran público: 156, 162.

Grandes Despensas Argentinas (GDA): 630.

Grecia (revista quincenal): 168, 168 n.4.

Grecia clásica: 416.

Grotesco criollo: 201-215, 207 n.12, 210 n.16, 211 n.17, 212 n.21, 226 n.23.

Grotesco italiano: 204-210.

Grupo 63 (Italia): 83, 86.

Grupo Austral: 679.

Grupo de París: 302.

Grupo *Poesía Buenos Aires*: 22, 31 n.27, 32, 71-85, 86, 87, 106 n.43, 639, 642, 721.

Grupo Septentrión: 522.

Grupos parapoliciales: 661, 668.

Guerra Civil española (Guerra de España): 98, 282, 301, 306, 383, 439 n.2, 440 n.5, 443, 453, 490, 520, 523, 548, 553.

Guerra del Chaco: 544.

Guerra Fría: 433, 651.

Guerras Mundiales: 16, 19, 210, 301, 383, 400, 411, 433, 490, 498, 523, 611, 653, 678

Guión cinematográfico: 9, 30, 350, 355-363, 363 n.22, 365, 374, 623, 625-627.

Guirigay: 574-575.

Habla plebeya: 252, 570-571, 574, 593.

Happenings: 114, 638, 664, 669.

Harrod's: 331, 635.

Haynes (editorial): 150.

Helios: 677.

Herencia cultural: 547.

Heroísmo: 78, 125 n.11, 173-174, 180, 226, 273-278, 438 n.1, 441, 444-446, 448, 468 n.15, 487, 489, 504, 529, 543, 642-643, 687.

Heterogeneidad vs. unidad: 29, 36-37, 127 n.16, 192, 382, 697, 708.

Heterología: 413.

Hipertexto: 227.

Hipotexto: 226.

Hispanismo: 515, 515 n.10, 516-517, 520, 570, 578, 583, 590, 595, 707.

Hispanófilo: 583-584.

Historia crítica de la literatura argentina: 9, 21 n.12, 52 n.5, 58 n.13 y 14, 63, 201 n.1, 202 n.2, 204 n.7, 229 n.29, 251 n.30, 279 n.27, 280 n.28, 297 n.23, 325 n.27, 411 n.2, 414 n.7, 515 n.9, 570 n.1, 590 n.30, 603 n.10, 659 n.10 y 11, 701, 724, 728.

Historia de la literatura: 7-8, 41, 59 n.17 y 18, 60, 69, 87, 169 n.7, 263, 267, 270 n.9, 317 n.16, 370, 414, 414 n.7, 473 n.22, 524 n.29, 702, 714.

Historia intelectual: 9, 569.

Historia literaria: 541, 711.

Historiografía artística: 302.

Hollywood: 346-347, 351, 354, 359, 378, 623.

Hombre de letras: 555.

Horizonte: 27, 127, 140, 153 n.4, 174, 175, 184, 231, 292, 305, 312-313, 334, 338, 346, 358, 366, 390-391, 419, 429, 472, 490, 616, 692, 710.

Hospitalidad: 140 n.45, 370-371, 415-417, 416 n.11, 418, 420, 422, 428-429, 433, 436.

Hostilidad: 140 n.45, 206, 422.

Hostis: 416.

La Solana del Mar (hotel): 679.

Hotel Provincial: 678.

Huésped: 73, 400, 413, 414-416, 421, 436, 542 n.3.

Humanismo renacentista: 17

Humor: 9, 76, 127, 128, 130, 134, 137, 163, 196, 204, 219-223, 220 n.10, 224-225, 229, 231, 235, 255, 264, 399-400, 428, 478, 591.

Ideas y Figuras (revista): 58, 688-689.

Identidad: 32, 38, 94, 127, 131 n.29, 136, 139 n.42, 162, 165, 177, 191, 195, 206, 210, 215, 223, 271, 289, 299, 310 311 n.1, 373, 383, 385, 390, 417, 488, 526, 552, 568, 590, 591, 594, 596, 617, 702.

Identidad nacional: 414, 430, 515, 518, 526, 591, 596.

Idioma de los argentinos: 90 n.4, 278, 569, 572-573, 575 n.6, 577, 578-582, 580 n.12, 585 n.19, 588, 592, 595.

Idioma nacional: 252, 569, 572-573, 572 n.2, 574 n.3, 577 n.9, 578, 596.

Idioma patrio: 569, 578.

Iluminismo: 17, 104, 109.

Ilustraciones: 42, 43, 115, 150, 156-157, 191, 194, 221, 242, 247, 288, 291, 308, 314, 360, 518, 531, 542 n.2, 692, 695.

Imagen poética: 25, 26, 28-31, 61-62 n.22, 72, 75, 89-91, 105, 106, 108, 109, 131 n.30, 132, 136, 169, 173 n.22 y 25, 174, 176-177, 179-180, 182, 185, 196, 241 n.4, 417, 473, 518-519 n.17, 533, 552, 688.

Imaginación moderna: 288.

Imitación: 224, 226-228, 228 n.28, 232 n.38, 257, 406.

266, 268, 273, 283, 294, 302, 311
n.1, 315, 318-319, 330-333, 330
n.31, 341, 349, 351-352, 356, 356
n.17, 370, 373, 380-381, 390, 395-
396, 423-424, 430, 432, 433 n.59,
464, 470, 474, 475, 485, 499, 517,
534, 543, 617, 624-625, 636-637,
724.

Lemoine (*affaire*): 223 n.17.

Lengua estándar: 571, 573-575, 574
n.3, 578, 585 n.21, 591, 593.

Lengua materna: 569

Lengua plebeya: 252, 258 n.47, 570-
571, 574, 593.

Lengua yiddish: 542, 552 n.25.

Lenguaje: 9, 13 n.1, 14-15, 23, 25-26,
30, 31, 34, 41, 67, 71, 76, 84, 91-
93, 101-105, 102 n.37, 107, 111,
122, 127, 127 n.17, 131, 131 n.29,
132, 134, 140-141, 143-144, 173
n.21, 174, 177, 180, 184, 19 n.63,
202, 212, 230 n.32, 252, 265, 311,
334, 344 n.1, 362, 364, 366-367,
368, 369, 371, 373, 380, 383, 466,
475, 480, 492, 503, 524, 573, 575
n.5 y 6, 578, 582, 585, 595, 624,
654, 711, 725, 728.

Les lettres nouvelles: 37, 427 n.38.

Les philosophes: 541.

Letra y Línea (revista): 19, 22, 27,
30-32, 42, 43, 44, 47, 80, 84, 528,
640, 643-644.

Letras nacionales: 49, 51, 55, 267,
471, 542.

Leviatán (revista): 543.

Libertad: 17, 19, 22 n.17, 25, 39, 82,
111, 183, 183 n.51, 324, 376, 391,
398, 406, 439, 464, 478, 488, 491,
493-494, 526, 528, 532, 549-550,
555, 555 n.30, 561, 567, 584, 629,
638, 654, 666-667, 667 n.15, 729.

Libertad de expresión: 439, 478,
666-667.

Librería del Colegio: 631.

Librería Viau / Viau & Zona: 78,
464, 482, 635.

Lírica: 39, 41, 108, 171-172, 173
n.25, 192, 231, 464, 498-499, 516,
518-519 n.17, 528-530, 529 n.37,
724.

Literatura: 7-10, 13-14, 17, 19, 22,
31, 38, 40, 82, 85, 96 n.23, 123,
125, 126, 127 n.18, 129-130, 130
n.27, 134 n.36, 139, 143, 147, 152,
161, 172-173, 177 n.35, 180-181,
187 n.57, 189-190, 221, 223, 228
n.28, 229, 229-230 n.30, 243-244,
248-252, 256-257, 259, 261-262,
269-270, 272, 272 n.13, 281, 287,
298, 301, 313, 314, 314 n.7, 322,
327, 332, 370-371, 374, 403, 412-
414, 413 n.3, 424, 428, 432, 458,
466-467, 473, 475, 476-477, 488,
512, 516-517, 521, 524, 529, 534-
535, 550-551, 552, 554, 555, 558,
560, 561, 570, 573, 581, 583, 587,
590, 593, 641, 659, 678, 684, 688,
690, 693-696, 713-715

Literatura alemana: 24, 29, 304, 306
n.28, 369, 552, 553 n.26, 559, 561-
562.

Literatura de izquierda: 49-70, 52
n.5, 54 n.10, 59 n.17 y 18, 60 n.20,
61-62 n.21 y 22, 63 n.23, 64-65
n.25, 69 n.30, 158 n.8, 189 n.64,
191, 194, 261-262, 268, 276, 276
n.22, 297, 297 n.23, 306, 309, 312-
313, 376, 452, 547-548, 556, 559,
563, 565, 565 n.43, 577, 599 n.2,
606, 659, 663, 665, 686, 687, 691,
692, 701, 702, 703.

Literatura de quiosco: 313-314.

Literatura nacional / argentina: 7,
49-51, 55, 85, 139, 198, 221, 223,
243, 267, 269-270, 317 n.16, 327,
370, 412-414, 471, 478-481, 517,
517 n.12, 520 n.20, 542, 554 n.28,
569, 573-574, 574 n.3, 583, 590,

574 n.3, 576, 587, 589 n.27, 596, 705-706, 705 n.1, 708, 710, 712.

Noticias Gráficas: 328-329, 328 n.29, 331, 480.

Nouveau roman: 637.

Nouvelle vague: 22, 361, 364, 623.

Novecento italiano: 205 n.10, 212 n.20, 302-303.

Novela: 21, 53, 69 n.30, 90, 106 n.43, 109, 203 n.5, 229, 229 n.30, 230, 235, 239, 242, 251, 266, 267 n.2, 270, 271-272, 275, 275 n.20, 276, 279-280, 280 n.29, 284, 305, 311-313, 313 n.5 y 6, 314 n.8, 315-319, 315 n.11 y 12, 319 n.18, 320 n.19, 321-323, 321 n.21, 322 n.23, 326-327, 328-335, 329 n.30, 330 n.32, 332 n.36, 339, 340, 348, 353, 356, 356 n.17, 358-360, 362, 365, 370, 375, 401, 412, 414, 414 n.6, 416-417, 416 n.11, 422, 427, 429, 432, 443, 461-478, 478 n.35, 480, 482, 483, 484, 485, 492, 494, 505, 542 n.2, 543 n.5, 551 n.23, 552, 552 n.24, 563 n.39, 626, 634, 635, 638, 644, 722.

Novela radiofónica/Radioteatro: 222, 22 n.15.

Novísimo: 63, 66.

Nuestra Arquitectura: 678.

Nueva Cultura (revista): 543.

Nueva figuración: 654, 663, 666

Nueva sensibilidad: 108, 139, 218, 302, 460, 460 n.5, 694, 706.

Nuevos lenguajes: 102, 624, 654

Nuevos realismos: 50-51, 178, 202, 205 n.9, 302, 347, 666, 729.

Objetivismo: 434.

Obra comprometida: 667.

Omega (reloj): 633.

Óperas: 152, 347, 370, 372-373, 375-376, 378.

Oposición liberal: 544.

Oposición tópica: 414.

Oralidad: 13, 355, 515, 528, 571, 582, 588, 698.

Orden: 17, 25, 29, 40, 58, 99, 101, 102, 102-103 n.37, 126, 135, 153, 170 n.15, 180, 180 n.43, 211, 211 n.17, 276, 280, 287, 290, 298, 314, 314 n.7, 315, 320, 328, 331, 337, 348, 353, 364, 428, 480, 496, 518, 547, 558, 565, 571, 580 n.13, 598, 599 n.2, 619, 625-626, 631, 643, 689, 706, 713.

Orden conservador: 479, 512, 512 n.2, 521, 563, 660, 663.

Orden simbólico: 660.

Orillero: 186, 355, 355 n.16, 574, 578, 582, 582 n.15.

Ostinatos: 379.

Oxímoron: 181 n.45, 327, 333-334, 593.

Pabellón Argentino: 290.

Pabellón Español: 446.

Palacio del Libro: 154.

Palacio do Café: 73, 78, 639.

Palindromía: 476, 480, 480 n.36, 484.

Pampa: 133, 139, 142-144, 162, 186, 195, 199, 240, 248 n.24, 253-254, 277, 277 n.24, 285, 305, 419, 583-584 n.16 y 17, 592, 614.

Panfleto: 80, 263, 428.

Papel del escritor: 547, 564-565, 650.

Paradojas de lo moderno: 97, 103, 109, 191-192, 196, 212, 302.

Parodia/Paródico: 99, 99 n.31, 101, 122, 125, 134-135, 160, 190, 221-224, 224 n.19, 225, 226-228, 226 n.23, 228 n.27, 230 n.33, 231 n.36, 235, 260, 357, 416 n.11, 425, 693-694.

Partido Comunista: 15-16, 82, 438, 440-443, 445, 450, 666, 683.

Pasaje Barolo: 158, 674.

Paseo Colón: 297, 641, 646-647.

Pastiche: 113, 219, 220-229, 229 n.29, 230 n.33, 231, 233.

Paulista: 164, 164 n.23.
PBT (revista): 242, 492.
Pedemonte (restaurante): 631.
PEN Club de Buenos Aires: 541-543, 546, 548, 551-555, 551 n.23, 557-560, 564, 566, 611.
Pensadores: 276, 498, 541.
Periodismo cultural: 79, 162, 243, 263, 702, 727.
Periodismo masivo: 219, 225 n.20, 227-228, 239, 246, 254-259, 291 n.12, 643
Periodismo popular: 254, 592
Periodista: 9, 57, 241, 241 n.5, 243-244, 245-262, 263, 264, 265, 286, 291, 291 n.12, 322, 327, 328-333, 330 n.31, 335, 368, 437, 440, 453, 458, 466, 473, 491, 527 n.31, 548, 585, 598, 629, 638, 644, 659 n.10, 697, 725, 728, 729.
Peronismo: 72, 82, 150, 198, 383, 528, 598, 616-617, 616 n.26, 617 n.27, 620, 665.
Peronismo y cultura: 340, 364, 374, 378, 598, 610, 616-618, 617 n.27, 638.
Perramus: 632.
Personaje del escritor: 415.
Phases: 31
Picana eléctrica: 629.
Pirandellismo: 152, 203, 203 n.5, 205-206, 205 n.9 y 10, 206 n.11, 212-213, 212 n.20.
Plagio: 226, 227, 228 n.26, 261.
Plaza de los Mártires de Damasco: 634.
Plaza de Mayo: 288, 290, 631.
Plaza San Martín: 290.
Plus Ultra (revista): 292 n.13 y 14.
Poesía (revista): 92 n.13, 93.
Poesía argentina: 15, 17, 34-35, 38, 42, 71-72, 74-75, 80-81, 82, 83, 85, 86, 87, 122, 126, 134 n.36, 142, 175 n.29, 176 n.33, 198, 439, 500,

524 n.29, 529 n.36, 705, 705 n.1, 706, 708, 708 n.6, 712.
Poesía Buenos Aires (revista): 22, 31 n.27, 32, 71-85, 86, 87, 106 n.43, 528 n.33, 639, 642, 721.
Poesía de vanguardia: 15, 15 n.4, 42
Poesía e historia: 144, 519-520, 523-524, 531, 534.
Poesía experimental: 169.
Poesía tradicional: 75, 516
Poesía y contexto histórico: 72, 173 n.21
Poesía y reflexión: 21, 28, 32, 38-39, 82-83, 91, 125, 128, 171, 172 n.20, 176-177, 313 n.6, 705.
Poeta: 17, 20-23, 25, 26, 27, 29, 30, 31, 32, 33-37, 40, 55-56, 61-63, 61 n.21, 63 n.23, 66, 68, 70, 73, 75, 78-79, 81-85, 86, 87, 90 n.5 y 7, 92-93, 105, 106-108, 106 n.43, 107 n.44, 108 n.45, 115, 116, 121, 122, 124, 124 n.7, 127-128, 128 n.20 y 21, 129-130, 130 n.26, 132, 134, 138-141, 141 n.48, 144, 159, 159 n.11, 164 n.20, 167, 169, 169 n.8, 170 n.14, 171, 173-175, 177, 179-182, 182 n.50, 190, 193-194, 221, 231, 231 n.36, 240, 241, 255, 255 n.39, 257, 258 n.47, 259, 276-277, 305, 438 n.1, 439, 459, 460 n.3, 461, 475, 489-490, 496-500, 508, 511-535, 517 n.12, 520 n.20, 530 n.38-40, 553 n.26, 572, 581, 589-590, 639-640, 645-646, 684-685, 689, 693, 705-707, 707 n.2, 709, 710, 721, 724, 726, 727.
Poéticas: 14, 17-18, 20, 23, 40, 62-64, 79, 82, 85, 131-132, 165, 175, 235, 255, 298-299, 460, 501, 529-535.
Polémica: 9, 59 n.18, 75, 80, 161, 162 n.16, 164 n.22, 170, 170 n.14, 189 n.64, 190, 190 n.67, 191, 191 n.72, 261 n.56, 314 n.7, 376, 378, 426

274, 276 n.22, 297-298, 395, 443-448, 450-451, 453, 479, 490, 516, 520, 524, 527, 530, 535, 554, 565, 573, 577, 577 n.9, 580-581, 591, 605, 615, 666, 686, 692.

Pudor: 121 n.1, 128, 432, 487-504.

Purismo racionalista: 674.

Cuasimodo (revista): 50.

Qué (revista): 19, 80 n.2.

Quinto Regimiento: 448.

Racionalismo: 211, 554, 674, 677.

Radicalismo: 59, 188 n.60, 263, 268, 271, 329 n.30, 338 n.43, 459, 467, 511, 516, 517, 521, 603, 605, 610, 612-613, 615, 615 n.25, 685, 693.

Radio: 9, 49, 159-161, 159 n.11, 220, 222, 222 n.15, 255, 255 n.39, 384, 415, 425 n.34, 491.

RAF (Royal Air Force): 426.

Rapsodia: 224.

Realismo socialista: 82, 659, 666.

Recepción: 127, 133, 202, 212-213 n.21, 231, 256, 302-303, 386, 391, 416, 459, 461, 465, 472, 528, 604, 606, 606 n.14, 619.

Receptor: 225

Redes de intercambio: 303.

Reefer: 638.

Régimen satírico: 99 n.30, 103, 156, 189 n.64, 190, 226-228, 255, 464-465, 693-694.

Regionalismo: 30, 82, 139 n.42, 276-277, 513, 523, 526, 528, 532, 534.

Relato clínico: 314-315, 314 n.8.

Relato cómico: 224-226, 447.

Relato costumbrista: 63, 66, 203-204, 247, 249, 251, 354, 692.

Representación: 10, 16, 72, 79, 95, 97, 102, 109, 111, 122, 125, 144, 175, 184, 187, 196, 201, 204, 208, 211, 217, 224, 232, 247-248, 254, 286, 288, 290, 294, 299, 303-308, 309, 346, 362, 499, 531, 542, 557, 561, 565, 569, 584, 619.

Representación clásica: 125.

Representaciones de la lengua: 247, 569.

Representaciones de lo urbano: 304, 307,

Represión: 305, 438, 441, 443, 479, 502, 533, 547, 549, 552, 660-665.

República conservadora: 479, 511-512, 512 n.2, 521-522, 544, 563, 563 n.39, 612, 615 n.25.

República Española, 1931-1939: 52, 72, 78, 440-445, 448-451, 491, 526, 546.

Revisionismo y peronismo: 610, 617-618, 617 n.27, 619, 620.

Revista de Antropofagia: 165.

Revista de Estética: 152.

Revista de Filosofía: 155.

Revista de Letras y Ciencias Sociales: 512, 512 n.3, 516.

Revista de literaturas populares: 312 n.4.

Revista de Occidente: 98 n.28, 116, 280.

Revista de Oriente: 51 n.4.

Revista del Instituto Nacional de Investigaciones y Estudios Literarios: 476 n.30.

Revistas de vanguardia: 190, 254, 460 n.4.

Revista del Mundo: 95 n.21.

Revista del Salto: 242

Revista literaria: 15, 50, 53 n.6, 188 n.62, 242, 254.-259, 260, 272 n.15, 312, 312 n.3, 316, 424-425, 541, 453, 576, 683-700, 701, 702, 703

Revista Multicolor de los Sábados: 93 n.14 y 16, 96 n.24, 104 n.40, 243, 256, 262, 332-334, 340, 576.

Revistas: 18-20, 31, 51 n.4, 58, 58 n.14, 68, 84-85, 111, 151-157, 220, 241-246, 241 n.5, 263, 265, 275-276, 276 n.22, 279-2890, 292, 300, 304, 306-307, 311-312, 343-344,

363, 381, 384, 449-450, 458, 470, 472, 492, 522 n.23 y 24, 534, 545, 576, 582, 599, 610-611, 617, 632, 638, 642, 646, 683-700, 701, 702, 703.

Revolución bolchevique: 15-16, 50, 51 n.4, 59-61, 637, 684, 687.

Revolución Cubana: 664, 667, 699.

Rex (cine): 428.

Rhoder's: 635.

Richmond: 632.

Rimbaud: 105-109, 107 n.44, 108 n.46, 109 n.47.

Ritmo: 24, 26, 122-123, 126 n.12, 131-138, 134 n.35, 140, 142-143, 143 n.53, 160, 227, 247, 258, 266, 280, 290-291, 348, 374, 379, 444, 447, 463, 479-480, 531, 604-616, 647, 709.

Ritual amoroso: 420.

Rock argentino: 369.

Rock progresivo: 376, 378, 383.

Rol de los intelectuales: 541, 556-562, 566.

Romanticismo: 15, 17, 63, 116, 133, 158, 203, 377, 489, 497, 500, 528, 530, 532, 688.

Rubato: 379, 383.

Ruptura: 7-10, 16, 18, 25, 30, 40, 73, 101, 108, 121-123, 121 n.1, 128-129, 148-149, 161, 167-197, 178 n.38, 191 n.71, 198, 203, 208, 225, 229, 280, 287-288, 291 n.12, 293, 299, 301-302, 307, 366-367, 386, 389, 395, 398, 408, 412, 434, 450 n.18, 474, 487, 488, 498, 500, 503-504, 519 n.17, 521, 523-524, 544, 550, 576, 585 n.21, 594, 599-600, 649-670, 668 n.16, 671, 674

Rupturista: 40, 173, 175, 201, 212, 303-304, 386, 581-582

Rusia de los Soviets: 16, 52, 60, 60 n.20, 95, 104 n.41, 261, 303, 411,

441, 443, 450 n.18, 452, 453, 528, 543, 545, 613, 683, 684, 687.

Saga: 232 n.38, 484, 485.

Sainete: 202-204, 204 n.7, 207-208, 207 n.12, 212-214, 226 n.23.

Sala de proyecciones: 626.

Samet, Jacobo (editorial): 194, 278-279 n.26.

Santa Paula Serenaders: 634.

Santiago Rueda (editorial): 227 n.25, 229, 283.

Secesión Vienesa: 674.

Segunda Conferencia Internacional de Escritores Revolucionarios (1930): 547.

Segunda Guerra Mundial: 16, 347, 383, 400, 411, 433, 490, 611, 653, 678.

Segundo Congreso de la SADE (Córdoba 1940): 520.

Semana de Arte Moderno (1922): 8, 163-164.

Semana Trágica: 51 n.4, 490, 552.

Sencillismo: 529.

Sentido y lenguaje poético: 22, 38, 64, 77, 133-134, 142, 179, 502.

Ser nacional: 189, 381, 458, 464, 692.

Sexo: 38-39, 124, 126, 136-138, 157, 349 n.7, 368, 504, 728.

Significante: 173, 219, 334, 351, 729

Sillón BKF: 640, 679.

Síncopa y Ritmo: 634-635.

Sistemas parasolares: 677.

Smart (teatro): 101 n.34.

Sociabilidad: 186, 428, 544-545, 611.

Socialismo: 34, 49, 51, 58, 65, 65 n.26, 66, 69 n.30, 155, 268, 271, 276-277, 276 n.22, 372, 403, 443-444, 490, 498, 509, 514, 516-517, 520, 528, 552, 554, 599 n.2, 606, 615 n.25, 629, 659, 666, 684-685, 686, 689.

Sociedad Argentina de Escritores (SADE): 520, 546, 549, 576.

Nómina de autores

Rodolfo Alonso. Poeta, traductor, ensayista. El más joven de *Poesía Buenos Aires*. Primer traductor de Fernando Pessoa, entre muchos otros. Publicó más de 25 libros. Editado en Bélgica, España, México, Colombia, Francia, Brasil, Venezuela y, pronto, en Italia y Chile. Premio Nacional de Poesía. Orden *Alejo Zuloaga* de la Universidad de Carabobo (Venezuela). Palmas Académicas de la Academia Brasileña de Letras. Premio Único Municipal de Ensayo Inédito. Premio Festival Internacional de Poesía de Medellín. Libros recientes: *Elle, soudain* (París, 1999); *El arte de callar* (2003); *Antologia pessoal* (Brasilia, 2003); *La otra vida* (Bogotá, 2003); *A favor del viento* (2004); *Canto hondo* (Universidad de Carabobo, 2004); *La voz sin amo* (2006); *Poesía junta* (con prólogo de Juan Gelman, México, 2006); *Poemas pendientes* (Universidad Nacional de Colombia, 2006); *República de viento* (2007).

Pablo Ansolabehere. Docente e investigador en la Universidad de Buenos Aires y en la Universidad de San Andrés, también ha dictado clases de literatura hispanoamericana y argentina en Wesleyan University, Estados Unidos, y para el programa de University of Georgia en Buenos Aires. Ha publicado diversos artículos sobre literatura argentina, el área de su especialidad, en libros y revistas académicas nacionales e internacionales. Asímismo ha preparado ediciones de *Facundo*, *Poesía gauchesca* y *Relatos populares argentinos*. En su tesis de doctorado analiza la relación entre literatura y anarquismo en la Argentina de fines del siglo XIX y comienzos del siglo XX. En el año 2000 ganó la beca del Fondo Nacional de las Artes en el área de literatura.

Raúl Antelo. Profesor en la Universidade Federal de Santa Catarina e investigador del CNPq, en Brasil; profesor visitante en las Universidades de Yale, Duke, Texas at Austin y Leiden, donde ocupó la cátedra de estudios brasileños en 2000 y 2008. Presidió la Associação Brasileira de Literatura Comparada (ABRALIC) y fue distinguido con la Beca Guggenheim. Autor de *Literatura em Revista*; *Na ilha de Marapatá*; *João do Rio: o dândi e a especulação*; *Parque de diversões Aníbal Machado*; *Algaravía. Discursos de nação*; *Transgressão & Modernidade, Potências da imagem, Marcia con Marcel. Duchamp en los trópicos* y *Tempos de Babel*. Su último libro (Grumo, Buenos Aires, 2008) se titula *Crítica acéfala*. Ha editado el número 75 (nov. 2007) de *Review. Literature and Arts of the Americas* y algunos volúmenes entre los que se encuentran *A alma encantadora das ruas* de João do Rio; *Ronda das Américas* de Jorge Amado; *Antonio Candido y los estudios latinoamericanos*, así como la *Obra Completa* de Oliverio Girondo para la colección Archivos de la UNESCO.

Manuel Antín. Filmografía: director de *La cifra impar, Circe, Intimidad de los parques*, 1961, 1963 y 1964 respectivamente sobre cuentos de Julio Cortázar. En 1965, *Castigo al traidor*, a partir de "Encuentro con el traidor" de Augusto Roa Bastos y en 1969 *Don Segundo Sombra*. En 1972 realizó *La sartén por el mango*, sobre la obra teatral de Javier Portales y *Rosas*, basada en textos históricos; en 1977, *Allá lejos y hace tiempo*, versión de la novela de Guillermo E. Hudson, y en 1982 *La invitación*, sobre la novela de Beatriz Guido. Fue director del Instituto Nacional de Cinematografía y en 1991 fundó la Universidad del Cine. Condecorado por Francia e Italia, obtuvo también el Premio "Leopoldo Torre Nilsson" otorgado por la Cinemateca Argentina, el "Vittorio de Sica" en los "Incontri Internazionali del Cinema", en 1994 el Gran Premio Anual del Fondo Nacional de las Artes de la República Argentina y en 1995 el Premio Universidad de la Plata. Autor de tres libros de poemas, escribió también dos novelas: *Los venerables todos* sobre la que filmó una película del mismo título en 1962 y *Alta la luna* en 1991.

Ivonne Bordelois. Graduada en la UBA, prosiguió sus estudios en Francia y Estados Unidos, y obtuvo una cátedra de Lingüística en Holanda. Ha recibido la Beca Guggenheim, el premio Konex 2004, el segundo Premio Municipal por su ensayo *Un triángulo crucial: Borges, Lugones y Güiraldes* (Eudeba, 1999), y el premio Sudamericana-La Nación por su ensayo *El país que nos habla* (Sudamericana, 2005). Otros libros: *El Alegre Apocalipsis* (GEL, 1995), *Correspondencia Pizarnik* (Planeta, 1998), *La palabra amenazada* (Libros del Zorzal,

2003), y *Etimología de las Pasiones* (Libros del Zorzal, 2006) que ha sido traducido al italiano y al portugués.

FRANCISCO J. BULLRICH. Profesor contratado en Historia de la Arquitectura y del Arte I y II, 1956-57. Profesor titular por Concurso en la Escuela de Arquitectura y Planeamiento de la Universidad Nacional de Rosario y director de la Escuela. Cofundador del Instituto Interuniversitario de Historia de la Arquitectura. Visiting Critic y Visiting Lecturer en Yale University. Coautor con Alicia Cazzaniga y Clorindo Testa del Proyecto de la Biblioteca Nacional y director de las obras. Vicepresidente del Fondo Nacional de las Artes. Embajador de la República en Atenas. Autor de *Arquitectura Argentina Contemporánea, New Directions in Latin American Architecture, Arquitectura Latinoamericana,* y de artículos en diversas revistas nacionales e internacionales.

ALEJANDRO CATTARUZZA. Profesor en la Universidad de Buenos Aires y en la Universidad Nacional de Rosario, investigador de CONICET y director de proyectos de investigación sobre historia cultural argentina del siglo XX. Es autor, entre otras obras, *Políticas de la historia. Argentina, 1860-1960,* Buenos Aires, Alianza, 2003, junto a A. Eujanián y ha dirigido *Crisis económica, avance del Estado e incertidumbre política (1930-1943)*, tomo VII de la Nueva Historia Argentina publicada por Sudamericana en 2001. Ha dictado cursos en la École des Hautes Études en Sciences Sociales (París) y en la Universidad Autónoma de Madrid, entre otras instituciones.

JOSÉ LUIS DE DIEGO. Doctor en Letras (UNLP). Se desempeña como profesor de Introducción a la Literatura y Teoría Literaria II de la Facultad de Humanidades (UNLP). Es miembro del Comité Científico del Centro de Teoría y Crítica Literaria y de la Comisión de Grado Académico del Doctorado en Comunicación. Ha publicado *"¿Quién de nosotros escribirá el* Facundo?*"Intelectuales y escritores en Argentina (1970-1986)* (2001); *La verdad sospechosa. Ensayos sobre literatura argentina y teoría literaria* (2006); *Editores y políticas editoriales en Argentina (1880-2000)* (director del volumen, 2006); y *Una poética del error. Las novelas de Juan Martini* (2007); además de numerosos artículos en revistas especializadas.

JOSEFINA DELGADO. Escritora, investigadora, egresada de Letras de la UBA. Biógrafa de *Alfonsina Storni* (2001), compiladora de *Escrito sobre Borges* (1999) y autora de *El bosque de los libros. Cómo leer y por qué* (2002), y de la novela *Salvadora, la dueña del diario* Crítica, así como de numerosos artículos y ensayos sobre temas culturales y literarios. Experta en gestión de bibliotecas y en políticas públicas de promoción de la lectura, actualmente trabaja en el libro *Escritura femenina. Censura y poder* y dirige el Centro de Documentación de Teatro y Danza del Complejo Teatral de Buenos Aires.

EZEQUIEL DE ROSSO. Licenciado en Letras por la Universidad de Buenos Aires y docente e investigador de Literatura Latinoamericana en la misma institución. En la Facultad de Ciencias Sociales de la UBA enseña Semiótica de los géneros contemporáneos. Recibió becas para desarrollar su tesis de doctorado sobre el género policial en América Latina. Se desempeña como asesor editorial. Ha publicado artículos en diferentes revistas y libros. En 2005 editó, prologó y anotó la antología *Relatos de Montevideo*.

ÁNGELA L. DI TULLIO. Doctora en Letras, es profesora titular en la Universidad Nacional del Comahue, y ha dictado cursos de posgrado en el país (Buenos Aires, Córdoba, Cuyo, Comahue) y en el extranjero (Valparaíso, Nápoles, Lovaina, Santiago de Compostela). Es autora del *Manual de gramática del español* y de *Políticas lingüísticas e inmigración: el caso argentino*. Ha colaborado en diversas publicaciones de lingüística y de literatura, nacionales e internacionales; así como en el tomo V de la *Historia crítica de la literatura argentina*: "La crisis de las formas".

MIGUEL ESPEJO. Poeta, narrador y ensayista, también fue investigador en diversas instituciones. Entre 1976 y 1983 residió primero en Canadá y luego en México. Poesía: *Fragmentos del Universo* (1981); *Mundo* (1983); *La brújula rota* (1996, Premio Municipalidad de Buenos Aires y Primer Premio Regional); *Negaciones* (1998) y *Larvario* (2006), que reúne poemas escritos entre 1967 y 2004. Sus libros de ensayo: *El jadeo del infierno* (1983); *La ilusión lírica* (1984); *Senderos en el Viento* (1985, Premio Nacional de Ensayo) y *Heidegger. El enigma de la técnica* (1988). Otros ensayos suyos están incluidos en más de veinte volúmenes colectivos. Es autor de las novelas *El círculo interno* (1990) y *Los miasmas del Plata* (1992). Su artículo "Revalorización de Camila" recibió el Premio de la Real Academia Hispanoamericana. Entre 2000-2002 fue director de *El Tribuno de Jujuy*.

DIEGO FISCHERMAN (Buenos Aires, 1955). Es autor de *Escrito sobre música* (Paidós, 2005), *Efecto Beethoven. Complejidad y valor en la música de tradición popular* (Paidós, 2004) y *La música del siglo XX* (Paidós, 1998). En la actualidad se encuentra en preparación, en esa misma editorial, *Jazz. Historia y estética*, y EDHASA publicará próximamente *Piazzolla. El malentendido (un estudio cultural)*, escrito en colaboración con Abel Gilbert. Dictó clases de *Estética e Historia de la música*, en el Centro de Estudios Avanzados en Música Contemporánea. Se desempeña como crítico musical y periodista en el diario *Página/12*, y escribe para diversos suplementos culturales y revistas especializadas.

GASTÓN SEBASTIÁN MARTÍN GALLO. Estudió Letras en la Universidad de Buenos Aires. En 1995 fundó la editorial Simurg, que dirige hasta la fecha. Ha compilado y editado textos de Horacio Quiroga (*Arte y lenguaje de cine*, 1997), Roberto Arlt (*El resorte secreto y otras páginas*, 1996; *Secretos femeninos. Aguafuertes inéditas*, 1996, con Sylvia Saítta; *Tratado de la delincuencia. Aguafuertes inéditas*, 1996, con Sergio Olguín; *Notas sobre el cinematógrafo*, 1997), el Vizconde de Lascano Tegui (*Mis queridas se murieron*, 1997, con Guillermo García) y Oliverio Girondo (*La diligencia y otras páginas*, 2003). Publicó ensayos sobre Jorge Luis Borges, Horacio Quiroga, José María Arguedas, el Vizconde de Lascano Tegui, Manuel Mujica Lainez, entre otros. En colaboración con Daniel Balderston y Nicolás Helft publicó *Borges. Una enciclopedia* (Norma, 1999). En 2001 recibió la Beca Nacional de Literatura (Ensayo) del Fondo Nacional de las Artes.

NOÉ JITRIK. Profesor en Letras por la Universidad de Buenos Aires y doctor *honoris causa* (Benemérita Universidad Autónoma de Puebla). Ha sido docente en universidades de Córdoba, Buenos Aires, Besançon, El Colegio de México, Universidad Nacional Autónoma de México, así como, transitoriamente, en Venezuela, Estados Unidos, Puerto Rico, Colombia, Uruguay y Chile. Participó en revistas culturales (*Centro, Contorno, Zona de la Poesía americana, Boletín de Literatura Argentina, Discurso, sYc, Zama*). Entre sus publicaciones se cuentan libros de poesía, ensayos, relatos, novelas, teoría. Colaboró y colabora en numerosas revistas y diarios de América Latina. Es director del Instituto de Literatura Hispanoamericana (Facultad de Filosofía y Letras, UBA). Recibió varios premios por su obra literaria.

JERÓNIMO LEDESMA. Argentino. Egresado en Letras de la UBA. Doctorando de la UBA becado por el CONICET, con un proyecto sobre Thomas De Quincey y Jorge Luis Borges. Docente de la materia Literatura del Siglo XIX, Facultad de Filosofía y Letras, UBA. Tradujo anotó ediciones críticas de Mary Shelley, *Frankenstein, o el Prome moderno* (Colihue, 2006), Thomas De Quincey, *La farsa de los c* (Paradiso, 2005) y del mismo autor, *Un bosquejo de la infancia (*

Negra, 2006). Ha expuesto sus trabajos de investigación en revistas y congresos académicos. Actualmente participa de un proyecto colectivo UBACyT sobre Literatura y Revolución.

JOAQUÍN MANZI. Doctor por la Universidad de Poitiers y profesor titular en la Universidad de Paris Nord. Publicó medio centenar de artículos críticos sobre el cine y literatura latinoamericanos. Para la editorial de la Universidad de Poitiers, coordinó *Julio Cortázar, de tous les côtés, La licorne n° 60*, 2002; *Locos, excéntricos y marginales en las literaturas latinoamericanas*, 1999, y con Fernando Moreno, *Escrituras del imaginario en veinte años de Archivos*, 2001.

CELINA MANZONI. Doctora en Letras (UBA). Profesora titular consulta de Literatura Latinoamericana en la Facultad de Filosofía y Letras de la Universidad de Buenos Aires. Becaria de la DAAD en el Instituto Iberoamericano de Berlín y de la UBA en la Universidad de Princeton. Premio Ensayo Internacional 2000 Casa de las Américas, La Habana. Numerosos artículos publicados en libros y en revistas de la especialidad. Cursos y conferencias en América Latina, Estados Unidos y Europa. Libros: *Un dilema cubano. Nacionalismo y vanguardia* (2001). *Roberto Bolaño: la escritura como tauromaquia* (2002). *La fugitiva contemporaneidad. Narrativa latinoamericana 1999-2000* (2003). *Violencia y silencio. Literatura latinoamericana contemporánea* (2005). *Vanguardistas en su tinta. Documentos de la vanguardia en América Latina* (2007).

DELFINA MUSCHIETTI. Poeta, crítica, traductora y profesora de Letras en la Universidad de Buenos Aires. Dirige en la UBA el Proyecto "Poesía y Traducción". Ha obtenido la Beca Antorchas y la Beca ?genheim de New York. Curadora de las *Obras Completas* de ?sina Storni (tomo I y II de Losada), autora de numerosos artí??ríticos sobre poesía comparada, y sobre la traducción poéti??ublicado *Los pasos de Zoe* (1993), *El rojo Uccello* (1996), ?'99), *Olivos* (2002), *Amnesia* (en prensa). Ha traducido y ?*La mejor juventud* de Pier Paolo Pasolini (1996), *Poemas* ?tolucci (2003), *Impromptu* de Amelia Rosselli (2004), ?*ambién tú* de Alda Merini (en prensa). Aparecerá en ?*a lengua: poesía, subjetividad y género*, en la Edito-?nos Aires.

? director general del Instituto Torcuato Di Tella. ?e la Educación, Facultad de Filosofía y Letras, ?la Carrera de Sociología e Investigador, y lue-

782

go director del Instituto Gino Germani de la Facultad de Ciencias Sociales de la UBA y también profesor-investigador del Instituto de Estudios Avanzados de la UBA. En el exterior fue director del Instituto de Investigaciones sobre Desarrollo Social de las Naciones Unidas y del Centro Regional para la Educación Superior en América Latina y el Caribe (UNESCO), representante de la UNESCO ante el gobierno de Colombia, Ecuador y Venezuela, profesor e investigador de la Universidad de Sussex (GB), y presidente del Instituto Nacional contra la Discriminación. Publicó numerosos trabajos sobre arte, cultura y política, educación superior, política científica y tecnológica en la Argentina y en otros países de América Latina.

DAVID OUBIÑA. Es doctor en Letras (UBA). Dicta clases en la Universidad de Buenos Aires y la Universidad del Cine. Fue *Visiting Scholar* en la University of London y *Visiting Professor* en la University of Bergen y en New York University. Integra el grupo editor de la revista *Las ranas. Artes, ensayo, traducción*, y es miembro del Consejo editorial de *Cahiers du cinéma. España*. Entre sus últimos libros se cuentan: *Filmología. Ensayos con el cine* (2000, Primer Premio del Fondo Nacional de las Artes); *El cine de Hugo Santiago* (2002), *Jean-Luc Godard: el pensamiento del cine* (2003); *Estudio crítico sobre* La ciénaga, *de Lucrecia Martel* (2007) y *El silencio y sus bordes. Discursos extremos en la literatura y el cine argentinos, entre los 60 y los 70* (en prensa).

VÍCTOR PESCE. Licenciado en Letras (UBA). Docente, ensayista y poeta. Es profesor en las carreras de comunicación social de la UBA y la Universidad Nacional de La Matanza. Se ha dedicado a la investigación sobre literatura, comunicación y sociocultura desde una perspectiva histórica. Fue investigador del Instituto de Literatura Argentina (UBA). Llevó a cabo diversos trabajos de análisis cultural y en particular sobre las relaciones entre el periodismo y la literatura. Realizó la compilación y estudio de Rodolfo Walsh, *Cuento para tahúres y otros relatos policiales* (1987), y la edición de Jaime Rest, *Arte, literatura y cultura popular* (2006).

CARMEN PERILLI. Doctora en Letras. Profesora titular Literatura Latinoamericana (UNT). Investigadora independiente (CONICET). Directora de la *Revista Telar*. Libros publicados: *Imágenes de la mujer en Carpentier y García Márquez* (1991). *Las ratas en la Torre de Babel* (1994). *Historiografía y ficción en la narrativa latinoamericana* (1995). *Colonialismo y escrituras en América* (2004); *Catálogo de ángeles mexicanos. Elena Poniatowska* (2006). Compilaciones: *Las Colonias del*

Nuevo Mundo. Discursos Imperiales (1999) y *Fábulas del género. Sexo y escritura en América Latina* (1998).

Sylvia Saítta. Doctora en Letras de la Universidad de Buenos Aires donde se desempeña como profesora de literatura argentina del siglo XX y dirige el proyecto de investigación "Modos de la intervención cultural, política y literaria en diarios y revistas". Investigadora del CONICET, publicó los libros *Regueros de tinta. El diario* Crítica *en la década de 1920* (Sudamericana, 1998. Primer Premio al mejor libro argentino de historia argentina de la Fundación El Libro) y *El escritor en el bosque de ladrillos. Una biografía de Roberto Arlt* (Sudamericana, 2000), por el que obtuvo el "Diploma al mérito" de la Fundación Konex, en 2004. Dirigió el noveno tomo de la *Historia crítica de la literatura argentina*, titulado *El oficio se afirma* (Emecé, 2004), y realizó compilaciones de gran parte de la obra periodística inédita de Roberto Arlt.

Leda Schiavo. Licenciada de la Facultad de Filosofía y Letras, Universidad de Buenos Aires y doctorada por la Universidad Complutense de Madrid. Profesora emérita, Universidad de Illinois en Chicago. Investigadora del Instituto de Filología de la UBA, profesora titular en la Universidad de La Plata y Mar del Plata. Fundadora y presidente de la Asociación Internacional de Valleinclanistas. Miembro del Comité Ejecutivo de la Modern Language Association. Libros principales: *Historia y novela en Valle-Inclán*, Madrid, Castalia, 1980; *El éxtasis de los límites*, Buenos Aires, Corregidor, 1999. Ha editado, entre otros, *La Marquesa Rosalinda* de Valle-Inclán, Clásicos Castellanos, Espasa-Calpe, 1992 y *Valle-Inclán, hoy*, Universidad de Alcalá de Henares, 1993.

Beatriz Trastoy. Doctora en Letras (UBA), docente e investigadora de la Facultad de Filosofía y Letras (UBA). Ex becaria de investigación del CONICET y de los gobiernos de Italia y Alemania. Profesora invitada en la Universidad de Colonia (Alemania), en donde dictó seminarios y conferencias. Dirige proyectos de investigación sobre temas teatrales en la Universidad de Buenos Aires y es investigadora del Instituto de Estudios Avanzados de la Comunicación Audiovisual de la Universidad de Castilla-La Mancha (España). Ha sido docente del Postítulo en Artes Escénicas de la Universidad Nacional de Rosario y de la Maestría en Historia del Teatro de la Universidad de Buenos Aires. Publicó *Teatro autobiográfico. Los unipersonales de los 80 y 90 en la escena argentina* (2002) y *Los lenguajes no verbales en el teatro argentino* (1997) y *Lenguajes escénicos* (2006) —estos dos últimos en colaboración con Perla Zayas de Lima—, así como también más de un centenar de estudios sobre teatro en libros y revistas universitarias de la especialidad. Es directora de *telondefondo, Revista de Teoría y Crítica Teatral* (www.telondefondo.org)

OSCAR TRAVERSA. Realiza investigaciones acerca de los dispositivos mediáticos y sus configuraciones discursivas, cuestiones sobre las que ha publicado: *Cine: el significante negado* (Hachette, 1984), *Cuerpos de papel. Figuraciones del cuerpo en la prensa 1918-1940* (Gedisa, 1997), *Estilo de época y comunicación mediática* (Atuel, 1997, junto a Oscar Steimberg), *Cuerpos de papel II. Figuraciones del cuerpo en la prensa 1940-1970* (Santiago Arcos, 2007), a lo que se suma una quincena de capítulos de libros y más de medio centenar de trabajos en revistas y actas de congresos. En estos momentos está preparando el tercer tomo de *Cuerpos de papel* y un resumen de sus trabajos en lo referente a la incidencia de la configuración de los dispositivos en la producción de sentido, que se publicará con el título *Inflexiones del discurso*.

MARIO TREJO. Es autor de los libros de poesía *Celdas de la sangre* (1946) y *El uso de la palabra* (Premio Casa de las Américas de Cuba, 1964). Obras de teatro: *No hay piedad para Hamlet* en coautoría con Alberto Vanasco y música de Enrique Villegas (1948); *Libertad y otras intoxicaciones; Libertad, Libertad, Libertad* (1968). Para cine, entre otros, escribe los filmes *Desarraigo* y *El final* (Cuba). Televisión: participó en los ciclos *Historias de jóvenes* junto a Osvaldo Dragún (Premio Martín Fierro, 1959) y en *Desnuda Buenos Aires*. Como periodista trabajó en diversas radios y medios escritos. Es, asimismo, autor de canciones, entre ellas *Los pájaros perdidos* y *La tristeza y el mar*, con música de Astor Piazzolla y Waldo de los Ríos, respectivamente.

DIANA BEATRIZ WECHSLER. Doctora en Historia del Arte. Investigadora del CONICET. Profesora de Sociología y Antropología del Arte, FFyL-UBA y de Arte Argentino y Latinoamericano del siglo XX-IDAES-UNSAM. Miembro de la CD del CAIA. Ha recibido becas y subsidios, entre otros: Post Doctoral Fellowscip (Getty Foundation), Ministerio de Ciencias de España. Publica en libros y revistas de la especialidad. Realizó la investigación y curaduría de varias exposiciones en la Argentina, Italia, Brasil, México y España. Entre sus últimas publicaciones: *Territorios de diálogo, entre los realismos y lo surreal* (en colaboración-2006), *La memoria compartida. España y la Argentina 1898-1950* (comp. con Yayo Aznar 2005), *Papeles en conflicto. Arte y crítica entre la vanguardia y la tradición (1920-30)* (2004).

ÍNDICE